예수 그리스도의 계시
기원
복음
생명

예수 그리스도의 계시
기원
복음
생명

서형섭 지음

초판 1쇄 인쇄	2025년 4월 1일
초판 1쇄 발행	2025년 4월 10일
발행처	도서출판 이레서원
발행인	문영이
출판신고	2005년 9월 13일 제2015-000099호
기획·마케팅	도전욱
편집	송혜숙
총무	곽현자

경기도 고양시 일산동구 백석로71번길 46, 1층 1호
Tel. 02)402-3238, 406-3273 / Fax. 02)401-3387
E-mail: Jireh@changjisa.com
SNS: facebook.com/jirehpub

책값은 표지에 있습니다.

ISBN 978-89-7435-676-7 03230

신저작권법에 의해 한국 내에서 보호받는 저작물이므로 저작권자의 서면 허락 없이 이 책의 어떠한 부분이라도 전자적인 혹은 기계적인 형태나 방법을 포함해서 그 어떤 형태로든 무단 전재하거나 무단 복제하는 것을 금합니다.

예수
그리스도의
계시

● 서형섭 지음

기원
복음
생명

복음의 목적은 생명이다

이레서원

일러두기 ─────────────────────────────

이 책은 『복음과 생명』(2018, 이레서원)을 확대 증보한 것입니다.

마침내 드러난 그리스도의 계시,
빛으로 나오는 자들에게

저자
서문

성속(聖俗)의 정상을 향하던 자

　필자는 세속적 성공을 꿈꾸며 사회에 진출했습니다. 상업고등학교를 졸업한 후 은행에 근무했습니다. 더 큰 꿈을 이루고자 야간대학과 대학원에 진학했습니다. 그러나 은행은 베이비붐 세대의 영향으로 승진이 지체되었습니다. 그러던 중 때마침 증권 시장에 광풍이 불었습니다(1990년). MBA(경영학 석사) 학위를 취득한 후 승진하여 증권회사로 전직했습니다. 처음에는 다시스로 가는 요나의 배처럼 순풍이 불었습니다. 은행원 시절보다 높은 연봉에 성과급까지 받았습니다. 하지만 6개월도 채 지나지 않아 증시가 급락하고 재정이 파탄에 이르렀습니다.

　그즈음, 하나님의 통치의 은혜를 받으며 신앙생활에 매진했습니다. 5천 명이 넘는 서울 강남의 대형교회에서 30대 초반에 최연소 장로가 되었습니다. 교회의 재정을 관리하였습니다. 세속 사회에서 실패한 자가, 교회 안에서 성공했습니다. 대형교회 담임목사의 꿈을 안고 신학대학원에 입학했습니다(1993년). 하나님께서 주신 감동은 오직 복음을 전하라는 것이었습니다(고전 1:17). 3년만 고생하면 출세가 보장될 것 같은 베드로의 야망이 내 안에서 꿈틀거렸습니다. 신대원 시절, 맹렬한 전도 활동과 신학 정진, 영성 추구는 학우들에게 유망한 동기 목사로 주목받게 되었습니다.

40대 초반 목사 안수를 받았습니다(2000년). 전도사 시절에 돋보였던 사역의 후광을 믿고 교회를 개척했습니다. 출발은 순수하고 신선했습니다. 또 하나의 교회를 개척하기보다 주님이 기뻐하시는 교회를 세우기로 작정했습니다. 나의 경건성을 신임한 성도들이 모여들었습니다. 하지만 개척교회의 현실은 갈수록 암담해졌습니다. 문제는 내 안에 있는 '그 무엇'이 가져다주는 불안과 공포였습니다. 그런데 나는 내 안의 나를 보지 못한 채 밖으로 눈을 돌렸습니다. 십자가 복음을 전하는 기관에서 헌신했고, 가정사역과 치유사역에 전심전력했습니다. 몇 해가 지난 후 국내외 교회의 집회를 인도하는 복음 전도자와 치유사역자로 명성을 얻었습니다. 하지만 사역의 외적 성공에도 불구하고 내적으로 목마른 자가 되었습니다. 삼손의 고백처럼 큰 구원을 이루고 목말라 죽게 된 자가 된 것입니다(삿 15:18).

목회의 소명과 원초적 욕망 사이에서

무엇이 잘못되었을까? 어디에서부터 잘못되었을까? 어렴풋이 빛이 보였습니다. 나는 진리에 관한 사역을 했으나 내 존재는 진리가 아니었습니다. 거짓과 탐욕이 가득한 채로 하나님의 일을 한 것입니다. 그래서 사역이 성공할수록 물질과 명예에 대한 탐심도 커졌습니다. 싱클레어 루이스의 소설 『엘머 갠트리』의 주인공처럼 목회의 소명과 원초적 욕망 사이에서 늘 욕망을 선택했습니다.[1] 하나님과 같이 되려는 원욕(願慾)은 내가 하나님같이 되어 버린 듯한 착각으로 발전했습니다. 하나님께서는 임하

---

1 Vanhoozer & Strachan, 『목회자란 무엇인가』, 34.

시되 자기 백성을 진리대로 심판하십니다(시 96:13). 말씀으로 임하신 하나님이 나를 심판하셨습니다(2008년).

내게 속한 모든 것, 내가 성취한 모든 것을 즉시 내려놓아야 했습니다. 그렇지 않으면 공황 상태에 이르러 죽을 것 같았습니다. 단번에 모든 것을 접고 홀연히 광야로 도망갔습니다. 수가성 여인처럼 홀로 되어 야곱의 우물로 나아갔습니다. 어느 날 새벽, 습관적으로 해오던 큐티(QT)를 하기 위해 성경책과 노트를 가지고 한적한 곳으로 갔습니다. 그날까지 나의 큐티는 말씀을 연구하고 적용하는 것이었습니다. 하지만 그날 새벽은 달랐습니다. 상황이 주는 두려움보다 더 큰 두려움이 나를 사로잡았습니다. 처음으로 말씀 앞에 떠는 자가 되었습니다(사 66:2). 말씀을 버리고 도망치던 나를 추적하신 하나님의 발자국이 마침내 멈추었습니다. 나를 추적하시는 그분의 발자국 소리가 멎었습니다. "제 어두움이 결국 저를 쓰다듬으려고 내민 그분의 손 그림자였단 말입니까?"(프랜시스 톰슨,『하늘의 사냥개』).

주의 심판은 참되고 의롭습니다

심판의 말씀은 좌우의 날 선 검보다 더 예리했습니다(히 4:12). 말씀은 내 죄와 마음과 의도까지 드러내어 심판했습니다. 가장 큰 죄는 목사로서 하나님이 하라고 하신 일을 하지 않은 죄였습니다. 하나님의 아들은 창조주요 전능자라도 아버지의 일 외에는 아무것도 할 수 없다고 선언하셨습니다(요 5:19). 아버지의 일은 죽은 자를 일으켜 살리는 것, 곧 아들을 믿는 자마다 영원한 생명을 주는 것입니다(요 5:21, 24). 나는 아버지의 일이 아니라, 사람의 일에 목숨을 걸었던 것입니다. 주의 심판은 참되고 의로운 것임을 고백했습니다(계 16:7). 나는 광야로 쫓겨난 것이 아니었습니다. 하나님의 일을 빌미로 나를 영화롭게 하고 나를 사치하게 하던 멸망의 성, 바벨론에서 구원받은 것이었습니다. "내 백성아, 거기서 나와 그의 죄에 참여하지 말고 그가 받을 재앙들을 받지 말라"(계 18:4). 주의 손에 붙들려 홀로 앉아 주의 분노를 받았습니다. 심판의 무덤에서 새벽마다 얻어먹은 주의 말씀은 내게 기쁨과 내 마음의 즐거움이 되었습니다(렘 15:16). 파멸의 자리에서 진노의 하나님, 심판의 하나님을 만났습니다. 그 진노와 심판은 하나님의 아들 예수 그리스도가 담당하셨습니다. 나는 그리스도의 죽음에 연합됨으로써 그와 함께 장사되었습니다. 그리스도의 무덤에 연합하여 생명의 표적이 나타났습니다(요 2:19). 내게 임한 심판은 그리스도의 죽음과 부활에 연합되는 구원의 사건이 되었습니다. 욥의 고백처럼 티끌과 재 가운데에서 귀로 듣던 하나님을 눈으로 보았습니다(욥 42:5-6).

이제는 영원한 생명의 견증자로

복음의 목적은 영원한 생명을 얻는 것입니다(요 20:31; 딤전 1:16; 딤후 1:10). 신학대학원 시절부터 매진했던 복음은 그 자체가 목적이 아니었습니다. 복음은 생명을 주는 말씀입니다(빌 2:16). 예수 그리스도의 죽음과 장사됨과 연합하여 영원한 생명을 누리는 자 되었습니다(롬 6:4). 태초부터 있는 생명의 말씀을 눈으로 보고 듣고 손으로 만진 바 되었습니다(요일 1:2). 이 생명이 아버지와 함께 계시다가 우리에게 나타나셨습니다(요일 1:2). 이 생명을 보고 증언하는 견증자(見證者)가 되었습니다(요일 1:3). 이 생명을 받은 자와 더불어 서로 사귐을 누리며 복음과 생명의 진리를 전하고 있습니다. 2009년 9월 시작된 복음생명캠프는 현재(2025년 3월) 168기에 이르고 있습니다. 하나님의 역사로 지속해 온 캠프는 진리가 부재한 '목자 없는 양'(막 6:34)과 같은 성도들에게 순전한 복음을 전하여 그들을 생명의 길로 인도하고 있습니다. 나아가 중국, 프랑스, 아프리카(차드, 세네갈, 마다가스카르), 중동(요르단, 이집트), 미국, 멕시코, 일본을 비롯한 열방의 현지 목회자들에게 생명의 복음을 전하고 있습니다.

아우구스티누스(Augustinus)는 젊은 시절의 탕자에서 회심한 후 위대한 기독교 사상가가 되었습니다. 그는 뒷날 자신의 젊은 시절을 돌아보면서 그 시절의 일들이 한 줄기 죄의 사슬처럼 생각되었습니다. 뒷날의 아우구스티누스는 젊은 시절 자기에게 일어난 일들이 일어나지 않기를 소망하였습니다. 그런데 그가 처음부터 뒷날 회개한 다음 보여준 그런 사람이었다면, 더 존경받을 만한, 더 거룩한 사람이 되었을지 묻게 됩니다. 아마도 그럴 것입니다. 하지만 한 가지는 분명합니다. 그는 인간의 본질을 깊이 통찰하는 사람, 그래서 하나님의 은총을 온몸으로 체득한 사람은 아니었을 것입니다. 그가 그토록 쓰라리게 탄식하는 젊은 시절의 거친 생활은, 경험하지 않았다면 절대로 직접 알 수 없었을 일들을 그에게 알려주었습니다.[2] 왜냐하면, 인간의 본질은 비참함에 이르는 한계상황에서 비로소 자기 자신을 의식할 수 있으며(야스퍼스), 인간의 위대성은 자신이 비참하다는 것을 아는 것이기 때문입니다(파스칼). 지극히 존귀하며 거룩하신 하나님은 한계상황에 이르러 자기의 비참함을 인식하는 사람과 함께하시며 그의 영혼을 소생시키십니다(사 57:15).

나 역시 가끔 쓰라린 회상을 합니다. 치욕스럽고 가혹한 심판을 받지 않고 순탄하게 목회하면서 영생의 진리를 알았다면 얼마나 좋았겠는가 하고 말입니다. 그것은 욥이 그 끔찍한 고난을 받지 않고도 귀로 듣던 하나님을 눈으로 볼 수 없었겠느냐는 부질 없는 물음과 같습니다. 만일 나에게 심판이 없었다면, 나의 비참하고 끔찍한 실존을 어떻게 알았으며, 그런 나를 십자가에 못박은 그리스도의 구속의 은총을 어떻게 알았겠는가 하는 생각이 듭니다. 이제는 육체의 모든 자랑을 폐하고, 그리스도의 십자가만 자랑하게 하신 하나님의 섭리를 기쁘게 받아들입니다.

제3판, 『기원 복음 생명』

본서는 『복음에서 생명으로』(2013) 및 그 증보판 『복음과 생명』(2018년)

---

2 Weischedel, 『철학의 뒷계단』, "아우구스티누스", 138.

에 이어 출간하는 확대 증보판입니다. 이번에는 『기원 복음 생명』으로 출간합니다. 책 이름은 1과에서 다루었듯이 예수 그리스도의 자기 계시입니다(요 3:13-15). 신약성경에서 계시는 영으로 깨닫는 영적 지식(진리)이며, 동시에 신앙의 사건입니다(불트만). 사도의 표상인 바울이 전한 복음은 사람의 뜻이나 사람의 가르침이 아니라 오직 예수 그리스도의 계시로 된 것입니다(갈 1:12). 바울은 부활하신 예수를 만난 직후 박해를 무릅쓰고 예수가 하나님의 아들이요 그리스도인 것을 전하였습니다(행 9:20, 22). 그가 깨달은 계시가 즉시로 선포하는 사건이 된 것입니다. 그리스도인은 예수에 관하여 많은 것을 듣고 배우고 있습니다. 그것은 개개인에게 '전이해'로 형성되어 있습니다. 어린아이는 전이해가 거의 없습니다. 신앙의 전이해가 두터울수록 그것은 많은 영적 지식과 경험을 축적했다는 뜻입니다. 하여 각 사람의 전이해는 존중받아야 합니다. 그러나 우리의 전이해는 언제든지 치유되고 수정되어야 합니다. 왜냐하면, 살아있는 신앙생활은 과거의 지식이나 교리에 묶여 있는 것이 아니라, 폭풍 속에서 찾아오시는 살아계신 하나님과의 생생한 만남이기 때문입니다.

 필자는 2018년 『복음과 생명』으로 증보판을 낸 후 책을 정독했습니다. 오직 복음을 전하라는 말씀에 붙잡혀 신학대학원에 들어갔는데, 우여곡절을 거쳐 25년 만에 이 책을 통해 성경이 증거하는 복음을 정리하게 된 것으로 인하여 선하신 섭리로 인도하신 하나님께 한없는 감사를 드렸습니다. 당시 이 책을 『복음과 생명』의 완결판으로 여기고 크게 더 추가할 내용이 없다고 생각했습니다. 그것은 저의 오만이고 오판이었습니다. 이후 계속해서 말씀을 주해하고 묵상하고 신학을 연구하고 복음을 선포했습니다. 그와 더불어 복음과 생명의 진리에 대해 전이해가 수정되고 진보되었습니다. 중요한 계기는 2022년 4월, 본 선교회 파리지부장 손석 장로와의 교제였습니다. 그가 30년이 넘게 두루 섭렵한 철학과 신학의 방대한 내용을 들으면서, 내가 아는 진리의 깊이가 일천함을 알게 되었습니다. 이 만남은 오랫동안 우물 안 개구리식의 관점에서 벗어나게 하는 계기가 되었습니다.

철학적 신학의 지평을 반영하다

기독교 신학에서 인간이 하나님을 알아가는 방법은 두 가지가 있습니다. 하나는 신앙을 통해서이고, 다른 하나는 이성을 통해서입니다. 종교적으로 전자가 우선하고 학문적으로는 후자가 중시됩니다. 11세기 안셀무스는 인간의 이성을 기반으로 한 신 존재 증명을 시도하였습니다. 그는 "신앙을 전제하지 않는 것은 오만이며, 이성을 사용하지 않는 것은 태만"이라면서 평생 두 가지 태도를 균형 있게 유지하였습니다.[3] 그리고 자신이 견지하는 태도를 '이해를 추구하는 신앙'이라고 이름 지었습니다.

17세기 계몽주의의 출현은 이성의 가치를 중시하였습니다. 계몽주의는 종교개혁 이후 개신교 신앙에도 중대한 전기를 마련했습니다. 근대신학의 아버지로 불리는 프리드리히 슐라이어마허(F. Schleiermacher)는 개신교 신학자라면 고전적 전통의 견해뿐 아니라 정통주의에 대한 계몽주의적 비판을 반드시 알아야 한다고 했습니다.[4] 종교개혁 이후 개신교는 100년도 안 되어 죽은 정통으로 변질되었습니다. 특히 계몽주의를 필두로 한 기독교에 대한 철학적 비판은 역설적으로 죽은 정통에 매몰된 기독교를 되살리는 역할을 했습니다. 현대신학의 아버지로 불리는 폴 틸리히(P. Tillich)는 신학의 변증적 작업에서 철학은 결정적 역할을 한다고 말했습니다. 왜냐하면, 철학은 신학이 답할 수 있도록 질문을 형성해 주기 때문입니다. 그러면서 틸리히는, "한 신학자가 위대한 그리스도인이요 위대한 학자일지라도, 그의 작품을 볼 때 그가 철학을 심각하게 생각하지 않았다는 점이 드러나면, 그를 진지한 신학자로 취급하지 말아야 한다"라고 했

---

3 김용규, 『신』, 15.
4 Tillich, 『19-20세기 프로테스탄스사상사』, 138.

습니다.[5] 특히 현대인의 정신세계에 결정적인 영향을 준 실존주의 철학은 신학의 변증에 매우 유용합니다.

19세기에 접어들며 개신교는 다시 한번 위기를 맞이합니다. 그것은 기존의 교회 체제와 전통을 강력하게 비판한 반기독교 정서였습니다. 그 대표 주자는 포이어바흐, 니체, 마르크스, 프로이드 등입니다. 이들은 고도의 합리성과 예리한 통찰력과 용기 있는 행동으로 기존의 개신교를 맹공했습니다. 한스 큉(H. Kung)이 평가한 대로, 이들은 큰 대가를 지불하면서 자기를 과거와 묶는 일체의 것과 충돌하고, 절대에 가까운 솔직함으로, 기회주의라고는 털끝만큼도 없이 오로지 자기 철학의 노선을 따라갔고, 소수밖에 없는 친구에게서조차 무시당하는 사람들이었습니다.[6] 우리는 기독교에 대한 이들의 공격을 무조건 무시하고 회피하며 외면할 것인가를 진지하게 물어야 합니다. 왜냐하면, 이들의 견해는 작금의 포스트모던 사상에 강력한 영향을 끼치고 있기 때문입니다. 따라서 이들의 개신교 비판을 무시한 교회는 현대 사상에 등 돌린 자기들만의 폐쇄적인 집단으로 전락할 수 있습니다.

이전의 책과 달리 본서에는 기독교에 대한 철학적 견해와 기독교를 공격한 이들의 견해를 반영하면서 복음과 생명의 진리를 더욱 명확히 증거했습니다. 예수께서 광야에서 시험받으실 때 오직 기록된 말씀으로 승리하셨습니다(마 4:1-11). 밤이 깊을수록 별이 빛나듯, 기독교 진리에 대한 시험과 공격은 오히려 성경의 핵심 진리인 복음과 생명의 진리를 밝히 비춥니다.

본서의 주요 내용

『복음에서 생명으로』(1판)는 17과로 구성되었습니다. 『복음과 생명』((2

---

5 Tillich, 『Biblical Religion and the Search for Ultimate Reality』, 7-8.
6 Kung, 『신은 존재하는가』, 547.

판)은 34과로 이전보다 더 늘어났습니다. 본서 『기원 복음 생명』(3판)은 50과로 더 확대되었습니다. 기원 부분에서 '예수 그리스도의 계시'를 다루었고, 복음 부분을 심도 있게 보강했습니다. 특히 부활 복음에서 '죽음 이후의 영생'을 추가했는데, 이는 소중한 동역자 강행옥 전도사의 소천(2021년) 이후 하나님이 주신 은혜입니다. 강 전도사는 10여 년간 치열하게 생명을 누리며 담대하게 생명을 전했습니다. 그는 2년간의 암 투병 중에도 생명의 교제를 계속하며 공동체의 지체들에게 은혜와 도전을 주었습니다. 필자는 그가 소천한 직후 아프리카 차드에서 목회자 세미나를 하게 되었는데, 그때 성령께서 죽음 이후의 영생을 조명하여 주셨습니다.

본서는 2024년 9월 말 원고를 마감할 예정이었습니다. 그러나 필자가 갑자기 망막 박리 수술을 하게 되었습니다. 안벽에서 분리된 망막을 실리콘 오일로 유착시키고 제거하는 등 두 번의 수술을 받았습니다. 그로 인해 넉 달간 원고 마감이 지연되었습니다. 이후 추가된 내용이 '현현 복음'입니다. 현현 복음은 성경이 증거하는 복음을 전하는 교회 탄생의 기원과 관련되어 매우 중요한 진리입니다. 고통스러운 질병까지도 합력하여 선을 이루시는 하나님께 감사드립니다.

감사의 말

본서의 핵심 주제는 예수 그리스도의 자기 계시인 '기원 복음 생명'입니다. 복음은 창세전의 세계에 기원합니다(롬 16:25). 구약 성경에서는 선지자들을 통하여 복음이 미리 증거되었습니다(롬 1:2; 벧전 1:10-11). 성경의 증거대로 오신 그리스도께서 우리에게 '생명'을 주셨습니다(요 10:10). 이 생명은 창세전[7]에 약속된 아들 안의 생명이며(요일 5:11; 딛 1:2), 영으로 실제

---

7 '창세전'과 '영원 전': '창세전'은 세상 창조 이전의 하나님의 시간이다. 우리말 성경은 "창세전"(요 17:5, 24), "만세 전"(고전 2:7), "영원 전"(딤후 1:9; 딛 1:2) 등 다양하게 표기한다. 본서에서는 요한복음의 정의에 따라 '창세전'으로 통일하여 표기한다. 한

됩니다[8](요 6:63). 본서는 "진리가 예수 안에 있는 것 같이"(엡 4:21), 신구약 성경을 예수 그리스도 중심으로 풀었습니다. 이 과정에서 진리를 설명하는 수단으로 신학 도서와 영적 도서를 참고했습니다. 특히 본서에서는 신학자들에 대한 편견을 지양하고 다양한 신학적 견해를 차용했습니다. 이는 신학이 신앙을 형성하지 못하며, 다만 신앙을 형성하는 '예수 안에 있는 진리'를 설명하는 역할을 하기 때문입니다. 각주에서는 저자명과 책 제목을 약식으로 표기했고, 자세한 정보는 참고 문헌에 수록했습니다. 히브리어와 헬라어는 음역만 표기했습니다.

『복음에서 생명으로』, 『복음과 생명』에 이어 본서를 출간해 주신 이레서원의 김기섭 사장님과 송혜숙 팀장님께 감사드립니다. 약 한 달간에 걸쳐 원고를 교정해 준 공동체의 여러 지체에게 감사드립니다. 나아가 영으로 생명을 알고 영생의 삶을 치열하게 살아가는 영생의 공동체 가족들에게도 깊이 감사드립니다. 또한 부족한 자를 격려해 주시고 지도해 주신 동역자들과 성도들, 그리고 추천사를 써 주신 분들에게도 고개 숙여 감사드립니다.

모든 시대, 생명에 이르게 하는 복음은 참 신앙을 목말라하는 이들에게 생수가 됩니다. 그러나 누구도 생명의 부요함을 다 알 수 없습니다. 주께서 재림하시는 날, 주의 얼굴을 맞대어 보면, 우리가 알고 있던 지식이 그야말로 어린아이의 수준처럼 유치할 것이 분명합니다(고전 13:11). 필자는 앞으로도 전이해를 새롭게 하는 은혜를 더욱 사모할 것입니다. 모쪼록 본서를 통해, 독자들이 창세전에서 기원하는 복음과 생명의 진리를 알고 누

편 '창세전'을 신학적인 용어로 표현할 때 '영원'이라고 한다.
8 실제와 실재: 실제(實際)는 '현실의 구체적인 것'을 나타내는데, 보거나 들음으로써 경험하는 상태를 말한다. 본서에서는 영생(생명)을 보고 듣고 주목하여 손으로 만진 바 된 '실제'의 상태로 표현한다(요일 1:1). 또 실재(實在)는 '실제로 존재하는 것'으로써 본서에서는 존재의 의미로 사용한다. 일례로 '영생은 아버지와 아들 안에 거하는 영적 실재'다(요일 2:24-25).

리기를 소원합니다. 그리하여 본서가 영생의 실재인 아들이 있는 곳, 아버지의 집으로 이끄는 이정표가 되기를 바랍니다. 본서가 여러분을 생명의 진리로 인도하여 언약 백성의 부요함을 누리게 한다면, 그것은 오롯이 하나님의 은혜이며 성령의 역사입니다. 본서를 통해서 영광 받으실 분은 오직 만유의 주가 되시는 하나님 아버지이십니다.

"그런즉 누구든지 사람을 자랑하지 말라 만물이 다 너희 것임이라 바울이나 아볼로나 게바나 세계나 생명이나 사망이나 지금 것이나 장래 것이나 다 너희의 것이요 너희는 그리스도의 것이요 그리스도는 하나님의 것이니라"(고전 3:21-23).

2025년 3월, 경기도 부천에서
복음의 빚진 자, 서형섭

차례

- 저자 서문   7
- 프롤로그   28

1부 기원

01 예수 그리스도의 계시 _ 기원, 복음, 생명   37
기원 : 인자, 하늘에서 오시다
복음 : 인자, 땅에서 들리다
생명 : 인자, 영원한 생명을 주시다

02 만물 안에 갇힌 기독교 신앙   49
그 꼭대기에는 아무 것도 없었다
계시에서 상황으로
감정적 체험 vs 말씀의 확신
인간을 위한 기독교

03 만물 위에 계신 하나님을 신앙하라   59
하나님과 인간의 무한한 질적 차이
하나님의 계시자, 예수 그리스도
그리스도의 십자가, 만물 위에 계신 하나님께로

04 하늘에서 오신 인자, 하늘에 속한 말씀을 증거하다 66

세례 요한, 예수 그리스도의 기원을 증거하다
복음, 위로부터 오는 증거
생명을 주는 것은 영이다

05 깊은 층의 목마름, 영원을 묻다 77

영원을 사모하는 마음
종교를 넘어 생명으로
야곱의 우물과 영생하도록 솟아나는 샘물

06 필요를 구하는 자에게 생명을 주시다 89

기독교 신앙의 필요와 가치
필요를 구하는 자에게 생명을 주시다
한국교회, 필요를 넘어 생명으로

07 태초, 말씀이 하나님과 함께 계시다 99

요한의 증거, 태초를 계시하다
태초에 하나님이 계시다
아들, 아버지께로부터 '나다'
태초의 성령, '내쉬어지다'

08 태초, 하나님의 존재 방식 110

아버지와 아들, 복종과 사랑으로 존재하다
아들, 아버지의 일 외에 아무것도 할 수 없다
페리 코레시스, 아버지와 아들의 기쁨이 충만하다

2부
구약, 약속된 복음

09 창조, 하나님의 형상대로 사람을 지으시다   121
창조의 목적은 구원이다
사람, 언약적 교제의 존재로 창조되다
예수 그리스도는 하나님의 형상이다
창조의 언약과 계명

10 하나님이 '돕는 자'(에쩨르) 되시다   135
사람을 에덴동산에 두시다
에덴의 타락, 창조 언약이 깨어지다
에쩨르(돕는 자), 사람에서 하나님으로
신약 시대의 적절한 도움

11 하나님을 떠난 자, 무화과 잎으로 가리다   147
영적 죽음, 눈이 밝아지다
실존주의와 인간의 실존
무화과 잎으로 가리다

12 그리스도의 십자가, 무화과 잎을 벗다   157
3A와 무화과 잎
무화과 잎을 벗고 참사랑을 만나다
그리스도, 알몸으로 못 박히시다

13 구원자로서 아들을 예표하시다   167
창세전 하나님이 주시기로 한 은혜
아이에카 - 네가 어디 있느냐?
원시복음, 여자의 후손과 가죽옷

14 제1 경륜 시대, 원시 역사의 구원　　　　　　　　179
　　하나님의 구원 전략, 경륜
　　아벨, 최초의 선지자
　　가인의 도성과 하나님의 도성

15 원시 역사, 심판을 통해 구원하시다　　　　　　　　191
　　에녹, 심판을 전한 선지자
　　노아, 의를 전파한 선지자
　　바벨, 무너진 곳이 하나님의 문이다

16 제2 경륜 시대, 아브라함에게 복음을 전하시다　　　200
　　아브라함을 택하시다
　　아브라함을 통한 복, 창세전 약속하신 영생
　　하늘의 본향을 사모하다

17 요셉을 통해 입애굽하다　　　　　　　　　　　　　211
　　요셉의 꿈, 입애굽을 약속하시다
　　요셉의 역사, 하나님이 형통하게 하시다
　　요셉의 믿음, 출애굽을 바라보다

18 '여호와'(야훼)로 자기를 계시하시다　　　　　　　221
　　애굽에 있는 자기 백성과 함께하시다
　　모세의 소명, 하나님이 함께하시다
　　하나님의 자기 계시, '야훼'
　　진리를 아는 것, '내가 그'임을 아는 것

19 모세를 통해 출애굽하다　　　　　　　　　　　　　233
　　모세, 애굽으로 향하다
　　피 남편, 장자의 죽음을 예표하다
　　출애굽의 목적, 언약 백성으로 삼기 위함이다

20 애굽에 내린 열 가지 재앙과 유월   241
    애굽에 내린 열 가지 재앙
    유월, 재앙이 넘어가리라
    유월절 어린양, 예수 그리스도

21 시내산 언약과 증거막   249
    출애굽 구원, 시내산 언약, 계명
    피로 세운 언약
    증거막, 하늘 성소의 모형

22 언약적 의를 버린 백성, 징계가 임하다   260
    광야, 말씀에 불순종하여 언약이 깨어지다
    모세, 가나안 땅의 예표인 하나님 나라로 들어가다
    '언약 공식'이 '부르짖음의 공식'으로
    사울을 폐하시고 다윗을 세우시다

23 나단 신탁과 다윗 언약   272
    다윗의 등극 사화와 나단 신탁
    여로보암의 유사 신앙
    신약 시대의 유사 신앙

24 새 언약을 약속하시다   282
    옛 언약에서 새 언약으로
    새 언약의 세 가지 내용
    생명의 교제, 새 언약 백성의 특권이며 의무이다

3부 신약, 성취된 복음

25 복음에서 생명으로 295
  종교사적 구원과 기독교의 구원
  구원, 영생, 하나님 나라
  복음의 목적은 생명이다

26 신 본질 신앙과 신 개념 신앙 306
  신 개념 신앙의 종결, 무신론과 신 죽음 사상
  신 개념 신앙에서 신 본질 신앙으로
  신 본질 신앙, 복음을 통하여 생명으로

27 역사적 예수와 그리스도 예수 316
  하나님의 아들, 혈과 육을 입고 오시다
  전통의 그리스도와 성경이 증거하는 그리스도
  성령, 성경이 증거하는 그리스도를 계시하다
  역사적 예수 신앙에서 그리스도 예수 신앙으로
  그리스도 예수 신앙은 역사적 예수를 지향한다

28 하나님 나라의 복음과 십자가 복음 327
  하나님 나라의 복음 선포
  십자가와 부활의 복음, 하나님 나라를 실현하다
  하나님 나라의 복음, 연단(도키모스)을 이루다

29 복음, 보냄과 내줌의 형식 338
  십자가 복음과 영원한 생명
  복음, 보냄의 형식
  복음, 내줌의 형식

30　복음, 죽음의 형식 : 전승된 복음　　　　　　　　350
　　복음, 죽음의 형식
　　성경대로 죽으시고 성경대로 살아나시다
　　사도들이 전한 복음과 다른 복음
　　전승된 복음에 연합하다

31　십자가의 보혈, 죄 사함을 통해 하나님께로　　　358
　　십자가에 나타난 세 방면의 은혜
　　보혈, 죄 사함과 정결함을 받다
　　죄 사함을 받아 하늘 성소로

32　옛사람의 죽음(1), 죄의 몸이 장애가 되다　　　370
　　그리스도의 십자가, 죄의 세력을 무력화하다
　　왕의 명령(케리그마), 죄의 몸이 장애가 되다
　　그리스도, 육체의 고난을 받아 죄를 그치다

33　옛사람의 죽음(2), 죽을 몸을 의의 도구로 드리다　379
　　죄의 세력, 이제는 죽을 몸을 지배하다
　　몸의 정념, 복음으로 극복하다
　　죄에 대한 장애인으로 영생에 들어가라

34　육신(자기주장 의지)(1), 사망에 이르다　　　388
　　율법과 육신의 관계
　　죄의 세력과 율법의 관계
　　선한 일, 죄의 세력을 밝히 드러내다
　　마성적인 것, 창조성과 파괴성이 공존한다

35　육신(자기주장 의지)(2), 율법에 대하여 죽다　399
　　육신으로 계명을 지키는 자, 하나님과 원수가 되다
　　인간의 의지, 무(無)와 파괴에 이르다
　　율법으로 말미암아 율법에 대하여 죽다

36 장사 복음(1), 성전을 짓는 표적이다   411
    죽음으로써 장사되다
    그리스도의 무덤, 성전을 짓다
    심판을 통해 지어지는 성전
    그리스도의 하데스 선포, 어둠의 세력을 멸하다

37 장사 복음(2), 반석 위에 집을 짓다   423
    무덤의 심판. 의를 기초로 다시 세우다
    심판의 구속자, 그리스도
    그리스도의 심판대 앞에서

38 부활 복음(1), 그리스도가 '주'가 되시다   434
    부활하신 그리스도, '주'가 되시다
    마라나타, 예배에서 주를 부르다
    주 안에서 항상 기뻐하라

39 부활 복음(2), 몸의 죽음과 몸의 부활의 중간 상태   444
    부활의 첫 열매, 그리스도
    영혼 불멸설과 죽은 자의 부활
    몸의 죽음과 몸의 부활, 그 중간 상태
    죽음 이후 더욱 풍성한 영생의 삶

40 부활 복음(3), 종말을 현재로 살다   455
    그리스도의 부활, 종말의 승리를 선취하다
    기독교의 시간관, 종말이 현재이다
    결코 헛되지 않은 수고, 주의 일을 위하여

41 현현 복음, 증인 파송과 전권 부여   464
    부활하신 예수, 믿는 자들에게 나타나시다
    모든 족속으로 제자 삼으라
    예수는 한때 소망을 둔 선지자인가?
    성경이 증거하는 그리스도의 증인이 되라
    교회 탄생의 기원과 그 사명

4부 새 생명으로 사는 삶

42 영생의 거주지에서 영생을 누리다   479
     영생을 누리지 못하는 두 가지 이유
     영생의 거주지, 에클레시아(교회)
     계몽주의 이후 기독교와 영생의 거주지
     신앙의 미래, 영생의 거주지를 대망하다

43 위의 것을 찾으라   491
     영생의 현재성, 무신론을 반박하다
     그리스도 안에 신성의 모든 충만이 육체로 거하시다
     온전함으로 하나님께 나아가자

44 옛사람을 벗고 새 사람을 입으라   503
     천상적 실존으로 지상적 삶을 살다
     부정성, 옛사람의 옷을 벗으라
     새 사람을 입으라

45 삼위일체적 이종사랑으로, 서로 사랑하자   515
     삼위 하나님 안에 거하는 삶
     삼위일체의 논증
     하나님의 이종사랑과 인간의 동종사랑

46 보라! 만물을 새롭게 하노라   527
     만물 안에서의 영생의 삶
     모든 상황에서 하나님과의 연합을 구하다
     비존재의 위협, 넉넉히 이기느니라

47 말씀 묵상, 적용을 넘어 생명의 교제로   537

    생명의 교제로 언약 안에 머물다
    영원을 현재로 살다
    독생자의 영광, 아버지의 인자와 신실로 충만하다

48 담대함(파레시아)을 버리지 말라   547

    예수 그리스도의 위대성
    히브리서의 핵심 가치, '파레시아'(담대함)
    최악의 상황에서, '파레시아'를 버리지 말라

49 성령 충만하여 주의 뜻을 이루는 교회   559

    구원 이후, 어떻게 살 것인가?
    성령 충만하여 주의 뜻을 이루다
    매일의 성령 충만, 날마다 복음을 듣는 것

50 종말의 희망, 하나님이 만유의 주가 되시다   569

    구원의 질서, 창세전에서 종말까지
    그리스도의 통치와 사탄의 통치
    하나님이 만유의 주가 되시다

- ■ 에필로그   577
- ■ 참고 문헌   580
- ■ 부록 - 구원의 질서: '창세전'에서 '완전'까지   586

프롤
로그

창세전의 진리, 생명과 약속

성경에서 십자가는 계시의 절정입니다. 태초와 종말은 희미하게 계시됩니다. 더구나 창세전 세계는 신비 속에 감추어져 있습니다. 그러나 성경이 증거하는 창세전의 세계는 매우 중요합니다. 이는 기독교 진리의 중심축이 되기 때문입니다. 성경에서는 하나님이 창세전에 세 가지 일을 하셨다고 증언합니다. 아들에게 '생명'을 주셨고(요 5:26), 이 생명을 우리에게 주겠다고 '약속'하셨고(딛 1:2), 이 약속을 이루기 위해 '아들'을 보내시기로 미리 정하셨습니다(벧전 1:20).

우리가 창세전에 약속된 하나님의 아들들이 되는 것은 하늘에 속한 신령한 복이며(엡 1:4-5), 영원부터 하나님이 그리스도 예수 안에서 예정하신 뜻입니다(엡 3:11). 세상과 인간을 창조하신 목적은 창세전 약속하신 하나님의 뜻, 즉 영원한 생명을 주시기 위함입니다. 창세전 하나님의 아들은 말씀으로 현존하시며(요 1:1), 이는 살아 있고 항상 있는 하나님의 말씀입니다(벧전 1:23). 인간은 아들이 세상에 오심으로써 아들의 생명, 영생을 얻습니다. 그러므로 하나님의 아들이 복음이며(롬 1:2), 세세토록 있는 말씀으로서 복음입니다(벧전 1:25). 복음은 창세전 약속된 영원한 생명을 얻게 합니다(딤후 1:10). 바울은 '나의 복음'을 가리켜 '크로노스'(시간) 안에서는 감추어진 비밀이라고 했습니다(롬 16:25). 이 비밀이 곧 생명을 주기 위해 오시기로 창세전부터 약속된 아들입니다. 그는 선지자들의 글(구약 성경)로 증거되었고, 바울은 계시를 통해 이 증거를 깨달았습니다(롬 16:26). 바울은 다메섹에서 극적인 체험을 했습니다. 그러나 그가 '나의 복음'이라고 한 것은, 창세전부터 존재했고 이제는 성경이 증거하는 복음을 말합니다. 성경이 증거하는 복음은 영의 계시를 통해 영원한 생명을 얻게 합니다.

복음을 통하여 생명으로

복음은 능력입니다. 지식이나 교리나 전통이 아닙니다. 복음은 믿는 자를 구원하시는 하나님의 능력입니다(롬 1:16). 그 능력이 하나님의 의를 계시하며 영원한 생명을 얻게 합니다. 복음을 통해 얻는 영원한 생명은 아들 안의 생명입니다(요일 5:11). 영원한 생명은 죽음 이후의 삶뿐 아니라 현재에 누리는 생명입니다. 영생의 본질은 유일하신 참 하나님과 그가 보내신 자 예수 그리스도를 아는 것입니다(요 17:3). 그것은 아들 안에 거하고 아버지 안에 거하는 영적 실재입니다(요 17:21-23; 요일 2:24-25).

기독교 신앙의 대상은 예수 그리스도입니다. 초대 교회에서는 신앙의 대상으로서 그리스도에 대한 논쟁이 치열했습니다. 하나님의 아들은 하나님이 생명을 주어 탄생한 독생자이십니다(잠 8:22; 요 5:26; 1:18). 그는 창세전부터 하나님 안에 존재하십니다[선재(先在)]. 공관복음서에서는 그리스도의 선재 사상을 직접 언급하지 않으며, 그리스도가 지상에 실재하시던 때부터 하나님의 아들이었음을 보여 줍니다. 그런데 AD. 95-110년 사이에 기록된 요한복음은 그리스도께서 창세전부터 존재하신 것, 지상 사역, 부활 후 성령을 주신 것까지 아우르는 내용을 담고 있습니다. 요한복음은 그전까지 곳곳에 널려 있던 기독론의 요소들을 모아서 하나의 조화된 형태로 기록되었습니다. 특히 '로고스'에 대한 실체적 계시가 증거되었고(요 1:1), 창세전부터 지속되어 온 하나님의 아들의 영광이 선포되었습니다(요 17:5). 요한복음의 기독론은 기존의 다양한 관점의 기독론을 통합한 정통 기독론으로 평가됩니다. 우리가 신앙하는 그리스도는 요한복음에 나오는, 창세전부터 존재해 온 그리스도이며, 우리는 그를 믿음으로써 영생을 얻습니다(요 5:24; 6:47, 요일 5:1, 13). 구원이란 예수 그리스도를 믿음으로써 죄 사함을 받을 뿐 아니라 그와 연합되어 생명을 얻는 것입니다. 궁극적으로는 그리스도 안에서, 그가 아버지께로부터 받은 영광에 참여하는 것입니다(요 17:24).

십자가와 부활, 그리고 연합

하늘로부터 오신 인자는 땅에서 들려 십자가에서 죽으셨습니다(요 3:13-14). 이로써 모든 사람을 십자가의 죽음으로 이끄십니다(요 12:32). 그는 부활하셔서 하늘로 올라가셨습니다(요 8:28; 엡 4:9). 그의 십자가 죽음과 부활에 연합된 자는 영원한 생명을 얻습니다(요 3:15). 영생은 하나님이 아들에게 명하신 말씀입니다(요 12:50). 아들은 하나님이 자기에게 주신 모든 사람에게 영생을 주십니다(요 17:2). 한편 예수 그리스도의 십자가와 부활의 사건은 예수께서 전하신 하나님 나라의 복음을 성취합니다. 십자가와 부활의 복음은 영원에 속한 하나님의 영광을 바라고 즐거워하는 은혜를 성취하는 것입니다(롬 4:25-5:2). 이로써 예수께서 전하신 하나님 나라의 복음과 사도들이 전한 십자가와 부활의 복음이 통합을 이룹니다. 예수 그리스도께서 십자가에서 죽으신 것은 그 자체가 목적이 아니라, 우리를 하나님께로 인도하시기 위함이었습니다(벧전 3:18).

영생의 누림, 독생자의 영광을 보다

모든 사람은 죄인이며(롬 3:23), 동시에 영원을 사모하는 존재입니다(전 3:11). 인간은 생명을 얻어 영원에 계신 아버지와 아들 안에 거하기 전까지 안식을 누릴 수 없습니다.[1] 그는 아버지 품을 떠난 탕자처럼 살아갑니다. 호화 주택의 최고층을 비워 두고 캄캄한 지하실에서 살아가는 것처럼 말입니다.[2] 하나님께서는 그런 인간을 위해 아들을 보내셨습니다. 예수께서 세상에 오신 목적은 인간으로 하여금 생명을 얻게 하고 풍성히 얻게 하시기 위함입니다(요 10:10b). 이 생명을 가진 자는 창세전부터 현존하시는 하나님 아버지와 아들 안에 거하는 영광을 누립니다(요 17:24). 그는 지하실에서 벗어나 최고층으로 상승하여 사는 자와 같게 됩니다. 아들 안의 생명, 영생은 실제적입니다(요일 1:1). 예수를 그리스도로 믿는 자에게는 이 생명이 있습니다(요일 5:13). 이 영생은 우리가 복음을 통해 아들 안에 거하고 아버지 안에 거함으로써 현실이 됩니다(딤후 1:10; 요일 2:24-25).

생명의 공동체, 유사 신앙을 뚫고

영생에 이르게 하는 복음의 진리가 A.D. 313년 콘스탄티누스의 기독교 공인 이후 제도권 교회에서 멀어졌습니다. 이후로 아버지의 집에 이르지 못하는 유사 신앙이 기독교의 주류가 되고 말았습니다. 그런데도 기독교 역사에서 영생의 거주지가 사라지지 않고 존속됐습니다. 그 선두 주자가 서방 교회의 수도원 창설자인 성 바실리우스(St. Basilius)입니다. 2016년 6월, 필자는 바울의 전도 여정을 순례했습니다. 순례 중 튀르키예의 갑바도기아 근처에 있는 '괴뢰메 동굴'을 방문했습니다. 그곳은 콘스탄티누스가 제정한 유사 신앙에 저항하여 바실리우스가 세운 수도원이었습니다. 말로만 듣던 그 영생의 공동체를 직접 보니 온몸이 전율하며 벅찬 감동이 밀

---

1 Augustinus, 『성 어거스틴의 고백록』, 19.
2 김종두, 『키에르케고르의 실존사상과 현대인의 자아 이해』, 10.

려왔습니다. 고난을 자처하면서 참신앙의 길을 걸어갔던 선진들의 삶이 눈물겹도록 감격스러웠습니다.

오늘날 시대성에 영합한 신앙의 현실은 영생의 진리를 알고 전하는 일에 부적응, 초조, 실패감의 대가를 치르게 합니다.[3] 그런데도 저 옛날 믿음이 견고한 자들이 유사 신앙의 벽을 뚫고 예루살렘을 향했듯이(대하 11:16), 생명의 복음을 영으로 깨달은 이들은 기꺼이 대가를 치르면서 생명의 길을 오롯이 걷고 있습니다.

교회를 향한 간절함, 필요에서 생명으로

교회는 하나님의 진리 기둥입니다. 이에 하나님이 아들을 통해 증거하신 진리를 전해야 합니다. 아들은 아버지께서 명하신 영생의 말씀을 전하셨습니다(요 12:50). 이는 복음을 통해 생명을 얻는 진리입니다. 하지만 현대 교회의 현실은 복음과 생명의 진리를 전파하기보다 사람들의 필요에 부응하는 말을 전하는 경향이 현저합니다. 시대성에 적합한 청중 친화적인 메시지가 말씀의 이름으로 전해집니다. 이것은 교회가 바벨론의 포로가 되어 가는 것과 같습니다.[4] 모든 시대에 해당하는 영원한 메시지는 바로 영생의 말씀입니다. 물론 예수 그리스도께서 영생의 말씀을 상징으로 삼는 필요를 주셨습니다. 하늘에 있는 영생의 말씀을 보여 주는 모형으로 인간의 필요를 채워 주신 것입니다(요 6:26). 따라서 눈에 보이는 필요의 충족이 기독교의 본질이 아닙니다. 필요가 궁극적으로 가리키는 하늘의 실재, 곧 영생을 얻는 것이 기독교의 본질입니다(요 6:47). 영생은 인간의 깊은 층의 목마름을 해결하는, 예수 그리스도 안에 있는 생명입니다. 이 생명을 얻기 전까지 인간은 깊은 층에서 목말라합니다. 그 목마름을 생명의 말씀이 아닌 다른 것으로 해갈하려고 시도합니다.

---

3 Guinness, 『선지자적 반시대성』, 129-143.
4 Guinness, 『선지자적 반시대성』, 107, 149.

물론 신앙과 목회의 본질을 찾고자 힘쓰는 교회들도 있습니다. 그들은 복음의 말씀, 십자가와 생명의 진리로 돌아가고자 고군분투합니다. 그런데도 궁극적 진리인 하나님과의 교제로 나아가지 못하는 것은 복음이나 진리가 파편화되어 있기 때문입니다. 하나님 나라의 복음과 십자가와 부활의 복음은 하나로 통합됩니다. 곧 십자가와 부활의 복음은 하나님과의 사귐으로 실제되는 하나님 나라를 성취합니다. 이렇게 말씀을 통하여 생수를 얻기 전까지 사람들은 야곱의 우물이라는 신앙의 전통과 유산에서 마실 물을 구합니다(요 4:12). 이 물이 일시적으로 갈증을 해소해 주기는 하지만 이내 다시 목이 마릅니다(요 4:13). 예수께서 주시는 물은 우리를 영원한 생명으로 인도하는 솟아나는 샘물, 복음입니다(요 4:14). 또 어떤 이는 아예 교회 밖에서 깊은 층의 목마름을 해갈하려고 합니다. 없어지고 마는 존재물로 목마름을 해결하려고 합니다. 하지만 그의 이중적인 삶과 신앙은 결국 더 깊은 공허와 목마름, 인격의 왜곡과 붕괴로 치닫습니다.

하나님께서 이 시대 교회들에 은혜를 베풀어 주시기를 바랍니다. 교회가 지금까지 치우쳐 왔던 필요 사역의 범주를 넘어서서 생명의 진리 안에 견고히 서기를 원합니다. 이때 성도들이 말씀으로 사는 언약 백성이 되고, 하나님이 그들의 하나님이 되십니다. 그리하여 교회는 주 예수 그리스도가 오시는 날까지 사람들에게 복음을 전하여 생명을 얻게 하는 사명을 감당할 수 있습니다.

1부

기원

01

예수 그리스도의 계시 _ 기원, 복음, 생명

> "하늘에서 내려온 자 곧 인자 외에는 하늘에 올라간 자가 없
> 느니라 모세가 광야에서 뱀을 든 것 같이 인자도 들려야 하리
> 니 이는 그를 믿는 자마다 영생을 얻게 하려 하심이니라"
>
> _ 요 3:13-15

요한복음에서 예수 그리스도의 계시는 밤중에 찾아온 니고데모에게 주어졌습니다. 니고데모는 바리새인이자 유대인의 관원으로서 성속(聖俗)의 영역에서 정상에 올랐습니다. '니고데모'는 '니고'(영웅, 정복자)와 '데모'(백성)의 결합어로서 '백성의 정복자'입니다. 그는 특정한 인물이라기보다 유대교의 완성을 상징하는 인물입니다. 나아가 예수와 니고데모의 대화는 예수가 표상하는 영생의 공동체인 교회와 니고데모가 표상하는 유대교와의 대화입니다. 니고데모는 유대인 중에서도 경건한 그룹에 속한 바리새인입니다. 그의 사회적 신분은 관원입니다. 관원은 최고의 의결기구인 산헤드린 공회원을 말합니다. 게다가 니고데모는 이스라엘 사회에서 존경받는 '랍비'였습니다(10절). 거기에 그는 고관들에게 부수적으로 따르는 큰 부를 소유했습니다(요 19:39).

그런 니고데모가 밤에 예수께 찾아왔습니다. '밤'은 랍비들이 율법을 연구하는 시간이었습니다. 그가 밤에 예수를 찾은 것은 동료들의 눈을 피

하기 위함이나, 영적으로 그가 어둠임을 상징합니다(요 13:30; "유다가 그 조각을 받고 곧 나가니 밤이러라"). 백성의 정복자요 신앙의 정상에 서 있는 니고데모는 여전히 어둠에 속해 있습니다. 하지만 그에게 임한 어둠은 그를 참 빛의 현존으로 이끕니다. 그는 땅의 모든 성취를 이루었음에도 참 빛 되신 그리스도가 오기까지 여전히 어둠입니다. 세속과 종교의 영역에서 정상에 서 있는 니고데모는 자신이 어둠이라는 것을 깨닫고 참 빛으로 나옵니다. 자신도 랍비인 니고데모는 예수를 '하늘에서 오신 랍비'(선생)라고 부릅니다. 그리고 예수를 향하여 하나님이 그와 함께하지 아니하시면 이 표적을 행할 수 없다고 말합니다. 니고데모가 말한 표적은 예수께서 예루살렘에서 행하신 표적들을 가리킵니다(요 2:23).

예수께서는 니고데모가 성속의 정상에 서 있음에도 여전히 어둠인 것을 아셨습니다. 그리고 그에게 필요한 유일한 것, 진리를 말씀하십니다("내가 진실로 진실로 네게 이르노니"). 예수께서 누구든지 위에서 나지 아니하면 하나님 나라를 볼 수 없다고 말씀하십니다(3절). 한글성경 '거듭나다'의 정확한 번역은 '위에서 나다'(헬, 게네세 아노센, born from Above)입니다. 요한복음에서 '위'는 하나님의 아들이 거기서 오고 거기로 가는 기원을 말합니다(요 3:31; 8:23). 하나님의 아들만이 유일하게 '위에서' 나셨습니다(요 8:23). 그는 하나님 아버지께부터 태어난 아들, '독생자'입니다(요 5:26; 1:18).

요한복음 3:13-15는 예수께서 '하늘의 일'을 구체적으로 증거하십니다. 이것은 예수 그리스도의 자기 계시입니다. 우리의 신앙생활은 누군가로부터 예수에 관하여 들음으로써 시작합니다. 그러나 하나님의 때에 우리는 예수 그리스도로부터 직접 듣습니다. 바울은 자기가 전한 복음은 사람의 뜻을 따라 된 것이 아니며, 사람에게서 받은 것도 아니요, 사람에게서 배운 것도 아니라고 했습니다. 그의 복음은 오직 예수 그리스도의 계시로 말미암은 것입니다(갈 1:12). 예수가 니고데모에게 하신 마지막 말씀은 그의 직접적 계시이며 기독교 진리의 본체입니다. 그것은 예수 그리스도의 세 가지 계시입니다.

요 3:13 _ 기원 : 인자, 하늘에서 오시다.
요 3:14 _ 복음 : 인자, 땅에서 들리다.
요 3:15 _ 생명 : 인자, 영원한 생명을 주시다.

기원 : 인자, 하늘에서 오시다

예수 그리스도의 첫 번째 계시는 기원입니다. 기독교 진리는 다른 종교와 달리 '기원'을 아는 데에서 시작합니다. 불교에서는 이런 말이 전해져 옵니다. 어느 날 비구니 말루캬푸타가 부처에게 물었습니다. "신, 우주, 세계의 근원이 무엇인지 알려주시오. 그렇지 않으면 당신을 떠나겠소." 그러자 부처는 그에게 이런 우화를 들려주었습니다. "어떤 사람이 독화살을 맞아 죽어 가는데, 화살을 쏜 사람이 누구이며, 거리가 얼마이며, 무슨 나무로 화살을 만들었느냐고 묻고 고집하다 죽고 말았다." 이 말은 불교가 근원을 묻는 종교가 아니라 인간의 실존적 고통을 묻는 종교라는 뜻입니다.

예수 그리스도의 계시는 기원이 그 시작입니다. 구약성경 잠언에서는 기원을 알지 못하는 자를 짐승이라고 말합니다. "참으로 나는, 사람이라기보다는 우둔한 짐승이며, 나에게는 사람의 총명이 없다. 나는 지혜를 배우지도 못했고, 지극히 거룩하신 분을 아는 지식도 깨우치지 못했다. 하늘에 올라갔다가 내려온 사람이 누구며, 바람을 자기 손에 움켜쥐고 있는 사람이 누구냐? 물을 그 옷자락으로 싸고 있는 사람이 누구며 땅의 모든 경계선을 그은 사람이 누구인가? 그 사람의 이름은 무엇인지, 그의 아들의 이름은 무엇인지, 정말 네가 아느냐?"(잠 30:2-4).

예수 그리스도는 자기의 기원을 '하늘'이라고 말씀하십니다. 그는 하늘에서 오신 '인자'입니다. '인자'는 예수 그리스도의 자기 계시입니다.[1] '인자'는 '그 사람의 아들'(the Son of Man)이며, 예수 그리스도에게 한하여 불려진 칭호입니다. 인자의 구약적 근거는 다니엘서 7장에 나옵니다.

"내가 또 밤 환상 중에 보니 인자 같은 이가 하늘 구름을 타고 와서 옛적부터 항상 계신 이에게 나아가 그 앞으로 인도되매 그에게 권세와 영광과 나라를 주고 모든 백성과 나라들과 다른 언어를 말하는 모든 자들이 그를 섬기게 했으니 그의 권세는 소멸되지 아니하는 영원한 권세요 그의 나라는 멸망하지 아니할 것이니라"(단 7:13-14).

다니엘이 본 환상에서 지상의 통치자는 짐승으로 묘사됩니다(단 7:1-8, 사자, 곰, 표범, 열 뿔 달린 짐승). 사자는 바벨론 제국을, 곰은 바벨론을 무너뜨린 메대 제국을, 표범은 페르시아 제국을, 열 뿔 달린 짐승은 헬라 제국을 묘사합니다. 이들은 한때 번성했으나 풀의 꽃처럼 시들고 사라진 나라들입니다. 반면 인자는 지상의 통치자와 대조되는 하늘에 속한 자입니다. 그는 영원부터 계신 하나님으로부터 권세와 영광과 나라를 받아 영원한 나라를 세웁니다. 제국을 표상하는 짐승의 나라는 덧없이 사라지나 인자의 나라는 영원히 존속하는 나라입니다. 유대교 문서에서 에녹은 하늘에 속한 인자와 같이 되기 위해 하늘로 올라갑니다(에녹 1서 70:2, 71:1). '인자' 혹은 '인자 같은 이'는 하늘에서 오신 하나님의 아들, 곧 로고스입니다(요 1:1, 14, 18; 3:16). 하늘에서 오신 인자는 다시 하늘로 올라가십니다.

'하늘'(heaven)은 피조된 '하늘'(sky)이 아니라 인자가 오신 곳인 창조 이전의 세계를 말합니다. 예수의 기원은 '하늘'입니다. 미가 선지자는 그리스도의 기원을 상고(영원)라고 했습니다(미 5:2). 하늘은 '위'이며(요 3:31;

---

1 Nwebigin, 『요한복음 강해』, 167.

8:23), '만물 위'이며(요 3:31), 태초이며(요 1:1), 창세전의 세계입니다(요 17:5). 만물 위, 하늘, 태초, 창세전은 신학적으로 '영원'입니다. 창세전의 세계는 창조 세계와 구별됩니다. 창세전의 세계는 무한성의 세계이며 항상성의 세계입니다. 반면 땅(요 3:31), 아래(요 8:23)는 만물 안의 세계이며 유한성과 무상성의 세계입니다. 유일하신 참 하나님과 그의 아들은 태초부터 계시며(요 1:1), 만물 위에 계십니다(롬 9:5; 엡 4:6). 만물 위에 계신 하나님과 그의 아들이 만물을 창조하셨습니다. 하나님은 그가 지으신 만물을 그의 발 아래에 두시는데, 이는 그가 만물에 속하지 않음을 뜻합니다. "만물을 그의 발 아래에 두셨다 하셨으니 만물을 아래에 둔다 말씀하실 때에 만물을 그의 아래에 두신 이가 그 중에 들지 아니한 것이 분명하도다"(고전 15:27).

복음 : 인자, 땅에서 들리다

예수 그리스도의 두 번째 계시는 복음입니다. 하늘에서 오신 인자는 모세가 광야에서 뱀을 든 것처럼 땅에서 들리실 것입니다. 출애굽 하여 광야를 지나던 이스라엘 백성은 하나님이 인도하시는 '길'로 인해 마음이 상했습니다(민 21:4). 이것은 이스라엘 백성을 향한 하나님의 뜻과 하나님을 향한 백성들의 기대가 달랐기 때문입니다. 뜻이 같지 아니하면 동행할 수 없습니다(암 3:3). 백성들은 그들의 인도자 모세를 원망했고 그것은 하나님을 원망한 것입니다(민 21:5). 그 결과 하나님께서는 이들에게 형벌을 내리셨고 이들은 불뱀에 물려 죽어갔습니다. 이들이 모세에게 구원을 호소하자, 하나님은 모세에게 불뱀을 만들어 장대 위에 매달게 하셨습니다. 모세가 놋뱀을 만들어 장대 위에 다니 뱀에게 물린 자가 놋뱀을 쳐다본즉 살았습니다. "모세가 놋뱀을 만들어 장대 위에 다니 뱀에게 물린 자가 놋뱀을 쳐다본즉 모두 살더라"(민 21:9).

예수 그리스도는 모세가 광야에서 뱀을 든 사건을 자기에 대한 예표라고 말씀하십니다. 곧 모세가 광야에서 뱀을 든 것처럼 인자가 땅에서 들리실 것이라고 하십니다. 신약성경에서 '들리다'(헬, 휩소오)는 그리스도의 죽음과 부활과 승천을 의미합니다. 인자는 땅에서 들려 죽으시며, 모든 사람을 자기에게로 이끄십니다. "내가 땅에서 '들리면'(휩소오) 모든 사람을 내게로 이끌겠노라 하시니 이렇게 말씀하심은 자기가 어떠한 죽음으로 죽을 것을 보이심이러라"(요 12:32-33). 예수께서 땅에서 들리는 것은 그의 십자가에서의 죽음을 의미합니다. 그가 십자가에서 죽으실 때 모든 사람을 그리로 이끄셨습니다. 바울은 한 사람 예수 그리스도가 모든 사람을 위하여 죽으셨고, 따라서 모든 사람이 죽었다고 증거합니다. "그리스도의 사랑이 우리를 강권하시는도다 우리가 생각하건대 한 사람이 모든 사람을 대신하여 죽었은즉 모든 사람이 죽은 것이라"(고후 5:14).

예수 그리스도가 모든 사람을 대신하여 죽으심으로써 아담 안에서 죄인으로 태어난 모든 사람이 죽었습니다. 이것은 하나님이 아들을 통해 이루신 구원의 사건입니다. 사도 바울은 회심하기 전 하나님이 이스라엘을 택하셨다는 선민사상이 투철했습니다. 그러나 그가 부활하신 예수를 만났고 예수가 모든 사람을 대신하여 죽으셨음을 영으로 알게 되었습니다. 이후로 바울은 어떤 사람도 육신으로 알지 않았다고 말합니다(고후 5:16). 즉, 모든 사람을 차별 없이 그리스도가 대신 죽으신 구원의 대상으로 본 것입니다. 그는 그리스도의 이 사랑에 강권하여 복음을 전하는 일에 자기 목숨을 아끼지 않았습니다.

다음으로 인자가 들리는 것은 그의 부활과 승천을 뜻합니다. 십자가에서 죽으시고 부활하신 그리스도는 하늘로 올리우셨습니다. 사도행전에서 '들리다'(휩소오)는 '그리스도의 승천'을 나타내는 말입니다. "하나님이 오른손으로 예수를 높이시매(휩소오) 그가 약속하신 성령을 아버지께 받아서 너희가 보고 듣는 이것을 부어 주셨느니라"(행 2:33). "이스라엘에게 회개함과 죄 사함을 주시려고 그를 오른손으로 높이사(휩소오) 임금과 구주로 삼으셨느니라"(행 5:31). 예수 그리스도는 십자가에서 죽으셨으나 하나님이 그를 살리시고 주와 그리스도가 되게 하셨습니다(행 2:36). 예수 그리스도는 죽은 자 가운데서 부활하사 능력으로는 하나님의 아들로 선포되셨습니다(롬 1:4). 부활하신 그리스도는 40일간 지상에 머물면서 제자들에게 나타나셨습니다. 부활하신 그리스도는 모세의 율법과 선지자의 글과 시편에 자기에 관해 기록된 모든 것이 이루어졌다고 말씀하셨습니다(눅 24:44). 그는 십자가에서 죽으시고 부활하심으로써 구약성경이 증거한 그리스도의 일을 성취하셨습니다(눅 24:46). 그리고 그의 이름으로 죄 사함을 받게 하는 회개가 예루살렘에서 시작하여 모든 족속에게 전파될 것이라고 하면서 제자들에게 이 일에 증인이 되라고 말씀하셨습니다(눅 24:47-48). 제자들이 그리스도의 일에 증인이 되는 것은 오직 위로부터 능력을 받을 때 가능합니다. 곧 제자들에게 성령이 임하면, 그들은 권능을 받고 예루살렘에서 시작하여 땅끝까지 예수 그리스도의 증인이 되는 것입니다(행 1:8). 부활하신 예수께서 이 명령을 하시고 하늘로 승천하셨습니다.

그리스도가 하늘로 승천하시는 것은 믿는 자들에게 성령을 보내주시기 위함입니다. "그러나 내가 너희에게 실상을 말하노니 내가 떠나가는 것이 너희에게 유익이라 내가 떠나가지 아니하면 보혜사가 너희에게로 오시지 아니할 것이요 가면 내가 그를 너희에게로 보내리니"(요 16:7). 보혜사는 승천하신 그리스도가 믿는 자들에게 보내시는 진리의 영입니다. 진리의 영이 오시면 그가 죄와 의와 심판에 대하여 깨우칠 것입니다(요 16:8). 진리의 영이 오시면, 그가 믿는 자를 모든 진리 가운데로 인도하실 것입니다. 진리의 영은 자기 마음대로 말씀하지 않으시고, 이미 들은 것만 일러주실 것이요, 앞으로 올 일들을 알려주실 것입니다(요 16:13). 진리의 영은 예수께서 들려주신 영생의 말씀을 계시하며, 그가 십자가에 죽으시고 부활하신 일들을 증거할 것입니다. 그러므로 예수 그리스도가 증거한 영생의 말씀은 인자가 들린 후에 보내시는 성령으로 비로소 깨닫게 됩니다.

"이에 예수께서 이르시되 너희가 인자를 '든'(휩소오) 후에 내가 그인 줄을 알고 또 내가 스스로 아무 것도 하지 아니하고 오직 아버지께서 가르치신 대로 이런 것을 말하는 줄도 알리라"(요 8:28).

신약성경의 원복음은 그리스도의 죽으심, 장사됨, 부활, 현현의 사건입니다(고전 15:3-5). '인자의 들림'은 그의 죽으심과 장사됨과 부활과 승천과 성령 보내심을 총괄하는 '복음'입니다. 복음은 창세전부터 현존하시는 하나님의 아들이며 그가 행하신 구원의 사건인 '메시아적 행위'입니다(막 1:1; 고전 15:3-5). 이에 인자의 들림은 '메시아적 행위'로서 복음입니다.

생명 : 인자, 영원한 생명을 주시다

하늘에서 오신 인자가 땅에서 들리셨습니다. 하나님의 아들이 십자가에서 죽으시고 부활하셨습니다. 그 목적은 그를 믿는 자에게 영원한 생명을 주시기 위함입니다. 요한복음 3:15의 헬라어 여러 사본에는 '멸망하지 않고'가 들어 있습니다(킹 제임스 번역 참고). 요한복음 3:15의 '멸망하지 않고 영생을 얻는다'라는 말씀은 3:16의 '멸망하지 않고 영생을 얻는다'와 병행합니다. '그를 믿는다'라는 뜻은 '땅에서 들리신 인자를 믿는 것'입니다. 이는 십자가에서 죽으시고 부활하신 그리스도, 곧 복음을 믿는 것입니다. 요한복음에서 '그를 믿는다'라는 표현은 항상 '~속으로'(헬, 에이스)를 뜻합니다(into, in). 본래 '믿는다'라는 동사는 전치사가 필요하지 않는 타동사입니다. 예컨대 '성경을 믿다' 또는 '말씀을 믿다'라는 표현은 전치사가 따라오지 않습니다(2:22). 그래서 '그를 믿는다'라는 말은 '그의 속으로 들어간다'며, 직전 구절과 관련하여 '그의 메시아적 행위에 연합하다'라는 뜻입니다. 구체적으로 예수 그리스도의 죽음과 장사됨과 부활에 연합한 자는 새 생명을 얻고 그 생명을 누립니다(롬 6:4).

요한복음에서 하나님 나라는 3장 3절과 5절에 두 번 나옵니다. 신약성경에서 하나님의 나라, 영생, 구원은 같은 의미로 사용됩니다(눅 18:18-26). 요한복음에서는 주로 영생 또는 생명을 사용합니다(36회). 한편 공관복음에서 영생은 미래에 성취되는 생명입니다(17회). 3:15 및 16의 '영생을 얻는다'라는 표현은 3:17에서 '구원을 받는다'로 표현합니다. 요한복음에서 구원은 영생과 같은 의미로서 4회 언급합니다(3:17; 10:9; 12:27; 12:47).

요한복음과 요한일서에서 영생은 네 가지로 설명합니다.

첫째, 영생은 '아들 안의 생명'입니다. 영생의 기원은 창세전 아버지가 자기 속에 있는 생명을 아들에게 주어 그 안에 있게 하신 것입니다(요 5:26). 잠언 8:22-26에서 창세전 하나님께 낳은 바 된 아들은 지혜로 표현됩니다. 창세전 하나님이 행하신 첫 번째 일은 지혜(아들)를 낳은 것입니다. 영생은 창세전 아버지가 아들에게 주신 생명으로 '아들 안의 생명'입니다(요 1:4; 요일 5:11).

둘째, 영생은 '신자 안의 생명'입니다. 예수가 그리스도임을 믿는 자는 하나님께로부터 난 자입니다(요일 5:10). 예수가 하나님의 아들임을 믿는 자는 그 속에 영원한 생명이 있는 자입니다(요일 5:13). 아들이 있는 자는 생명이 있고 아들이 없는 자는 생명이 없습니다(요일 5:11). 생명이 있는 아들을 영접하는 자마다 영생을 얻고 하나님의 자녀가 되는 권세를 가집니다(요 1:12). 신자가 영생을 얻는 것은 아버지의 생명을 얻는 것이 아니라 아들 안의 생명을 얻는 것입니다. 아버지의 생명을 유일하게 받은 자는 아들뿐입니다. 그래서 우리는 그를 독생자로 부릅니다.

셋째, 영생의 현재성입니다. 영생은 그것을 얻은 즉시 현재 누리는 생명입니다. 요한복음에서는 현재 누리는 생명을 강조합니다. 영생은 유일하신 참 하나님과 그가 보내신 자 예수 그리스도를 아는 것입니다(요 17:3). '아는 것'은 아들과 아버지 안에 거하는 영적 실재입니다(요 17:21-24; 요일 2:24-25). 현재 누리는 영생은 성령 안에서 아버지와 아들 안에 거하여(요 14:20), 아버지 집에서 독생자의 영광을 보는 것입니다(요 17:24). 독생자의 영광은 아버지의 인자(히, 헤세드)와 신실(히, 에메트)이 충만한 상태입니다. 구약 시대 하나님의 영광을 본 자는 그의 인자와 신실로 충만했습니다(출 34:6). 인자와 신실의 쌍개념은 신약 시대 은혜와 진리의 쌍개념으로 표현합니다(요 1:14). 독생자에게 충만한 아버지의 인자와 신실이 우리에게 충만할 때 이것은 은혜 위의 은혜입니다(요 1:16).

넷째, 영생의 미래성입니다. 영원한 생명은 죽음 이후 지속되는 생명입니다. 영생의 삶은 육체의 죽음으로 중단되지 않습니다. 영생을 가진 자는 육체의 죽음 이후 주님과 대면 교제를 통해 영생을 더욱 풍성히 누립니다(고후 5:8; 빌 1:23). 이때 육체는 종말에 영광스러운 몸으로 부활하는 형체를 위해 씨로 심겨집니다(고전 15:35-44). 그리고 영생은 종말에 육체의 부활과 더불어 영광스럽게 완성됩니다. "선한 일을 행한 자는 생명의 부활로, 악한 일을 행한 자는 심판의 부활로 나오리라"(요 5:29). "내 아버지의 뜻은 아들을 보고 믿는 자마다 영생을 얻는 이것이니 마지막 날에 내가 이를 다시 살리리라 하시니라"(요 6:40).

생명의 위계 질서(Hierarchy of Life)

고대 철학자 아리스토텔레스는 '식물 → 동물 → 인간'이라는 존재물의 계층 구조를 떠올리는 데 기여하였습니다. 이것은 후에 초기 기독교 사상가들이 '창조주'와 '피조물'의 관계를 설명하는데, 그리고 중세 스콜라 신학자들이 자연까지 이르는 위계적 질서를 설명하는 데 공헌하였습니다.[2] 그러나 아우구스티누스와 토마스 아퀴나스(T. Aquinas)를 비롯한 스콜라 신학자들에게는 이 같은 존재물의 계층 구조가 초월적 세계로까지 연장된 존재의 계층 구조를 의미하였습니다. 이것은 피라미드식 존재의 계층 구조로서 그 정상에 하나님이 계시고, 그 아래에 천사가 있으며, 그 아래

---

2 김용규, 『신』, 117.

에 인간과 동물과 식물이 있다는 것입니다. 하여 고대와 중세의 사람들은 피라미드 계층 구조를 하나님이 부여한 세계의 본성이자 가치 체계로 받아들였습니다.[3] 아퀴나스는 피라미드식 존재의 계층 구조를 다음과 같이 설명합니다.[4] 식물 위에 동물이 있고, 동물은 식물에 없는 감각적 능력과 인지 능력이 있습니다. 동물 위에 인간이 있는데, 인간은 동물에게 없는 정신적인 것(불멸의 것)이 있습니다. 그리고 육체가 없는 순수한 정신인 천사가 인간보다 높습니다. 그러나 천사는 창조된 정신으로서 창조되지 않은 순수한 정신인 신(하나님) 아래에 있습니다.

진 에드워드(Gene Edward)는 존재의 계층 구조를 응용하여 '생명-생물학 도표'를 제시하였습니다.[5] 그가 제시한 도표를 참고로 하여 '생명의 위계질서'(Hierarchy of Life)를 논하면 다음과 같습니다. 가장 높은 생명으로서 하나님의 생명이 있고, 두 번째 생명체로 천사가 있고, 세 번째 생명체로 타락 전후의 인간이 있고, 네 번째 생명체로 동물이 있고, 다섯 번째 생명체로 식물이 있습니다. 생명의 위계질서에서 상위 생명의 권세는 하위 생명을 지배합니다. 불개미의 생명은 식물의 왕인 바오밥나무를 갉아 먹어 쓰러뜨리는 권세가 있습니다. 사람의 생명은 짐승의 세계를 지배하는 권세가 있습니다. 하지만 사람의 생명은 천사보다 조금 못하며(시 8:5), 천사의 지배를 받습니다. 그래서 유대인들은 기적을 베풀고 축복을 주는 천사를 숭배했습니다. 타락한 천사는 공중의 권세 잡은 자가 되어 허물과 죄로 죽은 자를 지배합니다(엡 2:1-2). 최상위 생명은 하나님의 생명이며, 아들에게 주신 그의 생명입니다.

하늘에서 오신 인자는 십자가에서 죽으시고 부활하심으로써 그를 믿는 자에게 그의 생명을 주십니다. 곧 복음은 땅에서 난 생명(3번 생명)을 하

---

3   김용규, 『신』, 126.

4   Weischedel, 『철학의 뒷계단』, "토마스 아퀴나스", 169-170.

5   Edward, 『하나님의 생명 체험하기』, 23.

늘에 속한 생명(1번 생명)으로 나게 하는 능력입니다. 예수가 하나님의 아들 그리스도임을 믿는 자마다 아들의 생명, 곧 영원한 생명을 얻습니다(요 20:31; 딤후 1:10).⁶ 복음이 기쁜 소식인 것은, 인간에게서 난 생명이 하나님으로부터 나는 생명을 얻기 때문입니다(요 1:12-13).

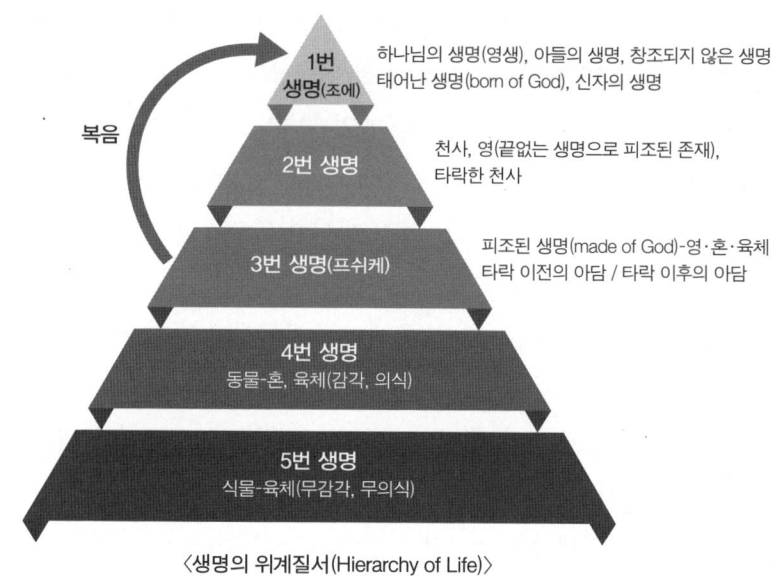

〈생명의 위계질서(Hierarchy of Life)〉

---

6 진 에드워드는 구원받은 자도 육체가 타락한 상태로 보아 3번 생명에 포함합니다. 필자는 구원받은 자는 복음을 통해 얻는 아들의 생명을 얻었고(요일 5:12), 하늘에 앉히운 자이기에 1번 생명으로 정의합니다(엡 2:6).

02

만물 안에 갇힌 기독교 신앙

> "그러므로 모든 육체는 풀과 같고 그 모든 영광은 풀의 꽃과 같으니 풀은 마르고 꽃은 떨어지되 오직 주의 말씀은 세세토록 있도다 했으니 너희에게 전한 복음이 곧 이 말씀이니라"
>
> _ 벧전 1:24-25

그 꼭대기에는 아무 것도 없었다

줄무늬 애벌레가 알에서 깨어났습니다. 그저 먹으면서 의미 없이 몸을 불리던 애벌레는 어느 날 더 나은 생활을 위해 길을 나섰습니다. 계속 탐험하다가 수많은 애벌레가 무리 지어 서로를 밟고 밀치며 위로 기어오르기를 반복하는 곳에 도착했습니다. 애벌레들은 거대한 기둥을 이루며 위로 올라가려고 애쓰고 있었습니다. '저 꼭대기에는 무엇이 있을까?' '모두 올라가려고 하는 것을 보면 뭔가 굉장한 것이 있을 거야.' 애벌레는 수단과 방법을 가리지 않고 다른 애벌레들을 짓밟으며 위로 올라갔습니다. 마침내 꼭대기에 이르렀습니다. 그러나 그곳에는 아무 것도 없었습니다.[7]

만물 안의 모든 것은 풀처럼 마르고 꽃처럼 떨어집니다(벧전 1:24). 그 세

---

7 Paulus, 『꽃들에게 희망을』, 40.

계의 꼭대기에는 아무것도 없습니다. 무상성(無常性)이 그 본질입니다. 모든 종교는 만물 안에서 시작하며 만물 안에서 정상에 이릅니다. 무(無)로 시작하여 무(無)로 끝나는 것입니다. 그러나 오직 하나님만이 만물 위에 계시며 만물을 충만하게 하십니다(엡 4:6). 아담 안에서 죄인으로 태어난 인생은 만물 안에 갇혀 있으며, 그 결말이 무(無)로 돌아갑니다(전 1:2). 기독교 신앙은 만물 위와 만물 안의 세계로 나누어집니다(요 3:31). 하나님은 만물 위에 계신 창조주이시며, 인간은 만물 안에 있는 피조물입니다. 이는 궁극적 이원성이며, 이 사실을 부정하는 것이 근본적인 죄가 됩니다.[8] 그러므로 기독교의 계시는 양면성으로 구분하며, 궁극적으로 만물 위에 계신 하나님을 알게 합니다.

하나님과 말씀, 신앙과 신학

기독교 신앙은 믿음에서 시작합니다. 그리고 그 신앙은 이해함으로써 지속됩니다. 이해하지 못하는 신앙은 맹목적인 신앙이며 결국 믿음을 없애고 맙니다. 신학은 신앙의 내용을 해명하고 이해하는 역할을 합니다. 하나님에 대한 모든 물음이 신학의 범주에 들어갑니다. 신학은 하나님에 대한 물음이며 나아가 논쟁입니다. 논쟁 없는 신학은 죽은 것과 같습니다. 이에 하나님에 관한 학문인 신학은 논쟁이나 운동(마음의 작용) 없이는 수행(修行)되지 못합니다. 그러므로 신학적으로 생각하는 자는 마음의 작용에 도달하며 신학적으로 말하는 자는 논쟁합니다. 우리가 하나님을 생각하고 하나님에 대해 말할 때 하나님께서는 우리를 움직이게 하셔서 변화시키십니다. 신학적 사유와 말이 생성과 운동(마음의 작용)과 논쟁 가운데서 수행될 때 이 사유와 말이 신앙의 형태로 나타납니다. 그러나 신학은 신앙의 존폐 문제를 결정할 수 없으며 단지 신앙의 내용을 밝혀 줄 뿐입니

---

8   Mouw, 『왜곡된 진리』, 114.

다. 따라서 신앙이 먼저 있고 신학이 그 뒤를 따릅니다. 또한 신앙을 이해하는 궁극적 능력은 인간의 자발성에 의해 나오지 않고 언제나 하나님으로부터 주어집니다. 그러므로 신앙과 그 신앙의 내용을 이해하게 하는 신학은 하나님의 말씀을 근간으로 합니다.

계시에서 상황으로

20세기 기독교 신학의 논쟁은 신앙의 출발이 '계시인가?', '상황인가?'의 문제로 함축됩니다. 이 문제는 교회의 신앙의 내용에 상당한 반향을 일으켰습니다. 20세기 최고의 신약학자로 불리는 루돌프 불트만(R. Bultmann)이 이 논쟁에 대해 최초로 문제를 제기했습니다. 그는 고대의 텍스트인 성경과 현대 세계 사이에 놓여 있는 격차는 우리의 주해 작업에 적절한 전이해를 수용할 때 비로소 극복될 수 있다고 했습니다.[9] 고대에 기록된 성경과 현대의 독자들을 연결해 주는 질문은 인간 실존에 관한 것이었습니다. 이 점에서 그는 19세기 이후에 태동한 실존주의를 매우 중시했습니다. "성서 해석은 실존 이해와 관련되어 있기에, 그러므로 실존철학은 성서 해석을 위한 적절한 개념들을 제공해 줄 수 있는 것이다."[10] 실존주의에 입각한 불트만의 신학은 기독교 신앙을 과거의 역사로 축소하지 않고 현재에 실존하는 개인의 결단과 헌신을 요구한다고 정의했습니다. '오늘 현재'의 의미를 묻는 그의 신학은 '실존론적 신학'으로 불립니다.[11] 그에게 신앙의 대상은 '역사적 예수'가 아니라 '그리스도로 선포된 예수'(케리그마)였습니다. 예컨대, 십자가와 부활 사건의 경우 그 사건이 실제로 일어났다는 역사적 사실보다 오늘 우리가 십자가와 부활의 신앙을 살고 있는

---

9   Granz & Olson, 『20세기 신학』, 141.
10   Bultmann, 『예수 그리스도와 신화』, 71.
11   김균진, 『20세기 신학 사상 I』, 135.

지를 더 중요하게 여겼습니다. 그런데 '역사적 예수'를 도외시한 '신앙의 그리스도'는 신자 개인의 마음속이나 교회의 집단적인 의식 속에 일종의 주관적이고 가변적인 '그리스도상(像)'을 형성할 위험이 큽니다. 이러한 접근 방법은 자기가 원하는 그리스도의 이미지만 각인시키는 결과를 가져옵니다.

불트만의 실존론적 신학을 선교학에서는 새로운 관점으로 받아들이기 시작했습니다. 1973년 개최된 방콕의 WCC 대회에서는 '오늘날 구원이 무엇인가?'라는 주제를 조명했습니다. 그런데 문제는 기독교의 원시 복음에서 정의한 '죄로부터의 구원'에 대한 내용이 퇴색되고, '상황으로부터의 구원'이 그 자리를 대치했다는 점입니다. 이때부터 구원이 인간이 당면한 상황을 해결해 주는 것으로 간주되기 시작했습니다. 이는 기독교 신앙의 출발점을 계시가 아닌 상황에 두는 오류에 빠뜨렸습니다. 그래서 기독교의 구원이 우리의 상황에 따라 전혀 다른 의미를 갖게 된 것입니다. 이 같은 입장은 기독교를 마치 예수를 하나의 '부호'(cypher)로 삼아 섬기는 미신적 종교로 전락시키고 말았습니다.[12] 신앙의 출발점을 말씀이 아닌 상황에 둔 이 오류는 그리스도에 대한 다양한 이미지(images)를 형성하게 했고 그를 상황의 해결자로만 제한했습니다.

이로 말미암아 우리 역시 하나님은 물론 그분의 계시인 말씀까지도 그저 우리의 어려운 상황을 해결해 주는 하나의 도구로 밖에 여기지 않는 신앙을 가지게 되었습니다. 만일 하나님이 그러한 속성만 가지신 분이라면 하나님을 믿기만 하면 모두 형통하고 건강하며 장수해야 할 것입니다. 모든 가정에 문제가 없어야 할 것입니다. 마치 예수가 마스터키와 같은 역할을 하면서 모든 문제를 다 해결해야 할 것입니다. 그런데 현실은 그렇지 않습니다. 어떤 부분은 해결되지만, 어떤 부분은 여전히 문젯거리로 남아

---

12 김세윤, 『신약 성경 신학 Ⅰ』, 11.

있습니다. 우리는 해결되지 않은 문제들을 보면 하나님에 대해 불신이 생깁니다. 신앙생활의 방향도 모호해집니다. 신앙의 열정도 식어 갑니다. 이렇게 상황을 해결하기 위해 하나님을 믿는 것은 미신을 섬기는 것과 다를 바가 없습니다. 미신도 때로 어떤 상황을 해결해 주는 것처럼 보이기도 하고, 아닐 때도 있기 때문입니다.

1950년대에 들어와 신학자들이 새로운 성찰을 하게 되었습니다. 대표적으로, 불트만의 제자인 에른스트 케제만(E. Käsemann)이 "역사적 예수의 문제"(Problem des Historischen Jesus)라는 논문을 발표하면서 기독교 신앙의 근원을 찾고자 했습니다. 뒤이어 귄터 보른캄(G. Bornkamn)이 『나사렛 예수』(Jesus von Nazareth)를 저술하여 '신앙의 그리스도'가 예수 자신의 말씀과 행위 안에 뿌리내리고 있음을 밝혔습니다. 이들의 역사적 예수에 대한 탐구는 예수께서 전하고자 하신 궁극적인 사역이 '하나님 나라의 실현'이라는 점을 밝혀냈습니다. 이들의 연구로 인해 기독교 신앙의 목적이 단순히 땅의 것에 귀속되는 상황 해결이 아니라 하나님 나라에 참여하는 것으로 파악되었습니다. 이렇듯 기독교 신앙의 근간을 '역사적 예수'에서 찾으면 예수께서 전한 하나님의 뜻에 집중할 수 있고 보이는 상황에 갇히지 않습니다. 도리어 만물에 속한 보이는 상황에서 해방되어 모든 상황에서 하나님을 인정하며 만물 위의 통치하시는 하나님께 귀속합니다.

감정적 체험 vs 말씀의 확신

20세기 기독교 신앙의 또 다른 특징은 감정적 경험을 중시하는 것입니다. 이는 불트만 보다 약 1세기 전에 활동했던 신학자인 슐라이어마허에게서 기원을 찾습니다. 그는 '현대 신학의 아버지'로 불립니다. 17세기 르네 데카르트(R. Descartes)에서 시작한 이성의 혁명은 기독교에 새로운 전기를 가져왔습니다. 인간의 이성에 절대 가치를 부여한 계몽주의가 시작되었습니다. 계몽은 미성숙한 상태를 벗어나는 것입니다. 미성숙은 이성의 활동 없이 전적으로 타자의 지배에 자기를 맡기는 상태를 말합니다. 계몽은 이성의 빛을 사용하여 대상을 인식하는 것입니다. 임마누엘 칸트(I. Kant)는 계몽주의의 아버지로 불립니다. 그는 종교(기독교)란 이성의 한계 내에서 작동한다고 했습니다. 참된 유일의 종교는 순수 이성에 의해 계시된 것이라고 했습니다.[13] 칸트에 의하면 초월의 신은 인간의 이성으로 파악하지 못하며, 종교는 시공간을 초월하여 유효한 정언명법을 지키는 것입니다.[14] 하여 계몽주의 신앙은 그리스도인이 기록된 말씀을 순종하는 것이며, 이를 위해 신을 요청하는 것입니다. 곧 계몽주의식 기독교 신앙은 말씀을 아는 '지식'과 그것을 실천하는 '행위'입니다. 계몽주의가 기여한 바가 있다면 죽은 정통에 사망선고를 내린 점입니다. 그러나 계몽주의적 신앙은 기독교를 도덕과 윤리의 차원에 머물게 하는 오류를 범했습니다. 그러다 보니 이 같은 신앙은 그리스도인보다 도덕적으로 우월하다고 생각하는 교양인들의 비난을 받게 됩니다.

이때 슐라이어마허는 이들을 겨냥하여 "종교를 멸시하는 교양인들을 위한 강연" 〈종교론〉을 통하여 진정한 기독교 신앙을 설파했습니다.[15] 물론 슐라이어마허는 계몽주의의 기독교 비판을 중요하게 여겼습니다. 그는 개신교 신학자라면 고전적 전통에 나타난 견해뿐 아니라, 17세기 정통주의에 대한 계몽주의의 비판을 알아야 한다고 했습니다.[16] 그러나 슐라이어마허는 기독교가 계몽주의가 말하는 지식과 행위의 종교가 아니라, 신(하나님)과 직접 만나는 '절대 의존의 감정'이라고 했습니다. "종교는 지

---

13 Kant, 『이성의 한계 안에서의 종교』, 193.
14 Kant, 『실천이성비판』, 101.
15 슐라이어마허의 '종교를 멸시하는 교양인들을 위한 강연'은 '종교론'으로 출간되었다.
16 Tillich, 『19-20세기 프로테스탄트사상사』, 138.

식이나 행위가 아니며 형이상학이나 도덕 혹은 이 둘의 합성물이 아니다. 종교는 우주의 영원하고 이상적인 내용과 본질에 대한, 그리고 무한자와 시간적인 존재 가운데 있는 영원자에 대한 경건한 직관이며 느낌이다."[17] 절대 의존의 감정은 흔히 오해되듯이 인간적 감정이 아니라, '신적인 것의 직접적 인식'을 의미합니다.[18] 그가 말하는 기독교의 본질은 신과의 일치, 곧 신에게의 참여입니다. 그는 요한복음의 영생에 대하여, 영생은 다만 사후의 생명 연속이 아니고 지금 여기에서 경험하는 신적인 삶이라고 했습니다.[19] 슐라이어마허의 사상은 그가 기독론을 경시했다는 점에서 후대의 비판을 받습니다(특히 초기 바르트).

그런데 이후 슐라이어마허의 절대 의존의 감정은 일부 복음주의자들에 의해 왜곡되어 해석되었습니다. 다시 말해 그가 말한 절대 의존의 감정을 다분히 인간적인 감정으로 곡해한 것입니다. 그러다 보니 그를 기독교 신앙의 내용을 감정적 체험으로 자리매김하는데 결정적인 영향을 준 학자로 오인했습니다. 그의 영향을 받은 교회는 성경의 진리보다 감정의 경험에 더 비중을 두게 되었습니다. 설교자들은 진리를 가르치는 것보다 무엇인가를 경험하게 하는데 치중했습니다. 내용보다 느낌이 중요하다는 것입니다. 일반 대중은 그의 사상이 매우 편안하게 느껴진다는 점에서 그의 신학을 환영했습니다.[20] 그러다 보니 하나님과의 관계가 요체인 신앙은 단지 느끼면 되는 것이라고 여겨졌습니다.

또한 20세기에 와서는 성령을 전달가능한 물질적인 요소로 간주하면서 신앙적 감정의 체험을 성령의 체험과 동일시했습니다. 이것이 은혜를 받은 하나의 기준으로 작용함으로써 예배드리고 찬양하고 기도하는 성

---

17 Schleiermacher, 『종교론』, 45.
18 Tillich, 『19-20세기 프로테스탄트사상사』, 121.
19 Tillich, 『19-20세기 프로테스탄트사상사』, 124.
20 Murray, 『분열된 복음주의』, 29.

과를 가슴에서 올라오는 뜨거운 감정적 체험으로 판단하게 된 것입니다. 물론 하나님의 실재에 대한 의식은 분명히 감정적 체험으로도 나타납니다. 그렇다고 눈물을 쏟고 콧물을 흘리는 격한 감정의 체험이 반드시 은혜의 증거라고 단정할 수는 없습니다. 인격과 삶의 변화가 수반되지 않은 감정적 경험은 일종의 '정화'(카타르시스) 현상이 아닐 수 없습니다. 역설적으로 말하자면 참된 신앙이란 자기 안에 감정적 체험이 일어나지 않았더라도 하나님이 나와 함께하신다고 확신하는 것입니다. 설령 하나님이 나를 버리신 것 같을 때도, 설령 모든 사람이 나를 버렸고 나에게서 끊어졌을지라도 하나님께서 나와 함께하신다고 확신하는 것입니다. 참된 신앙은 감정적 체험이 아니라 영원하신 말씀에서 얻는 확신입니다.

인간을 위한 기독교

20세기 기독교 신앙의 또 다른 특징은 인간 중심의 신학입니다. 이는 루트비히 포이어바흐(L. Feuerbach)가 제시한 '종교의 인간학'에서 시작되었습니다.[21] 그에게 '하나님'이라는 개념은 인간이 자신의 유한성의 한계를 초월하고자 투사하는 대상에 지나지 않는다는 확신에 근거합니다. 기독교는 인간이 상상하는 바의 하나님이 되고자 하는 인간의 욕망을 반영한다는 것입니다. 그의 투사론을 근거로 지그문트 프로이트(S. Freud)는 신앙을 '환상적인 자기 투사'라고 정의했습니다. 곧 종교의 다양한 표상은 인간이 간절히 바라는 소원들을 투사한 것에 불과하다는 것입니다.[22] 카를 마르크스(K. Marx)는 포이어바흐의 투사론에 근거하여 "종교란 굴절된

---

21 Feuerbach, 『기독교의 본질』, 22.
22 S. Freud, *Die Zukunft einer Illusion*, in: Studienausgabe IX, 1974, S. 164, 김균진, 『기독교 조직신학 5권』, 563에서 재인용.

종교적 자기 영상을 투사하는 인간의 허위의식"이라고 주장했습니다.[23] 그에 의하면, 기독교 신앙이란 계급 질서를 유지하기 위한 신념 체제로, 억압받는 민중의 관심을 내세와 내세에 받을 대가(代價)로 돌리게 하여 그들을 정당하게 착취하는 수단, 곧 '아편'과 같은 작용을 한다고 합니다.

포이어바흐는 참 하나님의 존재가 참된 인간성을 박탈한다고 보았습니다. 그래서 하나님의 존재를 부정해야 진정으로 인간성을 회복할 수 있다고 합니다. 그가 주장하는 기독교는 현세적 인간성의 회복에 목적을 두며 그가 말하는 신학자는 인간학자입니다. 그는 굳이 기독교가 아니더라도 참된 인간이 가야 할 길을 제시하면 그것이 진리라고 설파했습니다. 포이어바흐의 신학은 인간이 하나님을 믿는 것이 결국 인간 자신을 위한 것이라는 신앙의 내용을 만들어 냈습니다. 하나님이 인간을 창조하신 것이 아니라 인간이 하나님을 만들어 냈고, 이때의 하나님은 인간을 위해 존재한다는 것입니다.

그런데 아이러니하게도 현대 교회가 바로 이러한 방향으로 흘러가고 있습니다. 대표적으로, 교회 안의 많은 신자가 '영생'의 개념을 죽어서 가는 천국으로 받아들입니다. 그리고 현세적인 자아실현을 위해, 곧 자기 인생을 얻기 위해 하나님을 믿습니다. 이는 포이어바흐의 투사설을 용인한 것으로, 인간이 기대하는 이미지로서의 하나님을 믿는 것과 같습니다. 예수께서는 자기 목숨을 얻고자 하는 자는 잃어버린다고 경고하셨으나(막 8:35), 오늘날 사람들은 그 경고에 아랑곳하지 않은 채, 자기 인생을 얻어 보란 듯이 성공하고 풍요롭게 즐기기 위하여 하나님을 신앙합니다. 이와 같은 신앙의 관점은 결국 기독교 신앙도 인간의 삶의 질을 높여 주는 데 기여해야 한다는 결론을 끌어냅니다.

이 관점은 세상에서 성공한 사람을 교회에서도 성공한 신자라고 간주

---

23   김균진, 『기독교 조직신학 5권』, 565.

합니다. 세상에서의 성공을 하나님 앞에서의 성공이라고 착각하게 합니다. 경제적으로 윤택하고 자녀들도 다 출세하여 부족함이 없어 보일 때 축복받았다고 인정해 줍니다. 반대로, 사업에 실패하고 자녀 교육에도 실패했다면 하나님을 잘 믿지 않아서 그렇다고 깎아내립니다. 이것은 인간의 탐심이 심연에서 작동하는 것일 뿐이며, 오도된 신학이 정당화해 준 무서운 결과입니다.

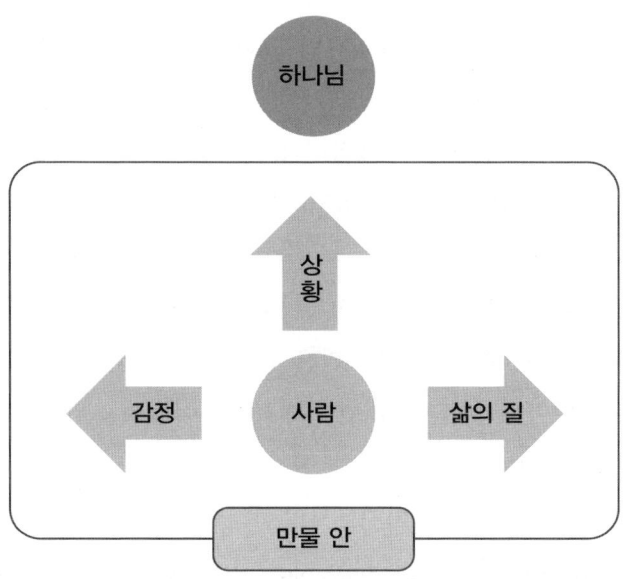

〈만물 안에 갇힌 하나님에 대한 인식〉

03

만물 위에 계신 하나님을 신앙하라

> "만민의 아버지이신 하느님도 한 분이십니다. 그분은 만물 위에 계시고 만물을 꿰뚫어 계시며 만물 안에 계십니다"
>
> _ 엡 4:6, 공동번역

    2장에서 언급한 세 가지 종류의 신학적 사상은 하나님을 만물 안에 갇힌 신으로 간주하게 했습니다. 다시 말해서, 기독교 신앙을 상황 해결, 감정 중심, 윤택한 삶을 위한 수단 정도로 제한한 것입니다. 이때 하나님은 만물 위의 하나님이 아니라 만물 안의 신들 중의 하나로 전락하고 맙니다.

    하나님은 만물 위에 계신 유일하신 신입니다. 하나님이 지으신 피조 세계가 만물 안에 속해 있습니다. 만물이 하나님에게 종속됩니다. 만물을 지으신 하나님은 만물 안이 아닌 만물 위에 거하십니다. 그리고 만물은 그 지으신 하나님을 위해 존재합니다. 그러나 사람들이 하나님을 만물 안으로 끌어 내렸습니다. 하나님을 믿되, 하나님을 그저 만물 안에서 생긴 내 문제를 해결해 주고, 신비한 감정을 체험하게 하며, 만물 안에 속한 내 삶을 윤택하게 해 주시는 신 정도로 생각합니다. 그러나 이는 참하나님을 신앙하는 것이 아닙니다. 참하나님은 만물을 초월하여 계시며 만물 위에서 만물을 다스리는 유일하신 신입니다. 우리가 신앙하는 참하나님은 만물 위에 계십니다.

하나님과 인간의 무한한 질적 차이

19세기 중반에 한 사람이 중대한 신학적 통찰을 하기 시작했습니다. 바로 유신론적 실존주의 철학자인 쇠렌 키르케고르(S. Kierkegaard)입니다. 그에 의하면 인간은 본질상 초월성 자체입니다.[24] 그가 말하는 기독교 진리란 열정으로 포착되며 내적인 참여로 이루어지는 신앙입니다. 그는 기독교의 핵심이 예수 그리스도 안에서 시간과 영원, 하나님과 인간의 교차를 인식하는 데 있다고 보았습니다. 그리고 만물을 초월하여 계시는 영원의 하나님과의 만남이 참신앙의 자리임을 설파했습니다. 그는 하나님과 인간 사이에는 '무한한 질적 차이'(무한한 심연과도 같은 차이)가 존재한다고 했습니다.[25]

키르케고르는 인간이 무한한 질적 차이가 있는 하나님과의 만남은 그 순간이 인간의 시간과 역사의 한 점이기는 하지만, 그것이 영원하신 하나님과의 만남이므로 영원한 순간이며 영원으로 통합된다고 했습니다. "인간은 영원성이 시간성으로 침투하며 시간성은 영원성으로 충만해지는 순간, 즉 양자 간의 접경에서 거점을 두고 있어 항상 정신적인 위기, 즉 실존적 불안 속에서 살아갈 수밖에 없는 실존자이다."[26] 시간성과 영원성 간의 접촉점에서 '순간순간' 실존적 불안 속에서 살아가는 인간은 그 불안을 해소하기 위해서 영원성의 차원을 등지고 시간성의 차원으로 전락해서 '비본래적인 인간'(하이데거, '상황의 지배를 받는 인간'[27])으로, 즉 한갓 동물로서

---

24 김종두, 『키에르케고르의 실존 사상과 현대인의 자아 이해』, 394.
25 Kierkegaard, 『그리스도교의 훈련』, 134.
26 김종두, 『키에르케고르의 실존 사상과 현대인의 자아 이해』, 411.
27 김균진, 『20세기 신학사상 Ⅰ』, 142.

살아간다는 것입니다. 이것은 아버지의 품을 두고도 돼지우리에서 살았던 탕자와 같은 삶입니다. 그런 인간을 위해서 하나님께서 아들을 세상에 보내셨습니다. 영원, 곧 하늘에서 오신 인자(the Son of Man)로서 예수 그리스도는 자신이 보고 들은 증거를 통해 자기를 믿는 자를 만물 위에 계신 하나님께로 인도합니다. 만물 위에 계신 하나님께로 나아가는 것이 참신앙의 실재입니다. 곧 영원에서 오신 그리스도 안에서 누리는 영원의 세계로 나아가는 것입니다. 키르케고르에 따르면 지하실에서 살던 인간이 최고층으로 상승하여 사는 것과 같습니다.

하나님의 계시자, 예수 그리스도

20세기 초 칼 바르트(K. Barth)는 키르케고르가 통찰한 시간과 영원의 '무한한 질적 차이'를 성경의 주제이며 철학의 총괄 핵심으로 보았습니다.[28] 키르케고르에게 있어 시간과 영원의 무한한 질적 차이는 바르트에게는 하나님과 인간 사이의 무한한 질적 차이를 의미합니다. "하나님은 하늘에 계시고 너는 땅에 있음이니라"(전 5:2). 인간과 무한한 질적 차이가 있는 하나님은 만물 위에 계신 하나님이십니다(엡 4:6). 그는 우리에게 알려지지 않는 하나님으로 존속합니다. 따라서 '계시된 하나님'은 '숨어 계시는 하나님'이십니다. 그의 존재와 행위는 인간의 모든 파악을 벗어납니다. 유한한 것은 무한한 것을 파악할 수 없습니다(고전 2:9). 만물 위에 현존하시는 '계시된 하나님'은 위로부터 수직적으로 내려오신 인자, 곧 예수 그리스도를 통해 파악됩니다(요 1:18).

바르트는 로마서 주석 전반을 통하여 하나님의 전적 타자성, 복음, 영원, 구원 등을 강조했습니다.[29] 당시 한 신학자의 말에 의하면 바르트의

---

28 Barth, 『로마서 주석, 2판 서문』, 102.
29 Granz & Olson, 『20세기 신학』, 102.

로마서 주석은 자유주의 신학자들이 노는 놀이터에 떨어진 폭탄과 같았습니다.[30] 바르트는 이러한 위대한 진리들은 인간의 보편적 경험이나 이성으로부터 파악될 수 있는 것이 아니라, 하나님의 계시를 통해 오는 것이므로 순종함으로 받아들여야 한다고 주장했습니다. "인간은 성육신한 하나님의 말씀이신 예수 그리스도만을 통하여, 오직 하나님의 은혜를 통하여, 오직 성령의 능력을 통하여, 오직 믿음을 통하여 하나님과 관계할 수 있다. 따라서 예수 그리스도만이 우리의 구원자이다."[31]

세 가지 신관

미국의 신학자 리처드 니부어(R. Niebuhr)는 다신론, 일신론, 유일신론[32]이라는 세 가지 신관(神觀)을 전개했습니다. 다신론과 일신론은 만물 안의 신에 관한 담론입니다. 유일신론은 만물 위의 신에 대한 담론입니다.

다신론은 신을 '다자로서의 일자'(One as Many)로 보며 모든 신에 대해 동등한 가치를 부여합니다. 이 같은 신론에서는 어느 신이나 믿으면 된다는 다원주의 신앙을 받아들입니다. 다음으로 일신론은 신이 '다자 중의 최고 일자'(One among Many)이며 그 신이 모든 신 중에서 가장 뛰어난 존재라고 믿습니다. 즉 내가 섬기는 신이 그 어떤 신들보다 우월하고 특출하며 신 중의 신이라고 믿기에 다른 신들은 모두 배척의 대상이 되며 이로 인해 종교 간의 갈등과 대립과 반목이 생깁니다. 니부어는 서구 문화사가 기독교를 일신론 신앙으로 전개하여 심각한 문제를 일으켰다고 주장합니다. 서구 문화사에서 기독교의 전파는 "기독교의 신을 최고의 신으로 견지함으로써 상대적 가치나 신념을 절대화하고, 그 스스로를 우상화하는 우를

---

30 Granz & Olson, 『20세기 신학』, 101.
31 김균진, 『20세기 현대 신학사상』, 31.
32 김경재, 『이름 없는 하느님』, 26.

범했다는 것"입니다.[33] 마지막으로, 유일신론은 신을 '다자를 초월하는 일자'(One beyond Many)로 보는데, 곧 '만물 위에 계신 하나님'입니다. 유일신론에서 말하는 '유일'(모나드)은 수량적 개념이 아니라 '무궁성, 통일성, 존재의 원점, 존재의 시원'이라는 뜻입니다.[34]

기독교가 신앙하는 하나님은 다신론의 신도 아니고 일신론의 신도 아니며 참되고 유일하신 신으로서 하나님입니다. 곧 기독교는 만물 위에 계신 하나님을 신앙합니다. 그러나 만물 위에 계신 하나님을 알지 못하면, 유일신인 하나님을 일신론적 신으로 전락시켜 만물 안에 갇힌 신으로 만들어 버립니다. 사도 바울은 타민족, 타 종교에 매우 배타적인 유대교 신자였습니다. 더욱이 그는 자신과 나이가 비슷한 유대인 중에서 가장 열심히 믿었던 신자였습니다(갈 1:14). 그에게는 여호와 하나님, 이스라엘의 하나님만이 절대 신앙의 대상이었던 것입니다. 그에게 나사렛 예수는 하나님이 저주하여 나무에 달려 죽은 자였습니다(신 21:23). 하나님에 대한 그의 열심은 하나님이 저주하신 예수와 그를 구주로 믿는 교회를 박해하는 것으로 나타났습니다(빌 3:6). 그러던 그가 높이 들리신 그리스도, 곧 만물 위에서 만물의 주가 되신 그리스도를 다메섹 도상에서 만납니다. 바울은 그가 박해하던 예수를 즉시로 '하나님의 아들'로 선포합니다(행 9:20). 그뿐만 아니라 그는 예수 그리스도가 만물 위에 계신 하나님인 것을 알았습니다(롬 9:5). 하나님을 사랑하고 하나님께 열심을 냈던 바울이 그가 박해하던 그리스도가 만물 위에 계신 하나님이신 것을 알았을 때 그 충격은 이루 말할 수 없었습니다. 그래서 그는 이렇게 고백합니다.

"내가 전에는 비방자요 박해자요 폭행자였으나 도리어 긍휼을 입은 것은 내가 믿지 아니할 때에 알지 못하고 행했음이라 우리 주의 은혜가 그리스

---

33 김경재, 『이름 없는 하느님』, 28.
34 김경재, 『이름 없는 하느님』, 21.

도 예수 안에 있는 믿음과 사랑과 함께 넘치도록 풍성했도다 미쁘다 모든 사람이 받을 만한 이 말이여 그리스도 예수께서 죄인을 구원하시려고 세상에 임하셨다 했도다 죄인 중에 내가 괴수니라"(딤전 1:13-15).

그리스도의 십자가, 만물 위에 계신 하나님께로

요한복음을 보면 유대인들이 아브라함의 하나님을 논하면서 예수께 시비하는 장면이 나옵니다. 이에 예수께서 이렇게 대답하십니다. "내게 영광을 돌리시는 이는 내 아버지시니 곧 너희가 너희 하나님이라 칭하는 그이시라"(요 8:54).

유대교의 하나님, 이스라엘의 하나님은 만물 위, 곧 영원의 하나님에 대한 모상(模像)입니다. 곧 하늘에서 오신 인자 예수 그리스도의 아버지의 모형입니다. 모든 종교는 나름대로 영원의 하나님에 관한 모상이 있습니다. 그러나 누구든지 예수 그리스도의 복음을 알고, 복음을 통하여 생명을 얻고, 그로 인해 만물 위의 하나님을 알게 되어야 비로소 참하나님을 만날 수 있습니다. 그분은 모든 족속에게 이름을 주신 아버지이십니다(엡 3:14-15). 복음을 통하여 얻는 생명은 위로부터 태어나는 생명이요, 아들 안의 생명입니다. 이는 영원한 생명입니다. 이 생명은 만물 위에 계신 영원의 하나님과 그 아들과 교제함으로써 날로 풍성해집니다. 이렇게 참하나님을 알기 전까지는 그 모형을 하나님으로 믿습니다.

예수 그리스도의 십자가는 만물 위, 영원의 하나님께로 들어가는 영생의 문입니다. "우리 죄를 위하여 죽으시사 저 영원한 생명문 여시었네… 아들 예수를 통하여 아버지께로 들어가게 하신 그 크신 일을 인하여 찬양하세"(새찬송가 615장 '그 큰 일을 행하신').

영생을 얻은 자는 만물 위의 하나님과 연합되는 신비와 기쁨을 누립니다. 그렇다고 그가 세상의 현실을 도외시하는 것은 절대 아닙니다. 그는 만물 안에서 당하는 극한의 고통을 만물 위의 하나님과 연합하여 넉넉히 감당합니다. 이것은 만물 안에서 일어나는 모든 상황을 수용하고 초월하는 자유입니다. 그래서 만물 위에 계신(초월성) 하나님은 만물 안에 계시며(내재성) 만물을 관통하십니다(엡 4:6). 영생 얻은 자는 아버지와 아들과 연합된 은혜로 인하여 만물 위에 계신 하나님께 영원토록 찬양을 올려드립니다. 그러므로 복음을 통해 생명을 얻고 만물 위의 하나님을 신앙하는 자는 이렇게 고백합니다.

"그는 만물 위에 계셔서 세세에 찬양을 받으실 하나님이시니라 아멘(또는 만물 위에 계신 하나님께 세세에 찬양이 있으리로다)"(롬 9:5b).

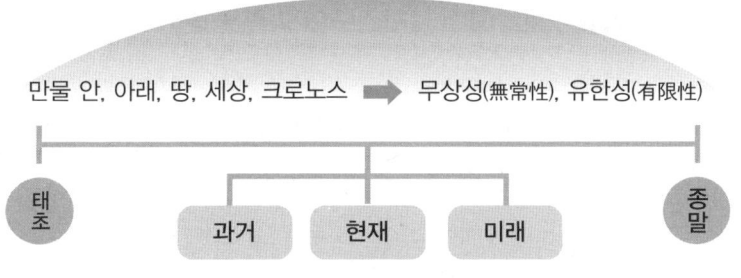

〈만물 위에 계신 하나님〉

04

하늘에서 오신 인자, 하늘에 속한 말씀을 증거하다

"하나님이 보내신 이는 하나님의 말씀을 하나니 이는 하나님이 성령을 한량 없이 주심이니라" _ 요 3:34

세례 요한, 예수 그리스도의 기원을 증거하다

예수께서 자신을 계시하시며 '인자'라고 칭하셨습니다. 인자는 '하늘에서 내려온 자'입니다(요 3:13). 인자는 만물 안에 속하지 않으며 만물 위, 곧 하늘에 속한 분입니다. 하늘에서 오신 이, 곧 인자는 예수 그리스도의 첫 번째 계시인 기원입니다. 구약의 모든 선지자와 율법이 예언한 것은 세례 요한까지입니다(마 11:13). 구약의 모든 선지자와 율법은 '오실 그리스도'를 예언했습니다. 그러나 세례 요한은 '오신 그리스도'를 증거했습니다. 이 점에서 예수는 여자가 낳은 자 중에 세례 요한보다 큰 자가 없다고 하셨습니다(마 11:11).

예수 그리스도의 자기 계시는 '기원'에서 시작합니다. 예수 그리스도를 증거한 세례 요한 역시 그리스도의 기원에서 시작합니다. 예수와 제자들이 유대 땅에서 세례를 베푸실 때 요한의 제자들이 요한에게 와서 사람들이 다 예수께 간다고 말했습니다(요 3:22, 26). 그러자 세례 요한은 자기는 그리스도가 아니며, 신부를 취하는 자가 신랑이라고 하면서 그리스도는 흥하고 자기는 쇠해야 한다고 말했습니다(요 3:29-31). 그리고 세례 요한은 그의 제자들에게 그리스도의 기원을 증거했습니다. 이로써 예수 그리스도의 기원에 대한 계시와 세례 요한의 그리스도에 대한 기원의 계시가 일치합니다. 많은 사람이 말하기를, 세례 요한은 아무 표적도 행하지 아니하였으나 그가 예수를 가리켜 말한 것은 모두 참되다고 하였습니다(요 10:41).

> "위로부터 오시는 이는 만물 위에 계시고 땅에서 난 이는 땅에 속하여 땅에 속한 것을 말하느니라 하늘로부터 오시는 이는 만물 위에 계시나니 그가 친히 보고 들은 것을 증언하되 그의 증언을 받는 자가 없도다 그의 증언을 받는 자는 하나님이 참되시다는 것을 인쳤느니라 하나님이 보내신 이는 하나님의 말씀을 하나니 이는 하나님이 성령을 한량없이 주심이니라"(요 3:31-34).

세례 요한이 기뻐한 신랑의 음성은 '위에서 오신 아들의 증거'입니다. 요한은 땅에서 나서 땅에 속하고 땅에 속한 것을 말합니다. 그러나 그리스도는 위에서 오시고 만물 위에 계십니다. 그는 하늘에서 오신 이이며 만물 위에 계시고 보고 들은 것을 증거하십니다. 그러나 아무도 그의 증거를 받지 않습니다. 예외적으로 그의 증거를 받는 자는 하나님이 참되심을 인칩니다. 왜냐하면, 하나님이 보내신 자는 하나님의 말씀을 전하며, 하나님이 한량없이 성령을 부어주시기 때문입니다.

인자, 만물 위의 증거자

세례 요한이 계시한 하나님의 아들 예수 그리스도는 '위로부터 오시는 이'이며 '만물 위에 계시고' '하늘로부터 오시는 이'이십니다. 그가 만물 위에 계신다는 것은 만물 안에 속하지 않으신다는 것을 의미합니다(고전 15:27 참고). 여기서 '위' 또는 '만물 위' 그리고 '하늘'은 창세전에 속하는 하나님의 시간이며, '카이로스' 또는 '영원'으로 표현할 수 있습니다. 예수 그리스도와 달리 모든 인간은 땅에서 태어납니다. 땅에서 난 자는 땅에 속했기에 땅에 속한 것을 말합니다. 그리고 땅에 속한 말을 듣습니다. 만물에 속한 문제의 해결, 감정의 체험, 삶의 질에 관한 이야기를 듣습니다. 그러나 이러한 이야기들은 설령 성경을 인용하여 말할지라도 '하나님의 말씀'이 아닙니다. 땅에 속한 '인간의 말'입니다.

골로새서 1:16에서는 만물을 '보이지 않는 것들'과 '보이는 것들'로 나눕니다. 소위 땅에서 난 사람이 만든 종교는 보이지 않는 만물을 신앙의 대상으로 섬깁니다. 예컨대, 플라톤의 이데아가 그렇습니다. 힌두교의 브라만(Brahman, 보이지 않는 본질)도 그렇습니다. 이데아와 브라만은 공히, 보이는 것은 거짓이고 보이지 않는 것이 참이라고 말합니다. 하지만 그들이 말하는 '보이지 않는 것' 역시 만물에 속한 것입니다. 기독교는 보이지 않는 만물, 그 이상을 신앙의 대상으로 섬깁니다. 오직 하나님의 아들 예수 그리스도만이 하늘에서 났고 하늘에서 오셨습니다. 하늘로부터 오신 이는 하늘에서 보고 들은 것을 증거합니다. 그런데 만물 위에 있는 증거는 땅에 속한 자, 곧 육에 속한 자는 들을 수가 없습니다. 그들에게 땅에 속한 말은 잘 들리지만, 하늘에 속한 말씀, 영생의 말씀, 만물 위에 있는 진리는 잘 들리지 않습니다. 육에 속한 사람은 하나님의 성령의 일들을 받지 아니합니다. 이는 그것들이 그에게는 어리석게 보이고 알 수도 없기 때문입니다(고전 2:14).

그러나 사람 중에 하늘에 속한 증거를 듣는 이들이 있습니다. 이들은 하나님이 참되시다는 것을 인칩니다. 왜냐하면, 하나님이 보내신 이(아들)는 하나님의 말씀, 곧 영생의 말씀을 전하기 때문입니다. 하늘로부터 오신 이는 하나님이 보내신 자입니다. 그가 전하는 하늘에 속한 증거가 '하나님의 말씀'입니다. 그가 하나님의 말씀을 전할 때 하나님께서 성령을 한량없이 부어주십니다. 그래서 그가 전하는 하나님의 말씀은 오직 성령으로 깨달을 수 있습니다. 이 말씀을 듣는 자들이 바로 하나님의 신실하심을 분명히 고백하는 자들입니다.

"그러나 성경에 기록한 바 '눈으로 보지 못하고 귀로 듣지 못한 것들, 사람의 마음에 떠오르지 않은 것들을, 하나님께서는 자기를 사랑하는 사람들에게 마련해 주셨다' 한 것과 같습니다. 하나님께서는 성령을 통하여 이런 일들을 우리에게 계시해 주셨습니다. 성령은 모든 것을 살피시니, 곧 하나님의 깊은 경륜까지도 살피십니다"(고전 2:9-10, 표준새번역).

복음, 위로부터 오는 증거

위로부터 오신 이가 증거하는 '하나님의 말씀'이 무엇입니까? 이는 구약 시대에 예언된 하나님의 말씀입니다. 구약 시대에는 선지자들에게 말씀이 임했습니다. 어떤 말씀은 그 말씀이 임한 후 곧바로 성취되었습니다. 예컨대, 바벨론에 의해 유다가 멸망할 것이라는 말씀은(렘 20:4) 곧 성취되었습니다. 이와 달리 '영원한 말씀'이 있습니다. 이에 대해 이사야 선지자는 두 가지로 예언했는데, 하나는 '세세토록 있는 영원한 말씀'입니다. "풀은 마르고 꽃은 시드나 우리 하나님의 말씀은 영원히 서리라 하라"(사 40:8). 다른 하나는 마지막 날에 임하는 말씀입니다. "말일에 여호와의 전의 산이 모든 산 꼭대기에 굳게 설 것이요 모든 작은 산 위에 뛰어나리니 만방이 그리로 모여들 것이라 많은 백성이 가며 이르기를 오라 우리가 여호와의 산에 오르며 야곱의 하나님의 전에 이르자 그가 그의 길을 우리에게 가르치실 것이라 우리가 그 길로 행하리라 하리니 이는 율법이 시온에서부터 나올 것이요 여호와의 말씀이 예루살렘에서부터 나올 것임이니라"(사 2:2-3).

'말일', 곧 마지막 날에 선포되는 하나님의 말씀이 있습니다. 이 말씀은 마지막 날 하나님의 아들을 통해 증거됩니다. "옛적에 선지자들을 통하여 여러 부분과 여러 모양으로 우리 조상들에게 말씀하신 하나님이 이 모든 날 마지막에는 아들을 통하여 우리에게 말씀하셨으니 이 아들을 만유의 상속자로 세우시고 또 그로 말미암아 모든 세계를 지으셨느니라"(히 1:1-2).

말일에 하나님의 아들을 통해 증거되는 말씀은 생명을 주는 말씀입니다. 아들을 보내신 아버지는 아들이 말할 것과 이를 것을 친히 명령하셨습니다(요 12:49). 아들에게 말하라고 하신 아버지의 명령은 영생입니다(요 12:50). 그러므로 아들이 말하는 것은 아버지께서 말씀하신 그대로입니다. 말일에 아들을 통해 주시는 말씀은 생명을 얻는 말씀입니다. 생명을 주는 것은 영입니다. 아들이 우리에게 하신 말씀은 영이요 생명입니다. "생명을 주는 것은 영이다. 육은 아무 데도 소용이 없다. 내가 너희에게 한 이 말은 영이요 생명이다"(요 6:63, 표준새번역).

말씀의 삼중적 형태

바르트는 하나님의 말씀을 삼중적 형태로 나누었습니다. 그것은 선포된 말씀, 기록된 말씀, 그리고 계시된 말씀입니다.[35] 교회에서 '선포되는 말씀'은 성경에 '기록되어 있는 말씀'을 근거로 하며, 기록된 말씀은 예수 그리스도 안에서 '계시된 말씀'에 근거합니다. 성령의 감동으로 기록된 말씀은 성육신하신 아들을 통해서 하나님이 계시하신 말씀으로 확정되며, 교회에서는 아들을 통해서 계시된 말씀을 선포합니다. 베드로 사도는 이 말

---

35 Barth, 『교회교의학 1/1』, 126.

씀이 세세토록 있는 영원한 말씀이라고 설명합니다. 곧 하나님의 아들이 전한 복음을 뜻합니다.

"여러분은 다시 태어났습니다. 그것은 썩을 씨로 그렇게 된 것이 아니라, 썩지 않을 씨 곧 살아 계시고 영원하신 하나님의 말씀으로 그렇게 되었습니다. '모든 육체는 풀과 같고, 그 모든 영광은 풀의 꽃과 같다. 풀은 마르고 꽃은 떨어지되, 주님의 말씀은 영원히 있다.' 이것이 여러분에게 복음으로 전해진 말씀입니다"(벧전 1:23-25, 표준새번역).

복음의 말씀으로 거듭나다
이사야 선지자는 영원한 말씀을 가리켜 복음의 구약적인 표현인 '아름다운 소식'이라고 기록했습니다(사 40:9). 이 복음은 '위로부터 나온 말씀'입니다. 우리는 이 말씀을 통해 위로부터 다시 태어납니다. '거듭나다'를 헬라어로 직역하면 '위로부터 나다'(게네세 아노센, be born from above)입니다. 이는 땅에서 부모로부터 태어나는 생명과는 차원이 다른 생명이며, 곧 아들 예수의 생명으로 태어나는 것입니다. 사실 만물 안에서 발생하는 상황의 문제나 감정의 체험과 같은 인간적인 삶은 모두 땅에서 난 생명에 관한 것들입니다. 땅에서 난 생명을 가지고 있는 한 상황과 감정에 예속될 수밖에 없습니다. 그리고 세상적인 성공에 눈이 멀어 욕망의 노예처럼 살아갈 수밖에 없습니다. 하나님을 믿는다고 하지만 실상은 만물 안에 갇혀 있는 신을 믿는 것입니다.

위로부터 오신 아들의 말씀, 곧 복음으로써 생명을 얻지 못하면 교회를 다녀도 세상 사람들과 크게 다를 바가 없습니다. 남들이 고민하는 것들을 다 고민하고, 남들이 좋아하는 것들을 다 좋아하며, 남들이 문제 삼는 것들을 다 문제 삼습니다. 도리어 그 문제를 해결하려고 하나님을 만물 안에 갇힌 신으로, 만방의 신으로 섬깁니다.

"만방의 모든 신은 헛된 우상이니 오직 하늘의 하나님 그 영광 찬양
해"(CCM '주님의 영광' 중에서)
"만국의 모든 신들은 우상들이지만 여호와께서는 하늘을 지으셨음이
라"(시 96:5).

생명을 주는 것은 영이다

중요한 것은 위로부터 태어나게 하는 말씀, 곧 복음을 듣는 것입니다. 앞에서 설명했듯이, 위로부터 오신 이의 증거는 성령을 통해 들을 수 있습니다. 이제는 예수께로부터 복음을 위탁받은 사도들이 복음을 전할 때 그들에게 성령이 부어지며 또한 듣는 자들에게도 성령이 부어집니다. 땅에서 나서 만물 안에 갇혔던 자가 성령이 부어짐으로 위에 속한 말씀을 듣게 됩니다. 그는 아들의 생명을 얻어 거듭나며 만물 위의 하나님, 참하나님을 섬기게 됩니다.

성경 해석학의 권위자인 허버트 마이어(H. Mayer)는 하나님의 말씀을 들을 때 성령이 역사하는 마음을 이사야 66:2 말씀으로 대변했습니다.[36] "나 여호와가 말하노라 내 손이 이 모든 것을 지었으므로 그들이 생겼느니라 무릇 마음이 가난하고 심령에 통회하며 내 말을 듣고 떠는 자 그 사람은 내가 돌보려니와"(사 66:2).

36　Mayer, 『성서해석학』, 57.

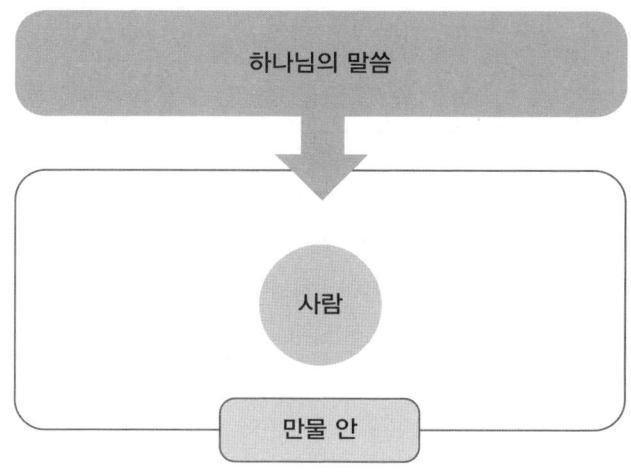

〈만물 위에 계신 하나님에 대한 인식〉

　복음을 전하는 자가 하늘에 속한 하나님의 말씀을 선포할 때 처음에는 사람들이 알아듣지 못합니다. 그것은 그가 육에 속한 자일 수 있고, 말씀에 대한 전이해가 다르기 때문일 수 있습니다. 만일 그가 육에 속한 자라면, 그는 땅에서 나서 만물 안에 속한 자입니다. 그런 자는 자신의 상황과 감정에 빠져 있고, 더 나은 삶을 추구하는 데만 몰두하느라 하늘에 속한 말씀을 잘 듣지 못합니다. 그에게 하늘에 속한 말씀은 어리석게 들립니다. 또한 영생의 말씀에 대한 전이해가 부재한 자는 그 말씀이 어렵고 이해할 수 없게 들립니다. 이때 '들어도 잘 모르겠다', '너무 어렵다'라는 반응을 합니다. 그러나 포기하지 않고 '위로부터 난 증거를 듣기 원합니다. 하나님의 말씀을 듣고 싶습니다. 나를 불쌍히 여겨 주소서'라고 고백하는 자는 전이해가 수정되며 그 말씀이 들립니다. 그가 바로 하나님의 말씀 앞에서 마음이 가난하고 심령에 통회하며 떠는 자입니다. 그에게 진리의 영이 임하면 그가 하나님의 말씀, 복음을 들을 수 있습니다.
　이사야 선지자는 하나님의 소명을 받고 말씀을 전하게 되었습니다. 그런데 하나님께서는 이사야가 전하는 말을 백성이 알아듣지 못할 것이라고 하십니다. "여호와께서 이르시되 가서 이 백성에게 이르기를 너희가 듣기는 들어도 깨닫지 못할 것이요 보기는 보아도 알지 못하리라 하여 이 백성의 마음을 둔하게 하며 그들의 귀가 막히고 그들의 눈이 감기게 하라 염려하건대 그들이 눈으로 보고 귀로 듣고 마음으로 깨닫고 다시 돌아와 고침을 받을까 하노라 하시기로"(사 6:9-10). 그러자 이사야가 "어느 때까지입니까?"라고 묻습니다. 이에 하나님께서 "땅이 황폐하게 될 때까지"라고 대답하십니다. 예수께서는 복음을 전하시면서 이 말씀을 그대로 인용하십니다.

"그러므로 내가 그들에게 비유로 말하는 것은 그들이 보아도 보지 못하며 들어도 듣지 못하며 깨닫지 못함이니라 이사야의 예언이 그들에게 이루어졌으니 일렀으되 너희가 듣기는 들어도 깨닫지 못할 것이요 보기는 보아도 알지 못하리라 이 백성들의 마음이 완악하여져서 그 귀는 듣기에 둔하고 눈은 감았으니 이는 눈으로 보고 귀로 듣고 마음으로 깨달아 돌이켜 내게 고침을 받을까 두려워함이라 했느니라"(마 13:13-15).

가난한 심령과 성령의 조명으로

'마음이 완악하다'의 원문의 뜻은 '마음이 살찌다'(파쿠노)입니다. 그 마음이 세상 것으로 살찐 사람은 하늘에 속한 말씀이 들리지 않습니다. 그 마음이 가난해야 하늘에 속한 말씀이 들립니다. 그런데 언제 인간의 마음이 가난해집니까? 그의 존재가 비참해지고 그의 삶이 황폐해질 때입니다. 그때 비로소 성령이 그의 가난해진 마음에 역사하여 하늘에 속한 말씀이 들리게 합니다.

성령은 기계적으로 역사하지 않습니다. 죄악 가운데 있는 자나 교만한 자에게 역사하지 않습니다. 그 심령이 가난한 자, 죄를 자백하고 회개하여 영이 정결하게 된 자, 그래서 하나님의 말씀 앞에서 떠는 자에게 임합니다. 인간의 자력으로는 결코 만물 위에 있는 말씀을 들을 수 없으며, 만물 위에 계신 하나님을 알 수도 없습니다. 하나님을 알고 싶어 하며 가난한 심령으로 사모하는 자에게 성령이 역사합니다. 그에게는 만물 위에 있는 말씀이 꿀처럼 달고 맛있습니다. 이렇게 만물 위에 있는 증거, 천국 말씀을 듣고 보는 자가 진실로 복됩니다(마 13:16).

하늘에 속한 말씀은 성령의 영감으로 기록되었습니다. 이 말씀은 성령의 조명하심을 통해서 깨달아집니다. 예수 그리스도는 진리의 성령이 믿는 자들을 모든 진리 가운데로 인도하실 것이라고 말씀하셨습니다(요 16:13). 그러므로 하늘에 속한 말씀을 듣는 자는 성령의 인도하심을 받기 위해 겸손하게 기도해야 합니다. "내 눈을 열어 주의 법의 기이한 것을 보게 하소서"(시 119:18). 또한 하나님이 지혜와 계시의 영을 주어 지각의 눈을 밝혀 주시기를 간구해야 합니다(엡 1:17-18). 그리고 그 무엇보다 하나님을 경외해야 합니다.

그런데 성령이 우리를 조명해 주실 때 가장 중요한 것이 보혈의 은혜입니다. 우리의 영과 마음이 보혈로 씻겨 정결해지면 새 영과 새 마음이 됩니다(겔 36:26). 그때 하나님의 영이 우리 안에서 말씀을 조명하여 우리로 하여금 하늘에 속한 말씀을 깨닫게 합니다(겔 36:27).

이렇게 하나님의 말씀과 성령의 역사하심은 그 증거가 생명의 역사로 나타납니다. 예수께서도 "살리는 것은 영이니 육은 무익하니라 내가 너희에게 이른 말이 영이요 생명이라"(요 6:63)라고 말씀하셨습니다. 여기서 '육'(사르크스)은 "…내가 줄 떡은 곧 세상의 생명을 위한 내 살이니라"(요 6:51)에 나오는 '살'(사르크스)과 병행어입니다. 다시 말해서, 생명의 말씀은 그 자체로 생명이 되지 아니하며 예수께서 보내실 진리의 영, 성령의 역사로 생명이 됩니다. 이 생명의 말씀이 복음이며, 복음이 영으로 계시될 때 생명이 됩니다.

복음의 광채, 생명을 비추다

어느 시대에나 이 생명을 주는 복음에 대하여 저항하는 세력이 존재합니다. 복음을 가리는 '세상의 신'이 역사하는 것입니다. "만일 우리의 복음이 가리었으면 망하는 자들에게 가리어진 것이라 그중에 이 세상의 신이 믿지 아니하는 자들의 마음을 혼미하게 하여 그리스도의 영광의 복음의 광채가 비치지 못하게 함이니 그리스도는 하나님의 형상이니라 우리는 우리를 전파하는 것이 아니라 오직 그리스도 예수의 주 되신 것과 또 예수를 위하여 우리가 너희의 종 된 것을 전파함이라 어두운 데에 빛이 비치라 말씀하셨던 그 하나님께서 예수 그리스도의 얼굴에 있는 하나님의 영광을 아는 빛을 우리 마음에 비추셨느니라"(고후 4:3-6).

하나님의 영원한 말씀은 복음입니다. 복음은 믿는 자로 하여금 생명을 얻게 하며 "예수 그리스도의 얼굴에 있는 하나님의 영광을 아는 빛"을 그의 마음에 비추어 줍니다(고후 4:6). 이렇게 복음의 광채는 영원한 생명을 밝히 드러냅니다(딤후 1:10). 그런데 땅에 속한 자, 곧 세상 임금이 이 영광의 복음을 가리고 듣는 자들의 마음을 혼미하게 합니다. 그 극단적인 예가 하나님의 말씀으로 세상에 속한 이야기를 하는 것입니다.

땅에서 난 자는 땅에 속했기에 땅에 속한 것을 말합니다. 그런데 땅에 속한 것을 말하면서 그것을 하나님의 말씀으로 둔갑시키는 자들이 있습니다. 어떤 설교자들은 땅에 속한 것, 인간의 일을 설교하거나 강의하면서 그 내용을 확증하고자 성경을 사용합니다. 그러면서 그것을 하나님의 말씀이라고 주장합니다. 세상에서 성공하는 법, 인간관계를 잘 맺는 법, 행복하게 사는 법을 전하면서 성경을 이용합니다. 이는 무지하거나 정직하지 못한 행동입니다. 물론 땅에 속한 일까지도 하나님의 말씀을 기준으로 삼아야 합니다. 그러나 그보다 더 중요한 것, 우선해야 할 것은 하나님의 말씀으로 생명을 얻고 그 생명으로 살아가는 것입니다.

05

깊은 층의 목마름, 영원을 묻다

"내가 주는 물을 마시는 자는 영원히 목마르지 아니하리니 내가 주는 물은 그 속에서 영생하도록 솟아나는 샘물이 되리라" _ 요 4:14

영원을 사모하는 마음

'영원'은 참으로 종교적인 용어입니다. 기독교의 메시지는 과거와 미래 위에 '영원'이 있다고 말합니다.[37] 영원은 분할된 순간들인 인간의 시간이 초월적으로 통일된 하나님의 시간입니다. 그리고 인간은 영원을 질문하는 존재입니다. 인간의 존재 근거가 영원에서 시작되었기 때문입니다. 인간의 시간은 영원에 근거하며 제한된 길이의 시간입니다. 이는 '창조'에서 시작되어 '종말'로 끝나는 공간적 개념입니다. 반면 하나님의 시간은 인간의 시간을 초월한 '영원'에 속합니다. 기독교 진리에서 영원은 창세전 하나님의 세계입니다. 하나님께서는 창세전부터(영원의 시간에서) 성부와 성자, 그리고 성령으로 실재합니다. 하나님께서는 세상을 창조하시기 전부

---

37   Tillich, 『영원한 지금』, 204.

터(창세전), 영원을 사는 생명으로써 영생을 주겠다고 인간에게 약속하셨습니다. "이 영생은 거짓이 없으신 하나님이 영원 전부터 약속하신 것인데"(딛 1:2).

하나님은 이 약속대로 사람을 자기 형상대로 지으시고 영생을 주고자 하셨습니다(창 1:26-27). 그러나 첫 사람 아담이 하나님의 말씀에 불순종하는 죄를 지어 하나님을 떠나게 되었습니다(창 3:7-10). 아담이 죄를 지은 결과 모든 인간이 아담 안에서 범죄하여 하나님을 떠난 존재가 된 것입니다(롬 3:23; 5:12). 하지만 하나님은 불의가 없으신 분입니다(롬 9:14). 불의할 수 없으신 하나님은 영원을 잃어버린 모든 사람에게 영원을 사모하는 마음을 주셨습니다.

> "하나님이 모든 것을 지으시되 때를 따라 아름답게 하셨고 또 사람들에게는 영원을 사모하는 마음을 주셨느니라 그러나 하나님이 하시는 일의 시종을 사람으로 측량할 수 없게 하셨도다"(전 3:11).

솔로몬은 세상에서 자기가 원하는 것을 모두 가졌고 하나님은 그의 인생에 때를 따라 아름답게 하셨습니다. 그렇지만 때를 따라 아름답게 하신 것이 그의 인생의 전부가 아니었기에 그는 내면 깊은 곳에서 무엇인가 부족함을 느꼈습니다. 그것은 바로 인간의 마음속에 영원을 사모하는 마음이 있기 때문입니다. 하나님이 모든 사람에게 영원을 사모하는 마음을 주셨습니다. 영원을 사모하는 마음을 인간에게 주신 것은 잃어버린 영원을 찾아주시기 위한 하나님의 자비와 사랑의 증거입니다. 모든 피조물 중에서 인간만이 유일하게 영원을 사모하며 영원에 관해 질문합니다.

신화: 깊은 층의 목마름의 해소

인간이 영원을 질문하는 것은 영원의 실재에 대해 갈망하는 모습입니다. 틸리히의 표현을 빌리면, 영원의 실재는 절대적으로 중요한 관심이며 '궁극적 관심'입니다.38 이는 초월적 존재와의 만남을 사모하는 것이며, 궁극적으로 초월의 존재의 품으로 돌아가고자 하는 열망입니다. 영원을 사모하는 마음은 '깊은 층의 목마름'으로 표현됩니다. 인간은 깊은 층의 목마름을 해결하기 위해 고대로부터 신화(神話, myths)를 창조했고 종교를 만들어 냈습니다. 종교학자 카렌 암스트롱(K. Armstrong)은, "신화란 역사 저편에 있는, 인간 존재에 내재한 영원성(永遠性)을 지향하는 예술 형식이다"라고 했습니다.39 신화는 인간의 역사에서 다양한 형태로 변천되었습니다. 시대마다 그 형태는 달라도 신화를 통해 깊은 층의 목마름을 해결하려는 시도는 같았습니다. 신화는 인간 스스로 초월의 존재로의 변화를 추구하거나, 인간으로 하여금 초월적 경험에서 오는 절정을 맛보게 하도록 시도합니다. 나아가 더 바람직한 인간으로의 변화를 가져오기도 합니다.

카렌 암스트롱은 오늘날의 신화는 예술의 영역에서 표현되는데, 주로 소설에서 표현된다고 말합니다. 즉 소설은 신화의 구심점을 형성하면서 시간과 공간의 벽을 무너뜨리고 독자의 마음을 넓혀 다른 사람들의 삶과 고통을 동정할 수 있도록 만들어 준다는 것입니다. 그녀에 의하면 소설은 다른 사람들과 함께 '느낄 수 있는 마음', 곧 연민을 가르칩니다. "신화와 마찬가지로, 중요한 소설은 변화를 초래합니다."40 "그것은 특정한 삶의 단계 또는 정신적 차원에서 새로운 차원으로 넘어가는 고통스러운 통과의례를 견디게 해 줍니다."41 그녀가 지적하기를, "만일 성직자들이 깊은 층의 목마름에 해답을 주지 못하면 예술가들과 작가들이 그 역할을 맡아서 길 잃고 상처 입은 인간들에게 새로운 통찰을 제공할 것이다"라고 합

---

38 박만, 『폴 틸리히』, 82.
39 Armstrong, 『신화의 역사』, 14.
40 Armstrong, 『신화의 역사』, 157.
41 Armstrong, 『신화의 역사』, 158.

니다.⁴²

그녀의 지적이 우리의 현실에서 이미 뚜렷하게 나타나고 있습니다. 현대의 신화는 소설이나 시나리오를 각본으로 한 드라마와 영화라고 볼 수 있습니다. 소설은 이제 단순히 읽는 것을 넘어서 각종 미디어를 통하여 노출되어 인간의 오감을 자극하고 결국 내면의 깊은 층으로 스며듭니다. 오늘날 우리는 드라마와 영화를 매우 쉽게 접할 수 있고, 그 내용에 쉽게 감동받고 쉽게 연민합니다. 거기에 인간의 깊은 층의 목마름을 표현하는 노래가 더해지고, 초월적 경험에서 오는 절정을 맛보게 하는 스포츠가 가세합니다. 또한 스마트폰이 보급되면서 유튜브를 비롯한 수많은 영상이 인간의 오감을 자극합니다. 이와 같은 예술과 문화의 영역이 현대인들의 깊은 층의 목마름을 해결하는 실제적인 역할을 하고 있습니다. 현대인들이 이렇게 초월적 경험과 그 절정을 예술, 음악, 스크린, 스마트폰, 시, 로큰롤, 춤, 섹스, 스포츠 등에서 찾으려고 하는 것은 사실 잃어버린 영원을 사모하는 인간의 원초적 욕구이며, 동시에 영원의 상실로 인한 깊은 층의 목마름을 해소하기 위한 가련한 투혼입니다.

종교: 깊은 층의 실재를 추구하기

종교 역시 깊은 층의 목마름을 해결해 주는 전통적인 방법으로 간주합니다. 종교는 신비성을 담지하며 그 신비성은 초월의 경험을 가져다줍니다. 종교가 추구하는 초월의 경험은 인간의 유한성을 극복하는 데 초점을 맞춥니다. 다시 말해서, 현재를 넘어 영원으로 향하게 합니다. 올더스 헉슬리(A. Huxley)는 2~3천 년에 걸친 종교 역사를 조사하여 영원의 실재(궁극적 실재)를 파악하고자 했던 선각자들을 열거했습니다.⁴³

필자는 2011년 초 미국 유니온 신학교의 폴 니터(P. Knitter) 교수와 대구

42　Armstrong, 『신화의 역사』, 159.
43　Huxley, 『영원의 철학』, 19.

동화사의 진제대선사 진제 스님의 담론을 들은 적이 있습니다. 진제에 의하면, 선불교는 '참 나'(眞我)를 찾는 것을 수행의 목적으로 삼는다고 했습니다. 그는 '부모로부터 나온 내가 아닌 참 나는 누구인가'를 화두로 하여 수행을 계속하면, "우주 창조 이전"의 '참 나'를 만난다고 말합니다.[44] 그렇게 '참 나'를 만나면 비록 고통스러운 현실이라도 수용할 수 있으며, 이 땅에서 수억 년을 살 수 있다고 말합니다.

진제는 그해 9월 미국으로 건너가 유서 깊은 리버사이드 교회에서 한국 불교의 만장을 걸어놓고 이 내용을 그대로 설법했습니다.[45] 그런데 거기에 참석한 상당수 그리스도인이 호의적인 반응을 보였습니다. 진제는 이듬해 2012년 한국 불교의 정상인 조계종 종정의 자리에 오릅니다. 그런데 그가 주장하는 '참 나'는 기독교에서 말하는 인간의 존재 근거인 '영원'의 다른 표현입니다. 물론 선불교는 인간의 노력과 공로, 즉 수행을 통해 영원을 알 수 있다고 가르칩니다. 필자는 이들의 담론을 들으면서 두 가지 큰 충격을 받았습니다. 하나는 현대 불교가 영원의 영역을 알고자 한다는 점이었고, 다른 하나는 교회에서 좀처럼 듣기 어려운 창세전 영원의 진리가 다른 종교에서 유사하게 설파된다는 점이었습니다.

최근의 불교는 기복 신앙을 넘어서서 영원을 탐구하는 양상을 보이고 있습니다. 필자는 2024년 7월 전라북도 고창의 선운사를 지나가게 되었는데, 그곳에 기도 초대문이 걸려 있었습니다. 소위 '아미타 철야정진기도'를 소개하는데, 아미타불을 마음에 새기고 입으로 부르면 공간을 초월한 무량한 복덕을 성취할 수 있고, 시간을 초월한 영원의 세계에서 무한한 즐거움을 이루는 편리한 염불이라고 했습니다. 불교는 진제의 '우주 창조 이전의 나'에 이어 이제는 시공간을 초월하는 영원에서 오는 즐거움을 구하는 기도를 하고 있습니다.

---

44 "나에게 너를 묻다," KBS, 2011. 2. 5. 방영
45 "뉴욕 교회에서 불법 전하다", 조선일보, 2011. 9. 17.

종교를 넘어 생명으로

종교의 영원과 기독교의 영생

종교뿐 아니라 철학과 과학에서도 '영원'을 추구하는 수많은 전통이 있어 왔습니다. '영원의 철학'은 인류 역사를 관통해서 종교적 인간이 도달할 수 있는 가장 심오한 경지를 이야기합니다.[46] 스위스의 종교 사상가 '프리초프 슈온'은 더 구체적으로 '영원의 종교'라는 말을 사용합니다. 이렇게 여러 종교 전통 속에서 발견되는 핵심은 모두 동일하거나 일치하는데, 이것을 총체적으로 '심층 종교'라고 부릅니다.[47] 최근에는 이러한 '영원'을 추구하는 종교적 수행법(불교 전통, 명상, 불교의 정좌법, 장사의 명상, 아나빠나사띠 호흡법, 요가 등)을 뇌과학이나 신경심리학 등과 연결하여 체계적으로 설명하고 초합리적인 실재를 추구하는 사례가 나타나고 있습니다.[48] 예컨대 요가의 경우, "누구나 이 우주에서 시간을 초월하는 경험을 누릴 수 있다"라고 주장합니다. 이러한 현상이 가능한 것은 '영원'은 하나님이 창조하신 만물의 구조적인 특징이기에 인간의 자력적 범주 안에 있기 때문입니다. 영원을 영생과 혼동하여 온 기독교의 이해와 달리 기독교 밖에서 말하는 영원은 복음으로 이르는 영생이 아닌 자기 수행이나 신비 체험 등을 통해 자력으로 이를 수 있는 '내재'입니다.[49] 종교의 영원과 기독교의 영생을 깊이 통찰한 이승민에 의하면 종교의 영원은 기독교에서 말하는 영생의 외연이며 영생은 영원의 심연입니다.[50]

기독교 진리에서 말하는 '영원'은 예수를 믿어 영생을 얻은 자가 들어

---

46 이승민, "영생부활체의 육체성과 영성적 현현", 20.
47 이승민, "영생부활체의 육체성과 영성적 현현", 20.
48 이승민, "영생부활체의 육체성과 영성적 현현", 21.
49 이승민, "영생부활체의 육체성과 영성적 현현", 21.
50 이승민, "영생부활체의 육체성과 영성적 현현", 29.

가는 하나님의 세계입니다(전 3:11). 이에 기독교 신앙은 '종교의 차원'을 넘어서 '영원의 실재'(reality)에 도달하게 하는 진리입니다. "중요한 것은, 영원을 추구하는 철학과 종교가 모두 궁극적 실재를 추구하지만, 그 모든 것은 성령에 의해 복음으로 그리스도와의 연합을 이루는 방식이 아니기에 이들이 인식하고 향유하는 것은 '영원'이지 '영생'이 아닙니다. 영생은 오직 복음으로만 누리는 궁극적 실재입니다."[51] 철학이나 종교에서 주장하는 영원은 기독교에서 말하는 영원과 차원을 달리합니다. 기독교에서 말하는 영원은 하나님과 그 아들이 계시는 만물 위의 세계이며, 철학이나 종교에서 말하는 영원은 피조세계에 있는 '보이지 않는 것들'입니다(골 1:16). 그런데 이 세대는 비기독교에서 말하는 영원과 기독교에서 말하는 영생(또는 영원)을 혼동하고 있습니다.[52]

기독교에서 말하는 영생은 '아들 안의 생명'이며 창세전 영원의 세계 안에서 삼위 하나님의 교제에 참여하는 생명입니다(요일 5:11, 1:3). 예수 그리스도는 영원으로부터 오신 하나님의 아들이십니다. 그는 영원을 잃어버린 우리를 영원으로 인도하기 위해 영원에서 이 땅으로 오셔서 십자가에서 죽으시고 부활하셨습니다. 그리하여 그를 믿는 자마다 아버지의 집, 영원으로 인도하십니다(요 14:2-3). 영원으로 나아가는 길은 선불교에서 말하는 명상이나 신비 체험 등 인간의 공로가 아니라 오직 하나님의 은혜로 주어집니다. 그 은혜는 복음, 곧 예수 그리스도입니다. "내가 곧 길이요 진리요 생명이니 나로 말미암지 않고는 아버지께 나아갈 자가 없느니라"(요 14:6).

예수께서는 만물에 속한 것, 땅의 것을 구하는 이들에게 "썩을 양식을 위하여 일하지 말고 영생하도록 있는 양식을 위하여 하라"(요 6:27)라고 말씀하셨습니다. 아이러니하게도 교회가 땅의 것, 곧 썩을 양식을 전하는 데

---

51 이승민, "영생부활체의 육체성과 영성적 현현", 21.
52 이승민, "영생부활체의 육체성과 영성적 현현", 29.

치중하는 동안, 철학이나 종교나 예술은 영원의 '모상'(模像)을 전하면서 그것을 '영원'이라고 하며 영혼들을 미혹하고 있습니다. 그러므로 교회가 영혼의 깊은 층의 목마름을 영생의 진리로 채워 주지 못하면, 현대의 신화인 드라마나 영화, 스포츠 등을 통해 목마름을 채우려고 할 것입니다. 아니면 다른 종교가 영생의 진리를 유사하게 설파할 것입니다.

놀랍게도 그 일은 이미 시작되었고 앞으로도 더욱 발전할 것입니다. 참으로 아이러니하게도, 영생의 실재를 전하지 않는 교회에서 현대의 신화인 예술의 영역들을 교회 안으로 끌어들입니다. 즉 하나님과 연합의 실체가 없는 신자들에게 그들의 허기짐과 목마름을 채우기 위해 감정을 느끼게 하고 연민을 불러일으키는 각양의 노래, 악기, 안무, 그리고 사역들이 예배 갱신의 이름으로 교회 안으로 들어옵니다. 영생의 진리를 전해야 하는 교회 강단이 인간의 마음에 감각적인 위로를 주고 연민을 불러일으키기 위해 치유 설교를 전하는 장소가 되기도 합니다. 또한 현실적인 고난을 견디게 하는 위로의 메시지를 전하는 장소가 되기도 합니다. 그렇게 해서라도 신자들에게 깊은 층의 목마름을 해결해 주려고 시도하는 것입니다.

선물인가, 선물을 주시는 분인가?

개인적인 신앙생활에서도 깊은 층의 목마름을 해결하려고 잘못된 방법들을 시도합니다. 영원을 사모하는 깊은 층에 '영생의 말씀'이 아닌 '영적인 것들'을 대신 채웁니다. 인간 내면의 깊은 층은 초월의 자리이며 하나님이 '존재'로 거하시는 곳입니다. 그런데 하나님과 분리된 인간의 깊은 층에 하나님이 주시는 여러 가지 영적 선물들을 쌓아 둡니다. 하나님 자신 즉 '존재'가 아니면서 하나님께 끌리게 하는 영적 선물 즉 '존재물'들은 그 나름대로는 가치가 있으나 불완전한 것들입니다.

미국의 신학자이자 설교자인 존 파이퍼(J. Piper)는 이 부분을 엄히 경고합니다. 하나님이 주신 영적 선물들이 우리를 하나님께로 인도할 수 있지만, 동시에 우리를 유혹하여 그것들 자체로 이끌 수도 있다고 합니다.[53] 하나님이 주신 모든 선물은 하나님이 우리를 사랑하셔서 주시는 사인(signs)으로 '러브레터'에 비유할 수 있습니다. 그것들이 은사이든 체험이든 직분이든 영적 프로그램이든 기적과 능력이든 그것들과 사랑에 빠진다면, 마치 러브레터를 전해 준 집배원과 사랑에 빠지는 것과 같습니다. 하나님이 우리에게 주시는 가장 최상의 선물은 하나님 자신이며 곧 영생입니다.

야곱의 우물과 영생하도록 솟아나는 샘물

요한복음 4장을 보면 사마리아의 수가 성 여인이 나옵니다. 예수께서 "사마리아를 통과하여야 하겠는지라"라고 말씀하십니다(요 4:4). 이 표현은 신적 의지를 반영합니다. 예수는 이 여인을 만나기 위한 신적 의지로 사마리아를 지나갑니다. 그 여인이 물을 길으러 야곱의 우물로 옵니다. 예수께서 그녀에게 참된 선물을 주겠다고 말씀하십니다. 그리고 야곱의 우물에서 길어 올리는 물은 다시 목마르는 물이되 자신이 주는 물은 깊은 곳에서 솟아나는 영생의 샘물이라고 덧붙이십니다. 이 물이 영원한 생명으로 인도하는 말씀, 곧 복음입니다. 그러자 여인은 그 물을 달라고 구합니다. 예수께서는 먼저 "네 남편을 불러오라"라고 하십니다. 이에 여인이 "나는 남편이 없나이다"라고 둘러댑니다. 그녀에게는 다섯 남편이 있었고, 지금도 한 남자가 있습니다. 그러나 그들은 그녀의 진정한 남편들이 아닙니다. 그래서 예수께서 여인에게 "네 말이 참되도다"라고 하십니다(요 4:18).

요한복음의 용어들은 영적인 의미를 다분히 가지고 있습니다. 먼저 '야곱의 우물'이 그렇습니다. 사마리아 지역은 솔로몬 시대 이후로 북이스라

---

53 Piper, 『하나님이 복음이다』, 175.

엘에 속했습니다. 북이스라엘은 BC. 721년에 앗수르에게 멸망한 후 이방인들이 들어와 살면서 혼합 민족이 되어 버렸습니다(왕하 17:24-33). 한때는 사마리아가 북이스라엘의 중심 도시였으나 이제 유대인들이 보기에 부정한 땅이 된 것입니다. 그래도 하나님을 신앙하던 이들은 '야곱의 우물'이라는 정통성을 붙들었습니다. 수가 성 여인이 "우리 조상 야곱이 이 우물을 우리에게 주셨고 또 여기서 자기와 자기 아들들과 짐승이 다 마셨다"라고 말했는데 이는 조상들의 전통을 따라 하나님을 믿어 왔음을 나타냅니다.

'남편' 역시 영적으로 의미가 있는 단어입니다. 남편은 영적으로 연합의 대상입니다. 모든 인간에게 참 남편은 인간을 지으신 여호와 하나님이십니다. "이는 너를 지으신 이가 네 남편이시라"(사 54:5). 인간은 본래 하나님과 연합하여 그 안에서 즐거움을 누리는 존재입니다. 그런데 하나님과 분리되면 하나님이 아닌 그 무엇과 연합하여 나름대로 즐거움을 구합니다. 남편이라는 존재는 없으면 죽을 것 같은 '그 무엇'을 말합니다. 십 대 아이들에게는 게임일 수도 있고, 이십 대 청년에게는 스포츠일 수도 있습니다. 남편이 상징하는 연합의 대상은 이렇듯 사람마다 시대마다 계층마다 다릅니다. 어떤 어머니는 자식을 남편 삼아 인생의 목마름을 해결합니다. 남편이란 하나님이 부재한 자가 하나님처럼 믿고 의존하는 대상을 상징합니다.

오늘날 야곱의 우물은 우리가 믿어 왔던 신앙의 유산과 교회의 전통, 또는 각종 신앙 제도나 프로그램을 가리킵니다. 힘써서 우물물을 길어 올리듯 우리는 그것들을 통해 목마름을 해갈하고자 수고하며 헌신합니다. 야곱의 우물은 짐승뿐 아니라 사람도 마셨기 때문에 성분이 좋고, 짐승들도 마셨기 때문에 양이 풍부합니다.[54] 그러나 이 물은 당장의 목마름, 곧

---

54 Barret, 『요한복음 주석』, 374.

단층의 목마름만 해결하는 것입니다. 깊은 층의 목마름을 결코 해결할 수 없습니다. 그래서 예수께서는 "이 물을 마시는 자마다 다시 목마르려니와"(요 4:13)라고 하신 것입니다. 이처럼 '야곱의 우물'은 영생이 부재한 자, 곧 육적인 생명에 적합한 물입니다. "야곱의 우물은 단지 물질적인 물만을 제공해 줄 뿐인 것, 즉 인간의 동물적 생명에 적합한 것만을 제공해 줄 뿐입니다."[55]

야곱의 우물에서 길어 올리는 물은 처음에는 마시는 자에게 신선함을 선사합니다. 마찬가지로, 교회에서 행하는 다양한 프로그램도 처음에는 우리에게 신선함을 제공합니다. 그것들은 성분도 좋고 어디서나 접할 수 있어 풍부합니다. 육적인 신자는 그것으로 충분합니다. 그러나 생명 있는 그리스도인에게 그것들은 다시 목마르게 하며, 그것들을 반복할수록 그의 영혼이 고갈됩니다. 결국 우리에게 무거운 짐이 되기에 오래갈 수 없고 곧 중단되고 맙니다. 그래서 이것저것을 번갈아 가며 실행하는데 이렇게 하다 보니 여러 남편을 두게 되는 것입니다. 일반적으로, 열심 있는 신자일수록 목이 더 마릅니다. 이곳저곳을 돌아다니며 이 프로그램 저 프로그램에 참여하여 이 우물 저 우물을 마십니다. 그러나 결국은 삼손처럼 '내가 이제 목말라 죽게 되었다'라고 절규합니다(삿 15:18). 수가 성 여인이 둘러댄 "나는 남편이 없나이다"라는 말을 오늘날의 표현으로 바꾸면 "내가 신앙생활을 하면서 해 보지 않은 것이 없으나 여전히 목마르다"라는 탄식과 같습니다. 주님은 바로 이렇게 고백하는 자에게 찾아오셔서 그 속에서 영생하도록 솟아나는 샘물, 영원히 목마르지 아니한 샘물, 영생의 말씀을 주십니다. '솟아나다'의 헬라어는 '할로마이'입니다. 이 말은 신약성경의 이곳 외에 두 번 더 나옵니다. 두 번 나오는 구절은 모두 앉은뱅이가 예수의 이름으로 일어나 뛰는 것을 묘사합니다(행 3:8; 14:10). 그래서 '할로마이'

---

55   Jaubert, 『L' Homme devant Dieu(신보다 인간)』, 63-43, Barret의 『요한복음 주석』, 374에서 재인용.

는 '펄쩍펄쩍 뛰다'(jumped up)로 번역합니다(NIV). 야곱의 우물은 단층의 목마름만 해갈하여 지루한 신앙생활을 연명하게 합니다. 그러나 예수께서 주시는 생수는 펄쩍펄쩍 뛰는 솟아나는 샘물이 되어 영생을 누리게 합니다. 그때 우리는 비로소 영원에 이르며 영원의 하나님 품에서 안식합니다. 그리고 아우구스티누스처럼 고백합니다. "당신은 우리를 당신을 향해서 살도록 창조하셨으므로 우리 마음이 당신 안에서 안식할 때까지 편안하지 않습니다."[56]

예수께서 주시는 생수는 '영원한 생명'으로 인도하는 복음입니다. 복음, 곧 생명의 말씀을 영으로 깨닫는 자는 '영원한 생명'에 이르게 됩니다. 영원한 생명에 이르게 하지 못하는 모든 것은 탁월한 프로그램이든지 존재물이든지 다시 목마르게 하는 야곱의 우물입니다. 그러므로 복음은 그 자체가 목적이 아니라, 그것을 믿는 자에게 영원한 생명을 얻게 합니다 (딤후 1:10). 따라서 복음이라도 그것이 영원한 생명에 이르지 않으면 야곱의 우물이 되고 맙니다.

---

56 Augustinus, 『성 어거스틴의 고백록』, 19.

06

필요를 구하는 자에게 생명을 주시다

"썩을 양식을 위하여 일하지 말고 영생하도록 있는 양식을 위하여 하라 이 양식은 인자가 너희에게 주리니 인자는 아버지 하나님께서 인치신 자니라" _ 요 6:27

기독교 신앙의 필요와 가치

세계는 거룩성과 세속성이 공존합니다.[57] 세상의 종교는 거룩성을 추구하며 신성한 것을 담지합니다. 이렇듯이 종교의 기능은 세속성을 초월하며 동시에 거룩성을 목적하고 있습니다. 그래서 대부분의 종교 창시자가 세속성의 상징인 개인의 소유와 가정의 행복을 반대했습니다. 예컨대, 불교는 무소유와 출가(出家)를 그 표상으로 합니다. 하지만 종교에 있어 세속성의 역할은 중요한 위치를 차지합니다.

1974년 노벨 경제학상을 수상한 프리드리히 하이에크(F. Hayek)는 지난 2천 년 동안 살아남은 종교의 특성을 가리키면서 "그것은 개인의 소유와 가족을 지지한 종교"라고 말했습니다.[58] 곧 세속성의 요구에 부응하지 못

---

57 Eliade, 『성과 속』, 10.
58 Hayek, 『치명적 자만』, 263.

한 종교는 없어지고 말았다는 것입니다. 여기에 종교의 이율배반적인 기능이 있습니다. 다시 말해서, 종교의 본질은 인간의 세상적인 필요를 반대하지만 동시에 그 필요를 지지하는 기능이 있다는 것입니다. 본질적인 기능은 세속성을 배척하지만, 그 종교를 전파할 목적으로 인간의 필요를 지지하고 세속성을 수용하게 됩니다. 따라서 인간의 필요를 지지하지 못한 종교는 존속되지 못하며 결국 소멸하고 맙니다.

기독교 신앙의 내용은 수레의 두 바퀴처럼 '필요'(need)와 '가치'(value)로 구성됩니다. 여기서 인간의 필요를 채우는 사역은 그 자체가 목적이 아니고 궁극적인 가치 사역을 위한 예비적 역할을 담당합니다. 이는 참 것의 그림자요 하늘에 있는 것의 모형과도 같습니다(히 9:23-24). 기독교가 수행하는 궁극적인 가치 사역은 하늘에 속한 참 것이며, 곧 하나님의 아들을 믿는 자에게 영생을 얻게 하여 하나님과 교제하도록 하는 것입니다. 예수께서는 세상의 필요를 구하기 위해 자신에게 나온 사람들에게 궁극적 가치인 생명을 주십니다. 이로써 필요 사역은 참 것에 속하는 가치 사역의 상징이 됩니다.

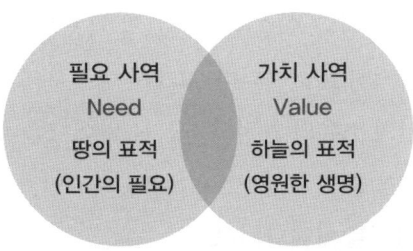

〈기독교 신앙의 양면성〉

필요를 구하는 자에게 생명을 주시다

요한복음 6장에서 예수 그리스도는 필요 사역의 본질이 가치 사역에 있음을 계시하십니다. 6장은 예수의 표적을 본 많은 무리가 그분을 따르는 것을 묘사하는 것으로 시작합니다. "그 후에 예수께서 디베랴의 갈릴리 바다 건너편으로 가시매 큰 무리가 따르니 이는 병자들에게 행하시는 표적을 보았음이러라"(요 6:1-2).

그 후 예수께서 오병이어(떡 다섯 개와 물고기 두 마리)로 오천 명을 먹이시는 기적을 베푸십니다. 예수는 자기를 찾아온 무리가 원하는 절박한 필요를 채워 주신 것입니다. 이 같은 기적은 가난하고 비참한 자들의 꿈을 현실로 바꾸어 놓았습니다. 무리가 예수를 임금으로 삼으려고 했지만, 예수께서 그들의 요청을 뿌리치시고 산으로 가십니다. 하지만 예수에게서 필요를 채움 받은 무리는 집요하게 예수를 찾아다닙니다. 이렇게 인간들은 자신들의 필요를 채워 준 대상에게 관심을 가지며 심지어 그에게 집착합니다. 무리가 오병이어가 일어났던 축제의 장으로 다시 가 보았지만, 예수도 없고 제자들도 보이지 않습니다. 그들은 순간적인 허탈감을 느낍니다. 하지만 단념하지 않고 배들을 나누어 타고 다시 예수를 찾아 나섭니다. 마침내 예수께서 주로 사역하셨던 가버나움에서 그를 만납니다.

한국교회는 세상의 필요를 위해 예수를 찾는 일에 처절하게 몸부림쳐 왔습니다. 복음이 처음 들어온 일제 강점기에 예수에 대한 신앙은 억압과 절망의 시대를 견디게 하는 유일한 소망이었습니다. 또한 6·25 전쟁으로 폐허와 잿더미가 된 땅에서 형제와 부모를 잃고 가족이 강제로 헤어져야 하는 고통을 당할 때 예수에 대한 신앙이 성도에게 큰 위로와 힘이 되었습니다. 실제로 많은 병자가 예수의 이름으로 고침을 받았고, 신앙의 힘으로 가난을 이겨 내기도 했습니다. 이것은 분명히 하나님의 은혜입니다. 그래서 지금도 그 영향으로 인해 교회마다 성도마다 '오직 예수'의 구호를 외칩니다.

하지만 진지하게 그 중심을 들여다보면, 우리들이 찾는 예수는 필요가 절실했던 갈릴리의 무리가 찾던 예수와 별반 다를 바가 없습니다. 그 깊은 내면에는 땅에 속한 것, 곧 세상에서의 형통과 풍족하게 살기를 원하는 욕구가 뿌리박혀 있습니다. 돌아보면 세상이 '잘살아 보세'라고 외칠 때 교회도 똑같이 목소리를 높였습니다. 그래서 열심 있는 종교 행위가 예수 잘 믿는 것으로 받아들여졌고, 그 결과가 세상에서 축복받고 형통한 것으로 나타난다고 믿었습니다. 더욱이 이러한 믿음을 뒷받침해 주는 번영신학이 교회에 자리매김하게 되자 성도가 가난하거나 병들거나 고난 겪는 것을 부끄럽게 여기게 되었습니다. 교회는 필요 사역에 더욱 치중했고 그 필요를 채우려는 부르짖음이 기도의 목적이 되기도 했습니다.

다시 요한복음 6장으로 돌아가 봅시다. 디베랴에서 가버나움으로 와서 예수를 만난 무리가 "랍비여 언제 여기 오셨나이까"(요 6:25) 하며 반색합니다. 그런데 예수께서 그들에게 정색하면서 말씀하십니다. "내가 진실로 진실로 너희에게 이르노니 너희가 나를 찾는 것은 표적을 본 까닭이 아니요 떡을 먹고 배부른 까닭이로다"(요 6:26).

양식을 구할 수 없는 상황에서 오병이어의 기적으로 오천 명을 먹이신 사건이 '표적'이 아니라면 무엇이 표적입니까? 사람들을 배부르게 하고 만족감을 주는 기적이 표적이 아니라면 무엇이 표적입니까? 물론 그것은 표적입니다. 그런데 이 표적들은 인간의 필요를 채우는 땅의 표적입니다. 무리는 '그림자'에 해당하는 이 표적을 통해서 '참된 양식'인 생명의 떡을 보았어야 했습니다. 예수께서 축사하시고 나누어 주신 보리떡(요 6:11)은, 자기 몸을 찢어 나누어 주신 생명의 떡을 표상합니다(막 14:22). 당시 보리떡은 매우 가난한 자의 양식이었습니다. 예수께서는 이 떡이 자기 자신을 상징한다고 말씀하십니다. 또 '물고기'(헬, 옵사리온)는 먹거나 팔 수 있는 물고기(헬, 이크뒤스)가 아니라 바닷가에 버려진 작은 물고기입니다. 그러므로 많은 사람을 배부르게 한 오병이어는 한 사람의 양식으로서 생명의 떡인 예수 그리스도를 가리키는 표적입니다. "예수께서 이르시되 나는 생명의 떡이니 내게 오는 자는 결코 주리지 아니할 터이요 나를 믿는 자는 영원히 목마르지 아니하리라"(요 6:35).

미국의 심리학자 에이브러햄 매슬로(A. Maslow)는 소위 '욕구 체계론'을 펼쳤습니다.[59] 그는 인간의 욕구(필요)가 다섯 단계로 층을 이룬다고 보았습니다. 하위 단계의 욕구가 채워지면 그다음 단계인 욕구를 채우기 위해 애를 쓴다는 식입니다. 가장 기본적인 최하위의 욕구가 생존의 욕구입니다. 그리고 그 욕구가 해결되면 안정을 구하고, 그다음에는 친밀감을 구합니다. 친밀감의 욕구가 해결되면 자아 존중의 욕구가 싹트고, 가장 최상위 단계에는 자아실현의 욕구가 자리합니다.

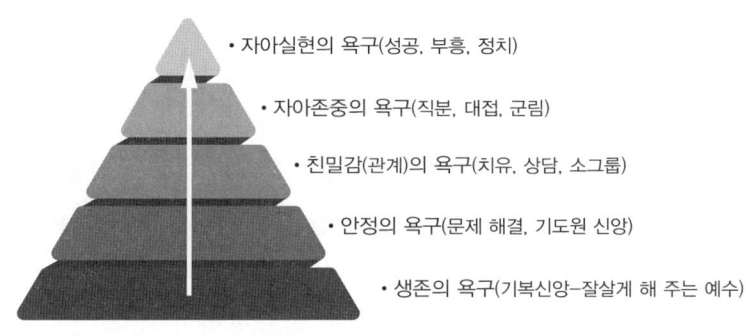

〈매슬로의 5단계 욕구 체계론〉

한국교회, 필요를 넘어 생명으로

한국 사회는 일제 강점기 36년과 6·25 전쟁을 거치면서 인간의 기본적 필요인 생존과 안정의 욕구가 절박했습니다. 이즈음 복음이 들어왔고 교회는 압제와 고난을 극복해 오면서 성장했습니다. 한국교회 성장의 원동력은 궁극적 가치 사역인 영생의 진리를 전파하기보다 절박한 필요 사역

---

59 Maslow, *Motivation and Personality*, 80-91.

에 부응한 면이 다분히 큽니다. 특히 전쟁으로 폐허가 된 상황에서 현실적인 필요에 부응한 것이 교회 성장의 계기가 되었습니다. 복음의 핵심인 영생의 진리를 강조하기보다, 땅의 필요가 복음의 이름으로 들어온 것입니다. 초기 선교사들은 학교와 병원을 지어 주고 양식을 주는 등의 현실적인 필요를 해결해 주는 데 복음 전도의 우선순위를 두었습니다.

하늘의 복인가, 땅의 복인가?

한국교회는 시대마다 필요한 욕구를 채워 주는 필요 사역을 중심으로 성장해 왔습니다. 즉, 한국교회의 성장은 매슬로가 말한 욕구 체계론과 맞물려 있습니다. 1970년대 이전까지는 주로 생존의 문제를 해결하는 '기복 신앙'이 주류를 이루었습니다. "예수 믿으면 잘 삽니다. 예수 믿으면 복 받습니다"라는 구호는 영원한 생명을 얻는 '하늘의 복'을 뜻하는 것보다 실상은 '땅의 복'을 이야기한 것입니다. 생존의 문제가 어느 정도 해결되자 이제 안정을 위해 부르짖고 응답받는 신앙이 주류를 이루었습니다. 그래서 1970년대 이후 1980년대까지는 '기도원 신앙'이 필요를 채우는 역할을 했습니다. 하나님께 부르짖으면 비밀한 일을 응답받는다는 믿음으로 밤낮으로 부르짖었던 것입니다. 불의한 재판관도 밤낮 구하는 과부의 청원을 들어주시는데 어찌 하늘 아버지께서 밤낮 부르짖는 자기 백성의 청을 들어주지 않겠습니까! 그런데 예수께서 "그러나 인자가 올 때 세상에서 믿음을 보겠느냐"라고 말씀하셨습니다(눅 18:8). 이것은 부르짖고 응답받는 것이 참된 믿음이 될 수 없다는 뜻입니다. 어쨌든 당시에는 '산 기도'다 '작정 기도'다 하여 많은 사람이 밤낮 부르짖어 기도하고 응답받으면서 안정을 얻었습니다.

사람들은 안정을 얻은 후 차상위 욕구인 마음의 문제를 해결 받기를 원했습니다. 마음의 문제를 해결 받음으로써 관계 안에서 친밀의 욕구를 채우고자 한 것입니다. 사실 생존과 안정의 문제가 해결되지 않을 때는 마음의 문제를 방치하기 쉽습니다. 생존과 안정의 욕구가 어느 정도 해결되자 사람들이 이제 마음의 문제에 눈을 돌렸습니다. 이를 반영하여 1990년대 중반부터 교회 안팎에서는 상담 및 치유 사역이 봇물 터지듯 일어났습니다. 세상에서도 '힐링'(치유)이라는 단어가 중요하게 사용되었습니다. 물론 이 같은 상담이나 치유 사역이 필요 사역의 하나로써 마음의 문제를 해결하는 데 어느 정도 도움은 되지만 복음으로 생명을 얻게 하는 가치 사역은 아니라는 점을 알아야 합니다. 그런데 어떤 목회자들은 아예 가치 사역을 외면하고 상담이나 치유를 배우러 다닙니다. 마음의 고통을 당하는 성도들의 문제를 당장 해결해 주어야 한다는 이유로 그럽니다. 하지만 치명적인 문제는 목회자들이 성도들을 어디로 인도해야 하는지 알지 못한다는 데 있습니다. 그들은 성도들을 생명으로, 그리스도를 통해 아버지의 집으로 인도해야 한다는 진리를 망각하고 있는 것입니다.

진정한 치유자 그리스도

성경은 예수 그리스도가 진정한 치유자라고 밝힙니다. 땅에서 난 의사는 상처나 병의 증상을 완화하지만, 하늘에서 오신 그리스도는 인간의 근본을 치유합니다. 땅에서 난 자는 누구도 근본을 치유하지 못합니다. 그런데 기독교 안에서 행해지는 치유의 일부 방식이 하나님을 인정하지 않는 프로이트의 정신 분석 기법에 근거하고 있습니다. 그러다 보니 치유 사역이 인본주의적이고 신비주의적이며 주술적인 면으로 흐르고 있습니다. 이러한 기법들은 일견 내적인 문제를 통찰해 주는 점에서는 유익합니다. '아하 경험'(Aha Experience)을 가져와 내적인 문제를 발견하게 해 줍니다. '아하! 내가 이렇게 화를 잘 내는 게 너무 억압받고 살아서 그렇구나!'처럼 말입니다.

인간의 내적인 문제나 마음의 상처는 인간의 시간 안에서 발생한 것들입니다. 인간이 태어나서 살아오는 과정, 곧 인간의 시간으로 정의되는

'과거 – 현재 – 미래' 안에서 발생합니다. 육신의 부모는 불완전하며 양육자도 불완전합니다. 그래서 태중에서부터 인간은 상처받을 수 있습니다. 성장 과정에서는 더 말할 것도 없습니다. 그런데 이렇게 인간의 시간 안에서 생긴 문제를 인간의 시간 안에서 해결하려고 하면 일시적으로 효과를 볼 수 있을지는 몰라도 근본적으로는 치유가 되지 않습니다. 마치 열두 해 동안 혈루증을 앓아 온 여인이 근본을 해결하지 못하고 여기저기 쫓아다닌 결과 증세가 더욱 악화했던 것과 같습니다(막 5:25-26). 이를 해결할 수 있는 길은 '영원'(카이로스)이라는 하나님의 시간이 인간의 시간(크로노스) 안에 들어오는 것입니다. 이때 비로소 상처의 근본이 하나님 품에서 수용되며, 인간은 그가 받은 상처를 넉넉히 감당하게 됩니다(복음적인 해결, 44과 '옛사람을 벗고 새 사람을 입으라' 참고). 그러므로 영원의 하나님을 알지 못하면 인간적인 상담과 치유를 통해 상처의 증상을 일시적으로 완화할 수는 있지만, 결국 시간과 물질의 손해를 보게 되고 상태는 더욱 악화할 뿐입니다.

하나님의 아들 예수 그리스도는 우리를 영원의 아버지 품으로 인도하여, 그의 품에서 인간의 시간 속에서 일어난 모든 문제를 초월하고 수용하게 하십니다. 영원은 인간의 시간을 수용하고 초월하는 힘입니다. "영원은 시간의 전 기간을 포함하고 있는 힘을 의미한다."[60] 그러므로 진정한 치유자는 영원의 하나님께로 우리를 인도해 주시는 예수 그리스도입니다. 날마다 영원의 하나님을 만나는 영생의 삶을 사는 자는 마음의 문제나 상처가 있더라도 거기에 지배당하지 않으며, 오히려 그것을 무력하게 만듭니다. 인간의 시간 안에서 생긴 어떠한 문제나 아픔, 고통도 그리스도 안에 있는 하나님의 사랑에서 끊을 수 없기 때문입니다(롬 8:38-39). 만물 위, 영원의 하나님 사랑으로 인하여 모든 상황과 조건 가운데에서도 이 모든

---

60 Tillich, 『조직신학 Ⅰ』, 196.

것을 넉넉히 이기게 됩니다(롬 8:37-39).

자아 존중과 자아실현의 욕구

매슬로의 욕구 체계론에 의하면 친밀감의 욕구 다음에 자아 존중의 욕구가 있다고 말합니다. 한국교회 안에서 자아 존중의 욕구는 주로 직분과 관련되어 있습니다. 신자들은 교회 생활을 하다가 시간이 지나면 집사가 되고, 그다음 권사가 되고, 그다음 장로가 되는 식으로 자아 존중의 욕구를 채웁니다. 또한 어떤 신자는 교회 일에 충성함으로써 사람들로부터 존중받기도 합니다. 어떤 신자는 권사 직분을 받지 못하자 실망하여 교회를 떠나기도 합니다. 어떤 안수집사는 장로가 되지 못한 것을 두고 신앙생활에 실패했다고 생각합니다. 이런 사람들은 땅에서 난 것을 두고 시시비비하고 서로 키 재기를 하며 성공과 실패를 말하곤 합니다. 이렇듯 궁극적 가치인 영생의 진리를 알지 못한 채 신앙생활을 하면 필요 사역에 매이게 되어 시간이 갈수록 추악해집니다.

마지막 최상위 욕구는 '자아실현의 욕구'입니다. 하나님과 분리된 인간에게는 '하나님같이 되고자' 하는 본래의 욕망이 있습니다(창 3:5). 이는 그리스어로 '휘브리스'이며 교만의 근본입니다. 인간은 자기가 원하는 것을 이루어 자아를 실현하려고 합니다. 고도의 자아실현은 영적인 성취와 관련이 있습니다. 한국교회 안에서 자아실현의 욕구는 주로 사역자들에게서 나타납니다. 겉으로는 하나님을 위해 열심히 일하는 것 같은데 실은 자아실현의 욕구를 채우기 위해 일하는 사역자들이 있습니다. 하나님의 일을 통해 사람의 영광을 구하며 사람의 영광으로 일하는 것입니다. 마지막에는 스스로 하나님의 자리에 오르고 맙니다. 생명 없이 '자기주장 의지'로 행하는 사역은 육신으로 선한 일을 행하는 것으로 결국 사망에 이르는 것입니다(롬 7:11).

기독교의 가치는 생명을 얻는 것

　기독교 신앙 안에서 필요와 가치의 문제는 '생명'(영생)을 얻는 것으로 귀결됩니다. 요한복음에는 예수 그리스도께서 행하신 많은 표적 가운데 일부가 기록되어 있습니다. 요한이 기록한 땅의 표적은 인간의 필요를 해결해 주는 것이며, 이 표적을 통하여 우리가 예수가 하나님의 아들 그리스도인 것을 믿게 했습니다. 이것이 필요 사역의 목적입니다. 기독교 신앙은 여기에서 그치지 않으며 하나님의 아들을 믿고 그 이름을 힘입어 생명(영생)을 얻는 데 목적이 있습니다. "예수께서 제자들 앞에서 이 책에 기록되지 아니한 다른 표적도 많이 행하셨으나 오직 이것을 기록함은 너희로 예수께서 하나님의 아들 그리스도이심을 믿게 하려 함이요 또 너희로 믿고 그 이름을 힘입어 생명을 얻게 하려 함이니라"(요 20:30-31).

　예수가 하나님의 아들이요 그리스도이신 것은 복음입니다. 이 복을 믿는 자는 영생을 얻습니다. 영생은 "유일하신 참 하나님과 그가 보내신 자 예수 그리스도를 아는 것"입니다(요 17:3). 이 영생은 우리가 매일 말씀을 통하여 삼위 하나님과 더불어 생명의 교제를 함으로써 실제가 됩니다. 기독교 신앙은 바로 생명의 교제가 실제가 되는 곳에서 완성됩니다(요일 1:1-4). 예수께서는 필요를 구하는 자에게 생명을 주십니다. 필요를 채워 주는 것은 한시적인 사역이고 생명을 주는 것이 본질적인 사역입니다. 필요는 참 것의 그림자이며 하늘에 있는 것의 모형입니다. 하늘에 있는 참 것은 아들을 믿어 영생을 얻는 것이며 하나님과 사귐 안에 들어가는 실재입니다. 이것이 기독교 신앙의 본질입니다.

07

태초, 말씀이 하나님과 함께 계시다

"태초부터 있는 생명의 말씀에 관하여는 우리가 들은 바요 눈으로 본 바요 자세히 보고 우리의 손으로 만진 바라"

_요일 1:1

요한의 증거, 태초를 계시하다

인간은 '영원의 세계'를 질문합니다. 인간은 어디서 왔다가 어디로 가느냐를 묻는데, "이것은 '영원 철학'이라고 불리는 믿음입니다."[61] 모든 시대 속에서 신화와 철학, 종교나 예술은 나름대로 영원에 대한 해답을 제시해 왔습니다. 예컨대, 철학자 플라톤은 보이지 않는 세계, 즉 이데아를 그 이미지로 제시했습니다. 하지만 영원에 대한 어떤 이미지도 불완전합니다. 영원에 대한 진리는 성령의 감동으로 기록된 성경을 통해서 알 수 있습니다. 사도 요한의 서신은 만물 위에 있는 영원의 세계를 밝히 계시합니다.

"태초에 말씀이 계시니라 이 말씀이 하나님과 함께 계셨으니 이 말씀은

---

61 Armstrong, 『신화의 역사』, 10.

곧 하나님이시니라"(요 1:1).

요한이 말한 '태초'는 창세전 하나님의 시간이며, 곧 영원입니다. 당시 그리스 세계에서 '태초'(아르케)는 '만물의 근원'을 의미했습니다. 예를 들면, 철학자 탈레스는 만물의 근원을 '물'이라고 했습니다. 헤라클레이토스는 '불'이라고 했습니다. 엠페도클레스는 '물, 불, 흙, 공기'라고 했습니다. 이러한 설명은 모두 만물의 근원을 만물에 속한 것에서 찾으려는 시도를 보여 줍니다. 다시 말해서, 그리스 철학자들은 태초를 만물에 속한 어떤 근원으로 파악하고자 했습니다. 그런데 사도 요한이 말하는 태초는 만물에 속하지 않으며 만물 위에 있는 하나님의 시간을 의미합니다. 곧 태초란 만물의 근원이 아니라 만물 위에 존재하는 세계입니다. 요한복음이 말하는 태초는 세상이 창조되기 이전인 '창세전'부터 존재하는 세계이며, 만물 위에 계신 하나님 안에 존재하는 세계입니다. 그러므로 태초는 창조된 세계보다 먼저 존재한 세계요, 피조 된 만물보다 앞에 있는 세계입니다.

태초에 하나님이 계시다

만물이 창조되기 전, 곧 창세전 하나님의 세계에 말씀이 계셨습니다. 만물 위의 세계에서는 만물이 아니라 말씀이 존재합니다. 여기서 '말씀'은 '로고스'입니다. 로고스는 그리스 사회에서 통용되던 언어입니다. 그리스 사회에서 로고스는 신과 세상 사이에 있는 중간 존재를 말합니다. 스토아학파에서 로고스는 세상을 창조하고 지배하는 힘이자 원리입니다.[62] 이 원리에 의해 세상이 창조되고 자연을 지배하는 법칙들과 인간이 따라야 할 도덕 법칙이 생겨났다는 것입니다. 또한 유대교에서 로고스는 구약성

---
62 김용규, 『신』, 405.

경에서 말하는 '다바르'(말씀)와 같은 의미로 사용되었습니다. 그러나 유대교에서 사용하는 로고스는 헬라 철학과 달리 초월의 영역에 속하며 비물질적인 성격입니다.[63] 로고스는 하나님 자신으로부터 나온 것(본질)이며, 세상을 창조했을 뿐 아니라 다른 모든 능력의 근원이 됩니다. 유대교에서는 인간이 비록 타락했으나 신적 계시의 대행자인 로고스를 통하여 하나님과의 관계를 다시 소생시킬 수 있다고 말합니다.

그러면 요한이 말하는 로고스는 과연 무엇을 의미합니까? 요한이 말하는 로고스는 스토아 철학이나 유대교에서는 상상할 수 없는 사유의 산물이었습니다. 로고스는 만물을 창조한 '산출적 그리스도'일 뿐 아니라, 이 세상에 성육신하기 이전의 그리스도인 '선재적 그리스도'라고 선언한 것입니다.[64] 이 부분에 관한 내용이 요한이 후에 기록한 요한일서에 나옵니다.

"태초부터 있는 생명의 말씀에 관하여서는 우리가 들은 바요 눈으로 본 바요 자세히 보고 우리의 손으로 만진 바라 이 생명이 나타내신 바 된지라 이 영원한 생명을 우리가 보았고 증언하여 너희에게 전하노니 이는 아버지와 함께 계시다가 우리에게 나타내신 바 된 이시니라"(요일 1:1-2).

요한복음은 "태초에 말씀이 계시니라"라는 구절로 시작하고, 요한일서는 "태초부터 있는 생명의 말씀"이라는 구절로 시작합니다. 이로 보건대 '로고스'(말씀)는 곧 '생명의 말씀'입니다. 생명의 말씀은 생명을 계시하는 말씀입니다. 여기서 생명은 하나님의 생명을 말하며 다른 말로 '영원한 생명'입니다. 생명의 말씀으로서 로고스는 '생명의 본체이신 하나님을 계시하는 말씀'입니다. 그런데 '생명의 말씀'이나 '영원한 생명'은 막연한 것

---

63 김용규, 『신』, 405.
64 김용규, 『신』, 830.

이 아니라 우리가 눈으로 보고 귀로 듣고 주목하여 만진 바가 된 것으로, 우리가 이 땅에서 경험하는 실재입니다. 그래서 세례 요한이 "하늘로부터 오시는 이는…친히 보고 들은 것을 증언하되"라고 말했습니다(요 3:31-32). 여기에서 "보고 들은 것을 증언하는 것"을 가리켜 '견증'(見證)이라고 부릅니다. 영원의 세계는 성령의 증거를 통하여 보고 들을 수 있으며 동시에 성령의 증거로 사람들에게 전해집니다. 태초에 계신 말씀, 로고스는 '하나님과 함께' 계셨습니다. 로고스, 곧 말씀이 육신이 되어 우리 가운데 거합니다(요 1:14). 이에 로고스는 육신을 입고 오신 하나님의 아들 예수 그리스도를 가리킵니다. 그렇다면 태초, 영원의 세계에서는 하나님의 아들인 성자가 성부 하나님과 함께 존재하셨음을 알 수 있습니다. 다시 말해 영원한 세계에서 하나님은 성부, 성자, 성령의 삼위일체의 하나님으로 존재하십니다.

내재적 삼위일체와 경륜적 삼위일체

초대 교부로부터 현대의 신학자에 이르기까지 삼위일체와 관련하여 많은 논쟁이 있어 왔습니다. 현대 신학계에서는 삼위일체를 '내재적 삼위일체'와 '경륜적 삼위일체'로 구분합니다. 일반적으로 내재적 삼위일체는 삼위 하나님의 내적인 관계를 가리킵니다. 반면 경륜적 삼위일체는 창조, 구속, 완성의 활동을 통하여 계시된 삼위일체를 포괄적으로 지칭합니다.[65] 바르트는 '내재적 삼위일체'를 가리켜 그 자체로 계시는 하나님 안에 있는 삼위일체라고 말합니다. 반면 경륜적 삼위일체는 계시되고 기록되며 선포된 하나님의 말씀 속에서 알려진 삼위일체라고 말합니다.[66] 내재와 경륜을 구별하는 기준은 계시된 말씀입니다. 바르트는 아들을 통한 하나님의 자기 계시는 다른 것 안에 근거되지 않는 '말씀을 통한 계시'라고

---

65   백충현, 『내재적 삼위일체와 경륜적 삼위일체』, 21.
66   백충현, 『내재적 삼위일체와 경륜적 삼위일체』, 120.

했습니다. 그에 의하면 하나님만이 유일한 계시자이시며, 말씀을 통한 그분의 계시는 완전한 계시입니다. 성경에서 '계시하다', '나타나다'를 뜻하는 헬라어는 '아포칼립토'이며, 이 동사는 하나님만을 주어로 삼습니다. 곧 모든 계시는 오직 하나님에게서 나오는 것입니다.

경륜적 삼위일체는 '하나님을 계시하는' 구원 사역에서 활동하는 삼위일체의 하나님을 말합니다. 하나님께서는 창세전 아들의 생명, 곧 영생을 우리에게 주시기로 약속하셨고(딛 1:2), 역시 하나님은 창세전에 아들을 세상에 보내기로 미리 정하셨습니다(벧전 1:20). 그런데 첫 사람 아담이 범죄하여 사람이 영생 얻을 기회를 잃어버렸습니다. 그런데도 하나님께서는 여자의 후손과 가죽옷을 예표로 하여 아들을 보내실 것을 약속하셨습니다(창 3:15, 21). 이제 하나님의 아들이 오시되 십자가에서 죽으심으로써 우리 죄를 사하시고 영생 얻은 구원을 주십니다. 하나님께서는 이 약속대로 아들을 보내셨고, 아들은 하나님의 뜻대로 우리 죄를 사하시고 우리에게 영생을 주십니다. 그가 십자가에서 죽으시고 부활하심으로써 만민의 구주가 되신 것입니다.

> "그가 하나님께서 정하신 뜻과 미리 아신 대로 내준 바 되었거늘 너희가 법 없는 자들의 손을 빌려 못 박아 죽였으나 하나님께서 그를 사망의 고통에서 풀어 살리셨으니 이는 그가 사망에 매여 있을 수 없었음이라"(행 2:23-24).

실제로 예수 그리스도는 가룟 유다와 대제사장과 빌라도에 의해 죽음에 넘겨지고 군병들에 의해 십자가에 달리셨습니다. 그러나 그의 죽음은 하나님께서 미리 '정하신 뜻'과 '아신 대로' 되었다는 것입니다. 그리고 성령은 아들의 죽음과 장사 됨, 그리고 부활에 대해 증거함으로써 믿는 자를 구원하는 역할을 합니다. "그러나 진리의 성령이 오시면 그가 너희를 모든 진리 가운데로 인도하시리니 그가 스스로 말하지 않고 오직 들은 것을 말하며 장래 일을 너희에게 알리시리라"(요 16:13).

성령은 아들이 죽으신 것이 우리 죄를 사하시기 위함이요 그가 부활하신 것은 우리를 의롭다 하시기 위함이라는 것을 증거합니다. 그래서 우리를 진리 가운데로 인도하여 하나님 아버지 품으로 들어가게 합니다. 이것이 우리의 구원을 위해 활동하시는 경륜적 삼위일체의 역사입니다.

그런데 삼위일체를 내재적 삼위일체와 경륜적 삼위일체로 구분하는 것은 두 종류의 삼위일체가 있다는 뜻이 아닙니다. 그것은 구원의 계시 한 가운데에 계시며 동시에 자기 자신 안에 계신 삼위일체의 하나님을 말합니다. '내재적 삼위일체'에 있어서 성부 하나님은 성자에게 자기 자신을 계시하시기 전부터 이미 자신 안에 존재하셨습니다. 하나님은 만물 위에 계시며, 따라서 만물에 속한 어떤 신들과도 철저히 구별됩니다. 따라서 하나님은 완전하고도 절대적이며 근원이 없는 '존재'로 불립니다.

"하나님은 복되시고 유일하신 주권자이시며 만왕의 왕이시며 만주의 주시요 오직 그에게만 죽지 아니함이 있고 가까이 가지 못할 빛에 거하시고 어떤 사람도 보지 못했고 또 볼 수 없는 이시니 그에게 존귀와 영원한 권능을 돌릴지어다 아멘"(딤전 6:15-16).

아들, 아버지께로부터 '나다'

삼위일체의 두 번째 신격은 성자 하나님이십니다. 성자 하나님은 성부 하나님으로부터 '난'(begotten)[67] '단 하나'의 아들입니다. 위르겐 몰트만

---

[67] beget(begotten)은 '아버지'께로부터 태어난 자를 뜻하며, bear(born)는 어머니로부터 태어난 자를 뜻한다. 아버지로부터 난 자는 '태어난 자'보다 '난 자'가 더 정확한 표기다(요 1:13 참고).

(J. Moltmann)은 "아들은 아버지의 '단 하나'의 '태어난' 영원한 아들이다"라고 말합니다.[68] 아들은 하나님의 '독생자'로서 무(無)로부터 '창조'된 것이 아니라, 아버지의 본질로부터 '출생'했습니다. 곧 아들의 출생은 아버지의 본질에 기원하며 아들 자신의 의지와는 상관이 없습니다. 물론 아들은 창조에 속하지 않으며 창조 이전, 곧 영원에 속합니다. 바로 이 영원의 시간 안에서 하나님께서 아들을 낳으셨습니다. 잠언 8장에서는 '지혜'로 예시되는 '아들'의 출생에 대해 증거합니다. 초대 교회 교부들은 본 장에 있는 지혜를 예수 그리스도로 보았습니다.

> "여호와께서 그 조화의 시작 곧 태초에 일하시기 전에 나를 가지셨으며 만세 전부터, 태초부터, 땅이 생기기 전부터 내가 세움을 받았나니 아직 바다가 생기지 아니했고 큰 샘들이 있기 전에 내가 이미 났으며 산이 세워지기 전에, 언덕이 생기기 전에 내가 이미 났으니 하나님이 아직 땅도, 들도, 세상 진토의 근원도 짓지 아니하셨을 때에라"(잠 8:22-26).

'조화의 시작' 또는 '태초에 일하시기 전'은 창조 이전의 세계, 곧 창세전의 세계를 뜻합니다. '나를 가졌다'라는 '나를 낳았다'(히, 카나니)로 번역합니다. 하나님은 태초에 일하시기 전 그의 일 중에서 '첫 번째'로 아들을 낳으셨습니다. "The Lord brought me forth as the first of his works before his deeds of old"(NIV). 잠언의 계시는 세상에 오신 아들의 계시로 확증됩니다. 창세전 아버지께서 자기 속에 있는 생명을 아들에게 주셨습니다. 그 생명이 아들 안에 있게 되었습니다.

> "아버지께서 자기 속에 생명이 있음 같이 아들에게도 생명을 주어 그 속

---

68 Moltmann, 『삼위일체와 하나님의 나라』, 201.

에 있게 하셨고"(요 5:26).

아버지가 아들에게 생명을 주신 것은 사랑에 기초합니다(요일 4:9 참고). 몰트만은 "아들을 출생하는 아버지의 사랑은 그 잠재성에 있어서 응답하고 순종하는 영원한 사랑을 넘어선다"라고 말합니다.[69] 하나님 아버지께 있는 생명은 창조 이전에 속하며 창조에 속하지 않습니다. 아버지가 아들에게 주신 생명은 창조 이전에 속한 '태어난' 생명입니다. "모든 세계가 창조되기 전에 그리스도는 창조되신 것이 아니라 나셨습니다"(begotten).[70] 하나님으로부터 '태어난 생명'(born of God)은 하늘에 속하며 만물 위에 속합니다. 하나님이 아들에게 자기 생명을 주심으로써 이제 하나님 안에 있는 생명이 아들 안에도 있게 되었습니다. "그 안에 생명이 있었으니 이 생명은 사람들의 빛이라"(요 1:4). 그리고 아들의 생명은 아버지의 생명과 함께 있습니다. 말씀이 하나님과 '함께' 있으며 동시에 말씀이 곧 하나님입니다. 여기서 '함께'는 아들과 아버지의 존재 방식을 나타내는 표현입니다. 요한복음 1:1에 나오는 '함께'는 요한복음 1:18을 통해 해석할 수 있습니다. 이러한 형식을 '인클루지오'(inclusio) 또는 '수미쌍관'(首尾雙關) 형식이라고 부릅니다. "본래 하나님을 본 사람이 없으되 아버지 품속에 있는 독생하신 하나님이 나타내셨느니라"(요 1:18).

'독생하신 하나님', 곧 하나님의 아들은 태초부터 '아버지 품속에서' 아버지와 '함께' 하셨습니다. 그러므로 '함께'가 곧 '품속'이라는 뜻입니다. 품속에 들어가면 그 들어간 존재가 드러나지 않고 그를 품은 존재만 드러납니다. 그래서 아들은 아버지 품속에 감추어지고 드러나지 않습니다. 아들이 아버지 품속에 거했다는 사실은 아버지와 아들의 관계성을 통해 파악할 수 있습니다. 아들은 아버지와의 관계에 있어서, 자신은 하위 권위이며

---

69 Moltmann, 『삼위일체와 하나님의 나라』, 203.
70 Lewis, 『순전한 기독교』, 245.

아버지가 상위 권위라고 하십니다. "아버지는 나보다 크심이라"(요 14:28). 하위 권위에 속한 아들이 상위 권위인 아버지 품속에 들어가면 아들은 감추어지고 아버지만 나타납니다. 그래서 아버지와 아들은 하나가 됩니다 (요 17:11, 22).

태초의 성령, '내쉬어지다'

삼위일체의 셋째 신격인 성령입니다. AD. 4세기 갑바도기아의 나치안주스의 그레고리우스(Gregory of Nazianzus)는 삼위일체론의 도그마를 정식화하는 데 사용되었던 여러 가지 개념에 엄밀한 구별을 지었습니다. 그에 의하면, 아들과 성령은 동일한 아버지의 심연에서 생겨난 것입니다. 아들은 '낳은 존재'(gennesia)라는 특성을 가지며 아들은 영원에서 낳은 것입니다. 셋째 신격인 성령은 '내보내진 존재' 또는 '발출된 존재'(ekporeusis)라는 특성을 가집니다.[71] 아버지와 아들과 성령은 신적 본질(ousia)에서 이루어진 구별이 아니고, 셋 사이에서 이루어진 구별입니다.

몰트만에 따르면 성령은 아들과 같이 '낳은 존재'가 아니라 '내쉬어진 존재'입니다. 이에 대한 모형으로, 부활하신 예수께서 제자들에게 숨을 '내쉬어'(엠프사오) 성령을 주셨습니다. "이 말씀을 하시고 그들을 향하사 숨을 내쉬며 이르시되 성령을 받으라"(요 20:22). 성령이 내쉬어졌다는 것을 유비로 하여, 성령은 아들처럼 출생하지 않았으며 아버지로부터 내쉬어졌다고 볼 수 있습니다(참고, 필리오케 논쟁).[72] 아버지께로부터 '내쉬어지

---

71 Tillich, 『그리스도교 사상사』, 115.
72 필리오케 논쟁: 니케아 신경의 그리스어 원문은 성령을 "아버지께로부터 나오시는 진리의 성령"이라고 기록한다. 반면 라틴어 역본은 "아버지와 아들에게서 나오는 진리의 성령"이라고 한다. 즉, 라틴어 '필리오케'(아들로부터)를 추가한 것이다. 동방 교회는 전자를, 서방 교회는 '아버지와 아들의 본질이 같다'라는 니케아 공의회의 결정을 근거로 하여 후자를 택했다. 개신교는 서방 교회의 전통을 따라 후자를

는' 성령은 아버지의 '영원한 말씀'이 나올 때 동시에 '내쉬어졌습니다.' "성령은 내쉬어지며(spiratio) 탄생되지(generatio) 않는다."[73] 아버지는 그의 영원한 말씀을, 그의 영을 내쉬는 가운데 주십니다.[74] 그래서 하나님 안에는 '영이 없는 말씀'도 없고 '말씀 없는 영'도 없습니다. 성자인 말씀은 아버지께로부터 태어난 영원한 생명이요, 성령은 말씀이 나올 때 내쉬어지는 영입니다. 따라서 성령의 본질은 '생명을 주는 영'입니다. 아들을 믿는 자는 생명을 주는 영으로 아들의 생명을 얻습니다(고후 3:6). 생명을 주는 것은 영입니다. 아들의 말은 영이요 생명입니다(요 6:63).

성령은 독자적으로 활동하지 않으며 아버지와 아들을 증거합니다. 이렇게 말씀과 성령, 성령과 말씀은 함께 그리고 동시에 아버지로부터 나옵니다. 그래서 아버지가 보내신 아들이 아버지의 말씀을 전할 때 성령이 한량없이 부어지는 것입니다(요 3:34). 성령이 신성의 원천인 아버지로부터 영원한 말씀과 함께 나온다면 성령은 창조된 것이 아니라 본질상 아버지에게서 오는 것이며, 아버지와 아들과 동일한 본질을 가지게 됩니다. 그래서 우리는 성령을 경험함으로써 하나님을 경험합니다. 즉 우리를 아들과 결합시키는 아버지의 영을, 아버지가 주시는 아들의 영을, 우리를 통하여 아버지와 아들을 영화롭게 하는 영을 경험합니다.

경륜적 삼위일체에서 성령은 진리의 영으로 불리며, 아들이 승천하신 후 아버지께로부터 나옵니다(요 15:26). 아버지는 성령을 아들의 이름으로 보내시며, 이때 성령은 아들이 이루신 구속의 행위를 증거합니다. "그러나 진리의 성령이 오시면 그가 너희를 모든 진리 가운데로 인도하시리니 그가 스스로 말하지 않고 오직 들은 것을 말하며 장래 일을 너희에게 알리시리라"(요 16:13). 그 결과 아들을 믿는 자가 아들 안에 거하게 하며, 아버

신앙으로 고백한다.

[73] Moltmann, 『삼위일체와 하나님의 나라』, 204.
[74] Moltmann, 『삼위일체와 하나님의 나라』, 205.

지 안에 거하게 합니다. "그날에는 내가 아버지 안에, 너희가 내 안에, 내가 너희 안에 있는 것을 너희가 알리라"(요 14:20).

성령이 오시는 날 아버지가 아들 안에, 우리가 아들 안에, 아들이 우리 안에 거하게 됩니다. 우리 믿는 자가 삼위 하나님 안에 거하는 것을 알게 됩니다. 나아가, 아들을 믿는 자가 아버지의 생명인 영생을 얻게 하며, 동시에 영생의 사귐에 이르게 합니다(요일 1:2-3). 그리하여 창세전 아들이 아버지와 함께 가졌던 본래적이고 내재적인 삼위일체 안에 거하게 합니다(요 17:24).

요한계시록에서는 삼위 하나님 중에 성령의 위치를 언급하고 있습니다. 하나님은 이제도 계시고 전에도 계셨고 장차 오실 이로 묘사되고, 일곱 영이 표상하는 성령은 하나님의 보좌 앞에 있으며, 예수 그리스도는 죽은 자들 가운데 먼저 나시고 땅의 임금들로 묘사됩니다(계 1:4-5; 4:5).

08

태초, 하나님의 존재 방식

"내가 이것을 너희에게 이름은 내 기쁨이 너희 안에 있어 너희 기쁨을 충만하게 하려 함이라" _요 15:11

아버지와 아들, 복종과 사랑으로 존재하다

창세전 영원의 세계에서 아버지와 아들은 복종과 사랑의 법으로 존재하셨습니다. 아버지는 사랑의 행위로 아들에게 생명을 주셨습니다. 아버지께로부터 태어난 아들은 하위 권위로서 상위 권위인 아버지에게 복종합니다. 상위 권위인 아버지는 자신에게 복종하는 아들을 사랑하십니다. 이렇게 아버지와 아들은 사랑의 관계이며, 아들은 복종하는 사랑으로, 아버지는 복종하는 아들에게 자신을 내주는 사랑으로 상호 존재합니다. 물론 사랑의 기원은 아들이 아니라 아버지입니다. 아버지는 출생하게 하신 사랑으로 아들을 사랑합니다(요 5:26). 아들은 아버지를 사랑하여 아버지의 계명에 복종함으로써 아버지의 사랑에 응답합니다. "오직 내가 아버지를 사랑하는 것과 아버지께서 명하신 대로 행하는 것을 세상이 알게 하려 함이로라"(요 14:31). 아들은 이와 같은 복종과 사랑의 존재법을 친히 증거합니다. "내가 아버지의 계명을 지켜 그의 사랑 안에 거하는 것 같이 너희도 내 계명을 지키면 내 사랑 안에 거하리라"(요 15:10).

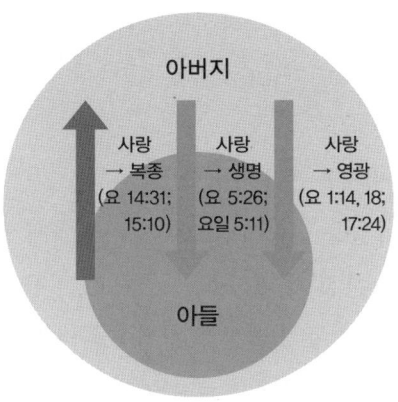

〈영원부터 현존하는 아버지와 아들의 관계〉

아들은 아버지를 사랑하여 복종함으로써 아버지 안에 거합니다. 아버지는 복종하는 아들을 사랑함으로써 아들 안에 거합니다. 그리하여 아버지와 아들이 하나가 됩니다. "아버지여, 아버지께서 내 안에, 내가 아버지 안에 있는 것 같이 그들도 다 하나가 되어 우리 안에 있게 하사 세상으로 아버지께서 나를 보내신 것을 믿게 하옵소서 내게 주신 영광을 내가 그들에게 주었사오니 이는 우리가 하나가 된 것 같이 그들도 하나가 되게 하려 함이니이다"(요 17:21-22).

몰트만은 "아들에 대한 아버지의 사랑과 아버지에 대한 아들의 사랑은 그들의 상이한 구성 때문에 동일하지 않으며 또한 일치하지도 않는다"[75] 라고 했습니다. 이 두 가지 사랑은 서로 균등화될 수 있는 상호 관계에 있지도 않습니다. 다시 말해서, 아들의 아버지에 대한 사랑은 '복종하는 사

---

75 Moltmann, 『삼위일체와 하나님의 나라』, 203.

랑'이며, 아버지의 아들에 대한 사랑은 자기 자신을 내주는 '본질을 계시하는' 사랑입니다. 그리고 아버지가 아들에게 내주신 '본질의 계시'를 가리켜 아들을 사랑하심으로 아들에게 주신 '영광'이라고 말합니다. "…아버지께서 창세전부터 나를 사랑하시므로 내게 주신 나의 영광을 그들로 보게 하시기를 원하옵나이다"(요 17:24).

아들을 본 자는 아버지를 본다

성부 하나님은 아들을 사랑하심으로써 아들에게 영광을 주셨습니다. 그 영광은 '아버지의 본질'이 계시 되는 것으로, 아들이 아버지의 품속에 있게 됩니다. 두 존재, 곧 두 얼굴은 동시에 드러나지 않습니다. 아들의 얼굴이 아버지의 품속에 감추어짐으로 아들에게 나타난 얼굴은 오직 아버지의 얼굴입니다. 본래 아버지를 본 사람이 없으되 아버지 품속에 있는 아들이 나타났습니다(요 1:18). 그러므로 아들을 본 자는 아버지를 봅니다. "나를 본 자는 아버지를 보았거늘"(요 14:9).

하나님의 아들 예수 그리스도는 공생애 동안 많은 기적을 행했습니다. 기적을 본 무리는 기적을 행하시는 예수께 영광을 돌리지 않고 오직 하나님께 영광을 돌렸습니다. 누가복음 18장 후반절을 보면 예수께서 맹인을 고쳐 주신 장면이 나옵니다. 그때도 무리는 기적의 수행자인 예수가 아니라 그가 품속에 있는 하나님께만 영광을 돌립니다. "예수께서 그에게 이르시되 보라 네 믿음이 너를 구원했느니라 하시매 곧 보게 되어 하나님께 영광을 돌리며 예수를 따르니 백성이 다 이를 보고 하나님을 찬양하니라"(눅 18:42-43).

아들, 아버지의 일 외에 아무것도 할 수 없다

예수께서 하신 일은 모두 아버지의 일입니다. 아들은 전능자이시나 그가 할 수 없는 일이 있었습니다. 아들은 아버지께서 하시는 일을 보지 않고는 아무것도 할 수 없다고 선언하셨습니다(요 5:19). 아버지가 아들을 사랑하사 자기의 일을 보여주셨습니다(요 5:20). 그 일은 죽은 자를 일으켜 살리는 것입니다(요 5:21). 그러므로 아들도 자기가 원하는 자들을 살리십니다. 죽은 자를 일으켜 살리는 아버지의 일은 허물과 죄로 죽은 자를 살리어 아들의 생명을 주는 것입니다. 아들은 이 일을 이루어 아버지께 영광을 돌렸습니다. 아들은 창세전에 그러했듯이 지금도 아버지와 함께 자신에게 영광을 주실 것을 기도합니다.

> "아버지께서 내게 하라고 주신 일을 내가 이루어 아버지를 이 세상에서 영화롭게 했사오니 아버지여 창세전에 내가 아버지와 함께 가졌던 영화로써 지금도 아버지와 함께 나를 영화롭게 하옵소서"(요 17:4-5).

아들은 아버지께서 하라고 하신 일을 이루셨습니다(헬, 텔레오). 요한복음에서 십자가에 달리신 예수의 마지막 말은 "다 이루었다"입니다(요 19:30). 아들은 십자가에서 죽으심으로써 죽은 자를 살리는 아버지의 일을 이루셨습니다. 이제 아들은 아버지가 그에게 주신 모든 사람에게 영생을 주십니다(요 17:2). 이렇게 아들이 십자가에서 죽으신 것은 아버지를 향한 최상의 복종을 나타냅니다. "그는 근본 하나님의 본체시나 하나님과 동등됨을 취할 것으로 여기지 아니하시고 오히려 자기를 비워 종의 형체를 가지사 사람들과 같이 되셨고 사람의 모양으로 나타나사 자기를 낮추시고 죽기까지 복종하셨으니 곧 십자가에 죽으심이라"(빌 2:6-8).

이로써 아버지의 뜻인 영원한 생명을 주는 구원의 역사가 이루어졌습니다(요 6:40). 이 복종은 십자가 위에서 단회적으로 일어난 것이 아니라 창세전 아버지께로부터 생명이 태어났을 때부터 시작되었습니다. 몰트만은 십자가에서 일어난 아들의 복종은 단회적인 복종이 아니라, 창세전부터 아버지께 복종하는 사랑에 포괄되어 있다고 말합니다. "골고다에서 일어난 아들의 무한한 사랑의 희생은 이미 삼위일체의 신적인 삶을 형성하는 본질적 사랑의 교차 속에 창세전부터 포괄되어 있다."[76] 그러므로 십자가에서 죽으시고 장사된 후 부활하신 아들과 연합되는 자에게 영생을 주는 구원은, 창세전 아들의 순종 안에 이미 내포되어 있었습니다(딛 1:2; 벧전 1:20). 이렇듯 아들의 영원한 순종이 창조의 역사를 규정합니다. 인간이 창조된 것은 아들의 복종에 대해 아버지가 사랑으로 화답하신 결과이며, 이로써 아버지 자신의 기쁨을 완전하게 하셨습니다. 이렇게 삼위일체의 첫째 신격인 아버지는 오로지 아들과만 관계하십니다.

페리 코레시스, 아버지와 아들의 기쁨이 충만하다

잠언 8장은 아버지와 아들의 관계를 기쁨이 충만한 관계로 계시합니다. 8장에 나오는, 창세전부터 계셨으며 세상을 창조한 지혜가 바로 '아들'입니다. "인자는 와서 먹고 마시매 말하기를 보라 먹기를 탐하고 포도주를 즐기는 사람이요 세리와 죄인의 친구로다 하니 지혜는 그 행한 일로 인하여 옳다 함을 얻느니라"(마 11:19). 지혜로 표상되는 아들이 하나님 곁에서 기뻐하며 존재하셨습니다. 또한 하나님이 기뻐하시는 자로 존재했습니다. 그리고 그가 창조한 세상 속에서 기뻐하시며 그가 창조한 사람들 가운데서 기뻐하셨습니다. "나는 그분 곁에서 건축사가 되어 매일 기쁨으로 충만했고, 항상 그분 앞에서 춤추며, 그분이 만드신 온 땅에서 춤추며, 사람들에게서 기쁨을 얻었다"(잠 8:30-31, 쉬운성경).

창세전 아버지와 아들은 기쁨이 충만한 관계 속에서 거하셨습니다. 이 기쁨은 항상 존재하는 기쁨(joy)입니다. 아들은 아버지를 기뻐했으며 동시

76　Moltmann, 『삼위일체와 하나님의 나라』, 203.

에 아버지가 기뻐하시는 자였습니다(마 3:17). 아버지와 아들과 성령의 상호 기쁨이 충만한 상태를 '페리 코레시스'(peri-choresis)로 부릅니다. 이 말은 6세기부터 사용되었으며, 8세기에 활동한 다메섹의 요하네스((Joannes Damascus)에 의해 개념화되었습니다. 페리 코레시스는 삼위일체의 세 위격이 서로 관계를 맺는 방식을 가리킵니다. 이 개념이 뜻하는 것은 세 위격이 개별성을 유지하면서도 동시에 각 위격이 다른 두 위격의 삶에 참여하는 것을 말합니다.[77] 이 말은 그리스어 '페리'(둥글다)와 '코레시스'(춤추다)의 합성어입니다. 둥글게 손을 잡고 춤을 추는 모습은 멀리서 보면 하나입니다. 이는 삼위일체를 '페리 코레시스'로 개념화한 것입니다. 이 말은 상호 내주 또는 상호 침투라는 뜻으로 사용했습니다(요 17:21). 그러다 종교개혁자 칼빈은 성령이 성부와 성자에게서 동시에 발출한다는 서방 신학의 '필리오케'의 개념과 동방 신학의 '페리 코레시스' 개념을 동시에 차용했습니다. 개신교의 원조격인 칼빈으로서는 동방 교회와 서방 교회의 중요한 전통을 수용하여 균형을 이루고자 한 것입니다.[78]

20세기 중반 삼위일체론를 집대성한 몰트만은 삼위일체의 공동체성을 주장했습니다. 그는 이 주장을 동방 신학의 페리 코레시스의 개념에서 가져왔습니다.[79] 성경의 근거는 요한복음 14:11입니다. "내가 아버지 안에 거하고 아버지께서 내 안에 계심을 믿으라." 몰트만에게 페리 코레시스는 "사랑으로 서로 함께, 서로를 위해, 서로 안에서 완전한 통일성을 이룬다"라는 뜻입니다.[80] 물론 삼위를 하나로 묶는 사랑은 하나님에게만 있는 이종 사랑이며 아가페입니다.

하나님의 페리 코레시스는 문자적으로 '하나 되어 기뻐하며 춤을 추다'

77　McGrath,『신학이란 무엇인가』, 580.
78　김용규,『신』, 754.
79　김용규,『신』, 795.
80　김용규,『신』, 798.

의 뜻입니다. 이것은 잠언 8:30에서 보듯, 아버지가 아들을 기뻐하며 아들은 아버지 앞에서 기뻐하며 춤을 추는 상태를 말합니다. 사실 신적 기쁨을 인간의 말로 표현하는 데에는 한계가 있습니다. 그래서 페리 코레시스는 신적인 최상의 기쁨을 나타내는 인간의 한계적인 언어입니다.

다윗은 메시아로 오시는 하나님의 아들이 아버지 앞에서 기뻐하는 것을 영으로 보았습니다(시 16:8-11). 오순절 베드로는 다윗의 이 시편이 그리스도를 증거한다고 선포했습니다. "다윗이 그를 가리켜 이르되 내가 항상 내 앞에 계신 주를 뵈었음이여 나로 요동하지 않게 하기 위하여 그가 내 우편에 계시도다 그러므로 내 마음이 기뻐했고 내 혀도 즐거워했으며 육체도 희망에 거하리니 이는 내 영혼을 음부에 버리지 아니하시며 주의 거룩한 자로 썩음을 당하지 않게 하실 것임이로다 주께서 생명의 길을 내게 보이셨으니 주 앞에서 내게 기쁨이 충만하게 하시리로다 했으므로 형제들아 내가 조상 다윗에 대하여 담대히 말할 수 있노니 다윗이 죽어 장사되어 그 묘가 오늘까지 우리 중에 있도다"(행 2:25-29).

시편 84편에서도 경건한 시인은 여호와를 사모하며 그의 육체와 마음이 살아 계시는 하나님 안에서 기뻐한다고 했습니다. "내 영혼이 여호와의 궁정을 사모하여 쇠약함이여 내 마음과 육체가 살아 계시는 하나님께 부르짖나이다"(시 84:2). '부르짖나이다'(히, 라난)는 '기뻐 외치다'(shout for joy)입니다. 다윗은 오실 그리스도가 아버지와 함께 기뻐함을 미리 보았습니다. 경건한 시인은 여호와의 집에서 살아 계신 하나님을 보고 기뻐했습니다.

페리 코레시스에 참여하는 신비

신약 시대 아들을 믿어 영생을 얻은 자는 창세전부터 현존하시는 아버지와 아들의 기쁨에 참여합니다. 아들이 아버지께 복종하여 그의 사랑 안에 거하는 기쁨은 우리 믿는 자가 아들에게 복종하여 그의 사랑 안에 거하는 기쁨이 됩니다. "내가 이것을 너희에게 이름은 내 기쁨이 너희 안에 있어 너희 기쁨을 충만하게 하려 함이라"(요 15:11).

성공회의 사제이자 조직신학자 마크 매킨토시(M. Mcintoshi)는 그리스도인이 하나님의 페리 코레시스에 참여하는 기쁨을 어린 시절을 추억하며 설명합니다. 성탄절 전야 그의 부모님은 자녀들에게 줄 선물을 숨겨놓기 위해 자녀들을 밖으로 내보냈습니다. 눈 내리던 그날 밤, 그를 황홀하게 했던 것은 눈에 들어온 선물만이 아니었습니다. 집안에서 분주하게 왔다갔다하는 가족들의 모습을 보며 그는 어떤 경이감에 사로잡혔고 무언가 간절해졌습니다. 가족들은 행복해 보였고, 그 팔에 한아름 안고 있던 선물은 어떤 사랑과 기쁨의 신호 같았습니다. 그가 갈망하는 것이 바로 그곳에 있는 듯했습니다. 밖에서 집 안을 바라보던 그때, 그는 잠시나마 자신의 가족의 마음 깊은 곳, 영혼에 담겨 있는 비밀을 엿보았던 것 같습니다.[81] 어린아이였던 그가 유리창 너머로 본 가족의 모습을 보고 느꼈던 기쁨은 우리가 삼위 하나님의 페리 코레시스(기쁨)에 참여한다는 경이감을 보여 주는 징표라고 할 수 있습니다. 그때 우리는 하나님이 주신 선물에 상관없이 페리 코레시스에 참여하는 기쁨으로 항상 기뻐할 수 있습니다.

창세전 영원의 세계는 진리의 영이신 성령을 통해 우리에게 계시됩니다. 성령을 통해 우리의 존재의 근거가 밝혀지고, 우리가 유한한 만물에 속한 존재가 아니라 만물 위에 계신 하나님, 창세전에 계신 하나님께 속한 자임을 알게 됩니다. 그때부터 우리는 이 땅에서 살지만 하늘에 속하여 하나님 나라를 현재로 누리며 살아갑니다. 이것이 창세전부터 현존하시는 삼위 하나님을 아는 은혜입니다.

---

81 Mcintoshi, 『신앙의 논리』, 50.

2부

구약, 약속된 복음

09

창조, 하나님의 형상대로 사람을 지으시다

"그 중에 이 세상의 신이 믿지 아니하는 자들의 마음을 혼미하게 하여 그리스도의 영광의 복음의 광채가 비치지 못하게 함이니 그리스도는 하나님의 형상이니라" _고후 4:4

창조의 목적은 구원이다

하나님이 세상과 사람을 창조하셨습니다. 이 창조는 하나님의 아들에 대한 사랑의 결과로 이루어진 역사입니다. "창조는 영원한 아들에 대한 아버지의 사랑으로부터 나온다."[1] 다시 말해서, 창조는 아들의 순종이며 아버지께 대한 아들의 사랑에 대해 아버지께서 화답한 결과인 것입니다. 이처럼 만물의 창조는 우연적 사건이나 임의적 사건이 아니라, 아버지와 아들의 사랑에 기초합니다. 창조의 역사 안에 삼위 하나님의 사랑이 담겨 있는 것입니다.

또한 하나님의 창조는 삼위 하나님의 역사입니다. 성자는 성부 안에서 창조의 역할을 담당하셨습니다. 성령은 말씀과 함께 역사하여 창조를 수

---

1 Moltmann, 『삼위일체와 하나님의 나라』, 203.

행했습니다. 창조 당시 하나님의 영이신 성령이 수면 위에서 운행했습니다(창 1:2). 그리고 성자 아들이 말씀으로 만물을 창조하셨습니다(요 1:3). 그에게서 창조된 만물은 그를 위하여 존재합니다. "만물이 그에게서 창조되되 하늘과 땅에서 보이는 것들과 보이지 않는 것들과 혹은 왕권들이나 주권들이나 통치자들이나 권세들이나 만물이 다 그로 말미암고(엔) 그를 위하여(에이스) 창조되었고"(골 1:16).

모든 물건은 그것을 짓기 전에 그 목적이 정해집니다. 하나님이 세상과 사람을 창조하신 목적은 창세전에 미리 정해졌습니다. 창조의 중심은 사람의 창조에 있습니다. 창세전 하나님은 사람에게 영원한 생명을 약속하셨습니다(딛 1:2). 우리가 영생을 얻어 하나님의 아들들이 되는 것은 영원부터 그리스도 예수 안에서 예정하신 하나님의 뜻입니다(엡 1:5; 3:11). 전통적인 기독교 신학이 지지하는 창조의 목적은 구원입니다.[2] 아우구스티누스는 물론이고, 동방정교회와 서방 가톨릭교회가 고대로부터 취하는 일관된 관점은 창조의 목적을 구원사와 연관시켜 파악하는 것입니다. 초대 교부들이 해결해야 했던 가장 큰 문제는 구약의 하나님과 신약의 하나님 사이에 존재하는 현격한 차이점을 극복하는 것이었습니다. 내용으로 보자면, '창조의 하나님'과 '구원의 하나님' 사이에 놓인 본질적인 간격을 해소시키는 것입니다. 당시 교부들은 사력을 다해 구약의 하나님을 부정하는 '마르키온'과 맞서 구약의 하나님과 신약의 하나님, 곧 창조의 하나님과 구원의 하나님이 하나라는 교리를 지켜냈는데, 틸리히는 이 점을 지적했습니다. "구원이 창조와 모순된다면, 하나님은 자기 자신과 모순된다. 이때, 우리는 좋은 하나님과 나쁜 하나님, 구원의 좋은 하나님과 창조의 나쁜 하나님을 가지게 된다. 초기 교회는 창조의 선함을 주장하기 위하여 거의 파멸에 빠졌다."[3]. 이처럼 우리가 창조의 하나님과 구원의 하나님을

---

2 김용규, 『신』, 489.
3 Tillich, 『19-20세기 프로테스탄트사상사』, 43.

구별하지 않기 위해서, 그리하여 구약의 하나님과 신약의 하나님을 분리하지 않기 위해서 창조의 하나님과 구원의 하나님은 하나여야 하고, 창조의 목적이 곧 구원이어야 했던 것입니다.

창조의 목적이 구원인 것은, 불완전한 피조물이 하나님의 완전성에 도달하는 것입니다.[4] 어떻게 피조물인 세상과 인간이 하나님의 완전성에 도달할 수 있습니까? 창조에서 종말에 이르는 인간과 세계 역사를 구속사로 파악한 리옹의 감독 이레니우스(Irenaeus of Lyons)는 하나님의 이런 사역을 '총괄적 갱신'(recapitulatio)이라고 불렀습니다.[5] 그것은 창세전부터 오시기로 정해진 그리스도(벧전 1:20)를 통하여 구현되는 인간 구원과 세계 구원 모두를 포함하고 있습니다. 창세전의 세계를 계시하는 요한복음에서 '구원받는 것'은 '영생 얻는 것'입니다(요 3:16-17). 영생 얻는 구원은 하나님이 창세전 그리스도 예수 안에서 우리에게 주시기로 한 은혜입니다(딤후 1:9). 피조물인 인간이 하나님의 완전성에 도달하는 것은, 오직 하나의 길만 존재합니다. 그것은 하나님과 동일한 생명을 얻는 것입니다. 그 생명은 아들 안에 있으며(요일 5:11), 아들을 영접하는 자에게 선물로 주어집니다(요 1:12; 롬 6:23b).

사람, 언약적 교제의 존재로 창조되다

하나님의 창조는 크게 둘로 나누어집니다. 하나는 말씀으로 지은 피조 세계의 창조이며, 다른 하나는 하나님의 형상대로 지음받은 '사람의 창조'입니다. 하나님은 사람을 제외한 모든 만물을 말씀으로 창조하셨습니다. 하늘과 땅과 자연을 창조하셨으며 모든 생명체를 창조하셨습니다. 그러고 난 후 하나님은 자신의 형상대로 사람을 창조하셨습니다(창 1:26-27).

4　김용규, 『신』, 490.

5　김용규, 『신』, 493.

하나님께서 땅의 '먼지'로 빚으시고 '입김'을 불어 넣어 사람을 창조하셨습니다(창 2:7). 여기에서 먼지는 땅에 속한 것이며, 입김은 그저 '숨'입니다. 그리하여 '살아 있는 존재'(a living being)가 되게 하셨습니다. 하나님이 그 '숨'을 거두시면 인간은 생명 없는 질료밖에 되지 못합니다. 사람의 생명은 코의 숨에 있습니다(사 2:22). 먼지와 숨의 결합인 '생령'(생물)은 히브리어로 '네페쉬 하야'이며 물고기나 땅의 짐승과 동일한 의미입니다(창 1:20, 24).

그런데 사람이 피조물들과 다른 점이 있습니다. 창세기 1장에 나오는 창조 기사를 보면, 하나님께서 사람을 제외한 모든 피조물을 말씀으로 창조하셨습니다. 이에 반해 사람은 창조하신 후에 말씀을 주셨습니다.

"하나님이 이르시되 우리의 형상을 따라 우리의 모양대로 우리가 사람을 만들고 그들로 바다의 물고기와 하늘의 새와 가축과 온 땅과 땅에 기는 모든 것을 다스리게 하자 하시고 하나님이 자기 형상 곧 하나님의 형상대로 사람을 창조하시되 남자와 여자를 창조하시고 하나님이 그들에게 복을 주시며 하나님이 그들에게 이르시되 생육하고 번성하여 땅에 충만하라, 땅을 정복하라, 바다의 물고기와 하늘의 새와 땅에 움직이는 모든 생물을 다스리라 하시니라"(창 1:26-28).

창세기 1:28에서 "하나님이 그들에게 복을 주시며"와 "하나님이 그들에게 이르시되"(말씀하시되)라는 병행 구절입니다. '복을 주신 것'이 '말씀하신 것'입니다. 여기서 '말씀하다'의 히브리어 '아마르'는 창세기 1장에서 반복되는 단어입니다. "하나님이 '말씀하시되' 빛이 있으라 하시니 빛이 있었고"(창 1:3).

이렇게 사람을 제외한 모든 피조물이 말씀으로 창조되었습니다. 그런데 하나님의 형상대로 지음받은 사람에게는 창조된 이후에 '창조의 말씀'

을 주셨습니다. 모든 피조물 중에서 사람만이 하나님의 말씀을 받아들이고 복종할 수 있는 존재로 지음 받았습니다. 이것이 사람이 하나님께로 받은 일차적인 축복입니다. 즉, 인간은 하나님과의 관계에서 '언약적 교제의 존재'입니다. 이에 대해 앤서니 후크마(A. Hoekema)는 "하나님은 인간이 자기와 언약적 교제를, 그리고 동료 인간과도 교제를 나누도록 창조하셨다"라고 말합니다.[6] 사람은 '말씀으로 지어진 존재'가 아니라 '말씀으로 사는 복된 존재'로 지음 받았습니다. 하나님께서 모든 생명체를 지으시되 그 생명체가 유지되고 번성하는 법칙도 정하셨습니다. 이것은 '생명의 법칙'(the law of life)입니다. 물고기가 사는 생명의 법칙은 물속에 있는 것입니다. 소는 초식 동물로서 생명의 법칙대로 풀을 먹어야 삽니다. 반면 사자는 육식 동물이므로 고기를 먹어야 삽니다. 사람이 사는 생명의 법칙은 말씀으로 살아 하나님 품속에 거하는 데 있습니다. 그래서 참사람으로 오신 예수께서 "사람이 떡으로만 살 것이 아니요 하나님의 입으로부터 나오는 모든 말씀으로 살 것이라"라고 말씀하셨습니다(마 4:4).

예수 그리스도는 하나님의 형상이다

사람은 우연히 창조된 것이 아니라 하나님의 사랑 안에서 지음 받았습니다. 또한 사람은 창세전 영생을 주시기로 한 하나님의 계획안에 들어 있었습니다. 창세전 삼위 하나님은 사랑으로 하나 되고 연합된 내재적 삼위일체로 존재하셨습니다. 그리고 하나님은 자기 형상대로 사람을 지으셨습니다. 사람이 하나님의 형상으로 지음 받은 것을 두 가지 관점으로 살필 수 있습니다. 첫째, 하나님은 "우리의 형상을 따라 우리의 모양대로" 사람을 창조하실 것이라고 하면서 '우리'를 강조하셨습니다. "하나님이 이르

---

6   Hoekema, 『개혁주의 인간론』, 90.

시되 우리의 형상을 따라 우리의 모양대로 우리가 사람을 만들고"(창 1:26). 여기서 '우리의 형상'은 삼위 하나님이 관계성으로 존재하셨듯이 사람 역시 관계적 존재로서 하나님의 형상이라는 뜻입니다. "인간은 하나님과 더불어 인격적인 관계를 맺도록 만들어진 존재이다."[7] 바르트는 삼위 하나님의 형상대로 지음받은 인간을 관계론적 유사성으로 파악했습니다. 하나님과 인간, 인간과 인간 사이의 '나-너'의 교제를 담을 수 있는 능력이 바로 인간 실존의 측면이라는 것입니다. "하나님 자신 안에서 발생하는 공동 존재 및 공동 작용이 인간과 인간 사이의 관계 안에서 반복된다. 즉, 하나님과 인간 사이의 유비는 '나-너'의 대면 안의 존재이다."[8] 곧, 인간이 '삼위 하나님의 형상'대로 지음 받은 것은, 삼위 하나님의 관계성을 반영하며 그것은 인간 상호 간의 관계성을 규정합니다. 이것이 바로 하나님과 인간 사이의 언약적 교제의 존재이며, 나아가 인간 상호 간의 교제의 존재로서의 인간의 정체성입니다.

둘째, 하나님은 '자기 형상'대로 사람을 지으셨다고 합니다. "하나님이 자기 형상 곧 하나님의 형상대로 사람을 창조하시되 남자와 여자를 창조하시고"(창 1:27). 여기서 강조되는 것은 '자기'라는 개별성입니다. 사람이 개별적 존재로서의 하나님의 형상이라는 것입니다. 그러면 개별적인 하나님의 형상으로서 사람은 누구의 형상입니까? 성부 하나님, 성자 하나님, 성령 하나님의 형상 중에서 한 분의 형상입니다.

신학계에서는 인간이 하나님의 형상인 것에 대하여 많은 의견이 제기되었습니다. 오랫동안 지지를 받은 견해는 하나님의 형상이 하나님의 내적 특질이라는 것입니다. 이 견해는 하나님의 속성을 공유성과 비공유성으로 나눕니다. 무소 부재, 전지전능과 같은 하나님의 속성은 인간이 하나님과 공유할 수 없는 비공유적 속성입니다. 그런데 인간이 하나님과 공유

---

7   Macaulay & Barrs, 『인간, 하나님의 형상』, 16.
8   Barth, 『교회교의학 3/1』, 246.

할 수 있는 속성이 있습니다. 영적 속성, 도덕성, 인격성인데 이것을 가리켜 사람이 하나님의 형상이라고 한 것입니다. 이러한 견해는 아우구스티누스 이래 대부분의 정통주의 신학자가 주장했습니다.

이에 반해 레오나르드 벌뒤인은 하나님의 형상을 자연의 통치자로서 보았습니다.[9] 사람이 세상을 다스리시는 하나님의 대행자로서 역할을 한다는 것입니다. 또한 벌카우어(G. C. Berkouwer)와 같은 복음주의 신학자들은 하나님의 형상을 하나님의 표현물이라고 주장했습니다.[10] 20세기 들어, 신정통주의자로 불리는 칼 바르트나 에밀 부르너(E. Brunner)는 하나님의 형상을 하나님과 인간의 관계성에 비중을 두었습니다.[11] 이와 더불어 최근에 나온 주목할 만한 견해가 있는데 그것은 영국의 신학자 맥도날드(H. D. Mcdonald)가 정의한 '하나님의 아들 됨'입니다.[12] 곧 하나님의 아들 됨이야말로 하나님이 사람을 창조하신 목적이고, 이것이 바로 하나님의 형상이라는 것입니다. 그리고 하나님의 형상에 대한 기존의 모든 개념이 바로 하나님의 아들 됨이라는 이 개념에 다 포함된다고 합니다.[13] 그런데 성경은 하나님의 형상을 가리켜 하나님의 아들 예수 그리스도라고 증거합니다(고후 4:4; 빌 2:6; 골 1:15; 히 1:3; 롬 8:29). 이 점에서 맥도날드의 견해가 중요합니다. 사람은 개별성에 있어서 성부나 성령의 형상이 아닌 성자의 형상대로 지음 받은 것입니다.

---

9 Baker, 『하나님의 형상』, 41.
10 Baker, 『하나님의 형상』, 41.
11 Baker, 『하나님의 형상』, 41.
12 Baker, 『하나님의 형상』, 41.
13 Baker, 『하나님의 형상』, 44.

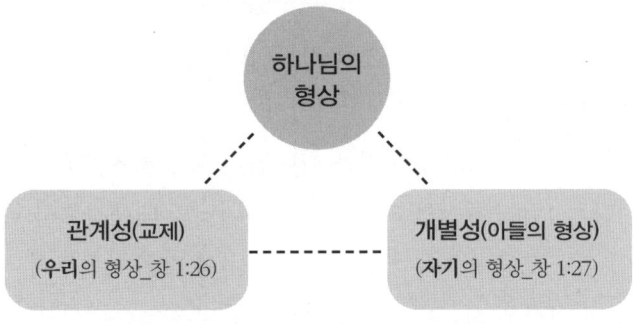

〈하나님의 형상, 두 가지 의미〉

관계성의 형상: 하나님 안에 거하다

사람은 관계성으로 볼 때 삼위 하나님 안에 거하는 관계적 존재입니다. 인간이 하나님의 형상대로 창조된 것은 하나님이 인간의 삶에 참여하시고 인간과 교제하시려고 영원한 생명을 주시려는 것입니다. 이는 창세전부터 인간을 향한 하나님의 뜻이었습니다. "이 영생은 거짓이 없으신 하나님이 영원 전부터 약속하신 것인데"(딛 1:2). 곧 우리가 하나님의 아들들이 되는 복(엡 1:5)은, 창세전부터 그리스도 안에서 예정하신 하나님의 뜻입니다. "곧 영원부터 우리 주 그리스도 예수 안에서 예정하신 뜻대로 하신 것이라"(엡 3:11). 이렇게 영원한 생명을 사람에게 주시기로 한 것이 거짓이 없으신 하나님의 신실한 약속입니다. 즉 하나님과의 관계적 형상으로서 사람은 성자가 성부 안에서 성부의 본질을 드러내는 영광을 얻었듯이 하나님과의 관계 안에서 그분의 영광에 참여하는 존재인 것입니다. 이것은 단순히 하나님 안에 내포되는 것 이상으로 하나님을 아는 존재입니다. 나아가, 사람이 하나님 안에서 누리는 영광은 하나님 자신의 영광이며 동시에 인간에게 부여된 영광입니다. 그래서 사람이 창조된 궁극적인 목적은 창세전 약속된 아들의 생명을 얻어 창세전 성자가 성부 안에서 누렸던 영광을 보는 것입니다. "아버지여 내게 주신 자도 나 있는 곳에 나와 함께 있어 아버지께서 창세전부터 나를 사랑하시므로 내게 주신 나의 영광을 그들로 보게 하시기를 원하옵나이다"(요 17:24).

개별성의 형상: 복종하는 아들의 형상

또한 하나님의 형상에 있어 개별성으로 볼 때, 사람은 성자(아들)의 형상입니다. 성자가 하나님께 복종하여 그의 사랑 안에 거하듯이 사람은 하나님께 복종하여 그의 사랑 안에 거하는 존재입니다. 성자의 형상으로서 사람은 성부의 형상이나 성령의 형상과 구별됩니다. 그래서 "하나님과 같이 되라"라는 사탄의 유혹은(창 3:5), 사람이 성부에게 복종하는 성자의 자리를 떠나 성부가 되라는 것입니다. 창세전부터 성자는 성부가 되지 않으셨습니다. 다만 복종하여 성부 안에 거하고 성부의 본체를 계시합니다. 사람 역시 성부 하나님이 될 수 없습니다. 다만 하나님께 복종하여 삼위 하나님의 관계 안에 거하는 인격적인 존재입니다. 이것이 앤서니 후크마가 말한 '언약적 교제의 존재'의 뜻입니다. 곧 사람은 말씀을 통하여 삼위 하나님과 더불어 인격적인 관계를 맺도록 만들어진 존재이며, 나아가서 사람들과 상호 간에 교제하는 존재입니다.

'하나님의 형상'이신 아들 예수
그리스도는 하나님의 형상(고후 4:4)
그는 보이지 아니하는 하나님의 형상(골 1:15)
하나님의 영광의 광채시요 그 본체의 형상(히 1:3)
그는 근본 하나님의 본체(형상)(빌 2:6)

'아들의 형상'인 사람
하나님이 미리 아신 자들을 또한 그 아들의 형상을 본받게 하기 위하여(롬 8:29)

〈하나님의 형상, 아들의 형상, 사람〉

창조의 언약과 계명

사람이 하나님과의 언약적 교제의 존재가 되면 하나님과 창조 언약이 형성됩니다. 성경에서 언약은 '공적인 관계를 법적으로 규정하는 것'을 말합니다. 그러므로 언약 관계는 쌍방이 존재하는데 창조 당시 하나님과 사람이 언약적인 관계가 되었습니다. 이것이 창조 언약인데, 인간은 하나님께 복종하고 하나님은 사람을 사랑하셔서 그분의 뜻을 이루게 하시는 것이 그 내용입니다. 창조 언약에서 하나님과 사람 사이의 관계는 다음의 그림과 같이 정의할 수 있습니다. 하나님께 사랑으로 복종하는 사람은 하나님의 백성과 아들, 양과 신부가 되고 하나님은 그에게 왕과 아버지, 목자와 신랑이 되어 주십니다. 하나님과 연합되어 하나님 안에 살아가는 존재로서 인간의 생명이 규정되는 것입니다.

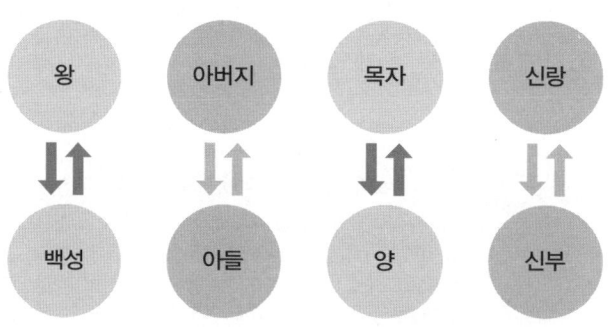

〈그림 언어로 본 하나님과의 언약 관계〉

언약 관계란 언약의 당사자들이 각자 자기의 책무를 다해야 유지됩니다. 이것은 언약 관계에 대한 책임입니다. 예컨대, 결혼이라는 계약 관계는 남편과 아내가 각자 의무를 다해야 제대로 유지됩니다. 하나님이 사람을 창조하시고 언약을 맺으신 것은 사람으로 하여금 창조의 목적에 합당한 본분을 요구하시기 위함입니다. 가장 중요한 본분이 말씀에 대한 순종입니다. 하나님은 순종하는 그를 사랑하시고 그 안에서 행하십니다. 이렇게 언약 관계 안에서 자기 책임을 다하는 상태를 '의'라고 말합니다. 이것은 언약 관계를 바르게 유지하는 '언약적 의'입니다. 그런데 만일 사람이 하나님께 불순종하여 언약을 깨뜨리면 '불의한 자'가 됩니다. 이때 하나님도 언약을 깨뜨리시면 하나님과 사람은 영원히 분리됩니다. 하지만 하나님은 불의하지 않으신 분이십니다(롬 9:14). 그는 언약을 깨뜨리고 하나님을 떠난 사람, 곧 죄인을 구원해 주시려고 아들을 보내십니다. 아담 안에서 죄인 된 우리는 아들 안에서 하나님과의 관계가 회복되는 의로운 상태가 됩니다. "한 사람이 순종하지 아니함으로 많은 사람이 죄인 된 것 같이 한 사람이 순종하심으로 많은 사람이 의인이 되리라"(롬 5:19).

'태어난 생명'(born of God)과 '만들어진 생명'(made of God)

생명에는 두 가지 차원이 있습니다. 하나님께로부터 '태어난 생명'과 하나님께로부터 지음 받은 '피조된 생명'입니다. 본래 태어난 생명은 성자 하나님뿐이었습니다. 첫 사람 아담은 피조물이며 다른 생명체와 같이 하나님에 의하여 '만들어진', 곧 '피조된' 생명입니다. 그러므로 하나님의 아들의 생명과 사람의 생명은 본질적으로 구별됩니다. 아들의 생명은 위로부터 태어났고, 사람의 생명은 땅으로부터 만들어졌습니다. "예수께서 이르시되 너희는 아래에서 났고 나는 위에서 났으며 너희는 이 세상에 속했고 나는 이 세상에 속하지 아니했느니라"(요 8:23).

하나님의 아들의 생명은 창세전에 태어났고, 사람의 생명은 만물이 창조된 후 마지막으로 만들어졌습니다. 아들 안에는 하나님의 생명이 있고, 사람 안에는 하나님이 넣어 주신 '숨'이 있습니다. 사도 바울은 만들어진 아담의 생명과 태어난 아들의 생명을 확실히 구별합니다. "기록된 바 첫 사람 아담은 생령이 되었다 함과 같이 마지막 아담은 살려 주는 영이 되었나니"(고전 15:45).

이와 같이 사람은 생령으로 피조된 생명입니다(창 2:7). 반면 마지막 아담이신 그리스도는 생명을 주는 영입니다. 창세전 하나님께서 사람에게 주시고자 하신 생명은 아담에게 주신 '만들어진 생명'이 아니라 아들 안에 있는 생명, 곧 영생입니다(딛 1:2). 즉 하나님이 사람에게 주시고자 하는 영생은 창세전부터 하나님이 신실하게 약속하신 것입니다. 그러면 어떻게 해야 하나님으로부터 태어나는 생명을 받을 수 있을까요? 하나님의 아들을 통해서 위로부터 태어나면 됩니다. 첫 사람 아담은 오실 자인 그리스도의 표상입니다. "아담은 오실 자의 모형이니라"(롬 5:14). 아담은 하나님의 아들의 모형입니다. 영원한 생명을 주시는 하나님의 아들이 오셔야 합니다. 하나님은 만들어진 생명인 아담에게 아들을 통하여 태어난 생명인 영생을 주시고자 하셨습니다. 나아가, 모든 사람에게 영생을 약속하셨습니다.

하나님이 아담에게 숨을 불어 넣어 영적인 존재로 만드셨습니다. 아담은 '태어난 생명'이 아니었지만, 하나님과 교제하는 '아들의 형상'대로 만들어졌기 때문에 말씀에 복종하여 하나님 안에 거할 수 있습니다. 이렇듯 사람의 존재 목적은 그를 지으신 하나님을 알고 그분과 교제하는 것입니다. 사람은 말씀에 복종하고 하나님과 교제함으로써 창조의 언약을 유지해야 합니다. 하지만 그는 창세전 하나님이 미리 정하신 대로 아들이 오신 후 하나님께로부터 '태어나는 생명'을 받아야 할 자입니다. 그러므로 아담이 죄를 짓고 안 짓고의 여부와 무관하게 아들은 영생을 주시기 위해 세상에 오셔야 합니다(벧전 1:20). 하나님의 때에 아들이 오셔서 영생을 주십니다.

사람은 만들어진 생명임에도 불구하고 하나님이 숨을 불어 넣어 만드셨기 때문에 하나님의 말씀을 듣고 복종할 수 있습니다. 이것은 모든 피조물 중에서 사람만이 가진 특권입니다. 사람이 하나님의 말씀에 복종하는 조건 아래에서 하나님이 그의 아버지가 되시고, 그의 왕이 되시고, 그의 목자가 되어 주십니다. 이렇게 하여 창조의 언약이 실현되고 보존되고 심화됩니다.

> '네페쉬 하야'(창 2:7의 생령, 프쉬케), 즉 인간의 영은 말씀을 받아들이고 순종할 수 있는 영으로서, 아담이 바로 이 생령(프쉬케-'피조 된' 생명)이었지만, 마지막 아담 되신 예수 그리스도는 '조에'(Zoe-하늘로부터 '태어난' 생명)를 주신다(고전 15:45).

〈두 차원의 생명, 만들어진 생명과 태어난 생명〉

사람은 영생을 얻어야 할 존재

모든 시대 속에서 '사람이 무엇인가?'라는 질문은 인간 존재에 대한 근본적인 질문입니다. 사람은 목적 없이 만들어지지 않았으며, 목적 없이 태어나지 않습니다. 하나님이 정하신 분명한 목적이 있습니다. 사람은 영생, 곧 아들 안의 생명을 얻기 위해 세상에 왔습니다. 사람은 비록 아담 안에 속한 자로 땅에서 태어났으나 궁극적으로는 하나님께로부터 태어나야 합니다. 사람은 땅에서는 혈통으로나 육정으로나 사람의 뜻으로 태어납니다. 그러나 그것으로 끝나 버리면 죄 가운데에 살다가 죽고 마는 비참한 인생일 뿐입니다. 이레니우스는 아담이 '그가 되어야 할 것'이 이르기 전에 '되어야 할 것'에서 떨어져 나갔다고 말했습니다.[14] "아담은 그리스도에게서 성취된다. 다시 말해서, 그리스도는 아담이 마땅히 되어야 할 본질적 인간이다. 아담은 본성적으로 완전한 것은 아니었다."[15] 그리스도는 아담이 궁극적으로 되어야 할 존재이십니다.

---

14 Henerr, 『폴 틸리히의 그리스도교 사상사』, 11.
15 Henerr, 『폴 틸리히의 그리스도교 사상사』, 11.

하나님이 사람을 지으신 목적은 아들 안에 있는 생명을 주시기 위함입니다. 이것은 자신의 의지와 무관하게 세계 내의 존재로 태어나는 사람의 목적입니다. 아들 안의 생명이 영생이며, 영생의 본질은 "유일하신 참 하나님과 그가 보내신 자 예수 그리스도"와의 사귐입니다(요 17:3; 요일 1:3). 그리하여 하나님과 교제하며 하나님 나라를 누리는 것입니다. 곧 창세전 영원의 세계를 알며 아들이 아버지 안에서 보았던 영광에 참여하는 것입니다.

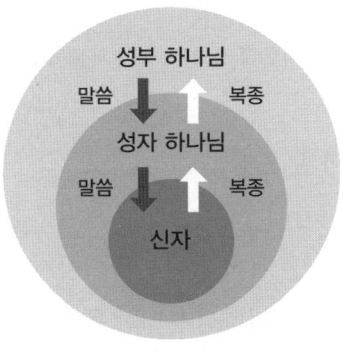

〈말씀과 복종, 언약적 교제의 존재〉

10

하나님이 '돕는 자'(에쩨르) 되시다

> "내가 산을 향하여 눈을 들리라 나의 도움이 어디서 올까 나의 도움은 천지를 지으신 여호와에게서로다" _ 시 121:1-2

사람을 에덴동산에 두시다

사람은 하나님의 형상대로 지음 받았습니다. 하나님께로부터 '태어난 생명'이 아니라 하나님께로부터 '만들어진 생명'입니다. 하나님께로부터 태어난 아들이 오셔서 영생을 주셔야 할 존재입니다. 사람은 창조의 언약 안에서 생육하고 번성하라는 명령을 받았습니다. 하나님께서는 자신이 창조한 사람을 에덴동산에 두시고 그곳을 경작하며 지키게 하셨습니다(창 2:15). 에덴동산은 하나님께서 그분의 형상대로 지으신 사람을 위해 예비하신 처소입니다. '에덴'은 '기쁨'(pleasure)이라는 뜻입니다. 땅에 세워진 이 에덴동산은 하늘에 있는 기쁨의 세계의 모형입니다(히 9:23 참고). 사람은 하나님의 말씀에 순종하여 그의 사랑 안에 거하고 그 사랑 안에서 하나님을 대행하여 동산을 경작하고 지킵니다. 하나님과의 언약 관계 안에서 사람이 말씀에 순종하여 언약을 지킬 때 하나님께서도 언약 안에서 사람을 돌보시고 에덴동산을 경작하게 하십니다.

"여호와 하나님이 그 사람에게 명하여 이르시되 동산 각종 나무의 열매는 네가 임의로 먹되 선악을 알게 하는 나무의 열매는 먹지 말라 네가 먹는 날에는 반드시 죽으리라 하시니라"(창 2:16-17).

여기서 말씀하시는 주체가 '여호와 하나님'이십니다. 이 말씀은 언약 관계 안에서 사람에게 하신 말씀입니다. 그러므로 "동산 각종 나무의 열매는 네가 임의로 먹되 선악을 알게 하는 나무의 열매는 먹지 말라"라는 명령은 단순한 말씀이 아니라 인간이 하나님과의 언약을 지키기 위해 따라야 할 '언약의 말씀'입니다. 인간이 이 명령을 어길 경우 반드시 죽는데, 이는 하나님과의 언약 관계가 깨어지고 하나님 품을 떠난다는 것을 의미합니다.

에덴동산에서 하나님이 인간에게 주신 계명은 창조의 언약을 유지하는 효력을 가집니다. 하나님이 아담에게 하신 이 명령이 창조의 언약 안에 거하라는 언약의 말씀인 것입니다. 하나님은 사람을 말씀에 복종하여 그의 사랑 안에 거하는 존재로 창조하셨습니다. 언약의 말씀은 하나님의 사랑 안에 거하는 인간이 하나님에 대한 사랑이 동기가 되어 지켜야 합니다. 즉 지켜야 하는 '계명'보다 하나님을 '사랑'하는 언약 관계가 먼저입니다. 예컨대, 부부가 서로 법도를 지키는 것은 결혼이라는 언약 관계에 기초합니다. 결혼하지 않은 상태에서 부부의 법도는 의미가 없습니다. 마찬가지로, '여호와 하나님'께서 주신 계명에 복종할 때 하나님과의 언약 관계가 유지됩니다. 계명은 하나님이 주신 짐이 아니라, 하나님을 사랑하고 즐거워하며 기쁨으로 순종해야 하는 말씀입니다.

언약적 교제의 존재인 사람은 반드시 언약의 말씀을 지켜야 합니다. 그래야 하나님과의 창조 언약을 준수하며, 하나님께서 그의 하나님이 되셔서 그에게 왕과 아버지, 목자가 되어 주십니다. 말씀에 복종하는 것은 언약 관계 안에 거하는 것이며, 말씀에 복종할 때 하나님의 품속에 거하게 됩니다. 언약을 지킬 때, 창세전 성자가 성부의 품속에 거했듯이 사람도 하나님의 품속에 거하게 됩니다. 하나님의 품속에 감추어진 존재가 되므로 비록 벌거벗었으나 부끄럽지 않습니다. 인간은 본래 벌거벗은 존재이며 하나님의 품 안에 있어야 하는 존재입니다. 이때 영화와 존귀로 관을 쓰게 됩니다(시 8:5). 하나님 품 밖으로 나가면 영광과 존귀의 관이 벗겨지고 비참한 자로 전락합니다. 사람은 하나님 안에 있을 때 부끄럽지 않으며 존귀한 존재인 것입니다. 그러나 만일 언약의 말씀에 불순종하여 언약 관계가 깨어지면 하나님을 떠나게 됩니다. 이것이 바로 하나님이 경고하시는 '죽음'입니다. 이렇게 되면 하나님이 인간을 지으신 목적도 상실해 버립니다. 아담이 창조의 언약 안에 있을 때 하나님께서 그를 통해 만물을 다스리셨습니다. 하나님은 아담이 홀로 있는 것이 보기에 좋지 않았기에 그에게 '돕는 자'(에쩨르)인 '여자'를 주셨습니다. 그들은 둘이 한 몸을 이루었으며, 벌거벗었으나 부끄러워하지 않았습니다(창 2:25).

에덴의 타락, 창조 언약이 깨어지다

그런데 남자와 여자 사이에 뱀이 유혹자로 등장합니다(창 3:1). 뱀은 모든 들짐승 중에서 가장 간교한 동물입니다. 여기서 '간교하다'라는 히브리어 '아룸'은, 직전 구절인 창세기 2:25에 나오는 '벌거벗음'(아루밈)에서 파생된 히브리어와 동일한 단어로 되어 있습니다. 곧 뱀의 '간교함'(아룸)과 인간의 '벌거벗음'(아루밈)은 상통하는 점이 있습니다. 하나님이 지으신 들짐승 중에 가장 간교했던 뱀은 인간 세계에 가장 쉽게 접촉할 수 있는 동물이었습니다. 뱀의 현재 모습은 하나님께 저주를 받아서 그렇지, 유혹자 뱀은 인간에게 친숙한 모습이었습니다. 이렇듯 사람을 넘어뜨리는 유혹자는 흉악한 모습으로 접근하지 않습니다. 아주 친숙한 모습으로 다가와 사람을 넘어뜨립니다.

죄가 계명으로 말미암아 기회를 타다

하나님과의 언약을 지키는 수단으로 인간에게 계명이 주어졌습니다. 그런데 죄의 세력이 기회를 타서 계명으로 말미암아 사람을 속이고 사람을 사망으로 몰고 갑니다. "죄가 기회를 타서 계명으로 말미암아 나를 속이고 그것으로 나를 죽였는지라"(롬 7:11). 에덴동산에 나타난 뱀은 사탄이 부리는 죄의 세력을 표상합니다. 왜냐하면, 죄를 짓는 자마다 마귀에 속하고 마귀는 처음부터 범죄하기 때문입니다(요일 3:8). 또한 마귀는 거짓의 아비로서 속이는 자입니다(요 8:44).

하나님은 언약 관계 안에서 인간에게 계명을 주셨습니다. 곧 '여호와 하나님'이 "선악을 알게 하는 나무의 열매는 먹지 말라"라고 말씀하셨습니다. 그런데 간교한 뱀이 여자를 속입니다. 언약 관계 안에서 주신 '여호와 하나님의 말씀'에서 '여호와'를 빼고, 언약과 무관한 '하나님이 참으로'라는 말을 넣어 속여서 묻습니다. 뱀을 통한 유혹의 핵심은 언약 관계를 깨뜨리는 것입니다. 그래서 뱀은 '여호와 하나님'이 아닌 '하나님'으로 묻습니다. "하나님이 참으로 너희에게 동산 모든 나무의 열매를 먹지 말라 하시더냐"(창 3:1). 하나님께서는 '언약 안에서' 말씀하셨으나 뱀은 '언약 밖의 말씀'으로 묻습니다.

이렇듯 뱀은 순전한 모습으로 다가와 '언약 밖의 말씀'으로 유혹합니다. 하나님의 말씀 자체보다 선행되는 것이 하나님과의 관계를 규정하는 언약입니다. 사탄의 목적은 일차적으로 말씀을 불순종하게 하는 것이며, 궁극적으로는 하나님과의 언약 관계를 깨뜨려 하나님과 여자를 분리시키는 것입니다. 뱀이 표상하는 사탄의 수법은 어느 때나 동일합니다(요 8:44). 지금도 사탄은 매우 친숙한 것들을 통하여 우리와 하나님과의 관계를 단절시킵니다.

여자 역시 뱀에게 '하나님의 말씀에'라고 하면서 '여호와'를 뺀 채 언약과 상관없는 말씀으로 대답합니다. 거기에다가 "먹지도 말고 만지지도 말라 너희가 죽을까 하노라"라고 하면서, 하나님이 본래 하신 말씀에다 다른 말을 덧붙이고 또한 빼 버립니다. 하나님의 말씀을 가감하면 안 됩니다(신 4:2; 계 22:18-19). 그런데 여자가 언약 안의 말씀을 가감하여 말합니다.

> "여자가 뱀에게 말하되 동산 나무의 열매를 우리가 먹을 수 있으나 동산 중앙에 있는 나무의 열매는 하나님의 말씀에 너희는 먹지도 말고 만지지도 말라 너희가 죽을까 하노라 하셨느니라"(창 3:2-3).

유혹, 하나님과 같이 될 것이다

뱀이 의도한 대로 여자가 속임을 당합니다. 이제 뱀은 드러내 놓고 여자를 속입니다. 여호와 하나님께서는 그것을 먹는 날에는 "반드시 죽으리라"라고 말씀하셨는데, 뱀은 여자에게 "죽지 않을 것"이라고 속입니다. 도리어 그것을 먹으면 하나님과 같이 될 것이라고 하며 욕망을 심어줍니다. 이때부터 여자와 하나님과의 분리가 시작됩니다.

창세기 3:6은 "여자가 그 나무를 본즉"이라는 구절로 시작합니다. '보는 주체'가 처음으로 '하나님'에게서 '여자'로 바뀌었습니다. 창조 이후 이전까지 '보는 주체'는 모두 하나님이셨습니다. "하나님이 보시기에 좋았더라"라고 말입니다. 그런데 유혹당한 여자가 보니 먹으면 반드시 죽는 선악을 알게 하는 나무의 실과가 먹음직도 하고 보암직도 하고 지혜롭게 할 만큼 탐스럽습니다. 사람이 하나님의 품속에 있을 때는 사람의 눈이 감추어지고 오직 하나님의 눈으로 만물을 보게 됩니다. 인식의 주체가 하나님이었습니다. 그런데 뱀의 유혹에 빠지니 하나님의 눈이 아닌 사람의 눈으로 보게 됩니다. 이렇게 인식의 주체가 사람이 되니 욕망이 심겨졌습니다.

욕심이 잉태하여 죄를 낳고 죄가 장성한즉 사망을 낳습니다(약 1:15). 사람이 죄를 짓는 것은 그 눈에 하나님을 두려워하는 빛이 없기 때문입니다(시 36:1). 인식의 주체가 사람이 되니, 하나님이 금하신 실과가 먹음직도 하고 보암직도 하고 지혜롭게 할 만큼 탐스럽기도 했습니다.

인식과 행위의 주체, 하나님에서 사람으로

뱀이 유혹하는 미끼는 '네가 하나님과 같이 된다'입니다. 이것은 인식과 행위의 주체를 하나님에게서 사람으로 바꾸라는 유혹입니다. 사람은 말씀에 복종하여 하나님 안에 거하는 복종의 주체입니다. 그때 비로소 하나님과 같이 될 수 있습니다. 예수께서는 "하나님의 말씀을 받은 사람들을 신이라 하셨다"라고 말씀하십니다(요 10:35). 아담이 말씀에 순종하여 하나님 안에 거하면 곧 하나님 품속에 거하여 하나님과 하나가 되는 것입니다. 그런데 사탄은 말씀에 불순종하여 하나님과 같이 되라고 유혹합니다. 여자는 결국 하나님이 금하신 실과를 따 먹고 아담에게도 먹게 합니다. 여자는 보기에 좋은 대로 행동합니다. 인식의 주체가 행위의 주체가 됩니다. 그 끝은 사망입니다. 참 사람으로 오신 하나님의 아들은 인식과 행위의 주체가 그를 보내신 아버지였습니다. 하나님의 아들은 전능자였으나 아버지가 하시는 일을 '보지' 않고는' 아무것도 '행하지' 아니하셨습니다(요 5:19). 예수 그리스도는 아들이라도 아버지가 행하시는 것을 보고 행하셨습니다.

아담이 여자와 이미 한 몸이 되었기 때문에 여자가 주는 열매를 먹지 않을 수 없습니다(창 2:24). 이로써 아담은 창조 언약 안에서 주신 말씀에 불순종하여 하나님과의 언약을 깨뜨립니다. 이로 인해 한 사람 아담이 죄를 지어 사망에 이르렀고 그 결과 모든 사람이 죄를 지어 사망이 이르렀습니다. "그러므로 한 사람으로 말미암아 죄가 세상에 들어오고 죄로 말미암아 사망이 들어왔나니 이와 같이 모든 사람이 죄를 지었으므로 사망이 모든 사람에게 이르렀느니라"(롬 5:12).

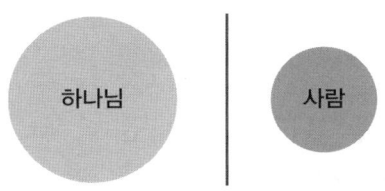

〈죽음의 진정한 의미는 하나님과의 분리〉

에쩨르(돕는 자), 사람에서 하나님으로

아담을 범죄하게 한 사람은 하나님이 그의 '돕는 자'로 지으신 여자입니다. "여호와 하나님이 이르시되 사람이 혼자 사는 것이 좋지 아니하니 내가 그를 위하여 돕는 배필을 지으리라 하시니라"(창 2:18). 에덴동산에 첫 사람 아담이 홀로 있었습니다. 여호와 하나님이 그 모습을 좋지 않게 보시고 그를 위하여 돕는 자를 지으셨습니다. 한글 성경에 번역된 '배필' 또는 '짝'은 잘못된 번역이며, 정확한 번역은 '그에게 적합한 돕는 자'(a helper suitable for him)입니다. 여기 '돕는 자'(helper)의 히브리어 '에쩨르'는 여성 명사가 아닌 남성 명사입니다.

하나님께서는 아담에게 돕는 자를 주시려고 흙으로 각종 들짐승과 공중의 각종 새를 만드시고 그것들을 아담에게 이끌어 오셨습니다(창 2:18-19). 하나님은 아담의 돕는 자를 '여자'가 아닌 짐승들에게서 찾아보라고 하신 것입니다. 그런데 아담이 짐승들을 부르는 것이 그것들의 이름이 되었습니다. 각종 들짐승과 공중의 새는 아담에게 조력하는 존재는 될 수 있었으나, '그에게 적합한 돕는 자'(에쩨르)가 될 수는 없었습니다. 창세기 2:20을 보면 "(그러나) 아담을 위해 적합한 돕는 자(에쩨르)가 (그것들 중에서) 발견되지 못했다"라고 기록되어 있습니다(원문 및 NIV, '그러나'가 있음).

그래서 하나님이 아담을 깊이 잠들게 하신 후 그의 갈비뼈 하나를 취하여 여자를 만드셨습니다. "(그래서) 여호와 하나님은 사람을 깊이 잠들게 하셨다"(창 2:21. 원문 및 NIV, '그래서'로 시작함). 여기 '그래서'는 아담에게 적합한 돕는 자를 짐승에게서 발견하지 못했다는 뜻입니다. 그 결과 하나님께서 그의 갈비뼈 중 하나를 취하여 '돕는 자', 에쩨르가 되게 하신 것입니다. 아담이 깊이 잠들어 '돕는 자'의 창조를 깨닫지 못합니다. 그러나 하나님의 형상대로 창조된 '돕는 자'를 보고 경탄해 마지않습니다. "이는 내 뼈 중의 뼈요 살 중의 살이라 이것을 남자에게서 취했은즉 여자로 부르리라"(창 2:23).

이제 아담은 그에게 '적합한' 돕는 자, 곧 여자와 한 몸이 됩니다. '적합하다'의 히브리어 '네게드'는 '면전 앞에서'(before your face) 또는 '정면에'(in front of)라는 뜻입니다. 이처럼 아담과 여자, 또는 남편과 아내는 대등하게 마주 보는 인격적인 관계입니다. 아담과 여자, 남편과 아내의 관계는 부모 자식 간의 결속보다 강하고 밀접하여 운명적으로 상호 귀속해 있습니다. 이 같은 남녀의 상호 결합이 하나님에 의해 주관되는 '창조적 신적 질서'로 인식됩니다. 이들은 하나님의 질서 안에서 하나님의 명령에 순종하여 하나님의 뜻을 함께 이루는 참된 인간이 됩니다.

언약의 하나님이 에쩨르가 되시다

돕는 자 '에쩨르'가 유혹에 빠졌습니다. 아담을 도와 하나님의 뜻을 이루어야 할 돕는 자가 도리어 그를 범죄하게 하고 사망에 이르게 했습니다. 이로써 여자는 '돕는 자'의 자격을 상실했습니다. '돕는 자'를 뜻하는 '에쩨르'는 구약성경 전체에서 21회 나옵니다. 그중 창세기 2:18과 2:20을 제외한 19회가 모두 하나님과 관련이 있습니다.[16] 이제 사람은 더 이상 다른

---

16 Strong, *Strong' Dictionary*, H5828.

사람을 돕는 자가 될 수 없습니다. 형제를 지키는 자가 될 수 없습니다(창 4:9). 사람은 '도울 힘이 없는 인생'일 뿐입니다(시 146:3). 인생의 비극이 무엇입니까? '도울 힘이 없는 인생'을 '돕는 자'로 삼기 때문입니다. 물론 사람에게도 한때 도움을 받기도 합니다. 그러나 사람의 도움은 영원하지 않습니다. 부모도 친척도 친구도 언젠가는 우리를 도울 힘이 사라집니다. 우리 역시 그들을 도울 힘이 사라집니다. 사람을 돕는 자로 생각하면 상처와 고통과 아픔만 남습니다.

아담 안에서 타락한 인간은 더 이상 돕는 자의 지위를 가지고 있지 않습니다. 사람은 이제 돕는 자가 아니라 도리어 누군가를 착취해야만 사는 자가 되었습니다. 인생에게 '돕는 자'가 없어진 것입니다. 그런데도 '도울 힘이 없는 인생'이 '도울 힘이 없는 인생'에게 도움을 구합니다. 사람은 홀로 살 수 없는 사회적 동물입니다. 하여 학교를 가고, 직장생활을 하고, 결혼하고, 자식을 낳고, 그렇게 공동체를 이룹니다. 서로 돕는 자가 됩니다. 세상도, 교회도 마찬가지입니다. 그러나 인생 자체가 도울 힘이 없기에, 결국 헛된 것만 구하다 끝납니다. 경건한 시인이 이 사실을 간파했습니다. "귀인들을 의지하지 말며 도울 힘이 없는 인생도 의지하지 말지니 그의 호흡이 끊어지면 그 날에 그의 생각이 소멸하리로다 야곱의 하나님을 자기 도움(에쩨르)으로 삼으며 여호와 자기 하나님에게 자기의 소망을 두는 자는 복이 있도다"(시 146:3-5).

돕는 자가 없는 인생에게 진정한 돕는 자가 있습니다. 야곱의 하나님이 에쩨르(돕는 자)가 되십니다. 하나님이 우리에게 가장 '적합한'(네게드) 돕는 자가 되어 주십니다. 우리를 아들로 삼아 주시고 인격적으로 대우해 주십니다. 믿는 우리에게 유일한 돕는 자, '에쩨르'는 바로 '언약의 하나님'이십니다. 예수 그리스도를 통해 우리를 언약 백성으로 삼으신 하나님만이 우리의 유일한 에쩨르(돕는 자)이십니다.

신약 시대의 적절한 도움

창세기 2:18의 '적절한 돕는 자'와 병행하는 신약성경은 히브리서 4:16의 '적절한 도움'입니다. 말씀은 하나님이 현현이며 심판을 집행합니다(히 4:12). 심판의 말씀은 만물이 우리의 눈앞에 벌거벗은 것 같이 드러나듯, 하나님 앞에서 우리의 생각과 의도까지 드러냅니다(히 4:13). 그러나 하늘에 계신 우리의 대제사장, 곧 하나님의 아들 예수께서 심판받기에만 합당한 우리의 연약함을 동정하십니다(히 4:15). 그러므로 우리는 담대하게 은혜의 보좌로 나아갑니다. 우리는 그곳에서 자비와 은혜를 입어 적절한 도움을 받습니다(히 4:16).

"그러므로 우리는 담대하게 은혜의 보좌로 나아갑시다. 그리하여 우리가 자비를 받고 은혜를 입어서, 제때에 주시는 도움을 받도록 합시다"(히 4:16, 표준새번역).

이 구절에서 '담대하게'라는 말은 아들을 힘입어 하나님께 나아가는 '파레시아'입니다. '은혜의 보좌'는 하나님의 보좌입니다. 이곳은 '휘장 안'이고(히 6:19), 예수의 피를 힘입어 들어가는 '하늘 성소'입니다(히 9:24; 10:19). 공관복음에서는 '하나님의 나라'(롬 5:2)이고, 요한복음에서는 '아들이 있는 곳'이며, '아버지 집'입니다(요 14:2-3; 17:24). 우리는 파레시아를 통해 들어가는 은혜의 보좌에서 자비를 받고 은혜를 입습니다. '제때에 주시는 도움'은 원문으로 '적절한 도움'(헬, 유카이로스 보에데이아)입니다. 이 말은 히브리어 '에쩨르 네게드'와 병행합니다(창 2:18). 상기한 대로 구약에서 적절한 돕는 자는 오직 여호와 하나님이십니다. 신약에서는 은혜의 보좌에서 받는 '자비와 은혜'의 쌍개념입니다. '자비(엘레오스)와 은혜(카리스)'의 쌍개념은 '은혜와 평강', '은혜와 진리'의 쌍개념과 내용적으로 동일하며 이는 하나님의 본질(속성)을 표현합니다.[17] 이 같은 쌍개념은 구약에서는 '인자(헤세드)와 신실(에메트)'로 표현되는 하나님의 영광입니다(출 34:6; 시 25:10). 그러므로 심판의 말씀 앞에서 죽을 수밖에 없는 연약한 인간에게 최적의 도움은 은혜의 보좌에서 받는 하나님의 본질입니다. 우리가 은혜의 보좌, 곧 아버지 집에서 보는 것은 '은혜와 진리'가 충만한 독생자의 영광입니다(요 1:14). 이것이 무상성에 갇히고 연약함에 휩싸인 그리스도인에게 최적의 도움입니다.

최적의 도움으로 넉넉히 이기다

아담이 잠들었을 때 그에게 돕는 자(에쩨르)가 왔듯이, 아담 안에서 죽은 우리가 그리스도의 십자가에서 죽을 때 돕는 자, '에쩨르'의 하나님이 오십니다. 우리가 그 안에, 그가 우리 안에 계심으로써 우리가 그와 하나가 됩니다. 가장 비참한 상황, 곧 돕는 자가 없어 죽기에 이를 때에도 우리는 파레시아를 통하여 은혜의 보좌로 나아가야 합니다. "내가 산을 향하여 눈을 들리라 나의 도움(에쩨르)이 어디서 올까 나의 도움(에쩨르)은 천지를 지으신 여호와에게서로다"(시 121:1-2). 우리를 돕는 자, 곧 우리의 에쩨르는 천지를 지으신 여호와이십니다. 내가 홀로 있으나 홀로 있지 아니한 것은 천지를 지으신 하나님, 곧 언약의 하나님이 거하시는 은혜의 보좌에 있기 때문입니다. 모든 사람이 우리를 버리고 설사 도살장에 끌려가는 양처럼 죽음의 자리로 가더라도 우리는 홀로 있지 않습니다. 은혜의 보좌에서 우리와 함께하시는 하나님이 무한한 사랑과 신실로 최적의 도움을 주십니다. 은혜의 보좌에서 그 무엇도 끊을 수 없는 그리스도 안에 있는 하나님의 사랑으로 우리는 넉넉히 이깁니다.

---

17 Michel, 『히브리서 주석』, 291.

"누가 우리를 그리스도의 사랑에서 끊으리요 환난이나 곤고나 박해나 기근이나 적신이나 위험이나 칼이랴 기록된 바 우리가 종일 주를 위하여 죽임을 당하게 되며 도살 당할 양 같이 여김을 받았나이다 함과 같으니라 그러나 이 모든 일에 우리를 사랑하시는 이로 말미암아 우리가 넉넉히 이기느니라 내가 확신하노니 사망이나 생명이나 천사들이나 권세자들이나 현재 일이나 장래 일이나 능력이나 높음이나 깊음이나 다른 어떤 피조물이라도 우리를 우리 주 그리스도 예수 안에 있는 하나님의 사랑에서 끊을 수 없으리라"(롬 8:35-39).

11

하나님을 떠난 자, 무화과 잎으로 가리다

"이에 그들의 눈이 밝아져 자기들이 벗은 줄을 알고 무화과
나무 잎을 엮어 치마로 삼았더라" _ 창 3:7

영적 죽음, 눈이 밝아지다

사람은 땅의 먼지로 만들어졌습니다. 그래서 사람은 본질적으로 '비참한 존재'입니다. 그러나 하나님 품 안에 있을 때 영광과 존귀의 관을 쓰게 되어 영광스러운 존재가 됩니다(시 8:5). 그들이 하나님 품 안에 있을 때 벌거벗었으나 부끄러워하지 않았습니다(창 2:25). 하나님의 창조 언약으로 말미암아 아담은 말씀에 순종할 때 하나님 안에 거하게 됩니다. 그러면 아담은 하나님 안에 감추어지고 하나님만 드러나십니다. 아담의 모습이 어떠하든지 간에 즉 그가 벌거벗어 수치스럽고 비참한 상태일지라도 전혀 상관이 없습니다. 그들은 본질적으로 비참한 존재이나 부끄러워하지 않은 것입니다. 물고기가 물속에서 자유롭듯이, 이렇게 인간은 하나님의 언약 안에 거할 때 자유롭고 영예로운 존재가 됩니다. 그러나 만일 사람이 하나님의 품을 떠나면 물고기가 물을 떠난 것처럼 비참한 상태가 되고 맙

니다. 하나님의 영광과 존귀의 관이 벗겨지고 본래의 비참한 존재가 드러납니다.

여자가 선악을 알게 하는 나무의 열매를 따 먹고 함께 있는 남편에게도 주었습니다(창 3:6). 여호와 하나님은 그들에게 분명히 선언하셨습니다. "선악을 알게 하는 나무의 열매는 먹지 말라 네가 먹는 날에는 반드시 죽으리라 하시니라"(창 2:17). 아담과 하와가 선악을 알게 하는 나무의 열매를 먹자 이제 하나님의 공의로운 심판이 집행됩니다. 곧 말씀에 불순종한 그들이 죽습니다. 그런데 그날 무슨 일이 일어났습니까?

"이에 그들의 눈이 밝아져 자기들의 벗은 줄을 알고 무화과나무 잎을 엮어 치마로 삼았더라"(창 3:7).

아담과 하와의 죽음은 그들의 눈이 밝아져 자기들이 벗었음을 알게 되는 것으로 나타났습니다. 그들이 말씀에 순종하여 하나님의 품에 있을 때는 눈이 밝지 않았습니다. 그래서 벌거벗었으나 부끄럽지 않았습니다. 이는 하나님의 눈으로 자신을 보았기 때문입니다. 그런데 말씀에 불순종하니 죽음이 왔습니다. 그 죽음이란 하나님을 떠났음을 의미합니다. 하나님을 떠나고 보니 자기 눈이 밝아져서 자기가 벗은 것을 알게 되었습니다. 비로소 비참한 존재인 자기를 보게 된 것입니다.

그들의 눈이 밝아졌다는 것은 자기가 자기를 보는 '자의식'이 생겼다는 뜻입니다. 하나님의 품에서는 하나님이 나를 보는 대로 나 자신을 봅니다. 그는 벌거벗었으나 하나님의 사랑 안에 거했기 때문에 결코 부끄럽지 않습니다. 그러나 이제는 하나님과 분리되었기에 자기의 벌거벗음이 보입니다. 그리고 부끄러워합니다. 이것이 죽음입니다.

아담 안에서 모든 사람이 죽었습니다(롬 5:12; 고전 15:22a). 그러므로 죽은 자가 된 아담과 하와의 운명이 모든 사람의 운명이 되었습니다. 모든 사람이 하나님을 떠나 벌거벗은 자, 곧 비참한 존재를 각성하는 자가 되었습니다. 자기도 자기를 용납하지 못하는 비참한 존재가 된 것입니다. 하나님이 명하신 죽음이 임하니 눈이 밝아져서 자기가 벌거벗은 것을 보게 되었습니다. 그래서 무화과 잎으로 치마를 만들어 입어 존재의 수치를 가리고 덮어 버렸습니다. 그 치마는 히브리어로 '카고르'인데 '허리띠'(belt)라는 뜻입니다. 이것은 인간이 그 무엇으로도 비참한 상태를 가릴 수 없음을 말해 줍니다. 하나님을 떠난 인간은 '3A'로 가득하게 가려도 여전히 수치스럽고 비참한 자입니다. 하지만 그렇게라도 해야 자기가 자기를 용납하고 남들에게도 용납받는다고 생각합니다. "우리가 신적 의상(神的 衣裳)을 빼앗긴 후부터 우리의 벌거벗음의 수치는 수없이 많은 추행을 드러내 주고 있습니다."[18]

실존주의와 인간의 실존

19~20세기를 관통하는 사조는 실존주의입니다. '실존'(實存)은 어의만으로 보면 '실제로 존재함'을 의미합니다. 그러나 키르케고르 이후 하이데거, 야스퍼스, 사르트르 같은 20세기 실존주의자들은 실존이라는 용어를 '자신의 삶을 스스로 선택하고 결단함으로써 의미 있게 산다'라는 특별한 의미로 간략하게 사용했습니다.[19]

실존주의에서 인간을 보는 방식은 두 가지 가능한 방식이 있습니다.[20] 하나는 인간의 본질과 우주 안에서 차지하는 그 자리에 주목해서 인간론을 전개하는 '본질적인 방식'입니다. 또 하나는 시공간 안의 곤경에서 인간을 보고, 시공간 안에서 존재하는 것과 본질적으로 주어진 것 사이의 갈

18　Calvin, 『기독교 강요 I』, 79.
19　김용규, 『신』, 172.
20　Tillich, 『19-20세기 프로테스탄트 사상사』, 297.

등을 보는 '실존론적 방식'입니다. 타락 이전의 인간은 본질적인 방식에서 보는 관점이고, 타락 이후의 인간은 실존론적 방식에서 보는 관점입니다.

19세기 중반 프리드리히 니체(F. Nietzsche)는 인간의 어두운 요소를 간파하며 실존주의 철학의 토대를 놓았습니다. 그는 고상하고 경건한 철학자들, 성직자들, 학자들의 뒤에 감추어진 비루한 욕망을 적나라하게 드러내어 공격했습니다. "어떤 것이 그와 반대되는 것에서 생겨날 수 있는가? 예를 들어 진리가 오류에서 생겨날 수 있는가? 아니면 진리에의 의지가 기만에의 의지에서 생겨날 수 있는가? 아니면 사심 없는 행위가 이기심에서 생겨날 수 있는가? 아니면 현자의 순수하고 명철한 관조가 욕정에서 생겨날 수 있는가? (중략) 한 철학자의 의식적인 사유 대부분은 그 자신의 본능에 의해 은밀하게 인도되며 특정한 궤도에서 움직이도록 강요된다. 더욱 명료하게 말한다면 그에게는 특정한 방식의 생명을 보존하기 위한 생리적 욕구가 있다."[21] 니체는 가장 고상한 철학자라도 결국 감추어진 욕망의 지배를 받으며, 먹고살기 위한 생존의 욕구가 그를 배후에서 견인한다고 보았습니다. 그에게 인간의 문제점은 이성의 불확실성에 그치지 않고 전체로 본 실존의 불안정성이었습니다. 그 인간은 이성만 아니고 마음, 감정, 본능이었고 밑바닥을 내려다보면 키메라요 괴물이요 카오스요 모순덩어리입니다.[22]

니체 이후 프로이트는 이전의 심리학에 항의하여 인간의 무의식에 자리 잡은 어두운 측면을 발견했습니다. 인간에게 있어 무의식의 재발견은 기독교 신학에 있어 가장 중요한 것이었습니다.[23] 그것은 인간의 상황의 문제를 모든 신학적 사고의 중심에 두었습니다. 실존주의가 기독교 신학에 크게 기여한 점은 하나님을 떠난 인간 실존의 비참성을 적나라하게 드

---

21 Nietzsche, 『선악의 저편』, 16, 18.
22 Kung, 『신은 존재하는가』, 525.
23 Tillich, 『19-20세기 프로테스탄트 사상사』, 299.

러냈다는 사실입니다.

　러시아의 문호 도스토옙스키(Dostoevski)는 모든 인간이 평등하게 행복을 추구하는 사회주의 이상을 가졌습니다. 니콜라이 1세 황제는 사회주의 추종자들에게 사형을 집행하도록 준비시켰습니다. 이것은 그들을 겁박하기 위한 연극이었습니다. 그들은 사형 집행 직전에 극적으로 풀려났습니다. 도스토옙스키 역시 극적으로 살아났고, 수용소에서 4년간 복무하게 됩니다. 그는 사형장에서 한 줄기 빛을 보고 수용소에서 신약성경을 읽으며 기독교 진리를 깨닫습니다. 그는 참혹한 수용소에서 인간이 선하다는 본질적인 방식의 관점이 깨어지는 경험을 했습니다. 인간이란 평소에는 천사와 같다가도 특정한 관계망 속에서 얼마나 악해질 수 있는지를 보았습니다. 그의 대작 『악령』에서는 한 등장인물 안에서 또 다른 등장인물과 만나면서 인간의 악이 저질러지고 예측할 수 없이 확장되는 것을 묘사합니다. 이 소설은 누가복음 8:32-36에 나오는 말씀, 광인(狂人)에게서 나온 악령이 돼지 떼에 들어가 그것들이 몰살하는 말씀을 표제어로 기록합니다.[24] 인간은 누구나 특정한 관계망이나 상황에 들어가면 자기의식의 통제가 불가능해지면서 악령이 됩니다. 그는 광인처럼 독처하고, 무덤 사이를 배회하고, 자해하고, 소리를 지릅니다. 이 책은 하나님을 떠난 인간 실존의 밑바닥을 철저히 파헤치고 있습니다.

　실존주의는 자기 자신으로 존재하려는 용기(존재의 용기)를 가장 급진적으로 표현합니다. "우리는 반드시 우리 자신이 되어야 하고, 반드시 나아갈 방향을 스스로 결정해야 한다. 우리 양심은 우리 자신에게 들려오는 부름이다."[25] 그러나 실존주의에서 말하는 존재의 용기는 하나님을 떠난 실존으로서의 용기이며, 그 한계를 드러냈습니다. 그것은 언제나 보이지 않는 영적 세력인 비존재의 위협을 받으며, 자기 자신을 상실할 위험이나 전

24　Dostoevski, 『악령』, 9.
25　Tillich, 『존재의 용기』, 184.

체 속의 부분이 되려는 공허함 속에서 자기를 잃어버리는 위험을 당합니다.[26] 하나님과 분리된 실존으로서 스스로 존재하려는 용기는 필경 자기 파괴에 이릅니다.

무화과 잎으로 가리다

하나님을 떠난 인간은 실존적으로 비참한 존재이며, 영적으로 죽은 자입니다. 그는 하나님의 현존에서 떠나갔기 때문에 타자의 시선을 두려워합니다. 하여 무화과 잎으로 스스로 만든 치마로 자기 존재의 비참함을 가립니다. 여기서 무화과 잎은 자신의 비참함을 가려 주고 또한 타자들에게 용납받게 해 주는 '그 무엇'입니다. 존재이신 하나님을 떠난 인간은 여러 가지 존재물들로 자신의 비참함을 가리고 포장합니다. 그렇게 해서 사람에게 영광을 구합니다. 타자의 시선에 자기를 맞추며 자기를 용납하며 살아갑니다.

하나님은 중심을 보시지만 사람은 외모만 봅니다. 사람의 시선은 비참한 존재를 보지 못하니 그런 존재를 가리는 무화과 잎을 보고, 서로를 평가합니다. 무화과 잎으로 감추어진 인간 내면의 실체는 언제나 벌거벗었고 비참한 상태입니다. 실존주의가 기여한 바는 무화과 잎으로 감추인 내면의 실체를 폭로한 점입니다. 곧 실존주의는 하나님과 분리된 인간의 비참한 실존을 드러냅니다. 그런데도 인간은 여전히 무화과 잎으로 꾸미는 데 집중합니다. 모든 시대마다 인간의 역사와 문화와 문명은 아름답고 번듯한 무화과 잎을 만들어 인간의 비참한 존재를 가리는 데 공헌해 왔습니다.

비참한 존재를 가려 주는 다양한 무화과 잎 중에서 대표적인 것이 번듯한 집단에 속하는 것입니다. 사람은 자신이 속한 집단을 긍정함으로써 자

---

26 Tillich, 『존재의 용기』, 193.

신을 긍정합니다. 그 집단에서 얻은 만족감과 성취감으로 비참한 존재를 가려 버립니다. 어떤 사람이 인성이 바르지 못해도 명문 대학에 들어가거나 졸업하면 그를 훌륭하다고 인정합니다. 대기업에 취직하거나 고시에 합격하면 성공한 사람으로 평가됩니다. 사람은 비참할수록 번듯한 집단에 집착합니다. 중심은 보지 못한 채 외모만 보는 것입니다. 하나님을 떠난 인간은 사람의 시선을 두려워합니다. 사람들이 인정해 주는 기준으로 끊임없이 자신을 가리고 덮고 위장합니다.

평균적 일상성의 세인(世人)

실존주의 철학의 거장 마틴 하이데거(M. Heidegger)는 인간을 본인의 의사와 무관하게 세계 속에 내던져진 '피투(彼投)의 존재'로 정의했습니다.[27] 물론 신약성경은 인간이 세계 내에 피투된 존재가 아니라 모든 인류에게 생명과 호흡과 만물을 주시는 하나님에 의해 보내진 존재라고 말합니다 (행 17:25-26). 하이데거에 의하면, 세계 내에 피투된 인간은 '잡담, 호기심, 애매성' 속에서 타자를 따라 평균적 일상성에 맞추어 살아갑니다.[28] 인간은 타자의 시선에 지배당하며, 타자를 따라 사는 '비본래적 인간'으로 산다는 것입니다. 비본래적 인간은 주체적인 삶을 살지 못하며 타자를 따르며 타자가 욕망하는 것을 욕망하며 살아갑니다. 그러나 인간은 다른 피조물과 달리 자신의 존재 가능성을 향하여 그 자신을 던지는 기획 투사, 곧 기투(企投)의 존재입니다.[29] 물론 기획 투사의 한계는 죽음입니다. 인간은 죽음을 기획 투사할 수는 없습니다. 그런데 하이데거는 인간이 죽음을 앞질러 경험하면 주체적으로 사는 본래적 인간이 될 수 있다고 했습니다. 하이데거의 주장은 관념적으로 설득력이 있으나, 하나님을 떠난 실존적 인

---

27 Heidegger, 『존재와 시간』, 188.
28 Heidegger, 『존재와 시간』, 230-240.
29 Heidegger, 『존재와 시간』, 201.

간의 한계를 벗어나지 못합니다. 죽음을 경험한 사람이라도 시간이 지나면 다시 비본래적 인간으로 살아갑니다. 여전히 무화과 잎으로 비참한 존재를 가리며 평균적 일상성을 영위하는 세인으로 살게 됩니다.

타인의 지배를 받는 인간

하이데거에 이어, 또 다른 실존주의 철학자는 장 폴 사르트르(J. P. Sartre)입니다. 사르트르는 '타인의 시선'이 사람을 지배하는 권력이라고 했습니다. 실존주의 철학에서 '본다'라는 것은 매우 중요하고, 그것은 '권력'과 관계가 있습니다. 인간이 어떤 사물을 '본다'는 것은 이 세계와 관계 맺는 방식에 있어서 중요한 것입니다. 이것은 관점주의 또는 시선의 해석학으로 불립니다. 시선 또는 관점이 권력과 관계가 있다는 것은, 시선이 우리를 꼼짝 못 하게 하고 우리의 자유를 빼앗아 가고, 우리의 실존에 어떤 구조를 무너뜨리고 외부로부터 들어와서 우리의 존재를 침입하는 것으로 나타나기 때문입니다. 그런데 타자의 시선은 타자 자신의 시선이 아니라 우리 자신이 만들어 낸 시선입니다. "내가 나의 경험을 통해서 끊임없이 지향하는 것은, 타자의 감정, 타자의 생각, 타자의 의욕, 그리고 타자의 성격이다. 그것은 사실, 타자는 단순히 내가 보는 대상일 뿐 아니라 나를 보는 자이기도 하기 때문이다."[30] 하나님을 떠난 인간이 온갖 무화과 잎으로 자신을 가리는 것은 타인의 시선을 두려워하기 때문입니다. 그에게 타자의 시선이 권력으로서 다가올 때, 타인은 지옥입니다(사르트르의 희곡,『닫힌 방』).

실존의 한계상황에서 초월자에게 도약하다

하이데거와 사르트르의 실존주의 철학이 무신론에 기반을 두었다면, 칼 야스퍼스(K. Jaspers)는 유신론에 기반을 둔 실존주의 철학을 전개했습

---

30 Sartre,『존재와 무』, 391.

니다. 하나님을 떠난 인간의 실존은 시공간에서 한계상황에 직면합니다. 야스퍼스에게 한계상황은 일상적 상황에 파탄이 생기고 좌절하게 되며, 본래적 자기 곧 실존의 자각을 환기시키지 않을 수 없는 극한의 상황을 말합니다.[31] 야스퍼스는 인간을 존재의 한계까지 밀고 가는 것으로 투쟁, 죽음, 죄책, 우연(또는 고난)을 들고 있습니다. 인간은 한계상황에 봉착했을 때 세 가지 태도로 반응합니다. 그것은 니체와 같이 허무주의 태도이며, 과학주의로 나가는 태도이며, 초월자에게로 나아가는 종교입니다.[32] 야스퍼스는 인간의 실존은 그의 존재 근거인 초월자와의 관계 안에서만 가능하다고 했습니다. 그는 초월자와의 관계를 떠나서 실존의 자유는 불가능하며, 실존의 자유 의식을 떠나서 초월자의 확인은 불가능하다고 했습니다.[33] 그러면 어떻게 한계상황에서 초월자에게 나아갈 수 있습니까? 야스퍼스는 초월자 앞에서 실존의 자기실현은 세계 안에서 초월자의 암호해독 (chiffre lesen)을 통해서만 가능하다고 했습니다. 그는 인간 실존의 유한성이라는 근본 현실에 입각할 때 하나님의 직접적 자기 계시는 불가능한 것으로 보았습니다. 유한한 인간 실존에게 가능한 것은, 인격적인 하나님의 직접적인 계시가 아니라, 숨은 신의 애매한 암호가 있을 뿐입니다. 그러므로 계시는 암호로 이해되어야 합니다.

　야스퍼스의 주장을 반영하면, 인간은 극한의 한계상황에서 암호처럼 애매한 성경의 진리를 성령으로 해독하게 됩니다. 특히 계시의 복음인 요한복음의 영생의 말씀은 무덤과 같은 한계상황에서 진리의 영으로 계시됩니다. 그때 우리는 하나님과 분리된 비참한 실존에서 복음을 통해 하나님과 연합하는 영광스러운 존재로 도약합니다. 호세아 선지자는 하나님이 자기 백성을 광야의 거친 들로 데려가 말씀하시고, 심판의 무덤인 아골

31　Jaspers,『철학적 신앙』, 233.
32　Jaspers,『철학적 신앙』, 166, 169.
33　Jaspers,『철학적 신앙』, 177.

골짜기를 소망의 문으로 삼아 주실 것이라고 했습니다. 하나님은 분리된 실존의 한계상황에서 계시의 빛을 비추십니다.

"그러므로 보라 내가 그를 타일러 거친 들로 데리고 가서 말로 위로하고 거기서 비로소 그의 포도원을 그에게 주고 아골 골짜기로 소망의 문을 삼아 주리니 그가 거기서 응대하기를 어렸을 때와 애굽 땅에서 올라오던 날과 같이 하리라"(호 2:14-15).

12

그리스도의 십자가, 무화과 잎을 벗다

"내가 주께 대하여 귀로 듣기만 했사오나 이제는 눈으로 주를 뵈옵나이다 그러므로 내가 스스로 거두어들이고 티끌과 재 가운데에서 회개하나이다" _ 욥 42:5-6

3A와 무화과 잎

미국의 신학자 마커스 보그(M. Borg)는 영적으로 죽은 자가 살아가는 삶의 양식을 세 가지로 정의합니다. 그것은 '외모'(Appearance), '성공'(Achievement), 그리고 '풍요'(Affluence)입니다.[34] 이 세 가지 삶의 양식이 모두 'A'로 시작되어 이를 '3A'라고 부를 수 있습니다. 3A는 하나님을 떠난 비참한 존재를 가리는 무화과 잎을 표상합니다. 그것은 사람들의 눈에 번듯한 삶, 자기 일에 성공하여 사람들에게 높임을 받는 삶, 육적으로 윤택하고 풍요로운 삶입니다. 하나님과 분리된 자는 3A의 무화과 잎으로 자신의 비참한 존재를 가립니다. 그에게 하나님의 눈은 안중에도 없습니다. 3A를 추구하면서 하나님과 상관없이 살아갑니다.

---

34 Borg, 『기독교의 심장』, 185.

그런 사람은 인생도, 가정도, 자식도, 사업도, 모두 번듯하고 훌륭해야 만족합니다. 그는 무화과 잎으로 자신을 가리는 자처럼 외모 지상주의에 사로잡혀 있습니다. 그는 자기의 내면세계가 어떻게 되었든지 간에 외모만을 요란하게 치장합니다. 심지어 신앙생활도 사람들 눈에 번듯하게 보이기를 바랍니다. 그의 현실이 번듯하지 않으면 믿음이 없고 실패했다고 생각합니다.

또한 무화과 잎으로 비참한 존재를 가리는 사람은 인생의 목적을 성공에 둡니다. 학업도 성공적으로 마쳐야 하고, 출세도 해야 하고, 배우자도 남부럽지 않은 조건을 갖추어야 하고, 사업도 승승장구해야 합니다. 무엇을 하든지 일등을 해야 하고, 성공해야 합니다. 한국 사회에서는 일등만 알아주지, 이등은 잘 알아주지 않습니다. 예수께서는 섬기는 자가 큰 자이며 낮은 자가 높은 자라고 말씀하셨으나(막 9:35), 그 말씀에 아랑곳하지 않고 큰 자가 되기를 원하며 성공을 추구합니다. 교회 안에서도 인생의 성공을 강조합니다. 세상에서도 성공하고 가정에서도 성공해야 인정해 줍니다. 심지어 세상의 성공을 하나님 앞에서의 성공과 동일시하기도 합니다. 이렇게 성공한 삶의 결실이 풍요롭고 안락한 생활을 하는 것으로 귀착됩니다. 더 좋은 차를 타고, 더 넓은 집에 살기를 원하고, 대도시에 살기를 원합니다. 그것을 이룬 자는 사람들에게 선망을 받고 영광을 얻습니다. 그 눈에는 하나님을 두려워함이 없습니다. 다만 타인의 시선을 의식하고, 그 시선을 두려워하고, 사람들에게 높임 받기를 원합니다.

사람의 영광을 구하는 자, 가증히 여기시다

누가복음 16장을 보면 예수께서 바리새인들을 엄히 경고하십니다. "예수께서 이르시되 너희는 사람 앞에서 스스로 옳다 하는 자들이나 너희 마음을 하나님께서 아시나니 사람 중에 높임을 받는 그것은 하나님 앞에 미움을 받는 것이니라"(눅 16:15). 그들은 "사람 앞에서 스스로 옳다 하는 자들"입니다. 그들은 자기의 전이해를 결코 버리지 않습니다. 예수께서 하늘에 속한 말씀을 전하시나 그들은 자기들의 전이해로 말씀을 배척합니다. 또 그들은 신앙의 외양을 꾸미며 외식하는 자들입니다. 그것으로 사람들에게 영광을 받는 자들입니다. 중심을 보시는 하나님은 이렇게 외형적인 모습만을 가치 있게 여기는 바리새인들을 미워하십니다. '미워하다'(헬, 브델뤼그마)는 '가증하다' 또는 '역겹다'라는 뜻입니다. 하나님은 그들을 역겨워하시고 가증히 여기십니다.

바리새인들을 향한 예수의 경고는 부자와 나사로의 비유에서 구체화 됩니다. "한 부자가 있는데 화려한 자색 옷을 걸치고 날마다 호화롭게 잔치하며 즐깁니다. 그는 날마다 '화려하게 살았습니다'(lived in luxury)"(눅 16:19; NIV 번역). 부자의 삶은 사람들이 선망하는 최상의 삶입니다. 그는 현대인들이 추구하는 럭셔리한 삶을 살아갑니다. 그런데 그의 대문 앞에 버려진 채 부자의 상에서 떨어지는 부스러기를 먹고 사는 거지가 있습니다. 그는 나사로입니다. 나사로는 무화과 잎을 전혀 걸치지 않은 비참한 존재입니다. 부자는 무화과 잎으로 더덕더덕 가려 놓아 비참한 존재가 드러나지 않습니다. 두 사람이 죽자, 상황이 반전됩니다. 평생 무화과 잎으로 자신을 치장했던 부자는 영원한 고통 속으로 들어갑니다. 반면 비참한 존재 그대로 살았던 나사로는 아브라함의 품에서 안식합니다.

오늘날에도 음부에서 고통받는 바리새인처럼 신앙생활을 하는 사람들이 있습니다. 그들은 하나님보다 사람들의 눈을 더 의식합니다. 하나님의 시선보다 타인의 시선을 더 중시합니다. 바리새인에게서 보듯 신앙생활에서 가장 번듯한 무화과 잎은 선행과 자기 의입니다. 그것으로 다른 신자들의 영광을 받고자 합니다. 선한 일을 행하여 비참한 존재를 가리려고 합니다. 선한 분은 오직 하나님 한 분뿐이십니다(마 19:17). 인간의 육신 안에는 선한 것이 없습니다. 그런데 육신 안에 있는 '자기주장 의지'로 선을 행합니다. 선하지 않은 존재가 선을 행하는 것입니다. 그 선행으로 비참한 존재를 가릴 뿐만 아니라, 나아가 스스로를 의인이라고 생각하는 도구로 활용합니다. 이것이 바로 '자기 의'를 내세우는 것입니다. 이들은 열심은 있으나 복음을 모른 채 다른 방향으로 열심을 내어 결국 하나님을 대적하는 자들이 되고 맙니다.

무화과 잎을 벗고 참사랑을 만나다

가스통 르루(G. Leroux)가 쓴 『오페라의 유령』을 보면, 선천적으로 흉측한 모습으로 태어난 주인공 '에릭'이 나옵니다. 그 모습이 너무도 흉측하여 그를 유일하게 용납해 주어야 할 어머니마저 그를 외면합니다. 어머니가 아들에게 가면을 씌웁니다. 그리고 절대로 벗지 말라고 당부합니다. 가면을 벗는 순간 세상 사람들이 에릭의 흉측한 모습을 보게 되어 그를 경멸할 것이기 때문입니다. 천부적으로 뛰어난 음악성을 가진 에릭은 청년이 되어 오페라 가수인 크리스틴과 사랑에 빠집니다. 크리스틴이 가면을 벗은 에릭의 얼굴에 키스합니다. 에릭은 어머니에게서도 받지 못했던 키스를 난생처음 받습니다. 에릭은 흉측한 자기 얼굴 앞에서 도망치지 않고 눈물을 쏟았던 크리스틴을 기억하며 이렇게 읊조립니다. "크리스틴은 나를 위해 살아서 눈물을 흘리고 있었지. 우리는 함께 부둥켜안고 눈물을 흘렸지. 오, 하나님, 당신은 내게 최고의 행복을 주셨습니다."[35] 크리스틴은 가면을 벗은 흉측한 에릭을 용납했습니다. 그날 에릭이 죽습니다. 가면을 벗은 흉측한 자가 죽은 것입니다.

하나님을 떠난 인간은 무화과 잎으로 자신을 가립니다. 이것은 마치 에릭의 가면과 같습니다. 사람이 무화과 잎을 벗으면 그 비참함으로 인해 누구에게도 용납받지 못합니다. 스스로도 자신을 용납하지 못합니다. 가면

---

35 Leroux, 『오페라의 유령』, 419.

을 쓴 상태로만 자신을 용납할 수 있고 남들에게도 용납받을 수 있습니다. 심지어 부부라도 가면을 벗은 모습을 보면 화들짝 놀랍니다. 그런데 가면을 쓴 상태로는 결코 할 수 없는 일이 있습니다. 그것은 에릭이 크리스틴을 만나듯 참사랑을 만나는 일입니다. 참사랑이신 하나님을 만나는 일입니다. 우리는 가면을 쓴 '거짓 자아'로 참사랑이신 하나님을 만날 수 없습니다. 하나님은 가면을 벗은 참 자아, 곧 있는 그대로의 비참한 존재를 만나 주십니다. 지극히 거룩하고 존귀하신 하나님은 가면을 벗은 자, 곧 비참하고 통회하는 자를 만나 주시고 그를 소생시켜 주십니다.

"지극히 존귀하며 영원히 거하시며 거룩하다 이름하는 이가 이와 같이 말씀하시되 내가 높고 거룩한 곳에 있으며 또한 통회하고 마음이 겸손한 자와 함께 있나니 이는 겸손한 자의 영을 소생시키며 통회하는 자의 마음을 소생시키려 함이라"(사 57:15).

인간의 위대함, 비참함을 아는 것이다

가면을 벗은 자는 자신의 존재의 비참함을 인정하는 용기를 가진 자입니다. 이때 비로소 하나님을 존재로 만나게 됩니다. 이를 가리켜 폴 틸리히는 '존재가 되는 용기'(Courage to Be)라고 표현했습니다. "믿음은 받아들일 수 없는 존재의 용납을 받아들이는 용기이다."[36] 가면을 벗어 비참한 존재를 그대로 드러내는 것이 용기입니다.

블레즈 파스칼(B. Pascal)은 천재적인 수학자였으나, 인간에 깊은 관심을 가졌습니다. 그는 인간의 위대성은 자신이 비참하다는 것을 안다는 점에 있다고 했습니다. "나무는 스스로 비참함을 알지 못한다. 비참함이란 스스로 비참하다는 것을 아는 일이다. 그러나 인간이 비참하다는 사실을 안

---

36 Tillich, 『존재의 용기』, 17.

다는 것은 위대함이다."[37] 파스칼은 인간의 비참함은 그 근원이 하나님을 떠난 원죄에 있다고 보고, 기독교 복음만이 비참함을 극복한다고 했습니다.[38]

인간이 비참함을 인정하고 받아들이는 것은 하나님을 만나는 믿음입니다. 지극히 높고 거룩한 곳에 거하시는 하나님은 비참하고 통회하는 자와 만나십니다. 그리고 그런 자의 영혼을 소생시켜 주십니다(사 57:15). 어떻게 이것이 가능합니까? 그것은 예수 그리스도 안에 거하는 믿음으로 가능합니다. 예수 그리스도는 우리가 벗을 수 없는 무화과 잎을 대신 벗으시고 알몸으로 십자가에 달리셨습니다. 그는 벌거벗은 채로 십자가에 달리셨으며 비참한 존재인 인간을 품으셨습니다. 그리고 하나님은 그 그리스도 안에서 비참한 우리를 사랑으로 용납하십니다. 그리하여 그것이 무엇이든지 간에 없어지면 비참해지는 것들을 제거하십니다.

티끌과 재 가운데에서 하나님을 보다

욥은 어느 날 재산과 자녀를 한꺼번에 잃었습니다. 거기에다 건강까지 잃었습니다. 그는 심히 비참한 자로 전락하여 죽기만을 구했습니다. 하나님께서 그가 입었던 무화과 잎을 무참히 벗겨 내신 것입니다. 그런데 그가 끝까지 포기하지 못하는 것이 있었습니다. '자기가 행한 선행'이었습니다. "내가 죽기 전에는 나의 온전함을 버리지 아니할 것이라"(욥 27:5), "내가 내 공의를 굳게 잡고 놓지 아니하리니"(욥 27:6). 이는 자신의 의를 세우려고 하나님을 악하다 하는 죄악입니다. 하나님이 그를 책망하십니다. "네가 내 공의를 부인하려느냐 네 의를 세우려고 나를 악하다 하겠느냐"(욥 40:8). 결국 욥이 변론을 그치고 입을 다뭅니다. 그리고 티끌과 재 가운데에서 회개합니다. 그는 가장 비참한 자리에서 존귀하신 하나님을 보았습

---

37 Weischedel, 『철학의 뒷계단, "파스칼"』, 233.
38 Weischedel, 『철학의 뒷계단, "파스칼"』, 236-237.

니다. 그때 비로소 귀로 들었던 하나님을 눈으로 보게 되었습니다. 야고보서 기자는 하나님이 욥에게 행하신 일이 자비롭고 인자하신 행동이라고 설명합니다(약 5:11). 참된 회개는 무화과 잎이 벗겨진 비참한 자리에서 일어납니다. "진정한 회심은 인간으로 인해 수없이 진노한 존재, 인간을 어느 때나 정당하게 파멸할 수 있는 보편적 존재 앞에 인간인 우리 자신이 무(無)가 되는 데 있으며, 그 존재를 떠나서는 아무것도 할 수 없고, 또한 그에게서 버림받음 외에는 아무것도 받을 자격이 없다는 것을 인정하는 데 있다."[39] 버림받음 외에는 받을 것이 없는 비참한 존재를 발견하는 자리에서 비로소 하나님을 봅니다. 바로 존재적인 회개를 통해 하나님의 품에 거하게 됩니다.

"내가 주께 대하여 귀로 듣기만 했사오나 이제는 눈으로 주를 뵈옵나이다 그러므로 내가 스스로 거두어들이고 티끌과 재 가운데에서 회개하나이다"(욥 42:5-6).

여기서 '스스로 거두어들이고'라는 표현은 '자기 자신을 멸시한다'(despise myself)라는 뜻입니다. 자신이 비참한 존재임을 발견하고 스스로 자신을 멸시하는 것입니다. 복음적으로 말하면, 하나님의 빛 아래에서 보게 된 비참한 자신의 존재를 십자가에 못 박는 것입니다. 이때 귀로 들었던 하나님을 눈으로 보게 됩니다. 이를 가리켜 종교 개혁자 칼빈(J. Calvin)은 "하나님의 존엄은 인간의 비참에서만 인식될 수 있다"라고 했습니다.[40] 인간의 비참함은 하나님의 존엄의 빛 아래에서 인식할 수 있으며 이로써 하나님의 존엄과 인간의 비참함이 서로 상관관계에 있다는 것입니다.

39　Pascal, 『Pensees』, #470.
40　Calvin, 『기독교 강요 Ⅰ』, 81.

하나님은 사랑하시는 자의 무화과 잎을 벗기십니다. 하나님의 존엄이 인간을 비참하게 합니다. 어떤 이는 이것을 감당하지 못하여 죽기를 구하며 인생을 포기하기도 합니다. 무화과 잎이 제거되는 과정이 매우 고통스럽기 때문입니다. 그러나 그는 하나님의 손안에 있습니다. 그분의 손은 매우 가혹하십니다. 그러나 그분의 눈은 한없이 자비롭고 인자하십니다. 하나님은 그의 사랑 안에서 인간으로 하여금 무화과 잎이 벗겨지는 고통을 능히 견디게 하십니다.

추적자 하나님, 하늘의 사냥개

하나님께서 무화과 잎으로 비참한 존재를 가린 아담을 부르십니다. "아담아 네가 어디 있느냐?"라고 말입니다(창 3:9). 아담 안에 있는 모든 인간을 찾으시는 하나님의 음성입니다. 아담은 그 소리를 듣고 숨어 버립니다. "내가 동산에서 하나님의 소리를 듣고 내가 벗었으므로 두려워하여 숨었나이다"(창 3:10).

하나님은 비참한 존재가 되어 자신을 떠난 사람을 끝까지 추적하십니다. 영국의 시인 프랜시스 톰프슨(F. Thompson)은 "하늘의 사냥개"라는 유명한 시를 지었습니다. 자기를 추적하시는 하나님의 사랑에 대한 노래입니다. 그는 신학자, 의사가 되고자 했으나 길이 막혔습니다. 결국 인생의 실패자가 되어 하나님을 만납니다. 그는 평생 자신을 추적해 오신 하나님을 피하여 도망 다녔다고 고백합니다.

"나는 그에게서 도망쳤습니다. 밤과 낮의 비탈길 아래로;
나는 그에게서 도망쳤습니다. 세월의 아치 저 아래로;
나는 그에게서 도망쳤습니다. 내 마음의 미로로;
그리고 눈물의 안개 속에
그를 피해 숨었습니다. 그러고 흐르는 웃음의 시냇물 속에.

조망이 활짝 트인 희망의 가로수 길로 달려 올라갔습니다.
그러다가 밀침을 받아 거대한 공포의 심연 속으로
쏜살같이 거꾸로 떨어졌습니다.
쫓고, 또 쫓아오는 저 힘찬 발을 피해.
그러나 서두르지 않은 추적으로,
침착한 보조로,
유유한 속도로, 위엄 있는 긴박성으로,
그 발소리 울렸습니다 - 그리고 발보다
더 급한 한 목소리 울렸습니다'-
'네가 나를 배반하기 때문에, 만물이 너를 배반하느니라.'[41]

마침내 하나님의 발자국 소리가 멈추었습니다. 그는 시를 이렇게 끝맺습니다.

"제 곁에 저 발자국 소리가 멎었습니다;
제 어두움이 결국 쓰다듬으려고 내민 그분의 손 그림자였단 말입니까?"
"아, 어리석고, 앞 못 보고, 약하기 짝이 없는 자여,
네가 찾는 사람은 바로 나야!
너는 나를 쫓아 버렸기 때문에, 사랑을 쫓아 버렸었느니라."[42]

그리스도, 알몸으로 못 박히시다

하나님께서는 무화과 잎으로 스스로를 가리면서 하나님을 떠난 사람을 찾으십니다. 타인의 시선에 지배당하며 비참하게 사는 자들을 아들의

---

41 Thompson, "하늘의 사냥개."
42 Thompson, "하늘의 사냥개."

십자가로 이끄십니다. '믿음'의 헬라어가 '피스티스'입니다. '피스티스'는 '그리스도의 사건에 참여한다'라는 뜻입니다. 이것은 단순히 교리에 대한 동의가 아닙니다. 그의 옛사람이 십자가에서 죽고 새로운 존재, 하나님의 생명으로 태어나는 것을 말합니다. 이렇게 그리스도인은 그리스도와 함께 십자가에 못 박혀 죽은 자입니다. 무화과 잎을 벗고 십자가에 못 박힐 때 비로소 그리스도와 함께 못 박히는 것입니다. 설령 십자가 위에서 죽었을지라도 무화과 잎을 벗지 않았다면 이는 십자가의 교리에는 동의했으나 참 생명에는 이르지 못했음을 의미합니다. 그리스도는 벌거벗긴 채 알몸으로 십자가에 달리셨기 때문입니다.

이제 그리스도 안에서 하나님과 연합된 자는 벌거벗었으나 부끄러워하지 않는 자유자입니다. 그는 더 이상 사람의 눈을 두려워하지 않습니다. 사람의 영광을 구하지 않습니다. 도리어 수치와 멸시의 십자가를 자랑합니다. 그는 하나님의 품에 거하여 비참한 자의식으로부터 해방된 자입니다. 이때 자기 자신은 없어지고 하나님만 드러납니다. 페니 제인 크로스비(F.J. Crosby)처럼 "세상과 나는 간 곳 없고 구속한 주만 보이도다"라고 찬양하게 됩니다. 설령 거지 나사로처럼 살아도 하나님 품에서 안식합니다. 이처럼, 믿는 자는 자신의 무화과 잎이 벗겨져도 하나님 품에서 자신을 용납하는 특권을 누립니다. 하나님 안에서는 벌거벗은 자신을 넉넉히 용납합니다. 비록 고통스럽고 끔찍한 상황을 겪을지라도 하나님 안에서 넉넉히 승리합니다.

13

구원자로서 아들을 예표하시다

"내가 너로 여자와 원수가 되게 하고 네 후손도 여자의 후손과 원수가 되게 하리니 여자의 후손은 네 머리를 상하게 할 것이요 너는 그의 발꿈치를 상하게 할 것이니라 하시고" _ 창 3:15

창세전 하나님이 주시기로 한 은혜

디모데후서 1:9에서는 우리의 구원이 창세전 그리스도 예수 안에서 하나님께서 주신 은혜라고 설명합니다. 기독교의 구원은 창세 이후 만물 안에 속한 것이 아니며, 결코 우연한 것도 아닙니다. 창세전 하나님이 정하신 뜻과 그리스도 예수 안에서 인간에게 주신 은혜에 근거합니다. 그러므로 구원의 신비와 그 부요함에 대해 알려면 창세전의 세계를 알아야 합니다. 또한 창세전부터 주어진 하나님의 은혜를 알 때 구원의 은혜가 풍성해집니다.

창세전부터 삼위 하나님이 존재하셨습니다. 이를 가리켜 '내재적 삼위일체'라고 합니다. 삼위 하나님 중에서 성부 하나님은 완전하고 절대적이며 유일하신 주권자요 초월자이십니다. "…하나님은 복되시고 유일하신 주권자이시며 만왕의 왕이시며 만주의 주시요 오직 그에게만 죽지 아니함이 있고 가까이 가지 못할 빛에 거하시고 어떤 사람도 보지 못했고 또 볼 수 없는 이시니 그에게 존귀와 영원한 권능을 돌릴지어다 아멘"(딤전 6:15-16). 성부 하나님에게만 존귀와 권능이 있습니다. 그런데 하나님께서 자기 속에 있는 생명을 아들에게 주셔서 아들 안에도 생명이 있게 하셨습니다. "아버지께서 자기 속에 생명이 있음 같이 아들에게도 생명을 주어 그 속에 있게 하셨고"(요 5:26). 그래서 요한복음 1:4에서는 "그 안에 생명이 있었으니"라고 기록되어 있습니다. 곧 아들 안에 생명이 있습니다. 이 아들 안에 있는 생명이 영생입니다. "또 증거는 이것이니 하나님이 우리에게 영생을 주신 것과 이 생명이 그의 아들 안에 있는 그것이니라"(요일 5:11).

성자 하나님은 이단으로 판명된 아리우스(Arius)의 말대로 '완전한 피조물'이 결코 아닙니다. 창세전 하나님에게서 '태어난 생명'으로서 '아들'입니다. 신학에서는 '창세전의 세계'를 '영원'이라고 정의합니다. 하나님의 아들 예수 그리스도는 '영원'에서 '태어난 존재'입니다. 삼위 하나님은 창세전 '내재적'으로 존재하시나 동시에 '경륜적'으로 존재하십니다. '경륜적 삼위일체'는 창조와 구원 사역에서 활동하시는 삼위 하나님을 일컫습니다. 경륜적 삼위일체의 하나님은 창세전 사람에게 '영생'을 주기로 약속하셨습니다(딛 1:2). 하나님의 목적에 따라 그의 은혜로 영생을 주기로 하신 것입니다.

아들 안의 생명, 영생을 약속하시다

성부 하나님은 창세전 아들에게 자기 속에 있는 생명(영생)을 주셨습니다(요 5:26). 이 생명이 아들 안의 생명이며, 모든 사람에게 약속하신 생명입니다. 하나님께서는 영생을 주시기 위한 목적으로 첫 사람 아담을 창조하셨습니다. 아담은 '만들어진 생명'(피조물)이며 하나님의 아들의 생명으로 태어나야 할 자입니다. 그리고 아담이 받아야 하는 생명, 곧 영생은 하나님으로부터 '직접' 태어나는 생명이 아니라, 아들 안에 있는 생명으로 태어나는 것을 말합니다. 하나님에게서 '직접' 태어난 이는 하나님의 아들 뿐입니다. 그래서 아들을 가리켜 '독생자'라고 부릅니다. 아담을 비롯한 모든 사람은 아들 안에 있는 생명으로 태어나야 하는 존재입니다. 아담은 생령, 곧 '만들어진 존재'이며 마지막 아담 그리스도는 '생명'을 주시는 영입니다(고전 15:45). 그러므로 하나님에게서 '만들어진 생명'으로서 아담은, 그 궁극적인 목적이 하나님에게서 '태어난 생명'인 그리스도에게서 성취됩니다. 그리스도는 아담이 궁극적으로 '되어야 할 존재'이자 '본질적 인간'이며 '완전한 인간'이라고 할 수 있습니다. 그래서 아담을 장차 생명을 주시기 위해 오실 그리스도의 모형이라고 표현합니다(롬 5:14).

그렇다면 하나님의 생명을 유일하게 가진 아들은 아담이 죄를 짓고 안 짓고의 여부와 상관없이 세상에 오셔야 합니다. 그가 창세전에 오시기로 미리 정해졌습니다. "그는 창세전부터 미리 알린 바 되신 이나 이 말세에 너희를 위하여 나타내신 바 되었으니"(벧전 1:20). 하나님의 아들이 세상에 오셔서 '만들어진 생명'인 아담에게 '태어난 생명'인 영생을 주셔야 합니다. 이것이 창세전 하나님이 그리스도 예수 안에서 우리에게 주시기로 한 은혜입니다.

> "하나님이 우리를 구원하사 거룩하신 소명으로 부르심은 우리의 행위대로 하심이 아니요 오직 자기의 뜻과 영원 전부터 그리스도 예수 안에서 우리에게 주신 은혜대로 하심이라 이제는 우리 구주 그리스도 예수의 나타나심으로 말미암아 나타났으니 그는 사망을 폐하시고 복음으로써 생명과 썩지 아니할 것을 드러내신지라"(딤후 1:9-10).

이 구절 중에서 "구주 그리스도 예수의 나타나심으로 말미암아 나타났으니"를 주목해 보십시오. '나타나심으로', '나타났으니'라고 하여 '나타났다'가 두 번 나옵니다. 처음 나오는 '그의 나타나심'(에피파네이아, 출현하다)은 그리스도의 역사적 출현을 말합니다. 곧 아담에게 생명을 주시기 위해 아들이 오셔야 한다는 것입니다. 그리고 뒤의 '나타났다'(파네로, 실제가 되다)라는 창세전 그리스도 예수 안에서 우리에게 주신 은혜가 실제로 이루어졌다는 뜻입니다. 그 은혜란 하나님의 생명을 담지한 하나님의 아들이 우리에게 영생을 주시는 것입니다.

그런데 아담은 하나님의 아들이 역사적으로 출현하여 영생을 주시기 전에 타락하고 말았습니다. 그는 선악을 알게 하는 나무의 실과를 먹고 죄를 지었습니다. 그 결과 자기가 벌거벗은 것을 보게 되었습니다. 그래서 무화과나무 잎으로 치마를 만들어서 입어 벌거벗은 비참한 존재를 가렸습니다.

영원한 하나님의 의

아담이 하나님을 떠났다는 것은 하나님과 맺은 창조의 언약을 깨뜨렸음을 뜻합니다. 창조 언약은 창조주 하나님과 피조물 아담이 맺은 언약입니다. 언약은 언약 관계 안에서 당사자 간의 상호 책임을 요구합니다. 다시 말해서, 창조 언약에서는 '하나님의 의'와 '사람의 의'가 필요 조건입니다. 언약 사상에 있어서 '의'는 관계적 용어로, '언약 관계에서 책임을 다하는 상태'를 말합니다. 사람은 하나님의 말씀에 복종함으로써 하나님과 바른 관계를 갖는 '의로운 존재'가 됩니다. 이에 대해 하나님께서는 복종하는 사람을 사랑하시며 그로 하여금 자신의 뜻을 이루게 하십니다. 그런데 아담이 불순종하여 죄를 범함으로써 창조 언약이 깨어지고 말았습니다. 사람이 죄를 범하여 하나님과의 관계가 깨어진 것입니다. 이것을 아담의 '불의'라고 합니다. 하나님과의 언약 관계에서 책임을 다하지 못한 상태가 된 것입니다. 이때 하나님도 언약 관계를 깨뜨리시면 하나님도 불의한 존재가 되십니다. 하나님이 아담을, 인간을 영영히 포기해 버리시는 분이 됩니다. 그러나 하나님은 영원히 불의하실 수 없는 분입니다(롬 9:14).

아이에카 - 네가 어디 있느냐?

아담의 범죄에도 불구하고 하나님께서는 여전히 아담에게 의로우십니다. 그 사실이 불의한 아담에게 찾아오심으로써 확증되었습니다. 아담이 하나님을 피하여 숨었으나 하나님께서 아담을 부르시며 그를 찾으십니다. "네가 어디 있느냐?"(창 3:9). 아담이 어디에 있어야 합니까? 이것은 매우 실존적인 질문입니다. '어디'는 인간으로서 마땅히 깨닫고 도달해야 하는 완벽한 자기만의 장소, 신이 개인에게 할당한 장소를 의미합니다.[43] 랍비의 전통에서 '아이에카'(네가 어디 있느냐?)는 인간의 실존적 질문으로 받아들입니다. "그 사람이 자주 가고 거주하는 장소는 곧 그 사람을 의미한다."[44] 인간은 그가 거하는 장소가 그의 존재를 말해줍니다. 곧 아이에카는 하나님의 품에 있어야 할 자가 어디로 갔느냐는 물음입니다.

아이에카! 이 질문은 모든 인류에게 신이 묻고 싶어 하는 첫 번째 질문이자, 욥과 예수가 그랬듯 거꾸로 인간이 신에게 외치는 질문이기도 합니다.[45] 잃어버린 자를 찾으시는 하나님의 애절한 부르짖음이 동산에 울려 퍼졌습니다. 레슬리 뉴비긴(L. Newbigin)은 이 부르짖음이 성경 전체에 메아리친다고 했습니다.[46] 곧 인자하시고 거룩하신 하나님은 지금도 마땅히 있어야 할 곳을 떠난 자기 백성을 찾고 계십니다. 그러나 미련하고 우둔한 백성들은 그의 음성을 듣지 못합니다. 결정적으로 그의 고뇌는 십자가의 처참한 부르짖음으로 터져 나옵니다. 하나님의 아들이 반역자 아담을 대

---

43 배철현, 『신의 위대한 질문』, 54.
44 배철현, 『신의 위대한 질문』, 53.
45 배철현, 『신의 위대한 질문』, 56.
46 Newbigin, 『성경 한 걸음』, 24.

신하고, 하나님을 피해 달아난 우리를 대신하여 십자가를 지십니다. 거기서 그분은 괴로워하며 이렇게 부르짖습니다. "나의 하나님, 나의 하나님, 어찌하여 나를 버리셨나이까"(마 27:46). 하나님은 그분의 자녀로 되찾으실 때까지 우리를 그냥 두지 않으십니다.[47]

아담이 하나님의 찾으시는 음성을 듣고 "내가 벌거벗었으므로 두려워하여 숨었나이다"라고 대답합니다(창 3:10). 하나님이 아담에게 다시 말씀하십니다. "누가 너의 벗었음을 네게 알렸느냐 내가 네게 먹지 말라 명한 그 나무 열매를 네가 먹었느냐"(창 3:11). 그러자 아담은 하나님이 자신과 함께 있게 하신 여자가 주어서 먹었다고 대답합니다. 자신의 죄를 하나님과 여자의 탓으로 돌립니다. 여자는 자기를 유혹한 뱀에게 탓을 돌립니다. 그러자 하나님께서 뱀을 가장 먼저 저주하십니다. 이제 뱀은 "모든 가축과 들의 모든 짐승보다 더욱 저주를 받아 배로 다니고 살아 있는 동안 흙을" 먹게 되는 저주를 받습니다. 그리고 하나님이 뱀을 향하여 이렇게 말씀하십니다.

"내가 너로 여자와 원수가 되게 하고 네 후손도 여자의 후손과 원수가 되게 하리니 여자의 후손은 네 머리를 상하게 할 것이요 너는 그의 발꿈치를 상하게 할 것이니라 하시고"(창 3:15).

여자의 후손이 뱀의 머리를 상하게 할 것입니다. 그 대신 뱀은 여자의 후손의 발꿈치를 상하게 할 것입니다. 이 말씀은 뱀의 유혹 앞에 노출된 인간의 운명을 나타내 줍니다. 구속사적인 관점에서는 이 말씀을 '원시 복음'이라고 부릅니다. 뱀을 저주하신 하나님께서 이어서 타락한 인간을 심판하십니다. 이 심판의 내용은 영원한 저주가 아니라 징계의 고통을 받는

47　Newbigin, 『성경 한 걸음』, 25.

것입니다. 왜냐하면, 사람은 영생을 얻을 존재로 약속을 받은 자이기 때문입니다. 하나님이 범죄한 아담과 여자를 징계하시는 것은, 그들에 대한 하나님의 의로우심입니다. 징계의 고통을 통해서 그들이 하나님께 돌아올 기회를 주신 것입니다. 하나님이 여자에게 임신과 해산의 고통을 주십니다. 또한 남자를 그리워하게 하십니다. 그러나 도리어 남자로부터 굴욕적인 지배를 받는다고 하십니다(창 3:16).

하나님은 아담에게도 징계의 고통을 주십니다. 아담으로 말미암아 땅이 저주를 받습니다. 그는 평생 수고하여야 땅의 소산을 먹을 수 있습니다(창 3:19). 또한 그 땅에 엉겅퀴와 가시가 돋아납니다. 처음 창조된 땅은 혼돈하고 공허한 황무지였습니다(창 1:2). 하나님의 창조가 끝난 후 땅이 '경작지'가 되었습니다(창 2:15). 그런데 사람의 타락으로 인해 땅은 다시 황무지로 변합니다. 남자는 땀을 흘려야 먹을 것을 먹을 수 있습니다. 생계를 위한 일상의 활동 안에 수고와 고통이 형벌로 주어집니다. 그는 흙으로 돌아가는 그날까지 이렇게 형벌의 삶을 살아야 합니다.

인간의 타락에도 불구하고 하나님의 은총이 계속됩니다. 이를 세 가지로 나누어 설명할 수 있습니다. 첫째, 아담이 그의 아내의 이름을 '하와'라고 짓습니다(창 3:20). 하와의 뜻은 '생명'입니다. 인간이 비록 하나님께 심판을 받아 형벌의 인생을 살지라도 여자를 통해 생명을 낳고 번성하는 은총을 받습니다. 이 생명을 통해 사람들은 아들이 주시는 영원한 생명을 얻습니다. 둘째, 여호와 하나님이 아담과 하와를 위하여 가죽옷을 지어 입혀 주십니다. "여호와 하나님이 아담과 그의 아내를 위하여 가죽옷을 지어 입히시니라"(창 3:21). 하나님을 떠나 자의식의 눈이 밝아진 그들이 무화과 잎으로 치마를 만들어 입고 자신들의 수치를 가립니다. 그러자 하나님께서 짐승을 죽인 후 취한 가죽으로 옷을 지어 입히셨습니다. 셋째, 하나님을 떠난 채 생명나무의 열매를 먹고 영생하는 것을 금하십니다(창 3:22). 이것은 타락의 영속성을 금지하시는 긍휼의 은총입니다. 창세기 3:22의 "영생할까 하노라"라는 구절은 '영원히 사는 것'(live forever)을 말합니다. 그러므로 하나님께서 아담을 에덴에서 쫓아내신 것은 아담이 죄인 된 상태로 영원히 사는 길을 막으신 것입니다. 이제 아담과 그에게 속한 죄인들은 죄 문제가 먼저 해결되어야 아들 안의 생명, 영생을 얻을 수 있습니다.

원시 복음, 여자의 후손과 가죽옷

여자의 후손을 예언하는 말씀(창 3:15)과 아담과 하와에게 가죽옷을 입혀 주신 사건(창 3:21)은 장차 구원자로 오실 하나님의 아들을 예표합니다. "여자의 후손은 네 머리를 상하게 할 것이요"(3:15)라는 말씀은 여자의 후손이 인간으로 하여금 죄를 짓게 한 마귀의 권세를 이긴다는 뜻입니다. 성경에서 이 계시가 진보되는 모습을 살펴볼 수 있습니다. '여자의 후손'은 "처녀가 잉태하여 낳은 아들"을 가리킵니다. "그러므로 주께서 친히 징조를 너희에게 주실 것이라 보라 처녀가 잉태하여 아들을 낳을 것이요 그의 이름을 임마누엘이라 하리라"(사 7:14). 이 말씀이 동정녀 마리아에게서 하나님의 아들이 태어나실 때 성취됩니다. "이 모든 일이 된 것은 주께서 선지자로 하신 말씀을 이루려 하심이니 이르시되 보라 처녀가 잉태하여 아들을 낳을 것이요 그의 이름은 임마누엘이라 하리라 하셨으니 이를 번역한즉 하나님이 우리와 함께 계시다 함이라"(마 1:22-23). 또한 갈라디아서에서도 이 말씀이 성취되었음을 증거합니다. "때가 차매 하나님이 그 아들을 보내사 여자에게서 나게 하시고 율법 아래에 나게 하신 것은 율법 아래에 있는 자들을 속량하시고 우리로 아들의 명분을 얻게 하려 하심이라"(갈 4:4-5).

여자의 후손 곧 처녀가 잉태하여 낳은 아들이 뱀의 머리를 상하게 하심으로써 사탄을 멸하십니다. "죄를 짓는 자는 마귀에게 속하나니 마귀는 처음부터 범죄함이라 하나님의 아들이 나타나신 것은 마귀의 일을 멸하려 하심이라"(요일 3:8). 사탄이 그의 발꿈치를 상하게 함으로써 그를 십자가에 못 박았지만, 하나님의 아들은 십자가에서의 죽음을 통해 도리어 마귀의 일을 멸하셨습니다. "통치자들과 권세들을 무력화하여 드러내어 구경거리로 삼으시고 십자가로 그들을 이기셨느니라"(골 2:15). 하나님의 아들은 죽음을 통하여 죽음의 세력을 잡은 자 곧 마귀를 멸하셨습니다(히 2:14). 타락한 인간에게 하나님께서 입혀 주신 가죽옷은 하나님의 아들의 희생적인 죽음을 예표합니다. 가죽옷은 공의와 구원의 옷이며(사 61:10), 궁극적으로는 하나님의 아들이 십자가에서 죽으심으로써 믿는 자에게 주시는 구원의 옷, 곧 그리스도의 옷입니다. "누구든지 그리스도와 합하기 위하여 세례를 받은 자는 그리스도로 옷 입었느니라"(갈 3:27).

범죄한 현장에서 예표된 그리스도의 십자가

어떤 사람은 그리스도의 십자가 죽음이 창세전부터 작정되었다고 말합니다. 이것은 창세전 하나님이 하신 일을 알지 못한 데에서 나온 주장입니다. 하나님은 창세전 영생을 우리에게 주시기로 약속하셨고(딛 1:2), 이 약속을 이루기 위해 창세전 아들을 미리 정하셨습니다(벧전 1:20). 또 어떤 사람은 아담이 죄를 지었기 때문에 죄에서 구원할 자로 그리스도가 오셨다고 말합니다. 이 주장은 만일 아담이 죄를 짓지 않았다면 그리스도가 오시지 않는다는 것입니다. 그러나 하나님의 아들은 아담이 죄를 짓고 안 짓고의 여부와 상관없이 세상에 오셔야 합니다. 아담이 죄를 짓지 않았어도 아들이 오셔서 창세전에 약속된 영생을 주셔야 합니다(벧전 1:20; 딤후 1:9-10).

이것은 무익한 가정이지만, 만일 아담이 죄를 짓지 않았다면 아들이 오시되 십자가에서 죽으실 이유가 없습니다. 창세전 아들이 말씀과 영으로 생명을 얻었듯이, 아들이 오셔서 말씀과 영으로 우리에게 영원한 생명을 주실 것입니다(요 6:63; 벧전 1:23; 약 1:18). 그러나 아담이 범죄한 후 우리가 영생을 얻으려면 먼저 죄 문제를 해결 받아야 합니다. 그래서 하나님은 아담이 범죄한 현장에서 아들의 십자가 죽음을 예표하신 것입니다. 그러므로 그리스도의 십자가 죽음은 '창세전'이 아니라, '아담이 범죄한 에덴'에서 예시로 선포되었습니다. 하나님이 우리에게 영생을 주시기로 한 것은 거짓이 없으신 약속입니다(딛 1:2). 따라서 하나님은 어떤 대가를 치르셔도 영생의 약속을 이루십니다. 아담이 범죄한 후 하나님 편에서는 크나큰 대가를 치르셔야 했습니다. 그것은 아들을 십자가에 내어주는 대가입니다. 이는 범죄한 아담과 아담 안에서 범죄한 모든 사람을 향한 하나님의 지극히 크신 신실함입니다.

복음의 두 가지 차원

여자의 후손과 가죽옷으로 예표된 하나님의 아들이 복음입니다. 이로써 복음은 두 가지 차원으로 정의할 수 있습니다. 첫째, 복음은 하나님의 아들 예수 그리스도입니다(마 16:16; 막 1:1; 요 20:31; 롬 1:2-4). 둘째, 복음은 그의 메시아적 행위입니다. 곧 그리스도가 행하신 구원 사역으로, 그의 죽음과 장사됨과 부활과 현현의 사건입니다(고전 15:3-5). 원시 복음에서 여자의 후손은 하나님의 아들 예수 그리스도의 복음을 예표합니다. 그리고 가죽옷은 그의 메시아적 행위의 복음을 예표합니다. 우리가 이 복음을 믿을 때 창세전 하나님께서 예수 안에서 주시기로 한 은혜, 곧 영원한 생명을 얻습니다. "그러므로 우리가 그의 죽으심과 합하여 세례를 받음으로 그와 함께 장사되었나니 이는 아버지의 영광으로 말미암아 그리스도를 죽은 자 가운데서 살리심과 같이 우리로 또한 새 생명 가운데서 행하게 하려 함이라"(롬 6:4).

〈창조, 언약, 말씀〉

기독교 구원의 내용, 죄 사함과 영생

하나님께서는 사람에게 창세전 아들 안의 생명, 곧 영생을 주겠다고 약속하셨습니다. 땅에서 난 자에게 하늘에서 나는 생명을 주시겠다는 것입니다. 이를 위해 아들의 형상대로 아담을 창조하셨습니다. 아담은 아들이 오심으로써 아들의 생명으로 태어날 자입니다. 그러나 아담이 범죄하여 하나님을 떠나갔기에 그는 영생 얻을 기회를 잃어버렸습니다. 그런데도 하나님은 영생을 주시기로 한 아담에게 영원히 의로우십니다. 이제 하나님의 아들이 오시되 십자가에서 죽으셔서 죄 문제를 해결하셔야 합니다. 그리고 창세전 약속된 영생을 주십니다. 아담 안에서 죄인 된 모든 사람에게 구원이란 죄 사함을 받고 영생을 얻는 것입니다. 구원은 단지 죄 사함만 받는 것이 아니라 거짓이 없으신 하나님이 우리에게 약속하신 영생을 얻는 것까지 포함합니다. 현재 우리가 누리는 영생은 "유일하신 참 하나님과 그가 보내신 자 예수 그리스도를 아는 것"입니다(요 17:3). "기독교의 구원은 죄 사함뿐 아니라 하나님과의 현재적인 교제 안에 거하는 것이다."⁴⁸ 예수 그리스도께서 십자가에서 죽으시고 장사되심으로써 아담 안에 속한 죄인이 죽고 장사되었습니다. 그리고 그리스도의 죽음과 장사됨에 연합된 자는 영원한 생명을 얻습니다. 이것이 복음을 통해 영원한 생명을 얻는 기독교 신앙의 본질입니다.

하나님의 아들 예수 그리스도: 여자의 후손(창 3:15) ➡ 처녀의 아들(사 7:14) ➡ 예수 그리스도(마 1:23; 갈 4:4-5)	그의 메시아적 행위: 가죽옷(창 3:21) ➡ 구원과 공의의 옷(사 61:10) ➡ 그리스도로 옷 입음(갈 3:27)

〈복음의 두 차원과 그 성취〉

---

48 Smail, 『잊혀진 아버지』, 81.

14

제1 경륜 시대, 원시 역사의 구원

"하나님은 모든 사람이 구원을 받으며 진리를 아는 데에 이르기를 원하시느니라" _ 딤전 2:4

하나님의 구원 전략, 경륜

하나님께서는 모든 사람이 구원을 받으며 진리를 아는 데에 이르기를 원하십니다(딤전 2:4). 거짓이 없으신 하나님은 창세전 사람에게 영생을 주기로 약속하셨습니다(딛 1:2). 이는 아들 안에 있는 생명을 주시는 것으로, 그리스도 예수 안에서 우리에게 주기로 하신 은혜입니다(딤후 1:9). 이 은혜는 그리스도가 나타나는 역사적 출현으로 말미암아 실제로 이루어집니다(딤후 1:10).

아담은 영생을 약속받았지만, 하나님의 말씀에 불순종하여 창조 언약을 깨뜨렸습니다. 이로써 불의한 자가 되었습니다. 그런데도 영원히 의로우신 하나님께서 아담과 그에게 속한 모든 사람을 위하여 구원의 길을 마련해 주십니다. '여자의 후손'과 '가죽옷'으로 예표가 되는 자기 아들을 세상에 보내겠다고 약속하셨습니다. 곧 그의 아들을 통하여 모든 사람이 구원을 받고 진리에 이르는 길을 마련하셨습니다.

구약성경은 영생을 주러 오시는 하나님의 아들을 증거합니다. 예수께서도 구약성경의 목적이 곧 그리스도 자신을 증거하는 것이라고 말씀하셨습니다. "너희가 성경에서 영생을 얻는 줄 생각하고 성경을 연구하거니와 이 성경이 곧 내게 대하여 증언하는 것이니라"(요 5:39). 창세기 1-2장에서는 아들이 자기의 형상대로 지음받은 아담을 통해서 드러납니다. 창세기 3장에서는 여자의 후손과 가죽옷으로 예표되는 아들을 증거합니다. 창세기 4장에서 말라기까지는 선지자들을 통해 하나님의 아들이 미리 증거됩니다. "이 복음은 하나님이 선지자들을 통하여 그의 아들에 관하여 성경에 미리 약속하신 것이라"(롬 1:2).

창세기 1-2장	창세기 3장	창세기 4장-말라기
아담(하나님의 형상, 그리스도)	'여자의 후손'과 '가죽옷'으로 예표된 그리스도	선지자들을 통해 증거된 그리스도(롬 1:2; 벧전 1:10-11)

〈그리스도를 증거하는 구약성경(요 5:39)〉

구약의 복음, 선지자들을 통해 증거된 하나님의 아들

창세기 4장부터는 선지자들을 통해 증거된 하나님의 아들에 관한 내용이 나옵니다. 이 내용을 언약 신학에서 말하는 '구원의 전략'으로 설명할 수 있습니다. 하나님의 구원 전략은 '경륜'이라고 부르며, 시대별로 '제1 경륜 시대', '제2 경륜 시대', '제3 경륜 시대'로 나눕니다. 제1 경륜 시대는 '원시 역사'로, 창세기 4장부터 11장에서 다루는 구원의 역사입니다. 이는 최초의 선지자 아벨에서부터 바벨탑 심판이 임하는 시기까지 등장하는 의인들의 역사입니다. 제2 경륜 시대는 아브라함을 시작으로 하는 이스라엘의 역사이며, 창세기 12장부터 말라기까지의 내용입니다. 제3 경륜 시대는 예수 그리스도를 통한 열방에 대한 구원의 역사입니다.

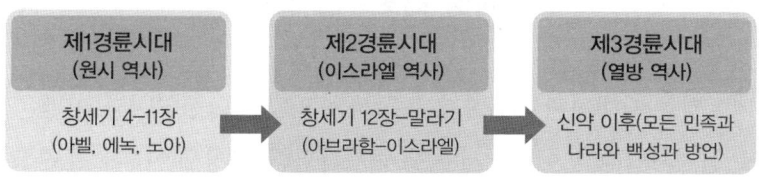

〈경륜, 하나님의 구원 전략〉

시대마다 하나님의 경륜의 핵심은 복음입니다. 복음은 하나님의 아들 예수 그리스도이며(롬 1:2-4), 그의 메시아적 행위입니다(고전 15:3-5). 구약 시대에서 복음은 하나님이 선지자들을 통하여 그의 아들에 관하여 미리 약속하신 내용입니다(롬 1:2). 구약 시대 때 믿음의 사람들은 장차 오실 그리스도를 믿음으로써 하나님과 관계를 가졌으며, 하나님과 동행했습니다. 제1 경륜 시대와 제2 경륜 시대에서 복음은 오실 그리스도를 의미합니다. 이 복음을 알고 전한 자를 '선지자'라고 부릅니다. 선지자들은 자기 안에 있는 그리스도의 영으로 말미암아, 하나님의 아들이 오실 것과 고난 받으실 것과 영광 받으실 것을 미리 알고 증거했습니다. 선지자의 증거는 자기 자신을 위한 것이 아니라, 그리스도가 오신 후 성령을 힘입어 복음을 전하는 자들을 위한 것입니다.

"이 구원에 대하여는 너희에게 임할 은혜를 예언하던 선지자들이 연구하고 부지런히 살펴서 자기 속에 계신 그리스도의 영이 그 받으실 고난과 후에 받으실 영광을 미리 증언하여 누구를 또는 어떠한 때를 지시하시는지 상고하니라 이 섬긴 바가 자기를 위한 것이 아니요 너희를 위한 것임이 계시로 알게 되었으니 이것은 하늘로부터 보내신 성령을 힘입어 복음을 전하는 자들로 이제 너희에게 알린 것이요 천사들도 살펴 보기를 원하는 것이니라"(벧전 1:10-12).

아벨, 최초의 선지자

제1 경륜 시대에서 처음으로 등장하는 의인은 아벨입니다. 아벨은 최초의 선지자입니다. 예수께서 이를 증거하십니다 "창세 이후로 흘린 모든 선지자의 피를 이 세대가 담당하되 곧 아벨의 피로부터 제단과 성전 사이에서 죽임을 당한 사가랴의 피까지 하리라 내가 너희에게 이르노니 과연 이 세대가 담당하리라"(눅 11:50-51).

아담에게는 두 아들이 있었습니다. 하와는 첫아들을 낳은 후 여호와께 공로를 돌리며 그 이름을 '가인'이라고 지었습니다(창 4:1). 가인은 '성공, 획득'이라는 뜻입니다. 둘째 아들 '아벨'은 '헛됨', '쓸모없음'입니다. 어느 날 가인과 아벨이 하나님께 제사를 드렸습니다. 가인은 땅의 소산을 제물로 삼아 제사를 드렸습니다. 아벨은 양의 첫 새끼와 기름으로 드렸습니다. 그런데 하나님께서 아벨의 제사만 받으셨습니다(창 4:4-5). 이 일로 인해 가인이 몹시 분하여 안색이 변했습니다. 그가 전혀 예상하지 못했던 결과였기 때문입니다. 가인도 정성을 다해 제사를 드렸음이 분명합니다. 그렇지 않았다면 제사를 거절당했다고 해서 안색이 변할 리가 없습니다. 그는 정성을 다했기 때문에 제사가 거절당한 것을 받아들이지 못합니다.

히브리서 기자는 "믿음으로 아벨은 가인보다 더 나은 제사를 하나님께 드렸다"라고 말합니다(히 11:4). 아벨은 장차 오실 하나님의 아들을 믿고 전한 선지자였습니다. 그러므로 그는 단순히 양의 첫 새끼를 드린 것이 아니라 자신의 믿음으로 드렸습니다. 장차 오실 하나님의 아들을 바라면서 드린 것입니다. 이것은 복음을 믿고 드린 제사입니다. 그래서 하나님께서 아벨의 제사를 받으셨습니다. 하지만 가인은 정성을 다해서 제사를 드렸는데도 하나님께서 받지 않으셨습니다. 복음에 무지한 채, 오실 그리스도와 상관없이 드렸기 때문입니다. 즉 그리스도가 아닌 자기를 위해 드린 제사입니다. 그는 스스로 의로운 행위를 했지만 결국은 하나님을 대적하는 '자기 의'를 행한 셈입니다. 가인은 제사가 거절당하자 시기와 분노를 내뿜습니다. 선한 일을 해 놓고도 인정받지 못하자 자기 의에 사로잡혀 분노합니다. 루터(M. Luther)는 이것을 가리켜 '바리새적 분노'이며 '악마적 분노'라고 표현했습니다.[49] 가인은 결국 악한 자에게 속하여 동생을 죽였습니다. "가인 같이 하지 말라 그는 악한 자에게 속하여 그 아우를 죽였으니 어떤 이유로 죽였느냐 자기의 행위는 악하고 그의 아우의 행위는 의로움이라"(요일 3:12).

인간과 공존하는 인간

하나님께서 아벨을 죽인 가인에게 묻습니다. "네 아우 아벨이 어디 있느냐"(창 4:9). 인간을 향한 하나님의 물음이 "네가 어디 있느냐"(창 3:9)가 아니라, "네 아우가 어디 있느냐?"로 바뀌었습니다. 하나님 앞에서 형제애는 하나님께 대한 책임적 존재로서의 인간을 규정합니다. 가인은 이 곤혹스러운 질문을 철면피한 말로 회피해 버립니다. "내가 내 아우를 지키는 자니이까?"(Am I my brother's keeper?). 형제를 죽인 가인을 향해 하나님이 질문하신 의도는 분명합니다. "그렇다. 너는 아우를 지키는 자다"(Yes, you are!).

하나님 앞에서 인간은 다른 인간을 지키는 자로 존재합니다. 이를 가리켜 마르틴 부버(M. Buber)는 '인간과 공존하는 인간'이라고 표현했습니다. "인간 실존의 기본적 사실은 인간과 공존하고 있는 인간이다."[50] 인간과 공존하는 인간은 '나-너'(Ich-Du)의 관계와 '나-그것'(Ich-Es)의 관계로 규정됩니다.[51] 형제를 지키는 자로 존재하는 인간은 '나-너'의 관계로서 인격적인 존재입니다. 반면 '나-그것'의 관계는 비인격적 존재로 나타나며 상대

---

49   von Rad, 『창세기 주석』, 117.
50   Buber, 『인간이란 무엇인가』, 145.
51   Buber, 『나와 너』, 209.

를 자기의 필요에 의한 수단으로 이용합니다. "내가 형제를 지키는 자입니까?"에서 드러나는 가인의 뻔뻔한 행동은 '인간과 공존하는 인간'의 실존을 부인하는 모습입니다. 이는 하나님의 면전에서 하나님을 기만하는 행위로, 가인이 아담과 하와보다 훨씬 더 완악한 자임을 나타내 줍니다.[52]

아담 안의 실존으로서 인간의 세계는 '나-너'의 세계와 '나-그것'의 세계가 공존합니다. 이것은 별개의 세계가 아니며 "인간의 모든 활동을 꿰뚫고 있는 이중성이며 상호적인 것"입니다.[53] 다시 말해서, 사람은 '나-너'의 관계, 곧 형제를 지키는 자로만 살 수는 없는 존재입니다. 가인과 같이 인간은 다른 인간을 '너' 아닌 '그것'으로 대하지 않으면 살 수 없는 존재입니다. 설령 순수한 '나-너'의 관계였더라도 시간이 지나면 '나-그것'의 관계로 변합니다. 더 없이 사랑하는 관계라도 시간의 흐름 속에서 '너'라는 존재가 '그것'으로 변하고 마는 것입니다. 하나님 앞에서 마땅히 존중하고 사랑해야 할 대상을 자기 유익을 얻기 위해 소유하고 이용하는 존재물(그것)로 삼습니다.

기독교의 구원은 인간의 상호 관계가 '너'이면서 결코 '그것'이 되지 않는 '영원한 너'를 만나도록 합니다. 구원받은 자들, 곧 예수의 발 씻김을 받은 자들이 서로 발 씻김을 통해서 형제애가 회복됩니다(요 13:14). 이 같은 형제애는 그리스도 안에 있는 자가 지켜야 할 가장 큰 계명이자 새 계명입니다. "새 계명을 너희에게 주노니 서로 사랑하라 내가 너희를 사랑한 것 같이 너희도 서로 사랑하라 너희가 서로 사랑하면 이로써 모든 사람이 너희가 내 제자인 줄 알리라"(요 13:34-35). 형제애를 최고의 계명으로 실천하는 자는 '형제를 지키는 자'입니다. 그는 자신의 순수한 욕구마저도 그것이 형제애를 깨뜨리는 방향으로 작용하게 되자, 그 욕구를 절제합니다. 톨스토이(L. Tolstoy)는 그의 소설에서 신실한 형제 판피리우스를 통해 형제

---

52   von Rad, 『창세기 주석』, 113.
53   Buber, 『나와 너』, 212.

애의 실제를 묘사합니다. "그리스도인은 자신의 사랑이 누구에게도 슬픔을 주지 않는다고 느꼈을 때 그 감정이 마음속에서 일어나는 것을 인정하는 거야."[54]

아벨, 지금도 믿음을 증거하다

아벨은 하나님이 기뻐하시는 제사를 드렸으나, 악한 자에게 속한 가인에 의해 죽임을 당합니다. 그는 장차 오실 예수 그리스도의 모형입니다. 예수 그리스도는 아벨처럼 볼품없는 자의 모습으로 세상에 오셨습니다. 그는 '고운 모양'도 없고 사람들이 보기에 '흠모할 만한 아름다운 것'이 없었습니다(사 53:2). 그는 죄가 없으신 의인이었으나 악한 자에게 속한 자들에 의해 죽임당하셨습니다. 하지만 그의 죽음은 결코 헛되지 않은 죽음입니다. 그의 죽음은 만민의 죄를 사하시고 구원하시는 죽음이었습니다. 아벨이 먼저 그렇게 죽었습니다. 그리고 아벨은 죽었지만 지금도 말하고 있습니다. "그(아벨)가 죽었으나 그 믿음으로써 지금도 말하느니라"(히 11:4).

아벨은 하나님이 기뻐하시는 제사 한 번 드리고 그의 인생을 마쳤습니다. 이 사건을 인간의 시간 안에서 보면 어이없고 억울합니다. 하지만 그는 장차 오실 아들을 예표로 나타내고 죽었습니다. 그 결과 믿음으로 말미암아 하나님의 시간 안에서 영원히 산 자가 되었습니다. 그는 장차 오실 하나님의 아들 안에서 영원에 들어간 것입니다. 그는 하나님의 신비의 시간 속으로 들어갔습니다. 이렇듯 아벨은 죽었으나 죽은 것이 아닙니다. 지금도 영원 안에서 그리스도와 더불어 그 믿음을 증거하고 있습니다. 악한 자에게 속한 가인이 잠시 승리한 것 같지만, 궁극적인 승리자는 선을 행하다 죽임당한 아벨입니다. 아벨은 오늘도 선을 행하며 고난당하는 자, 죽임당하는 자에게 증거합니다. 패자처럼 보이지만 영원한 승자라고 말입니다.

---

54 Tolstoy, 『빛이 있는 동안 빛 속을 걸어라』, 61.

하나님을 떠난 자, 안식 없는 방랑자

하나님께서 살인자 가인을 심판하십니다. 그로 하여금 유리방황하는 자로 살게 하십니다. 가인은 '안식 없는 방랑자'(a restless wanderer)가 되었습니다(창 4:12, NIV). 이는 가인뿐만 아니라 하나님을 떠난 모든 사람이 겪는, 피할 수 없는 운명입니다. 그런데도 하나님께서는 가인에게 표를 주어 그가 죽임당하는 것을 면하게 해 주십니다(창 4:15). 악한 자 가인을 심판하시지만, 구원의 길을 열어 놓으십니다.

가인은 방황을 그치고 놋 땅에 정착합니다. "여호와 앞을 떠나서 에덴 동쪽 놋 땅에 거주하더니"(창 4:16). 히브리어 '놋'은 '방황하는'(wandering)이라는 뜻입니다. 안식 없이 방황하던 인생이 안식을 찾고자 거한 곳이 실상은 안식이 없는 장소인 '놋'입니다. 하나님을 떠난 인생이 그러합니다. 안식을 얻고자 하나 결국 안식 없이 살아가는 삶, 이것이 하나님을 떠난 인생의 실체입니다. 그런데 가인의 후손은 하나님을 떠나서도 나름대로 번성합니다. 가인의 후손 라멕이 두 아내 아다와 씰라를 통해서 자녀들을 낳습니다(창 4:19). 라멕의 아들 야발은 육축 치는 자가 되었고 유발은 악기를 다스리는 자가 되었습니다(창 4:20-21). 씰라가 낳은 아들 두발가인은 기계를 만드는 자가 되었습니다(창 4:22). 하나님을 떠난 사람들, 그들은 자기 인생을 위해 재물을 모으고 악기를 연주하며 기계들을 발명합니다. 하나님 없이 역사를 발전시키고 문명을 창출해 갑니다. 그런데 그와 더불어 인간들의 악행도 더욱 늘어 갑니다. 라멕은 자신이 받은 상처로 인해 소년을 죽였다고 하면서 그 사실을 아내들에게 노래로 자랑합니다(창 4:23). 그리고 가인을 죽인 자는 일곱 배의 대가를 받으나 자기를 죽인 자는 칠십 배의 대가를 받는다고 하며 열 배의 복수법을 제시합니다. 에덴의 타락에 이어지는 형제에 대한 복수는 오직 하나님만이 하실 수 있습니다. 복수는 인간의 몫이 아니라 하나님의 몫입니다(신 32:35; 롬 12:19). 그러나 하나님을 떠난 자는 스스로 복수의 집행을 하겠다고 말합니다. 인간의 복수는 긍휼이 없고 무자비하며 심지어 복수를 자랑하기까지 합니다.

아벨을 대신한 씨, 셋

하나님을 떠난 인간의 역사가 진행될 즈음 하나님께서 다른 씨를 준비하십니다. "아담이 다시 자기 아내와 동침하매 그가 아들을 낳아 그의 이름을 셋이라 했으니 이는 하나님이 내게 가인이 죽인 아벨 대신에 다른 씨를 주셨다 함이며"(창 4:25). '셋'은 '보상'이라는 뜻입니다. '셋'이 아들을 낳아 이름을 '에노스'라고 짓습니다. 그때에 사람들이 비로소 여호와의 이름을 부릅니다(창 4:26). '에노스'는 구약성경에 약 520회 정도 나오는데 '사람'(man)으로 번역됩니다.[55] 그 동사형이라 할 수 있는 '아나쉬'(삼하 12:15; 미 1:9 등)의 뜻은 '약하다', '병들다', '쇠약하다'입니다. 사람의 실체가 사실은 약하고 병들고 쇠약한 존재라는 것입니다. 그 사실을 깊이 깨달은 사람은 오직 하나님의 이름을 부릅니다. 하나님을 자기의 도움, '에쩨르'로 삼습니다. 병든 자에게라야 의사가 쓸 데 있듯이 예수께서는 '에노스'(약함, 병듦, 쇠약함)와 같은 사람을 구원하러 이 세상에 오셨습니다(막 2:17).

에노스가 여호와의 이름을 부릅니다. 여기서 '부르다'의 히브리어 '카라'는 성경에서 '예배하다'로도 사용됩니다. 아브라함이 예배할 때(창 12:8; 13:4; 21:33), 이삭이 예배할 때(창 26:25)도 같은 단어를 사용합니다. 가인의 후손이 여호와 앞을 떠나서 살기 시작했다면 셋의 후손은 여호와를 예배하며 살기 시작했습니다. 가인의 후손은 번성했으나 그 범죄함으로 인하여 비참한 결말을 맞았습니다. 반면 셋의 후손에 대해서는 어떠한 문명적 성취도 무자비함도 언급되지 않습니다(창 5장). 다만 연약하고 병든 인간의 존재, 에노스가 그러했듯이 하나님의 이름을 부르고 그를 의지함으로써 살아갔습니다.

---

55 Strong, *Strong' Dictionary*, H582.

가인의 도성과 하나님의 도성

　기독교 전통에서 가인의 후손과 셋의 후손은 세상과 교회의 관계로 조명했습니다. 가인의 후손은 하나님을 떠난 세상을 표상하고, 셋의 후손은 하나님이 역사하는 교회를 표상합니다.[56] 이 사상은 4-5세기 아우구스티누스에 의해 구체적으로 정립되었습니다. 아우구스티누스(어거스틴)의 시대는 기독교 국가였던 로마가 몰락할 때였습니다. 로마의 기독교는 313년 콘스탄티누스 황제의 공인 이후 세력을 급속히 확장해 갔습니다. 급기야 393년 테오도시우스 황제는 기독교를 국교로 공포했습니다. 당시 문명의 첨단 국가였던 로마가 기독교 국가가 된 것입니다. 바야흐로 기독교는 제국의 강력한 비호를 받으며 세상에 강력한 영향력을 끼치게 되었습니다. 하지만 아이러니하게도 로마는 기독교 국가가 된 이후 급격하게 쇠퇴했습니다. 로마는 410년 고트족과 노예들에 의하여 점령당하고 약탈당했습니다. 교회는 충격에 사로잡혔습니다. 어떻게 기독교 국가가 야만족인 이교도에 의해 정복되는가? 얼마든지 가능한 일입니다. 예레미야 당시 이스라엘 백성 중 다수가 이교도 바벨론이 자기들을 정복하리라곤 꿈에도 생각하지 못했으나 결국 바벨론에 의해 멸망하고 말았듯이 말입니다.

　그러자 비기독교인들은 로마가 기독교 국가가 되어 멸망했다고 하며 교회를 원망했습니다. 이런 배경에서 아우구스티누스는 『신국론』(또는 『하나님의 도성』)을 썼습니다. 이 책은 410년부터 그가 죽기 3년 전인 427년까지 썼습니다. 아우구스티누스는 역설하기를, 로마의 쇠락과 멸망은 기독교의 탓이 아니라, 로마가 이미 심판받아 마땅한 인간의 도성이기 때문이라고 했습니다. 특히 로마는 기독교 국가가 되기 이전에 이미 죄악이 가득

56　서형섭, 『창세기 주해묵상』, 86.

했습니다. 로마는 기독교 국가임에도 불구하고 인간의 도성입니다. 다만 하나님의 도성이 영적으로 일부분 참여하고 있으나 로마 자체가 하나님의 도성은 아니었습니다. 『신국론』에서는 인간의 도성과 하나님의 도성이 공존합니다. 하나님 나라의 백성과 땅의 나라의 백성이 공존합니다.[57] 인간의 도성은 가인에게서 시작되었습니다. 가인은 하나님을 떠나 자기가 주체가 되어 도시를 건설했습니다. 타락한 인간이 주체가 되는 도시는 외적으로 번성했으나 몰락할 수밖에 없었습니다. 가인의 후손인 라멕의 자손들은 인류의 문명사를 일구었습니다. 하지만 그들의 심성은 갈수록 포악해지고 공동체는 파괴되어 갔습니다. 이것이 인간의 도성이 맞이하는 결말입니다. 곧 로마가 보여준 결말입니다.

반면, 하나님의 도성은 셋의 후손이 그 기원입니다. 이 도성은 에노스가 여호와의 이름을 부르며 시작했습니다. 시편에서 에노스는 주로 유한성의 연약한 '인생'을 뜻합니다(시 90:3; 103:15; 144:3). 자기의 한계와 연약함을 아는 인간은 자기가 주체 되는 삶을 살 수 없습니다. 연약한 인생 에노스는 오직 하나님의 이름을 부르는 예배자로 살아갑니다. 오직 주를 의지하는 믿음으로 살아갑니다. 그가 처한 곳이 어디든지 그곳이 하나님의 도성입니다. 그 도성은 가인의 도성과 달리 인간이 주체가 되지 않습니다. 연약한 인간 안에서 그리스도가 주체가 되어 사는 삶입니다(빌 1:21, "내게 사는 것이 그리스도니").

패역한 세대에서 구원하시다

구약 시대 하나님의 도성과 인간의 도성은 역사 안에서 양립하며 존재해 왔습니다. 그러나 하늘에서 오신 예수 그리스도는 패역한 세대, 곧 인간의 도성을 구원하셨습니다. 구원은 타락이 그 기원인 인간의 도성에서

---

57   Augustinus, 『신국론』, 153.

건짐 받은 사건입니다. 인간이 주체가 되는 삶에서 구원받은 사건입니다. "또 여러 말로 확증하며 권하여 이르되 너희가 이 패역한 세대에서 구원을 받으라 하니"(행 2:40). 예수 그리스도 안에서 인간의 도성은 하나님의 도성이 됩니다. 따라서 그리스도 예수 안에서는 두 개의 도성이 아니라 높이 들리신 그리스도가 주가 되시는 하나의 도성만 존재합니다. 예수 그리스도는 죽으시고 부활하셔서 만유의 주가 되십니다. 이렇게 구속사와 세속사는 그리스도 안에서 통합됩니다. 물론 그리스도 안의 보편사는 '이미'와 '아직' 사이에 현존하며, 종말의 완성을 향하여 갑니다. 높이 들리신 그리스도는 만물의 머리가 되시며 교회를 통하여 만물을 충만케 하십니다(엡 1:22). 그것은 그리스도 밖에 있는 인간의 도성을 그리스도로 충만케 하는 것입니다. 그 그리스도에게는 만물을 충만케 하는 하나님의 충만이 있습니다(골 2:9).

"그 안에는 신성의 모든 충만이 육체로 거하시고 너희도 그 안에서 충만하여졌으니 그는 모든 통치자와 권세의 머리시라"(골 2:9-10).

15

원시 역사, 심판을 통해 구원하시다

> "내가 진실로 진실로 너희에게 이르노니 내 말을 듣고 또 나 보내신 이를 믿는 자는 영생을 얻었고 심판에 이르지 아니하나니 사망에서 생명으로 옮겼느니라" _ 요 5:24

에녹, 심판을 전한 선지자

제1 경륜 시대에서 두 번째 의인은 에녹입니다. 창세기 5장은 아담에서 노아까지의 족보를 기록하고 있습니다. 에녹은 아담의 7대손입니다. 아담부터 6대 '야렛'까지의 생애는 모두 "살고 죽었다"(lived and then died)를 반복합니다. 그러나 에녹은 "하나님이 그를 데려가셨다"라고 말씀합니다(창 5:24). 에녹은 65세에 므두셀라를 낳은 후 300년간 하나님과 동행하며 살았습니다(창 5:21-22). 그는 365세에 죽었는데 당시의 평균 수명에 비하면 삼분의 일 정도로 짧게 살았습니다. 유대 전통에서는 에녹의 마지막을 두고 그가 승천했다고 해석합니다. 에녹은 죽음을 보지 않고 옮겨졌으며, 옮겨지기 전에 하나님을 기쁘시게 하는 자라는 증거를 받았습니다. "믿음으로 에녹은 죽음을 보지 않고 옮겨졌으니, 하나님이 그를 옮기심으로 다시 보이지 아니하였느니라 그는 옮겨지기 전에 하나님을 기쁘시게 하는 자라

하는 증거를 받았느니라"(히 11:5).

에녹이 하나님을 기쁘시게 하는 자라 칭함을 받은 이유는 그가 하나님과 동행했기 때문입니다. '동행하다'는 히브리어 '할라크'이며 '함께 걷고, 함께 생활하다'라는 뜻입니다. 에녹은 믿음으로 하나님께 나아갔기에 하나님을 기쁘시게 할 수 있었습니다(히 11:6). 에녹이 하나님과 동행하기 시작했을 때는 므두셀라를 낳은 이후입니다. 므두셀라는 '투창'을 뜻하는 '셀라'와 '남자'를 뜻하는 '므투'의 결합어입니다. 곧 므두셀라는 '창을 든 자'입니다. 고대 사회에서는 마을마다 그 마을을 지키는 '창을 든 자'(므두셀라)가 있었습니다. 그가 죽거나 사라지면 그 마을이 적에게 진멸 당했습니다. 므두셀라는 969세를 살았습니다. 그가 죽던 그해 홍수 심판이 임했습니다. 므두셀라는 187세에 라멕을 낳았고(창 5:25), 라멕은 182세에 노아를 낳았습니다(창 5:28). 즉 므두셀라가 369세가 되었을 때 그의 손자 노아가 태어난 것입니다. 그리고 노아가 600세가 되던 때, 곧 므두셀라가 969세가 되어 죽던 해에 홍수 심판이 임했습니다. "홍수가 땅에 있을 때에 노아가 육백 세라"(창 7:6). 창을 든 자 므두셀라가 사라진 그해에 심판이 임한 것입니다. 히브리어 '므트셀라흐'는 '그가 죽을 때 (홍수를) 보낸다'라는 뜻이 있습니다.

에녹은 므두셀라를 낳은 후 하나님의 심판이 임할 것을 미리 알았습니다. 그래서 아들의 이름을 '그가 죽으면 심판이 임한다'라는 의미를 담아 '창을 든 자'(므두셀라)로 지었습니다. 신약성경 유다서에서 에녹은 이렇게 예언했습니다. "아담의 칠대 손 에녹이 이 사람들에 대하여도 예언하여 이르되 보라 주께서 그 수만의 거룩한 자와 함께 임하셨나니 이는 뭇 사람을 심판하사 모든 경건하지 않은 자가 경건하지 않게 행한 모든 경건하지 않은 일과 또 경건하지 않은 죄인들이 주를 거슬러 한 모든 완악한 말로 말미암아 그들을 정죄하려 하심이라 했느니라"(유 1:14-16).

하나님께 나아가는 자의 생애, 영예롭고 복되다

에녹은 선지자로서 아들 안에서 하나님과 동행하는 믿음을 가진 자였습니다. 그는 하나님께 심판에 대한 경고를 받은 후 그 심판을 전하며 살았습니다. 그가 하나님과 동행한 것은, 믿음으로 하나님께 나아가는 것이었습니다. 그리고 하나님을 기쁘시게 하는 자라는 증거를 받았습니다.

신약성경 히브리서의 중심 주제는 '하나님께 나아가는 담대함'(파레시아)입니다(3:6; 4:16; 10:19, 35). 에녹은 심판하시는 하나님을 경외하며 하나님께 나아가는 파레시아를 준행했습니다. 이것이 그가 하나님을 기쁘시게 한 것입니다. 이제 에녹의 믿음은 신약 시대 모든 신자의 모본입니다. 히브리서 기자는 최악의 상황에서도 한 가지 파레시아를 버리지 말라고 촉구합니다(히 10:35). 인간에게 하나님의 심판보다 큰 최악의 상황이 어디 있겠습니까? 에녹은 969년 후에 있을 심판을 미리 듣고 '하나님께 나아가는 파레시아의 믿음'으로 살았습니다. 그는 비록 다른 사람에 비해 짧은 인생이었으나 그의 인생은 영예롭고 복되었습니다.

홍수 심판 이전 인간의 수명은 900세를 전후했습니다. 교회사에서는 고령의 나이에 관한 변론이 있었습니다. 아우구스티누스는 이 같은 변론에 대응했습니다. 당시 사람들은 우리의 1년이 그때의 10년에 해당한다고 주장했습니다. 900세는 실제 90세라는 것입니다. 이에 대해 아우구스티누스는 '고대의 1년은 우리의 1년과 같은 길이였다'고 반박했습니다. 그 근거를 "홍수 심판이 노아가 600세 되던 해 2월 27일에 임했다"라는 말씀을 제시했습니다(창 7:10-11, 70인역). "만일 그들의 10년이 우리의 1년과 같았다면 어떻게 1년을 36일이었다고 말할 수 있겠는가? 고대인들이 그렇게 짧은 기간을 1년이라고 불렀다면 그 1년은 달이 없거나, 있었다고 해도 한 달은 사흘밖에 되지 않았을 것이다. 따라서 그때의 한 달이 요즘 한 달과 같은 길이가 아니라면, 무슨 수로 노아가 600세가 되던 해를 2월 27일이었다고 말할 수 있었겠는가? 그리고 어떻게 대홍수가 2월 27일에 시작되었다고 말할 수 있었겠는가?"[58] 결론적으로 만일 사흘이 한 달이었다면 2월 27일이란 날짜는 존재하지 않았습니다. 아우구스티누스의 반박은 지금 생각해도 탁월하고 통렬합니다.

창세기 주석의 권위자 폰 라드(von Rad)는 고령의 나이에 관해 신학적 의미를 부여했습니다. 그것은 처음 인류가 가진 놀라운 생명력이 갈수록 쇠퇴한다는 것입니다.[59] 아담과 노아 사이는 700~1,000세로, 노아에서 아브라함 사이는 200~600세로, 족장들은 100~200세로, 현재에는 70-80세로 줄어들었습니다. "우리의 연수가 칠십이요 강건하면 팔십이라도"(시 90:10). 이것은 죄에 의해 작용하게 된 죽음이 본래적 인간성의 신체적 저항을 분쇄하게 되는 이행과정과 같습니다.

에녹은 아벨과 같은 선지자입니다(유 1:14). 선지자는 장차 오실 그리스도를 미리 증거합니다(롬 1:2; 벧전 1:10-11). 아담 안에서 죄인 된 인간은 흙에서 나서 흙으로 돌아갑니다(3:19). 그러나 에녹은 흙에서 났으나 하나님이 그를 데려가셨습니다. '데려가다'의 히브리어 '라카흐'는 피안적 삶의 영역으로 옮기는 전문적 신학 용어입니다(왕하 2:10; 시 49:16). 에녹은 흙에서 나서 하나님의 나라로 옮겨진 자입니다.

에녹이 예시한 그리스도, 곧 하나님의 아들은 하늘에서 오셔서 하늘로 가셨습니다(요 3:13). 그가 세상에 오신 것은 땅에서 들리기 위함입니다(요 3:14). 하늘에서 오신 아들은 십자가에서 죽으시고 부활하셨습니다(요 12:32-33; 행 2:33). 이제 그를 믿는 자마다 영생을 얻습니다(요 3:15). 영생은 흙에서 나서 흙으로 돌아갈 자가 복음을 통해 하늘에서 나는 것입니다. 영생 얻은 자는 심판에 이르지 아니하며 사망에서 생명으로 옮겨집니다(요 5:24).

영생을 얻은 자는 죽음을 보지 않고 옮기웁니다. 그는 땅에서 난 자에

---

58 Augustinus, 『신국론』, 827.
59 von Rad, 『창세기 주석』, 73.

서 하늘에 앉히운 자가 됩니다(엡 2:6). 그는 에녹처럼 하나님과 동행합니다. 그는 날마다 아들을 힘입어 하나님께 나아가는 파레시아를 준행합니다. 그는 날마다 말씀으로 심판받으며 그리스도의 긍휼을 힘입어 은혜의 보좌로 들어갑니다(히 4:12-16). 그곳에서 최적의 도움인 독생자의 영광을 봅니다. 그는 비록 단명(短命)의 삶을 살아도, 그의 생애는 영예롭고 복됩니다.

노아, 의를 전파한 선지자

제1 경륜 시대의 세 번째 의인은 노아입니다. 노아는 사람들의 죄악이 세상에 가득할 때 하나님의 은혜를 입은 자입니다. 그는 의인이요 당대에 완전한 자요 하나님과 동행한 자였습니다(창 6:9). 노아가 완전한 자라는 것은 윤리적으로 흠이 없다는 뜻이 아니라 하나님과 바른 관계에 있다는 것을 뜻합니다.

하나님께서는 세상에 임할 심판을 선언하신 후 노아에게 고페르 나무로 방주를 지으라고 명하십니다(창 6:14). 방주는 히브리어 '테바'이며, 모세를 담은 광주리인 갈대 상자를 가리킬 때도 사용되었습니다(출 2:3). 방주는 고대인들이 볼 때 거대한 가선(家船)입니다. 방주의 크기는 축구장(105m) 길이보다 30m 길고(135m), 넓이는 축구장(68m)보다 1/3 정도 작습니다(22m). 하나님이 방주를 짓게 하신 이유는 하늘 아래에 있는 생명의 숨을 가진 모든 생명체를 다 멸하시기 위함입니다(창 6:17). 하지만 하나님은 노아와 언약을 맺으시고 그와 그의 가족을 방주로 들어가게 하여 살리실 것입니다. 또한 하나님은 각종 동물 한 쌍씩을 방주에 들어가게 하여 살리실 것입니다. 신약성경 히브리서는 노아가 순종한 것이 믿음의 행동이라고 말합니다. "믿음으로 노아는 아직 보이지 않는 일에 경고하심을 받아 경외함으로 방주를 준비하여 그 집을 구원했으니 이로 말미암아 세상을 정죄하고 믿음을 따르는 의의 상속자가 되었느니라"(히 11:7).

노아가 순종하여 방주를 짓고 난 후 그의 가족과 동물들과 방주에 들어갑니다. 그리고 그 땅에 사십 일 동안 밤낮으로 비가 땅 위로 쏟아졌습니다. 하나님은 홍수로 세상을 심판하셨습니다. 이 심판은 특정한 지역에 한하는 국지적 심판이 아니라 전 세계의 붕괴요 소멸입니다. 궁창의 윗물이 땅으로 쏟아졌고, 땅 아래에 있던 지하의 바다가 위로 터졌습니다. 창조 당시 위와 아래로 분할되었던 혼돈의 원시 바다(창 1:7-9)가 다시 통합되었고 창조 이전의 혼돈 상태로 돌아갔습니다. 이렇게 하나님이 처음 창조하신 세계가 소멸했습니다(벧후 3:6).

무지개 언약, 독생자를 내어주신 하나님의 사랑

그러나 노아와 그의 가족은 홍수 심판에서 구원받았습니다. 하나님께서는 방주에서 나온 노아와 언약을 체결하십니다(창 9:13-17). 언약의 내용은 다시는 홍수로 모든 생물을 멸하지 아니하시겠다는 것입니다. 또 하나님은 언약의 증거로 무지개를 약속하십니다. 무지개는 하나님이 노아와 모든 생물 사이에 대대로 세우시는 영원한 언약의 증거물입니다(13절). 무지개 언약은 인간이 어떻게 행동하든, 하나님이 일방적으로 지키시겠다는 일방적인 언약입니다. 본래 언약 체결은 언약 쌍방의 관계를 법적 기반 위에 세워놓음으로써 쌍방의 책임을 분명히 하려는 것입니다. 그런데 무지개 언약에서 하나님은 인간으로 인한 세계의 상태에 상관없이 다시는 홍수 심판을 하지 않으시겠다고 하며 스스로 언약을 세우셨습니다.

하나님을 떠난 인간의 악행은 시간이 지날수록 더 늘어납니다. 지금 세상은 노아 시대보다 더 죄악이 가득합니다. 그런데도 세상이 망하지 않고 유지되는 것은 하나님의 일방적 언약에 근거합니다. 이미 멸망했어야 할 세상이 유지되고 사람들이 여전히 생육하고 번성하는 것은, 하나님이 무지개 언약을 기억하시기 때문입니다. 그렇다면 공의로우신 하나님은 대체 어떤 방책이 있기에 이런 무모한 모험을 하십니까? 그 방책은 하나님이 세상을 사랑하여 독생자를 보내신 것입니다(요 3:16).

노아는 의를 전파한 선지자였습니다(벧후 2:5). 그도 역시 오실 그리스도, 하나님의 아들을 믿고 전했습니다. 하나님이 노아에게 하신 일방적인 무지개 언약은 그가 미리 증거한 그리스도를 통해 새 언약으로 성취됩니다. 세상사에서 사고(事故)는 자식이 쳐도 수습은 부모가 하곤 합니다. 이것은 자식을 사랑하기 때문입니다. 하나님도 그러하십니다. 죄는 인간이 짓고 구원은 하나님이 하십니다. 하나님은 그가 지으신 세계를 버리지 아니하십니다. 무엇보다 자기 형상대로 지은 사람이 피 흘리는 것도 차마 보지 못하십니다. 하나님의 비밀한 방책은 독생자를 보내셔서 인간과 세상을 구원하시는 것입니다. 이것은 인간의 의지 너머에서, 세상과 인간이 존재하기 이전 하나님이 하신 언약에 근거합니다. 창세전 하나님은 일방적으로 영생을 약속하셨습니다. 그리고 아담이 죄를 짓고 안 짓고의 여부와 무관하게 영생의 약속을 지키십니다. 아담은 범죄했으나 영생의 약속은 몰수되지 않았습니다. 하나님이 일방적으로 하신 약속이기 때문입니다. 그 대신 하나님은 범죄한 인간을 위해 아들을 십자가 죽음에 내어주어야 하셨습니다(창 3:15). 그러므로 홍수 심판 이후 하나님이 맺은 무지개 언약은 영생의 약속에 근거합니다.

아버지의 명령은 영생

노아는 하나님이 말씀하신 '그대로' 복종했습니다. 하늘에서 오신 아들은 아버지의 명령에 '그대로' 복종하셨습니다. 이 명령은 영생입니다(요 12:50). 아들은 아버지의 명령인 영생을 위해 십자가에서 죽으셨습니다. 아들 예수는 하나님의 본체이나 하나님과 동등 됨을 취하지 않으셨습니다. 도리어 종의 모습으로 십자가에 죽기까지 복종하셨습니다(빌 2:6-8). 그가 십자가에서 죽으신 것은 단지 죄 사함이 목적이 아니라, 창세전 약속된 영원한 생명(딛 1:2)을 우리에게 주시기 위함입니다. 요한복음 17장은 아들이 아버지께 드린 마지막 기도입니다. 아들은 아버지가 그에게 주신 이들에게 영생을 주십니다(요 17:2). 영생은 유일하신 참 하나님과 그가 보내신 자 예수 그리스도를 아는 것입니다(요 17:3). 아들은 아버지께서 하라고 하신 일을 이루어 아버지를 이 세상에서 영광스럽게 했습니다(요 17:4). 아버지가 하라고 하신 일은, 아버지가 아들에게 주신 이들에게 영생을 주는 것입니다. 아들은 이 일을 이루고자 십자가에서 죽으셨습니다(요 19:30). 그는 십자가에서 죽으심으로써 아버지가 하라고 하신 일을 다 이루신 것입니다. 그리고 그를 믿는 자에게 영생을 주십니다.

바벨, 무너진 곳이 하나님의 문이다

창세기 11장에 바벨 이야기가 나옵니다. 온 땅의 언어가 하나이고 말이 하나일 때, 사람들이 성읍과 탑을 건설하여 세웠습니다. "성읍과 탑을 건설하여 그 탑 꼭대기를 하늘에 닿게 하여 우리 이름을 내고 온 지면에 흩어짐을 면하자"(창 11:4). 하나님께서 그 무리의 행함을 보시고 언어를 혼잡하게 하여 그들을 온 지면에 흩어지게 하십니다. "그러므로 그 이름을 바벨이라 하니 이는 여호와께서 거기서 온 땅의 언어를 혼잡하게 하셨음이라 여호와께서 거기서 그들을 온 지면에 흩으셨더라"(창 11:9).

그동안 '바벨'을 '휘젓다, 혼합하다, 혼잡한 무리'로 번역해 왔습니다. 그런데 그 어원적 의미는 '하나님의 문'입니다. "바벨이란 말에 대한 해석으로써 '혼잡한 무리'는 어원적으로 맞지 않는다. 이 해석은 사람들이 꾸며낸 것이다. 왜냐하면, 바벨은 하나님의 문을 의미하기 때문이다."[60] 사람들이 스스로 안전을 도모하고 자기들의 이름을 내려고 하다가 심판받은

---

60 von Rad, 『창세기 주석』, 161.

자리가 바벨이며, 그곳이 바로 '하나님의 문'입니다. 사람이 자기 이름을 내려고 성취한 그 모든 것이 무너진 그 자리가 바로 하나님의 구원의 문인 것입니다. 이제 하나님은 새로운 구원의 문으로 아브라함을 선택하십니다. 제1 경륜 시대의 구원이 이제 제2 경륜 시대의 구원, 곧 이스라엘을 통한 구원의 역사로 나아갑니다.

심판을 통한 구원

하나님께서는 모든 사람이 구원받고 진리에 이르기를 원하십니다(딤전 2:4). 우리가 비록 죄악 가운데 있어도 한없는 자비와 긍휼을 베푸십니다. 하나님은 심판을 통해 우리를 구원하십니다. 그는 죄인을 심판하시나 아주 진멸하지는 않으십니다. 심판 안에 구원이 들어 있습니다. 예수 그리스도의 십자가에서 심판과 구원의 은혜가 동시에 나타났습니다. 하나님께서는 십자가를 통해 우리의 모든 죄를 드러내시고 낱낱이 심판하십니다. 그리고 그 심판을 받아들이는 자를 구원해 주십니다. 이는 창세전 약속하신 새 생명, 영원한 생명을 우리에게 주시기 위함입니다.

16

제2 경륜 시대,
아브라함에게 복음을 전하시다

"땅의 모든 족속이 너로 말미암아 복을 얻을 것이라" _창 12:3

아브라함을 택하시다

하나님은 창세전부터 삼위로 존재해 오셨습니다. 삼위 하나님은 창세전에 영원한 생명을 인간에게 주기로 약속하셨습니다(딛 1:2). 이 약속은 창세전 하나님이 그리스도 예수 안에서 우리에게 주기로 하신 은혜입니다(딤후 1:9). 이 약속을 지키고자 하나님은 아들을 세상에 보내실 것을 미리 정하셨습니다(벧전 1:20). 아담을 비롯한 모든 사람에게 아들의 생명, 곧 영생을 주시겠다는 약속이 이루어져야 합니다. 곧 하나님의 기쁘신 뜻은 사람이 예수 그리스도로 말미암아 하나님의 아들들이 되는 것입니다(엡 1:5). 그 결과 우리는 삼위 하나님과의 연합 안에서 하나님의 영광을 보게 됩니다.

첫 사람 아담이 하나님의 말씀에 불순종하여 하나님을 떠났습니다. 그리하여 하나님이 약속하신 영생 얻을 기회를 상실했습니다. 하지만 아들을 보내시리라는 하나님의 약속은 여전히 유효합니다. 이제 세상에 오실 아들이 아담이 지은 죄를 담당하셔야 합니다. 그가 오시면 아담 안에서 죄인 된 모든 사람이 죄 사함을 받고 창세전에 약속된 영생을 얻습니다. 하나님께서는 이렇게 아담 안에 속한 모든 사람이 구원을 받고 진리를 아는 길을 마련하셨습니다. 이와 같은 하나님의 구원 전략을 '하나님의 경륜'이라고 부릅니다. 이 경륜을 제1 경륜 시대, 제2 경륜 시대, 제3 경륜 시대로 구분합니다. 제1 경륜 시대는 원시 역사로, 이전 장에서 살펴본 대로 아벨, 에녹, 노아가 대표적인 인물입니다. 하나님께서는 범죄한 인간을 심판하시되, 그 심판을 통하여 구원을 베푸십니다.

하나님은 영원히 의로우신 분입니다. '하나님의 의' 안에 하나님의 공의와 사랑이 동시에 나타납니다. 하나님께서는 심판과 구원을 동시에 행하십니다. 악한 자 가인을 심판하셨으나 그를 보호해 주셨습니다(창 4:15). 노아 때에는 죄악으로 가득한 세상을 홍수로 심판하셨으나 무지개 언약으로 구원의 길을 열어 주셨습니다(창 9:13). 그리고 자신의 이름을 내려고 탑을 높이 쌓은 인간들을 심판하셨으나 아브라함을 선택하심으로써 새로운 구원의 길을 여셨습니다(창 12:1). 제1 경륜 시대에서 하나님의 구원 전략은 인간들의 저항과 범죄로 인해 무산되는 듯 보였습니다. 온 땅의 언어가 혼잡해졌고 사람들이 온 지면에 흩어졌습니다. 그런데도 하나님께서는 흩어진 무리 중에서 한 사람을 택하여 새로운 구원의 경륜을 펼쳐 가십니다. 아브라함 한 사람을 부르신 것입니다. 이것이 제2 경륜 시대가 시작되는 이스라엘의 역사입니다.

아브라함에게 복을 주시다

"여호와께서 아브람에게 이르시되 너는 너의 고향과 친척과 아버지의 집을 떠나 내가 네게 보여 줄 땅으로 가라 내가 너로 큰 민족을 이루고 네게 복을 주어 네 이름을 창대하게 하리니 너는 복이 될지라 너를 축복하는 자에게는 내가 복을 내리고 너를 저주하는 자에게는 내가 저주하리니 땅의 모든 족속이 너로 말미암아 복을 얻을 것이라 하신지라"(창 12:1-3).

하나님께서 아브람에게 나타나셨습니다. 그에게 고향과 친척과 아버지의 집을 떠나 하나님이 보여 주실 땅으로 가라고 말씀하십니다. 또한 그로 하여금 큰 민족이 되고 그에게 복을 주어 그의 이름을 창대하게 하실 것이라고 약속하십니다. 이렇게 해서 아브라함은 '복'이 됩니다. 아브라함을 축복하는 자에게는 하나님께서 복을 주시고 저주하는 자에게는 하나님께서 저주하실 것입니다. 이로써 땅의 모든 족속이 그를 통하여 복을 얻습니다.

하나님이 아브람에게 주신 약속을 다섯 가지 내용으로 나눌 수 있습니다.

① 그로 큰 민족을 이루게 하실 것입니다. 바벨탑을 쌓다 흩어진 민족들이 아브람을 통하여 하나의 민족이 됩니다.
② 그에게 복을 주어 그의 이름을 창대하게 할 것입니다. 바벨 사건에서는 인간이 스스로 주체가 되어 자기 이름을 내려고 했으나 이제는 하나님이 주체가 되셔서 아브람의 이름을 창대하게 하십니다.
③ 이로써 그는 복이 됩니다. 이 복은 출애굽 이후 시내산 언약으로 성취되는 언약 백성이 되는 복을 말합니다.
④ 그를 축복하는 자들에게 하나님이 복을 내리시고 그를 저주하는 자에게 하나님이 저주하십니다. 여기서 주목할 것은 축복을 받는 자는 복수 형태이고 저주를 받는 자는 단수 형태라는 점입니다. 폰 라드는 "하나님이 여기서 약속하신 것은 특별히 반대를 받는 표징으로

보지 않고 보편적 축복의 원천으로 보고 있다"라고 했습니다.[61] 이 약속은 모든 족속이 아브람을 통해 복을 받는다는 말씀으로 확증됩니다.

⑤ 모든 족속이 아브람을 통하여 복을 받습니다. 모든 족속이 복을 받는 마지막 내용은 앞의 네 가지 내용을 모두 내포합니다. 하나님께서 아브라함을 부르신 목적은 그를 통하여 모든 민족이 복을 받도록 하시기 위함입니다. 아브라함의 혈통인 이스라엘 민족만 복을 받는 것이 아니라 모든 민족이 복을 받습니다. 그렇다면 아브라함을 통해 주시는 복은 무엇입니까? 그것은 창세전 하나님이 그리스도 안에서 약속하신 영원한 생명입니다. 다시 말해서, 예수 그리스도를 통하여 하나님의 아들들이 되는 복입니다.

사도 바울은 모든 민족이 복을 받는다는 이 말씀이 곧 '복음'이라고 했습니다. "또 하나님이 이방을 믿음으로 말미암아 의로 정하실 것을 성경이 미리 알고 먼저 아브라함에게 복음을 전하되 모든 이방인이 너로 말미암아 복을 받으리라 했느니라"(갈 3:8).

아브라함을 통한 복, 창세전 약속하신 영생

바울은 하나님께서 먼저 아브라함에게 복음을 전했다고 합니다. 이 복음은 '모든 이방인'(모든 족속)이 아브라함으로 말미암아 복을 받는 것입니다. 이 복이 예수 그리스도를 믿는 자들에게서 성취되었습니다. "그러므로 믿음으로 말미암은 자는 믿음이 있는 아브라함과 함께 복을 받느니라"(갈 3:9). 이 복은 예수 그리스도를 믿음으로 하나님의 아들들이 되는 복

61　von Rad, 『창세기 주석』, 172.

입니다. "너희가 다 믿음으로 말미암아 그리스도 예수 안에서 하나님의 아들이 되었으니"(갈 3:26). 따라서 아브라함을 통해 주신 복은, 정확히 말하자면 '아브라함의 씨'(자손)를 통해 주신 복입니다. "너희는 선지자들의 자손이요 또 하나님이 너희 조상과 더불어 세우신 언약의 자손이라 아브라함에게 이르시기를 땅 위의 모든 족속이 너의 씨로 말미암아 복을 받으리라 하셨으니"(행 3:25). 이는 모든 민족이 그리스도 예수 안에서 하나님의 아들들이 되는 복입니다. 하나님의 아들들이 되는 것은, 하나님이 주기로 약속하신 영원한 생명을 얻는 것입니다(딛 1:2).

에베소서에서는 이 복을 구체적으로 설명합니다. "찬송하리로다 하나님 곧 우리 주 예수 그리스도의 아버지께서 그리스도 안에서 하늘에 속한 모든 신령한 복을 우리에게 주시되 곧 창세전에 그리스도 안에서 우리를 택하사 우리로 사랑 안에서 그 앞에 거룩하고 흠이 없게 하시려고 그 기쁘신 뜻대로 우리를 예정하사 예수 그리스도로 말미암아 자기의 아들들이 되게 하셨으니"(엡 1:3-5).

아브라함을 통해 모든 민족에게 주시는 복은 땅에 속한 육적인 복이 아니라, 그리스도 안에서 주시는 하늘에 속한 영적인 복입니다. 창세전 하나님이 아들에게 생명을 주셔서 아들 안에 생명이 있게 하셨습니다(요 5:26). 영원한 생명이 아들 안에 있습니다(요 1:4; 요일 5:11). 영원한 생명은 하나님의 생명입니다. 하나님이 창세전 사람에게 주기로 약속하신 영생이 복이며, 아들 안에 있는 생명을 주시는 복입니다. 이 생명을 얻게 되면 하나님의 아들들이 됩니다. 아들은 하나님의 생명을 받으나, 아들을 믿는 자는 아들의 생명을 받습니다. 그는 하나님께 직접 태어나는 것이 아니라 하나님의 양자가 됩니다. 아들이 있는 자는 생명이 있고 아들이 없는 자는 생명이 없습니다(요일 5:12). 이는 그리스도 안에 있는 하늘에 속한 신령한 복을 받는 것입니다. 그리스도가 오셔서 죽으심으로써 이 복이 우리에게 주어졌습니다. 우리가 그리스도의 죽음과 장사됨에 연합되면 영생을 얻는

데, 이것이 아브라함을 통해 모든 민족에게 주시는 복입니다.

자손의 약속, 오실 구원자를 예시하다

하나님은 모든 민족으로 하여금 자기 아들들이 되게 하시겠다는 복을 약속하셨습니다. 이 복을 주시기 위해 아브라함에게 두 가지 약속을 더하십니다. 하나는 자손의 약속이며, 다른 하나는 땅의 약속입니다.

> "그를 이끌고 밖으로 나가 이르시되 하늘을 우러러 뭇별을 셀 수 있나 보라 또 그에게 이르시되 네 자손이 이와 같으리라 아브라함이 여호와를 믿으니 여호와께서 이를 그의 의로 여기시고 또 그에게 이르시되 나는 이 땅을 네게 주어 소유를 삼게 하려고 너를 갈대아인의 우르에서 이끌어 낸 여호와니라"(창 15:5-7).

하나님께서 아브라함에게 하늘의 뭇별처럼 많은 자손을 주겠다고 약속하십니다. 여기서 '자손'은 역사적으로 그의 독자 이삭을 말하며, 또한 그의 후손이 번성할 것을 의미합니다. 자손에 대한 약속은 이삭과 야곱, 그리고 애굽에서 번성한 이스라엘 백성으로 인해 성취되었습니다. "애굽에 내려간 네 조상들이 겨우 칠십 인이었으나 이제는 네 하나님 여호와께서 너를 하늘의 별 같이 많게 하셨느니라"(신 10:22).

'자손'에 대한 약속은 구속사적으로 구원자로 오실 예수 그리스도를 가리킵니다. "이 약속들은 아브라함과 그 자손에게 말씀하신 것인데 여럿을 가리켜 그 자손들이라 하지 아니하시고 오직 한 사람을 가리켜 네 자손이라 하셨으니 곧 그리스도라"(갈 3:16). 아브라함의 자손은 '한 사람'으로서 유일하며 그가 바로 구원자 예수 그리스도입니다. 모든 민족은 오직 예수 그리스도를 믿음으로써 하나님의 아들들이 되는 복을 받습니다. 그들은 영적으로 하늘의 뭇별과 같은 아브라함의 자손입니다(갈 3:29). 이렇듯 아브라함에게 약속하신 자손은 그리스도가 오심으로써 완전히 성취되었습니다.

땅의 약속, 입애굽과 출애굽의 횃불 언약

하나님이 아브라함에게 주겠다고 약속하신 두 번째 내용은 땅입니다. 지금 아브라함은 나그네가 되어 가나안 땅에 머물고 있습니다. 그런데 하나님은 아브라함에게 가나안 땅을 소유로 주겠다고 말씀하십니다. 이 땅을 주시려고 갈대아 우르에서 이끌어 내신 것입니다. 아브라함이 땅을 받을지 어떻게 알 수 있느냐고 하나님께 묻습니다. "그가 이르되 주 여호와여 내가 이 땅을 소유로 받을 것을 무엇으로 알리이까"(창 15:8). 이에 하나님께서 계약 체결을 위한 준비를 명하십니다. 고대의 계약 의식에 따르면, 제물을 쪼개서 양쪽으로 놓고(렘 34:18-19) 계약서를 낭독했습니다. 그리고 계약 당사자들이 쪼갠 제물 사이로 지나가면서, 계약을 파기하는 자는 쪼갠 제물처럼 죽임을 당할 것이라고 외쳤습니다. 이 계약 체결 방식은 계약 당사자가 자기 생명을 걸고 맹세하는 것입니다.

아브라함이 하나님의 명대로 짐승들을 반으로 쪼개어 두 줄로 쌓고, 산비둘기와 집비둘기 새끼는 쪼개지 않은 채로 내놓습니다. 새를 제물로 드릴 때는 쪼개지 않았습니다(레 1:15 참조). 쪼개진 짐승 위로 솔개가 내려앉지 못하도록 쫓은 후 아브라함이 '깊은 잠'에 빠져듭니다. 이와 동시에 큰 흑암과 두려움이 그에게 임하고 하나님께서 이렇게 말씀하십니다.

"네 자손이 이방에서 객이 되어 그들을 섬기겠고 그들은 사백 년 동안 네 자손을 괴롭히리니 그들이 섬기는 나라를 내가 징벌할지며 그 후에 네 자손이 큰 재물을 이끌고 나오리라 … 네 자손은 사대 만에 이 땅으로 돌아오리니 이는 아모리 족속의 죄악이 아직 가득 차지 아니함이니라 하시더니"(창 15:13-14, 16).

하나님께서 말씀을 마치시자 타는 횃불이 쪼갠 고기 사이로 지나갑니다. '타는 횃불'은 언약의 한쪽 편 당사자인 하나님을 상징합니다. 주목할 점은 언약의 다른 쪽 당사자인 아브라함은 그 사이로 지나가지 않았다는 사실입니다. 그러므로 이 언약은 하나님만 지키실 의무를 가지십니다. 사람 편에서 보면 하나님만 일방적으로 지키시는 은혜 언약입니다.

하나님께서 가나안 땅을 주겠다고 약속하시고 쪼갠 짐승 사이로 하나님을 상징하는 횃불이 지나갔습니다. 이로써 하나님은 자기 생명을 담보로 땅의 약속을 하셨습니다. 이것은 아브라함의 의지나 순종과 무관하게 하나님께서 지키시는 일방적인 약속입니다. 하나님이 계약의 주체이며 동시에 계약의 이행자이십니다. 하나님께서는 아브라함과 맺은 횃불 언약을 자신의 때에 자신의 방식으로 성취하셨습니다. 언약의 내용대로 아브라함의 자손을 애굽으로 들어가게 하셔서 400년간 종노릇 하게 하신 후 애굽에서 나오게 하셨습니다. 곧 하나님은 아브라함의 후손을 입애굽과 출애굽을 통해 가나안 땅으로 인도하셨습니다. 이로써 땅의 약속이 성취되었습니다. 그런데 가나안은 그 자체가 목적이 아니라 장차 예수 그리스도를 통해 주어질 하나님 나라를 예표합니다.

하늘의 본향을 사모하다

아브라함의 생애를 살펴보면 참으로 비극적인 인생입니다. 그는 백 세가 되어서야 겨우 아들을 낳았고, 그 아들마저 제물로 바쳐야 하는 시험을 당했습니다. 가나안 땅 역시 약속만 받았을 뿐 실제로는 단 한 평도 소유하지 못했습니다. 그는 평생 나그네처럼 전전하다 죽었습니다. 그런데 과연 이것이 그의 생의 전부일까요? 아닙니다. 하나님께서 아브라함에게 더 좋은 것을 주셨습니다. 그것은 땅에 속한 본향이 아니라 하늘에 있는 본향입니다. 아브라함은 믿음의 선진들과 같이 '나온바 본향'을 사모하지 아니하고 하늘에 있는 본향을 사모했습니다(히 11:15-16). 하나님은 그의 하나님이 되심을 기뻐하시며 그를 위하여 한 성을 예비하셨습니다. 하나님이 예비하신 하늘의 본향이 창세전 성자가 성부와 함께했던 영원입니다. 그가 사모한 하늘의 본향은 인간의 시간에 틈입하여 들어오는 하나님의 시간이요, 영원의 시간입니다.

하나님이 아브라함에게 약속하신 가나안 땅은 하나님 나라의 모형입니다. 아브라함은 모형으로 주어진 가나안 땅에는 들어가지 못했으나, 약속을 믿음으로써 가나안 땅이 예시하는 하나님 나라에 들어갔습니다. 하나님께서는 아브라함을 선지자로 부르셨습니다(창 20:7). 그도 역시 오실 그리스도, 곧 하나님의 아들을 믿고 전했습니다(벧전 1:11). 야고보서에서는 아브라함을 '하나님의 벗'이라고 합니다(약 2:23). 그는 진실로 영원에 속해 아들 안에서 하나님과 연합되었습니다. 거기서 하나님의 영광을 보았습니다. 무엇보다 예수 그리스도의 증거에 따르면 아브라함은 하나님의 시간 안에서 하나님의 아들이 완성할 구원을 보고 기뻐하고 즐거워했습니다. "너희 조상 아브라함은 나의 때 볼 것을 즐거워하다가 보고 기뻐했느니라"(요 8:56). 성자 하나님은 아브라함이 존재하기 전부터 계셨습니다. "아브라함이 있기 전부터 내가 있느니라"(요 8:58). 아브라함은 사람들이 볼 때 비극적인 생애를 살았을지도 모릅니다. 그러나 그는 아벨과 같이 영원의 하나님 품에서 영원히 살아 있습니다. "나는 아브라함의 하나님이요 이삭의 하나님이요 야곱의 하나님이로라 하신 것을 읽어 보지 못했느냐 하나님은 죽은 자의 하나님이 아니요 살아 있는 자의 하나님이시니라 하시니"(마 22:32).

아브라함에게 주신 약속이 그의 아들 이삭에게 전승됩니다. "여호와께서 이삭에게 나타나 이르시되 애굽으로 내려가지 말고 내가 네게 지시하는 땅에 거주하라 이 땅에 거류하면 내가 너와 함께 있어 네게 복을 주고 내가 이 모든 땅을 너와 네 자손에게 주리라 내가 네 아버지 아브라함에게 맹세한 것을 이루어"(창 26:2-3). 또한 이삭의 아들 야곱에게 전승됩니다. "내가 아브라함과 이삭에게 준 땅을 네게 주고 내가 네 후손에게도 그 땅을 주리라 하시고"(창 35:12).

영원한 언약, 예수 그리스도를 통해 성취되다

아브라함에게 주신 약속은 이삭과 야곱을 넘어 이스라엘 전체에 주신 영원한 언약입니다(시 105:10). 하나님이 아브라함에게 주신 언약은 이삭에게 하신 맹세요, 야곱에게 세우신 율례요, 이스라엘에게 하신 영원한 언약입니다. 이 언약은 예수 그리스도를 통해 성취되었습니다. 하나님이 아브라함을 통해 주신 복이 예수 그리스도를 믿음으로 말미암아 하나님의 아들들이 되는 복으로 성취된 것입니다. 이는 복음을 통해 영원한 생명을 얻는 복입니다. 영생은 유일하신 참 하나님과 그가 보내신 자 예수 그리스도와의 교제입니다. 이를 통해 시간과 장소를 초월하여 하나님의 나라가 실현됩니다. 그와 더불어 하나님이 아브라함에게 주신 땅의 약속도 성취되었습니다.

아브라함과 이삭과 야곱의 역사는 족장의 역사입니다. 이들은 하나님의 언약을 담지한 믿음의 조상들이었습니다. 이들은 하나님이 언약을 이루어 가시는 통로로, 이들의 인생은 구원 역사의 주역으로 쓰임 받았습니다. 하나님의 구속사에는 두 축이 있습니다. 하나님의 주권적인 선택과 선택받은 자의 순종입니다. 하나님은 족장들을 주권적으로 선택하셨습니다. 하나님은 완전하십니다. 하지만 택함 받은 사람은 불완전하며 연약합니다. 그러므로 택함 받은 자는 하나님의 언약을 성취하는 일에 쓰임 받으면서도 그 자신의 부족함으로 인해 고난을 받으며 하나님께 연단을 받습니다. 그런데도 하나님은 택한 자 아브라함과 이삭, 야곱을 통해 자신의 언약을 신실하게 성취해 가십니다. 그들의 인생에 참여하시며 그들을 구속사의 중심인물로 사용하십니다.

하나님께서는 아브라함과 맺은 언약의 내용대로 독생자 예수 그리스도를 세상에 보내셨습니다. 그를 믿는 자마다 죄 사함을 받고 영생을 얻습니다. 현재 우리가 누리는 영생은 하나님과 그 아들과의 교제로 실제가 됩니다. 영생의 삶은 언제 어디서나 하나님 품 안에서 하나님 나라를 누리는 영적 실재로 나타납니다. 그런데 우리 역시 믿음의 조상들처럼 연약하고 부족합니다. 그런데도 영원히 신실하신 하나님께서 우리와 함께 계십니다. 그분이 우리의 연약함을 아십니다. 그래서 때로 우리를 징계하시고 연단하십니다. 그리하여 마침내 우리를 아들의 형상을 본받도록 인도하십니다. 그분의 은혜가 영원합니다.

17

요셉을 통해 입애굽하다

> "그런즉 나를 이리로 보낸 이는 당신들이 아니요 하나님이시라" _ 창 45:8

하나님은 모든 사람이 구원을 받으며 진리를 아는 데에 이르기를 원하십니다(딤전 2:4). 이에 하나님이 친히 주체가 되셔서 이 일들을 행하십니다. 성경의 중심 주제가 바로 하나님의 구원 역사입니다. 하나님이 행하시는 구원의 전략을 '경륜'이라고 합니다.

제1 경륜 시대는 창세기 4-11장까지로, 원시 역사입니다. 제2 경륜 시대는 아브라함에서 시작된 이스라엘의 역사입니다. 아브라함, 이삭, 야곱의 역사는 요셉을 통해 일차적으로 완성됩니다. 하나님께서 아브라함에게 복을 주셨습니다. 이는 아브라함으로 말미암아 모든 민족이 예수 그리스도를 믿어 하나님의 아들들이 되는 복입니다. 이 복의 성취를 위해 하나님께서 자신의 섭리에 따라 구원의 경륜을 펼쳐 가십니다.

"그는 그의 언약 곧 천 대에 걸쳐 명령하신 말씀을 영원히 기억하셨으니 이것은 아브라함과 맺은 언약이고 이삭에게 하신 맹세이며 야곱에게 세우신 율례 곧 이스라엘에게 하신 영원한 언약이라"(시 105:8-10).

요셉의 꿈, 입애굽을 약속하시다

아브라함에게 하신 약속을 성취하시는 주체는 하나님이십니다. 하나님은 언약하신 대로 아브라함의 후손을 이방의 땅으로 데려가십니다. 그 이방의 땅은 당시의 강대국인 애굽이었습니다. '입(入)애굽'의 역사가 시작되었습니다. 이 역사의 주역은 야곱의 아들 요셉입니다. "야곱의 족보는 이러하니라 요셉이 십칠 세의 소년으로서 그의 형들과 함께 양을 칠 때에…"(창 37:2). 야곱의 족보가 요셉으로부터 시작됩니다. 야곱의 장자는 르우벤이었지만 하나님의 뜻에 따라 장자의 명분이 요셉에게로 돌아갔습니다(대상 5:1-2). 요셉은 야곱의 가족이 하나님의 언약 백성인 이스라엘로 형성되는 약속의 성취를 위해 쓰임 받습니다.

창세기 37~50장은 요셉을 통한 입애굽의 역사입니다. 요셉이 아버지 야곱의 총애를 받았습니다. 그로 인해 그는 형들에게 미움받았습니다. 어느 날 요셉이 꿈을 꾸었습니다. 형들의 곡식 단이 자기의 곡식 단에 절하는 꿈이었습니다(창 37:7). 이어서 해와 달과 열한 별이 자기에게 절하는 꿈도 꾸었습니다(창 37:9). 이 꿈들의 내용을 발설하자 형들이 더욱 심하게 요셉을 미워했습니다. 형들이 요셉을 죽이려고 했지만, 유다의 만류로 죽이지는 않고 미디안 상인들에게 요셉을 팔아 버렸습니다(창 37:28). 형들은 짐승의 피를 요셉의 옷에 묻혀서 아버지 야곱에게 보인 후 요셉이 죽었다고 말했습니다. 애굽에 팔려간 요셉은 바로의 신하 보디발에게 다시 팔립니다(창 37:36).

야곱의 열두 아들 중에서 요셉이 가장 먼저 애굽으로 들어갔습니다. 하나님께서 요셉과 함께하시므로 요셉이 형통한 자가 되었습니다(창 39:2). 현실적으로 요셉은 노예였지만 언약을 성취하시는 하나님께서 그와 함께하셨기 때문에 그는 형통한 자가 된 것입니다. 그는 주인 보디발의 신임을 얻어 가정 총무가 되었습니다. 그러나 보디발 장군의 아내의 유혹을 뿌리쳐서 누명을 쓰고 감옥에 갇힙니다. 감옥에서도 하나님께서 그와 함께하셔서 간수장에게 은혜를 받게 하십니다(창 39:21). 거기에서 바로의 두 신하를 만나고 그들의 꿈을 해석해 줍니다(창 40:8). 그리고 요셉은 술 맡은 관원장에게 자기를 옥에서 꺼내줄 것을 청탁합니다(창 40:14). 요셉의 해몽대로 술 맡은 자가 복직되어 감옥에서 나갑니다. 그러나 술 맡은 관원장은 요셉의 청탁을 잊어버립니다. 만 이 년 후 바로 왕이 꿈을 꾸었습니다. 그런데 그의 꿈을 제대로 해석해 주는 자가 애굽 전역에 한 명도 없었습니다(창 41:8). 그때 술 맡은 관원장이 요셉을 기억해 내고 그를 왕에게 천거합니다(창 41:12). 요셉이 바로의 꿈을 해석합니다. 애굽에 7년간 풍년이 들었다가 그 후 7년간 흉년이 든다고 합니다(창 41:30-31). 나중에 든 흉년이 이전의 풍년을 다 삼킬 것입니다. 애굽의 바로 왕은 요셉이 신의 영에 감동된 것을 보고 그를 총리로 세워 흉년에 대비하게 합니다.

    요셉이 꿈을 해석한 대로 애굽에 일곱 해 풍년이 지나고 일곱 해 흉년이 시작됩니다. 온 세상에 기근이 임했습니다. 흉년을 대비해 온 요셉에게만 양식이 있었습니다. 야곱이 양식을 구하고자 아들들을 애굽으로 보냅니다(창 42:1-2). 형들이 두 차례에 걸쳐 양식을 구하러 온 후에야 요셉이 비로소 자신이 누구인지 밝힙니다(창 45:1). 그리고 아버지 야곱과 가족 등 칠십 명을 애굽으로 이주시킵니다. 야곱이 가나안을 떠나 애굽으로 갈 때 하나님께서 그에게 나타나셔서 말씀하십니다.

"이스라엘이 모든 소유를 이끌고 떠나 브엘세바에 이르러 그의 아버지 이삭의 하나님께 희생제사를 드리니 그 밤에 하나님이 이상 중에 이스라엘에게 나타나 이르시되 야곱아 야곱아 하시는지라 야곱이 이르되 내가 여기 있나이다 하매 하나님이 이르시되 나는 하나님이라 네 아버지의 하나님이니 애굽으로 내려가기를 두려워하지 말라 내가 거기서 너로 큰 민족을 이루게 하리라 내가 너와 함께 애굽으로 내려가겠고 반드시 너를 인도하여 다시 올라올 것이며 요셉이 그의 손으로 네 눈을 감기리라 하셨더라"(창 46:1-4).

하나님이 아브라함에게 약속하신 입애굽이 마침내 이루어졌습니다. "이와 같이 야곱이 그 아들들과 손자들과 딸들과 손녀들 곧 그의 모든 자손을 데리고 애굽으로 갔더라"(창 46:7). 하나님께서 야곱과 함께 애굽으로 가십니다. 그들이 애굽에서 종노릇할 때도 그들과 함께하십니다. 애굽에서 이끌어 내실 때도 그들과 함께하십니다.

하나님께서 입애굽의 언약을 성취하시는 데 있어 요셉이 주역이 되었습니다. 하나님이 요셉에게 주신 꿈이 그대로 이루어졌습니다. 구약 시대에 하나님은 여러 가지 모양으로 말씀하셨습니다(히 1:1). 또 하나님은 꿈과 환상을 통해서 말씀하셨습니다. 그러므로 요셉이 꾼 꿈은 아브라함에게 하신 입애굽에 관한 약속의 말씀입니다. 입애굽의 주체는 요셉이 아니라 하나님이십니다. 그래서 요셉이 형들에게 죽음의 위협을 당하고 노예로 팔리고 또 애굽의 총리가 된 전 과정을 '하나님의 역사'라고 말합니다. "하나님이 큰 구원으로 당신들의 생명을 보존하고 당신들의 후손을 세상에 두시려고 나를 당신들보다 먼저 보내셨나니 그런즉 나를 이리로 보낸 이는 당신들이 아니요 하나님이시라"(창 45:7-8).

요셉의 역사, 하나님이 형통하게 하시다

독일어에는 '역사'를 의미하는 두 개의 단어가 있습니다. 하나는 '사실적 역사'(히스토리, Historie)이고 다른 하나는 '해석된 역사'(게쉬시테, Geschichte)입니다. 전자는 객관적으로 일어난 사건으로서의 역사이고 후

자는 그 사건에 대한 해석의 역사입니다. 신앙의 세계에서도 두 가지 역사적 관점이 요구됩니다. 모든 객관적 사건 속에는 하나님의 '일하심'이 숨겨져 있습니다. 그러나 하나님의 '일하심'은 믿음의 눈으로만 볼 수 있습니다. 신앙 안에서는 돌발적인 사건까지도 하나님의 일하심으로 이해할 수 있습니다. 때로는 은총의 선물로, 혹은 징계나 채찍으로 하나님의 일하심이 나타납니다.

요셉은 형들의 시기로 인해 자신이 애굽의 노예로 팔린 것을 두고 하나님께서 형들보다 자신을 앞서 보내신 것이라고 해석합니다. 요셉은 아브라함에게 말씀하신 입애굽의 언약을 성취하시기 위한 하나님의 행동 즉 하나님의 일하심이었다고 고백합니다. 그는 이렇게 언약에 대하여 신실한 믿음을 가지고 있었습니다.

"그가 또 그 땅에 기근이 들게 하사 그들이 의지하고 있는 양식을 다 끊으셨도다 그가 한 사람을 앞서 보내셨음이여 요셉이 종으로 팔렸도다 그의 발은 차꼬를 차고 그의 몸은 쇠사슬에 매였으니 곧 여호와의 말씀이 응할 때까지라 그의 말씀이 그를 단련했도다"(시 105:16-19).

여기서 행동하시는 주체인 '그가' 바로 하나님이십니다. 하나님께서 입애굽의 언약을 성취하시기 위해 가나안 땅에 기근이 들게 하셨습니다. 그 전에 한 사람을 애굽으로 보내신 분도 하나님이십니다. 요셉을 종으로 팔리게 하신 것입니다. 이 과정에서 요셉에게 일어난 일들과 요셉의 형들이 한 행동들, 심지어 기근이 일어난 상황까지도 모두 하나님의 일하심입니다. 그런데 하나님의 일하심을 그 당시에는 잘 알아차리지 못합니다. 모든 과정이 지나고 나서야 '아하! 그것이 하나님의 일하심이었구나'라고 깨닫습니다.

요셉이 애굽에 팔린 사건을 객관적으로 보면 시기와 질투에 눈이 먼 형들의 패역한 행동이었습니다. 하지만 영적으로 보면 입애굽의 언약을 성취하시기 위한 하나님의 행동이셨습니다. 요셉의 발이 차꼬에 채워졌고 그의 몸과 영혼은 쇠사슬로 묶여 고통스러웠습니다. 하나님은 자신의 언약을 이루시기까지 요셉을 그렇게 연단하셨습니다. 우리 인간이 보기에는 하나님께서 언약을 성취해 가시는 과정이 때로는 가혹하게 보일 때도 있습니다. 인간의 이해와 상상을 초월하는 어이없는 상황이 펼쳐지기도 합니다. 도저히 감당할 수 없을 것 같은 극심한 고통과 수치가 지속되기도 합니다. 그래서 하나님의 선하심을 의심하기도 합니다.

그러나 언약 아래에 있는 요셉의 삶은 항상 형통했습니다. 발에 차꼬가 채워졌을 때나 몸과 영혼이 쇠사슬에 묶여 있을 때도 요셉은 형통한 자였습니다. 그가 형통하다는 것은 세상적으로나 육신적으로 평안하고 건강한 모습을 나타내지 않음이 분명합니다. 그가 어떠한 상황에 처했든지 간에 모든 상황이 하나님의 언약을 성취하는 과정에 있다는 것이 바로 형통입니다. 언약을 성취하는 일에 쓰임 받는 자에게 하나님께서 그분의 일하심을 드러내십니다. 세상 사람들이 그를 해하려 하여도 하나님께서 그것을 선으로 바꾸어 많은 생명을 구원하십니다(창 50:20).

오늘날 요셉의 이야기를 교훈 삼아, 우리도 참고 견디다 보면 언젠가는 성공한다는 식으로 해석하곤 하는데 이 이야기는 결코 그러한 내용이 아닙니다. 요셉의 이야기는 하나님의 언약 안에서 고난받는 자들에게 무한한 격려와 위로와 용기를 주는 말씀입니다. 우리가 예수 그리스도의 십자가를 믿음으로써 하나님의 언약 백성이 되면 그동안 경험했던 일들이 모두 하나님의 일하심이었음을 깨닫습니다. 우연히 일어난 사건들이 아니라 하나님께서 미리 계획하시고 준비하신 사건들이었음을 알게 됩니다. 사건의 주체가 자기 자신이나 타자가 아니라 하나님이 되십니다. 그래서 여태껏 용서하지 못했거나 이해하지 못했던 사람들을 용서하고 그들과 화해합니다. 요셉처럼 언약 안에 거하는 자는 결국 "모든 사람과 더불어 화평함과 거룩함을" 따릅니다(히 12:14). 세상 사람들이 요셉 같은 자를 통하여 우리 주님을 봅니다.

요셉의 믿음, 출애굽을 바라보다

요셉은 입애굽의 약속을 성취했고, '출(出)애굽'의 약속을 믿었습니다. 그는 출애굽을 위해 입애굽하는 것이며, 입애굽이 출애굽을 전제로 한다는 사실을 믿었습니다. 하나님이 요셉 자신을 통해 입애굽의 언약을 이루셨듯이, 장차 출애굽의 언약도 이루실 것을 또한 믿었습니다. 그는 그 언약을 신뢰하며 유언합니다.

"나는 죽을 것이나 하나님이 당신들을 돌보시고 당신들을 이 땅에서 인도하여 내사 아브라함과 이삭과 야곱에게 맹세하신 땅에 이르게 하시리라 요셉이 또 이스라엘 자손에게 맹세시켜 이르기를 하나님이 반드시 당신들을 돌보시리니 당신들은 여기서 내 해골을 메고 올라가겠다 하라 했더라"(창 50:24-25).

요셉은 출애굽의 약속을 믿었기 때문에 그의 후손에게 출애굽 할 때 자기 해골을 메고 가나안으로 올라가라고 유언합니다. 하나님의 약속대로 400년 후에 이스라엘 백성이 출애굽합니다. 모세는 출애굽하는 그 긴박한 밤에 요셉의 해골을 가지고 올라갑니다(출 13:19). 이스라엘 백성은 드디어 가나안 땅에 들어갔고, 여호수아가 죽은 후 요셉의 해골이 세겜 땅에 묻힙니다(수 24:32). 히브리서 기자는 요셉의 믿음을 출애굽의 언약을 신뢰하는 것으로 결론 내립니다. "믿음으로 요셉은 임종시에 이스라엘 자손들이 떠날 것을 말하고 또 자기 뼈를 위하여 명했으며"(히 11:22).

요셉의 순종, 예수 그리스도를 예표하다

하나님이 아브라함과 맺으신 횃불 언약에서 입애굽의 약속이 성취되었습니다. 의로운 한 사람 요셉을 통해서 그 약속이 이루어졌습니다. 요셉은 언약의 완성자 예수 그리스도를 예표합니다. 요셉의 이야기 안에 예수 그리스도의 이야기가 들어 있습니다. 요셉은 아버지께 사랑받는 아들이었습니다. 예수 그리스도는 창세전부터 하나님 아버지의 사랑받는 아들이셨습니다. 성부 하나님께서 성자를 사랑하셔서 영광중에 거하게 하십니다. 아버지 야곱에게 사랑받는 아들 요셉이 아버지의 말씀에 순종하여, 자신을 미워하는 형들에게 갔습니다(창 37:13). 하나님 아버지께 사랑받는 아들이 아버지의 말씀에 순종하여, 자신을 미워하는 세상에 오셨습니다(요 1:11).

야곱에게 사랑받는 아들 요셉이 그를 미워하는 형들의 손에 의해 팔렸습니다. 하늘 아버지에게 사랑받는 아들이 그를 미워하는 백성의 손에 팔려 십자가에서 돌아가셨습니다. 하나님께서는 미워하는 자들의 손에 팔린 요셉을 통해 만민의 생명을 구원하셨습니다(창 45:5). 하나님께서는 미워하는 자의 손에 넘겨진 자기 아들을 통해 만민에게 영생을 주시는 구원을 행하셨습니다(요 3:14-15).

여기서 요셉을 판 형들이 누구이며, 예수를 판 죄인들이 누구입니까? 바로 우리들입니다. 요셉을 판 형들과 같은 우리의 죄성이 예수를 죽였습니다. "그런즉 이스라엘 온 집은 확실히 알지니 너희가 십자가에 못 박은 이 예수를 하나님이 주와 그리스도가 되게 하셨느니라"(행 2:36). 그런데 실상은 하나님께서 예수를 십자가에 못 박게 내주셨습니다. "그가 하나님께서 정하신 뜻과 미리 아신 대로 내준 바 되었거늘 너희가 법 없는 자들의 손을 빌려 못 박아 죽였으나"(행 2:23).

하나님께서 요셉을 주권자의 자리에 오르게 하셨습니다. 하나님께서 예수 그리스도를 사망의 고통에서 살리시고 그를 만물 위의 머리로 삼으셨습니다(행 2:24; 엡 1:21-22). 이는 죄인 된 우리를 구원하셔서 아들의 생명을 주시기 위함입니다. 이로써 우리는 하나님 나라의 잔치에 참여하여 그 나라의 영화를 누릴 수 있습니다.

하나님께서 아들을 십자가에 못 박도록 내주셨고 무덤에 장사 지내게 하셨습니다. 이제 누구든지 아들의 십자가에 연합되고 무덤에 연합되면 생명을 얻습니다(롬 6:4). 하나님께서 '먼저' 보내신 자에게 연합됨으로써 그가 누리는 영광을 누리게 됩니다. 요셉을 통해 예시된 그리스도가 오셨습니다. 새 언약이 성취되었습니다. 이제 우리는 그리스도께서 이미 이루신 새 언약에 들어갑니다. 이 은혜를 받은 자가 영생을 얻은 자입니다.

세상으로 보내지는 그리스도인

이제 그리스도 안에 있는 우리는 그리스도에 의해 세상에 보내졌습니다. 세상은 아들을 미워하듯 우리를 미워합니다. 우리는 선을 행하나 고난을 당하고, 의를 행하나 핍박을 받습니다. 그러나 하나님이 우리와 함께하십니다. 모든 상황에서 우리는 형통한 자입니다. 성경에서 말하는 형통은 세상적으로 만사형통한 것이 아닙니다. 하나님과 함께하는 자에게 일어난 모든 사건이 하나님의 역사를 이룬다는 뜻입니다. 하나님은 그가 함께하는 자의 주체가 되셔서 그를 통해 자기의 뜻을 이루십니다.

새 언약 안에 거하는 자는 매일 아들을 힘입어 하나님께 나아갑니다. 하나님께서 범사에 그를 돌보아 주십니다. 하나님이 그의 목자가 되셔서 인도하십니다. 그가 비록 세상에서 고난을 당할지라도 그와 함께하시는 하나님으로 말미암아 형통한 자입니다. 그가 겪었던 과거의 모든 일과 현재 상황이 다 하나님의 주체적인 행동하심입니다. 그때 우리에게 있는 죄책감과 정죄감이 선하신 하나님의 은혜 안에서 없어집니다. 하나님의 나라가 그에게 임합니다.

우리가 그리스도인으로 산다는 것은 그리스도 안에서 사는 것입니다.

그리스도가 성취하신 새 언약 안에서 사는 것입니다. 이러한 삶은 그리스도의 고난에 동참하는 영광의 삶입니다. 그러므로 요셉의 고난이 우리에게 있으며, 그리스도의 고난이 우리에게 있습니다. 하지만 이 고난이 결코 헛되지 않습니다. "생각하건대 현재의 고난은 장차 우리에게 나타날 영광과 비교할 수 없도다"(롬 8:18).

하나님은 애굽으로 내려가 비참하게 사는 자기 백성과 함께하셨습니다. 오늘도 언약 안에서 고난받으며 사는 자기 백성과 함께하십니다. 애굽의 노예처럼 압제를 당하는 자기 백성을 돌보십니다. 또한 이유를 알 수 없이 당하는 고난 속에서 신앙을 지키는 이 땅의 백성과 함께하십니다. 그들은 불행한 자들이 아니요, 진실로 형통한 자들입니다. 하나님께서 그들을 통해 오늘도 구원의 역사를 펼쳐 가십니다.

18

'여호와'(야훼)로 자기를 계시하시다

"나는 스스로 있는 자이니라" _ 출 3:14

애굽에 있는 자기 백성과 함께하시다

하나님께서 아브라함에게 가나안 땅을 주겠다고 약속하셨습니다(창 15:7). 이 약속은 입애굽과 출애굽 사건을 통해서 성취됩니다. 앞에서 살펴보았듯이, 입애굽의 약속이 요셉을 통해 성취되었습니다. 이제 하나님께서 말씀하신 대로, 아브라함의 후손은 출애굽 할 때까지 400년간 애굽의 노예로 살아갑니다(창 15:13). 마침내 400년이 지나고 출애굽 할 때가 다가왔습니다.

출애굽기는 입애굽의 역사를 요약하면서 시작됩니다. "야곱과 함께 각각 자기 가족을 데리고 애굽에 이른 이스라엘 아들들의 이름은 이러하니"(출 1:1). 입애굽 당시 이스라엘 백성은 모두 칠십 명이었습니다(창 46:27; 출 1:5). 하나님께서 이들과 함께하셨습니다(창 46:4). 이후로도 하나님은 400년간 종살이를 하는 자기 백성과 함께하셨습니다(출 2:25). 그리고 그들을 생육하고 번성하게 하셔서 온 땅에 가득하게 하셨습니다. "이스라엘 자손은 생육하고 불어나 번성하고 매우 강하여 온 땅에 가득하게 되었더라"(출 1:7). 애굽 왕이 번성하는 이스라엘 백성을 두려워하여 특단의 조치를 내립니다. 히브리 산파에 이르기를 "너희는 히브리 여인을 위하여 해산을 도울 때에 그 자리를 살펴서 아들이거든 그를 죽이고 딸이거든 살려 두라"고 명령합니다(출 1:16).

이즈음 레위 족속 중에서 아들이 태어났는데, 부모가 석 달간 아기를 숨겼습니다(출 2:2). 아기의 부모는 더 이상 아기를 숨길 수 없게 되자 그를 갈대 상자에 넣어 나일강 강가의 갈대 사이에 둡니다. 마침 바로의 딸이 나일강으로 목욕하러 왔다가 아기를 발견하고 불쌍히 여겨 양자로 삼습니다. 망을 보던 아기의 누이가 공주에게 유모를 소개해 준다고 제안합니다. 유모는 아기의 친모입니다. 아기가 자라매 바로의 공주가 데려가니 그가 아기의 이름을 '모세'로 짓습니다(출 2:10). 모세는 애굽의 왕자로 성장합니다. 장성한 모세는 이스라엘 백성을 구원하는 것이 자신의 사명임을 알게 됩니다.

애굽 왕궁에서 미디안 광야로

부모의 품을 떠나 애굽 왕궁으로 온 모세는 모든 지혜를 배워 말과 행동에서 뛰어난 능력을 갖춥니다(행 7:22). 그의 나이 40세가 되었을 때 마침내 동족 이스라엘을 구원하기로 결심합니다. 모세는 이스라엘 백성 중 한 사람이 원통한 일을 당하는 것을 보고 출애굽이라는 거사를 시도합니다. 그는 애굽 사람을 쳐서 죽이고 동족을 구원하고자 합니다. 그러나 도리어 살인자가 되어 미디안 광야로 도주합니다(출 2:15). 모세의 거사가 실패로 돌아갔습니다. 모세는 자신을 통해 하나님께서 형제들을 구원해 주실 것을 형제들도 안다고 생각했습니다(행 7:25). 하지만 형제들은 모세를 거절했고 그를 살인자로 취급했습니다. "누가 너를 우리를 다스리는 자와 재판관으로 삼았느냐" 하며 도리어 모세를 거부했습니다(출 2:14). 누가 모세를 지도자와 재판관으로 세웠습니까? 하나님이 아니라 모세 자신입니다. 모세가 애굽의 모든 지식과 말과 행동에 탁월해졌을 때, 그 자신이 이스라엘 백성의 지도자와 재판관이 되고자 한 것입니다. "모세가 장성한 후에 한번은 자기 형제들에게 나가서 그들이 고되게 노동하는 것을 보더니 어떤 애굽 사람이 한 히브리 사람 곧 자기 형제를 치는 것을 본지라"(출 2:11).

본 절에서 모세가 '보다'라는 말이 두 번 나옵니다. 한 번은 자기 형제들이 고통당하는 모습을 보았습니다. 다른 한 번은 애굽 사람이 자기 형제를 학대하는 것을 보았습니다. 여기서 인식의 주체가 '모세' 자신입니다. 그리고 출애굽이라는 거사를 시도합니다. 하나님께서 모세에게 출애굽의 사명을 주신 것은 분명합니다. 그러나 그 때와 방법은 모세가 아닌 하나님께 달려 있습니다. 인식과 행위의 주체가 '모세'가 아니라 '하나님'이 되어야 합니다. 그로부터 40년이 지난 후 모세가 하나님의 부르심을 받습니다. 그 때에는 인식의 주체가 하나님이십니다. "여호와께서 이르시되 내가 애굽에 있는 내 백성의 고통을 분명히 보고 그들이 그들의 감독자로 말미암아 부르짖음을 듣고 그 근심을 알고"(출 3:7). "이제 가라 이스라엘 자손의 부르짖음이 내게 달하고 애굽 사람이 그들을 괴롭히는 학대도 내가 보았으니"(출 3:9).

인식의 주체가 모세에게서 하나님으로 바뀌었습니다. 하나님께서 자기 백성의 고통을 '보시고', 애굽 사람이 그들을 학대하는 것을 '보시고' 구원의 '행동'을 시작하십니다. 사명이 아무리 분명하고 확고해도 인식과 행위의 주체가 사명자 자신이 되면 실패합니다. 이것은 결국 '자기 의'가 되어 하나님의 의에 불복종하는 일입니다(롬 10:3).

모세가 실패했지만, 출애굽에 대한 하나님의 약속은 여전히 살아 있습니다. 이스라엘 백성 또한 여전히 학대받고 있습니다. 이들은 애굽 왕의 압제 아래서 날마다 고된 노역에 시달렸습니다. 마침내 그들이 탄식하며 하나님께 부르짖습니다. 그 부르짖음이 하나님께 상달됩니다. "하나님이 그들의 고통 소리를 들으시고 하나님이 아브라함과 이삭과 야곱에게 세운 그의 언약을 기억하사 하나님이 이스라엘 자손을 돌보셨고 하나님이 그들을 기억하셨더라"(출 2:24-25). 출애굽기 2:25에 나오는 '기억하다'는 히브리어로 '야다'이며 '알다' 또는 '연합하다'라는 뜻입니다. 이렇게 하나님께서는 자기 백성이 애굽에서 고난당할 때 그들과 함께 고난을 받으셨습니다.

모세의 소명, 하나님이 함께하시다

하나님은 약속에 신실하신 분입니다. 모세가 애굽 왕궁에서 광야로 도주한 지 40년이 지나 그의 나이가 80세가 되었습니다. 그가 광야에서 양을 칠 때 하나님께서 떨기나무 불꽃 가운데에 나타나셨습니다(출 3:1-2). 하나님이 "모세야 모세야" 하고 그의 이름을 부르십니다. 모세가 "내가 여기 있나이다"라고 대답합니다. 하나님께서 "네가 선 곳은 거룩한 땅이니 네 발에서 신을 벗으라"라고 명령하십니다(출 3:5).

귀로 듣던 조상의 하나님, 아브라함과 이삭과 야곱의 하나님이 마침내 모세에게 나타나셨습니다. 모세는 하나님 보기를 두려워하여 얼굴을 가리고 돌아섭니다. 하나님께서 모세에게 출애굽의 소명을 주십니다.

"이제 내가 너를 바로에게 보내어 너에게 내 백성 이스라엘 자손을 애굽에서 인도하여 내게 하리라"(출 3:10).

이스라엘 백성을 애굽에서 인도하여 내는 주체는 '하나님'이십니다. 하나님이 출애굽의 주체가 되십니다. 모세는 하나님이 사용하는 도구입니다. 하나님은 왕궁에 있던 모세를 부르지 않으셨습니다. 애굽의 모든 지식과 말과 행동에 있어 탁월한 능력을 가지고 있을 때 그를 부르지 않으셨습니다. 출애굽의 꿈을 광야에 묻어 버린 지 40년이 지나서야 모세를 부르십니다. 그가 가진 것이라고는 지팡이 하나뿐이었습니다. 모세가 다섯 번에 걸쳐 소극적으로, 적극적으로 소명을 거부합니다(출 3:11, 13; 4:1, 10, 13). 특히 첫 번째 거부에는 그의 절망과 탄식이 담겨 있습니다. 모세는 하나님의 부르심 앞에서 '내가 누구이기에'라고 되묻습니다(출 3:11). '내가 누구이기에'(미-아노끼)는 상당히 도발적인 표현입니다. 그는 자신의 형편과 처지를 돌아보며 이 나이에 지도자가 되기에 과연 합당한지를 묻습니다. 이 말 속에는 말과 행동에 능할 때 자기를 부르지 않으신 하나님에 대한 원망이 서려 있습니다. 이에 대한 대답으로, 하나님께서는 '모세에 대하여' 말씀하지 않으시고 하나님 자신이 '그와 함께하실 것'이라고 말씀하십니다(출 3:12).

사명자는 보냄을 받은 자입니다. 그런데 종종 모세처럼 자기 자신에 관해 묻습니다. 내가 준비되어 있는지, 내가 자격이 있는지 묻습니다. 그러나 하나님의 사명자는 자신에 관해 묻지 않습니다. 그를 보내신 하나님, 곧 하나님에 관해 묻고 하나님에 대해 알고자 할 뿐입니다. 이제 모세가 그를 보내시는 하나님의 이름을 묻습니다(출 3:13). 백성에게 하나님을 누구라고 알려야 하느냐고 묻습니다. 하나님께서 자기의 이름을 계시하십니다. "하나님이 모세에게 이르시되 나는 스스로 있는 자이니라 또 이르시되 너는 이스라엘 자손에게 이같이 이르기를 스스로 있는 자가 나를 너희에게 보내셨다 하라"(출 3:14).

하나님의 자기 계시, '야훼'

야곱이 얍복강에서 하나님과 씨름할 때 하나님의 이름을 묻습니다(창 32:29). 하나님은 "어찌하여 내 이름을 묻느냐"라고 하시며 침묵하십니다.

하나님께서는 본래 자신의 '이름'을 계시하지 않으십니다. 다만 사람들이 자신이 경험한 하나님에 대해 이름을 지어 부릅니다. 그 이름 중에는 권능의 신을 뜻하는 '엘로힘', 나타나신 신을 뜻하는 '엘로이', 지극히 높으신 신이라는 뜻을 가진 '엘욘'이 있습니다. 그리고 '보시는'(준비하시는) 하나님인 '여호와 이레', 승리하시는 하나님 '여호와 닛시', 또한 치료하시는 하나님 '여호와 라파' 등이 있습니다.

모든 시대마다 하나님을 알고자 하는 자는 그분의 '이름'을 알고자 합니다. 그런데 이름이란 그것을 그것이게끔 하는 것, 곧 그것의 본질(목적)이 이미 규정되고 한정된 '존재물'에만 붙일 수 있습니다. 존재물이란 하나님 자신이 아닌 모든 것을 일컫는 표현입니다. 오직 하나님만 존재로서 한 분이시고 그 외의 모든 것은 존재물입니다. 존재물은 언제나 '그 무엇으로' 존재합니다. 즉 '무엇'이라는 어떤 본질, 또는 목적을 가지고 그것에 의해 한정됨으로써 존재합니다. 예컨대, 사과라는 이름은 다른 존재물에는 결코 사용되지 않는 한정된 이름입니다. 그런데 존재이신 하나님은 그 속성상 규정할 수 없는 '무(無)규정자' 혹은 한정할 수 없는 '무(無)한정자'이십니다. 그러므로 하나님께는 '이름'을 붙일 수 없습니다. 독일의 신학자 에버하르트 융엘(E. Jüngel)은 "하나님의 본질은 우리가 그에 관하여 말하고 부를 수 있는 모든 것 위에 있기 때문에 하나님은 어떤 이름도 갖지 않으시며 모든 이름 위에 머물러 계신다"라고 말했습니다.[62]

하나님이 이름이 없는 이유는 그분의 본질이 우리가 이름 짓는 존재물들의 본질과 다르기 때문입니다. 그런데 하나님께서 모세의 물음에 대해 자기의 이름을 계시하십니다. "나는 스스로 있는 자"라고 말입니다. "나는 스스로 있는 자이니라"는 '나는 이다' 또는 '나는 나다'(I am who I am)라는 뜻

---

62 E. Jüngel, *Gott als Geheimnis der Welt*, 1977, 331. 김용규, 『데칼로그』, 107에서 재인용.

입니다. '70인역'⁶³에서는 "나는 있는 자(존재)다"라고 번역합니다. 이 말이 히브리어로 '에흐예 아세르 에흐예'입니다. '에흐예 아세르 에흐예'는 '여호와'(Jehovah)로 표기되는 '야훼'(YHWH)라는 네 개의 철자 이름입니다. 구약학자들에 의하면, 구약성경에서 6,823회나 쓰인 '야훼'에 대한 가장 일반적이고도 자연스러운 해석은 '그는 있다', '그는 존재한다', '그는 현존한다'입니다.⁶⁴ 하나님의 이름이 '나는 ○○이다'가 아니라, '나는 이다', '나는 존재다'인 것은, 하나님께서는 어떤 목적을 가지고 한정된 이름이 부여된 존재물이 아니라 존재 자체라는 의미입니다. 이 점에서 '에흐예'(야훼)는 '이름 없음'을 계시하신 하나님의 이름입니다. 이에 대해 김용규 박사는 다음과 같이 말합니다. "신에게는 이름이 없으며 또 있을 수도 없다. 그런데도 신이 자기를 야훼라는 이름으로 계시하신 것은 단지 인간을 위한, 곧 은총으로서 신적 자기 계시로 이해해야 한다. 인간 정신이란 무엇이든 그것의 이름, 그것의 본질에 의해서만 그 대상을 파악할 수 있기 때문이다."⁶⁵

'있는 것'(존재)이 진리다

모세의 출애굽 이후 약 1,000년이 지난 BC. 5세기경 파르메니데스는 만물의 궁극적 요소를 '존재'라고 주장했습니다. 그는 오직 "존재가 있고 비존재는 없다"라고 표현하였습니다.⁶⁶ 그 뜻은 "오직 변하지 않는 것만 '있는 것'이고, 변하는 것은 '없는 것'이다"가 됩니다. 나아가 파르메니데스

---

63 70인역은 '70인의 장로들에 의한 해석'의 약자로 프톨레미 왕조의 전성기를 이룬 프톨레미 2세(BC. 285-246 재위)가 팔레스타인에서 이스라엘 각 지파당 6명씩 도합 72명의 장로를 초빙해서 구약성경을 당시 세계 공용어인 헬라어로 번역시켜 만든 구약성경이다. 신약성경의 저자들은 구약성경을 인용할 때 70인역을 사용하였다.
64 김용규, 『신』, 95.
65 김용규, 『데칼로그』, 104.
66 김용규, 『신』, 104.

는 변하지 않는 존재만 진리라고 하였습니다. 파르메니데스의 이론을 계승한 플라톤은 불변하는 실체(존재)를 '이데아'로 불렀습니다.[67] 그리고 존재가 아닌 존재물은 이데아가 부분적으로 들어있는 불완전한 사물이라고 하였습니다. 불완전한 존재물은 풀의 꽃과 같이 일시적으로 존재하며 덧없이 사라집니다. 파르메니데스와 플라톤의 사상은 기독교 사상으로 흘러들어왔습니다. 하나님과 그의 나라는 영원불변한 '있는 것'이며, 세상 나라는 끊임없이 변화하며 덧없이 사라지는 '없는 것'입니다. 예수께서 사마리아 여인을 만나 그에게 생수를 주셨습니다. 그리고 여인에게 남편을 데려오라고 하십니다. 여인은 즉시 "남편이 없다"라고 대답합니다(요 4:17). 그러자 예수께서는 "네 말이 맞다"라고 하시면서 다음과 같이 말씀하십니다. "사실은 네가 다섯 남편이 있었고 지금 있는 남자도 네 남편이 아니다. 그러나 네가 한 말(남편이 없다)은 참이다"(The fact is, you have had five husbands, and the man you now have is not your husband. What you have just said is quite true)(요 4:18, NIV). 예수의 이 말씀은 변하는 것은 '없는 것'이고, 불변하는 것만 '있는 것'(참)이란 뜻입니다.

인격적인 신으로서 '야훼'

하나님께서 자기 이름을 계시해 주신 것은 오직 인간을 위하여 은총을 내려 주시는 것입니다. 하나님의 이름 '에흐예'(나는 이다)의 동사는 '하야'입니다. '존재'를 의미하는 동사 '하야'는 '생성하다', '작용하다'라는 뜻도 있습니다.[68] 그러므로 '하야'는 정적인 개념이 아니라 매우 활동적이고 역동적이고 인격적인 개념입니다. 또한 '하야'의 시제는 1인칭 미완료로, '여호와 하나님'은 "항상 현재로 존재하시며 생성하시고 작용하시는 살아 계

67　김용규, 『신』, 104.

68　김용규, 『데칼로그』, 144-145.

신 하나님이시다"라는 의미가 있습니다.[69] 항상 존재하시는 하나님은 생성과 작용이라는 활동을 통하여 모든 만물을 창조하실 뿐만 아니라 만물을 자기 뜻대로 다스리십니다. '여호와'는 '전능의 하나님'(엘샤다이)과 구별되며, 자연 세계와 인간의 삶에 참여하여 인도하시는 인격적인 신으로서의 이름입니다(출 6:2-3).

하나님은 인격적인 신으로서 우리에게 '야훼' 또는 '여호와'가 되십니다. 하나님께서는 우리의 구원을 위해 역사 안에서 존재하시고 활동하십니다. 또한 우리의 삶에 참여하시고 선한 목적을 위해 우리의 삶을 인도하십니다. 비록 우리가 보지 못하고 알지 못하나 하나님은 선하심과 인자하심으로 우리의 삶을 이끄십니다. 이 사실을 믿음으로 받아들일 때 우리는 그의 선하심과 인자하심에 감사할 수밖에 없습니다(시 136편 참고).

진리를 아는 것, '내가 그'임을 아는 것

하나님의 자기 계시인 '야훼'는 이사야서에서 '내가 그니라'의 형태로 나타납니다. "나 여호와가 말하노라 너희는 나의 증인, 나의 종으로 택함을 입었나니 이는 너희가 나를 알고 믿으며 내가 그인 줄 깨닫게 하려 함이라 나의 전에 지음을 받은 신이 없었느니라 나의 후에도 없으리라"(사 43:10). "'내가 그'(아니 후)인 줄 깨닫게 하려 함이라"라는 '나는 이다'라는 이름, 곧 여호와를 깨닫게 하려 하심이라는 뜻입니다. "과연 태초로부터 나는 그이니 내 손에서 건질 자가 없도다 내가 행하리니 누가 막으리요"(사 43:13).

'내가 그'라는 하나님의 이름이 예수께서 자기를 계시하실 때 다시 나옵니다. 예수께서는 '내가 그'(에고 에이미, I am 또는 I am he, 요 8:24, 28, 58; 9:9)라는 이 이름, 곧 '야훼'의 이름으로 세상에 오셨습니다. 히브리어 '에흐예 아

---

69 김용규, 『데칼로그』, 103.

세르 에호예'를 헬라어로 바꾸면 '에고 에이미'(나는 이다 또는 내가 그)입니다. 예수께서 '내가 그'인 것은 그가 하나님의 역사적 계시자임을 뜻합니다. 아무도 하나님을 본 사람이 없으나 아버지는 아들을 통해 자기를 계시하십니다. "본래 하나님을 본 사람이 없으되 아버지 품 속에 있는 독생하신 하나님이 나타내셨느니라"(요 1:18). 성령이 오시면 예수께서 '내가 그'임을 알게 되며, 이것은 아들이 계시하시는 아버지를 아는 것이고, 곧 진리를 아는 것입니다.

"이에 예수께서 이르시되 너희가 인자를 든 후에 내가 그인 줄을 알고 또 내가 스스로 아무 것도 하지 아니하고 오직 아버지께서 가르치신 대로 이런 것을 말하는 줄도 알리라"(요 8:28).
"진리를 알지니 진리가 너희를 자유롭게 하리라"(요 8:32).

여기서 '진리를 알지니'와 '내가 그인 줄을 알고'가 병행됩니다. '내가 그인 줄 알고'란 말은 예수 그리스도의 신적 기원을 안다는 뜻입니다. 곧 그가 창세전부터 아버지 안에 거하며 그의 영광 가운데 있음을 아는 것입니다(요 1:14, 18). 그는 태초부터 아버지와 함께, 아버지의 품속에 계셨고, 그를 통해 아버지의 영광이 계시되었습니다. 그러므로 진리를 아는 것은 아들이 계시하시는 창세전 아버지와 아들을 아는 교제를 뜻합니다. 이것은 아들의 말을 듣고 영원한 생명을 얻는 자가 누리는 영생입니다(요 17:3). 아들이 계시하시는 아버지, 곧 '내가 그'임을 아는 자는 진리로 자유하게 됩니다. 종은 집에 거하지 못하나 진리를 아는 자는 아들과 함께 집에 거합니다. 영생은 아들이 계시하는 아버지를 아는 것이며 이는 곧 진리입니다. 그래서 아들은 "내가 곧 길이요 진리요 생명이다"라고 하셨습니다(요 14:6).

그리스도의 모형, 거절하던 자를 구원자로 세우시다

신약 시대 때 스데반은 백성이 거절하던 모세를 그들의 구원자로 세우셨다고 증언합니다. "그들의 말이 누가 너를 관리와 재판장으로 세웠느냐 하며 거절하던 그 모세를 하나님은 가시나무 떨기 가운데서 보이던 천사의 손으로 관리와 속량하는 자로서 보내셨으니"(행 7:35). 모세는 이스라엘 백성을 인도하여 애굽에서 나오게 하고 애굽과 홍해와 광야에서 40년간 기사와 표적을 행합니다(행 7:36). 모세는 애굽 왕궁에서 40년, 광야에서 40년, 그리고 이스라엘 백성의 인도자로서 40년을 살았습니다.

모세는 오실 그리스도를 예표한 선지자입니다. "네 하나님 여호와께서 너희 가운데 네 형제 중에서 너를 위하여 나와 같은 선지자 하나를 일으키시리니 너희는 그의 말을 들을지니라"(신 18:15). 모세가 예언한 선지자, 곧 모세보다 더 큰 권위를 가진 선지자가 예수 그리스도이십니다. 베드로는 오순절 설교에서 모세가 말한 그 선지자가 예수 그리스도임을 선포했습니다. "모세가 말하되 주 하나님이 너희를 위하여 너희 형제 가운데서 나 같은 선지자 하나를 세울 것이니 너희가 무엇이든지 그의 모든 말을 들을 것이라"(행 3:22).

예수 그리스도는 하늘, 곧 창세전 아버지의 품속에 계시다가 광야와 같은 세상으로 오셨습니다. 그는 아담 안에서 죄인 된 모든 사람을 구원하여 영생을 주시고 하늘 아버지께로 인도하시기 위해 오셨습니다. 그러나 빛이 어둠에 비치되 어둠이 깨닫지 못합니다(요 1:5). 하나님의 아들이 자기가 친히 지으신 땅에 오셨으나 자기 백성이 영접하지 않고 그를 거절했습니다(요 1:11). 그뿐만 아니라 십자가에 못 박아 죽이기까지 했습니다. 그런데 하나님께서 그들이 거절하던 예수를 그들의 주와 그리스도가 되게 하셨습니다. "그런즉 이스라엘 온 집은 확실히 알지니 너희가 십자가에 못 박은 이 예수를 하나님이 주와 그리스도가 되게 하셨느니라 하니라"(행 2:36).

아담 안에서 죄인 된 우리는 그의 십자가 죽음에 연합되어 아들의 생명을 얻습니다. 하늘에서 오신 인자, 곧 예수 그리스도는 십자가에서 죽으심으로써 그를 믿는 자에게 죄 사함과 영생의 구원을 주십니다. 영생은 우리가 유일하신 참 하나님과 그분의 아들을 사귐으로써 경험할 수 있습니다. 예수 그리스도를 거절하던 이스라엘 백성이 우리 안에 있습니다. 우리가 그를 거절했고 우리가 그를 십자가에 못 박았습니다. 그런데도 하나님께서는 그를 죽은 자 가운데에서 다시 살리시고 그로 하여금 우리의 주와 그리스도가 되게 하셨습니다. 이스라엘 백성이 거절했던 모세는 우리가 거절했으나 우리를 구원해 주시는 예수 그리스도를 예표합니다.

19

모세를 통해 출애굽하다

> "나는 여호와라 내가 애굽 사람의 무거운 짐 밑에서 너희를 빼내며 그들의 노역에서 너희를 건지며 편 팔과 여러 큰 심판들로써 너희를 속량하여 너희를 내 백성으로 삼고 나는 너희의 하나님이 되리니" _ 출 6:6-7a

모세, 애굽으로 향하다

하나님께서 자신의 이름을 '야훼'(여호와)라고 계시하신 후 모세를 애굽으로 보내십니다. 그리고 모세와 함께하십니다. 이제 하나님께서 모세를 통하여 출애굽의 구원 사역을 펼쳐 가시고자 활동하십니다. 하나님께로부터 보냄을 받은 자 모세는 '내가 누구이기에'라는 자의식을 버립니다. 보냄을 받은 자는 오직 자기와 함께하시며 생성하시고 작용하시는 하나님과 그의 말씀에 순종하기만 하면 됩니다.

모세의 지팡이가 하나님의 지팡이로

모세가 보냄 받은 자의 한계를 드러냅니다. 그는 하나님을 향하여 주저하면서 이렇게 말합니다. "…그러나 그들이 나를 믿지 아니하며 내 말을 듣지 아니하고 이르기를 여호와께서 네게 나타나지 아니하셨다 하리이다"(출 4:1). 하나님이 자기를 보내셨다는 사실을 백성이 어떻게 알겠느냐고 불안해합니다. 이것은 하나님께 신임장을 요구하는 뜻이기도 합니다. 이에 하나님께서 모세로 하여금 두 가지 기적을 행하게 하십니다.

하나님이 모세에게 손에 있는 지팡이를 땅에 던지라고 명령하십니다. 모세가 그대로 하니 지팡이가 뱀으로 변합니다. 이번에는 뱀의 꼬리를 잡으라고 하십니다. 가장 위험하고 치명적인 부분을 잡으라는 것입니다. 모세가 그대로 순종했더니 뱀이 모세의 손에서 지팡이가 됩니다(출 4:4). 이스라엘 백성은 모세가 행한 기적을 통하여 모세에게 조상의 하나님이 나타났음을 알게 됩니다. 아브라함의 하나님, 이삭의 하나님, 야곱의 하나님이 모세에게 나타났음을 알게 된 것입니다.

하나님께서 모세를 통해 두 번째 기적을 행하십니다. 모세에게 손을 품에 넣어 보라고 말씀하십니다. 그 말씀대로 했더니 그의 손에 나병이 생깁니다. 하나님께서 손을 다시 품에 넣으라고 하십니다. 그러자 그 손이 본래의 모습으로 돌아옵니다. 하나님께서는 두 가지 표적을 보여 주시며, 백성이 첫 번째 표적을 믿지 않을지라도 두 번째 표적은 믿을 것이라고 하십니다. 만약 두 가지 표적을 다 믿지 않으면 나일강의 물을 조금 떠다가 땅에 부으라고 하십니다. 그러면 그 물이 피가 될 것이라고 말씀하십니다(출 4:9). 물이 피가 된다는 것은 심판을 상징합니다. 표적을 보여 주어도 여전히 믿지 아니하는 자는 심판을 받습니다. 하나님께서 모세를 구원자로 세우시면서 모세에게 요구하신 점은 '말씀에 대한 복종'입니다. 이때 모세의 지팡이는 하나님의 지팡이가 됩니다. "모세가 그의 아내와 아들들을 나귀에 태우고 애굽으로 돌아가는데 모세가 하나님의 지팡이를 손에 잡았더라"(출 4:20).

보낼 만한 자를 보내소서

모세가 두 번의 기적을 행하고도 핑계를 대며 하나님이 주신 소명을 뿌리치려고 합니다. "모세가 여호와께 아뢰되 오 주여 나는 본래 말을 잘 하지 못하는 자니이다 주께서 주의 종에게 명령하신 후에도 역시 그러하니 나는 입이 뻣뻣하고 혀가 둔한 자니이다"(출 4:10). 모세는 말을 못 하는 자가 아니었습니다. 성경을 보면, 그가 애굽 왕궁에서 모든 지혜를 배워 말과 하는 일들이 능하다고 했습니다(행 7:22). 그러나 모세는 미디안 광야에서 40년간 양을 치면서 말하는 능력을 다 잃어버렸습니다. 이제 그는 늙어서 말이 느린 자요, 어떻게 말해야 할지도 잘 모르는 둔한 자가 되고 말았습니다. 모세가 제기한 문제에 대하여 하나님께서 창조주요 다스리는 자로서 이렇게 대답하십니다. "여호와께서 그에게 이르시되 누가 사람의 입을 지었느냐 누가 말 못 하는 자나 못 듣는 자나 눈 밝은 자나 맹인이 되게 했느냐 나 여호와가 아니냐 이제 가라 내가 네 입과 함께 있어 할 말을 가르치리라"(출 4:11-12).

그런데도 모세가 "주여 보낼 만한 자를 보내소서"라고 말하며 애굽에 내려가기를 꺼립니다(출 4:13). 그동안 관용과 인내로 모세를 대해 온 하나님께서 노하십니다. 그리고 레위 사람이자 모세의 친형인 아론을 모세의 대변자로 세우십니다. 하나님께서 모세에게 말씀을 주시고 아론에게 그 말을 하게 하심으로써 출애굽의 역사를 펼쳐 가십니다. 모세는 아론에게 하나님같이 되고, 아론은 모세가 받은 말씀의 전달자가 됩니다. 또한 모세는 하나님의 대행자가 되어 지팡이를 손에 잡고 그것으로 이적을 행할 것입니다.

이제 모세가 하나님의 부르심 앞에서 잠잠합니다. 그는 더 이상 자신에 대해서 묻지 않으며, 자신의 한계에 대해서도 두려워하지 않습니다. 그는 미디안 광야의 삶을 정리하고 자기 백성이 있는 애굽을 향해서 나아갑니다. 이때 모세는 장인 이드로에게 하나님께 받은 사명에 대해서는 말하지 않고 다만 애굽에 있는 형제를 보러 간다고 말합니다.

피 남편, 장자의 죽음을 예표하다

모세가 아내 십보라와 두 아들을 나귀에 태우고 애굽으로 향합니다. 그 가족이 어느 숙소에 이르렀을 때 여호와께서 "그를 만나서 그를 죽이려" 하십니다(출 4:24). 그러자 십보라가 돌칼을 가져다가 아들의 포피를 베어 그의 발 앞에 갖다 대며 말합니다. "당신은 내게 피의 신랑이로다"(출 4:25, NIV).

이 말씀은 난해 구절로 알려져 있는데, 직전 단락을 근거로 이해할 수 있습니다. 직전 단락의 핵심은 "장자의 희생으로 아들(이스라엘)을 살린다"라는 것입니다(출 4:23). 본 단락의 히브리어 성경에는 '모세'라는 말이 나오지 않습니다. 다만 인칭대명사로서 '그' 혹은 '그의 아들'이 나올 뿐입니다. 한글 성경에서 '모세'를 언급한 것은 주관적 해석을 번역에 반영했기 때문입니다. 따라서 여호와께서 죽이려고 하신 사람이 '모세'인지 '모세의 아들'인지 분명하지 않습니다. 하나님께서는 극구 소명을 거부하던 모세를 설득하셔서 소명을 받아들이게 하셨습니다. 그런데 어떻게 그 하나님이 모세를 죽이려고 공격하셨겠습니까? 따라서 여기서 여호와가 죽이시려 한 '그'는 모세가 아니라 '그의 장자'(맏아들)로 보는 것이 적절합니다.

또한 십보라가 그의 아들에게 한 할례는 이스라엘 백성의 언약적 할례가 아니라, 미디안 제의와 관련된 주술적 방어로 행하는 할례입니다. 미디안의 '베너 결혼관습'에는 사막 신이 무할례자를 공격할 때 그것을 방어하는 주술이 있었습니다(베너: 남자가 결혼하면 처가의 가문에 귀속하는 관습). 이때 할례를 하여 할례 시에 흘린 피를 발에 묻히며 '당신은 피로 얻은 하탄(남편)입니다'라고 외치면, 사막 신이 사라집니다. 물론 여기서 '당신'은 사막 신이 아니라 피를 바른 '하탄'입니다. 이런 풍습은 주로 결혼 초야에 이루어지곤 했습니다.

'피로 얻은 하탄'에서 하탄은 히브리어로 '남편'이며, 따라서 '피 남편'으로 부릅니다. 그런데 하탄은 어원적으로 아랍어 '하타나'(할례를 행하다)에서 유래하며, '하탄'은 '할례를 받은 자'로 읽습니다.[70] 여기서 사막 신은 여호와로 대체됩니다. 미디안의 전통이 이스라엘의 신앙으로 전이된 것입니다. 이렇게 하여 출 4:24-26을 이해하면 다음과 같습니다.

24절 : 여호와께서 모세를 찾아와 할례받지 않은 '그의 장자'를 죽이려 하셨다.
25절 : 십보라가 미디안의 관습을 따라 '그의 아들'(장자)의 포피를 잘라 거기서 나오는 피를 그의 발에 갖다 대었다. 그러면서 "오, 너는 나로부터 피를 흘려 할례를 받은 자(하탄)이다"라고 외쳤다.
26절 : 그러자, 여호와께서 그(그의 장자)로부터 사라지셨다(라파, 그를 놓아주셨다).
(그때 그녀는 말하기를 "할례를 받기 위하여 피를 흘려 할례받은 자여"라고 했다).

설화의 핵심 내용은 3가지입니다. 장자에 대한 여호와의 공격, 피를 바른 할례받은 자(하탄), 그 피를 보고 공격자(파괴자)가 사라지는 것입니다. 세 가지 핵심 내용은 직전 구절(22-23절)을 반영합니다. 출애굽의 마지막 재앙은 애굽에 사는 모든 장자의 죽음입니다. 하나님은 장자를 공격하는 이로 나타나십니다. 그때 양의 피를 문설주에 바르면 그 피를 보고 장자가 죽는 재앙이 넘어갑니다(유월). 이는 하나님이 이스라엘 백성에게 미리 말씀하신 구원의 방식입니다. 곧 어린 양을 잡아 그의 피를 문설주에 바르면 심판자가 그 피를 보고 사라진다는 것입니다.

"내가 애굽 땅을 칠 때에 그 피가 너희가 사는 집에 있어서 너희를 위하여

---

70 김이곤, 『출애굽기의 신학』, 95.

표적이 될지라 내가 피를 볼 때에 너희를 넘어가리니(유월하리니) 재앙이 너희에게 내려 멸하지 아니하리라"(출 12:13).

'넘어가다'(파사흐)는 '유월하다' 또는 '(재앙이) 지나가다'라는 뜻입니다. 본 단락(24-26절)에서 '피 남편'(피 하탄)은 '피를 바른 할례받은 자'입니다. 무할례자, 곧 '그의 장자'는 할례를 받고 그 피를 발에 발라 공격자의 재앙에서 벗어납니다. 따라서 '피를 바른 하탄'(할례받은 자)은 출애굽의 마지막 재앙에서 살아남은 자를 상징합니다. 곧 양의 피를 문설주에 발라 재앙에서 넘어가는 이스라엘의 장자를 예시합니다. 양의 피를 발라 재앙에서 살아남은 장자는 여호와의 것입니다. 이미 죽었어야 할 인생인데 그가 살리셨기 때문입니다.

"여호와께서 모세에게 일러 이르시되 이스라엘 자손 중에서 사람이나 짐승을 막론하고 태에서 처음 난 모든 것은 다 거룩히 구별하여 내게 돌리라 이는 내 것이니라 하시니라"(출 13:1-2).

이처럼 노상에서 일어난 사건은 이스라엘의 출애굽을 미리 보여 주는 사건으로 볼 수 있습니다. 한편 하나님과 이스라엘의 언약, 곧 시내산 언약은 '피'로 체결되었습니다. "모세가 그 피를 가지고 백성에게 뿌리며 이르되 이는 여호와께서 이 모든 말씀에 대하여 너희와 세우신 언약의 피니라"(출 24:8). 그리고 시내산 언약은 종국에 '새 언약'으로 대체됩니다(렘 31:31-34). 새 언약은 하나님의 아들 예수 그리스도의 피 흘림으로 체결됩니다. "저녁 먹은 후에 잔도 그와 같이 하여 이르시되 이 잔은 내 피로 세우는 새 언약이니 곧 너희를 위하여 붓는 것이라"(눅 22:20).

아담 안의 실존으로서 모든 사람은 죄인으로 태어납니다. 죄의 삯은 사망이며, 모든 사람은 심판주 하나님의 공격을 피할 수 없습니다. 하지만 긍휼이 풍성하신 하나님은 진멸 받아 마땅한 죄인을 불쌍히 여기셨습니다. 그리하여 자기 아들을 세상에 보내셨습니다. 하나님의 아들 예수 그리스도는 재앙이 넘어간 유월절 어린양으로 죽으셨습니다. 그리고 하나님께서는 아들의 피를 믿는 자를 의롭다 여기시고 구원하셨습니다.

"너희는 누룩 없는 자인데 새 덩어리가 되기 위하여 묵은 누룩을 내버리라 우리의 유월절 양 곧 그리스도께서 희생되셨느니라"(고전 5:7).
"이 예수를 하나님이 그의 피로써 믿음으로 말미암는 화목제물로 세우셨으니 이는 하나님께서 길이 참으시는 중에 전에 지은 죄를 간과하심으로 자기의 의로우심을 나타내려 하심이니"(롬 3:25).

출애굽의 목적, 언약 백성으로 삼기 위함이다

모세가 아론과 함께 애굽 왕 바로에게 나아가서 하나님의 말씀을 전합니다. "이스라엘 여호와께서 이렇게 말씀하시기를 내 백성을 보내라 그러면 그들이 광야에서 내 앞에 절기를 지킬 것이니라"(출 5:1). 그러나 바로는 "여호와가 누구이기에 내가 그의 목소리를 듣고 이스라엘을 보내겠느냐"라고 대답하며 하나님의 말씀을 거역합니다(출 5:2). 바로는 애굽의 국가 신을 숭배했기에 여호와를 알지 못했습니다. 여호와를 알지 못하는 자는 여호와의 말씀을 듣지 못합니다. 어떻게 보면 바로의 반응은 당연합니다. 하지만 모세와 아론은 하나님이 명하신 대로 순종하고 있습니다.

모세와 아론이 다시 하나님의 말씀을 전합니다. "그들이 이르되 히브리인의 하나님이 우리에게 나타나셨은즉 우리가 광야로 사흘길쯤 가서 우리 하나님 여호와께 제사를 드리려 하오니 가도록 허락하소서 여호와께서 전염병이나 칼로 우리를 치실까 두려워하나이다"(출 5:3). 이 말을 듣고 바로가 이전보다 더욱 혹독한 조치를 취하여 이스라엘 백성을 괴롭힙니다. 전에는 백성이 벽돌만 만들면 되었는데 이제는 벽돌을 만들 짚까지 구해서 만들라고 명령합니다. 이스라엘 백성이 하나님의 언약의 말씀을 듣지 못하도록 방해하고 있습니다. "이 백성에게 더 힘든 일을 시켜라. 일하느라고 바빠서 모세의 거짓말을 귀담아들을 틈이 없게 만들어라"(출 5:9, 쉬운성경).

하나님을 알지 못하는 바로에게는 하나님의 말씀이 다 거짓말 같고 허황된 말처럼 들립니다. 그래서 이스라엘 백성을 일부러 바쁘게 만들어서 그 말에 순종하지 못하도록 막습니다. 이 같은 조치가 성공하는 듯 보였습니다. 모세와 아론이 하나님을 증거했으나, 백성이 가혹한 노역과 마음의 상함으로 인해 그들의 말을 듣지 않았기 때문입니다(출 6:9).

이스라엘 백성이 듣지 않은 말씀이 얼마나 중요한 내용인지 모릅니다. 자신을 여호와라고 계시하신 하나님께서 이스라엘 백성을 그분의 언약 백성으로 삼으시겠다는 약속입니다. "그러므로 이스라엘 자손에게 말하기를 나는 여호와라 내가 애굽 사람의 무거운 짐 밑에서 너희를 빼내며 그들의 노역에서 너희를 건지며 편 팔과 여러 큰 심판들로써 너희를 속량하여 너희를 내 백성으로 삼고 나는 너희의 하나님이 되리니 나는 애굽 사람의 무거운 짐 밑에서 너희를 빼낸 너희의 하나님 여호와인 줄 너희가 알지라"(출 6:6-7).

하나님께서 모세에게 여호와라는 이름으로 나타나셨습니다. 그리고 아브라함과 맺은 언약 즉 가나안 땅을 기업으로 주기로 하신 언약을 기억하게 하십니다. 그 언약대로 이스라엘 자손을 애굽에서 빼내겠다고 하십니다. 이는 이스라엘을 하나님의 백성으로 삼으시고 하나님이 그들의 하나님이 되어 주시겠다는 언약을 체결하시기 위함입니다. 그리하여 이스라엘 백성으로 하여금 하나님이 자기 계시로 주신 이름인 '여호와'를 섬기도록 하시기 위함입니다.

20

애굽에 내린 열 가지 재앙과 유월

"내가 피를 볼 때에 너희를 넘어가리니 재앙이 너희에게 내려 멸하지 아니하리라" _ 출 12:13

모세는 아브라함의 언약에 기초한 출애굽의 약속을 이스라엘에게 선포합니다. 이는 아브라함의 후손에게 가나안 땅을 소유로 주고, 그들이 하나님의 언약 안에서 돌봄을 받는 그의 백성이 되게 하시겠다는 말씀입니다. 그러나 이스라엘 백성은 바로의 계략대로, 마음의 상함과 가혹한 노역으로 말미암아 모세의 말을 듣지 않습니다.

바로 왕의 완악함, 하나님의 주권으로 인함이다

하나님께서는 말씀 앞에서 완악한 바로를 잘 알고 계십니다. 하나님은 바로의 완악함에도 불구하고 출애굽의 약속을 지키십니다. 하나님께서 모세와 아론을 다시 바로에게 보내십니다. "내가 바로의 마음을 완악하게 하고 내 표징과 내 이적을 애굽 땅에서 많이 행할 것이나 바로가 너희의 말을 듣지 아니할 터인즉 내가 내 손을 애굽에 뻗쳐 여러 큰 심판을 내리고 내 군대, 내 백성 이스라엘 자손을 그 땅에서 인도하여 낼지라"(출 7:3-4).

하나님께서는 아브라함에게 그의 후손이 이방에서 객이 되어 그들을 섬기고 그들은 400년 동안 이스라엘을 괴롭힐 것이라고 미리 알려 주셨습니다(창 15:13). 그리고 아브라함의 후손을 종으로 삼은 나라를 하나님께서 징벌하실 것이며 그때에 백성이 이방 땅에서 나올 것이라고 하셨습니다(창 15:14). 이 약속의 말씀대로, 요셉을 통해 이스라엘을 애굽으로 들어가게 하셨고, 400년 동안 그곳에서 종살이를 하게 하셨습니다. 때가 되어 하나님께서 애굽에 큰 재앙을 내리시고 마침내 자기 백성을 애굽에서 나오게 하십니다. 이 출애굽의 구원은 표적과 이적, 나아가 여러 개의 큰 심판을 거쳐 성취됩니다. 이렇게 심판을 통해 구원하시는 하나님의 섭리로 인해 하나님께서 바로의 마음을 완악하게 하신 것입니다. 결국 모든 주권이 하나님께 있고 바로의 완악함까지도 하나님의 권세 아래에 있습니다.

여기서 우리는 하나님의 선하심을 의심하는 마음이 들 수 있습니다. 하나님께서 하고자 하시면 얼마든지 바로의 마음을 완악하지 않게 하여 말씀에 속히 순종하게 하실 수 있습니다. 그러나 "왕의 마음이 여호와의 손에 있음이 마치 봇물과 같아서 그가 임의로 인도하시느니라"(잠 21:1)라는 말씀처럼 하나님께서 바로의 마음을 움직여 완악하게 하십니다. 이에 대해 바울이 이와 같이 증언합니다. "성경이 바로에게 이르시되 내가 이 일을 위하여 너를 세웠으니 곧 너로 말미암아 내 능력을 보이고 내 이름이 온 땅에 전파되게 하려 함이라 하셨으니 그런즉 하나님께서 하고자 하시는 자를 긍휼히 여기시고 하고자 하시는 자를 완악하게 하시느니라"(롬 9:17-18).

하나님이 바로의 마음을 완악하게 하셨기에 그가 언약의 말씀에 불순종합니다. 그 결과 애굽 온 땅에 여러 가지 심판이 임합니다. 하나님께서 애굽 땅에 표적과 이적을 행하사 많은 사람과 각종 피조물이 해를 입는 심판이 임합니다. 이 모든 일의 배후에 하나님이 계십니다. 하나님께서는 자기의 능력을 보이시고 온 땅에 그의 이름이 전파되게 하시려고 이 모든 일을 행하십니다. 특히 이스라엘 백성이 이것을 보고 하나님이 여호와이신 줄 알도록 하시기 위함입니다. "내가 내 손을 애굽 위에 펴서 이스라엘 자손을 그 땅에서 인도하여 낼 때에야 애굽 사람이 나를 여호와인 줄 알리라 하시매"(출 7:5).

애굽에 내린 열 가지 재앙

하나님께서 모세와 아론을 통해 애굽 땅에 이적과 심판을 내리십니다. 열 가지 재앙이 연속해서 임하는데 그 과정에서 바로의 태도가 점점 바뀝니다. 처음에는 모세가 행한 하나님의 기적 앞에서 애굽의 요술사들을 내세워 대항합니다.

물이 피가 되는 첫 번째 재앙과 개구리가 올라오는 두 번째 재앙은 애굽의 요술사들도 그대로 따라서 할 수 있었습니다. 세 번째 재앙인 땅의 티끌이 이로 변하는 재앙부터는 요술사들이 따라 하지 못합니다. 요술사들이 바로에게 나아가서 "이는 하나님의 권능"이라고 인정합니다(출 8:19). 바로는 재앙이 계속되면 자신의 완악함을 뉘우쳤다가 재앙이 그쳐 숨을 쉴 수 있게 되면 다시 완악해졌습니다. 무수한 파리가 애굽 온 땅에 가득했던 네 번째 재앙에서는 하나님께서 자기 백성을 구별하십니다. 이스라엘이 거주하는 고센 땅에는 파리떼 재앙이 일어나지 않게 하신 것입니다(출 8:22-23). 애굽 온 땅이 재앙으로 인해 황폐하게 되자 바로가 모세와 아론을 불러 타협을 시도합니다. 하지만 재앙이 그치자 또 완악해져서 약속을 이행하지 않습니다(출 8:32).

다섯 번째 재앙은 애굽의 온 가축 곧 말과 나귀와 낙타와 소와 양에게 돌림병이 생겨 가축들이 다 죽는 것입니다. 이때도 하나님께서 이스라엘의 가축을 구별하셔서 해를 입지 않게 하십니다(출 9:6). 바로가 사람을 보내어 이스라엘의 가축을 살펴보라고 합니다. 혹시 이 재앙이 우연이 아닌

지 알아보기 위해서입니다. 하나도 죽지 않았다고 하는 데도 바로의 마음은 여전히 완강하여 하나님의 말씀을 거역합니다(출 9:7).

여섯 번째 재앙은 악성 종기가 생기는 것입니다. 모세가 화덕의 재 두 움큼을 바로의 목전에서 하늘을 향해 날리자, 그것이 티끌로 변해 사람과 짐승에게 붙어서 악성 종기가 생깁니다(출 9:9). 심지어 애굽의 요술사들에게도 악성 종기가 생겨서 그들이 모세 앞에 서지 못합니다. 하나님께서 바로의 마음을 완악하게 하시므로 바로가 여전히 모세의 말을 듣지 않습니다.

일곱 번째 재앙으로 우박이 애굽 온 땅에 내립니다(출 9:23). 불덩이가 우박에 섞여 내려 밭에 있는 사람들과 가축들이 모두 죽습니다. 채소들과 나무들까지도 꺾입니다. 그런데 애굽 사람이라도 하나님을 두려워하여 가축들을 집에 들인 자들은 이스라엘 백성처럼 화를 면합니다. 그제야 바로가 회개합니다. 그가 하나님의 의로우심을 인정하고 자기와 자기 백성의 허물을 자백합니다(출 9:27). 다른 어떤 것보다 권능에 있어서 하나님의 의로우심을 인정합니다. 이제 권능을 행하시는 하나님의 뜻에 따르겠다고 다짐합니다. 하지만 하나님께서 우박을 그쳐 주시자 다시 완악했던 이전의 모습으로 돌아갑니다(출 9:34).

여덟 번째 재앙은 메뚜기의 출몰입니다(출 10:13). 메뚜기가 얼마나 많은지 한 치 앞도 볼 수 없습니다. 메뚜기 떼가 온 땅을 덮어 땅이 어둡게 될 정도이고, 우박에 상하지 않은 밭의 채소와 나무 열매를 몽땅 먹어 치웁니다. 바로의 신하들이 "왕은 아직도 애굽이 망한 줄을 알지 못하시나이까"라고 항변합니다(출 10:7). 이에 바로가 모세를 불러 이스라엘 백성이 하나님을 섬기되 어른들만 섬기라고 합니다(출 10:11). 하나님의 뜻을 자기 마음대로 바꾸는 것입니다. 물론 모세가 그의 제안을 거절합니다. 메뚜기 떼가 온 애굽을 휩쓸고 나서야 바로가 회개합니다. 하지만 이번에도 재앙이 그치자, 바로는 다시 완악해집니다(출 10:20).

아홉 번째 재앙은 흑암입니다. 모세가 하늘을 향해 손을 내밀자 캄캄한 흑암이 사흘 동안 애굽 온 땅에 임합니다(출 10:22). 너무 어두워서 사람들이 서로 볼 수 없습니다. 움직일 수도 없습니다. 그러나 이스라엘 백성이 사는 곳에는 '빛'이 있습니다. 이번에도 바로가 모세에게 협상을 시도하지만, 모세가 거부합니다. 바로는 다시 완악해져서 모세에게 다시 자신 앞에 나타나면 죽일 것이라고 경고합니다(출 10:28).

유월, 재앙이 넘어가리라

마지막 열 번째 재앙은 장자가 죽는 재앙입니다(출 11-12장). 하나님이 밤중에 애굽으로 들어가셔서 처음 난 것은 사람이든 짐승이든 다 죽이실 것이라고 선언하십니다. 애굽 온 땅에 전무후무한 큰 부르짖음이 있을 것입니다. 이때 이스라엘 백성은 애굽 사람들에게서 은금 패물을 구하여 가지고 나올 것입니다(출 11:2). 하나님께서 백성에게 밤에 일어날 일을 미리 말씀해 주시고 출애굽을 준비하게 하십니다. 애굽 온 땅에 처음 난 것이 죽는 참혹한 재앙이 일어납니다. 이스라엘 백성은 하나님이 명하신 '의식'을 준수하면 이 재앙에서 제외됩니다. 이 의식이 '여호와의 유월절' 의식입니다.

'유월'(과월)은 '(재앙이) 넘어가다'(passover)라는 뜻입니다. 구약성경에서 '유월'은 희생 제사의 관습을 거행하는 '유월을 거행함'(출 12:48, 원문 직역)이나 '유월(희생 제물)을 도살함'(출 12:21, 원문 직역)이나 '유월 희생 제사'(출 12:27, 원문 직역)라는 말로 표현됩니다. '유월절'(Passover Festival)이라는 표현은 출애굽기 34:25(원문 및 NIV)에 단 한 번 나오고 그 외에는 '유월'(Passover)이라는 표현을 사용합니다.

유월절 의식이란 짐승을 잡아 그 피를 문설주에 바르고 불에 구운 누룩 없는 무교병과 쓴 나물을 함께 먹는 의식입니다. 여기서 희생되는 짐승은 흠 없고 1년 된 수컷이되 양이나 염소 중에서 취합니다. 유월절 음식들은 "허리에 띠를 띠고 발에 신을 신고 손에 지팡이를 잡고 급히" 먹어야 합니다(출 12:11). 이는 지체 없이 속히 떠날 채비를 해야 하기 때문입니다. 하나님께서 그 밤에 애굽의 온 집마다 장자가 죽는 재앙을 내리셨는데, 짐승의 피가 문설주에 발린 집은 재앙을 면하게 하셨습니다. "내가 애굽 땅을 칠 때에 그 피가 너희가 사는 집에 있어서 너희를 위하여 표적이 될지라 내가 피를 볼 때에 너희를 넘어가리니 재앙이 너희에게 내려 멸하지 아니하리라"(출 12:13). 하나님이 명하신 대로 행한 자의 집에는 재앙이 지나가는 '유월'(passover)이 일어났습니다.

유월절 희생 제사는 당시 목자들의 일상생활과 밀접한 관계가 있습니다. 목자들은 가축들의 먹이를 위해 겨울에는 목축지에서 지내다가 이른 봄이 되면 농경지로 다시 돌아와 생활했습니다. 이때는 추수가 끝난 때라 농경지에서도 먹이를 구할 수 있었습니다. 그리고 농사가 시작되는 가을이 되면 다시 목축지로 이동했습니다. 이렇게 목축지와 농경지를 오갈 때 해를 입는 경우가 많았습니다. 특히 '새로 난 것'이나 그들이 중요하게 여기던 '처음 난 것'이 위험에 처할 때가 많았습니다. 그래서 그들은 특별한 가축 하나를 택하여 희생 제사를 드림으로써 전체 가축을 해치는 재앙이 '넘어가게 하는'(유월) 방편으로 삼았습니다. 이것은 다분히 주술적인 의미의 방어 수단입니다. 또한 이들은 신속히 이동해야 했으므로 구운 고기와 누룩을 넣지 않은 빵을 급하게 먹는 일이 흔했습니다.

하나님께서는 목자들에게 익숙했던 방식을 출애굽 구원의 수단으로 사용하십니다. 백성들에게 생소하고 낯선 의식이 아니라 친숙한 의식을 사용하셔서 자기 뜻을 이루십니다. 그 밤에 백성이 급히 애굽을 떠나야 했기에 평소에 익숙했던 방식을 백성에게 명령하신 것입니다. 하나님께서는 그날을 대대로 기념하여 영원한 절기로 지키게 하셨습니다(출 12:14).

유월절 어린양, 예수 그리스도

모든 사람은 아담 안에서 죄인으로 태어납니다(롬 5:12). 의인은 없나니 하나도 없습니다(롬 3:10). 모든 사람 안에 바로의 완악함이 들어 있습니다. 사람은 말씀에 순종하기보다 자기 생각대로 사는 본질상 완악한 존재입니다. 하나님께서는 그런 자들에게 권능으로 심판을 행하시고 자신의 이름을 온 땅에 드러내십니다. 그런데 예수 그리스도께서 죄인을 대신하여 심판을 받으셨습니다. 그가 유월절의 어린양처럼 희생 제물이 되셨습니다. "너희는 누룩 없는 자인데 새 덩어리가 되기 위하여 묵은 누룩을 내버리라 우리의 유월절 양 곧 그리스도께서 희생되셨느니라"(고전 5:7).

이제 누구든지 유월절 양으로 죽으신 예수 그리스도 안에 거하면 하나님의 심판을 받지 않습니다. 그는 사망에서 생명으로 옮겨집니다(요 5:24). 그는 그리스도 안에서 새로운 존재가 되어 하나님과 바른 관계를 맺습니다(고후 5:17). 그리고 하나님의 아들이 주신 계명에 순종하는 자에게 아들이 나타나십니다. 하나님의 아들이 그 사람 안에서 사십니다(갈 2:20). "나의 계명을 지키는 자라야 나를 사랑하는 자니 나를 사랑하는 자는 내 아버지께 사랑을 받을 것이요 나도 그를 사랑하여 그에게 나를 나타내리라"(요 14:21).

출애굽의 약속이 성취되다

이스라엘 자손이 애굽에 거주한 지 430년이 되던 해 그들이 애굽에서 나옵니다(출 12:41). 애굽의 라암셋을 떠나 숙곳에 이르렀는데, 그들의 수가 어린아이 외에 장정만 육십만 명 정도였습니다(출 12:37). 마침내 출애굽의 약속이 성취되었습니다.

"바로 그 날에 여호와께서 이스라엘 자손을 그 무리대로 애굽 땅에서 인도하여 내셨더라"(출 12:51).

하나님께서 아브라함에게 가나안 땅을 주시겠다고 약속하셨습니다(창 15:7). 하나님이 친히 땅의 약속을 성취해 가십니다. 하나님은 입애굽을 위해 요셉을 세우셨고, 출애굽을 위해 모세를 세우셨습니다. 하나님께서는 이들과 언제나 함께하셨으며, 이들 역시 하나님의 말씀에 전적으로 순종했습니다.

하나님께서 애굽에 큰 재앙을 내리셨습니다. 이것은 단순한 재앙이 아니라 애굽의 신들에게 벌을 내리신 심판입니다(민 33:4). 하나님이 애굽의 신들을 벌하시고 이스라엘 백성을 애굽에서 구원하셨습니다. 이로써 하나님의 능력을 세상이 모두 알게 되었고 그의 이름이 온 땅에 전파되었습니다. 물론 이 사건의 직접적인 계기는 바로의 마음이 완고하여 하나님의 말씀을 거역한 것입니다.

애굽은 세상을 상징합니다. 하나님께서는 자신이 택한 백성을 애굽과 같은 세상에서 구원해 내십니다. 구원이란 패역한 세대로부터 건짐을 받는 것입니다(행 2:40). 그 과정에서 세상 신들에 대한 하나님의 심판이 임합니다. 하나님께서는 우리가 그를 알기 전 세상에서 섬겼던 신들을 심판하십니다. 예수 그리스도가 십자가에서 죽으실 때 세상 임금이 심판을 받았습니다(요 12:31-32). 그러므로 예수 그리스도를 믿어 구원받은 자는 다시 세상 임금을 따를 이유가 없습니다. 우리는 세상 임금이 주는 육신의 정욕과 안목의 정욕과 이생의 자랑은 지나간 때로 족합니다(요일 2:15). 우리에게 주어진 육체의 남은 날은 하나님의 뜻을 행하며 살아갑니다. 이 세상도 그 정욕도 지나갑니다. 오직 하나님의 뜻을 행하는 자는 영원히 거합니다(요일 2:17).

21

시내산 언약과 증거막

"너희가 내 말을 잘 듣고 내 언약을 지키면" _ 출 19:5

출애굽 구원, 시내산 언약, 계명

하나님께서 아브라함에게 가나안 땅을 소유로 주실 것을 약속하셨습니다(창 15:7). 이 약속이 요셉을 통한 입애굽과 모세를 통한 출애굽으로 성취됩니다. 그런데 출애굽 구원 사건은 애굽을 빠져나온 것이 목적이 아닙니다. 이스라엘이 노예 생활에서 해방된 것은 사회적 구원입니다. 이제 하나님은 이스라엘을 언약 백성으로 삼으십니다. 이것은 존재적 구원입니다. "너희를 내 백성으로 삼고 나는 너희의 하나님이 되리니…너희를 빼낸 너희의 하나님 여호와인 줄 너희가 알지라"(출 6:7).

하나님께서 이스라엘 백성의 하나님이 되어 주시고 그들이 하나님의 백성이 되는 언약을 세우시려는 것이 출애굽의 목적입니다. 언약 당사자인 하나님과 이스라엘이 맺은 관계는 '여호와는 이스라엘의 하나님이 되시고 이스라엘은 여호와의 백성이 되는 상호 관계'입니다. 구약성경 전체에서 이와 같은 상호 관계의 내용, 곧 '나는 너희의 하나님이 되고 너희는 내 백성이 되리라'라는 말씀이 25회에 걸쳐 나옵니다. 구약 신학자 엘머 마튼즈(E. Martens)는 이것을 '언약 공식'이라고 부릅니다.[71] 이 언약이 시내산에서 세워졌기 때문에 '시내산 언약'이라고도 부릅니다.

출애굽기 19~24장까지는 시내산 언약에 대한 기록입니다. 이 언약은 피로 체결됩니다(출 24:8). 이스라엘 백성이 출애굽 한 지 석 달 만에 시내산에 도착합니다. "이스라엘 자손이 애굽 땅을 떠난 지 삼 개월이 되던 날 그들이 시내 광야에 이르니라"(출 19:1). '삼 개월이 되던 날'을 히브리어 원문대로 번역하면 '삼 개월 되던 이날'입니다. '이날'(on this day)은 '오늘'을 뜻합니다. 즉 '삼 개월 되던 오늘'입니다. 이 구절은 구약성경에서 난해 구절 중 하나입니다. 애굽을 떠난 날이 '오늘'인데 이는 '영원한 현재'를 의미합니다. "'그날'이라는 과거가 아니라 '이날'로 표현한 것은, 하나님께서 토라를 수여하신 날이 과거가 될 수 없음을 말하기 위해서였다."[72] 또한 '이날'은 하나님의 구원과 언약이 하나님의 시간인 '영원'에서 일어난 '현재의 사건'이며 '오늘의 사건'이라는 뜻입니다.

모세가 언약 체결의 중재자 역할을 수행합니다. 하나님께서 모세에게 말씀하시고 모세가 그 말씀을 백성에게 전합니다. 이스라엘 백성이 모세에게 "여호와께서 명령하신 대로 우리가 다 행하리이다"라고 화답하고, 모세가 다시 그 말을 하나님께 전합니다(출 19:8). 이윽고 하나님께서 백성을 직접 만나시기 위해 시내산에 강림하십니다. 하나님과 이스라엘, 곧 언약 당사자 간의 만남이 성사되는 것입니다. 이 만남을 위해 하나님께서 백성을 준비시키십니다. 백성은 자기를 성결하게 하고 옷을 빨고 삼 일을 기다려야 합니다(출 19:10-11). 여기에 성적 금욕의 명령이 추가됩니다. 이것은 관습적으로 행하는 제의적 정결 행위로, 거룩하신 하나님과의 만남을

71　Martens, 『구약에 나타난 하나님의 계획과 목적』, 83.
72　Heschel, 『안식』, 176.

준비하는 규례입니다.

언약의 서언, '출애굽 구원 – 시내산 언약 – 토라(계명)'

"내가 애굽 사람에게 어떻게 행했음과 내가 어떻게 독수리 날개로 너희를 업어 내게로 인도했음을 너희가 보았느니라 세계가 다 내게 속했나니 너희가 내 말을 잘 듣고 내 언약을 지키면 너희는 모든 민족 중에서 내 소유가 되겠고 너희가 내게 대하여 제사장 나라가 되며 거룩한 백성이 되리라 너는 이 말을 이스라엘 자손에게 전할지니라"(출 19:4-6).

이 구절들은 시내산 언약의 서언입니다. 이는 구약의 언약 사상에서 심장부와 같은 말씀입니다. 하나님께서는 독수리가 자기 새끼를 업듯이 홀로 이스라엘을 독수리 날개로 업어 출애굽 시켜 시내산까지 인도하셨습니다. 구원은 하나님이 우리에게 일방적으로 주신 선물입니다(엡 2:8). 이제 하나님께서는 구원하신 백성을 자기 백성으로 삼으시겠다는 언약을 체결하십니다. 세계가 다 하나님께 속해 있습니다. 이 말은 이스라엘이 언약 백성이 되는 것이, 단지 이스라엘만을 위한 것이 아니라, 모든 세계가 이스라엘을 통해 구원을 받는다는 뜻입니다. 만일 이스라엘이 하나님의 말을 잘 듣고 언약을 지키면 모든 민족 중에서 하나님의 소유가 됩니다. 여기서 '잘 듣고'의 히브리어가 '쉐마'인데 '듣고 순종하다'라는 뜻입니다. 하나님과 이스라엘이 맺는 이 언약은 하나님의 말씀을 '듣고 순종할 때' 지켜진다는 조건이 붙습니다.

언약 관계에서 언약 당사자들이 '관계에 대한 책임'을 다하는 상태를 '언약적 의'라고 합니다. 이스라엘 백성에게 언약적 의는 오직 '말씀을 듣고 순종하는 쉐마'에 있습니다. 곧 이스라엘이 하나님의 말씀에 순종하는 것이 언약적 의입니다. "우리가 그 명령하신 대로 이 모든 명령을 우리 하나님 여호와 앞에서 삼가 지키면 그것이 곧 우리의 의로움이니라 할지니라"(신 6:25).

　이스라엘이 하나님의 말씀에 순종하여 언약을 지키면 하나님의 백성이 됩니다. 그리하여 하나님이 그들의 하나님이 되십니다. 이것이 하나님 편에서의 '언약적 의'입니다. 여기서 말씀의 순종(쉐마)은 하나님과 언약 관계를 유지하는 수단입니다. 궁극적인 것은 하나님 안에 거하는 것입니다. 하나님께서는 '언약적 의'를 지키는 이스라엘을 그분의 '소유'로 삼으셔서 '제사장 나라'가 되게 하시며 '거룩한 백성'이 되게 하십니다. '소유'는 히브리어로 '세굴라'이며, '보배로운 존재', '특별한 보화'라는 뜻입니다(신 26:18). 정서적으로 표현하면 '눈에 넣어도 아프지 않은 보배로운 존재'라는 뜻입니다. 하나님은 언약의 유일한 대상으로 이스라엘을 선택하셨고, 선택받은 이스라엘이 말씀에 순종하여 언약을 지키면 하나님에게 보배로운 존재가 됩니다. '세굴라'(특별한 보화)의 의미를 보충해 주는 두 가지 표현이 연달아 나옵니다. '제사장 나라'와 '거룩한 백성'입니다. '제사장 나라'는 고대 세계에서 왕이나 그와 대등한 지위를 가리키는 표현입니다. 백성이 언약을 지키면 세상에서 하나님과 특별한 관계를 맺는 가장 높은 위치의 백성이 된다는 뜻입니다. 무엇보다, 제사장 나라는 세계의 모든 나라를 하나님께로 인도하는 역할을 합니다. '거룩한 백성'은 구별된 백성이라는 뜻입니다. 구별된 이스라엘을 통해 하나님께서 세상에 드러나십니다. 거룩의 본체는 오직 하나님뿐이십니다. 이스라엘은 하나님과의 관계 안에 감추어지고 그들을 통해 하나님이 세상에 드러나십니다.

언약의 순기능, 선교적 사명을 수행하다

　세계가 하나님께 속해 있습니다. 하나님은 세계 중에서 오직 이스라엘 백성을 선택하시고 그들을 언약 백성으로 삼으셨습니다. 만일 언약 백성이 말씀에 순종하여 하나님과 바른 관계를 맺는 언약을 지키면, 그들은 하나님의 특별한 보화가 되어 세계를 하나님께 인도하는 제사장 나라와 거룩한 백성이 됩니다. 이것은 언약의 순기능으로써 세계를 향해 선교적 사명을 수행하는 것입니다. 그러나 만일 그들이 말씀에 불순종하여 언약을 깨뜨리면, 그들을 통해 하나님께 돌아와야 할 세계가 그들을 징계하는 도구로 쓰임 받습니다. 이것은 언약의 역기능입니다. 언약 백성과 세계 사이에 중립지대는 없습니다. 언약 백성이 언약을 지켜 세계를 향해 선교적 사명을 수행하거나 언약을 파기하여 세계로부터 징계를 받거나 둘 중 하나입니다. 이스라엘 백성이 가나안 땅에 들어간 이후의 역사를 보면, 대체로 언약의 순기능보다 역기능이 역사했습니다. 이스라엘이 말씀을 떠나고 언약을 파기할 때마다 하나님은 이스라엘을 통해 그에게 돌아와야 할 세계 민족을 도구로 하여 이스라엘을 징벌했습니다. 말씀에 불순종하여 언약을 깨뜨린 이스라엘은 최후로 앗수르와 바벨론을 통해서 멸망했습니다.

약속과 언약

구약 사상에서 '약속'(約束, promise)과 '언약'(言約, covenant)은 다른 개념입니다. 약속은 한 당사자가 다른 당사자에게 어떤 것을 하겠다는 일방적인 행동을 말합니다. 반면 언약은 약속의 개념을 넘어서서 언약 당사자들 사이의 공적인 관계가 법적으로 맺어지는 것을 말합니다.[73] 따라서 시내산 '언약'은 하나님이 이스라엘의 하나님이 되시고 이스라엘이 하나님의 백성이 되는 관계를 법적으로 그리고 공적으로 규정합니다.

하나님께서 언약을 지키는 수단으로 계명을 주시고 언약 백성 이스라엘로 하여금 '쉐마'(듣고 순종하는)를 준행하게 하십니다. 하나님께서는 계명을 먼저 주신 것이 아니라 언약을 먼저 체결하셨습니다. 그러므로 시내산

---

73 송제근, 『오경과 구약신학』, 112.

언약보다 출애굽 사건이 선행되며, 계명보다 언약이 선행됩니다. 계명(토라)은 언약의 하위 개념이자 동시에 종속 개념이며 언약을 유지하는 수단입니다. 여기로부터 '출애굽 구원-시내산 언약-계명'(토라)의 구조가 성립됩니다. 이 구조는 연속적 상관관계에 놓여 있습니다. 출애굽 구원의 목적이 시내산 언약의 체결이고, 이 언약은 계명에 순종함으로써 유지되고 지탱됩니다. 이렇게 언약 관계에서 '법' 또는 '계명'이 언약을 지키는 수단이요 방편입니다. 즉 '법'은 언약이라는 공적 관계가 형성되고 난 후, 언약 관계를 유지하기 위해서 봉사하는 수단입니다.[74] 따라서 "언약은 법의 상위 개념이고, 법적 권위를 근본적으로 가능하게 하는 개념"이라고 할 수 있습니다.[75] 한편 언약을 법(계명)처럼 사용하는 경우는 언약이 체결된 것을 전제로 하고 언약을 유지할 것을 명령할 때입니다.[76]

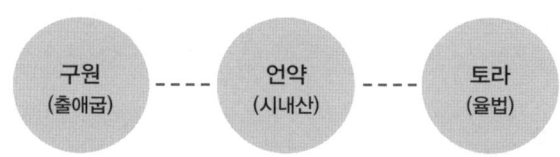

```
출애굽 구원 - 시내산 언약 - 토라(법, 계명, 율법)
출애굽의 목적은 시내산 언약을 세우기 위함(출 6:6-7)
"내 말을 잘 듣고 내 언약을 지키면"(출 19:5-6)

언약 백성의 의로움: 말씀에 복종(신 6:25)
하나님의 의로움: 소유(특별한 보화), 제사장 나라, 거룩한 백성 삼으심

[언약 공식] "나는 너희의 하나님이 되고 너희는 내 백성이
되리라"(구약성경에 25회).
```

〈시내산 언약의 핵심 내용 : 구원, 언약, 토라〉

---

74 송제근,『오경과 구약신학』, 121.
75 송제근,『오경과 구약신학』, 21.
76 송제근,『오경과 구약신학』, 21.

하나님과 이스라엘의 언약 관계에서 '법'은 그 자체를 지키는 것이 최종 목적이 결코 아닙니다. '법', '율법' 또는 '계명'은 하나님과 이스라엘이 맺은 언약 관계를 유지하기 위한 수단입니다. 그러므로 이스라엘이 법을 지키는 동기는 보상과 형벌의 차원이 아니라, 언약 백성 삼으신 하나님에 대한 사랑에 근거합니다. 그래서 언약을 지키는 수단인 계명은 하나님을 사랑함으로써 자연스럽게 지켜집니다. "나를 사랑하고 내 계명을 지키는 자에게는 천 대까지 은혜를 베푸느니라"(출 20:6). 언약 백성 이스라엘이 계명을 지키는 것은 독수리처럼 업어서 자신들을 구원해 주신 하나님의 사랑을 기억함으로써 가능합니다. 구원의 감격으로 계명을 지키는 것입니다. 그리하여 하나님과의 언약 관계를 유지하며 하나님 안에 거하는 것입니다. 구약 시대 다윗은 말씀에 순종하여 언약 안에 거하는 모본입니다. 그가 여호와께 구한 한 가지는 말씀에 순종하는 것 자체가 아니라, 말씀에 순종함으로써 하나님의 집에 거하는 것이었습니다(시 27:4). 이것은 말씀에 순종하는 것이 언약 백성의 본분이 아니라 말씀에 순종하여 하나님과 교제하는 것이 그 본분임을 알려줍니다.

하나님은 언약을 지키는 방편으로 십계명을 비롯하여 여러 가지 계명(토라)을 주십니다(출 20-23장). 십계명은 하나님이 직접 주신 계명으로, 언약 준수의 근간이 되는 기본적인 계명입니다. 십계명은 내용상 두 부분으로 나누어지는데, 1~4계명은 하나님과 관련된 규범이고, 5~10계명은 언약 백성이 상호 간에 지켜야 할 규범입니다. 이스라엘 백성은 십계명이 선포된 후 우레와 번개와 산의 연기를 보았고 나팔 소리를 들었습니다. 이 같은 현상들은 하나님의 임재의 증거입니다. 하나님께서 말씀과 더불어 임재하신 것입니다. 그러자 이스라엘 백성이 "우리가 죽을까 하나이다" 하며 두려워합니다(출 20:19). 이들은 중재자 모세를 통해 말씀을 듣기 원하고 하나님이 직접 말씀하시지 않기를 구합니다. 모세가 백성을 안심시킵니다. 그리고 하나님께서 말씀으로 임하시는 것은, 그들이 하나님을 공경하고 죄를 짓지 않도록 하시기 위함이라고 말합니다. 모세가 백성의 요구대로 하나님과 백성 사이의 중재자 역할을 받아들입니다. 이제 하나님께서 모세를 통해 언약을 지키기 위한 방편인 계명을 주십니다. 출애굽기 21~23장은 하나님이 모세를 통하여 주신 간접적인 계명으로, 언약 공동체 안의 질서와 책임을 규정하는 내용입니다.

피로 세운 언약

모세가 언약을 지키기 위한 수단으로써 말씀과 율례를 백성에게 전합니다. 백성은 "여호와께서 말씀하신 모든 것을 우리가 준행하리이다"라고 화답합니다(출 24:3). 신명기에서 모세가 회고한 내용을 보면, 하나님께서 이 화답을 좋게 여기셨다고 합니다(신 5:28). 모세가 여호와의 모든 말씀을 기록하고, 하나님과 백성 간의 언약 체결을 위해 준비합니다. 언약의 당사자인 하나님을 상징하는 제단을 쌓고, 또 다른 당사자인 이스라엘을 상징하는 열두 개의 돌기둥을 세웁니다. 그리고 소를 희생 제물로 하여 번제와 화목제를 드리고 피로 언약을 체결합니다. "이는 여호와께서 이 모든 말씀에 대하여 너희와 세운 언약의 피니라"(출 24:8).

모세가 피로 세운 언약은 그리스도가 자기 피로 세운 언약을 예표합니다. 짐승의 피로 세운 언약은 육체의 죄를 용서하고, 그리스도의 피로 세운 언약은 양심까지도 깨끗하게 하여 살아 계신 하나님을 섬기게 합니다. 그러므로 모세가 피로 세운 언약은 그리스도가 오시기 전까지만 한시적으로 유효합니다. 짐승의 피로 세운 시내산 언약은 그리스도의 피로 세운 새 언약으로 완성됩니다.

"이것은 죄 사함을 얻게 하려고 많은 사람을 위하여 흘리는 바 나의 피 곧 언약의 피니라"(마 26:28).

"염소와 황소의 피와 및 암송아지의 재를 부정한 자에게 뿌려 그 육체를 정결하게 하여 거룩하게 하거든 하물며 영원하신 성령으로 말미암아 흠 없는 자기를 하나님께 드린 그리스도의 피가 어찌 너희 양심을 죽은 행실에서 깨끗하게 하고 살아 계신 하나님을 섬기게 하지 못하겠느냐"(히 9:13-14).

증거막, 하늘 성소의 모형

이스라엘이 언약 체결식을 통해 하나님과 공적으로 언약 관계로 들어갑니다. 역사의 수레바퀴를 되돌릴 수 없듯이 피로 맺은 언약은 되돌릴 수 없습니다. 이스라엘 백성이 말씀에 순종하여 언약을 지키면 하나님께서 그들의 하나님이 되어 주시며 그들을 특별한 보화로 여겨 주십니다. 그리고 그들은 세계를 향하여 선교적 사명을 수행합니다. 그러나 이스라엘 백성이 말씀에 불순종하여 언약을 깨뜨리면 그들에게 징계와 심판이 임합니다. 언약 체결 후 하나님과 이스라엘이 서로 만납니다. 우레와 번개와 구름이 가득했던 이전의 만남(출 19:16)과는 달리 평화와 기쁨의 잔치가 벌어집니다(출 24:9-11). 언약 안에서 하나님과 이스라엘 백성이 만나는 이 장면은 언약의 목적이 하나님과 교제에 있음을 분명히 알려줍니다.

하나님께서 모세에게 '증거막'을 짓게 하십니다(출 25-31장). 증거막은 언약 당사자 간의 만남을 위한 장소입니다. 언약 백성의 신앙이 가장 깊고 다양하게 형상화된 형체가 증거막입니다. 증거막은 하나님이 임재하신다는 의미에서 거룩한 막인 '성막'(聖幕)으로도 불리며, 하나님과 이스라엘이 만난다는 의미에서 '회막'(會幕)으로도 불립니다. 그런데 성경에서 이 성막 안의 모든 물건에 일관되게 사용하는 단어가 성막의 '성'이나 회막의 '회'가 아니라 '증거'입니다. 언약의 조건인 '증거'(법)가 하나님과의 만남의 근거가 되므로 성막이나 회막보다는 '증거막'(證據幕)으로 부르는 것이 더 합당합니다. 이에 증거막이 본질적인 표현이고, 성막과 회막은 증거막에서 응용된 보조 개념이라고 할 수 있습니다. 이스라엘 백성이 증거인 '법'을 지킬 때 언약이 지켜지며, 이 언약은 하나님 나라를 실현하는 합법적이고 역사적인 수단이 됩니다. 그리고 증거막은 성막과 회막의 의미를 넘어, 하나님과 이스라엘이 맺은 언약을 유지하고 발전시키고 나아가 이스라엘이 범죄했을 때에 언약을 회복시키기 위한 방편입니다.

증거막은 외전(外殿)과 내전(內殿)으로 구성되는데 내전은 다시 지성소와 성소로 구분됩니다. 지성소는 언약의 한 당사자인 하나님을 위한 장소이고 성소는 언약의 또 다른 당사자인 이스라엘을 위한 장소입니다. 지성소에는 언약을 유지하기 위한 하나님의 계시의 상징인 증거궤(언약궤)가 놓여 있고 그 속에 십계명이 기록된 두 돌판이 들어 있습니다.

하나님은 지성소에서 두 가지 일을 하십니다. 하나는 증거궤를 통해 말씀하시고 다른 하나는 범죄한 이스라엘을 향하여 속죄를 베푸십니다. 하나님은 그분이 거하시는 가장 깊은 곳, 보좌로부터 말씀하십니다. 그리고 언약을 깨뜨리는 백성을 속죄소를 통해 다시 언약 백성으로 받아들이십니다. 속죄소는 본래 '덮개'라는 뜻이며 하나님의 자비로 죄를 덮는다는 의미에서 '자비소' 또는 '시은소'로도 불립니다. 이렇게 증거막의 중심은 지성소에 있으며, 하나님은 그곳에서 말씀하시고, 또 그곳에서 범죄하여 언약을 깨뜨린 백성에게 속죄를 베푸십니다.

예수 그리스도의 보혈, 하늘 성소로 인도하다

하나님이 모세에게 보여 주신 증거막의 모양은 본래 하늘에 속한 모양입니다. 이 증거막은 이스라엘 백성 즉 '사람이 세운 것'입니다. 이 증거막은 장차 하나님의 아들 예수 그리스도께서 세우실 증거막을 예표합니다. "지금 우리가 하는 말의 요점은 이러한 대제사장이 우리에게 있다는 것이라 그는 하늘에서 지극히 크신 이의 보좌 우편에 앉으셨으니 성소와 참 장막에서 섬기는 이시라 이 장막은 주께서 세우신 것이요 사람이 세운 것이 아니니라(히 8:1-2).

그가 친히 증거막이 되셔서 그를 믿는 자를 하늘의 지성소로 인도하십니다. 예수께서 십자가에서 죽으실 때 지성소를 가리던 휘장이 찢어졌습니다(마 27:51). 모든 인간에 대한 근본적이고 완전한 속죄가 행해졌습니다. 이제 누구든지 예수의 피를 믿고 그의 죽음에 연합되면 완전한 속죄를 받고 하나님이 계신 하늘 성소로 들어갑니다. "그러므로 형제들아 우리가 예수의 피를 힘입어 성소에 들어갈 담력을 얻었나니 그 길은 우리를 위하여 휘장 가운데로 열어 놓으신 새로운 살 길이요 휘장은 곧 그의 육체니라"(히 10:19-20).

신앙생활의 본질은 하나님과 올바른 관계를 맺고 그 안에 거하는 데 있습니다. 그것은 예수 그리스도가 세우신 새 언약 백성으로 살아가는 것입니다. 곧 날마다 예수의 보혈을 힘입어 하늘의 지성소로 들어가는 것입니다. 구체적으로 말하면, 말씀 앞에서 드러나는 내 비참한 존재를 발견하고, 그런 나를 위해 십자가에서 죽으신 예수 그리스도를 힘입어 하늘 보좌에 계신 하나님께 나아가는 것입니다. 그때 우리에게 하나님의 사랑이 부어지고, 그 사랑에 힘입어 모든 상황에서 넉넉히 승리합니다. 이것이 새 언약 백성 된 우리의 특권이며 복락입니다.

22

언약적 의를 버린 백성, 징계가 임하다

"순종이 제사보다 낫고 듣는 것이 숫양의 기름보다 나으니"

_삼상 15:22

광야, 말씀에 불순종하여 언약이 깨어지다

하나님과 이스라엘 사이에 언약이 체결되었습니다. 하나님과 이스라엘의 관계는 '출애굽 구원 – 시내산 언약 – 계명'이라는 상관관계 아래에 놓입니다. 이스라엘은 피의 언약을 통하여 공적으로 하나님과의 언약 관계에 들어갑니다. 만일 이스라엘이 말씀에 순종하여 언약을 지키면 하나님께서 그들의 하나님이 되어 주시며 그들에게 복을 주십니다. 그러나 그들이 말씀에 불순종하여 언약을 깨뜨리면 언약의 내용대로 그들에게 징계가 임합니다. 물론 시내산 언약의 내용에는 복과 저주가 명확하게 언급되지는 않습니다. 하지만 언약의 역사가 진행될수록 복과 저주에 대한 사항이 명확하게 표현됩니다.

언약 체결 이후 하나님께서 모세에게 만들라고 명령하신 증거막은 이스라엘이 계명을 어겨 언약을 깨뜨렸을 때 다시 하나님과의 관계를 회복하게 해 주는 은총의 수단입니다. 시내산 언약과 계명, 그리고 성막은 모두 하나님이 언약 백성 이스라엘에게 주신 은총입니다. 이스라엘은 그 은혜 아래에서 가나안 땅으로 향하는 광야 여정을 본격적으로 시작합니다. 처음 언약을 맺었을 때 하나님과 이스라엘 백성 사이에는 평화와 기쁨이 가득했습니다(출 24:10-11). 그러나 불행히도 얼마 지나지 않아 이스라엘이 곧 계명을 어기고 언약을 깨뜨립니다. 그들이 금송아지를 만들어 숭배한 것입니다(출 32장). 모세가 시내산에 올라가 두 돌판을 받고 증거막에 대한 말씀을 듣는 중에 이 사건이 일어났습니다. 그 후로도 이스라엘 백성은 끊임없이 말씀에 불순종하여 언약을 깨뜨립니다. 가장 결정적인 사건이 가데스의 정탐 사건입니다(민 13-14장). 이스라엘 백성은 하나님께서 약속해 주신 그 땅을 멸시했습니다. 하나님께서는 그 죄를 물어 백성을 40년간 광야에서 방황하게 하십니다(민 14:33). 40년의 광야 생활이 끝난 후 백성이 드디어 가나안 땅이 바라다보이는 모압 평지에 도착합니다.

모압 언약, 불순종에 대한 강한 경고

이때 하나님께서 모세를 통하여 언약을 갱신하십니다. 백성이 가나안 땅에 들어가기 직전, 하나님께서 계명에 순종하여 언약을 지킬 것을 촉구하시며 그에 상응하는 복과 저주를 선포하십니다. 이것을 '모압 언약'이라고 부릅니다. "호렙에서 이스라엘 자손과 세우신 언약 외에 여호와께서 모세에게 명령하여 모압 땅에서 그들과 세운 언약의 말씀은 이러하니라"(신 29:1). 시내산 언약에서는 "내 말을 잘 듣고 언약을 지키면"이라고 하며, 언약의 긍정적 조건만 주어졌습니다. 그러나 모압 언약에서는 언약의 부정적 조건도 함께 주어집니다. 즉 하나님께서 이스라엘 백성 앞에 복과 저주를 백성 앞에 두셨다고 선언하십니다.

"보라 내가 오늘 생명과 복과 사망과 화를 네 앞에 두었나니 곧 내가 오늘 네게 명령하여 네 하나님 여호와를 사랑하고 그 모든 길로 행하며 그의 명령과 규례와 법도를 지키라 하는 것이라 그리하면 네가 생존하며 번성할 것이요 또 네 하나님 여호와께서 네가 가서 차지할 땅에서 네게 복을 주실 것임이니라"(신 30:15-16).

언약 백성 이스라엘 앞에 생명과 복과 사망과 화가 놓여 있습니다. 그들이 하나님을 사랑하고 계명을 지키면 생명과 복을 받습니다. 그러나 그렇지 아니하면 그들에게 사망과 화가 임합니다. 모세는 백성이 가나안 땅에 들어간 후 그들이 먹고 배불러서 다른 신을 섬기며 하나님을 멸시하고 언약을 깨뜨릴 것이라고 단정합니다. 모세가 살아 있을 때도 반역하여 목이 곧은 백성이었는데 그가 죽은 후에는 더하지 않겠느냐고 하면서 말입니다.

모압 언약에서 저주를 강조한 것은 이 저주의 경고를 통해 언약을 더욱 엄격히 지키라는 역설적인 표현입니다. 예를 들어, 자식이 속을 썩일 때 부모가 자식에게, 다시 한번 속을 썩이면 집에서 내쫓아 버릴 것이라고 경고하는 것과 같습니다. 이때 부모의 경고는 자식이 집에서 나가기를 바란다는 의미가 아니라, 다시는 그러한 일을 하지 말라는 강력한 금지의 의미입니다. 모압 언약에 나오는 저주는 불순종에 대한 하나님의 강력한 경고입니다.

모세는 언약에 신실하신 하나님을 신뢰하며, 죽기 전에 이스라엘 자손을 지파대로 축복합니다(신 33장). 축복하기를 마친 모세의 마지막 말입니다. "이스라엘이여 너는 행복한 사람이로다 여호와의 구원을 너 같이 얻은 백성이 누구냐 그는 너를 돕는 방패시요 네 영광의 칼이시로다 네 대적이 네게 복종하리니 네가 그들의 높은 곳을 밟으리로다"(신 33:29).

모세, 가나안 땅의 예표인 하나님 나라로 들어가다

　모세는 하나님의 종으로서 광야에서 이스라엘 백성을 인도했습니다. 그는 시내산 언약과 모압 언약의 중재자로서 사명을 다했습니다. 하지만 그는 약속의 땅 가나안으로 들어가지 못했습니다. 이는 그가 "반석에게 명령하여 물을 내라"라는 하나님의 말씀을 어기고 지팡이로 반석을 쳤기 때문입니다(민 20:10-12). 모세는 가나안 땅을 바라보았으나 그 땅에 들어가지 못합니다. 그렇다면 모세가 한 번의 실수로 가나안 땅에 들어가지 못한 불운한 지도자입니까? 결코 그렇지 않습니다.

　모세가 가나안 땅으로 들어가지 못한 것은, 일차적으로는 반역하는 백성 앞에서 하나님의 거룩성을 드러내지 못한 사건에 기인합니다. 하지만 더 중요한 이유가 있습니다. 모세가 이스라엘 백성의 죄를 지고 심판을 받았기 때문입니다. 신명기에서는 하나님께서 불순종한 이스라엘 백성 때문에 모세에게 진노하셨다고 말씀합니다. 그래서 모세가 가나안 땅에 못 들어갔다고 밝힙니다. "여호와께서 너희 때문에 내게도 진노하사 이르시되 너도 그리로 들어가지 못하리라"(신 1:37; 참고. 3:25-26). 이는 반석에서 물이 솟은 곳을 '므리바'로 명명한 것으로 확증됩니다. 이스라엘 백성이 여호와와 다투었다는 뜻입니다. 그러나 여호와께서 그의 거룩하심을 드러내신 곳이기도 합니다(민 20:13).

　모세가 형벌을 받은 것에는 이중적인 의미가 들어 있습니다. 곧 이스라엘 백성이 여호와를 반역한 죄에 대한 형벌이고, 자신의 불신앙의 죄에 대한 형벌입니다. 구속사적으로 보면 모세가 백성의 죄를 담당한 것이 그 본질입니다. 백성들의 죄로 인하여 모세에게 재난이 임한 것입니다. "그들이 또 므리바 물에서 여호와를 노하시게 했으므로 그들 때문에 재난이 모세에게 이르렀나니 이는 그들이 그의 뜻을 거역함으로 말미암아 모세가 그의 입술로 망령되이 말했음이로다"(시 106:32-33). 하나님께서는 범죄한 백성을 심판하지 아니하시고 그들을 위해 반석에서 물을 내셨습니다. 그리고 그들을 가나안 땅으로 인도하셨습니다. 가나안 땅은 하나님 나라를 예표합니다. 모세는 비록 가나안 땅에는 들어가지 못했으나, 그 땅이 예표하는 하나님 나라에 들어갔습니다.

백성을 대신하여 죽은 모세, 그리스도를 예시하다

신약 시대 때 변화산 사건에서 모세가 엘리야와 함께 나타나 예수와 함께 천상의 교제를 누립니다. "문득 두 사람이 예수와 함께 말하니 이는 모세와 엘리야라 영광중에 나타나서 장차 예수께서 예루살렘에서 별세하실 것을 말할새 베드로와 및 함께 있는 자들이 깊이 졸다가 온전히 깨어나 예수의 영광과 및 함께 선 두 사람을 보더니"(눅 9:30-32). 모세는 자신을 선지자로 칭하며, 자기보다 더 권위 있는 선지자가 오실 것을 예언했습니다(신 18:15). 그가 예언한 선지자가 바로 구원자 예수 그리스도이십니다(행 3:22-24).

모세는 결코 불운한 지도자가 아니었습니다. 그는 그리스도를 위하여 하나님께 충성하는 종이었습니다(히 3:5). 그는 하늘의 상을 바라며 그리스도를 위하여 고난받은 믿음의 사람이었습니다. "믿음으로 모세는 장성하여 바로의 공주의 아들이라 칭함 받기를 거절하고 도리어 하나님의 백성과 함께 고난 받기를 잠시 죄악의 낙을 누리는 것보다 더 좋아하고 그리스도를 위하여 받는 수모를 애굽의 모든 보화보다 더 큰 재물로 여겼으니 이는 상 주심을 바라봄이라"(히 11:24-26).

백성의 죄를 대신 담당한 모세는 예수 그리스도를 예표합니다. 예수 그리스도는 아담 안에서 하나님을 반역하는 우리의 죄를 대신 담당하셨습니다. 모세는 자신의 죄악도 담당했으나, 예수 그리스도께서는 오로지 우리의 죄악만을 위해 죽으셨습니다. 그리스도는 죄가 없으시나 우리를 의롭다 하시기 위해 죄인이 되어 죽으신 것입니다. "하나님이 죄를 알지도 못하신 이를 우리를 대신하여 죄로 삼으신 것은 우리로 하여금 그 안에서 하나님의 의가 되게 하려 하심이라"(고후 5:21). 그리스도께서 우리 죄를 용서하시고 생명을 주셔서 우리를 하나님께로 인도하시기 위하여 십자가에서 죽으셨습니다(벧전 3:18).

세겜 언약, 가나안 땅에서의 언약 갱신

이스라엘이 마침내 가나안 땅으로 들어갑니다. 가나안 땅을 정복한 후 여호수아는 그 땅을 기업으로 주신 하나님을 경외하며 쉐마를 준행하라고 촉구합니다. "그러므로 이제는 여호와를 경외하며 온전함과 진실함으로 그를 섬기라 너희의 조상들이 강 저쪽과 애굽에서 섬기던 신들을 치워 버리고 여호와만 섬기라"(수 24:14). 그리고 자신도 "오직 나와 내 집은 여호와를 섬기겠노라"라고 다짐합니다(수 24:15). 백성 또한 하나님만 섬기겠다고 화답합니다. 여호수아가 그 말을 증거 삼아 백성과 더불어 '세겜 언약'을 세웁니다. 이것이 여호수아의 마지막 사역이었습니다. "그 날에 여호수아가 세겜에서 백성과 더불어 언약을 맺고 그들을 위하여 율례와 법도를 제정했더라 여호수아가 이 모든 말씀을 하나님의 율법책에 기록하고 큰 돌을 가져다가 거기 여호와의 성소 곁에 있는 상수리나무 아래에 세우고 모든 백성에게 이르되 보라 이 돌이 우리에게 증거가 되리니 이는 여호와께서 우리에게 하신 모든 말씀을 이 돌이 들었음이니라 그런즉 너희가 너희의 하나님을 부인하지 못하도록 이 돌이 증거가 되리라"(수 24:25-27).

'언약 공식'이 '부르짖음의 공식'으로

여호수아가 사는 날 동안과 그 뒤로도 생존한 이스라엘 장로들, 곧 여호와께서 이스라엘을 위하여 행하신 큰일을 본 자들이 사는 날 동안은 백성이 여호와를 섬겼습니다(수 24:31). 그러나 그 장로들이 다 죽자, 백성들이 여호와의 목전에서 악을 행하기 시작합니다. 그들은 언약적 의를 버리고 다른 신들을 섬깁니다. 하나님께서 불순종한 그들에게 재앙을 내리십니다. 백성이 괴로워 부르짖자, 하나님께서 사사를 세우셔서 그들을 곤경에서 건져 주십니다. 그러나 백성들이 다시 범죄합니다. 또 하나님께서 징계하시자 백성들이 부르짖습니다. 하나님께서 다시 사사를 세우셔서 그들을 구원하십니다. 이스라엘 백성은 고난 중에 말씀에 순종하여 언약을 지켜야 하는데 언약은 저버리고 그저 부르짖어 구원받습니다. 사사기에는 '범죄 → 고난 → 부르짖음 → 구원'의 형식이 반복됩니다. 이들의 신앙 생활은 말씀으로 돌아오는 '언약 공식'(covenant formula)을 버리고 '부르짖음의 공식'(crying formula)으로 일관했습니다. 그 결과 그들은 시간이 지날수록 나선형으로 추락합니다. 그들은 갈수록 범죄가 늘어나고 신앙은 더욱 타락했습니다. 급기야 백성의 지도자인 레위인과 제사장까지도 타락하고 맙니다.

'사사 하나님'을 버리고 자기들이 보기에 좋은 대로

사사 시대에는 모세나 여호수아처럼 특출한 지도자가 없었습니다. 백성이 말씀에 순종하여 언약 안에 거하면 하나님이 그들의 왕이 되어 주셨습니다. 사사기에서는 명사형 사사(쇼패트)가 단 한 번 나오는데 바로 '사사 하나님'을 표현할 때입니다(삿 11:27). 인간 사사들은 명사형이 아니라 하나님이 그를 세워 '다스리다'(샤파트)처럼 동사로 표현됩니다. 인간 사사들은 세상적인 관점에서 볼 때 열등한 조건을 가졌습니다. 소위 대사사로 불리는 여섯 명의 사사도 그러합니다. 옷니엘은 갈렙의 아우의 아들, 곧 차자의 아들입니다. 에훗은 왼손잡이이며, 드보라는 여자입니다. 기드온은 열등한 므낫세 지파 출신이며, 입다는 요단 동편 출신이자 기생의 아들입니다. 삼손은 유일하게 기업을 차지하지 못한 단 지파 출신입니다. 하나님께서는 이렇게 약한 자를 통해 자기 백성을 다스리셨습니다. 사사 시대에는 하나님 자신이 백성의 왕이셨습니다(삼상 8:7 참고). 그러나 이스라엘은 부르짖음의 공식에 매인 채 말씀에 불순종했습니다. 결국 말씀이 희귀해졌고(삼상 3:1), 그들은 자기들이 보기에 좋은 대로 믿고 행했습니다.

> "그 때에 이스라엘에 왕이 없으므로 사람이 각기 자기의 소견에 옳은 대로 행했더라"(삿 21:25)

사사 시대 때 이스라엘 백성은 하나님을 향한 제도와 의식 절차에 매우 충실했습니다. 에브라임 산지의 미가가 대표적입니다(삿 17장). 미가는 돈으로 제사장을 고용하여 함께 살며 여호와께서 자기에게 복을 주실 줄로 믿었습니다. 단 지파 사람들이 미가의 제사장을 유혹하여 자기들이 보기에 좋은 땅으로 데리고 갑니다. 말씀이 떠나니 욕망이 들어옵니다. 그들은 하나님을 믿되 말씀은 제쳐 놓고 각자 자기 욕심을 채우기 위해 자기가 보기에 좋은 대로 믿었습니다. 그런데도 하나님의 구원 역사는 계속됩니다. 이스라엘 나라에서 의인을 찾아보기 힘들 때, 모압 여인 룻이 하나님을 경외했습니다. 하나님께서 룻을 보아스와 만나게 하셔서 그녀를 통해 다윗의 직계 조상 오벳을 낳게 하십니다(룻 4:21-22).

실로의 성소에서 떠나시다

사사 시대가 끝나고 왕의 시대가 도래합니다. 이때는 여호와의 말씀이 희귀하여 이상이 없어진 시대였습니다(삼상 3:1). 그러나 하나님께서 어린 사무엘에게 나타나셔서 엘리 제사장을 폐하겠다고 말씀하시고 그대로 이루십니다. 그리고 사무엘을 준비시키십니다.

여호와께서 실로라는 곳에서 여호와의 말씀으로 사무엘에게 다시 나타나십니다(삼상 3:21). 당시에 언약궤가 실로에 있었고 성소도 그곳에 있었습니다. 사무엘이 실로에서 선지자가 됩니다. 그즈음 에벤에셀에서 이스라엘과 블레셋 사이에 전쟁이 일어납니다(삼상 4장). 첫 번째 전투에서 이스라엘이 패하고 4천 명의 군사가 죽습니다. 그러자 이스라엘 장로들이 언약궤가 없었기 때문에 패배했다고 결론을 내립니다. 이에 실로에서 언약궤를 가져오기로 합니다. 실로와 에벤에셀은 직선거리로 35km나 떨어졌고 표고도 600m나 차이가 납니다. 너무나 멀고 험난한 여정이었으나 이스라엘은 전쟁에서 꼭 이겨야 했기에 언약궤를 가져옵니다.

언약궤가 진중으로 들어오자 이스라엘이 승리를 확신합니다. 이 소식을 듣고 블레셋이 몹시 두려워합니다. 그들은 언약궤와 함께하시는 하나님의 능력을 알았기 때문입니다. 그래서 그들은 더욱 강하게 무장합니다. 다시 전투가 벌어집니다. 하지만 뜻밖에도 이스라엘이 대패합니다. 이스라엘에 언약궤가 없었을 때는 군사 4천 명이 죽었는데, 언약궤가 있던 두 번째 전투에서는 무려 3만 명이 죽습니다.

그뿐만 아니라 엘리 제사장의 두 아들이 죽고, 언약궤마저 블레셋에게 빼앗깁니다. 실로의 성소에 있던 엘리 제사장은 하나님의 궤를 빼앗겼다는 말을 듣고 충격으로 넘어져 목이 부러져 즉사하고 맙니다. 엘리의 며느리는 시아버지와 남편이 죽었다는 소식에 충격을 받아 해산하며 아들을 낳습니다. 산파들이 그녀에게 "네가 아들을 낳았다" 하며 위로하지만, 며느리는 "영광이 이스라엘에서 떠났다"라고 하며 아이 이름을 '이가봇'으로 짓고 죽습니다(삼상 4:21). 시편 기자가 이때의 일을 증거합니다. "하나님이 들으시고 분내어 이스라엘을 크게 미워하사 사람 가운데 세우신 장막 곧 실로의 성막을 떠나시고 그가 그의 능력을 포로에게 넘겨주시며 그의 영광을 대적의 손에 붙이시고"(시 78:59-61).

하나님께서는 언약궤가 실로에서 에벤에셀로 옮겨지기 전에 이미 떠나셨습니다. 하나님이 부재한 언약궤는 무용지물입니다. 하나님께서 그의 능하신 언약궤를 블레셋에게 넘겨주십니다. 그의 영광을 대적들의 손에 붙이신 것입니다. 당시에 승전국은 패전국의 왕이나 신상을 자국의 신

전에 두곤 했습니다. 블레셋 사람들은 승자의 관례대로 다곤 신전에 언약궤를 갖다 둡니다. 그런데 다곤 신상이 무너져 내립니다. 재앙이 임한 것입니다. 신들의 전쟁에서는 여호와 하나님께서 승리하신 것입니다. 이에 블레셋 사람들이 재앙을 두려워하여 언약궤를 다시 이스라엘로 돌려보냅니다. 일곱 달 만에 언약궤는 두 마리 소가 끄는 수레에 실려 이스라엘의 벧세메스로 보내집니다(삼상 6:12).

하나님이 세우신 왕, 이제 왕은 여호와의 말씀을 들으소서

사무엘이 늙었고 이스라엘에는 왕이 없었습니다. 사실 하나님 자신이 백성의 왕이었으나 그들은 다른 나라와 같이 인간 왕을 달라고 구합니다(삼상 8:5). 말씀에 불순종하여 징계가 계속되는 언약 백성의 짐을 벗어 버리겠다는 것입니다. 하나님께서 그들의 청을 허락하셔서 사울을 왕으로 세우십니다. 백성은 세상 나라와 같은 왕을 구했으나 하나님께서는 언약 관계 안에서 왕을 세우십니다. 곧 왕이 말씀에 순종하면 그와 백성이 형통할 것이며, 불순종하면 하나님이 그들을 치실 것입니다(삼상 11:13-15). 하나님이 세운 왕은 하나님의 말씀대로 행해야 합니다. "이제 왕은 여호와의 말씀을 들으소서"(삼상 15:1).

사무엘이 사울 왕에게 아말렉을 진멸하되 아무것도 남기지 말라는 하나님의 말씀을 전합니다. 사울은 그 전쟁에서 승리했으나 자기 생각대로 짐승의 좋은 것들과 기름진 것들을 남겨둡니다(삼상 15:9). 그리고 자기를 위하여 기념비까지 세웁니다. 사무엘이 아말렉을 모두 진멸하지 않은 일을 책망하자, 사울은 좋은 제물로 하나님께 제사를 드리기 위해서라고 변명합니다. 이에 하나님께서 사무엘을 통하여 사울을 폐위하십니다. "순종이 제사보다 낫고 듣는 것이 숫양의 기름보다 나으니…왕이 여호와의 말씀을 버렸으므로 여호와께서도 왕을 버려 왕이 되지 못하게 하셨나이다"(삼상 15:22-23).

사울을 폐하시고 다윗을 세우시다

하나님께서 사울을 폐하시고 자기 마음에 합한 자 다윗을 왕으로 세우십니다(삼상 16:13). 여호와의 영이 사울에게서 떠나 다윗과 함께하십니다. 하나님의 영이 떠난 사울은 사람이 볼 때는 여전히 왕이었으나 하나님께는 이미 버림받은 자였습니다. 그가 왕으로서 한 가장 대표적인 일은 하나님이 함께하시는 다윗을 모함하고 죽이려는 일이었습니다. 그로 인해 다윗이 광야를 전전하지만, 하나님의 말씀에 순종하며 하나님의 인도를 받습니다. 하나님께서는 블레셋을 통해 사울을 심판하시고 마침내 다윗을 왕으로 세우십니다. 다윗은 이스라엘 백성이 불순종한 것과 달리 말씀에 순종하여 언약 안에 머무릅니다. 하나님께서는 다윗이 무엇을 하든지 형통하게 하셨습니다.

다윗이 왕이 되어 기럇여아림에 있던 언약궤를 예루살렘으로 가져옵니다(대상 13:6). 이는 범사에 여호와께 묻기 위함입니다. "우리가 우리 하나님의 궤를 우리에게로 옮겨오자 사울 때에는 우리가 궤 앞에서 묻지 아니했느니라 하매"(대상 13:3). 사울의 실패가 그에게는 반면교사가 된 것입니다. 그런데 언약궤를 새 수레에 싣고 화려한 행차를 했음에도 다윗은 언약궤를 가져오는 데에 실패합니다. 이는 그가 하나님의 말씀대로 하지 않았기 때문입니다. 언약궤는 레위 사람이 메고 옮겨야 합니다. 언약궤 운반은 중단되고 언약궤는 가드 사람 오벧에돔의 집에 있게 됩니다(대상 13:13). 그 후 다윗이 다시 레위인으로 하여금 언약궤를 메고 오게 합니다(대상 15:1-2). 언약궤가 무사히 예루살렘으로 들어옵니다. 이번에는 말씀대로 했기 때문입니다(대상 15:13). 언약궤가 예루살렘으로 들어오자 다윗이 베로 만든 에봇이 흘러내려 몸이 드러나기까지 춤을 추며 기뻐합니다(삼하 6:14).

다윗은 오직 한 가지 일을 구했습니다. "내가 여호와께 바라는 한 가지 일 그것을 구하리니 곧 내가 내 평생에 여호와의 집에 살면서 여호와의 아름다움을 바라보며 그의 성전에서 사모하는 그것이라"(시 27:4). 다윗은 언약 안에 거했고 하나님은 그에게 놀라운 복을 주셨습니다. 그의 후손을 통해 메시아, 그리스도가 오실 것이라는 약속입니다. 이 내용이 나단 선지자를 통하여 주신 신탁으로, 다윗 왕조에 대한 약속입니다(삼하 7:12).

이스라엘 백성은 큰 구원을 얻고도 언약 안에 거하지 아니함으로써 하나님께 돌보심을 받지 못했습니다(히 8:9). 이제 우리는 그리스도가 세우신 새 언약 아래에 있습니다. 우리가 새 언약을 성취하신 그리스도를 통해 하나님 안에 거할 때 언약 백성의 특권을 누릴 수 있습니다. 하나님의 아들 예수 그리스도를 통해 아버지 집에 거하는 삶은 언약 백성의 특권이자 거룩한 의무입니다.

23

나단 신탁과 다윗 언약

> "네 수한이 차서 네 조상들과 함께 누울 때에 내가 네 몸에서 날 네 씨를 네 뒤에 세워 그의 나라를 견고하게 하리라"
>
> _삼하 7:12

성경은 구속사가 그 중심 내용입니다. 이 구속사가 언약 사상에 내포되어 있습니다. 언약은 하나님과 인간 사이의 관계를 법적으로 규정하는 것입니다. 하나님이 아브라함의 후손 이스라엘 백성을 언약 백성으로 삼으셨습니다. 그런데 백성이 계속해서 말씀에 불순종하여 언약을 깨뜨립니다. 그들은 언약적 의를 버리고 불의해집니다. 하지만 언약에 신실하신 하나님은 이스라엘을 버리지 아니하시고 그들을 징계하여 다시 언약 안에 머물도록 하십니다. 사울에 이어 다윗이 왕이 됩니다. 그는 말씀에 순종하여 하나님의 언약 안에 거합니다. 하나님께서 다윗과 함께하셔서 그가 하는 모든 일을 형통하게 하십니다.

다윗의 등극 사화와 나단 신탁

사무엘서(상하)는 다윗이 왕이 되는 이야기를 그립니다. 하나님께서 사무엘을 통해 다윗에게 기름을 부으십니다(삼상 16:13). 그리고 하나님은 다윗이 왕이 되기까지 그를 인도해 주십니다. 마침내 다윗이 이스라엘의 왕으로 등극합니다. 사울은 자기를 위하여 왕의 직무를 수행하다가 하나님께 버림받았습니다. 그는 언약 백성의 왕에 대한 정체성을 잃어버렸습니다. 그러나 다윗은 그 정체성을 분명히 알았습니다. 다윗은 여호와께서 자기를 세우사 이스라엘 왕으로 삼으신 것과 그의 백성 이스라엘을 위하여 그 나라를 높이신 것을 알았습니다(삼하 5:12).

왕이 된 다윗이 하나님의 언약궤를 예루살렘으로 옮겨 옵니다. 그리고 나단 선지자에게 이 언약궤를 안치할 하나님의 집을 짓겠다고 말합니다. 그러나 하나님께서 나단 선지자에게 이렇게 말씀하십니다.

"…여호와가 또 네게 이르노니 여호와가 너를 위하여 집을 짓고 네 수한이 차서 네 조상들과 함께 누울 때에 내가 네 몸에서 날 네 씨를 네 뒤에 세워 그의 나라를 견고하게 하리라 그는 내 이름을 위하여 집을 건축할 것이요 나는 그의 나라 왕위를 영원히 견고하게 하리라"(삼하 7:11-13).

하나님을 위하여 집을 짓겠다는 다윗에게 하나님께서는 다윗을 위하여 집을 짓겠다고 말씀하십니다. 하나님께서는 다윗의 씨에서 태어날 자를 통해 그의 나라를 견고하게 세우실 것입니다. 다윗의 집과 그의 나라가 영원히 보전되고 그의 왕위가 영원히 견고할 것입니다(삼하 7:16). 나단 선지자를 통하여 말씀하신 이 약속을 가리켜 '나단 신탁' 또는 '다윗 왕조 언약'이라고 부릅니다. 이 신탁에서 다윗의 씨는 역사적으로 다윗의 아들 솔로몬을 말하며, 다윗의 집은 솔로몬이 지을 성전을 뜻합니다. 만일 다윗의 씨, 곧 솔로몬이 범죄하면 하나님께서 "사람의 매와 인생의 채찍으로" 그를 징계하십니다(삼하 7:14). 하지만 역사적으로 솔로몬의 왕위는 영원하지 않았습니다. 이에 나단 신탁에서 다윗의 씨는 영원한 나라를 세우실 메시아(그리스도)를 가리킵니다. 그러므로 나단 신탁은 솔로몬과 그리스도에 대한 이중적 약속입니다.

사무엘서의 주제인 '다윗의 등극 사화'(登極 史話)는 만왕의 왕으로 오시는 그리스도를 예표합니다. 나아가, 하나님께서 다윗에게 지어 주겠다고 약속하신 그의 집은 오실 그리스도를 통해 세워질 하나님 나라를 예표합니다. 그러므로 나단 신탁은 하나님의 아들 예수 그리스도가 오심으로써 완성되었습니다. "이 복음은 하나님이 선지자들을 통하여 그의 아들에 관하여 성경에 미리 약속하신 것이라 그의 아들에 관하여 말하면 육신으로는 다윗의 혈통(씨)에서 나셨고"(롬 1:2-3).

다윗의 씨, 그리스도

'다윗의 씨'를 예표한 나단 신탁은 모든 족속에게 영생의 복을 주기로 약속하신, 아브라함이 받은 복의 성취입니다. 아브라함에게 약속하신 복(창 12:3)이 나단 신탁을 통해 확정된 것입니다(삼하 7:12). 마태복음의 첫 시작을 원문으로 살펴보면 이렇습니다. "다윗의 아들과 아브라함의 아들 예수 그리스도의 계보라"(마 1:1). 우리말 성경은 "아브라함과 다윗의 자손 예수 그리스도의 계보라"입니다. 신약성경에서 예수를 메시아(그리스도)로 고백하는 이들은 예수를 '아브라함의 후손'이라고 하지 않고 '다윗의 자손'이라고 했습니다.

나단 신탁으로 확정된 아브라함의 복은 창세전에 하나님께서 우리에게 주기로 약속하신 영생입니다. 예수 그리스도가 창세전부터 세상에 오시기로 미리 정해졌습니다(벧전 1:20). 이제 그가 오심으로써 창세전 그리스도 예수 안에서 영생을 주시기로 한 은혜가 나타났습니다(딤후 1:9-10).

심판을 통해 공의가 성취되다

나단 신탁 이후 다윗의 통치가 절정에 이릅니다. 하지만 이 사실이 그를 안전하게 지켜 주지는 못합니다. 그는 얼마 지나지 않아 범죄하여 넘어집니다. 다윗이 그의 충성된 부하 우리아의 아내 밧세바와 간음을 하고 그 죄를 덮기 위해 우리아를 죽입니다. 약 2년 후 나단 선지자가 다윗의 죄를 드러내고 책망합니다(삼하 12장). 그러자 다윗이 엎드려 회개합니다. 그는 죄를 지은 후 그 죄를 토설하기까지 얼마나 괴로워했는지 모릅니다. "내가 토설하지 아니할 때 종일 신음함으로 내 뼈가 쇠했도다 주의 손이 주야로 나를 누르시오니 내 진액이 빠져서 여름 가뭄에 마름같이 되었나이다"(시 32:3-4).

다윗은 하나님이 행하시는 공의의 심판을 받아들입니다. "주께서 심판하실 때에 옳습니다 하리이다"(시 51:4). 하나님께서는 자기 죄를 깨닫고 심판을 받아들이는 자를 의를 기초로 다시 세우십니다(시 94:15). 심판을 통해 하나님의 공의가 드러납니다. 하나님께서 다윗을 영원히 왕으로 세우실 것을 약속하셨으나 다윗은 평생 연약함과 범죄, 그리고 그로 인해 괴로워하고 번뇌했습니다. 하지만 그는 하나님의 말씀 앞에서 하나님께로 돌이켰고 언약 안에서 하나님의 돌보심을 받았습니다.

여로보암의 유사 신앙

다윗에 이어 왕이 된 솔로몬은 처음에는 말씀에 순종하여 언약 안에 거합니다. 그가 기브온 산당에서 일천 희생을 바쳤을 때 하나님이 그에게 나타나셔서 "네게 무엇을 줄꼬 너는 구하라"라고 말씀하셨습니다(왕상 3:6). 솔로몬은 아버지 다윗이 유언한 대로 '듣는 마음(쉐마)'을 구했습니다(왕상 3:9). 하나님은 그가 구한 것을 기뻐하시고, 덤으로 장수와 부귀의 축복을 주셨습니다. 무엇보다 솔로몬은 하나님께서 다윗에게 약속하신 성전을 짓습니다. 그의 나라는 부국강병을 이룹니다. 하지만 그는 많은 이방 여인을 아내로 맞이하여 그들이 들여온 우상을 섬깁니다. 하나님께서 나단 신탁에 근거하여 그를 "사람의 매와 인생의 채찍으로 징계"하십니다(삼하 7:14). 하지만 다윗을 생각해서 그의 왕위를 지켜 주십니다. "그러나 네 아버지 다윗을 위하여 네 세대에는 이 일을 행하지 아니하고 네 아들의 손에서 빼앗으려니와 오직 내가 이 나라를 다 빼앗지 아니하고 내 종 다윗과 내가 택한 예루살렘을 위하여 한 지파를 네 아들에게 주리라 하셨더라"(왕상 11:12-13).

유사 신앙을 제정한 여로보암

솔로몬이 죽은 후 이스라엘이 남북으로 분열됩니다. 남왕국은 다윗이 속한 유다 지파가 존속되어 솔로몬의 아들 르호보암이 다스리고, 북왕국은 솔로몬의 신복이었던 여로보암이 열 지파를 다스립니다(왕상 11:35-36). 하나님께서는 여로보암에게 열 지파를 주시고 그가 다윗처럼 말씀에 순종하여 언약 안에 거하면 그의 왕위를 견고히 하시겠다고 약속하십니다(왕상 11:38). 그러나 여로보암은 왕이 된 후 백성이 예루살렘 성전에 가는 것을 두려워합니다. 당시 하나님께서는 예루살렘의 성전에 그의 이름을 두셨습니다. "여호와께서 그에게 이르시되 네 기도와 네가 내 앞에서 간구한 바를 내가 들었은즉 나는 네가 건축한 이 성전을 거룩하게 구별하여 내 이름을 영원히 그 곳에 두며 내 눈길과 내 마음이 항상 거기에 있으리니"(왕상 9:3). 그러므로 북왕국에 속한 이스라엘 백성도 참된 예배를 드리기 위해서는 예루살렘 성전으로 가야 했습니다.

여로보암은 백성이 다시 다윗의 집으로 돌아갈까 봐 두려워서 금송아지를 만들어 단과 벧엘에 두고 백성으로 하여금 그것을 하나님으로 섬기게 합니다. 또한 레위인이 아닌 일반 백성을 제사장으로 삼고 절기를 율법과 비슷하게 정하는 등 유사 신앙을 만들어 냅니다. 이 같은 유사 신앙이 당장은 여로보암의 두려움을 없애 주고 백성에게 편리함을 주었으나 하나님 앞에서는 큰 죄가 됩니다. 왜냐하면, 하나님의 백성이 하나님을 만나는 길을 차단했기 때문입니다. "이 일이 죄가 되었으니 이는 백성들이 단까지 가서 그 하나에게 경배함이더라"(왕상 12:30). 이후 북왕국 이스라엘의 왕들은 하나같이 여로보암의 길을 따라 죄를 범합니다. 바알 신앙을 척결한 예후조차도 여로보암이 만든 유사 신앙을 따라갑니다(왕하 10:28-29). 결국 이스라엘은 이 일로 말미암아 하나님께 심판을 받고 앗수르에게 멸망합니다(BC. 721년). 여로보암이 만든 유사 신앙이 결국 이스라엘을 파멸로 몰고 갑니다.

그런데 놀랍게도, 이 유사 신앙에 유혹되지 아니하고 예루살렘으로 가서 하나님께 예배드린 자들이 있습니다. 이들은 마음을 굳게 하여 믿음을 지킨 신실한 자들입니다. 이들은 남왕국 유다를 도와 솔로몬의 아들 르호보암을 강성하게 했습니다.

"이스라엘 모든 지파 중에 마음을 굳게 하여 이스라엘의 하나님 여호와를 찾는 자들이 레위 사람들을 따라 예루살렘에 이르러 그들의 조상들의 하나님 여호와께 제사하고자 한지라 그러므로 삼 년 동안 유다 나라를 도와 솔로몬의 아들 르호보암을 강성하게 했으니 이는 무리가 삼 년 동안을 다윗과 솔로몬의 길로 행했음이더라"(대하 11:16-17).

신약 시대의 유사 신앙

신약 시대, 아들을 힘입어 아버지 집으로

하나님의 아들 예수 그리스도는 하늘에서 오셨습니다(요 3:13). 그는 만물 위에서 만물 아래로 오셨습니다(요 3:31). 그는 만물 위에 현존하시는 하나님을 나타내시는 역사적 계시자로 세상에 오셨습니다(요 1:18). 그는 십자가에서 죽으시고 부활하심으로써 그를 믿는 자에게 영원한 생명을 주십니다(요 3:14-15). 예수 그리스도께서 사망을 폐하시고 승천하신 후 믿는 자들에게 성령을 보내주셨습니다. 그가 십자가에서 죽기 전날 제자들과 다락방에서 강화(講話)를 하셨습니다. 이것을 다락방 강화로 부릅니다. 요한복음 14~17장은 예수의 '다락방 강화'를 기술합니다.

예수께서 제자들에게 떠날 것을 말씀하시고 그들에게 근심하지 말라고 하십니다. 이는 아버지 집에 거할 곳이 많기 때문입니다. 그가 제자들을 떠나가시는 것은, 그들을 그가 있는 곳인 아버지 집으로 데려가기 위함입니다.

"내 아버지 집에 거할 곳이 많도다 그렇지 않으면 너희에게 일렀으리라 내가 너희를 위하여 거처를 예비하러 가노니 가서 너희를 위하여 거처를 예비하면 내가 다시 와서 너희를 내게로 영접하여 나 있는 곳에 너희도 있게 하리라"(요 14:2-3).

성경의 특정한 단락에서 시작 부분과 끝부분에 공통적으로 나오는 낱말을 두고 '수미쌍관'(首尾雙關)으로 부릅니다. 이것은 신학적으로 '인클루지오'(inclusio)입니다. 이 낱말은 전체 단락의 핵심 주제가 됩니다. 예수의 '다락방 강화'를 살펴보면 시작 부분에 '아버지 집'(나 있는 곳)이 있고, 끝부분에 '나 있는 곳'(아버지 집)이 있습니다.

"아버지여 내게 주신 자도 나 있는 곳에 나와 함께 있어 아버지께서 창세 전부터 나를 사랑하시므로 내게 주신 나의 영광을 그들로 보게 하시기를 원하옵나이다"(요 17:24).

그러므로 예수의 '다락방 강화'에서 핵심 주제는 '아들이 있는 곳' 또는 '아버지 집'입니다. '다락방 강화'의 마지막 부분(요 17:20-24)에서 예수는 그를 믿어 영생 얻은 자를 위해 기도하셨습니다. 그는 아버지께서 아들에게 주어 영생 얻은 자들이 '나 있는 곳'에 있기를 기도하셨습니다. 곧 영생 얻은 자마다 아버지 집에 거하여 창세전부터 아버지가 아들을 사랑하여 그에게 주신 영광을 보도록 기도하신 것입니다. 아버지가 아들에게 주신 영광은 '은혜와 진리'의 쌍개념입니다(요 1:14). 은혜와 진리는 아버지의 영광을 나타내는 인자(헤세드)와 신실(에메트)의 헬라적 표현입니다(출 34:6; 시 25:10 참고).

이스라엘의 예루살렘 성전은 하나님이 이름을 두신 곳입니다. 이스라엘 백성은 오직 이곳에서 예배를 드리고 하나님을 만났습니다. 이 성전은 하늘에서 아들이 오시기 전까지 한시적으로 주어진 성전의 모형입니다. 신약 시대의 참된 예배는 지상의 특정한 장소에서 드리는 예배가 아니라 '아들이 있는 곳', 곧 '아버지 집'에서 영과 진리로 드리는 예배입니다(요 4:21-24). 이는 영생을 얻은 자가 성령을 통하여 아버지와 아들의 교제에 참여하는 것입니다.

콘스탄티누스의 유사 신앙

구약 시대의 여로보암 못지않게 신약 시대의 유사 신앙도 강고합니다. 신약 시대의 유사 신앙은 아버지의 집에 이르지 못하게 하는 신앙의 모든 제도와 전통을 말합니다. 초대 교회는 본질적으로, 하나님과 그 아들과 서로 교제하는 생명의 공동체였습니다(요일 1:1-4). 그들은 말씀을 중심으로 한 교제 공동체를 통해서 그리스도를 경험하는 신앙생활을 했습니다.[77] 그런데 A.D. 313년 콘스탄티누스(Constantinus)의 기독교 공인 이후 모든 것이 달라졌습니다. 영생의 공동체로서의 교회가 퇴보했습니다. 콘스탄티누스는 구약 시대의 여로보암과 같이 유사 신앙을 제정했습니다. 그는 신자들이 모일 수 있는 건물을 지어 주고, 기독교 예배를 태양신을 섬기듯

---

77 Edward, 『하나님의 생명체험하기』, 179.

일주일에 한 번 제의 형식으로 드리게 했습니다. 생명의 공동체로서 교회 대신 제도로서 교회가 자리매김하게 되었습니다.

콘스탄티누스가 황제에 오를 무렵 로마제국 내의 그리스도인은 5%에 채 미치지 못했습니다. 그러나 그가 죽을 무렵에는 거의 모든 사람이 기독교인이 되었습니다.[78] 최초의 교회사를 쓴 가이사랴의 주교 유세비우스는 당시 기독교 개종자 대부분은 신앙심이 아니라 이익이 개입되었기 때문에 개종했다고 말합니다.[79] 대다수 그리스도인은 참 신앙이 아니라 유사 신앙을 따랐습니다. 이로써 매일 말씀과 기도로 교제하는 교회공동체의 생명력은 퇴색되고, 영적 생명의 거주지도 사라지게 되었습니다.[80] 기독교의 역사적 사건에는 명암이 교차합니다. 콘스탄티누스의 기독교 공인은 기독교 교회사에 긍정적인 면도 없지 않으나, 영생의 거주지가 사라졌다는 점에서 치명적인 결과를 가져왔습니다. 이로써 신자는 매일 하나님과 교제하는 영생의 삶을 상실하게 되었습니다. 즉 '아버지 집'에 이르는 생명의 교제를 하기보다 제도권 교회가 제시하는 유사 신앙에 순응하며 신앙생활을 하게 되었습니다. 구약 시대의 유사 신앙처럼 신약 시대의 유사 신앙도 매우 강고합니다. 콘스탄티누스의 기독교 공인이 1700년이 지났으나 지금도 많은 신자가 그가 제정한 유사 신앙을 따르고 있습니다.

유사 신앙을 뚫고 아버지 집으로

여로보암의 시대 때 유사 신앙을 단호히 거부하고 예루살렘에서 예배 드린 이들이 있었습니다. 마찬가지로 신약 시대에도 유사 신앙의 체제에 순응하지 않은 이들이 있었습니다. 이들은 날마다 생명의 교제를 통하여 아버지 집에 거하는 참된 예배를 드립니다. 기독교 공인 이후 다수가 유사

---

78 서형섭, 『하늘에 속한 말씀의 기쁨』, 65.
79 시오노 나나미, 『로마인 이야기 13권』, 349.
80 Edward, 『하나님의 생명체험하기』, 182.

신앙에 굴복했으나 수면 아래에 맑은 물이 흐르듯이 유사 신앙에 순응하지 않은 그리스도인들이 있었던 것입니다. 이들은 유사 신앙을 뚫고 아버지 집으로 들어갑니다. 하나님은 이들을 통해 참된 교회의 역사를 이루어가십니다. 이들은 하나님의 은혜로 생명의 말씀을 영으로 알고, 창세전부터 계시는 하나님 아버지와 아들의 교제 안에 참여하는 이들입니다. 유사 신앙은 궁극적으로 멸망에 이르게 합니다. 멸망으로 인도하는 문은 크고 넓어 그리로 들어가는 자가 많습니다(마 7:13). 그러나 생명으로 인도하는 문은 좁고 길이 협착하여 찾는 자가 적습니다(마 7:14). 예수의 이 말씀은 영원한 진리입니다.

24

새 언약을 약속하시다

"내가 나의 법을 그들의 속에 두며 그들의 마음에 기록하여 나는 그들의 하나님이 되고 그들은 내 백성이 될 것이라"

_ 렘 31:33

옛 언약에서 새 언약으로

거짓 선지자, 조건의 규정을 무조건의 규정으로

북왕국 이스라엘은 말씀에 불순종하여 언약을 깨뜨림으로써 앗수르에 의해 멸망합니다(BC. 721년). 남유다는 다윗 왕조의 정통성을 가지고 있었으나, 역시 불순종의 역사가 계속되었습니다. 이스라엘의 역사는 대체로 하나님의 말씀에 불순종하여 언약을 깨뜨리는 내용이 주를 이룹니다. 그들은 출애굽 이후 바벨론에게 멸망하기 전까지 약 860년간 이러한 역사를 반복합니다. 물론 하나님께서는 선지자들을 끊임없이 보내셔서 이스라엘 백성이 말씀에 순종하여 언약을 지킬 것을 촉구하십니다. 하지만 이스라엘 백성은 끝내 하나님께로 돌이키지 않습니다. 마침내 하나님께서 선지자 예레미야를 통해 시내산 언약을 상기시키시며 최후의 경고를 하십니다.

"이 언약은 내가 너희 조상들을 쇠풀무 애굽 땅에서 이끌어내던 날에 그들에게 명령한 것이라 곧 내가 이르기를 너희는 내 목소리를 순종하고 나의 모든 명령을 따라 행하라 그리하면 너희는 내 백성이 되겠고 나는 너희의 하나님이 되리라, 내가 너희 조상들을 애굽 땅에서 인도하여 낸 날부터 오늘까지 간절히 경계하며 끊임없이 경계하기를 너희는 내 목소리를 순종하라 했으나 그들이 순종하지 아니하며 귀를 기울이지도 아니하고 각각 그 악한 마음의 완악한 대로 행했으므로 내가 그들에게 행하라 명령했어도 그들이 행하지 아니한 이 언약의 모든 규정대로 그들에게 이루게 했느니라 하라"(렘 11:4, 7-8).

4절에서 '그리하면'은 어떤 조건을 규정하는 단어입니다. 언약 백성이 하나님의 목소리를 순종하고 하나님의 모든 명령을 따라 행하면 그들은 하나님의 백성이 되고 하나님은 그들의 하나님이 되어 주십니다. 하지만 그들은 계속해서 말씀에 불순종하고 언약을 깨뜨려 왔습니다(렘 11:7-10). 여기에 거짓 선지자까지 가세합니다. 거짓 선지자들은 언약의 조건 규정을 무조건 규정으로 바꾸어 버립니다. 즉 하나님의 언약 백성이 되기만 하면 말씀을 지키고 안 지키고는 상관없이 무조건적으로 하나님이 돌보아 주시고 형통하다고 가르칩니다. 이것은 거짓 가르침입니다. 하나님께서는 언약 안에 머물지 아니하는 백성을 돌보지 않으십니다(히 8:9). 도리어 하나님은 그들에게 징계와 심판을 내리셔서 그들이 다시 언약 안으로 들어오게 하십니다.

구약의 언약 공식을 언급한 마튼즈는 이스라엘 백성이 중대한 착각을 저질렀다고 주장합니다. "이스라엘이 언약을 파기한 것은 언약 공식의 후반부 '너희는 내 백성이 되리라'라는 요구에는 주의를 기울이지 않은 채 전반부 '나는 너희 하나님이 되리라'라는 약속만을 맹신했기 때문이다."[81]

---

81 Martens, 『구약에 나타난 하나님의 계획과 목적』, 285.

이스라엘은 하나님이 그들의 하나님인 것은 믿었으나, 하나님의 말씀에 순종하여 언약을 지켜야 하는 언약 백성의 본분은 저버렸습니다. 하나님의 말씀을 '쉐마'하지 않으면서 하나님이 자신들의 하나님이라는 착각 속에 빠진 것입니다. 이것은 무지 속에서 맹신하는 행위입니다. 예레미야 당시 많은 거짓 선지자가 이들을 부추겼습니다.

하나님께서 이런 이스라엘 백성에게 심판을 경고하십니다. 하지만 이들은 하나님께 돌아오지도 않고 심판도 받아들이지 않습니다. 결국 하나님께서 바벨론을 통해 이들을 심판하십니다. 이 심판은 점진적으로 일어납니다. 처음에는 바벨론이 쳐들어와 예루살렘의 유력한 사람들과 성전의 기물을 빼앗아 갔습니다(왕하 24:10-17). 하지만 대부분 선지자가 그 기물들이 2년 안에 돌아올 것이라고 호언장담하면서 하나님의 경고 말씀을 무시합니다(렘 28:3). 하나님께서는 언약의 규정대로 이스라엘을 심판하시고 예루살렘을 멸망시키십니다. 마침내 BC. 586년에 남유다의 예루살렘과 그 성전이 바벨론에 의해 참혹하게 멸망합니다(렘 52:13).

새 언약의 세 가지 내용

언약 백성 이스라엘이 끝까지 불순종하여 언약을 파기했습니다. 그런데도 언약의 한편 당사자이신 하나님께서는 영원히 의로우시며 언약에 신실하십니다. 이스라엘은 스스로 말씀에 순종하여 돌이킬 수 없는 지경에 이르렀습니다. 하나님께서 스스로 돌이키기에 전적으로 무능한 백성들의 탄식을 들으시고 그들을 불쌍히 여기십니다.

"에브라임이 스스로 탄식함을 내가 분명히 들었노니 주께서 나를 징벌하시매 멍에에 익숙하지 못한 송아지 같은 내가 징벌을 받았나이다 주는 나의 하나님 여호와이시니 나를 이끌어 돌이키소서 그리하시면 내가 돌아오겠나이다 내가 돌이킨 후에 뉘우쳤고 내가 교훈을 받은 후에 내 볼기를 쳤사오니 이는 어렸을 때의 치욕을 지프로 부끄럽고 욕됨이니이다 하도다 에브라임은 나의 사랑하는 아들 기뻐하는 자식이 아니냐 내가 그를 책망하여 말할 때마다 깊이 생각하노라 그러므로 그를 위하여 내 창자가 들끓으니 내가 반드시 그를 불쌍히 여기리라 여호와의 말씀이니라"(렘 31:18-20).

하지만 공의로우신 하나님은 이들을 심판하시고 구원하십니다. 하나님께서는 언약 회복에 있어 전적 무능에 빠진 백성들을 위하여 친히 '깨어서' 그들을 심판하시고, '깨어서' 그들을 다시 살리십니다. "여호와의 말씀이니라 보라 내가 사람의 씨와 짐승의 씨를 이스라엘 집과 유다 집에 뿌릴 날이 이르리니 깨어서 그들을 뿌리 뽑으며 무너뜨리며 전복하며 멸망시키며 괴롭게 하던 것과 같이 내가 깨어서 그들을 세우며 심으리라 여호와의 말씀이니라"(렘 31:27-28).

하나님은 깨어서 언약에 불의한 이스라엘을 뿌리 뽑으시고, 무너뜨리시고, 전복하시고, 멸망시키시고, 괴롭게 하십니다. 하나님은 바벨론을 도구로 하여 이스라엘을 무너뜨리십니다. 그러나 하나님은 깨어서 그들을 세우시고 심으십니다. 하나님은 이스라엘 집과 유다 집에 새 언약을 약속하심으로써 그들을 다시 세우십니다. 하나님은 이스라엘이 바벨론에 의해 멸망하기 전 예레미야를 통해 이들의 회복을 약속하십니다. 이 약속이 '새 언약'입니다.

"여호와의 말씀이니라 보라 날이 이르리니 내가 이스라엘 집과 유다 집에 새 언약을 맺으리라 이 언약은 내가 그들의 조상들의 손을 잡고 애굽 땅에서 인도하여 내던 날에 맺은 것과 같지 아니할 것은 내가 그들의 남편이 되었어도 그들이 내 언약을 깨뜨렸음이라 여호와의 말씀이니라 그러나 그 날 후에 내가 이스라엘 집과 맺을 언약은 이러하니 곧 내가 나의 법을 그들의 속에 두며 그들의 마음에 기록하여 나는 그들의 하나님이 되고 그들은 내 백성이 될 것이라 여호와의 말씀이니라 그들이 다시는 각기 이웃과 형제를 가리켜 이르기를 너는 여호와를 알라 하지 아니하리니 이는 작은 자로부터 큰 자까지 다 나를 알기 때문이라 내가 그들의 악행을 사하고 다시는 그 죄를 기억하지 아니하리라 여호와의 말씀이니라"(렘 31:31-34).

새 언약의 본질, '생명의 교제'이다

새 언약은 하나님과 이스라엘 사이에 맺은 시내산 언약과 같지 않습니다. 양자의 언약 관계에서 하나님이 이스라엘의 남편이 되었어도 이스라엘은 언약을 깨뜨렸습니다. 하나님이 그들과 새 언약을 맺을 것입니다. 이제 옛 언약(시내산 언약)은 새 언약으로 대체되고 승화됩니다. 새 언약의 내용은 다음과 같습니다.

첫째, 하나님의 법을 백성들의 속에 두고 그들의 마음에 기록하는 것입니다. 구약 시대에는 하나님이 여러 부분과 여러 모양을 조상들에게 말씀하셨습니다(히 1:1). 이 모든 날 마지막에는 아들을 통하여 우리에게 말씀하십니다(히 1:2). 아들은 만물 위에서 보고 들은 아버지의 말씀을 증거하십니다(요 3:31-32). 아버지가 아들에게 하라고 하신 말씀은 영생입니다(요 12:50). 아들을 통해 주시는 영생의 말씀은 생명을 주는 말씀입니다. 마지막 날 아들의 말을 듣고 영으로 받아들이는 자는 영원한 생명을 얻습니다. "생명을 주는 것은 영이다. 육은 아무 데도 소용이 없다. 내가 너희에게 한 이 말은 영이요 생명이다"(요 6:63, 표준새번역). 사도 바울은 하나님이 자기를 새 언약의 일꾼의 자격을 주셨다고 말합니다. 그에게 새 언약의 일꾼은 생명을 주는 영의 직분입니다. 그는 생명을 주는 영의 직분을 매우 영광스럽게 받아들입니다. "하나님께서 우리에게 새 언약의 일꾼이 되는 자격을 주셨습니다. 이 새 언약은 문자로 된 것이 아니라, 영으로 된 것입니다. 문자는 사람을 죽이고, 영은 사람을 살립니다(영은 생명을 줍니다)"(고후 3:6). 그러므로 새 언약의 첫 번째 내용은 아들의 말을 영으로 받아 영원한 생명을 얻는 것입니다.

둘째, 새 언약의 조건적 규정은 큰 자나 작은 자나 각각 하나님을 아는 것입니다. 옛 언약 시대에 언약 백성은 왕이나 선지자나 제사장을 통해 하나님을 알았습니다. 그러나 새 언약 시대에는 특정인이 아니라, 큰 자나 작은 자나 각 사람이 하나님을 알게 됩니다. 여기서 하나님을 아는 것은 생명의 교제를 말합니다. "영생은 곧 유일하신 참 하나님과 그가 보내신 자 예수 그리스도를 아는 것이니이다"(요 17:3). 영생은 현재성과 미래성의 특징이 있습니다. 현재 누리는 영생은 성령 안에서 하나님 아버지와 그의 아들과 더불어 누리는 교제입니다. 새 언약 시대 기독교 신앙의 본질은 예수 그리스도를 통한 하나님과의 인격적 만남과 교제입니다.[82] 미래에 누리는 영생은 죽음 이후 그리스도를 대면하여 누리는 생명이며(빌 1:23), 종말에 몸의 부활과 더불어 완성되는 생명입니다(요 6:40; "마지막 날에 내가 다시 살리리라"). 그러므로 새 언약의 두 번째 내용은 영생을 얻은 자가 '생명의 교제'에 자기를 드리는 것입니다.

셋째, 하나님께서 우리의 모든 죄를 기억하지 않으시고 다 없애 주십니다. 새 언약이 성취되는 그날, 하나님은 자기 백성의 죄악을 동이 서에서 먼 것처럼, 빽빽한 구름이 사라진 것처럼 모두 없애 주십니다. 그런데 하나님이 죄와 불법을 기억하지 않고 없애주시는 목적이 있습니다. 히브리서는 새 언약의 세 번째 내용을 인용하면서, 하나님이 우리 죄를 없애주시는 목적은 예수의 피를 힘입어 하늘 성소로 들어가도록 하기 위함이라고 표현합니다. "또 그들의 죄와 그들의 불법을 내가 다시 기억하지 아니하

---

[82] Brunner, 『Dogmatics Ⅰ』, 35-43, Grenz & Olson의 『20세기 신학』, 126에서 재인용.

리라 하셨으니 이것들을 사하셨은즉 다시 죄를 위하여 제사 드릴 것이 없느니라 그러므로 형제들아 우리가 예수의 피를 힘입어 성소에 들어갈 담력을 얻었나니 그 길은 우리를 위하여 휘장 가운데로 열어 놓으신 새로운 살 길이요 휘장은 곧 그의 육체니라"(히 10:17-20).

새 언약은 생명을 얻는 것이며, 언약의 조건은 생명의 교제를 준행하는 것입니다. 생명의 교제는 하늘 성소(아들이 있는 곳, 아버지 집)에 이르는 것입니다. 이를 위해 하나님께서는 모든 죄를 용서하시고 기억하지 아니하십니다. 그러므로 우리는 언제든지 예수의 피를 힘입어 하늘 성소에 계시는 아버지와 아들과 더불어 교제할 수 있습니다. 따라서 새 언약의 핵심 내용은 예수 그리스도를 믿어 생명을 얻은 자가 삼위 하나님과 더불어 갖는 교제에 참여하는 것입니다.

크고 비밀한 일, 새 언약을 성취할 날을 계시하다

하나님이 예레미야를 통해 새 언약을 약속하셨습니다. 이후 예레미야는 시위대 뜰에 갇힙니다. 그가 시위대 뜰에 갇혔을 때 하나님이 두 번에 걸쳐 그에게 임합니다. 첫 번째 임한 말씀은 하나님이 그의 고향 아나돗의 밭을 사라는 것입니다(렘 32장). 예레미야는 이 땅이 심판을 받고 황폐하게 될 것을 예언했습니다. 그런데 밭을 사라는 말씀이 임했습니다. 그것은 하나님이 바벨론에 포로로 끌려간 이스라엘 백성을 70년 만에 돌아오게 하여 집과 밭과 포도원을 사고팔 것에 관한 예표입니다(렘 32:15).

예레미야에게 두 번째 임한 말씀은 그가 부르짖으면 크고 은밀한 일을 보여 주시겠다는 것입니다(렘 33:3). 이 구절은 어떤 사람들이 오해하듯 부르짖어 기도하면 크고 비밀한 일을 응답받는다는 구절이 결코 아닙니다. 하나님이 예레미야에게 보여 주신 크고 은밀한 일은 이스라엘 집과 유다 집에 일러준 새 언약을 성취할 날을 계시하시는 것입니다.

"여호와의 말씀이니라 보라 내가 이스라엘 집과 유다 집에 대하여 일러 준 선한 말을 성취할 날이 이르리라 그 날 그 때에 내가 다윗에게서 한 공의로운 가지가 나게 하리니 그가 이 땅에 정의와 공의를 실행할 것이라"(렘 33:14-15).

다윗에게서 나는 한 공의로운 가지는 다윗의 씨에서 나는 그리스도를 예시합니다(사 11:1). 하나님이 예레미야에게 계시하신 새 언약이 성취되는 날은 다윗의 씨로 오시는 그리스도의 날입니다. 예레미야가 시위대 뜰에서 받은 두 번의 말씀은 하나님이 바벨론에 의해 멸망한 이스라엘을 70년 만에 회복시키실 뿐 아니라, 장차 오실 그리스도를 통해 모든 민족이 복을 받는 아브라함의 약속이 성취될 것을 보여 주신 것입니다(창 12:3; 갈 3:8-9). 하나님께서 이스라엘을 심판하시는 자리에서 주어진 새 언약과 그 성취에 대한 말씀은 다윗의 가지로 오신 그리스도를 통하여 성취되었습니다.

"저녁 먹은 후에 잔도 그와 같이 하여 이르시되 이 잔은 내 피로 세우는 새 언약이니 곧 너희를 위하여 붓는 것이라"(눅 22:20).

이제 누구든지 예수 그리스도를 믿으면 새 언약 백성이 됩니다. 그는 영원한 생명을 얻고 생명의 교제를 통해 삼위 하나님과의 교제에 참여합니다. 이를 위해 하나님은 예수의 피로 그의 모든 죄를 용서하시고 기억하지 아니하십니다.

언약적 율법주의

한편으로, 최근 신학계에서는 구약의 언약과 계명에 관한 새 관점이 활발하게 조명되고 있습니다. 미국의 신학자 애드 패리시 샌더스(E. P.

Sanders)는 구약의 이스라엘의 신앙을 가리켜 '언약적 율법주의'(Covenantal Nomism)라고 정의했습니다.[83] 샌더스에 따르면, 하나님은 이스라엘을 은혜로 선택하셔서 언약을 세우시고 율법을 주셨습니다. 율법은 하나님이 언약을 지탱하시겠다는 약속을 표현하며, 언약 백성이 지켜야 할 의무를 담고 있습니다. 언약 백성이 율법에 순종하면 하나님께서 복을 주시고 불순종하면 벌을 주십니다. 하지만 성막(성전) 제도를 통하여 속죄의 수단을 제공하시고, 속죄를 통하여 언약 관계를 회복해 주십니다. 샌더스의 관점은 구약 신앙인 유대교가 율법을 지켜 의를 얻는 공로 종교가 아니라, 하나님이 언약 백성을 은혜로 택하셔서 은혜로 언약을 세우시고 율법에 순종하게 하여 언약 안에 거하도록 하는 은혜의 종교라는 데에 그 핵심이 있습니다. 요컨대, 유대교는 하나님의 은혜에 의하여 언약 관계에 '진입'(getting in)하고 말씀에 순종하는 쉐마를 통하여 언약 관계 안에 '머무르는'(staying in) 종교인 것입니다.

언약적 율법주의에 대해 영국의 신학자 모나 후커(M. D. Hoooker)는 예수 그리스도를 통한 구원이 구약의 언약 사상과 비슷한 구조를 가지고 있음을 발견했습니다.[84] 예수 그리스도를 통하여 사람이 의롭게 된 것은 복음으로 말미암아 하나님의 의를 얻은 것입니다(롬 1:17). 이는 하나님과의 올바른 관계가 회복된 것으로, 마치 이스라엘이 은혜로 선택받아 언약 관계에 진입한 것과 같습니다. 그녀의 통찰에 의하면, 구원받은 자는 그리스도의 새 계명을 지킴으로써 하나님과의 언약 관계 안에 머물러야 하는데, 이는 언약 백성 이스라엘이 계명들을 지킴으로써 언약 관계에 머무르는 것과 같다고 합니다.

---

83 김세윤, 『칭의와 성화』, 24.
84 김세윤, 『칭의와 성화』, 26.

생명의 교제, 새 언약 백성의 특권이며 의무이다

　하나님께서 예수 그리스도의 십자가 죽음을 통해 우리와 새 언약을 체결하십니다. 하나님은 예수 그리스도의 죽음과 부활을 믿는 자에게 영원한 생명을 주십니다. 그리고 영생 얻은 자의 아버지가 되시고, 그는 하나님의 아들이 됩니다. 이 언약 관계는 믿는 자의 복종을 전제로 맺어집니다(요 14:20-21; 15:10). '하나님이 나의 하나님이요 나의 아버지'라는 고백은 새 언약 백성의 본분인 생명의 교제를 통해 진정성을 가집니다. 그러므로 말씀과 상관없이 살고, 생명의 교제가 부재하면서 어떻게 믿더라도 하나님이 나의 하나님이 되시며 나를 축복해 주시리라는 생각은 무지에서 나온 영적 기만입니다. 그런 자가 받을 것은 하나님의 공의로운 심판입니다. 이것은 언약 안에 거하지 않아 심판받은 이스라엘의 전철을 밟는 것입니다. 이스라엘이 실패한 신앙은 오늘 우리의 신앙에 경고가 됩니다(고전 10:6, 11).

　우리가 매일 말씀 앞에 나아가 생명의 교제를 통해 하나님과의 관계 안에 머무르는 것은 새 언약 백성 된 특권이자 신성한 의무입니다. 구원받았으나 언약 안에 머물지 않아 멸망한 이스라엘이 오늘 우리에게 본보기가 되어 줍니다. "그들에게 일어난 이런 일은 본보기가 되고 또한 말세를 만난 우리를 깨우치기 위하여 기록되었느니라 그런즉 선 줄로 생각하는 자는 넘어질까 조심하라"(고전 10:11-12).

3부

신약, 성취된 복음

25

복음에서 생명으로

"복음으로써 생명과 썩지 아니할 것을 드러내신지라"

_ 딤후 1:10

종교사적 구원과 기독교의 구원

모든 종교는 인간의 구원에 그 목적을 둡니다. 종교사에 있어 구원은 인간의 실존과 상황을 고난과 압제로부터 건져내는 것을 뜻합니다. 인간의 종교성은 보이지 않는 신적 존재로부터 신성한 의미나 능력이나 감정을 경험하기 원합니다. 영적으로 보이지 않는 존재들과의 관계에 참여하며 그로부터 도움받기를 열망합니다. 그리고 그러한 경험을 하게 해 주는 대상을 '신'으로 믿습니다. 구원의 내용을 요약하면, "신적인 힘에 참여하여 신적인 힘을 인간의 목적을 위해서 사용하려는 인간적인 시도"라고 규정할 수 있습니다.[1] 만일 이 같은 신성한 능력이나 의미나 감정이 신앙의 내용이라면 굳이 기독교를 믿지 않아도 상관없을 것입니다. 그리고 다른 종교

---

1   Tillich, 『조직신학 Ⅱ』, 95

에도 얼마든지 구원이 있다는 주장이 타당해 보입니다.

우리가 믿는 기독교 신앙이 신성한 감정이나 의미나 능력만을 추구한다면 여타 다른 종교와 다를 바가 없습니다. 그런데 2차 세계대전 이후 최근에 이르기까지 기독교의 국면을 살펴보면 기독교의 구원이 다른 종교들이 보편적으로 지향하는 구원의 내용과 일치하는 경향이 있습니다. 1973년 WCC 방콕 대회에서는 기독교의 구원이 더 이상 신약성경이 증거하는 죄 사함과 영생 얻는 구원이 아니라 '현존하는 고통과 압제로부터의 해방'이라고 정의했습니다. 이후 기독교의 구원은 정치적 자유를 확대하고, 경제적 풍요를 가져오며, 사회 정의를 실현하는 현세적 목적을 추구하는 내용으로 받아들여졌습니다. 이러한 구원관은 복음의 상황화, 신학의 상황화로 인해 기독교의 본질을 희석하는 결과를 가져왔습니다. 이렇게 기독교의 구원이 다른 종교들의 보편적인 차원에 머무르게 되면 기독교는 참된 진리를 상실한 채 여타 종교 중의 하나로 전락하고 맙니다.

자유주의 신학 : 신앙의 본질보다 신앙의 행위를 추구

19세기 말 자유주의 신학의 핵심 인물은 알브레이트 리츨(A. Ritschl)입니다. 19세기 말부터 20세기 초까지 신학계에서 리츨의 영향력은 독보적이었습니다. 리츨은 기독교 전통에서 중시한 형이상학 요소인 '신 본질 신학'을 배제했습니다. 그는 기독교 신앙의 기원이나 하나님의 본질이나 삼위일체나 그리스도의 부활과 승천 등 형이상학적 요소를 배제하고, 인간이 추구하는 최고의 선은 예수 그리스도 안에 계시된 하나님 나라에서 발견된다고 보았습니다.[2] 신학은 시대가 묻는 신앙에 대한 대답을 시도합니다. 19세기 말엽의 기독교는 세속 과학에 그 자리를 내주는 위기에 처했습니다. 또한 제도권 교회는 윤리적 삶이나 사회 정의에 소홀했습니다. 그

---

2 Grenz & Olson, 『20세기 신학』, 81.

런 상황에서 하나님에 대한 형이상학적 요소는 설 자리를 잃었고, 나사렛 예수의 인격과 행위에 근거한 신학적 요청이 대두되었습니다. 이에 리츨은 초월의 하나님 자체보다 역사적 예수가 지상에서 보여 준 하나님 나라에 대하여 더 많은 관심을 가지게 된 것입니다. 그에게 기독교는 뜬구름을 잡는 피안적인 종교가 아니라, 사랑에 감화된 윤리적 행동을 통하여 세계를 변혁시키는 종교였습니다.[3] 그것은 자연스럽게 기독교의 사회 참여로 나타났습니다. 하지만 이것은 시대성에 부합한 신학적 시도였을지 모르나, 결국 기초가 없는 모래 위에 지은 집으로 판명 났습니다. 신앙의 본질을 간과한 신앙의 행위는 기초 없이 지은 집과 같습니다.

20세기 초 리츨의 영향을 받은 일군의 자유주의 신학자는 본격적으로 사회 정의 실현을 위한 정치참여에 돌입했습니다. 1914년 상당수의 신학자는 1차 세계대전을 일으킨 독일의 카이저 빌헬름 황제를 지지하는 93명의 지식인의 성명에 이름을 올렸습니다. 이때 젊은 신학자 칼 바르트는 그가 신앙적으로 존경하던 신학 은사들이 여기에 대거 포함된 것을 보고 적잖은 충격을 받았습니다. 바르트는 그들이 독일의 제국주의를 지지하는 것을 보고, 만일 신학이 전쟁의 이데올로기와 순식간에 타협할 수 있다면 그것은 무엇인가 잘못된 것임을 깨달았습니다.[4] 그것은 복음이 이념 아래에 놓이는 참담한 현상이었습니다. 바르트는 즉시 그들과 결별했습니다. 바르트는 1차 세계대전 전쟁 중에 로마서 주석을 저술하여 초월의 하나님에 대한 신앙을 설파했습니다. 자유주의 신학이 보여 준 한계는 만일 기독교 신앙이 '기원과 복음과 생명'이라는 예수의 계시를 무시하고 예수의 인격과 행동을 추구한다면, 그것은 반드시 무너지고 만다는 것을 교훈했습니다. 그것은 종교의 영역이지 결코 진리가 아닙니다.

---

3   Grenz & Olson, 『20세기 신학』, 84.
4   Grenz & Olson, 『20세기 신학』, 101.

기독교의 구원, '그 진리'(the truth)로부터

기독교의 구원과 타종교의 구원은 완전히 차원이 다릅니다. 그 차이는 진리의 문제입니다. 기독교의 진리는 유일무이한 '그 진리'(the Truth)입니다. 이것은 여타 종교처럼 인간의 실존과 상황의 해결을 넘어서는 '그 무엇'입니다. '그 진리'는 문제 해결이나 고통의 경감이나 사회 정의의 실현이 아니라 '그리스도의 십자가 죽음'입니다. 따라서 기독교는 고통을 경감시키거나 고통에서 건져 주는 차원을 넘어 그리스도와 함께 십자가에서 죽음으로써 그 고통을 수용하고 초월하는 '그 진리'입니다.

기독교의 구원은 '그 진리'에서 출발합니다. 이것은 지식이나 이성, 또는 경험 등과 같이 인간에게서 또는 세상에서 나오는 것이 아닌 하나님의 계시로 아는 진리입니다. 이 진리가 바로 하늘에서 오신 '인자'(the Son of Man), 곧 하나님의 아들 예수 그리스도입니다(요 3:13; 8:32). 즉 기독교의 진리는 헬라 사상처럼 영적인 지식이 아니라 예수 그리스도 자신입니다. 한스 큉은 그리스도교의 본질은 그리스도에 대한 원리, 이념, 원칙, 개념에 있지 않고 '그리스도'라 불리는 한 인간 안에 있다고 했습니다.[5]

그러므로 기독교의 진리는 지식이 아니라 존재입니다. 그리고 진리 되신 예수 그리스도를 통한 구원은 죄 사함과 더불어 하나님께 나아가 그분과 연합되는 결과를 가져옵니다. 예수의 이름은 죄로부터 구원하는 이름입니다(마 1:21). 인간이 거기로부터 구원받아야 하는 '죄'는 하나님과 분리된 상태입니다. 모든 사람이 죄를 범하여 하나님의 영광에서 떠나갔습니다(롬 3:23). 예수께서 우리를 죄로부터 구원하신 것은, 하나님과 분리된 자를 하나님과 함께 있게 하기 위한 것입니다. 그래서 마태복음에서는 죄로부터 구원을 하나님이 우리와 함께하시는 '임마누엘'로 해석합니다(마 1:23). 구원자 예수 그리스도는 길과 진리와 생명이 되시며 우리를 하나님

---

[5] Kung, 『그리스도교 본질과 역사』, 50.

아버지께로 인도하십니다(요 14:6).

　이처럼 기독교의 구원은 단순히 죄와 죄의 결과로 빚어진 고통이나 압제로부터 해방되는 것을 넘어서서 하나님과의 관계를 회복하는 데 그 목적이 있습니다. 톰 스매일(T. Smail)은 기독교의 구원을 '죄로부터의 구원'이며, 궁극적으로는 '성령 안에서 하나님과 새로운 교제로 들어가는 구원'이라고 정의했습니다.[6] 그는 '죄 사함의 구원'과 '하나님과의 교제로 들어가는 구원'이 동시에 일어나지 않는 구원은 기독교의 참된 구원이 아니라고 말합니다. 에밀 부르너는 기독교의 본질이 하나님과의 만남과 교제에 있다고 하면서, 교리나 신학을 인격적 신앙의 위치에 두는 '신학주의'(Theologismus)를 이단시했습니다.[7] 그는 믿음에 없어서는 안 될 그리스도에 대한 사도들의 증거조차도 신앙의 대상이 될 수 없다고 했습니다. 또 그는 그것들은 신앙의 2차적 도구들로써 필요한 것이며, 하나님과의 인격적인 교제가 진정한 신앙의 대상이라고 했습니다.

　죄 사함을 받아 하나님과의 교제로 들어가는 구원은 하나님 나라의 도래(到來)를 실현합니다. 세례 요한은 구원자 예수 그리스도의 길을 예비했습니다. 요한을 통하여 그리스도로 선포된 예수께서는 하나님의 나라를 구원의 내용으로 선포했습니다. 예수께서 자신의 사명이 하나님 나라의 복음을 전하는 것이라고 천명하십니다(눅 4:43). 그가 선포한 하나님의 나라는 치병과 축사와 기적을 통해 예시됩니다. 하지만 외적으로 나타난 표적과 기사나 치유는 하나님 나라의 피상적인 측면이며, 본질적인 측면은 하나님과 분리된 죄인이 그리스도를 통하여 영생을 얻고 하나님과의 사귐에 이르는 데 있습니다. 영생은 하나님의 아들을 영접하는 자에게 주시는 '아들 안의 생명'입니다(요 1:12; 요일 5:11, 13).

6　Smail, 『잊혀진 아버지』, 81.
7　Brunner, 『20세기 신학』, 126.

구원, 영생, 하나님 나라

"어떤 관리가 물어 이르되 선한 선생님이여 내가 무엇을 하여야 영생을 얻으리이까"(눅 18:18).

"예수께서 그를 보시고 이르시되 재물이 있는 자는 하나님의 나라에 들어가기가 얼마나 어려운지"(눅 18:24).

"듣는 자들이 이르되 그런즉 누가 구원을 얻을 수 있나이까"(눅 18:26).

복음서에서는 '영생', '구원', '하나님의 나라'를 동일한 의미로 사용합니다. 기독교에서 구원의 길은 오직 예수 그리스도뿐입니다(행 4:12). 예수 그리스도의 구원은 죄 사함과 영생을 얻게 합니다. 영생의 본질은 '하나님과 그 아들과 더불어 교제하는 것'이며, 이로써 하나님의 나라가 실현됩니다. 성경에서 이 같은 구원의 도가 다양한 용어를 통해 표현되는데 결국 하나의 의미로 귀결됩니다. 그것은 복음을 통하여 영생을 얻는 것입니다. 이렇게 복음으로 영생을 얻는 구원의 내용은 신구약성경의 일관된 주제입니다.

복음의 목적은 생명이다

예수께서는 구약성경을 가리켜 자신을 증거한 책이라고 말씀하십니다. "너희가 성경에서 영생을 얻는 줄 생각하고 성경을 연구하거니와 이 성경이 곧 내게 대하여 증언하는 것이니라 그러나 너희가 영생을 얻기 위하여 내게 오기를 원하지 아니하는도다"(요 5:39-40). 구약성경은 영생을 주러 오실 하나님의 아들에 대한 증거입니다. 그런데 바리새인과 서기관들은 성경을 연구하지만, 영생을 얻기 위해 예수께 나아오지는 않습니다. 오늘날에도 성경을 연구하고 설교하고 성경 공부에 열심을 내어도 영생을 알지 못하면 바리새인들의 신앙과 다를 바가 없습니다. 구약성경은 믿음의 조상들이나 이스라엘의 역사가 아니라 영생을 주시는 그리스도에 대한 증거입니다.

신약성경 역시 그 주제가 영생을 얻게 하는 복음입니다. "하늘에서 내려온 자 곧 인자 외에는 하늘에 올라간 자가 없느니라 모세가 광야에서 뱀을 든 것 같이 인자도 들려야 하리니 이는 그를 믿는 자마다 영생을 얻게 하려 하심이니라"(요 3:13-15). 예수는 하늘에서 오신 인자입니다. 그는 모세가 광야에서 뱀을 든 것처럼 땅에서 들려야 합니다. 인자가 땅에서 들린다는 것은 그의 죽으심과 부활하심과 승천하여 성령을 보내심을 의미합니다. 그를 믿는 자마다 영생을 얻습니다.

요한복음 3:15에서 '그를 믿는 자'란 그리스도의 구원 사건인 '메시아적 행위'를 믿는 자를 가리킵니다. 여기서 '믿다'의 헬라어는 '믿다'(피스튜오)와 '속으로'(에이스)의 두 단어가 결합된 '피스튜오 에이스'이며, 성경에서 '아들을 믿다'를 표현할 때 사용되는 독특한 용법입니다. 즉, '~을 믿다'(피스튜오 에이스)는 특정 대상을 신뢰하고 의지하는 것이 아니라, 그 대상 안으로 들어가는 '연합'을 뜻합니다. 다시 말해 우리가 하나님의 아들을 믿는 것은 아들의 죽음과 부활의 사건 안으로 들어가는 것이며, 그 결과 아들의 존재만 드러납니다. 그러므로 하나님의 아들을 믿는 것은 아들이 달린 십자가와 부활의 사건에 연합되어 영생을 얻는 것입니다(롬 6:4).

요한복음의 주제는 영원한 생명입니다. 생명(조에)이라는 단어가 36회 언급됩니다. 요한복음을 기록한 목적은 여러 가지 표적을 통하여 예수가 하나님의 아들이요 그리스도이심을 믿게 하는 것입니다. 그리고 그 이름을 믿어 생명을 얻는 것입니다. 여기서 예수가 하나님의 아들 그리스도임을 믿는 것은 복음을 믿는 것입니다. 곧 복음을 믿어 생명을 얻게 하는 것이 요한복음의 기록 목적입니다(요 20:31).

사도 바울은 예수께서 하신 대로 복음을 통해 영생을 얻는 진리를 전했습니다. 복음은 기쁜 소식 그 자체가 목적이 아니라, 창세전 그리스도 예수 안에서 우리에게 주시기로 한 은혜, 곧 영생을 얻는 것이라고 말합니다(딤후 1:9). 구주 그리스도 예수께서 역사적으로 출현하심으로써 영생을 주시는 은혜가 나타났습니다(딤후 1:10). 복음을 통하여 '생명과 썩지 아니할 것'이 드러났습니다. '생명'(조에)과 '썩지 아니할 것'(아프다르시아)을 결합하면 영원한 생명과 동의어가 됩니다.[8] 이로써 복음으로써 영원한 생명을 얻는다는 진리가 명확해집니다. 이렇게 복음은 그 자체가 목적이 아닙니다. 우리에게 영원한 생명을 얻게 하는 것이 그 목적입니다.

또한 바울은 하나님이 자기를 먼저 구원하신 것이 후에 주를 믿어 영생을 얻는 자들에게 본이 되게 하시기 위함이라고 밝힙니다. "그러나 내가 긍휼을 입은 까닭은 예수 그리스도께서 내게 먼저 일체 오래 참으심을 보이사 후에 주를 믿어 영생 얻는 자들에게 본이 되게 하려 하심이라"(딤전 1:16). 주를 믿는 목적이 바로 영생을 얻기 위함입니다. 그리고 바울이 비시디아 안디옥에서 하나님의 말씀을 전할 때 하나님께서 영생을 주시기로 작정 된 자는 그 말씀을 기뻐하며 받아들였습니다(행 13:48). 하지만 어떤 유대인들은 영생을 얻기에 합당하지 않은 자로 자처하고 말씀을 반박하고 비방했습니다. 그래서 바울은 그가 그리스도의 사도가 된 것은 그리스도 예수 안에 있는 생명의 약속에 근거한다고 서술합니다. "하나님의 뜻으로 말미암아 그리스도 예수 안에 있는 생명의 약속대로 그리스도 예수의 사도 된 바울은"(딤후 1:1).

---

8 Mounce, 『WBC 주석 목회서신』, 940.

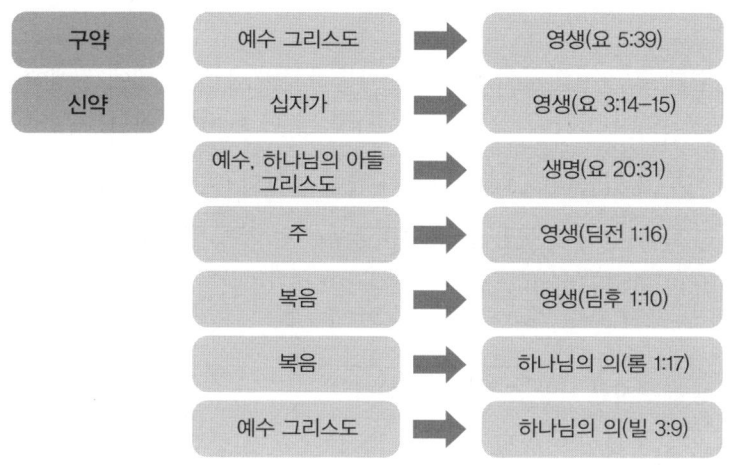

〈신구약이 증거하는 복음과 생명〉

복음, 하나님과 바른 관계를 회복하다

영생은 하나님이 아들 안에서 우리에게 주시는 생명입니다. 이것은 우리와 하나님과의 올바른 관계가 회복되어 그와 더불어 교제하는 상태를 말합니다. 모든 사람이 아담 안에서 하나님과 분리되어 하나님과의 관계가 깨어진 상태로 태어납니다. 죄인 된 우리가 스스로 그 관계를 회복할 수 없습니다. 땅에서 태어난 생명으로는 하나님 앞에서 의롭게 될 자가 없습니다. 그런데 하나님의 아들이 복음으로 세상에 오셨습니다. 복음으로 말미암아 하나님의 의가 나타났습니다. "복음에는 하나님의 의가 나타나서 믿음으로 믿음에 이르게 하나니 기록된 바 오직 의인은 믿음으로 말미암아 살리라 함과 같으니라"(롬 1:17).

복음은 하나님과 바른 관계를 맺게 합니다. 이는 영생의 본질인 하나님과의 사귐 안으로 진입하게 합니다. 하나님과의 관계 안에 머무름으로써 우리로 하여금 믿음으로 믿음에 이르게 합니다. 바울은 빌립보서에서도 '하나님의 의'를 그리스도를 믿음으로써 얻게 된다고 밝힙니다(빌 3:9). 우리가 그리스도를 믿는 목적은 하나님과의 바른 관계를 회복하기 위함입니다.

이렇게 구약 시대에서 하나님의 아들과 영생, 신약 시대에서 예수 그리스도의 십자가와 영생, 사도 시대에서 복음과 영생의 관계가 하나의 일관성을 이루고 있습니다. 이를 다음과 같이 요약할 수 있습니다. "예수 그리스도는 복음이며, 이 복음을 통하여 영생을 얻으며, 영생은 하나님과의 사귐이며 곧 하나님과 바른 관계를 맺는 하나님의 의를 가져온다."

영생에 무지한 신앙, 교회를 박해하다

복음을 통하여 영원한 생명을 얻는다는 성경의 주제는 기독교의 영원한 진리입니다. 이 진리에 무지할 때 기독교 신앙은 왜곡되고 심지어 교회를 박해하는 일이 일어납니다. 예수께서는 영생에 무지한 신앙생활에 대해 미리 경고하셨습니다. "사람들이 너희를 출교할 뿐 아니라 때가 이르면 무릇 너희를 죽이는 자가 생각하기를 이것이 하나님을 섬기는 일이라 하리라 그들이 이런 일을 할 것은 아버지와 나를 알지 못함이라"(요 16:2-3).

제자들을 출교하고 심지어 죽이는 자들은 그 일이 하나님을 섬기는 일이라고 생각합니다. 그들이 그렇게 하는 것은 아버지와 아들을 알지 못하기 때문입니다. 아버지와 아들을 아는 것이 영생이며(요 17:3), 아들 안에 거하고 아버지 안에 거하는 실재입니다(요일 2:24-25). 영생에 무지한 자들이 영생을 주러 오신 예수를 십자가에 못 박았습니다. 그러나 예수께서는 그들을 위해 사죄의 기도를 드리셨습니다(눅 23:34). 그들은 대대로 하나님을 믿는 자들이요 대대로 하나님을 섬기는 자들이었습니다. 그런데 무엇을 알지 못했습니까? 영생의 진리를 알지 못했습니다. 그들은 그렇게 스데반도 예수와 동일하게 죽였습니다.

기독교 역사에서 영생의 진리가 희미할 때마다 많은 사람이 교회를 박해했습니다. 영생의 진리를 모르니 땅의 일을 하나님의 일로 여겼습니다.

어떤 이들은 복음을 믿으나 영생의 삶이 부재하니 자기를 위해 살며 자기를 신앙했습니다. 기독교는 그 본질을 상실한 채 땅의 종교로 전락하고 말았습니다. 하지만 하나님은 택한 사람들을 통하여 영생의 진리를 고수해 오셨습니다. 시대마다 진리에 목마른 사람들을 찾아내시고 그들을 복음에서 생명으로 이끄셨습니다. 그리고 지금도 그 역사가 계속되고 있습니다.

26

신 본질 신앙과 신 개념 신앙

"본래 하나님을 본 사람이 없으되 아버지 품 속에 있는 독생하신 하나님이 나타내셨느니라" _ 요 1:18

종교학자 카렌 암스트롱은 『신의 역사』에서 인류가 아브라함 이후 현대에 이르기까지 3대 유일신 종교(기독교, 유대교, 이슬람)에서 신(하나님)을 어떻게 인식했는지 탐구했습니다. 이 책에서는 신에게는 인간이 파악할 수 없는 '본질'(헬, 우시아)이 있다고 합니다.[9] 다만 인간은 '본질'의 표현 형태인 신에 대한 '개념'(헬, 휘포스타세스)을 신앙한다고 말합니다. 히브리서 11:1에서는 '휘포스타세스'를 (바라는 것들의) '실상'으로 번역합니다. 이 단어에는 특정한 대상을 외부에서 바라보며 갖게 되는 '외연'(外緣)의 의미가 있습니다.

 '신 본질'은 하나님 자신으로, 요한복음 1:18에서는 '아들이 계시하신 아버지'(독생하신 하나님이 나타내셨느니라)라고 설명합니다. '신 개념'은 본질의 외연이며, 특정한 시대에 의미와 적절성을 주는 신으로서, 인간이 파악하

---

9 Armstrong, 『신의 역사 Ⅰ』, 208.

는 '실상'(휘포스타세스)입니다.

암스트롱은 3대 유일신 종교가 시대마다 의미와 적절성을 띤 '신에 대한 개념'을 만들어 신자들에게 숭배하게 했다고 주장합니다. '신 개념'이 가진 의미와 적절성이 사라지면 그 신도 조용히 폐기되고, 그것을 대체하는 새로운 신 개념을 만들어냅니다. 이렇게 시대에 유용한 신에 대한 개념은 '사람이 만든 신'일 뿐입니다. 그리고 시대가 변하면서 신 개념도 변합니다.

"특정한 신 개념이 의미나 적절성을 상실했을 때 그것은 조용히 폐기 처분되고 새로운 신 개념으로 대체되었다. (중략) 각 세대는 자신들에게 유용한 신 개념(이미지)을 창조해야 했다."[10]

신 개념 신앙의 종결, 무신론과 신 죽음 사상

18세기 들어 무신론자들이 공격한 대상은 신 개념 신앙이었습니다. 무신론자 디트리히 본 홀바흐(Dietrich von Holbach)는 "신을 믿는 것은 자기기만의 부정직한 행위이며 절망의 표현이다"라고 주장합니다.[11] 그는 종교란 인간이 고통스러운 현실 세계 속에서 위안을 찾고 장차 닥칠지 모를 미래의 재앙을 피하기 위해 가상의 신적 존재를 만들어 숭배하는 것이라고 말합니다.[12] 그러므로 종교란 성숙한 인간이 도려내야 할 무지와 공포의 싹이라는 것입니다.

19세기 들어서는 무신론을 뛰어넘어 '신 죽음' 사상이 대두합니다. 과학 기술의 발달은 신으로부터 독립된 인간 존재의 가능성에 눈을 뜨게 만

10　Armstrong, 『신의 역사 Ⅰ』, 22.
11　Armstrong, 『신의 역사 Ⅱ』, 597.
12　Armstrong, 『신의 역사 Ⅱ』, 597.

들었습니다. 루트비히 포이어바흐, 카를 마르크스, 찰스 다윈, 니체, 지그문트 프로이트와 같은 인물들은 신이 없는 세계에 대한 학문적 해석을 제기합니다. 그 결과 19세기 말부터 많은 사람이 종교의 속박에서 인간을 해방시키고자 하는 '신 죽음' 사상에 동조하게 됩니다. 이때부터 서구 기독교는 급속하게 몰락의 길을 갑니다.

신 개념 신앙이 사라진 자리에 대략 두 가지 대안이 나타납니다. 하나는 키르케고르의 '신비적 실재 사상'과 니체의 '초인 사상'입니다. 키르케고르는 기존 기독교의 교리(신 개념)가 형언할 수 없는 신의 신비적 실재(신 본질)를 대치하여 하나의 우상이 되었다고 비판합니다. 그리고 참 기독교 신앙이란, 화석화되어 버린 구태의연한 신념 체계(신 개념)에서 벗어나, 불가해한 '신비의 신'(신 본질)에게 온 몸을 던져 (만물 위로) 비약하는 것이라고 설명합니다.[13]

니체는 신 개념 신앙을 폐기한 '신 죽음'의 자리에 신을 대치하는 초인(超人)을 둡니다. 그는 인간의 나약함을 대변하는 사랑과 연민의 기독교는 없어져야 하며, 대신 참된 인간으로서 초인이 출현해야 한다고 강변합니다.[14] 니체는 인간 정신의 변화를 낙타와 사자와 아이로 비유합니다.[15] 인간의 정신은 사막에서 짐을 지고 가는 낙타에서, 자유를 쟁취하려는 사자로 변합니다. 최종적인 변화는 강탈하는 사자가 아이가 되는 것입니다. 아이는 인간의 한계를 초월한 이상적 존재로서 '초인'을 말합니다. "아이는 순진무구함이며 망각이고, 새로운 출발, 놀이, 스스로 도는 수레바퀴, 최초의 움직임이며, 성스러운 긍정이 아닌가? 그렇다. 창조라는 유희를 위해서는, 형제들이여, 성스러운 긍정이 필요하다. 이제 정신은 '자신'의 의

---

13 Armstrong, 『신의 역사 II』, 613.
14 Armstrong, 『신의 역사 II』, 617.
15 Nietzche, 『차라투스트라는 이렇게 말했다』, 38.

지를 원하고 세계를 상실한 자는 이제 '자신의' 세계를 되찾는다."¹⁶

니체의 사상은 19세기 후반 당대뿐 아니라 작금의 포스트모던 시대까지 강력한 영향을 끼치고 있습니다. 그런데 아이러니하게도 초인을 역설한 니체는 고독한 병약자로, 결국 정신 이상자가 되어 비극적으로 생을 마칩니다. 주목할 점은, 그가 신의 죽음을 주장하면서 그의 심연에서는 참된 신을 알기를 열망했다는 것입니다. "아니다! 돌아오라, 그대의 모든 고문과 함께! 모든 고독한 자 중에서 가장 마지막 사람에게. 아, 돌아오라! 내 눈물의 시내는 흐르고 또 흐른다. 그대를 향해! 그리고 나의 심장의 마지막 불꽃은 그대를 향해 불타오른다! 아, 돌아오라, 나의 미지(未知)의 신이여! 나의 고통이여! 나의 마지막 행복이여!"¹⁷

신 개념 신앙, 종교에서 우상숭배로

기독교 안에서 신 개념 신앙을 타파한 사람은 무신론의 아버지로 불리는 루트비히 포이어바흐입니다. 그는 인간이 하나님을 믿는 것은 종교적 환상이나 감정이 아니라 행복해지고자 하는 본능 때문이라고 했습니다. 그는 인간이 어떤 대상을 인식하는 것은 자기를 의식하는 것이며, 그 대상에서 인간의 본질이 나타나는 것이라고 했습니다. 예컨대 수일을 굶은 아이에게 빵과 우유라는 대상은 없으면 안 되는 절대적 대상으로 인식됩니다. 여기서 아이가 인식하는 인간의 본질은 신의 본질입니다. 돈을 절대적 대상으로 인식하는 자는 돈이 그의 신입니다. 굶주린 아이와 같이 결핍의 인간은 그가 소원하는 바를 신에게 투사합니다. 그에게 신은 자기 소원을 이루고자 하는 자기의식입니다. 포이어바흐는 말하기를, 신에 대한 의식은 인간의 자의식이고 인간은 인간 자신에게 신이라고 했습니다.¹⁸ "인간

---

16 Nietzche, 『차라투스트라는 이렇게 말했다』, 38.
17 Nietzche, 『차라투스트라는 이렇게 말했다』, 444.
18 Feuerbach, 『기독교의 본질』, 24.

은 대상에서 자기 자신을 의식한다. 대상의 의식은 인간의 자기의식이다. 우리는 대상에 의하여 인간을 인식한다. 대상에서 우리에게 인간의 본질이 나타난다."[19] 자의식의 대상에 대한 소원이 절박할수록 신앙도 절박합니다. 신앙생활에 나름대로 진정성이 있고 지극한 정성을 쏟습니다. 그에게 하나님의 본질이나 하나님의 뜻은 뒷전으로 밀려납니다. 하나님은 그에게 소원을 들어주는 요술 방망이처럼 됩니다. 그런데 인간이 자의식으로 대상을 인식하는 것이 종교였다면, 후에는 그 대상이 우상으로 고양됩니다. 그런 사람은 신을 섬기는 것 같으나 실상 자기를 위한 우상을 섬기는 것입니다. 인간은 진정한 신이 아니라 스스로의 본질을 숭배해 왔습니다.[20]

바르트는 포이어바흐가 인간이 자기 형상(인식)을 따라 하나님을 만들어 낸다고 비난하면서도, 이것만은 그가 옳았다고 인정했습니다.[21] 그러면서 바르트는 신의 본래적 형상(신 본질) 대신 인간이 만든 신의 형상(신 개념)을 숭배한 결과 종교는 자기와 다른 신(개념)을 믿는 종교를 우상으로 비난했다고 말했습니다. "그리스도교는 이교를 우상숭배라고 비난하고, 개신교는 가톨릭교회, 옛 그리스도교를 우상숭배라고 비난하고, 이제 합리주의는 개신교, 적어도 옛 정통주의 개신교를 우상숭배라고 비난한다. 그 이유는 그것이 인간을 신으로 숭배하고, 그러므로 본래적 원형(신 본질) 대신 신의 형상(신 개념)을 - 인간은 그런 것이다 - 숭배했기 때문이다."[22]

기독교 역사에서 신 본질 신앙이 부재한 신 개념 신앙은 종교에서 우상숭배로 비약했습니다. 바르트가 지적한 대로 신 개념을 신앙하는 자는 자기와 다른 신 개념 신앙을 우상숭배로 비난해 왔습니다. 포이어바흐는 이

---

19 Feuerbach, 『기독교의 본질』, 66.
20 Feuerbach, 『기독교의 본질』, 77.
21 Barth, 『교회교의학 1/2』, 22.
22 Barth, 『교회교의학 2/1』, 312.

런 식의 신 개념 신앙에 철퇴를 내렸다는 점에서 긍정적 평가를 받습니다. 하지만 그가 신 자체를 부정한 것은 크나큰 오류입니다. 인간이 무엇을 바란다면, 그 무엇이 존재할 수 없다는 것은 옳지 않기 때문입니다(인간의 관심사와 신의 관심사는 전혀 별개입니다). 더구나 그가 신을 물질의 영역으로 간주한 것이나, 인간의 사악함과 죽음을 진지하게 다루지 않고 인간을 신격화시킨 점에서 그의 무신론은 극명한 한계를 드러냅니다.[23]

신 개념 신앙에서 신 본질 신앙으로

신 개념 신앙에서 신 본질 신앙으로의 도약은 '생명의 말씀'을 받아들여야 가능합니다. 진리의 영이 생명의 말씀을 계시할 때 우리는 신 본질 신앙으로 승화됩니다(고전 2:9-10; 요 6:63). 누구도 생명의 말씀을 떠나서는 신 본질 신앙을 가질 수 없습니다. 그런데 니체 당시 사람들이 참된 신앙을 갈망하면서도 생명의 말씀을 외면한 것은, 계몽주의의 영향으로 말씀의 권위가 추락한 탓이 큽니다. 과학의 발전과 성경의 역사비평의 도입은 종교개혁의 성과인 성경의 권위를 추락시켰습니다.[24]

신실한 신자라도 신 본질 신앙에 이르기까지 신 개념 신앙의 한계 상황에서 고통을 당합니다. 전통 교회에서 배운 지식과 교리는 무의미해지고, 성경은 화석화된 문자로 간주해 버립니다. 몸을 불살라 헌신하던 사역은 시들해지고, 신자들과의 교제는 무의미성과 지루함으로 변합니다. 19세기 중반 이후 무신론과 신 죽음 사상을 극복하고자 인본주의를 바탕으로 하는 자유주의 신학이 대두되었습니다. 그러나 자유주의 신학은 전장에서 살펴본 대로 신 본질 신앙을 무시하고 신적 행위를 강조하는 것으로 그 한계를 드러냈습니다.

---

23   Kung, 『신은 존재하는가』, 308.
24   Grenz & Olson, 『20세기 신학』, 304.

20세기에 서구 기독교 국가들에서 일어난 두 번의 세계 대전은 인간의 무력함을 여실히 드러냈고, '신 죽음' 사상은 '신에 대한 두려움'으로 발전해 갑니다. 이때 일군의 신학자들이 성경이 증거하는 참하나님에 관한 신학을 전개합니다. 대표적으로 칼 바르트는 신학의 출발점을 창조 이전의 세계에 두고, 영원(만물 위)과 시간(만물 안) 사이에 '무한한 질적 차이'가 있다고 말했습니다(전 5:2). '무한한 질적 차이'는 바르트보다 1세기 전에 살았던 키르케고르가 통찰한 용어입니다. 바르트는 하나님과 인간, 영원과 시간 사이의 무한한 질적 차이는 오직 하늘에서 오신 예수 그리스도 안에서 일어난 하나님의 자기 계시로 극복한다고 했습니다.[25]

하비 콕스(H. Cox)는 무신론의 사조로 인해 전통적인 유신론의 신이 의심의 불안 속으로 사라질 때 나타나는 '신 위의 신'(God above god)도 등장할 기회를 얻지 못한다고 진단했습니다.[26] 틸리히가 말한 사라져야 할 유신론적 신은 시대마다 바뀌는 유용한 신 개념, 즉 인간이 만들어 낸 신이라고 볼 수 있습니다. 그런데 무신론의 담론은 모든 신에 무관심하기 때문에 참신인 '신 위의 신'에 대해서도 귀 기울이지 않습니다. 틸리히는 폐기 처분의 위기에 있는 전통적 유신론의 대안으로 궁극적 실재이신 'God above god'를 제시합니다.

한국교회의 신 개념 신앙

한국의 기독교는 시대가 격동할 때마다 이에 부응한 '신 개념'이 신앙을 주도했습니다. 특히 선교 초기에는 세대주의 신앙의 영향을 크게 받았습니다. 게다가 일제 강점기였던 당시에는 피안의 세계를 동경하고 재림의 임박성을 문자적으로 받아들였습니다. 이후 전쟁과 가난을 겪으면서, 교회는 진지하게 진리를 성찰하기보다는 당장 삶에 닥친 현실적인 문제

---

25 김균진, 『현대 신학사상』, 42.
26 Cox, 『세속도시』, 143.

를 해결하는 수단으로 '신 개념'을 숭배했습니다. 현세적 복을 비는 기복신앙, 문제 해결과 응답에만 초점을 두는 기도원 신앙, 감정을 편안하게 해 주는 상담 및 치유 사역과 직분 상승, 목회 성공, 교회 부흥을 추구하는 현상이 바로 그것들입니다. 이것은 '신 본질' 신앙과 전혀 무관합니다. 이 같은 신 개념 신앙은 시대가 변하면서 쇠퇴하고 사라집니다.

종교개혁 이후 무신론과 신 죽음 사상은 '신 본질'이 아닌 '신 개념'의 신앙을 공격합니다. 진리의 관점에서 보면 이 같은 신 개념 신앙은 우리가 마땅히 극복해야 할 과제입니다. 성경이 증거하는 신 본질이 성령을 통해 우리에게 계시될 때 신 개념 신앙을 비로소 극복할 수 있습니다.

신 본질 신앙, 복음을 통하여 생명으로

요한복음 1:1에서 태초의 '말씀'(로고스)은 요한일서 1:1에서는 태초부터 있는 '생명의 말씀'입니다. 참하나님은 만물 위, 하늘에서 오신 아들을 통해 자기를 계시하십니다. 아무도 하나님의 '본질'(우시아)을 보지 못합니다. 그런데 아버지 품속에 있는 독생자(아들)가 마침내 계시됩니다(요 1:18). 이 점에서 아들은 아버지의 역사적 계시자이십니다. 그리고 아버지가 아들에게 영생을 전하라고 명령하십니다(요 12:50; 17:2, 4). 그 말씀은 로고스이며 생명의 말씀입니다. 아버지는 생명의 말씀인 아들을 통해 우리에게 영원한 생명을 주십니다(요 17:2). 아버지께서 아들에게 주시고 아들이 자신을 믿는 자에게 주신 영생이 하나님의 본질입니다.

"본래 하나님을 본 사람이 없으되 아버지 품 속에 있는 독생하신 하나님이 나타내셨느니라"(요 1:18).

"나는 그의 명령이 영생인 줄 아노라 그러므로 내가 이르는 것은 내 아버지께서 내게 말씀하신 그대로니라 하시니라"(요 12:50).

영생의 본질은 아들이 계시하신 아버지를 아는 것입니다(요 17:3). 이는 아들과 아버지 안에 거하여 창세전부터 아버지가 아들에게 주신 영광을 보는 것입니다(요 17:24). 아버지가 아들에게 주신 영광은 독생자의 영광이며 은혜와 진리가 충만합니다(요 1:14). 은혜와 진리의 쌍개념은 하나님의 영광의 현현인 인자와 신실입니다(출 34:6). 그 영광을 보는 자는 어떤 상황에서도 넉넉히 승리합니다(롬 8:35-37). 만물 안의 그 무엇도 그리스도 예수 안에 있는 하나님의 사랑에서 우리를 끊을 수 없습니다(롬 8:38-39).

어떤 하나님을 믿는가?

복음을 통해 얻은 영생은 신 개념 신앙에서 신 본질의 신앙으로 도약합니다. 예수를 믿고 교회를 다니고 심지어 목회 활동을 하더라도 영생을 알지 못하면, 그는 시대의 적절성과 의미를 주는 '신 개념'을 신앙하고 가르칠 수밖에 없습니다. 그는 아들이 계시한 아버지가 아니라 시대에 유용한 신, 사람이 만들어 낸 신을 숭배하는 것입니다. 하나님을 섬긴다고 하면서 실상은 자기를 위해 만든 우상을 섬기는 일을 저지르고 있는 것입니다. 그리스도인이라면, '나는 하나님을 믿는다'라는 고백과 함께, '나는 어떤 하나님을 믿는가'라고 스스로에게 물어보아야 합니다. 성경에서 아들이 계시하신 참하나님, 곧 만물 위에 계신 하나님을 믿는가, 아니면 시대마다 다수의 사람이 지지하는 '만들어진 신'(신 개념)을 믿는가? 하나님은 고뇌하며 묻는 자에게 진리로 응답하십니다. 그리고 진리가 우리를 자유롭게 합니다.

신 개념의 신앙은 인간이 파악한 신에 대한 개념을 믿는 것입니다. 그리스도인이 궁극적으로 믿어야 할 신 본질의 신앙은 영생이 그 본체입니다. 곧 신 본질은 하나님이 그 자신을 주시는 '생명'을 얻는 것입니다(요 20:31). 기독교 신앙의 본질은 영생에 있습니다. 영생은 아들에게 하신 아버지의 명령이며(요 12:50), 그를 보내신 아버지께로 인도하는 진리입니다(요 14:6). 그리고 예수 그리스도가 아버지께로부터 받은 사명입니다(요 17:2). 영생을 얻은 자는 누구든지 영생을 전함으로써 예수 그리스도와 동일한 사명을 수행해야 합니다(요 17:17; 딤후 1:1). 우리가 복음을 통해 그것이 주는 은혜인 영생을 알 때 우리의 신앙은 자라나고 열매를 맺게 됩니다.

"너희를 위하여 하늘에 쌓아 둔 소망으로 말미암음이니 곧 너희가 전에 복음 진리의 말씀을 들은 것이라 이 복음이 이미 너희에게 이르매 너희가 듣고 참으로 하나님의 은혜를 깨달은 날부터 너희 중에서와 같이 또한 온 천하에서도 열매를 맺어 자라는도다"(골 1:5-6).

역사적 예수와 그리스도 예수

"그런즉 이스라엘 온 집은 확실히 알지니 너희가 십자가에 못 박은 이 예수를 하나님이 주와 그리스도가 되게 하셨느니라 하니라" _행 2:36

신구약성경의 주제는 복음을 통하여 영원한 생명을 얻는 것입니다. 복음은 두 차원으로 정의할 수 있습니다. 하나는 '하나님의 아들 예수 그리스도'입니다(막 1:1; 롬 1:2-3). 다른 하나는 '그의 메시아적 행위'입니다(고전 15:3-5). 복음에 대한 두 차원의 정의는 상호 분리되지 않습니다. 그의 메시아적 행위로서 복음은 '그리스도로서 예수'를 가리킵니다. 하나님의 아들은 창세전부터 아버지 품속에 계시다 세상에 오셨습니다. 그는 시간 밖에서 시간 속으로 들어오셨습니다. 그는 우연히 세상에 오신 것이 아닙니다. 그는 창세전 하나님이 미리 정하신 바 되셨다가 하나님의 때인 말일에 오셨습니다(벧전 1:20). 그가 세상에 오신 것은 창세전 거짓이 없으신 하나님이 약속하신 영생의 소망을 이루기 위함입니다(딛 1:2). 창세전 약속된 영생의 소망은 생명을 가진 아들을 영접하는 자마다 하나님의 아들이 되는 것입니다. 이는 영원부터 그리스도 예수 안에서 예정된 하나님의 뜻입니다(엡 3:11).

하나님의 아들, 혈과 육을 입고 오시다

하나님이 정하신 때 아들은 동정녀 마리아의 몸에서 나셨습니다(마 1:18-25). 아들이 여자에게서 나시고 율법 아래에 나신 것은 율법 아래에 있는 자들을 구원하시고 하나님의 아들이 되게 하려는 것입니다. "때가 차매 하나님이 그 아들을 보내사 여자에게서 나게 하시고 율법 아래에 나게 하신 것은 율법 아래에 있는 자들을 속량하시고 우리로 아들의 명분을 얻게 하려 하심이라"(갈 4:4-5).

하나님의 아들이 여자의 몸에 나심으로써 세상 역사에 출현하셨습니다. 이를 가리켜 신학적으로 '역사적 예수'라고 합니다. 하나님의 아들은 '가현설'[27]이 주장하듯, 환영(幻影)이나 유령(幽靈)이 아닙니다. 예수 그리스도는 우리와 같이 혈과 육을 입고 세상에 오셨습니다(히 2:14). 하늘에 속한 로고스가 육신(헬, 사르크스)을 입고 오셨습니다. '사르크스'는 '몸'이 아니라 약한 자, 볼품없는 자를 뜻합니다. 하나님의 아들은 왕이나 장군이나 영웅 등 강한 자로 오시지 않았습니다. 그는 지극히 비천한 사람으로 오셨습니다. 그의 외모는 고운 모양도 없고 풍채도 없어 사람들이 보기에 흠모할 만한 것이 없었습니다(사 53:2).

예수께서 가난한 목수의 가정에서 자랐습니다. 그는 30세쯤 세례 요한에게 세례를 받으시고(마 3:16), 공적 생애를 시작했습니다(눅 3:23). 예수께서 자기가 원하는 자들을 제자로 부르시고 그들과 동역했습니다(막 3:13). 예수의 공생애 사역은 3가지로 요약할 수 있습니다. 예수는 회당에서 가르치시고, 하나님 나라의 복음을 선포하시고, 사람들의 모든 병과 모든 약

---

27 가현설(Docetism) : 영지주의자들은 영과 육을 선과 악의 대립 구조로 보고 신성을 가진 아들이 악한 속성을 가진 육체로 올 수 없다고 주장했다. 가현설을 주장하는 자들은 예수의 육체와 인간성을 부인하며, 그가 환영처럼 몸을 갖고 임했다고 가르쳤다. 사도 요한은 예수가 육체로 오신 것을 부인하는 자마다 적 그리스도라고 하며 이단으로 규정했다(요일 4:1-6).

한 것을 고치셨습니다(마 4:23; 9:35). 궁극적으로 예수께서 오신 것은 아버지께서 하라고 하신 일을 이루기 위함입니다(요 17:4). 그 일은 자기 목숨을 많은 사람의 대속물로 주시는 것입니다(막 10:45). 그리하여 그를 믿는 자에게 죄 사함과 영생의 구원을 주십니다.

전통의 그리스도와 성경이 증거하는 그리스도

예수께서 삼 년의 공생애를 마치고 예루살렘으로 올라가십니다. 그의 예루살렘 여행은 팔레스타인 최북단 가이사랴 빌립보에서 시작하여 갈릴리를 거쳐 예루살렘에 입성합니다(막 8:26-11:10).

예수께서 가이사랴 빌립보에서 제자들에게 "사람들이 나를 누구라고 하느냐?"로 묻습니다(막 8:27). 제자들이 세례 요한이나 엘리야나 선지자 중 하나라고 대답합니다. 그러자 예수께서 "너희는 나를 누구라 하느냐"라고 다시 물으십니다(막 8:29). 그때 베드로가 대답하되, "당신은 그리스도입니다"(You are the Christ)라고 했습니다(막 8:29). 후대에 기록된 마태복음에서는 "당신은 그리스도시요 살아계신 하나님의 아들입니다"라고 되어 있습니다(마 16:16). 이것은 복음이 하나님의 아들 예수 그리스도임을 반영한 것입니다. 예수께서 베드로의 고백을 들으시고, 이는 사람으로서 알 수 있는 것이 아니라 하늘에 계신 아버지께서 알게 하셨다고 말씀합니다(마 16:17). 예수께서 '그리스도'의 고백을 받으시고 함구령을 내리시며, 비로소 그리스도의 길을 계시합니다.

"인자가 많은 고난을 받고 장로들과 대제사장들과 서기관들에게 버린 바 되어 죽임을 당하고 사흘 만에 살아나야 할 것을 비로소 그들에게 가르치시되"(막 8:31).

예수께서 계시한 그리스도의 길은 구약성경에서 미리 증거한 그리스도의 길입니다. 구약의 선지자들 안에는 그리스도의 영이 있어 그리스도가 받으실 고난과 후에 받으실 영광을 미리 증거했습니다(벧전 1:11). 그래서 그리스도는 성경대로 우리 죄를 위하여 죽으시고 장사지낸 바 되시고 성경대로 사흘 만에 살아나실 것입니다(고전 15:3-4). 그러므로 예수는 성경이 증거한 그리스도의 길을 비로소 계시하십니다.

그런데 예수를 그리스도로 고백했던 베드로의 태도가 돌변합니다. 그가 예수를 밀어붙이고 꾸짖습니다(막 8:32, "Peter took him aside and began to rebuke him"). '꾸짖다'의 헬라어 '에피티마오'는 예수께서 악한 세력을 내쫓을 때 사용하는 전용어입니다(막 1:25; 4:39; 9:25). 예수를 그리스도로 고백한 베드로는 예수가 성경이 증거하는 그리스도의 길을 비로소 계시하자, 예수를 몰아붙이고 적대 세력으로 취급합니다. 이에 예수께서 베드로를 돌아보시며 "사탄아 내 뒤로 물러가라 네가 하나님의 일을 생각하지 않고 도리어 사람의 일을 생각하는도다"라고 꾸짖으십니다(에피티마오) (막 8:33).

베드로의 '그리스도' 고백과 예수의 '그리스도' 계시가 충돌합니다. 베드로는 예수를 그리스도로 고백했으나 사람의 일을 위한 그리스도로 알았습니다. 예수는 성경이 증거하는 그리스도를 계시했습니다. 성경이 증거하는 그리스도는 죽으시고 부활하여 그를 믿는 자에게 생명을 주십니다. 이것이 죽은 자를 일으켜 살리는 하나님의 일입니다(요 5:21). 베드로는 예수의 수제자로 불립니다. 그는 모든 것을 버리고 예수를 따랐습니다. 그는 3년간 예수와 동거하며 예수의 공생애 사역에 참여했습니다. 그러나 그는 성경이 증거한 그리스도를 알지 못했습니다. 베드로는 성경이 증거하는 그리스도가 아닌 유대교 전통에서 배운 그리스도를 대망했습니다.

베드로가 굳게 믿은 '그리스도'는 당시 유대인들에게 널리 퍼져 있던 메시아(그리스도) 사상입니다. 그들은 다윗의 후손에서 다윗과 같은 강력한 정치 지도자가 메시아로 출현하여 이스라엘을 회복하고 부국 강성한 나라로 만든다고 믿었습니다. 이런 메시아(그리스도)관은 BC. 142년부터 BC. 63년까지 하스모니안 왕조 때부터 알려졌습니다. 이즈음 열방에 흩어진 유대인들(디아스포라)이 유대 지역으로 돌아왔습니다(시오니즘). 예수의 주 사역지였던 갈릴리 지방은 이전에는 이방 땅이요 황폐한 성읍이었으나, 이때 돌아온 유대인들로 채워졌습니다.

하스모니안 왕조 시대에 유대의 3대 종파인 사두개파, 바리새파, 에세네파가 형성되었습니다. 그중 바리새파는 민중 계몽운동을 펼쳤는데, 그들은 정치적이고 민족적인 해방자로서 메시아(그리스도)가 올 것을 사람들에게 가르쳤습니다. 곧 다윗 왕과 같은 강력한 메시아(그리스도)가 출현하여, 정치적 해방과 경제적 풍요와 사회 정의를 구현한다고 가르친 것입니다. 바리새파에 의해 전파된 메시아관은 철저히 정치적 메시아였습니다. 그러므로 베드로가 고백한 그리스도는 그가 배우고 체득한 정치적 메시아(그리스도)입니다. 베드로뿐만 아니라 다른 제자들도 그러했고, 유대 백성들이 다 그러했습니다.

"BC. 1세기 전후로 유대 대중들이 기다리던 메시아는 이사야 53장에서 예언된 죄에서 구원하실 메시아가 아니라 정치적(왕적) 메시아였다. 그들은 '다윗의 자손'으로서 로마의 압제를 물리치고 찬란한 다윗 제국을 재건해 줄 정치적 메시아를 고대하고 있었다. 그들은 성경에서 예언한 메시아를 바라본 것이 아니라, 자신들의 욕구 – 외세로부터 해방 – 에 메시아를 맞추고 있었기에 성경에 예언된 메시아를 읽어내지 못했고 알아보지 못한 것이다. 예수의 제자들도 예외가 아니었다."[28]

예수께서는 제자들의 오해를 뒤로 하고 예루살렘을 향하여 올라가셨

---

28 정연호, "메시아닉 유대인의 현실과 정체성, 그리고 신학", 3.

습니다. 그가 예루살렘에 입성하실 때 많은 무리가 그를 환영했습니다. 사람들이 앞서가고 뒤에서 따르며 "호산나 다윗의 자손이여 찬송하리로다 주의 이름으로 오시는 이여 가장 높은 곳에서 호산나"라고 외쳤습니다(마 21:9). 그러자 예루살렘 온 성이 소동하며 사람들이 "그가 누구냐?"라고 물었습니다. 무리가 "갈릴리 나사렛에서 나온 선지자 예수"라고 대답했습니다(마 21:11). 예루살렘의 무리는 예수를 그리스도로 알지 못합니다. 다만 다윗왕처럼 제국을 건설해 줄 현세적 왕으로 대망했습니다.

예수께서 예루살렘에서는 백성들이 바라는 어떤 기적도 행하지 아니하셨습니다. 도리어 무력한 자가 되어 종교 지도자들에게 심문을 받고 사형을 선고받았습니다. 예수는 십자가형에 처해지기 위해 빌라도에게 넘겨집니다. 그때 무리는 한목소리로 예수를 십자가에 못박으라고 외칩니다. 대중들은 기대가 좌절되면 분노를 발산합니다. 예수는 그들이 대망하던 그리스도가 아니었습니다. 그래서 살인자 바라바 대신 예수를 십자가에 못박으라고 외쳤습니다. 무리는 성경이 증거한 대로 오신 그리스도를 알지 못하고 도리어 그를 못박았습니다. 그들은 자기들이 무슨 일을 하는지 알지 못했습니다. 십자가에 달리신 예수는 그들을 위하여 용서의 기도를 드렸습니다. "아버지 저들을 사하여 주옵소서 자기들이 하는 것을 알지 못함이니이다 하시더라"(눅 23:34).

성령, 성경이 증거한 그리스도를 계시하다

예수께서 십자가에서 죽으시고 사흘 만에 살아나셨습니다. 예수의 부활 소식은 여인들에 의해 제자들에게 전해졌습니다. 그러나 제자들은 여인들의 말을 '넌센스'로 여겼습니다(눅 24:11). 부활하신 예수께서 엠마오로 내려가는 두 제자에게 나타나셨습니다(눅 24:13-35). 이때 예수께서 그들과 동행하셨으나 그들의 눈이 가리어져 예수를 알아보지 못했습니다. 예수께서 그들에게 무슨 말을 주고받는지 묻자, 그들은 침통한 표정을 지으며 예루살렘에서 일어난 나사렛 예수의 일을 고했습니다. 예수는 하나님과 모든 백성 앞에서 행동과 말씀에 능한 선지자였는데, 대제사장들과 장로들이 그에게 사형을 언도하고 십자가에 못박아 죽였다는 것입니다.

엠마오로 내려가는 두 사람이 주고받은 이야기는 실제 일어난 일, 곧 역사적 사실입니다. 이것은 역사적 예수의 일입니다. 그들이 예수를 구원자로 믿은 것은, 예수가 로마의 압제에서 해방시켜 줄 정치적 메시아로 믿은 것입니다. 그들은 지금 이 말을 듣는 자가 예수인 것은 알지 못했습니다. 이는 그들의 눈이 가려져 있었기 때문입니다. 그제야 예수께서 그들에게 자기가 성경이 증거한 그리스도임을 알려주십니다.

"미련하고 선지자들이 말한 모든 것을 마음에 더디 믿는 자들이여 그리스도가 이런 고난을 받고 자기의 영광에 들어가야 할 것이 아니냐 하시고 이에 모세와 모든 선지자의 글로 시작하여 모든 성경에 쓴 바 자기에 관한 것을 자세히 설명하시니라"(눅 24:25-27).

'모세와 선지자'(개역개정) 또는 '율법과 선지자'라는 말은 구약성경을 가리킬 때 사용하는 표현입니다(눅 16:31; 24:27, 44; 행 13:15; 26:22; 28:23; 롬 3:21). 또한 '율법과 선지자'에 성문서(시편)를 추가하여 부르기도 합니다(눅 24:44, "모세의 율법과 선지자의 글과 시편"). 예수께서는 모세와 모든 선지자에서부터 시작하여 성경 전체에서 자기에 관하여 써 놓은 일을 그들에게 설명하여 주었습니다. 누가복음은 구약성경 전체가 다 예수에 관한 증거임을, 그리고 그리스도가 구약성경의 주제이며 중심이며 목표임을 증거하고 있습니다.

모세는 선지자로서 자기와 같은 선지자가 오실 것을 미리 증거했습니다(신 18:15). 선지자로서 모세가 증거한 오실 선지자는 예수 그리스도입니다

다(행 3:22-23). 복음은 하나님이 선지자들을 통하여 그의 아들에 관하여 성경에 미리 약속하신 것입니다(롬 1:2).

예수는 구약성경에서 증거한 그리스도이십니다. 그는 자기 말이 아닌 성경으로 자기를 증거하십니다. 사도의 모본이 되는 바울은 다메섹에서 부활하신 예수를 직접 만났습니다. 그리고 셋째 하늘에 올라가는 신비체험도 했습니다. 그러나 그가 복음을 전할 때는 성경이 증거하는 그리스도를 전했습니다. "그들이 날짜를 정하고 그가 유숙하는 집에 많이 오니 바울이 아침부터 저녁까지 강론하여 하나님의 나라를 증언하고 모세의 율법과 선지자의 말을 가지고 예수에 대하여 권하더라"(행 28:23).

역사적 예수 신앙에서 그리스도 예수 신앙으로

역사적 예수는 말과 일에 능한 선지자로 불립니다. 유대 백성들은 그에게 소망을 걸고 있었습니다. 그러나 그가 십자가에 못박히자, 그들은 절망했습니다. 그들에게 예수는 '한때' 소망을 두었던 자였습니다. 그러나 예수가 성경을 깨닫게 하시고 성령을 보내신 후 제자들은 성경이 증거하는 그리스도를 알게 됩니다. 제자들은 모든 것을 깨닫게 해주시는 성령을 받고 나서야 그들의 눈을 가렸던 수건이 벗겨지고 예수가 성경이 예언한 그리스도임을 확신하고 대부분의 제자가 순교하기까지 복음을 전할 수 있었습니다.[29]

베드로는 예수를 그리스도로 고백했으나 유대 전통의 그리스도를 믿음으로 인하여 예수를 꾸짖었습니다. 오순절 성령이 임한 후 베드로는 성경대로 죽으시고 성경대로 부활하신 그리스도를 복음으로 선포합니다. 예수는 다윗을 비롯한 모든 선지자가 미리 증거한 대로 십자가에서 죽으

---

29 정연호, "메시아닉 유대인의 현실과 정체성, 그리고 신학", 3.

시고 부활하셨습니다. 그러나 이스라엘 백성들은 말과 일에 능한 역사적 예수를 다윗과 같은 정치적 메시아로 잘못 알고 그를 십자가에 못박았습니다. 베드로는 이 사실을 깨우치며 선포를 마무리합니다. "그런즉 이스라엘 온 집은 확실히 알지니 너희가 십자가에 못 박은 이 예수를 하나님이 주와 그리스도가 되게 하셨느니라 하니라"(행 2:36). 그러자 복음을 들은 백성들은 마음이 찔려 '형제들아 우리가 어찌할꼬' 하면서 탄식합니다. 그때 베드로는 그들로 회개하여 각각 예수 그리스도의 이름으로 세례를 받고 죄 사함을 받으라고 말합니다(행 2:38). 그리하면 그들은 성령을 선물로 받고 영생을 얻을 것입니다. 오순절 선포의 핵심 주제는 성경이 증거하는 그리스도를 복음으로 선포하고, 백성들이 그리스도를 오해하여 십자가에 못박은 죄를 회개하는 데 있습니다.

바울의 회심, 역사적 예수 신앙에서 그리스도 예수 신앙으로

회심 전 바울은 철저한 유대인이었습니다. 그는 동족 가운데서 또래의 많은 사람보다 유대교 신앙에 앞서 있었으며 조상들의 전통을 지키는 일에도 훨씬 더 열성이었습니다(갈 1:14). 특히 그는 율법에 흠이 없는 자였습니다(빌 3:6). 예수와 동시대를 살았던 바울은 역사적 예수에 대해 잘 알고 있었습니다. 그에게 예수의 공생애보다 더 결정적인 사건은 예수가 십자가에 못박혀 죽었다는 사실입니다. 율법에 흠이 없는 그에게 이것은 치명적인 걸림돌이었습니다(고전 1:23). 왜냐하면, 율법에서는 나무에 달린 자마다 하나님이 저주하여 죽은 자이기 때문입니다(신 21:23). 바울에게 역사적 예수는 그의 생애가 아무리 위대했어도 그의 마지막은 하나님이 저주하여 죽은 자입니다. 구약 시대 하나님이 저주하신 자를 살려주면, 살려준 자가 대신 죽어야 합니다(왕상 20:42). 또한 하나님께 대한 열심은 하나님이 저주하신 자를 저주하는 것이었습니다. 비느하스의 열심이 그러했습니다(민 25:11).

율법에 철저한 바울이 볼 때 교회는 하나님이 저주하신 자를 구주로 믿는 자들입니다. 하여 그는 하나님께 대한 열심으로 교회를 박해했습니다(빌 3:6; "열심으로는 교회를 박해하고"). 그가 교회를 박해하기 위해 다메섹으로 가는 중 부활하신 예수를 만났습니다. 바울은 즉시로 소경이 되었습니다. 삼 일 후 아나니아가 와서 그에게 안수하고 그는 다시 보게 되었습니다. 그가 다시 보았을 때 하나님이 저주하여 죽은 예수가 하나님의 아들이요, 그리스도였습니다. 그는 즉시로 예수가 하나님의 아들이요(행 9:20), 그리스도(행 9:22)임을 선포했습니다. 율법은 일점일획도 바꿀 수 없습니다. 예수는 하나님께 저주받아 십자가에 달렸습니다. 그러나 그가 하나님께 저주받은 것은, 하나님께 저주받아 마땅한 모든 사람을 대신하여 저주받으신 것입니다(갈 3:13). 그러므로 한 사람 예수 그리스도가 죽으심으로써 모든 사람이 죽었습니다. 바울은 이 그리스도의 사랑에 이끌려 예수가 하나님의 아들이요, 그리스도라는 복음을 전했습니다.

그리스도 예수 신앙은 역사적 예수를 지향한다

그리스도로서 예수는 역사적 사실인 동시에 신앙적 수용의 주제입니다.[30] 틸리히는 교회의 예전과 설교에서 '예수 그리스도'를 고유명사로 사용함으로써 역사적 예수가 그리스도로서 불린다는 역설을 자주 상실한다고 말했습니다.[31] 만일 우리가 역사적 예수만 알고 그의 공생애 사역을 현재에서 실재화하려고 시도한다면, 그것은 마성적인 세력의 개입으로 실패에 이르게 됩니다.[32] 즉 예수가 이런저런 사역을 했으니 우리도 똑같이 해야 하고, 존재의 새로움 없이(영생의 부재) 예수의 행위를 모방하려는

30　Tillich, 『조직신학 3권』, 155.
31　Tillich, 『조직신학 3권』, 155.
32　Tillich, 『조직신학 3권』, 157.

것은 위험한 시도입니다. 그것은 엠마오로 내려가던 제자들처럼 예수의 말과 능력에 초점을 맞춘 신앙으로 그에게 예수는 한때 소망을 둔 선지자일 뿐입니다. 따라서 '그리스도로서 예수'에 이르지 못한 역사적 예수 신앙은 언제든지 왜곡될 수 있습니다.

  틸리히는 바로 이 때문에 예수 중심의 종교와 신학이 비난받아 마땅한 이유라고 하면서, 예수는 그리스도로서 그리고 오직 그리스도로서만 신앙과 신학의 대상이라고 했습니다.[33] 반면 게르하르트 에벨링(G. Ebeling)은 역사적 예수가 신앙의 근거이자 내용이라고 했습니다.[34] 역사적 예수와 그리스도 예수는 신앙과 밀접하게 관련된 만큼 신앙의 내용은 곧 예수 자신이 되는 것입니다. 하나님의 아들은 역사적 예수로 오셨고. 그는 십자가에서 죽으시고 부활하심으로써 그리스도가 되셨습니다.

  기독교 신앙은 대체적으로 역사적 예수를 믿는 것으로 시작합니다. 이후 복음을 듣고 역사적 예수가 창세전부터 현존하는 하나님의 아들이요, 십자가에서 죽으시고 부활하신 그리스도임을 알게 됩니다. 그리스도로서 예수를 믿어 영생을 얻은 자는 생명의 교제를 통하여 궁극적으로 역사적 예수의 삶을 구현합니다. 만일 그리스도 예수 신앙이 역사적 예수와 분리되면 기독론은 종말을 고하게 됩니다.

---

33 Tillich, 『조직신학 1권』, 222.
34 소기천, 『훅스 & 에벨링』, 123.

28

하나님 나라의 복음과 십자가 복음

> "그리스도께서도 단번에 죄를 위하여 죽으사 의인으로서 불의한 자를 대신하셨으니 이는 우리를 하나님 앞으로 인도하려 하심이라 육체로는 죽임을 당하시고 영으로는 살리심을 받으셨으니" _ 벧전 3:18

하나님 나라의 복음 선포

예수께서 처음 선포하신 메시지가 마태복음에 기록되어 있습니다. "회개하라 천국이 가까이 왔느니라"(마 4:17). 마가복음에도 이 내용이 나옵니다. "예수께서 갈릴리에 오셔서 하나님의 복음을 전파하여 이르시되 때가 찼고 하나님의 나라가 가까이 왔으니 회개하고 복음을 믿으라"(막 1:14-15). 예수께서 자신이 하나님 나라의 복음을 전하러 오셨다고 선언하신 것입니다. 누가복음도 동일한 내용을 증거합니다.

> "예수께서 이르시되 내가 다른 동네들에서도 하나님의 나라 복음을 전하여야 하리니 나는 이 일을 위해 보내심을 받았노라 하시고"(눅 4:43).

이 구절은 가버나움에서 있었던 사역을 요약해 주며, 하나님 나라의 복음이 말씀(words)과 사역(works)을 통해 선포됨을 보여 줍니다(눅 4:31-41).

하나님 나라, 말씀과 사역으로 선포되다

예수 그리스도께서 선포한 하나님의 나라는 현재에서 실현되며, 미래에서 완성됩니다. 하나님 나라의 복음은 '말씀'(words)과 '사역'(works)으로 선포됩니다. 그리고 사역은 하나님 나라의 말씀을 확증하며, 하나님의 나라가 임했음을 예시(illustration)하고 주해(commentary)하며 시위(demonstration)합니다. 하나님의 나라는 성령의 역사로 나타나는 치병(治病)과 축귀(逐鬼)와 기적 수행과 죄 용서의 사역을 통하여 현재에 실현됩니다. 예수께서 행하신 사역은 하나님의 통치가 임했음을 보여 주는 예시입니다. "그러나 내가 하나님의 성령을 힘입어 귀신을 쫓아내는 것이면 하나님의 나라가 이미 너희에게 임했느니라"(마 12:28).

중풍 병자의 치유도 하나님의 나라가 임했음을 보여 줍니다. 예수께서 중풍 병자를 치료하시기 전에 죄 사함에 대한 선포를 먼저 하십니다. "작은 자야 네 죄 사함을 받았으니라"(막 2:5). 이 일로 예수는 서기관들에게 신성 모독의 혐의를 받습니다. 그러자 예수께서 그들에게 "인자가 땅에서 죄를 사하는 권세가 있는 줄을 알게 하려 하노라"라고 대답하십니다(막 2:10). 축귀 사역과 마찬가지로 치병 사역 역시 궁극적으로는 죄 사함을 받아 하나님께로 나아가는 하나님 나라의 실현에 그 목적이 있습니다. 이렇게 하나님의 나라는 예수 그리스도를 통하여 육체적 치유를 하며, 죄인을 용서하며, 궁극적으로 죄인을 하나님과 화해시키는 구속의 행위로 나타납니다.

메시아 사역의 성취

다른 한편으로 예수의 사역은 선지자들이 증거한 메시아적 행위를 보여줍니다. 옥에 갇힌 세례 요한이 제자들을 예수께 보내 그의 메시아 됨의 증거를 묻습니다. "오실 그이가 당신이오니까 우리가 다른 사람을 기다리오리이까"(눅 7:20). 예수께서는 사역을 통해 나타나는 하나님의 통치가 자신의 메시아 되심을 증거한다고 대답하십니다. "예수께서 대답하여 이르시되 너희가 가서 보고 들은 것을 요한에게 알리되 맹인이 보며 못 걷는 사람이 걸으며 나병환자가 깨끗함을 받으며 귀먹은 사람이 들으며 죽은 자가 살아나며 가난한 자에게 복음이 전파된다 하라 누구든지 나로 말미암아 실족하지 아니하는 자는 복이 있도다 하시니라"(눅 7:22-23).

치유와 기적은 이사야 선지자가 예언한 메시아의 사역을 성취합니다(사 29:8; 35:5). 요한복음에서 예수의 표적은 그가 하나님의 아들 그리스도임을 믿게 하려 함입니다(요 20:31). 또 그의 이름을 믿어 생명을 얻게 합니다. "예수께서 제자들 앞에서 이 책에 기록되지 아니한 다른 표적도 많이 행하셨으나 오직 이것을 기록함은 너희로 예수께서 하나님의 아들 그리스도이심을 믿게 하려 함이요 또 너희로 믿고 그 이름을 힘입어 생명을 얻게 하려 함이니라"(요 20:30-31).

제자들에게 위임된 하나님 나라의 복음

말씀과 사역으로 선포되는 하나님 나라의 복음이 제자들에게 전승됩니다. 예수께서 제자들을 파송하면서 말씀과 사역을 통하여 하나님의 나라를 선포하라고 명하십니다. "예수께서 이 열둘을 내보내시며 명하여 이르시되 이방인의 길로도 가지 말고 사마리아인의 고을에도 들어가지 말고 오히려 이스라엘 집의 잃어버린 양에게로 가라 가면서 전파하여 말하되 천국이 가까이 왔다 하고 병든 자를 고치며 죽은 자를 살리며 나병환자를 깨끗하게 하며 귀신을 쫓아내되 너희가 거저 받았으니 거저 주라"(마 10:5-8). 여기에서 본질적인 사역은 "천국이 가까이 왔다"라는 하나님 나라의 복음 선포입니다. 또 그 예시로써 병든 자를 고치고 귀신을 쫓아내라고 하십니다. 그러므로 예수께서 행하신 치유나 축사나 기적들은 그 자체로 의미가 있는 것이 아니라, 그것을 통하여 하나님의 나라가 임했다는 시위의 효과를 가지는 데에 의미가 있습니다. 이와 같은 초자연적 역사들은 사탄의 권세가 끝나고 하나님의 통치가 현재적으로 실현되고 있다는 증거입니다.

초대 교회의 사도들도 말씀과 사역으로 복음을 전했습니다. "우리가 이같이 큰 구원을 등한히 여기면 어찌 그 보응을 피하리요 이 구원은 처음에 주로 말씀하신 바요 들은 자들이 우리에게 확증한 바니 하나님도 표적들과 기사들과 여러 가지 능력과 및 자기의 뜻을 따라 성령이 나누어 주신 것으로써 그들과 함께 증언하셨느니라"(히 2:3-4). 주님께서 구원의 복음 즉 하나님 나라의 복음을 처음 말씀하셨고, 그 복음을 들은 자들이 다시 사도들에게 전해 주었습니다. 이때 하나님께서 표적들과 기사들과 여러 가지 능력과 성령의 은사들을 통하여 사도들과 함께 증거하셨습니다. 이렇게 외적으로 나타나는 여러 사건이 그 자체가 목적이 아니었음을 알 수 있습니다. 여러 가지 표적과 기적을 통해 복음이 효과적으로 증거된 것입니다. 그 결과 복음을 들은 자들이 영생을 얻었고 나아가 하나님의 나라를 현재적으로 누릴 수 있게 되었습니다.

잔치와 상속, 하나님 나라의 표상이다

현재 실현되는 하나님의 나라가 복음서에서 잔치와 상속의 비유로 묘사됩니다. 탕자의 비유는 잃어버린 바 된 자가 방황하다가 하나님께 돌아옴으로써 잔치가 열리는 내용입니다(눅 15:11-32). 거기에 회개와 용서, 풍요와 만족과 기쁨이 들어 있습니다. 또한 하나님의 나라는 창조주의 무한한 부요함을 상속받는 것으로 묘사됩니다. 아버지는 이 잔치가 못마땅한 맏아들에게 아버지 집의 부요함을 누리라고 말합니다. 이는 하나님의 부요함을 상속받아 신적인 삶을 사는 것으로, 영생의 누림을 의미합니다. 하나님의 나라가 상속으로 묘사되는 것은 장차 주어질 성령을 통해서 우리가 하나님과 바른 관계를 맺고 영원한 생명을 누릴 것을 예시합니다.

"하나님께서는 우리 구주 예수 그리스도를 통해 우리에게 이 성령을 풍성히 부어 주셔서, 우리가 하나님과 올바른 관계를 맺게 하셨습니다. 이 모든 것이 하나님의 은혜입니다. 하나님께서 우리에게 성령을 주심으로 이제 우리가 그토록 소원하던 영원한 생명을 누리게 된 것입니다"(딛 3:6-7, 쉬운성경).

안식일에 행하는 치유와 하나님 나라의 도래

예수께서 안식일에 38년 된 병자를 치유하셨습니다(요 5:9). 하나님 나라의 현재적 도래(到來)는 예수의 안식일에 행하는 치유를 통해 가장 강력하게 표현됩니다. 안식은 하나님의 나라가 우리 안에 임한 가장 확실한 증거입니다. 최초의 안식일은 하나님의 온전한 창조를 기념하는 날이었습니다. "천지와 만물이 다 이루어지니라 하나님이 그가 하시던 일을 일곱째 날에 마치시니 그가 하시던 모든 일을 그치고 일곱째 날에 안식하시니라 하나님이 그 일곱째 날을 복되게 하사 거룩하게 하셨으니 이는 하나님이 그 창조하시며 만드시던 모든 일을 마치시고 그 날에 안식하셨음이니라"(창 2:1-3).

안식은 사람에게서 나오지 않으며 오직 하나님에게서 나옵니다. 하나님이 세상을 창조하신 후 보시기에 좋으셨습니다. 그는 사람을 아들의 형상대로 지으셨고 그의 품에 거하게 하셨습니다. 그때 하나님이 안식하셨고 하나님의 품에 있는 사람 역시 안식했습니다. 그런데 아담의 범죄 이후 모든 사람이 아담 안에서 죄인이 되어 하나님의 품을 떠났습니다(롬 3:23; 5:12). 인간은 땅에서 일을 하면서 수고해야 하는 존재가 되었습니다. 하나님의 품을 떠난 채 '안식 없이 방황하는 존재'가 되었습니다(창 4:12). 인간은 일을 함으로써 존재하며, 동시에 그 일로 인하여 죽음을 맛보는 변증법적 구조 속에서 살아갑니다.[35] 그래서 '일하다 죽는다'라는 말도 있습니다.

---

35 김세윤, 『복음이란 무엇인가』, 81.

인간은 과학 문명의 발달 덕분에 잘살게 되었지만, 그로 인한 사망 사건도 늘어났습니다. 첨단과학의 산물인 인터넷의 도입으로 사람들은 편리한 삶을 살게 되었지만, 그로 인해 범죄도 늘어났습니다. 그런데도 인간은 일을 할 수밖에 없으며 그로 인해 고통도 받습니다.

예수의 공생애 당시 유대인들이 가장 중요하게 지키는 율법은 안식일 법이었습니다. 예수께서는 이 사실을 잘 알고 계셨지만, 그들의 오해와 반대, 심지어 생명의 위협까지도 감수하시면서 안식일에 사역하셨습니다. 38년 된 병자가 베데스다 연못에 누워 있었습니다(요 5:5). 예수께서 안식일에 그의 병을 고쳐 주셨습니다. 유대인들이 안식일을 범했다며 예수를 박해합니다. 당장 죽을병이 아니고 38년이나 앓아 온 지병인데 왜 예수는 굳이 안식일에 고쳐 주셨을까요? 이는 예수가 자의적으로 한 일이 아닙니다. 아버지께서 일하시니 그도 하신 것입니다. "예수께서 그들에게 이르시되 내 아버지께서 이제까지 일하시니 나도 일한다 하시매"(요 5:17). 하나님께서는 인간이 범죄하여 안식을 잃어버린 그때부터 다시 안식을 찾아주시기 위해 일하기 시작하셨습니다. 곧 하나님은 아들을 믿어 생명을 얻은 자를 그의 품에 거하게 하여 안식을 주십니다.

하나님이 언약 백성인 이스라엘에게 안식일 계명을 주신 것은 그들의 삶이 일에 달려 있지 않고 하나님과의 바른 관계에 달려 있음을 보여 주시기 위함입니다. 그런데 그들은 계명에 불순종하여 언약을 깨뜨린 채 안식일 계명을 문자적으로만 지키려고 애썼습니다. 하나님과 분리된 상태에서 율법적으로 안식일을 지키려고 한 것입니다. 거기에 안식이 있을 리 없습니다. 그들에게 안식일은 그 본질인 하나님으로부터 오는 안식과 평안을 상실한 채 그저 일만 하지 않는 날로 지키게 된 것입니다. 예수의 안식일 치유는 그들에게 안식의 의미를 일깨워 주기 위함이었습니다. 그리고 예수께서 참된 안식이 무엇인지 알려주십니다. "또 이르시되 안식일이 사람을 위하여 있는 것이요 사람이 안식일을 위하여 있는 것이 아니니 이러므로 인자는 안식일에도 주인이니라"(막 2:27-28).

예수께서 안식일의 주인이십니다. 히브리서에서는 복음을 믿음으로 받아들이는 자에게 안식이 임한다고 언급합니다(히 4:2-3). 그는 복음으로 생명을 얻었으며, 날마다 말씀을 통해 공의의 심판을 받아들이고, 예수 그리스도의 긍휼을 힘입어 아버지의 집(은혜의 보좌)으로 나아갑니다(히 4:12-16). 이렇게 해서 장차 완성될 하나님의 나라를 현재에서 누립니다.

하나님의 나라, '이미'와 '아직' 사이에서

하나님의 나라가 믿는 자들 안으로 임합니다. "바리새인들이 하나님의 나라가 어느 때에 임하나이까 묻거늘 예수께서 대답하여 이르시되 하나님의 나라는 볼 수 있게 임하는 것이 아니요 또 여기 있다 저기 있다고도 못하리니 하나님의 나라는 너희 안에 있느니라"(눅 17:20-21).

현재 임하는 하나님의 나라는 눈으로 볼 수 없습니다. 하지만 장차 완성될 하나님의 나라는 볼 수 있게 임합니다. "또 제자들에게 이르시되 때가 이르리니 너희가 인자의 날 하루를 보고자 하되 보지 못하리라 사람이 너희에게 말하되 보라 저기 있다 보라 여기 있다 하리라 그러나 너희는 가지도 말고 따르지도 말라 번개가 하늘 아래 이쪽에서 번쩍이어 하늘 아래 저쪽까지 비침같이 인자도 자기 날에 그러하리라"(눅 17:22-24).

'인자의 날'은 예수 그리스도가 재림하시는 날입니다. 그날에 하나님께서 세상을 심판하십니다. 그날에 믿는 자들에게는 헌신의 값을 요구하시고, 믿지 않는 자들에게는 영벌을 내리십니다. 신자는 '이미' 도래한 하나님의 나라와 '아직' 완성되지 않은 하나님의 나라의 사이 시간에서 살아갑니다. 주 예수 그리스도 안에서 '이미'와 '아직'의 긴장 속에서 장차 완성될 하나님 나라에 합당한 자로 살아갑니다.

십자가와 부활의 복음, 하나님 나라를 실현하다

예수 그리스도의 공생애는 하나님의 나라를 선포하고 그 나라를 주실 것을 약속하며 그 나라로 초대하는 것으로 요약할 수 있습니다. 그가 선포하고 약속하고 초대한 하나님의 나라는 그가 십자가에서 죽으심으로써 성취됩니다. 예수께서는 자신의 죽음을 가리켜 새 언약을 성취하는 죽음이라고 하셨습니다. "저녁 먹은 후에 잔도 그와 같이 하여 이르시되 이 잔은 내 피로 세우는 새 언약이니 곧 너희를 위하여 붓는 것이라"(눅 22:20). 그의 죽음은 하나님이 예레미야 선지자를 통하여 약속하신 새 언약을 성취합니다(렘 31:31-34). 그가 주도한 최후의 만찬에서 잔에 대한 말씀은 대속의 제사와 새 언약의 제사를 시사합니다. 그의 죽음은 구약의 희생 제사라는 점을 시사하고, 그의 죽음을 통하여 새 언약 백성을 창조하신다는 것을 의미합니다. 곧 그의 죽음은 만민을 새 언약 백성으로 삼으시려는 하나님의 뜻에 따른 것입니다. 예수께서 창조하신 새 언약 백성은 하나님 나라의 백성을 말합니다. 이제 누구든지 예수 그리스도의 죽음에 연합되면 새 생명을 얻어 하나님 나라의 백성이 됩니다. 그는 하나님 나라를 현재로 누리며 미래에 완성될 그 나라를 소망하게 됩니다.

예수 그리스도는 하나님 나라를 선포하고 십자가에 죽으심으로써 구원을 성취하셨습니다. 예수의 사도들은 하나님 나라의 복음에 앞서 그의 십자가 죽음을 복음의 핵심으로 전했습니다. 그것은 그의 죽음이 하나님 나라를 주시겠다는 약속을 성취했기 때문입니다. 이제 사도들이 볼 때 하나님 나라의 약속이 중요한 것이 아니라, 그의 죽음을 전하여 믿는 자들로 하여금 하나님 나라의 백성이 되게 하는 것이 중요했습니다. 즉, 예수의 하나님 나라의 복음 선포가 십자가에서 그 나라가 성취될 것을 지향했다면, 사도들의 십자가 복음의 선포는 하나님 나라가 이미 성취되었음을 보여 주며 그 나라로 들어가도록 하는 선포입니다. "예수는 그의 죽음과 부활에서 성취될 구원을 향하여 가면서 하나님 나라의 선포로 구원을 약속했고, 사도들은 그의 죽음과 부활의 관점에서 이미 성취된 구원을 뒤돌아보면서 선포했다."[36]

사도들이 하나님의 나라를 선포했던 그리스도를, 이제 하나님의 나라로 들어가게 하는 자로 선포한 것입니다. 이 점에서 사도들이 전한 십자가 복음은 궁극적으로는 예수가 전한 하나님 나라의 복음을 성취합니다. 구체적으로 설명하면, 사도들이 전한 십자가의 죽음과 장사됨과 부활의 복음을 믿음으로써 그 사건에 연합한 자는 하나님의 나라를 현재로 사는 영생을 얻습니다. "그러므로 우리가 그의 죽으심과 합하여 세례를 받음으로 그와 함께 장사되었나니 이는 아버지의 영광으로 말미암아 그리스도를 죽은 자 가운데서 살리심과 같이 우리로 또한 새 생명 가운데서 행하게 하려 함이라"(롬 6:4).

예수 그리스도의 십자가는 우리를 하나님께로 인도하는 것이 그 목적입니다. "그리스도께서도 단번에 죄를 위하여 죽으사 의인으로서 불의한 자를 대신하셨으니 이는 우리를 하나님 앞으로 인도하려 하심이라"(벧전 3:18).

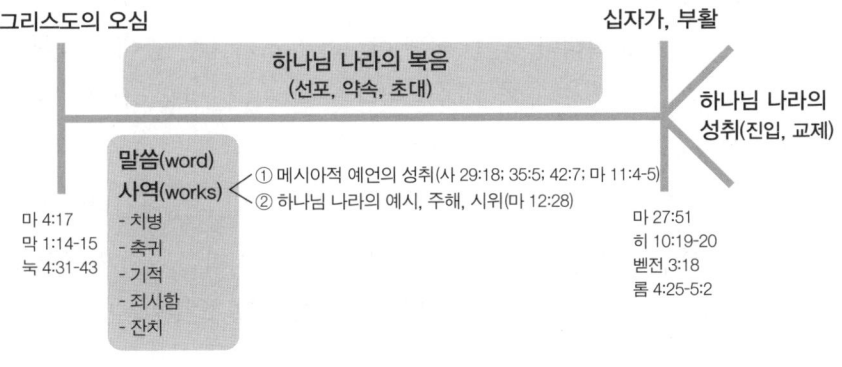

〈하나님 나라의 복음과 십자가 복음〉

---

36 김세윤, 『복음이란 무엇인가』, 150.

하나님 나라의 복음, 연단(도키모스)을 이루다

바울은 십자가와 부활의 복음이 가져온 효력으로써 하나님 나라의 복음을 증거합니다. 예수의 죽음과 부활을 믿으면 하나님 앞에서 의로운 자가 됩니다. 그는 예수 그리스도로 말미암아 은혜의 보좌로 들어가며 하나님의 영광을 바라고 즐거워합니다.

"예수는 우리가 범죄한 것 때문에 내줌이 되고 또한 우리를 의롭다 하시기 위하여 살아나셨느니라 그러므로 우리가 믿음으로 의롭다 하심을 받았으니 우리 주 예수 그리스도로 말미암아 하나님과 화평을 누리자 또한 그로 말미암아 우리가 믿음으로 서 있는 이 은혜에 들어감을 얻었으며 하나님의 영광을 바라고 즐거워하느니라"(롬 4:25-5:2).

이렇게 하나님의 영광을 바라고 즐거워하는 것은 이미 실현된 하나님 나라의 실제가 됩니다. 이 하나님 나라의 즐거움으로 말미암아 우리는 지상의 삶에서 겪는 환난을 즐거워합니다(또는 자랑합니다). 왜냐하면, 환난은 인내를 낳고 인내는 연단을 낳으며 연단은 장차 오실 그리스도에 대한 소망을 이루기 때문입니다. "다만 이뿐 아니라 우리가 환난 중에도 즐거워하나니 이는 환난은 인내를, 인내는 연단을, 연단은 소망을 이루는 줄 앎이로다"(롬 5:3-4).

'연단'으로 번역된 헬라어 '도키메'는 '도키모스'의 파생어입니다.[37] 그리스 사회에서 화폐는 액면 가치와 소재 가치가 일치하는 본위 화폐인 주화를 사용했습니다. 예컨대, 은 일 달란트 주화는 그 가치에 해당하는 함량만큼 은이 들어가야 했습니다. 그러나 대부분 환전상이 함량 미달의 주

37　Strong, *Strong' Dictionary*, G1384.

화를 유통했습니다. 그래서 아테네에서는 이와 관련된 법규가 80개가 넘었다고 합니다. 오직 극소수의 환전상만 함량 100%의 주화를 유통했는데, '연단'을 뜻하는 '도키모스'가 바로 이처럼 정직하고 존경받는 환전상을 가리키는 단어였습니다.

베드로전서에서 이 단어는 '믿음의 연단'으로 사용됩니다. "너희 믿음의 '확실함'(도키모스)은 불로 연단하여도 없어질 금보다 더 귀하여 예수 그리스도께서 나타나실 때에 칭찬과 영광과 존귀를 얻게 할 것이니라"(벧전 1:7). '믿음의 연단'은 그리스도의 장성한 분량에 이르는 함량 100%의 믿음입니다(엡 4:13). 불로 연단하여 만든 금은 세상에서 가장 가치가 있습니다. 그러나 죽음과 함께 그 가치는 소멸합니다. 하지만 '믿음의 연단'은 그리스도께서 다시 오실 때 칭찬과 영광과 존귀를 받습니다. 이는 영원히 가치가 있습니다. 그러므로 그리스도의 메시아적 행위로써 복음은 하나님 나라의 복음을 성취하며, 하나님 나라의 복음은 신앙의 최후 목표인 믿음의 연단(도키모스)을 창조합니다.

29

복음, 보냄과 내줌의 형식

"예수는 우리가 범죄한 것 때문에 내줌이 되고 또한 우리를 의롭다 하시기 위하여 살아나셨느니라" _ 롬 4:25

십자가 복음과 영원한 생명

예수 그리스도는 하나님 나라의 복음을 전하셨습니다. 그리고 사도들은 십자가 복음을 주로 전했습니다. 그러나 이 둘은 분리되지 않으며 한 구원의 두 단계로 볼 수 있습니다. 신자는 사도들이 전하는 복음을 믿어 영생을 얻고 예수가 전했던 하나님 나라를 이 땅에서 누립니다. 그리고 장차 완성될 하나님의 나라를 기다립니다. 그래서 복음은 기쁜 소식이라는 그 자체가 목적이 아니며 우리로 하여금 영생을 얻게 하여 하나님의 나라를 누리게 하는 것이 그 목적입니다. 이 점에서 사도들이 전한 십자가 복음은 영원한 생명으로 들어가는 문이라고 할 수 있습니다.

최근 한국교회에서는 십자가 복음을 전하는 데만 치중하는 경향이 있습니다. 물론 하나님 안에 거하여 하나님의 나라를 현재 누리는 궁극적 진리에 이르는 길은 그리스도의 십자가 외에는 없습니다. 이 점에서 십자가 진리는 기독교의 심장과도 같습니다. 하지만 십자가를 통해서 얻는 영원한 생명이나 하나님의 나라는 말하지 않고, 십자가 자체에만 고착되면 그것은 파편적인 진리가 되고 맙니다. 십자가는 단지 고난의 표상으로써 십자가의 삶 자체가 목적이 아니라 영생의 삶을 살게 하는 것이 목적입니다. 예수 그리스도의 십자가는 믿는 자에게 생명을 주시기 위함입니다. 창세전의 세계를 계시하는 요한복음에서는 그리스도의 십자가 죽음이 영생을 얻는 것임을 강조하고 있습니다(요 3:14-15; 12:24; 17:2-4). 영생은 삼위 하나님과의 교제입니다(요 17:3). 그런데 기독교가 영원한 생명은 말하지 않고, 십자가만 강조하면 형식적으로 고행의 삶을 모방하는 것에 그치고 맙니다.

성공회 신학자 마크 매킨토시(M. Mcintosh)는 개신교의 가르침이 그리스도의 십자가 사건을 죄용서의 차원에 두었기 때문에 이러한 생각에 반발해 많은 사람이 무신론자가 되었다고 말합니다.[38] 그리고 그리스도의 십자가 사건의 본질은 요한복음에서 보듯 하나님이 우리를 죄에서 구원하시고 그와의 교제를 회복하는 사건이라고 말합니다. "요한복음이 쓰일 무렵에 예수의 죽음에 대한 해석이 완전히 바뀌었습니다. 즉, 예수의 죽음은 하나님께서 우리의 죗값을 요구하심으로써 일어난 사건이 아니라, 하나님께서 당신과의 교제를 회복하시기 위해 자기를 내어주심으로써 악의 사슬로부터 우리를 해방하신 사건, 우리와의 친교를 다시 수립하는 사건이었습니다."[39]

다른 한편에서는 영원한 생명을 얻게 하는 십자가 복음을 간과한 채 영생의 삶만 강조합니다. 이 같은 경향성을 최근 가톨릭교회의 영성에서 찾아볼 수 있습니다. 마르틴 루터는 종교개혁을 통하여 가톨릭교회에서 외면한 십자가 신학을 견고히 세웠습니다. 가톨릭교회에서는 기독교 전통

---

38 Mcintosh, 『신앙의 논리』, 210.
39 Mcintosh, 『신앙의 논리』, 215.

의 진리로서 영원 또는 영생의 실체를 강조합니다. 그러나 십자가가 그 중심이 되지 않음으로 인해 영생의 진리가 인간의 관념적 인식이나 상상 속에 갇히게 되며, 그리스도의 성육신적인 삶을 모방하는 차원에 머물고 맙니다. 십자가 복음은 영생을 얻게 하며, 영생은 하나님과의 사귐을 통해 하나님 나라를 이 땅에서 현재 실현한다는 점에서 통전적인 복음에 대한 이해가 요구됩니다.

초기 기독교에서 형성된 복음은 크게 세 가지 형식으로 구분됩니다. 보냄과 내줌, 그리고 죽음의 형식입니다.[40]

복음, 보냄의 형식

초기 기독교의 예루살렘 교회에서 최초로 형성된 복음은 '보냄의 형식'(sending formula)이었습니다. 이는 하나님의 복음으로, 구약의 선지자들이 예언한 하나님의 아들이 다윗의 씨로 오셨고, 죽은 자들 가운데 일으켜져서 하나님의 권세를 대행하는 아들로 선언되었다는 내용입니다.

"예수 그리스도의 종 바울은 사도로 부르심을 받아 하나님의 복음을 위하여 택정함을 입었으니 이 복음은 하나님이 선지자들을 통하여 그의 아들에 관하여 성경에 미리 약속하신 것이라 그의 아들에 관하여 말하면 육신으로는 다윗의 혈통에서 나셨고 성결의 영으로는 죽은 자들 가운데서 부활하사 능력으로 하나님의 아들로 선포되셨으니 곧 우리 주 예수 그리스도시니라"(롬 1:1-4).

바울은 로마서 서문에서 예루살렘 교회에서 고백하는 원초적인 복음

---

40 김세윤, 『신약 성경신학 Ⅰ』, 59, 103-104.

을 소개합니다. 이는 그가 이방인의 사도로서 은혜로 구원을 얻는 복음을 전함으로써 율법을 중시하는 예루살렘 교회로부터 받는 비판을 고려한 것입니다. 다시 말해서, 바울은 그가 전하는 복음이 사도들이 전승하고 예루살렘 교회가 고백하는 복음과 같다는 것을 강조했습니다.

복음은 하나님의 복음으로서 복음의 기원이 하나님 자신에게 있습니다. 복음은 창세전부터 계신 하나님의 약속입니다(고전 2:7; 딛 1:2). 복음 자체이신 하나님의 아들이 하나님 아버지와 더불어 선재(先在)하십니다(요 1:1; 17:5). 바울은 로마서 마지막 부분에 그가 전하는 복음(나의 복음)을 창세전에 감추어졌던 계시로 파악했습니다. 이 계시는 구약 시대 선지자들을 통해 확증된 것입니다. 이 복음이 신자들의 믿음을 견고히 세운다는 것입니다.

> "나의 복음과 예수 그리스도를 전파함은 영세 전부터 감추어졌다가 이제는 나타내신 바 되었으며 영원하신 하나님의 명을 따라 선지자들의 글로 말미암아 모든 민족이 믿어 순종하게 하시려고 알게 하신 바 그 신비의 계시를 따라 된 것이니 이 복음으로 너희를 능히 견고하게 하실 지혜로우신 하나님께 예수 그리스도로 말미암아 영광이 세세무궁하도록 있을지어다 아멘"(롬 16:25-27).

하나님의 아들이 육신으로 다윗의 씨(혈통)로 오십니다. 하나님께서는 구약에서 이미 나단 선지자를 통하여 다윗에게 '씨'를 약속하셨습니다(삼하 7:12). 하나님께서 '그 씨'를 세워 그의 나라를 견고하게 하실 것인데, 그 나라는 영원한 나라요 그의 왕위도 영원할 것입니다(삼하 7:16). 이 약속이 '나단 신탁'입니다.

예수 그리스도는 나단 신탁대로 다윗의 씨에서 나셔서 하나님의 나라를 선포하셨으며 그 나라를 성취하기 위해 십자가에서 죽으셨습니다. 하나님은 그를 죽은 자들 가운데에서 일으키셔서 자신의 우편에 앉히심으로써 자신의 통치권을 행사하는 '주'로 선포하셨습니다. 로마서 1:4를 헬라어 원문의 의미를 반영하여 번역하면 이와 같습니다.

"성결의 영으로, 죽은 자들 가운데에서 일으켜져 하나님의 통치자로서 권세를 행사하는 하나님의 아들로 선언되었으니 곧 우리 '주' 예수 그리스도시니라."

여기에서 '주'는 부활하시고 승천하신 아들의 칭호이며, 하나님의 권세를 위임받아 하나님의 통치를 대행하는 분입니다. 일반적으로 '그리스도'(크리스토스)라는 단어는 '기름 부음을 받은 자'를 뜻하는 보통 명사로, 히브리어로 '메시아'입니다. 그런데 여기서는 '기름 부음을 받은 자' 메시아(messiah)가 아니라 고유명사로 사용되어 '종말의 구원자로 세움을 받은 자' '그 메시아'(the Messiah)를 뜻합니다. 따라서 예수가 종말의 구원자라는 뜻입니다.[41]

"하나님께서 선재하신 그의 아들을 보내시어 육신이 되게 하시되 '다윗의 씨'로 나서 종말의 구원자로서 메시아 사역을 하게 하셨습니다. 즉 사탄의 죄와 죽음의 통치 아래 떨어진 인류와 세상을 구속하여 자신의 나라로 회복시키는 일을 감당하게 하신 것입니다. 그래서 하나님은 메시아 예수로 하여금 하나님 나라의 복음을 선포하고 죄인들을 회복하는 일을 하게 하시고 그 후에는 대속의 제사로 자신을 바치게 하셨습니다. 그러나 하나님은 그를 죽은 자 가운데서 일으키심으로써 과연 그가 자신이 보낸 메시아인 것을 확인했을 뿐 아니라 자신의 우편에 높이셔서 '자신의 통치

---

41 김세윤, 『복음이란 무엇인가』, 152.

권을 행사하는 자신의 아들'로 선언하신 것입니다. 그리하여 예수 그리스도는 만유의 '주'가 되어 하나님의 통치를 대행하여 죄와 죽음을 가져오는 사탄의 통치를 멸망시키고 그로부터 인류와 세상을 구속하여 하나님의 나라로 회복시키는 사역을 성령 곧 하나님의 영의 힘으로 감당하고 있으며, 최후의 심판 때에는 그렇게 회복된 하나님의 백성들을 위해 중보하게 됩니다."[42]

기독론적 복음과 구원론적 복음

로마서 1:2-4에서는 예수 그리스도를 복음으로 정의하되 기독론적으로 표현합니다. 이 내용이 로마서 1:16-17에서 구원론적으로 표현된 복음과 연결됩니다. 구원론적 복음은 예수 그리스도의 사건을, 하나님이 아들을 보내셔서 그의 삶과 죽음과 부활을 통하여 구원 사역을 이루셨다고 해석하며 선포하는 내용입니다. "복음에는 하나님의 의가 나타나서 믿음으로 믿음에 이르게 하나니 기록된 바 오직 의인은 믿음으로 말미암아 살리라 함과 같으니라"(롬 1:17).

복음에는(복음이 선포되면) 하나님의 의가 계시됩니다. 복음이 가져온 구원의 능력은 하나님의 의가 믿는 자에게 임하는 것입니다. 복음으로 계시되는 '하나님의 의'는 법정적인 개념으로, '죄인을 하나님의 진노에서 건져 주시다'라는 의미가 있습니다. 하지만 그보다 더 중요한 의미는 하나님과의 올바른 관계의 회복입니다. 하나님은 죄인 된 우리에게 신실하셔서 아들을 통하여 우리의 죄를 용서하시고 우리와 올바른 관계를 맺으십니다. 그러므로 복음이 선포될 때 믿음으로 받아들이는 자는 하나님의 의를 얻습니다. 그 의를 얻으면 다음과 같은 깨달음이 옵니다.

---

42   김세윤,『칭의와 성화』, 46.

"하나님이 자신의 피조물들인 우리의 타락을 탓하며 버리지 아니하시고 우리를 돌보시어 우리의 구원을 이루셨구나! 하나님이 돌보고 계시어 사탄의 죄와 죽음의 권세로부터 보호하시고 그것을 이길 수 있는 힘을 주시는구나! 그리고 끝까지 돌보시어 우리를 사탄의 죄와 죽음의 통치에서 구원하실 것이구나!"[43]

이렇게 창조주로서 자신의 피조물에 신실하게 역사하셨음을 깨닫게 됩니다. 이것이 "복음에는 하나님의 의가 나타나서"라는 말씀의 의미입니다. 하나님의 의를 얻은 자는 믿음으로 말미암아 삽니다. 하나님과 올바른 관계를 지탱하고 유지하는 믿음의 삶을 사는 것입니다. 이렇게 하나님 앞에서 의롭게 된 구원의 사건은 단회적인 경험으로 끝나는 것이 아니라, 주께서 강림하실 때까지 지속됩니다. 하나님의 의로 얻은 구원은 이미 시작되었고, 그 구원은 종말에 완성됩니다. 우리가 얻은 구원은 성령의 처음 익은 열매이며(롬 8:23), 약속의 성령으로 인침을 받은 것입니다(엡 1:13).

그러므로 하나님의 의를 얻어 하나님과 올바른 관계에 '진입'(getting in)한 자는 그 관계 안에 '머무름'(staying in)을 지속해야 합니다.[44] 이로써 장차 완성될 구원의 날에 주 앞에서 거룩하고 흠 없고 책망할 것이 없는 자로 서야 합니다(골 1:22). 주께서 강림하셔서 구원을 완성하시기까지 하나님의 언약 안에 머무는 믿음에 거하고 복음의 소망에서 흔들리지 말아야 합니다(골 1:23). 하나님의 은혜로 말미암아 항상 두렵고 떨림으로 구원을 이루어 나가는 자는 종말에 임할 완전한 구원의 축복을 누릴 것입니다(빌 2:12). 그렇다고 우리의 행위가 종말에 구원의 조건이 되는 것은 아닙니다. 그날에 우리는 그리스도의 구속의 은혜로 구원을 받으며 하나님의 진노에서 건짐받을 것입니다(롬 5:9-10; 살전 1:10).

43　김세윤,『칭의와 성화』, 46.
44　김세윤,『칭의와 성화』, 26.

복음, 내줌의 형식

초기 기독교에서 복음의 두 번째 형식은 '내줌의 형식'(giving up formula)입니다. 이 내용이 로마서 4:25에 나옵니다.

"예수는 우리가 범죄한 것 때문에 내줌이 되고 또한 우리를 의롭다 하시기 위하여 살아나셨느니라."

여기서 '내주다'라는 말은 히브리 사회 특성인 셈족 언어 사용자들이 전승한 언어입니다. '내주다'의 헬라어 '파라디도미'는 예수 그리스도의 수난 사건에서 반복 사용됩니다. 수난사의 서언도 '내주다'라는 말로 시작합니다. "너희가 아는 바와 같이 이틀이 지나면 유월절이라 인자가 십자가에 못 박히기 위하여 팔리리라 하시더라"(마 26:2). '팔리리라'의 헬라어가 '파라디도미'입니다. 여기서는 예수를 내주는 자가 누구인지 나오지 않습니다. 하지만 계속되는 수난사의 기록에서 예수를 내주는 자가 가룟 유다이며(마 26:45), 대제사장들과 장로들이며(마 27:2), 빌라도(마 27:26)임을 알 수 있습니다.

가룟 유다가 예수를 내주다

가룟 유다는 예수의 열두 제자 중 하나였습니다. 그는 제자 중에서 돈궤(회계)를 맡을 정도로 신임이 두터웠습니다(요 13:29). 그러나 그는 예수를 팔았습니다. 한 여인이 예수께 기름 부음을 한 후 유다는 대제사장들에게 가서 예수를 넘겨주려고 모의했습니다(마 26:15). '넘겨주다'는 '파라디도미'입니다. 예수께서 최후의 만찬을 하실 때 제자 중 하나가 자기를 팔 것이라고 말씀하셨습니다(마 26:21). 제자들이 몹시 근심하여 예수께 각각 "주여 나는 아니지요"라고 물었습니다(마 26:22). 예수를 파는 유다는 "랍비여 나는 아니지요"라고 대답했습니다(마 26:25). 마태복음에서 예수의 칭호는 매우 중요한 의미가 있습니다. 예수를 랍비(선생)로 부르는 자들은 불신앙에 속하는 자들입니다. 오직 예수를 '주'(큐리오스)로 부르는 자가 신앙에 속한 자들입니다.[45]

마귀가 예수를 팔려는(파라디도미) 생각을 가룟 유다의 마음에 넣었습니다(요 13:2). 유다가 떡 한 조각을 받은 후, 사탄이 그 속에 들어갔습니다(요 13:27). 예수께서 유다가 자기를 팔 것을 아시고 그 일을 속히 하라고 하셨습니다(요 13:27). 예수께서 겟세마네에서 기도를 마치신 후 예수를 파는 유다가 성전 경비대들과 함께 와서 예수를 체포했습니다(마 26:48). 이렇게 가룟 유다가 예수를 내주었습니다(파라디도미).

왜 가룟 유다는 예수를 팔았습니까? 존 스토트(J. Stott)는 유다의 범죄 동기에 많은 의견이 있어 왔다고 말합니다.[46] 어떤 사람은 유다는 열심당원으로서 예수를 통해 민족 해방을 도모했다고 말합니다. '가룟'(Iscariot)이란 이름이 열심당원을 의미한다는 것입니다. 그래서 유다가 예수를 판 것은, 그가 민족해방에 열중한 나머지 예수로 하여금 투쟁을 고무하도록 그를 팔았다고 주장합니다.[47] 유다는, 자기 목적을 가지고 예수를 따르는 자는 그 목적이 실패할 때 언제든지 배도의 길을 갈 수 있다는 예증입니다.

그러나 복음서 내용을 보면 유다가 예수를 판 것은 '탐욕'으로 인해서입니다. 유다는 여인이 예수께 향유를 부은 것을 두고 차라리 가난한 자에게 주라고 비난했으나, 그는 가난한 자를 위한 것이 아니라 돈궤의 돈을 훔치기 위함이었습니다(요 12:6). 유다는 대제사장들에게 가서 "얼마를 주려느냐?"라고 하면서 예수의 목숨값을 흥정했습니다(마 26:15). 특히 요한복음에서 유다가 예수를 넘겨준 동기는 돈에 대한 욕심이었습니다. 예수

---

45 서형섭, "마태복음의 교사 기독론에 관한 연구", 48-49.
46 Stott, 『그리스도의 십자가』, 69.
47 Stott, 『그리스도의 십자가』, 70.

께서 삼가 모든 탐심을 물리치라고 말씀하신 것이나(눅 12:15), 바울이 돈을 사랑하는 것이 일만 악의 뿌리라고 한 것은(딤전 6:10), 인간은 물질적 이익을 추구하다가 파멸과 멸망에 빠지기 때문입니다.

종교 지도자들과 백성들이 예수를 내주다

가룟 유다가 은 삼십을 받고 예수를 대제사장들과 장로들에게 넘겨주었습니다. 예수께서 예루살렘에 입성하신 후 종교 지도자들과 갈등을 빚었습니다. 그들은 예수께 권위에 대해 시비했고, 그를 제거하고자 했습니다(마 21:33-46). 특히 백성들이 예수께 열광하자 그들은 예수를 시기했습니다. 마침 유다가 예수를 넘겨주자 그들은 부당한 재판을 하고 예수께 사형을 선고했습니다. 그리고 예수를 십자가에 처형하고자 그를 끌고 가서 총독 빌라도에게 넘겨주었습니다(파라디도미)(마 27:2). 빌라도는 예수를 심문한 후 종교 지도자들이 '시기'하여 예수를 넘겨준 것을 알았습니다(마 27:18). 빌라도가 예수를 석방하려고 하자 백성들은 "예수를 십자가에 못 박으라"라고 외쳤습니다(막 15:13).

종교 지도자들은 예수를 시기하여 그를 빌라도에게 넘겨주었습니다. 그들은 예수가 자기들을 위협한다고 느꼈습니다. 예수께서 그들의 특권, 백성에 대한 지배력, 그들의 자신감과 자존심을 손상했다고 생각하여 그를 시기했습니다.[48] 또한 백성들은 예수가 자기들이 원하는 그리스도가 아닌 것을 보고 그를 십자가에 못박으라고 외쳤습니다.

빌라도가 예수를 내주다

빌라도는 대제사장들과 장로들에게 예수를 넘겨받아 심문했습니다. 그리고 예수의 무죄를 알고 그를 석방하고자 했습니다. 그러나 백성들이

---

48 Stott, 『그리스도의 십자가』, 67.

예수를 십자가에 못박으라고 외치자, 예수를 십자가에 못박도록 내주었습니다(파라디도미)(마 27:26). 빌라도가 예수를 십자가형에 넘겨준 것은 무리에게 만족을 주고자 했기 때문입니다(막 15:17).

빌라도는 여러 번 주저하고 타협을 시도한 끝에 예수를 내주었습니다. 처음에는 헤롯에게 판결의 책임을 미루었습니다(눅 23:8-12). 또 미봉책으로 예수를 때려서 석방하겠다고 했습니다(눅 23:16, 22). 또한 그는 예수의 결백함을 옹호하고자 노력했습니다(마 27:24). 그러나 그는 결국 무리에게 만족을 주고자 예수를 내주었습니다. 그는 진실을 고수하는 명예와 야망 사이에서, 원칙과 인기 사이의 기로에서 번민했습니다. 무리가 예수를 놓으면 가이사의 충신이 아니라고 외쳤습니다(요 19:12). 무리의 외침이 그를 이겼습니다. 그는 야망과 인기를 택했습니다.

군병들이 예수를 십자가에 못박다

빌라도의 군병들은 지시대로 움직입니다. 그들에게는 어떤 죄책감이나 양심의 거리낌이 없습니다. 그들은 무덤덤하게 예수의 십자가형을 집행합니다. 2차대전 종전 이후 유대인 집단학살범 아이히만의 재판이 열렸습니다. 그 재판을 참관한 한나 아렌트(H. Arendt)는 전범 아이히만이 '시킨 대로' 했다고 하며 아무런 죄의식이 없는 것을 보고 놀랐습니다. 아렌트는 아이히만이 반인륜적 범죄를 저지른 것이, 그의 악마적 성격이 아니라 아무 생각 없이 상부의 지시를 수행한 '순전한 무사유' 때문이라고 했습니다.[49] 이것은 자기가 무엇을 하고 있는지 깨닫지 못하는 '악의 평범성'입니다. 로마 군병들은 자기가 무엇을 하고 있는지 알지 못하는 순진한 무사유로 예수를 십자가에 못박았습니다.

---

49 Arendt, 『예루살렘의 아이히만』, 391.

하나님이 우리 죄를 위하여 예수를 내주시다

예수의 죽음에 대한 역사적 사실은 분명합니다. 탐욕에 찬 가룟 유다와 시기심에 사로잡힌 종교 지도자들과 그리스도를 오해한 백성들과 야망과 인기를 선택한 빌라도와 그리고 순진한 무사유의 로마 군병들이 예수를 죽였습니다. 만일 예수의 죽음이 이들에 의한 것이라면 그저 한 인간의 죽음과 다를 바가 없습니다. 그것은 결코 복음이 될 수 없습니다. 예수는 우리가 범죄한 것 때문에 내줌이 되었습니다(롬 4:25). 하나님이 우리의 죄악으로 말미암아 아들을 십자가 죽음에 내어주셨습니다. 그러므로 우리의 탐욕이, 우리의 시기심이, 그리스도에 대한 우리의 오해가, 우리의 야망과 인기가, 아무 생각 없이 믿고 행동하는 우리의 순진한 무사유가 예수를 십자가에 못박았습니다. 예수의 죽음은 그를 못박은 자가 바로 나 자신임을 알 때 내게 복음이 됩니다.

"그가 하나님께서 정하신 뜻과 미리 아신 대로 내준 바 되었거늘 너희가 법 없는 자들의 손을 빌려 못 박아 죽였으나 하나님께서 그를 사망의 고통에서 풀어 살리셨으니 이는 그가 사망에 매여 있을 수 없었음이라"(행 2:23-24).

30

복음, 죽음의 형식 : 전승된 복음

"그러므로 우리가 그의 죽으심과 합하여 세례를 받음으로 그와 함께 장사되었나니 이는 아버지의 영광으로 말미암아 그리스도를 죽은 자 가운데서 살리심과 같이 우리로 또한 새 생명 가운데서 행하게 하려 함이라" _롬 6:4

복음, 죽음의 형식

복음의 세 번째 형식은 죽음의 형식입니다. 내줌의 형식을 헬라식으로 옮기면 "죽음의 형식"(death formula)으로 표현됩니다.[50] 이는 그리스도께서 우리의 죄를 대신하여 죽으셨다는 내용으로, 하나님의 대속(代贖)의 사건을 강조합니다. 고린도전서 15:3-5가 '죽음의 형식'으로서의 복음을 설명합니다. 바울이 이방인들에게 복음을 전할 때 스스로 복음을 생성하지 않고 사도들에 의해 전승된 복음을 전했습니다. 즉 '받은 것을 전한 복음'입니다(고전 15:3). '받았다'와 '전했다'라는 표현은 랍비들이 사용하는 전승에 대한 언어입니다. 그래서 이 복음을 '전승된 복음'이라고 합니다. 바울은 이 복음이 유대인을 위한 사도들과 자신처럼 이방인을 찾아가는 사도들 모

---

50 Hengel, 『Atonement』, 36.

두가 인정하는 공통된 복음이요 신앙고백이라는 점을 강조합니다. 초대 교회 이후 이 복음을 '원복음'이라고 부릅니다. '죽음의 형식'을 설명하는 고린도전서 15:3-5는 네 개의 종속절로 구성되어 있으며, 헬라어 '호티'로 시작하여 각 종속절이 '카이'로 이어집니다. 표준새번역 성경은 전승된 복음을 제시하는 이 단락을 원문에 근거하여 번역하고 있습니다. 관계대명사 '호티'를 '것'으로 번역하고, 병렬 접속사 '카이'를 '과'로 번역했습니다.

15:3. 그것은 곧, 그리스도께서 성경대로 우리 죄를 위하여 죽으셨다는 것과, (that Christ died for our sins according to the Scriptures)

15:4a. 무덤에 묻히셨다는 것과, (and that he was buried)

15:4b. 성경대로 사흘날에 살아나셨다는 것과,
(and that he was raised on the third day according to the Scriptures)

15:5. 게바에게 나타나시고 다음에 열두 제자에게 나타나셨다고 하는 것입니다. (and that he appeared to Peter, and then to the Twelve)

'호티'는 종속절을 이끄는 관계대명사(that)이고, '카이'는 '그리고'(and)를 뜻하는 병렬접속사입니다. 따라서 복음의 내용을 진술한 네 개의 문장은 짧으면서도 서로 종속 관계에 있지 않은 '독립적인 진술'로 선포됩니다.[51] 이것은 각각의 복음의 내용이 서로 종속되지 않으며 구원의 사건으로서 독립적인 가치와 비중을 가지고 있음을 말해 줍니다.

5절의 '게바에게 보이시고'를 복음의 내용에 포함할 것인지를 두고 신학자들 사이에 이견이 있습니다. 대다수 신학자가 '보이시고'(현현의 복음)를 복음의 내용에 포함합니다(마르틴 헹엘[M. Hengel], 요아킴 예레미야스[J. Jeremias] 등). 하지만 헤링(J. Hering)은 '보이시고'를 제외한 세 사건이 구원을

---

51 Barrett, 『고린도전서 주석』, 387.

가져오는 복음이라고 파악합니다.[52] 헤링의 견해가 설득력이 있는 것은 그리스도의 죽으심과 장사됨, 부활의 사건이 구원의 결과로써 영원한 생명을 살게 하기 때문입니다(롬 6:4). 헤링의 견해를 받아들일 경우 '보이시고', 즉 현현의 복음은 현현하신 그리스도가 만민에게 복음을 전하라고 하신 지상명령과 관련이 있습니다(마 28:18-20; 막 16:15; 눅 24:46-48).

성경대로 죽으시고 성경대로 살아나시다

사도들에 의해 전승된 복음은 그리스도가 '성경대로' 죽으시고, '성경대로' 사흘 만에 살아나신 것입니다. 여기서 말하는 성경은 구약성경입니다. '성경대로'에 관하여 많은 학자들은 구약성경의 어느 구절인지 불확실하다고 말합니다. 통상 그리스도가 성경대로 죽으신 것은, 이사야 선지자의 고난받는 여호와의 종에 근거를 둡니다.

"그가 찔림은 우리의 허물 때문이요 그가 상함은 우리의 죄악 때문이라 그가 징계를 받으므로 우리는 평화를 누리고 그가 채찍에 맞으므로 우리는 나음을 받았도다"(사 53:5).

베드로전서에서는 이사야의 이 구절이 그리스도가 죽으심으로써 우리가 죄에 대하여 죽고 의에 대하여 살게 된 구원 사건으로 성취되었다고 말합니다. 이것은 그리스도가 우리 죄를 위하여 죽으셨다는 것과 일치합니다.

"친히 나무에 달려 그 몸으로 우리 죄를 담당하셨으니 이는 우리로 죄에

---

52 Hering, *The First Epistle of Saint Paul to the Corinthians*(1965), Barrett, 『고린도전서 주석』, 391에서 재인용.

대하여 죽고 의에 대하여 살게 하려 하심이라 그가 채찍에 맞음으로 너희는 나음을 얻었나니 너희가 전에는 양과 같이 길을 잃었더니 이제는 너희 영혼의 목자와 감독 되신 이에게 돌아왔느니라"(벧전 2:24-25).

그런데 그리스도가 성경대로 사흘만에 살아나신 것, 곧 예수의 부활 이야기는 구약성경에서 정확한 병행구나 분명한 예시가 없습니다.[53] 물론 초기 기독교 기자들은 그리스도의 부활과 관련된 몇몇 구절을 발견하기도 했습니다(예, 시 16:10; 사 54:7). 그런데 '성경대로'는 구약성경 전체를 아우릅니다. 예수께서는 구약성경은 자기에 대한 증거라고 하셨습니다(요 5:39). 더 구체적인 내용은 부활하신 예수께서 제자들에게 하신 말씀입니다. 그는 성경대로 죽으시고 사흘 만에 살아나셨다고 말씀하신 것입니다.

"또 이르시되 내가 너희와 함께 있을 때에 너희에게 말한 바 곧 모세의 율법과 선지자의 글과 시편에 나를 가리켜 기록된 모든 것이 이루어져야 하리라 한 말이 이것이라 하시고 이에 그들의 마음을 열어 성경을 깨닫게 하시고 또 이르시되 이같이 그리스도가 고난을 받고 제삼일에 죽은 자 가운데서 살아날 것과"(눅 24:44-46).

예수께서 구약성경을 '모세의 율법과 선지자의 글과 시편'이라고 부릅니다. 이것은 유대인들이 구약성경을 가리킬 때 사용하는 전용구입니다. 유대인들은 구약성경을 '타나크'(Tanakh)로 부릅니다. 타나크는 '토라'(모세의 율법), '네비임'(선지자의 글), '케투빔'(성문서)입니다. 예수께서는 타나크(구약성경)에서 그를 가리켜 기록된 것을 이루셨습니다. 그것은 그리스도가 고난을 받고 사흘 만에 죽은 자 가운데 살아나신 것입니다. 그러므로 성경

---

53 Barrett, 『고린도전서 주석』, 389.

대로 그리스도가 우리 죄를 위하여 죽으신 것과 장사지낸 바 되신 것과 성경대로 사흘 만에 살아나신 것과 게바에게 보이신 것은, 사도들이 전승한 복음뿐 아니라 구약성경에서 증거한 복음입니다. 곧 그리스도의 네 가지 구원 사건은 신구약성경이 증거하는 복음입니다.

사도들이 전한 복음과 다른 복음

지금까지 설명한 복음의 내용은 초대 교회 이후 모든 교회가 고백하고 전해야 하는 '원복음'입니다. 이 복음은 그리스도의 구원 사건을 공식화하는 교회의 케리그마입니다. 사도들이 공통적으로 이 복음을 믿고 전파했습니다. 바울은 자기도 마지막으로 사도가 되었다고 주장합니다(고전 15:9). 그 역시 고린도 교회에도 이 복음을 전하여 믿게 했다고 말합니다. "그러므로 나나 그들이나 이같이 전파하매 너희도 이같이 믿었느니라"(고전 15:11). 바울을 포함한 사도들은 이 복음을 전파했고 그들은 이 복음을 믿었습니다. 즉 사도들은 성경대로 그리스도가 죽으셨고, 무덤에 묻히셨고, 사흘 만에 부활하셨다고 선포합니다.

찰스 바레트(C. Barrett)는 '이같이 전파하고 이같이 믿는다'라는 증언이 없는 그리스도교는 존재하지 않는다고 말합니다.[54] 또 영국의 신약 신학자 톰 라이트(T. Wright)는 사도들이 전승한 네 가지 구원사건을 예시하며 이것을 제거하면 그리스도교는 무너진다고 말했습니다. "메시아(그리스도)가 죽으셨고, 무덤에 묻히셨으며, 살아나셨고, 나타나셨다. 이것을 제거하면 기독교는 무너지고 만다. 이것을 제자리에 놓으면 온 세상이 달라진다. 이것이 바로 그 소식이다."[55]

사도들이 전승한 이 복음 외에 다른 복음은 없습니다. 바울은 하늘로부

54　Barrett, 『고린도전서 주석』, 395.
55　Wright, 『이것이 복음이다』, 43.

터 온 천사나 사도 자신들도 '사도들이 전승한 복음' 외에 다른 복음을 전하면 저주를 받을 것이라고 경고했습니다. "그러나 우리나 혹은 하늘로부터 온 천사라도 우리가 너희에게 전한 복음 외에 다른 복음을 전하면 저주를 받을지어다"(갈 1:8). '우리'를 포함한 것은, 사도 바울 자신도 이 복음 외에 다른 복음을 전할 수 없음을 천명한 것입니다. 이같이 사도들이 전한 복음은 '사도신경'으로 전승됩니다. 교회가 존재하는 한, 모든 전도자는 이 복음을 전파해야 하며 모든 신자는 이 복음을 믿어야 합니다.

전승된 복음에 연합하다

고린도전서 15:3-5에 나오는 네 개의 종속절(that-clause)은 복음의 구체적인 내용으로, 그리스도의 사건 혹은 구원의 행위를 묘사합니다. 이것은 그리스도의 메시아적 행위로서 복음입니다. 여기서 네 가지 사건이 복음으로서 동등한 가치와 비중을 가집니다. 사도들에 의해 전승된 복음은 죽음의 복음, 장사 복음, 부활 복음, 현현 복음으로 구성됩니다. 죽음의 복음은 그리스도가 우리 죄를 위하여 십자가에서 죽으셨기 때문에 '십자가 복음'이라고 부릅니다.

이 복음을 믿는 자는 구원을 받습니다(고전 15:2; 롬 1:16). 예수 그리스도의 메시아적 행위 또는 그리스도의 행위를 개별적으로 받아들일 때 구원이 일어납니다. 구원받는 것은 생명을 얻는 것이며, 하나님 나라에 들어가는 것입니다(눅 18:18, 24, 26). 여기서 복음을 믿는 '믿음'은 단순히 그의 메시아적 행위에 동의하는 것이 아닙니다. 그리스도를 믿는다는 것은 그리스도 안에 내포되고 그리스도 안에 연합되는 것입니다. 신약성경에서 '믿는다'(피스튜오, believe)라는 단어는 타동사라서 전치사가 필요하지 않습니다. 그런데 '그리스도를 믿는다'라고 할 때는 반드시 전치사 '에이스'(into 또는 in)가 따라옵니다. 이때 전치사 '에이스'(into, in)는 '연합' 또는 '함께'를 의미합니다. '그리스도를 믿는다'(피스튜오 에이스 크리스토스)는 것은 '그리스도 안에 내포되는 것' 또는 '그리스도와 연합되는 것'을 말합니다. 그러므로 기독교 신앙의 기본 공식은 '그리스도 안의 믿음'(faith in Christ)으로 정의됩니다(갈 2:16).[56]

연합, 효력을 발생하는 상태

본래 '호티'(that) 종속절에 속한 복음의 사건들은 믿는 자의 밖에서 또는 믿는 자의 참여 없이 독자적으로 그리스도에게서 일어났습니다. 그리고 이 사건들에 연합된 자(또는 '들어간 자')는 구원을 얻습니다. 여기서 '연합'은 '효력을 발생하는 상태'를 가리킵니다. 구원은 객관적으로 일어난 그리스도의 사건이 개개인에게 효력을 발생할 때 일어납니다. 복음에 나타난 은혜가 선포되고 이 은혜가 성령을 통해서 효력을 발생하면 전승된 복음이 계시된 복음이 됩니다. 그러므로 그리스도 안의 신앙은 그가 죽고 장사되고 부활한 대속적 행위가 우리에게 효력을 발생하는 것이며, 이것이 그리스도와 연합되는 것입니다. 그리고 '그리스도와의 연합'의 믿음은 세례의 형식으로 드라마틱하게 표현됩니다.

> "그러므로 우리가 그의 죽으심과 합하여 세례를 받음으로 그와 함께 장사되었나니 이는 아버지의 영광으로 말미암아 그리스도를 죽은 자 가운데서 살리심과 같이 우리로 또한 새 생명 가운데서 행하게 하려 함이라"(롬 6:4).

구원은 그리스도의 구속적 행위 안에 우리가 연합됨으로써 일어나며 우리를 '새 생명으로 살게 하는' 효력을 가져옵니다. 곧 그리스도의 죽음

56　갈 2:16, '그리스도를 믿음으로'의 원문 직역은 '그리스도 안의 믿음으로'이다.

과 장사됨과 부활에 연합된 자는 하나님 안에 거하여 영생을 누리는 것입니다. '내줌의 형식'의 복음이 하나님과 평화를 누리고 하나님 안에서 즐거워하는 하나님의 나라를 성취했듯이, '죽음의 형식'의 복음 역시 하나님 안에서 새 생명을 살게 하여 하나님의 나라를 성취하게 합니다.

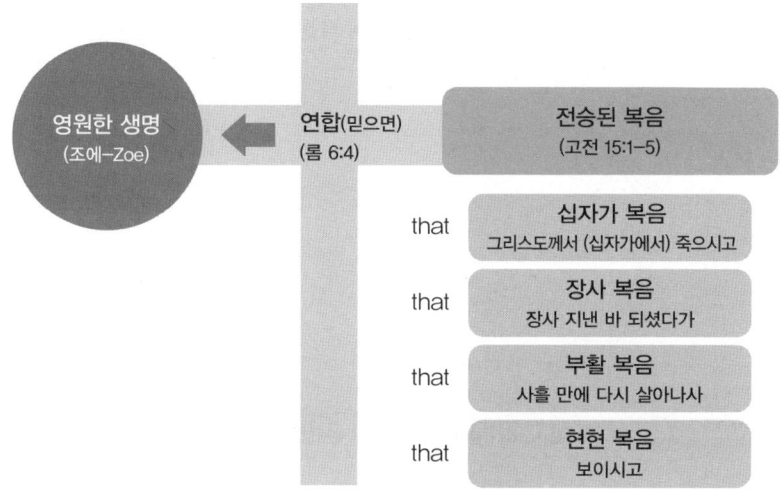

〈전승된 복음: 십자가, 장사, 부활, 현현〉

31

십자가의 보혈, 죄 사함을 통해 하나님께로

"그러므로 형제들아 우리가 예수의 피를 힘입어 성소에 들어
갈 담력을 얻었나니" _ 히 10:19

십자가에 나타난 세 방면의 은혜

복음이 '죽음의 형식'으로 사도들에 의해 전승되었습니다(고전 15:1-5). 하나님에 의해 이방인의 사도로 부름받은 바울이 전승된 복음을 이방인에게 전합니다. 이 복음은 '호티'(that) 종속절에 의해 네 가지 사건으로 구분됩니다. 그것은 예수 그리스도의 죽으심과 장사됨과 부활과 현현(나타남)입니다. 이는 복음의 네 가지 내용이며, 각각의 내용이 구원을 얻는 데 있어서 효력을 발생합니다. 전승된 복음의 내용은 어느 하나의 사건만 강조되지 않으며 각각의 사건이 동일한 가치와 비중을 가집니다. 이를 가리켜 '십자가 복음, 장사 복음, 부활 복음, 현현 복음'이라고 칭합니다. 그리스도의 십자가와 장사됨과 부활의 복음을 우리가 믿음으로 받아들이면, 즉 그 사건이 우리에게 효력을 발생하면 우리는 새 생명(영생)으로 살게 됩니다(롬 6:4). 이것이 '그리스도와의 연합'입니다.

십자가 복음에서 나타난 효력은 세 방면의 은혜로 설명할 수 있습니다.

첫째, 그리스도가 십자가에서 흘리신 피로 말미암아 우리는 모든 죄를 용서받고 영혼이 깨끗해집니다. 또한 보혈은 우리 안에 내재된 부정성을 씻어 주어서 옛사람의 행위를 벗어 버리게 합니다. 또 보혈은 우리가 하늘 성소에 계신 하나님께 나아가게 합니다.

둘째, 예수 그리스도의 십자가는 죄의 세력이 지배하는 옛사람을 못 박음으로써 죄의 몸이 장애가 되게 하고, 그 결과 우리를 죄의 세력에서 벗어나게 합니다. 그때 우리는 죄에 대하여 죽은 자요, 하나님께 대하여 사는 자가 됩니다. 하나님께 대하여 사는 것은, 우리 몸의 지체를 하나님께 드리는 삶입니다.

셋째, 그리스도의 십자가는 율법을 지켜 의롭게 되려는 우리 육신 안의 '자기주장 의지'를 못 박습니다. 우리에게 계명이 주어지면, 죄의 세력이 기회를 타서 우리를 속이고 우리를 사망 가운데로 던져버립니다. 이때 우리의 자기주장 의지가 십자가에 못 박혔음을 알 때 죄의 세력에서 벗어나고 우리 안에서 행하시는 이가 그리스도임을 알게 됩니다.

흠, 죄, 허물

예수 그리스도께서 성경대로 우리 죄를 위하여 죽으셨습니다(고전 15:3). 그는 우리의 죄를 대속하기 위하여 십자가에서 죽으셨습니다. 십자가 복음은 죄를 용서받고 죄의 세력에서 벗어나게 하는 기쁜 소식입니다. 그런데 십자가가 진정한 복음이 되려면 먼저 죄에 대한 바른 이해가 있어야 합니다. 폴 리쾨르(P. Ricoeur)는 악의 유형을 '흠, 죄, 허물'이라는 세 차원으로 이해했습니다.[57] '흠'은 인간의 외부에서 인간을 오염시키는 부정한 것이며, '죄'는 인간 실존의 내면에 존재하는 세력 또는 권세입니다. 그에

---

57 Ricoeur, 『악의 상징』, 10.

의하면, 죄는 하나님과의 인격적인 관계 단절에서 비롯되었으며, 누구에게나 '들어 있는 악'입니다. 죄의 결과는 하나님과의 분리된 관계로 나타납니다. '허물'은 하나님과의 관계가 끊긴 상태에서 불가피하게 나타나는 '저지르는 악'입니다. 즉 허물은 현상적으로 나타나고 외적으로 인식되며 여러 가지 목록의 형태로 표현되는 행위적인 죄악들입니다.

그런데 십자가 복음을 이해하는 데 있어 가장 큰 걸림돌은 죄를 '목록으로 이해하는 이미지'입니다. 이 이미지를 추방할 때 십자가 복음을 바르게 이해합니다. "복음이라고 불리는 기독교의 메시지의 이해를 위한 첫 단계는 죄들의 목록을 의미하는 죄의 이미지를 추방하는 것이다."[58] 죄를 단순히 목록으로 이해하는 사람들은 죄로 인한 자신의 비참한 존재를 보지 못합니다. 소위 인간이 선하다고 생각하는 사람들은 양심에 따라 도덕적이고 윤리적인 삶을 추구합니다. 그리고 어느 정도 그런 삶을 실현합니다. 이들은 교회에서 죄에 대한 설교를 들으면 내심 반발합니다. 이들은 자기들의 죄가 그리스도께서 십자가에 달려 죽을 만큼 끔찍한 죄라는 것을 받아들이지 못합니다. 이렇듯 행위적인 죄들만 죄로 여기는 자들은 더 근본적이고 치명적인 죄를 보지 못합니다. 또 이들은 행위적인 죄를 짓지 않으면 죄인이 아니라고 생각합니다. 죄로 인해 비참해진 자신의 존재를 직면하지 못하는 것입니다. 이들은 존재적인 비참함에 대해 알지 못하기 때문에 자기도 용납할 수 없는 존재를 용납하시는 하나님의 사랑을 깨닫지 못합니다.

죄의 세력, 옛사람, 죄의 몸

사도 바울은 십자가 복음과 죄의 상관관계를 깊이 이해한 사람입니다. 그는 '죄'를 단수 형태의 '죄'(sin)로 표현합니다. 이것은 목록의 형태로 표

---

58 Tillich, 『영원한 지금』, 78.

현되는 행위적인 죄들(sins)과는 다른 차원의 죄입니다. 이와 관련하여 바울이 죄에 대하여 세 가지 용어를 사용합니다. '죄'(하마르티아), '범법'(파라바시스), '범죄'(파라프토마)입니다. '죄'(하마르티아)는 인격화된 세력이며 예속시키는 세력입니다.[59] 이는 사람이 자기 의지와 상관없이 어떤 태도나 행동을 취하도록 만드는 하나의 세력입니다. '범법'(파라바시스)은 이미 주어진 계명을 어기는 행동입니다. 아담에게 선악을 알게 하는 나무의 실과를 먹지 말라는 계명이 주어졌습니다. 그런데 그는 죄의 세력에 굴복하여 주어진 계명을 어겼습니다. 그래서 아담이 저지른 죄는 '범법'(파라바시스)이라고 합니다(롬 5:14). '범죄'(파라프토마)는 하나님과 분리된 상태에서 저질러지는 죄로, 모든 잘못된 행동을 말합니다(롬 5:20). 한 사람 아담으로 말미암아 죄(하마르티아)가 세상에 들어왔고(롬 5:12), 그러므로 아담 안의 모든 사람은 죄(하마르티아)의 지배를 받아 죄를 짓습니다. 이것이 범죄입니다.

아담 안에 속한 옛사람은 죄(하마르티아)의 지배를 받습니다. 그 결과 몸으로 죄를 짓습니다. 혹자는 인간을 나무로 비유하여, 나무에서 열매가 저절로 맺혀지듯이 인간도 죄들을 저절로 짓는다고 말합니다. 사실 나무가 열매를 맺는 것도 저절로 되는 것이 아니라, 자양분을 공급받기 때문입니다. '죄들'은 저절로 지어지는 것이 아니라 죄들을 짓게 하는 죄의 세력에 의해서 죄를 짓습니다. 즉 죄의 세력이 옛사람을 지배하여 몸으로 죄들을 짓게 합니다. 그래서 죄를 짓는 자마다 죄의 세력으로 역사하는 마귀에게 속한 자가 됩니다(요일 3:8). 여기서 '죄'(하마르티아), '옛사람', '죄의 몸'이 서로 상관관계를 이룹니다. 이는 '죄의 유통 과정'이라고 말할 수 있습니다. 로마서 6장에서는 이와 같은 죄의 유통 과정이 십자가를 통해 단절되었다고 밝힙니다(롬 6:6). 옛사람이 예수와 함께 십자가에 못 박혔습니다. 그래서 죄의 몸이 죽었습니다. 그 결과 우리가 다시는 죄에게 종노릇하지 않

---

59 홍인규, 『홍인규 교수의 바울신학 사색』, 174.

게 되었습니다. 죄의 지배에서 벗어났습니다.

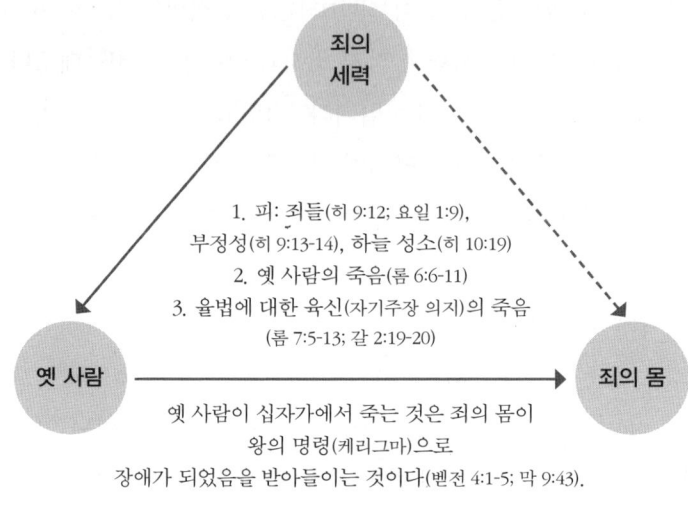

〈십자가에서 일어난 세 방면의 은혜〉

보혈, 죄 사함과 정결함을 받다

그리스도가 십자가에서 흘리신 피로 말미암아 죄의 몸이 지은 죄들을 용서받습니다. 옛사람이 죄의 세력의 지배를 받아 몸으로 지은 죄들은 마음으로 짓는 죄, 말로 짓는 죄, 행동으로 짓는 죄 등 행위적인 죄들을 망라합니다. 대표적으로 구약성경의 십계명에서 금하는 것들이 행위적인 죄들입니다. 하나님 외에 다른 신을 섬기는 것, 우상숭배, 하나님의 이름을 망령되게 부르는 것, 안식일을 범하는 것, 부모를 공경하지 않는 것, 살인, 간음, 도둑질, 거짓 증거, 탐심 등 열 가지 죄악입니다(출 20:3-17). 그런데 예수께서는 십계명을 '옛사람의 말'이라고 하면서 계명을 보다 엄격하게 강화시키셨습니다. 즉, 형제에게 노하거나 모욕하는 것을 살인죄로(마 21-22), 여자를 보고 음욕을 품는 것을 간음죄로 규정하셨습니다(마 5:21, 27-30).

　신약성경에는 행위적인 죄들에 대한 목록이 여러 곳에 기록되어 있습니다. 악한 생각에서 나오는 죄들은 음란, 도둑질, 살인, 간음, 탐욕, 악독, 속임, 음탕, 질투, 비방, 교만, 우매함 등 열두 가지 죄악입니다(막 7:21-23). 막 7:21-23의 병행 구절인 마 15:19-20에는 일곱 가지의 죄악이 나옵니다. 그 마음에 하나님이 없는 자들에게서 나오는 죄들은 모든 불의, 추악, 탐욕, 악의, 시기, 살인, 분쟁, 사기, 악독, 수군거림, 비방, 하나님을 미워함, 능욕, 교만, 자랑, 악을 꾀함, 부모 거역, 우매, 배약, 무정, 무자비 등 스물한 가지 죄악입니다(롬 1:29-31). 하나님의 나라를 유업으로 받지 못하는 자의 죄는 음행, 우상숭배, 간음, 탐색, 남색, 도둑질, 탐욕, 술 취함, 모욕, 속여 빼앗는 것 등 열 가지 죄악입니다(고전 6:9-10).

　육체의 일에서 나오는 죄들은 음행, 더러운 것, 호색, 우상숭배, 주술, 원수 맺는 것, 분쟁, 시기, 분냄, 당 짓는 것, 분열함, 이단, 투기, 술 취함, 방탕함 등 열다섯 가지 죄악입니다(갈 5:19-21). 율법으로 드러나는 죄들은 불법, 불순종, 불경건, 죄인, 거룩하지 않음, 망령됨, 부모 살인, 살인, 음행, 남색, 사람을 노예로 부리는 것, 거짓말, 거짓 맹세, 진리를 어기는 것, 기타 바른 교훈을 어기는 것 등 열다섯 가지 죄악입니다(딤전 1:9-10).

　마지막 때에 고통을 주는 죄들은 자기를 사랑하는 것, 돈을 사랑하는 것, 교만, 비방, 부모 거역, 감사하지 않는 것, 거룩하지 않은 것, 무정함, 원통함을 풀지 않는 것, 모함, 무절제, 사나움, 선한 것을 좋아하지 않는 것, 배신, 조급, 자만, 하나님보다 쾌락을 더 사랑하는 것, 경건의 능력을 부인하는 것 등 열여덟 가지 죄악입니다(딤후 3:2-5). 우리가 구원받기 전에 지은 죄들은 어리석음, 불순종, 속는 것, 정욕, 향락, 악독, 투기, 가증한 일, 서로 미워하는 것 등 아홉 가지 죄악입니다(딛 3:3).

　세상 사람을 따라 짓는 죄들은 음란, 정욕, 술 취함, 방탕, 향락, 무법한 우상숭배 등 여섯 가지 죄악입니다(벧전 4:3). 불과 유황으로 타는 못에 던져져 둘째 사망에 이르는 죄들은 두려워하는 것, 믿지 않는 것, 흉악, 살인, 음행, 점술, 우상숭배, 모든 거짓말 등 일곱 가지 죄악입니다(계 21:8). 새예루살렘 성밖에 쫓겨나는 죄들은 개들(행악), 점술, 음행, 살인, 우상숭배, 거짓말 등 다섯 가지 죄악입니다(계 22:15). 신약성경에 나오는 죄들은 중복되는 것도 있으나 모두 합하면 126개의 목록입니다. 끝으로, 기독교 전통에서 내려오는 죄로는 탐식, 탐욕, 나태, 시기, 분노, 교만, 정욕 등 일곱 가지 죄악이 있습니다(단테의 『신곡』). 이상과 같은 죄들이 몸으로 짓는 죄들입니다.

행위적인 죄를 짓는 자, 하나님의 법정에서 사형이다

세상의 법정에서는 행위적인 죄들의 경중(輕重)에 따라 형량이 결정됩니다. 그런데 하나님의 법정에서는 죄의 경중에 상관없이 단일 형량이 선고됩니다. 그것은 '사형'입니다. "그들이 이같은 일을 행하는 자는 사형에 해당한다고 하나님께서 정하심을 알고도 자기들만 행할 뿐 아니라 또한 그런 일을 행하는 자들을 옳다 하느니라"(롬 1:32). 왜 하나님의 법정에서는 지극히 작은 죄를 지어도 사형에 처합니까? 하나님 앞에서는 한 가지 죄만 지어도 모든 죄를 범한 것이기 때문입니다. 예컨대 회당에서 부자를 환대하고 가난한 자를 멸시하는 일은 외모를 보고 사람을 차별하는 죄입니다. 그리고 이 한 가지 죄를 범하면 모든 죄를 범하게 됩니다. 이는 모든 죄는 일차적으로 하나님께 대한 죄이기 때문입니다. "만일 너희가 사람을 차별하여 대하면 죄를 짓는 것이니 율법이 너희를 범법자로 정죄하리라 누구든지 온 율법을 지키다가 그 하나를 범하면 모두 범한 자가 되나니 간음하지 말라 하신 이가 또한 살인하지 말라 하셨은즉 네가 비록 간음하지 아니하여도 살인하면 율법을 범한 자가 되느니라"(약 2:9-11).

누가복음 18:9-14에서 예수는 자기를 의롭다고 믿는 바리새인에 대해 비유로 말씀하십니다. 바리새인과 세리가 기도하러 성전에 올라갔습니다. 바리새인은 하나님의 이름을 부르며 자기는 다른 사람들 곧 토색, 불의, 간음하는 자들과 같지 않음을 감사하다고 말합니다. 그는 일주일에 두 번 금식하며 소득의 십일조를 드린다고 말합니다. 반면 세리는 감히 눈을 들어 하늘을 쳐다보지 못하고 다만 가슴을 치며 "하나님이여 불쌍히 여기소서 나는 죄인이로소이다"라고 기도합니다. 예수께서 저 바리새인이 아니라 세리가 의롭다함을 받았다고 말씀하십니다. 바리새인은 자기를 의롭게 여기며 다른 사람을 차별했습니다. 그는 다른 사람을 차별한 한 가지 죄를 지음으로써 살인도 하고 간음도 하는 등 모든 율법을 범한 자가 되었습니다. 그 바리새인이 하나님께 긍휼을 입으려면 "내가 세리와 같은 자를 멸시하는 죄를 지어서 모든 죄를 범했습니다"라고 죄를 자백했어야 했습니다.

그러므로 하나님 앞에서 사는 그리스도인들은 한 가지 죄를 지어도 모든 죄를 지었음을 알고 하나님의 긍휼을 구할 것입니다. 나아가 어떤 행위적인 죄들도 가벼이 여기지 말아야 합니다. 미련한 자는 죄를 심상히(우습게) 여겨도 정직한 자 중에는 은혜가 있습니다(잠 14:9).

행위적인 죄들, 죄책감과 영혼의 오염을 가져오다

이렇게 행위로 나타나는 죄들은 믿는 자들 안에 두 가지 현상을 불러옵니다. 그것은 '죄책감'과 '영혼의 오염'입니다. 그런데 예수 그리스도께서 십자가에서 흘리신 보혈로 말미암아 우리의 모든 행위적인 죄들을 용서받을 수 있습니다. 죄들로 인해 생긴 죄책감이 없어지고 오염된 영혼이 깨끗해집니다. 죄 사함과 죄 씻음을 가져오는 보혈의 은혜는 우리가 행위적인 죄들을 깨닫고 자백할 때 주어집니다. 자백하지 않은 죄들은 사함받지 못하며 우리의 영혼은 오염된 채 그대로 방치됩니다. 일단 죄를 저질렀다면 하나님께 즉시 자백해야 합니다. 다량의 수면제를 먹으면 위를 세척해야 하듯이 죄를 지어 죄책감이 생기고 영혼이 오염되었다면 즉시 죄를 토설해야 합니다. 구체적으로 토설해야 구체적으로 보혈의 은혜를 경험합니다.

경건한 자, 죄를 토설하여 사함받는 자

옛사람이 죄의 세력의 지배를 받아 우리는 죄들을 지으며 그로 인해 영혼이 오염됩니다. 그러므로 우리는 아침저녁으로 손발을 씻듯이 수시로 죄악을 토설함으로써 영혼을 정결하게 유지해야 합니다. 실내 공기가 오염되면 공기 정화기에 그 신호가 뜨듯이, 죄를 지어 영혼이 오염되면 여름 가뭄에 마름같이 몸의 진액이 다 빠지고 뼈가 쇠하는 고통이 임합니다(시 32:3-4). 그때에 하나님 앞에서 죄를 토설하면 즉시 용서를 받습니다. 경건한 자란 죄들을 짓지 않는 자가 아니라 죄를 깨달을 때마다 즉시 토설하는 자입니다. "내가 이르기를 내 허물을 여호와께 자복하리라 하고 주께 내 죄를 아뢰고 내 죄악을 숨기지 아니했더니 곧 주께서 내 죄악을 사하셨나이다 이로 말미암아 모든 경건한 자는 주를 만날 기회를 얻어서 주께 기도할지라 진실로 홍수가 범람할지라도 그에게 미치지 못하리이다"(시 32:5-6). '주를 만날 기회를 얻어서'는 '죄를 깨달을 때에'라고도 읽습니다(개역개정, 난하주). 경건한 신자일수록 죄를 지으면 즉시 반응합니다. 이 시(32편)의 저자로 알려진 다윗은 자기를 죽이려는 원수 사울을 죽일 기회를 얻었습니다. 그러나 다윗은 마땅히 죽여도 되는 사울을 죽이지 않고 옷자락만 베었습니다. 그런데 그가 사울의 옷자락 벰으로 말미암아 자기 마음이 찔렸습니다. "그리 한 후에 사울의 옷자락 벰으로 말미암아 다윗의 마음이 찔려"(삼상 24:5).

신약 시대 언약 백성의 본분은 생명의 교제입니다. 요한일서 1장은 생명의 교제에 대한 말씀입니다. 생명의 교제는 빛 되신 하나님과의 교제입니다(요일 1:7). 그 내용은 말씀 앞에서 우리 죄를 깨닫고 자백하여 용서받는 것입니다. 그래야 빛 되신 하나님과 교제를 할 수 있습니다. 그런데 만일 우리가 범죄하지 않았다고 하면, 하나님을 거짓말하는 자로 만드는 것이며 말씀이 우리 속에 있지 아니한 것입니다. 말씀은 우리의 죄를 깨닫게 합니다. 그리고 죄를 깨달은 자가 자백하면 신실하신 하나님이 우리 죄를 사하시고 오염된 영혼을 깨끗하게 해주십니다.

"만일 우리가 우리 죄를 자백하면 그는 미쁘시고 의로우사 우리 죄를 사하시며 우리를 모든 불의에서 깨끗하게 하실 것이요 만일 우리가 범죄하지 아니했다 하면 하나님을 거짓말하는 이로 만드는 것이니 또한 그의 말씀이 우리 속에 있지 아니하니라"(요일 1:9-10).

참된 애통과 보혈의 은혜

그러므로 우리가 행위적인 죄를 지었을 때 가장 먼저 할 일은 그 죄를 즉시 토설하는 것입니다. 토설한 죄악을 용서하시고 오염된 영혼을 깨끗하게 하시는 일은 하나님께서 하십니다. 죄를 용서받으면 우리의 영혼이 죄의 짐에서 벗어나 깃털처럼 가벼워집니다. 여기서 우리가 간과하지 말아야 할 것이 있습니다. 행위적인 죄들에 대한 참된 애통이 없이 습관적으로 죄를 자백하고 용서받아서는 안 되는 것입니다. 죄에 대한 참된 애통은 죄에서 비롯된 악보다 죄 안에 있는 악에 대하여 더 애통하는 것입니다. 즉 그 죄가 영혼을 파멸시키는 것보다 하나님의 영광을 욕되게 하고, 그리스도에게 상처를 입히고, 성령을 근심케 하며, 영혼을 하나님과 달리 만들기 때문에 더 애통해야 합니다.[60] 즉 참된 애통은 우리의 죄악된 말과 행동이 하나님의 영광의 눈을 범했음을 슬퍼하고 괴로워하는 것입니다(사 3:8). 참된 애통이 없는 죄의 자백과 용서받음은 보혈의 은혜를 자동판매기에서 나오는 물건처럼 싸구려로 취급하는 패역한 일입니다.

---

60   Mead, 『유사 그리스도인』, 71.

정결한 영혼, 언약 백성의 부요함을 누리다

우리 영혼을 보혈로 씻어 정결하게 했을 때 얻는 큰 유익은 하나님의 언약 백성으로 사는 것입니다. 하나님께서는 언약 안에 거하는 자를 돌보아 주십니다(히 8:9 참고). 그리고 영과 마음을 새롭게 하십니다. 보혈의 은혜는 우리 영을 새 영으로, 우리 마음을 새 마음으로 만들어줍니다(겔 36:25-26). 그리고 하나님은 정결케 된 영과 마음에 자기 영(성령)을 주어 말씀을 듣고 순종하게 하십니다. 그때 우리는 하나님의 백성이 되고 하나님이 우리의 하나님이 되어 주셔서 계속 언약 관계가 유지됩니다.

오염된 그릇에 음식을 담을 수 없습니다. 하물며 죄로 오염된 영혼에 어떻게 거룩한 성령이 임할 수 있겠습니까? 하나님은 자기 백성에게 가장 좋은 것을 주십니다. "온갖 좋은 은사와 온전한 선물이 다 위로부터 빛들의 아버지께로부터 내려오나니…"(약 1:17). 그리고 하나님 자신을 우리에게 주십니다. 즉 우리가 그분의 말씀에 순종하는 쉐마를 통해 하나님 안에 거하는 것입니다. 성령으로 말미암아 하나님 안에 거하는 복락은 우리의 영혼을 깨끗이 단장해야 누릴 수 있습니다.

세상 사람들은 영혼을 깨끗하게 하는 데에는 그다지 관심이 없습니다. 그들의 신은 배요, 먹을 것입니다. 그들은 외모만 아름답게 가꾸려고 합니다. 세상에서는 '몸짱'이나 '얼짱'이라는 말이 큰 칭찬입니다. 그들은 몸에 좋은 것을 먹어 건강하게 살려고 노력합니다. 하지만 그들의 영혼은 더러운 채로 방치됩니다. 온갖 추악한 것들이 아름답게 포장되어 인간 속으로 들어와 영혼을 오염시킵니다. 그러므로 믿는 우리도 항상 깨어서 영혼을 깨끗하게 해야 합니다. 깨끗한 영혼이야말로 그리스도의 가치이자 자랑거리입니다. 그러므로 경건한 자는 말씀 앞에 나아가 죄를 깨닫고 예수의 보혈로 그 영혼을 정결하게 합니다. 영혼을 정결하게 하는 자를 하나님께서 존귀하게 여기십니다. "오직 마음에 숨은 사람을 온유하고 안정한 심령의 썩지 아니할 것으로 하라 이는 하나님 앞에 값진 것이니라"(벧전 3:4).

죄 사함을 받아 하늘 성소로

예수 그리스도께서 자기 피로 영원한 속죄를 이루시고 단번에 성소로 들어가셨습니다. "염소와 송아지의 피로 하지 아니하고 오직 자기의 피로 영원한 속죄를 이루사 단번에 성소에 들어가셨느니라"(히 9:12). 그가 들어가신 성소는 하늘에 있는 성소입니다(히 9:24). 그의 피는 성령으로 말미암아 하나님께 드려짐으로써 영원한 속죄의 효력이 있습니다. 이 피는 우리 양심까지도 죽은 행실에서 깨끗하게 하여 살아 계신 하나님을 섬기게 합니다. 예수의 보혈이 가져온 최상의 은혜는 우리가 그의 피에 힘입어 하늘 성소로 들어가는 문을 연 것입니다. "그러므로 형제들아 우리가 예수의 피를 힘입어 성소에 들어갈 담력을 얻었나니 그 길은 우리를 위하여 휘장 가운데로 열어 놓으신 새로운 살 길이요 휘장은 곧 그의 육체니라"(히 10:19-20). 그의 피로 열어 놓으신 길은 새로운 살 길이며, 살아 계신 하나님께로 나아가는 길입니다. 누구든지 하나님께 자기 죄를 자백하여 용서받으면 예수의 보혈에 힘입어 하늘 성소에 계신 하나님께로 나아갈 수 있습니다. 그곳에서 창세전부터 계시는 아버지와 아들의 사귐에 참여합니다. 그는 영생의 지복을 누립니다(48과, '담대함[파레시아]을 버리지 말라' 참조).

예수 그리스도의 보혈로 말미암아 우리는 죄 사함의 은혜를 받으며 우리의 내면에 형성된 부정성이 씻겨 옛사람과 그 행위를 벗어 버립니다. 이에 관한 내용을 '43과, 옛사람을 벗고 새 사람을 입으라'에서 다룹니다.

32

옛사람의 죽음⑴, 죄의 몸이 장애가 되다

"우리가 알거니와 우리의 옛사람이 예수와 함께 십자가에 못 박힌 것은 죄의 몸이 죽어 다시는 우리가 죄에게 종 노릇 하지 아니하려 함이니" _ 롬 6:6

그리스도의 십자가, 죄의 세력을 무력화하다

예수 그리스도의 십자가 은혜는 죄 사함과 죄 씻음에 한정되지 않습니다. 더 크고 완전한 능력이 십자가에 있습니다. 그것은 죄를 그치는 능력입니다. 십자가의 보혈은 몸으로 지은 죄들, 곧 행위적인 죄들을 용서해 주지만 옛사람으로 하여금 죄의 세력에서 벗어나게 할 수는 없습니다. '죄'(하마르티아)는 여전히 살아 있고, 옛사람은 죄의 세력의 지배를 받아 행위적인 죄들을 계속 짓습니다. 죄의 세력을 그대로 두면 우리는 죄를 짓고 또 짓습니다. 물론 하나님께 행위적인 죄들을 자백하면 그때마다 용서받지만, 이것을 반복하면 갈수록 양심이 손상을 입습니다. 후에는 양심이 화인 맞는 지경에 이릅니다.

죄를 그치는 능력 vs 타종교의 정결 의식

행위적인 죄들을 짓고 용서받는 일은 다른 종교에서도 얼마든지 볼 수 있는 의식입니다. 불교에서 '방생'은 거북이나 물고기 등 죽을 위기에 처한 생명체를 살려줌으로써 죄를 씻고 공덕을 쌓는 의식입니다. 힌두교를 믿는 인도인들에게 갠지스강물은 죄를 씻어주는 신성한 강물입니다. 강물의 수질은 매우 오염되어 있으나, 매년 수십만 명의 순례객들이 이곳을 찾아 몸을 씻는데, 그것은 죄를 씻는 의식입니다.

만일 우리가 보혈의 은혜로 행위적인 죄들을 용서받는 것에 그친다면, 그리스도의 십자가는 다른 종교의 정결 의식과 큰 차이가 없습니다. 이러한 신앙생활은 하나님 앞에서도 합당하지 않고, 또 세상 사람들에게도 지탄받습니다. 평소에는 거리낌 없이 죄를 지어 놓고 주일에 교회에 가서 회개하면 끝이냐고 비난받습니다.

그러나 예수 그리스도의 십자가는 죄를 그치는 능력으로 인해 다른 종교의 정결 의식과 차별화됩니다. 우리의 옛사람이 예수 그리스도의 십자가에 못 박힘으로써 죄들을 짓게 하는 '죄'(하마르티아)가 무력하게 되었습니다(골 2:15). 곧 죄의 세력의 지배를 받는 아담 안의 옛사람이 십자가에 못 박히고 죄의 몸이 멸하여졌습니다(롬 6:6).

왕의 명령(케리그마), 죄의 몸이 장애가 되다

아담 안의 옛사람이 그리스도의 십자가에 못 박혀 죽었습니다. 그 결과 옛사람을 지배하던 죄의 세력(하마르티아)이 무력해졌습니다. 죄의 세력에 종노릇을 하던 옛사람이 십자가에 못 박히고 죄를 짓던 몸의 지체가 죽었습니다. 일반적으로 '죽었다'라는 말은 헬라어 '스네스코'를 사용합니다. 그런데 '죄의 몸이 죽었다'라고 할 때는 '카타르게오'를 사용합니다. 이 단어는 '쓸모없게 되다' '장애가 되다'(render useless, inactive, disable)라는 뜻입니다. 그러므로 옛사람이 십자가에 못 박힌 자는 죄의 몸이 쓸모없는 상태가 되었습니다. 곧 죄의 몸이 장애가 된 것입니다(be disable). 이는 몸의 지체가 없어진 것이 아니라, 몸의 지체는 그대로 있으나 몸에서 죄를 짓는 기능이 제거되었다는 뜻입니다. 즉, 죄를 짓는 기능이 마비되어 장애가 된 상태입니다.

그리스도의 십자가는 옛사람을 십자가에 못 박음으로써 죄를 짓는 몸의 기능에 장애 판정을 내립니다. 그러므로 옛사람이 예수와 함께 십자가에 못 박혔음을 받아들인 자는 죄를 짓는 몸이 장애가 되었음을 받아들인 자입니다. 육적인 장애도 받아들이고 적응할 때 살아갈 수 있습니다. 그리스도인 역시 죄의 몸이 장애가 되었음을 받아들이고 적응할 때 죄의 세력에서 벗어나고 새 생명으로 살 수 있습니다. 그러므로 우리가 그리스도와 함께 십자가에서 죽었음을 고백하는 것은, 죄를 짓는 몸이 장애가 되었음을 인정하고 받아들이는 것입니다.

복음 선포(케리그마), 반드시 집행되어야 할 왕의 명령이다

'케리그마'(헬)는 복음을 선포한다는 뜻입니다. 이 단어는 '반드시 집행되어야 할 왕의 명령'을 의미하는 '케룻소'에서 파생되었습니다.[61] 복음은 상대방을 설득시키거나 이해시키는 것이 아니라 반드시 집행되어야 할 왕의 명령으로 선포되는 진리입니다. 복음은 우리의 옛사람이 십자가에 못 박혔고 죄를 짓는 몸이 장애가 되었음을 왕의 명령(어명)으로 선포합니다. 왕의 명령이라면 사약(死藥)을 마시라고 해도 거역할 수 없습니다. 예수 그리스도는 우리의 죄를 대신하여 죽음의 잔을 받으셨습니다(마 26:39). 이것은 하나님 아버지의 명령을 받으신 것입니다. 그가 죽음의 잔을 마심으로써 우리의 죄가 용서받았습니다. 이제 죄의 세력의 지배를 받는 우리

---

61 Strong, *Strong' Dictionary*, G2784.

의 옛사람이 그리스도의 십자가에 못 박혔습니다. 우리가 그리스도 안에서 그와 함께 십자가에 못 박혔습니다. 우리는 만왕의 왕이신 하나님의 명령으로 죽음의 잔을 받은 것입니다. 이로써 죄를 짓는 몸이 장애 판정을 받았습니다. 이 일은 하나님이 그리스도 안에서 이미 이루신 일입니다. '케리그마'(선포)는 그 일을 선포하는 것이며, 우리는 저항할 수 없이 받아들여야 하는 어명(御名)입니다. 이것은 우리가 죄의 몸을 죽이기로 결단하거나, 다시는 죄를 짓지 않겠다고 결심하는 것이 아닙니다. 선한 일에 대한 인간의 의지와 결심은 결코 성취될 수 없습니다. 왜냐하면, 인간은 선한 일을 원할 수 있으나 그것을 행하는 능력은 없기 때문입니다(롬 7:18).

죄에 대하여 죽은 자로, 하나님께 대하여 산 자로

왕의 명령으로 선포되는 복음을 받아들인 자는, 죄의 몸이 장애가 되었음을 받아들인 자입니다. 그는 비로소 죄를 짓게 하는 죄의 세력에서 벗어나 의롭게 됩니다. "이는 죽은 자가 죄에서 벗어나 의롭다 하심을 얻었음이라"(롬 6:7). '죽은 자'는 옛사람이 십자가에 못 박히고, 그 결과 죄의 몸이 장애가 된 자입니다. 이에 옛사람의 죽음과 죄의 몸이 장애가 되는 것은 분리되지 않습니다. 죄의 세력이 지배하는 옛사람이 십자가에 못 박힌 것은 눈으로 볼 수 없습니다. 그것은 죄의 몸이 장애가 됨으로써 나타납니다. 그러므로 죄의 몸이 장애가 되지 않은 자는, 옛사람이 십자가에 못 박혔다는 사실을 행위로 부인하는 자입니다.

'죄의 몸'이 장애가 된 것은, 실제로 '몸' 자체가 장애가 된 것은 아닙니다. 실제로 몸의 지체에 장애가 있는 이들은 그 몸으로 죄를 짓는 일이 어렵습니다. 그래서 극단적인 신자는 죄를 짓지 않고자 죄를 짓는 몸의 일부를 장애로 만들기도 합니다. 그렇다고 죄의 세력에서 벗어날 수 없습니다. 그런데 실제로 몸을 장애로 만들면, 죄를 지을 수 없겠지만 몸의 지체를 하나님께 드릴 수도 없습니다. 그래서 바울은 우리 자신을 죄에 대하여 죽은 자요, 하나님께 대하여 산 자로 여기라고 말합니다.

"이와 같이 너희도 너희 자신을 죄에 대하여는 죽은 자요 그리스도 예수 안에서 하나님께 대하여는 살아 있는 자로 여길지어다"(롬 6:11).

'여기다'의 헬라어 '로기조마이'는 '사실이다', '진리이다'라는 뜻입니다. '로기조마이'는 '만일 사실이 아니면 자신을 속이는 자로 판명한다'라고 할 때 사용하는 단어입니다. 실제 몸의 지체는 장애가 되지 않았으나 죄를 짓는 몸이 장애가 되었음을 진리로 받아들이는 것입니다. 따라서 죄의 몸이 장애가 된 것을 받아들이지 않는 자는, 그리스도가 십자가에 못 박혔음이 거짓이거나 그가 그리스도와 함께 십자가에 못 박혔다는 진리를 부인하는 자입니다. 그리스도가 십자가에 못 박힌 것이 거짓일 수 없습니다. 하여 그런 사람은 그리스도가 십자가에 못 박혔음을 입으로는 시인하나 행위로 부인하는 자입니다. 그러므로 옛사람이 그리스도와 함께 십자가에 못 박혔음을 왕의 명령으로 받는 자는 죄의 몸이 장애가 되었다고 여기고 그대로 행동해야 합니다.

죄를 그치기 위한 고행, 더 큰 악을 낳는다

아담 안에서 난 죄인은 육체의 고난을 받는다고 해서 죄를 그치는 것이 아닙니다. 사람이 금욕이나 고행 등 육체의 고난을 받는다고 해서 죄가 그쳐지는 것이 아닙니다. 육체의 고난을 통해 죄를 그치려 하는 자는 도리어 자기 의가 강화되어 더 큰 악을 저지릅니다. 샘이 한 구멍에서 단물과 쓴물을 낼 수 없습니다(약 3:11). 아담 안의 죄인 된 자아에서 선한 것이 나올 수 없습니다. 아담 안에서 태어난 자아를 그대로 두고 고행으로 죄를 그치고 거룩하게 살려는 자는 예능 프로그램에서 교양 프로그램으로 자아의 채널을 옮기는 것과 같습니다. "그것은 자기 의지(self-will)를 그저 한 채널에서 다른 채널로 옮기는 것일 뿐, 자기 의지의 전체 양이 줄어들지 않았을 뿐 아니라 때로는 실제로 늘어나기까지 하기 때문이다. 언제나 그렇듯이 최고가 타락할 때 최악이 된다."[62]

종교개혁자 마틴 루터는 수도원의 금욕주의 운동과 여러 율법과 계명을 지키려고 하면 할수록 더 고통스러운 인간의 모습으로 인해 고민 속에 빠졌습니다.[63] 그는 결국 복음 안에서 나타난 하나님의 의를 발견하고(롬 1:17), 죄로 인해 고통스러웠던 신앙 여정을 마쳤습니다. 죄를 그치는 것은, 인간에게서 나오지 않습니다. 오직 예수 그리스도에게서 나옵니다.

그리스도, 육체의 고난을 받아 죄를 그치다

인간은 육체의 고난을 받는다고 해서 죄를 그치지 못합니다. 육체의 고난을 받아 죄를 그치신 분은 오직 예수 그리스도 한 분입니다.

"그리스도께서 이미 육체의 고난을 받으셨으니 너희도 같은 마음으로 갑옷을 삼으라 이는 육체의 고난을 받은 자는 죄를 그쳤음이니 그 후로는 다시 사람의 정욕을 따르지 않고 하나님의 뜻을 따라 육체의 남은 때를 살게 하려 함이라 너희가 음란과 정욕과 술취함과 방탕과 향락과 무법한 우상 숭배를 하여 이방인의 뜻을 따라 행한 것은 지나간 때로 족하도다 이러므로 너희가 그들과 함께 그런 극한 방탕에 달음질하지 아니하는 것을 그들이 이상히 여겨 비방하나"(벧전 4:1-4).

그리스도는 육체의 고난을 받으심으로써 죄를 그치셨습니다. 오직 그리스도가 육체의 고난을 받으심으로써 죄의 세력을 분쇄하셨고 죄를 그

62　Huzley, 『영원의 철학』, 179
63　김철환 외, 『루터의 생애와 신학』, 31.

치는 효력을 가져왔습니다. 우리가 죄를 그치는 길은 육체의 고난을 받으심으로써 죄를 그치신 그리스도와 '같은 마음'으로 무장하는 것입니다. 그것은 십자가에서 육체가 찢기심으로써 고난을 받아 죄를 그치게 하신 그리스도와 온전히 연합하는 것입니다. 그리하여 죄의 몸이 장애가 되었음을 받아들이는 것입니다.

죄를 그치는 자, 세상의 비방을 받다

죄의 몸이 장애가 된 자는 죄에 대해 반응하지 않습니다. 베드로 사도는 우리 몸이 반응하지 말아야 할 죄의 목록을 언급합니다. 그것은 음란, 정욕, 술 취함, 방탕, 향락, 무법한 우상 숭배를 하여 이방인의 뜻을 따라 행하는 삶입니다(벧전 4:3). 예수 그리스도는 우리의 죄를 대속해 주기 위해서 장애 정도가 아니라 손발이 못 박히고 온몸이 찢겨 죽임을 당하셨습니다. 그는 온몸으로 고난을 받으시면서 죄를 그치신 것입니다. 이제 우리는 그리스도와 같은 마음으로 갑옷을 입고 죄의 몸이 장애가 되었음을 기꺼이 받아들이는 고난을 감수해야 합니다. 건강한 눈으로 끌리는 대로 보고, 성한 발로 끌리는 곳으로 가고, 건강한 손으로 원하는 것을 다하면서 죄를 그치는 일은 불가능합니다. 복음으로 말미암아 죄의 몸이 장애가 되었음을 받아들인 자는 더 이상 죄에 대하여 보지 못하고, 듣지 못하며, 가지 못하는 자입니다. 하나님이 기뻐하지 않으시는 일에는 보지 못하는 자요, 듣지 못하는 자요, 말하지 못하는 자요, 걷지 못하는 자입니다. 그는 더 이상 세상 사람들처럼 이방인의 뜻에 따라 살지 않습니다. 세상 사람들이 어떤 일을 요구하여도 그 일이 하나님이 보시기에 합당하지 않으면 단호히 거절합니다. 그 결과 그는 세상 사람들로부터 이상히 여김받고 비방을 받기도 합니다(벧전 4:4). 그러나 이것이 예수 그리스도의 십자가의 진정한 승리입니다. 우리가 죄를 그침으로써 세상 사람들에게 받는 조롱과 멸시와 비방은 실상은 십자가에서 무력하게 된 사탄의 세력을 오히려 조롱하는 쾌거입니다(골 2:15).

죄를 그치는 자, 하나님께 영광이다

우리는 하나님 나라와 세상 나라를 겸하여 섬기지 못합니다. 세상에서 즐거움을 취하면서 동시에 하나님의 나라를 누리려는 것은 기만입니다. 만일 말씀을 보고 묵상하는 것보다 세상 드라마를 보는 것이 더 즐겁다면 '나는 드라마에 대하여 시각 장애인이 되었다'라고 여겨야 합니다. "내 눈을 돌이켜 허탄한 것을 보지 말게 하시고 주의 길에서 나를 살아나게 하소서"(시 119:37). 사람들이 누군가에 대해 수군거릴 때도 '나는 말 못하는 자이지' 하며 그들의 말에 동참하지 말아야 합니다. "나는 못 듣는 자 같이 듣지 아니하고 말 못하는 자 같이 입을 열지 아니하오니 나는 듣지 못하는 자 같아서 내 입에는 반박할 말이 없나이다"(시 38:13-14). 사람들이 하나님께서 기뻐하지 않으시는 곳에 몰려갈 때도 '나는 걷지 못하는 자가 되었다'라고 받아들이고 그들에게 휩쓸리지 말아야 합니다. "내가 주의 말씀을 지키려고 발을 금하여 모든 악한 길로 가지 아니했사오며"(시 119:101). 죄와 관련된 것에는 조금이라도 틈을 주지 말고 거절해야 합니다. 그로 인해 이상히 여김을 받고 비방을 받는 것을 당연히 여기고 감사해야 합니다. 이것이 바로 십자가의 승리이며, 하나님께는 영광이 되기 때문입니다.

어떤 교인들은 세상 풍속을 따르며 이방인 노릇을 자처합니다. 교회 안에 들어온 세속주의자들은 옛사람을 십자가에 못 박고 죄의 몸을 장애로 받아들인 참된 신자들을 업신여기고 비방합니다. 십자가 복음에 합당하게 사는 사람을 무시하고 비난합니다. 꼭 그렇게 믿어야 하느냐고 타박합니다. 세상 이야기를 잘 알지 못하면 시대에 뒤떨어진 사람으로 취급합니다. 이들은 몸의 사욕을 따르면서 하나님도 섬기려는 자들로서 실상은 죄의 세력의 지배를 받으며 사탄의 속임수에 빠진 자들입니다.

하나님께서 아들의 죽음을 통해 우리의 몸을 사셨습니다. 우리 몸은 우리의 것이 아닙니다. 우리가 마음대로 사용할 수 있는 몸이 아닙니다. 하나님께서 아들의 죽음을 대가로 사신 그의 몸입니다. 그러므로 이 몸으로 하나님께 영광을 돌려야 합니다.

"너희 몸은 너희가 하나님께로부터 받은 바 너희 가운데 계신 성령의 전인 줄을 알지 못하느냐 너희는 너희 자신의 것이 아니라 값으로 산 것이 되었으니 그런즉 너희 몸으로 하나님께 영광을 돌리라"(고전 6:19-20).

33

옛사람의 죽음(2), 죽을 몸을 의의 도구로 드리다

"그런즉 우리는 몸으로 있든지 떠나든지 주를 기쁘시게 하는 자가 되기를 힘쓰노라 이는 우리가 다 반드시 그리스도의 심판대 앞에 나타나게 되어 각각 선악간에 그 몸으로 행한 것을 따라 받으려 함이라" _ 고후 5:9-10

죄의 세력, 이제는 죽을 몸을 지배하다

죄의 몸, 죽을 몸, 부활의 몸

옛사람이 십자가에 못 박혔고 죄의 몸이 장애가 되었습니다. 그 결과 옛사람을 지배하던 죄의 세력이 무력해졌습니다. 하지만 죄의 세력 자체가 제거된 것은 아닙니다. 죄의 세력은 무력해졌을 뿐이지 그 세력은 그리스도의 재림 시까지 살아 있습니다. 맨 나중에 멸망 받을 원수는 사망입니다(고전 15:26). 더 이상 옛사람을 지배하지 못하는 죄의 세력은 '죽을 몸'을 지배하여 죄에게 종노릇하게 합니다(롬 6:12). 전에 죄(하마르티아)는 옛사람을 지배하여 죄의 몸으로 죄를 짓게 했습니다. 그러나 옛사람이 십자가에서 못 박혔기 때문에 죄의 세력은 더 이상 옛사람을 지배할 수 없습니다. 그래서 죄의 세력은 지배의 대상을 '옛사람'에서 '죽을 몸'으로 바꿉니다. 따라서 우리는 옛사람이 십자가에 못 박히고 죄의 몸이 장애가 되었음에도 죄를 짓게 됩니다. 그러면 어떻게 죄의 세력이 지배하는 '죽을 몸'에서 벗어납니까? 그것은 몸의 사욕에 순종하여 우리 몸의 지체를 불의의 무기로 죄에게 내주지 말고, 우리 자신을 죽었다가 다시 살아난 자 같이 우리 몸과 몸의 지체를 의의 무기로 하나님께 드리는 것입니다(롬 6:13).

여기서 '죄의 몸'(롬 6:6), '죽을 몸'(롬 6:12), '죽었다가 다시 살아난 부활의 몸'(롬 6:13)이 나옵니다. '죄의 몸'은 죄의 세력이 지배하는 옛사람의 지시를 받아 행위적인 죄들을 짓는 몸입니다. 우리에게 죄의 몸은 이미 장애가 되었습니다. '죽을 몸'은 우리가 지상에서 살 동안 가지는 몸입니다. 이 몸은 종말에 구속을 기다리는 몸입니다(롬 8:23). 죽을 몸은 중립적이며, 죄의 세력이 지배할 수도 있고 성령이 지배할 수도 있습니다. 죄의 세력은 '죽을 몸'을 지배하여 몸의 욕망을 따라 살게 합니다. 곧 육신의 정욕, 안목의 정욕, 이생의 자랑을 따라 살게 하는 것입니다. 그때 죄의 몸이 장애가 되었어도 결국 몸의 사욕을 따르기 때문에 불의의 도구가 되고 맙니다. 우리의 죽을 몸은 죽었다가 부활하기 위한 몸입니다(고전 15:35-44). 그런데 바울은 우리의 '죽을 몸'을 지금 '부활의 몸'으로 여겨 의의 도구로 하나님께 드리라고 말합니다.

"그러므로 너희는 죄가 너희 죽을 몸을 지배하지 못하게 하여 몸의 사욕에 순종하지 말고 또한 너희 지체를 불의의 무기로 죄에게 내주지 말고 오직 너희 자신을 죽은 자 가운데서 다시 살아난 자 같이 하나님께 드리며 너희 지체를 의의 무기로 하나님께 드리라"(롬 6:12-13).

몸의 정념, 복음으로 극복하다

'죽을 몸'을 지배하는 죄의 세력은 외부로부터 오는 자극입니다. 거기에 반응하는 '몸의 사욕'은 '정념'이라고 할 수 있습니다. 플라톤 이후 인간의 몸(신체)은 정신(영혼)보다 열등하다고 믿어왔습니다. 초기 기독교 역시 여기에 영향을 받아 정신이 몸을 지배한다고 보았습니다. 특히 영지주의 사상에서는 '몸(신체)은 악하며 영혼(정신)은 선하다'라고 생각했습니다. 하지만 신약성경은 몸의 중요성을 매우 강조합니다. 우리 몸은 성령이 거하는 하나님의 성전입니다(고전 6:19). 우리 몸은 하나님이 기뻐하시는 산 제물로 드려져야 합니다(롬 12:1). 우리는 몸으로 있든지 몸을 떠나든지 주를 기쁘게 하기를 힘써야 합니다(고후 5:9). 우리는 몸으로 행한 것을 따라 그리스도의 심판대에서 심판받습니다(고후 5:10).

17세기 초 데카르트의 코기토(생각) 사상은 근대의 여명을 알렸습니다. 데카르트는 몸과 정신을 각각 연장의 실체와 사유의 실체로 서로 분리했습니다. 몸은 기계적으로 작동되는 실체이고, 정신은 자유의지를 가진 실체로 본 것입니다. 그러다 보니 사람들은 몸의 능력보다 정신의 능력이 더 중요하다고 생각했습니다. 이것은 플라톤 이후 지속했던 영혼의 우월성을 더 강화한 것입니다.

이 같은 사상에 반전을 이룬 철학자는 스피노자(Spinoza)입니다. 스피노자가 이룬 위대한 과업 중 하나는 몸의 중요성을 회복한 것입니다. 그의 대표작 『에티카』(윤리)』에서는 몸과 무관한 정신, 몸을 지배하는 정신, 몸보다 우월한 정신이라는 통념을 강력하게 비판했습니다. 그러면서 인간은 "몸을 매개로 외부의 사물을 지각한다"라고 했습니다. 인간의 감정은 외부의 어떤 힘이 신체를 자극함으로써 생기는 혼란스러운 관념에 의해 나타납니다. 예컨대 젖먹이는 배가 고픈 신체적 결핍 때문에 우는 것이지, 정신의 자유의지가 발동하여 우는 것이 아닙니다. 여기서 몸을 매개로 생기는 감정이 '정념'(아펙투스)입니다. 정념은 신체로부터 나오는 힘입니다. 또 정념은 '자기를 보존하는 본능'(코나투스)으로부터 나타나는 인간의 신체에 대한 인식과 연결됩니다. 우리 몸이 외부 자극을 받아들임으로써 생기는 정념은 크게 세 가지입니다. 그것은 기쁨과 슬픔과 욕망입니다.⁶⁴ 스피노자의 평행론에 따르면 정념은 외부 원인(자극)에 의해 생긴 인간 신체의 변용에 대한 정신의 상관물을 나타냅니다.⁶⁵ 즉 외부 자극이 주는 몸의 변용에서 정념이 발생합니다. 인간이 정념이 지배하는 대로 자기를 내어 주면 여기로부터 다양한 악이 나오게 됩니다.

자기 원인이 신에게

스피노자에게 인간은 하나님의 '실체'의 변용에서 나온 '양태'입니다.⁶⁶ 그에게 유일한 자기 원인은 '신'입니다. '자기 원인'은 존재하기 위해 어떤 다른 것에 전혀 의존하지 않은 실체를 뜻합니다. "나는 자기 원인이란, 그것의 본질이 존재를 포함하는 것, 또는 그것의 본성이 존재한다고 생각할 수밖에 없는 것이라고 이해한다."⁶⁷ 그런데 하나님을 알지 못하는 인간은 자기 원인이 자기 밖(신)에 있음을 망각하고, 스스로 자기 원인이 됩니다. 그래서 정념이 일어날 때 자유의 재량을 사용하여 악을 저지릅니다. 이때 자유의 재량이 클수록 더 큰 악을 저지릅니다. 하나님이 이스라엘 백성들의 죄악을 드러내어 말씀하십니다. "그들이 침상에서 죄를 꾀하며 악을 꾸미고 날이 밝으면 그 손에 '힘'이 있으므로 그것을 행하는 자는 화 있을진저"(미 2:1). 죄를 꾀하고 악을 꾸미는 정념이 일어나도 그것을 행할 힘, 곧 자유의 재량이 없으면 악을 행하지 못합니다. 그러나 그 손에 힘이 있는 자는 정념으로 악을 저지릅니다.

정념은 자기 원인이 자기 자신이 아니라 자기 바깥에 있다는 것을 깨닫는 '적확한 관념'으로 수정되고 극복됩니다. "외부 자극에 의한 정념(수동

---

64 Spinoza, 『에티카』, 145.
65 Nedler, 『에티카를 읽는다』, 337.
66 Spinoza, 『에티카』, 14.
67 Spinoza, 『에티카』, 13.

적 정서)은 우리가 그것에 대해 '적확한 관념'을 형성하는 순간 더 이상 수동적이지 않다."[68] 스피노자는 정념의 치료법은 그것을 적합하게 인식하는 것이라고 말합니다.[69] 그것은 자기 존재의 원인이 자기에게 있지 않고 자기 바깥에 있는 '신'에게 있음을 아는 것입니다. 그것은 신의 본성에 참여하는 것이며, 그때 비로소 외부적 힘에 의해 몸에서 나타나는 정념을 수정하고 치유합니다. 외부 자극에서 오는 정념, 곧 기쁨과 슬픔과 욕망은 자유의 재량으로 악으로 향하지만, 하나님에게서 오는 정념, 곧 기쁨과 애통과 열정은 선한 것이며 주의 뜻을 이룹니다.

다윗의 정념, 하나님을 업신여기다

다윗은 하나님께 신실한 왕이었습니다. 그는 구약 시대 말씀에 순종하여 언약을 지킨 대표성을 가진 왕입니다. 어느 날 다윗은 저녁에 침상에서 일어나 옥상을 거닐었습니다. 그러다 한 여인이 목욕하는데 심히 아름다워 보였습니다(삼하 11:2). 다윗에게 외부 자극으로 인한 욕망의 정념이 일어났습니다. 이때 그는 자기가 존재하는 원인이 하나님께 있음을 알고 자유의 재량을 거부해야 했습니다. 하지만 그 순간 그는 자기 원인이 하나님께 있음을 망각하고 왕에게 부여된 절대적인 자유의 재량으로 악을 저지릅니다. 그는 밧세바가 우리아의 아내인 것을 알고도 그와 동침하여 간음죄를 저질렀습니다. 나아가 이 죄를 은폐하고자 자기의 충신이자 밧세바의 남편인 우리아를 죽였습니다. 후에 다윗은 말씀을 업신여기고 하나님을 업신여겼기 때문에 악을 저질렀다고 정죄당합니다(삼하 12:10). 그는 욕망의 정념이 일어날 때 하나님을 업신여김으로써 거대한 악을 저질렀습니다. 후에 나단 선지자는 다윗이 저지른 악을 두고 여호와의 원수가 크게 비방 거리를 얻었다고 말합니다(삼하 12:14).

---

68 Spinoza, 『에티카』, 292.
69 Nedler, 『에티카를 읽는다』, 414.

그리스도인의 정념, 복음으로 극복하다

다윗처럼 신실한 자가 그러했다면, 신실한 그리스도인도 예외가 아닙니다. 우리 역시 외부 자극 때문에 정념이 일어납니다. '죽을 몸'을 가진 우리는 정념이 일어날 때 자유의 재량, 즉 기회와 여건만 주어지면 얼마든지 악을 저지를 수 있습니다. 이때 정념을 제어하지 않으면 죄의 세력에 우리 몸을 내어주게 됩니다. 그것은 하나님을 업신여기고 자유의 재량을 사용하여 악행을 저지르는 것입니다.

스피노자는 정념의 극복은 자기 원인이 신에게 있음을 아는 적확한 관념이라고 했습니다. 복음은 이보다 정확한 처방과 치료를 합니다. 외부 자극 때문에 몸의 정념이 일어날 때 우리는 정념대로 행하는 자유의 재량이 없음을 선포해야 합니다. 즉 죄를 짓는 우리의 몸이 장애가 되었음을 왕의 명령으로 받아들입니다. 이것이 바로 자기 원인이 우리 자신에게 있지 않고 하나님에게 있음을 각성하는 것입니다. 그때 하나님이 값 주고 사신 우리의 몸으로 하나님께 영광을 돌립니다(고전 6:20).

우리 눈이 허탄한 것에서 돌이켜 독생자의 영광을 보다

외부 자극에서 오는 정념을 극복하는 것보다 근본적으로 중요한 것은 처음부터 외부 자극을 피하고 차단하는 것입니다. 에덴에서 첫 번째 범죄는 여자가 보는 것으로 시작했습니다. "여자가 그 나무를 본즉 먹음직도 하고 보암직도 하고 지혜롭게 할 만큼 탐스럽기도 한 나무인지라 여자가 그 열매를 따 먹고 자기와 함께 있는 남편에게도 주매 그도 먹은지라"(창 3:6).

보는 것에서 정념이 발동하고 탐심이 생깁니다. 그 탐심이 잉태하여 죄를 짓고 죄가 사망을 가져옵니다(약 1:15). 죄의 세력은 보는 것으로 탐심을 심어주고 죄를 짓게 합니다. 그러므로 정념을 차단하려면 보는 것을 삼가야 합니다.

현대 사회는 보는 것의 춘추전국시대입니다. 스크린 문화가 대세를 이루고 있습니다. 개인이 소지한 휴대폰은 은밀한 가운데 보고 싶은 것을 다 볼 수 있게 합니다. 정념을 일으키는데 무방비 사회입니다. 게다가 자유의 재량은 갈수록 커지고 있습니다. 외부 자극으로 정념이 일어나도 자유의 재량이 없으면 큰 악을 저지르지 않습니다. 돈은 정념을 실행하는 가장 좋은 매개체입니다. 그래서 돈이 많은 일부 연예인이나 재벌가의 자녀들이 정념을 제어하지 못하여 셀 수 없는 악행을 저지르고 있습니다. 이 시대 신실한 그리스도인은 보는 것을 절제하고 차단할 것입니다. 우리 눈이 세상의 비루한 것에서 돌이켜 하나님께로 향해야 합니다.

예수 그리스도는 우리에게 생명을 주시고 우리를 위하여 기도하셨습니다. 그 기도는 우리가 아들과 아버지 안에서 하나 되는 것과 아들이 있는 아버지 집에서 창세전부터 아버지가 아들을 사랑하여 그에게 주신 영광을 '보는 것'입니다(요 17:22-24). 우리의 눈이 세상의 허탄한 것에서 돌이켜 독생자의 영광을 볼 때 정념을 차단하고, 아버지의 인자와 신실로 충만해집니다.

'부활의 몸' 같이 의의 도구로 하나님께 드리다

우리는 믿음으로 그리스도 예수 안에 거합니다. 우리의 몸은 죄에 대하여 죽었고 하나님에 대하여 산 자가 되었습니다. 우리는 죽은 자들 가운데서 다시 살아난 자 같이 우리 몸의 지체를 하나님께 드리며 우리 지체를 의의 도구로 하나님께 바칠 것입니다(롬 6:13). 우리 몸과 몸의 지체를 하나님께 드리는 것은, 여러 가지 은혜의 방편에 자신을 드리는 것입니다. 가장 우선할 것은 새 언약 백성의 규례인 생명의 교제에 자기 몸을 드리는 것입니다. 이 외에도 성경 읽기, 개인기도, 정기적인 공예배 참석, 설교 듣기, 정기적인 성찬 참석 등에 자기 몸을 드립니다.[70] 이런 일을 게을리하는

---

70 Ryle, 『거룩』, 212.

신자는 밭을 돌보지 않으면서 농사가 잘되기를 바라는 사람과 같습니다. 우리 몸이 한편으로 정념을 제어하고, 다른 한편으로 은혜의 방편에 참여할 때 우리는 은혜 아래에 있게 되어 죄의 세력을 무력하게 합니다. "죄가 너희를 주장하지 못하리니 이는 너희가 법 아래에 있지 아니하고 은혜 아래에 있음이라"(롬 6:14).

그리스도의 십자가에 우리의 옛사람이 못 박혔습니다. 그 결과 우리를 죄의 세력에서 벗어나게 합니다. 기독교 신앙에서 죄에 대한 승리는 죄의 세력으로부터 해방입니다. 이 십자가 복음이 가져온 은혜는 실로 부요합니다. 이 은혜를 받은 자는 죽을 몸을 죄에게 내주지 말고 하나님께 드리기를 힘써야 합니다. 구원받은 자는 자기 몸을 자기 마음대로 쓸 수 없습니다. 그는 하나님이 기뻐하지 않으시는 일에 대해서는 왕의 명령으로 몸이 장애가 되었음을 끊임없이 인식해야 합니다. 대신에 적극적으로 그 몸을 하나님의 일에 드려야 합니다.

죄에 대한 장애인으로 영생에 들어가라

"만일 네 손이 너를 범죄하게 하거든 찍어버리라 장애인으로 영생에 들어가는 것이 두 손을 가지고 지옥 곧 꺼지지 않는 불에 들어가는 것보다 나으니라"(막 9:43).

예수께서는 죄를 짓는 몸을 장애로 만들어 영생에 들어가라고 하십니다. 공관복음에서 말하는 영생이란 죽음 이후의 삶을 가리킵니다. 우리는 언젠가 이 세상을 떠나 주님 앞에 서게 됩니다. 그리고 몸으로 행한 대로 심판을 받습니다(고후 5:10). 우리가 복음을 받아들였다면 그리스도 안에서 죄를 그치고 우리 몸을 의의 도구로 하나님께 드릴 것입니다. 세상은 우리가 죄와 싸우는 영적 전쟁터입니다. 우리는 죄와 싸우되 피 흘리기까지 싸워야 합니다(히 12:4). 우리에게 최후 승리의 날이 다가옵니다. 그때 하나님 앞에서 죄에 대해 장애인으로 서는 것이야말로 영광입니다.

미국의 오바마 대통령이 아프가니스탄에 가서 싸우다 장애를 입은 군인을 맞이했습니다. 상이군인이 휠체어를 타고 비행기에서 내리자, 대통령은 그에게 거수경례를 하며 존경을 표했습니다. 미국이라는 나라를 위해 싸우다 장애를 입은 일개 군인에게 대통령이 경의를 표한 것입니다. 하물며 하나님의 나라를 위해 죄와 싸우다 장애를 입은 우리이겠습니까? 우리가 이 세상을 떠나 주님 앞에 설 때, 그의 나라를 위해 죄와 싸우다 장애인이 된 우리를 그가 기쁘게 맞이하실 것입니다. 거수경례 정도가 아니라 우리를 끌어안아 주실 것입니다. 죄로 인해 죽임당하신 그리스도의 흔적(스티그마)이 우리에게도 있음을 보고 기뻐하실 것입니다. 죄에 대하여 장애인이 되어 주님 앞에 서는 것, 이것이 성도가 주께로부터 얻을 지극한 복입니다.

34

육신(자기주장 의지)(1), 사망에 이르다

"죄가 기회를 타서 계명으로 말미암아 나를 속이고 그것으로 나를 죽였는지라" _ 롬 7:11

율법과 육신의 관계

예수 그리스도의 십자가에서 나타난 세 번째 은혜는 육신에 속한 '자기주장 의지'의 죽음입니다. 그리스도의 십자가는 율법을 지키려는 육신을 못박습니다. 여기서 육신에 속한 자기주장 의지는 바울 사도가 죄와 관련하여 사용하는 중요한 개념입니다. 신약성경 특히 바울 서신에서 '육신'과 '몸'은 구별되어 사용합니다. 육신은 헬라어로 '사르크스'이며 몸은 '소마'입니다. 몸은 중립적이어서 죄의 지배를 받을 때는 죄의 도구가 되고, 은혜의 지배를 받으면 의의 도구가 되어 하나님께 영광을 돌립니다. 다시 말해서, 몸은 인간의 피조물성을 뜻하면서 도덕적으로 중립성을 지니고 있습니다. 몸은 죄의 세력의 지배를 받기도 하지만(롬 6:12), 하나님께 산 제물로 바칠 수도 있습니다(롬 12:1). 우리 몸은 그리스도가 재림하실 때 그의 영광스러운 몸으로 변화될 것입니다(고전 15:42-44; 빌 3:20-21).

이에 반해 '육신'(사르크스)은 옛사람 안에 있는 죄악 된 본성(sinful nature)입니다. 그런데 '사르크스'(육신)는 바울이 죄와 율법의 관계를 규명할 때 쓰는 전용 어구입니다. 그것을 풀이하면 하나님과 분리된 인간이 '선을 행하여 자기를 주장하려는 의지'입니다. "육신은 자신을 신뢰(자신의 우상화)하며 하나님과 이웃에게 자기를 주장하는 존재로서의 인간을 지칭하는, 도덕적으로 부정적인 개념입니다."[71] 이렇게 율법에 대하여 육신이라는 말을 쓸 때는 '육신에 속한 자기주장 의지' 또는 '자기주장 의지'라고 칭합니다. 육신은 하나님과 분리된 인간 안에 있는 본성이며, 선한 일을 행하여 하나님과 같이 되려는 자기주장 의지입니다.

선한 일과 선하신 이

어떤 사람이 예수께 나와서 영생의 길을 묻습니다. "선생님이여 내가 무슨 선한 일을 하여야 영생을 얻으리이까"(마 19:16). 이에 예수께서 "어찌하여 선한 일을 내게 묻느냐 선한 이는 오직 한 분이시니라"라고 대답하십니다(마 19:17). 선한 일을 행하는 '선한 이'는 한 분 하나님뿐이십니다. 그런데 관원은 사람이 '선한 일'을 하면 '선한 존재'가 된다고 주장합니다. 이 같은 관원의 주장은 아담 안에 있는 모든 사람 안에 존재합니다. 이것은 선하지 않은 존재가 선한 일을 하여 자신이 선하다는 것을 증명하고 싶어 하는 본성입니다.

세상의 관점에서는 사람이 선한 일을 하면 그가 선하다고 생각합니다. 세상에서는 행위가 존재를 결정합니다. 그러나 성경에서는 의인은 없으며 하나도 없고(롬 3:10), 선한 존재는 하나님 한 분(마 19:17)이라고 증거합니다. 오직 한 분 하나님만 의로우시고 하나님만 선하십니다. 그런데 타락한 아담 안의 본성에는 하나님처럼 되려는 욕망이 있습니다(창 3:5). 이 욕

---

71 김세윤, 『빌립보서 강해』, 121.

망이 선한 일을 하려는 욕망으로 나타납니다. 이것이 바로 육신 안에 있는 자기주장 의지입니다. 죄의 세력은 우리가 육신 안에 있는 자기주장 의지로 선한 일을 할 때 즉시 활동하기 시작합니다. 선한 일을 통해 우리를 사망에 이르게 합니다.

육신의 열매는 사망이다

율법과 육신의 상관관계는 바울 신학에서 중요한 요소입니다. 율법은 거룩하고 의로우며 선한 것입니다. 그런데 육신에 속한 자기주장 의지로 선한 율법을 지키면, 생명의 열매가 맺히는 것이 아니라 도리어 사망의 열매가 맺힙니다. 곧 선한 일을 했으나 결과는 육신의 일로 나타납니다. 선한 일을 하고서 음행과 악행과 우상 숭배와 시기와 분쟁과 같은 사망의 열매를 맺는 것입니다(갈 5:19-20). 육신으로 율법을 지키려는 자는 사망의 열매를 맺습니다. 또한 하나님과 같이 되려는 욕망에 사로잡히며(창 3:5), 그로 인해 환난과 곤고의 상태에 이릅니다(롬 2:9). 분명히 선한 일을 행하기에 생명의 열매를 기대하지만, 오히려 사망의 열매를 맺는 것입니다. 이는 율법과 육신 사이에서 역사하는 '죄의 세력'(하마르티아) 때문입니다.

율법은 그 자체로 선하지만, 죄의 세력으로 말미암아 육신에 속한 자기주장 의지를 자극합니다. 이렇게 자기주장 의지는 율법을 지켜 행함으로써 하나님과 같이 되려는 원초적인 욕망을 자극하는 것입니다. 그 결과 율법의 요구를 다 행하지 못하고 하나님 앞에서 의롭게 되지도 못하며 도리어 사망의 열매를 맺습니다. 여기서 죄의 세력, 육신에 속한 자기주장 의지, 그리고 선한 일 또는 율법이 상관관계를 이룹니다.

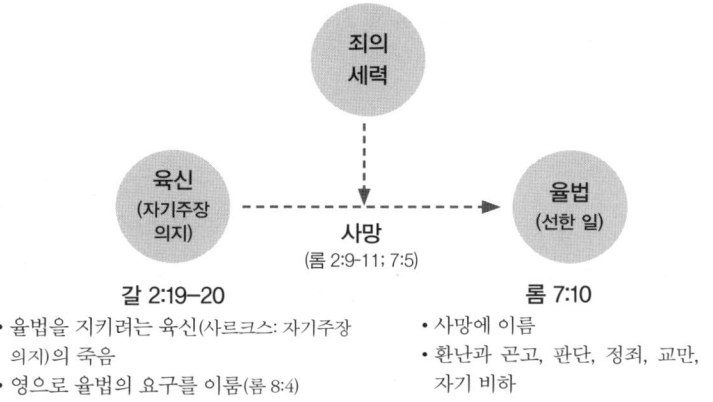

〈육신으로 율법을 지킬 때 역사하는 죄의 세력〉

죄의 세력과 율법의 관계

바울이 로마서 7장에서 율법과 육신 사이에서 역사하는 죄의 세력을 밝히 드러냅니다. 로마서에서 단수로 사용하는 '죄'(하마르티아)는 범죄 행위가 아니라 인간을 지배하는 의인화 된 세력을 가리킵니다.[72]

"우리가 육신에 있을 때에는 율법으로 말미암는 죄의 정욕이 우리 지체 중에 역사하여 우리로 사망을 위하여 열매를 맺게 했더니"(롬 7:5a).

선한 일이 사망의 열매를 맺는다

우리가 육신 안에 있는 자기주장 의지로 율법을 행하면, 죄의 세력이 우리 안에 역사하여 환난과 곤고에 이르는 사망의 열매를 맺습니다. 분명히 선한 일을 행했는데, 내면에서는 곤고하고 답답하고 낙심하고 죄책감에 시달리는 것입니다. 그것은 우리가 미처 알지 못하는 죄의 세력이 활동

---

72 홍인규, 『로마서 어떻게 읽을 것인가』, 132.

하기 때문입니다. 그렇다면 선을 행하는 것이 잘못된 일입니까? 결코 그렇지 않습니다.

"그런즉 우리가 무슨 말을 하리요 율법이 죄냐 그럴 수 없느니라 율법으로 말미암지 않고는 내가 죄를 알지 못했으니 곧 율법이 탐내지 말라 하지 아니했더라면 내가 탐심을 알지 못했으리라"(롬 7:7).

바울이 '디아트리베 수사법'을 사용하여 이 문제를 풀어 갑니다. 이 수사법은 헬라 세계에서, 선생이 제자들이 질문할 만한 예상 질문을 스스로 말하고 스스로 답하는 방식입니다. 여기서 주목할 점은 로마서 7:7에서 '우리'가 '내'가라는 단어로 바뀌는 것입니다. '내'가는 바울 자신이 아니라 그를 포함한, 아담 안에서 죄인 된 모든 인간을 뜻합니다. 여기서부터 7장 전체에 나타나는 '나'는 바울 자신을 지칭하는 대명사로 사용한 것이 아니라, 율법 아래에 있는 인간 일반을 대표해서 지칭하는 수사학적 대명사입니다.[73] 바울은 율법 자체가 죄가 아니라고 대답합니다. 도리어 율법은 죄의 세력을 알게 합니다. 왜냐하면, 죄의 세력이 율법, 곧 선한 일이 주어졌을 때 활동을 개시하기 때문입니다.

"그러나 죄가 기회를 타서 계명으로 말미암아 내 속에서 온갖 탐심을 이루었나니 이는 율법이 없으면 죄가 죽은 것이라"(롬 7:8).

선한 일, 죄의 세력이 진지를 구축하여 공격한다

죄의 세력은 계명이 주어졌을 때 기회를 포착하여 우리 속에 각종 탐심을 이룹니다. '기회를 타다'에서 '기회'의 헬라어 '아포르마'는 격렬한 습격,

---

[73] 로마서 7:7, 표준새번역 성경 주석.

공격을 뜻하는 전쟁 용어입니다. '아포르마'는 '공격이 개시되는 작전 기지'로 사용합니다.[74] 우리에게 계명이 주어지고 우리가 선한 일을 개시하면, 죄의 세력이 진지를 구축하고 공격을 개시합니다. 마치 저격수가 적의 목표물을 겨냥하듯, 계명이 주어지면 우리를 겨냥하여 탐심을 갖게 합니다. 즉 선한 일을 행하여 선한 사람이 되고 싶은 욕망을 자극합니다. 그리하여 우리의 자기주장 의지가 발동합니다. 그 결과 우리 안에서 온갖 탐심이 일어납니다. 여기서 '탐심'(에피두미아)은 심리적 현상이 아니라, 자기를 주장하는 정욕입니다. "탐심은 심리적 현상이 아니다. 그것이 나타내는 바는 신성모독의 범죄의 의도가 아니라, 하나님과 이웃에 반하여 자기를 주장하는 정욕이다. 그런 식으로 탐심은 종교에 있어서 공적을 위한 노력에서 나타날 수 있다(보른캄)."[75] 그러므로 죄의 세력이 자극하는 탐심은 궁극적으로 선한 일을 하여 '하나님과 같이 되고자 하는 욕망'입니다. 그런데 율법이 주어지지 않으면 죄의 세력도 활동하지 않습니다. 율법이 없으면 죄의 세력도 죽어 있습니다. '죽어 있다'라는 의미는 '활동하지 않는다'라는 뜻입니다.

에덴동산에서 계명이 주어지기 전에는 죄의 세력이 활동하지 않았습니다. 그런데 아담에게 "각종 나무의 실과는 임의로 먹되 선악을 알게 하는 나무의 실과는 먹지 말라"(창 2:16-17)라는 계명이 주어지자 죄의 세력이 활동을 개시합니다(창 3:1-5). 죄의 세력으로 역사하는 마귀는 거짓말쟁이요 거짓의 아비입니다(요 8:44). 그래서 계명으로 말미암아 인간을 속이고 사망으로 끌고 갑니다. 에덴동산의 사건에서 강조되는 것은 선악을 알게 하는 나무의 실과를 먹었느냐 안 먹었느냐가 아니라, 계명이 주어졌을 때 죄의 세력이 활동을 시작했다는 점입니다.

"전에 율법을 깨닫지 못했을 때에는 내가 살았더니 계명이 이르매 죄는

---

74 Strong, *Strong' Dictionary*, G874.
75 Kasemann, 『로마서 주석』, 319.

살아나고 나는 죽었도다 생명에 이르게 할 계명이 내게 대하여 도리어 사망에 이르게 하는 것이 되었도다"(롬 7:9-10).

율법이 주어지지 않았을 때는 '내'가 살아있었고, 사망 가운데 있지 않았습니다. 그런데 계명이 주어지자 죄의 세력이 살아나 활동하기 시작했습니다. 그 결과 '나는' 죽었습니다. 환난과 곤고의 사망에 던져진 것입니다. '나'는 예수께 나온 관원처럼(마 19:16), 계명을 지키면 생명(영생)을 얻는다고 확신합니다. 그런데 그 반대의 결과인 사망에 이르고 맙니다.

"죄가 기회를 타서 계명으로 말미암아 나를 속이고 그것으로 나를 죽였는지라"(롬 7:11).

본 구절은 에덴동산에서 계명이 주어지자, 아담과 여자를 공격하여 사망에 이르게 하는 죄의 세력을 논증합니다. 죄의 세력은 '내'가, 곧 자기주장 의지로 계명을 지키려고 할 때 진지를 구축하고 공격을 개시합니다(기회를 포착합니다). 그리고 나를 속여서 육신에 속한 자기주장 의지로 계명을 행하게 합니다. 그 결과 나는 선을 행하고도 그 심령이 환난과 곤고에 이르는 사망에 처하게 됩니다. 에덴동산에서 아담과 여자를 속인 죄의 세력이 우리를 속입니다.

선한 일, 죄의 세력을 밝히 드러내다

선한 일을 하는 것이 문제인가?

여기서 우리가 한 가지 생각할 것이 있습니다. 율법이나 계명이나 선한 일을 하면 죄의 세력이 공격하기 때문에 율법이나 계명이나 선한 일이 문제가 아닌가 하는 것입니다. 그래서 바울은 계속해서 말합니다. "이로 보건대 율법은 거룩하고 계명도 거룩하고 의로우며 선하도다"(롬 7:12). 우리를 사망에 이르게 하는 것은 죄의 세력이지 율법이나 계명이나 선한 일이 아닙니다. 다시 말해 선한 일이 우리에게 사망을 가져오지 않는 것입니다. "그런즉 선한 것이 내게 사망이 되었느냐 그럴 수 없느니라"(롬 7:13a). 율법이나 계명이 선한 일을 할 때 사망에 이르는 것은 무슨 의미가 있습니까? 그것은 죄를 죄로 드러나게 하려고, 죄가 선한 일을 방편으로 우리에게 죽음을 일으킨 것입니다. 즉 계명을 방편으로 하여 죄의 세력을 밝히 드러내는 것입니다.

> "그러나 죄를 죄로 드러나게 하려고, 죄가 그 선한 것을 방편으로 하여 나에게 죽음을 일으켰습니다. 그것은 계명을 방편으로 하여 죄를 극도로 죄답게 되게 하려는 것이었습니다"(롬 7:13b, 표준새번역).

사망의 열매, 죄의 세력을 밝히 드러내다

질병은 드러나지 않으면 치료할 수 없습니다. 죄의 세력이 정체를 감추고 있으면 우리가 거기서 벗어날 수 없습니다. 죄의 세력은 하나님을 직접 공격하지 못합니다. 그래서 하나님을 기쁘시게 하기 위해 계명을 지키는 자를 공격합니다. 만일 우리가 계명을 지켜 하나님을 기쁘시게 하려면 그런 우리를 향해 진지를 구축하고 공격하는 죄의 세력을 각성해야 합니다.

그 반대의 경우를 생각해 봅시다. 선한 일을 하지 않는 경우입니다. 육신으로 율법을 행하여 사망의 열매를 맺는다면 차라리 율법을 행하지 않는 것이 낫지 않느냐는 주장을 제기할 수 있습니다. 실제로 율법이나 계명을 지키지 않는 사람은 내적으로 환난이나 곤고를 당하지 않습니다. 그들은 교회에 크게 문제를 일으키지 않고 다른 사람을 해치지도 않습니다. 어쩌면 교회 일에 충성하여 스스로를 곤고하게 하고 남들도 실족시키는 사람보다 아무 일도 하지 않는 사람이 더 나을지도 모릅니다.

그러나 이에 대해 바울은 단호히 반대합니다. 그가 사망 아래에 놓여 있다고 합니다. 마치 암에 걸렸는데 암이 아직 발견되지 않은 것과 같습니다. 죄의 세력은 계명으로 말미암아 그 실체가 드러납니다. 계명이 없으면 죄의 세력도 감추어진 채 있습니다. 그러므로 하나님을 위해 아무것도 하지 않는 자는 죄의 세력도 방치하는 자입니다. 조직 폭력배는 자기편을 공격하지 않습니다. 하나님을 위해 아무것도 하지 않는 자는 계명을 지킴으로써 오는 환난과 곤고를 당하지 않겠지만, 하나님께 받은 은혜를 멸시하는 자입니다. 그런 사람은 이미 죄의 세력의 편에 서 있는 자입니다. 죄의 세력은 자기편을 건들지 않습니다.

우리가 육신에 속한 자기주장 의지로 계명을 지킬 때 죄의 세력이 그 실체를 드러냅니다. 그래서 선한 일을 하지 않는 사람은 죄의 세력도 알지 못하고 죄의 세력에서 자유롭게 해 주는 복음도 알지 못합니다. 그런 사람은 그리스도의 십자가에서 나타난 은혜가 무엇인지 알지 못하기에 복음과 상관없는 신앙생활을 합니다. 그러나 선한 일을 하여 죄의 실체를 밝히 보게 된 자는 절망하지만 그만큼 또 구원을 열망합니다. 따라서 하나님께 은혜 입은 자는 어떤 형태로든 하나님을 위해 계명을 지켜야 하고 선한 일에 자기를 드려야 합니다. 그는 환난과 곤고의 사망을 경험하게 될 것이고, 이것을 통해 죄의 세력을 밝히 드러낼 것입니다. 그때 그는 비로소 죄의 세력이 못 박힌 십자가의 은혜를 알게 됩니다. 십자가 복음은 자기 의의 한계 상황에서 죄의 세력을 밝히 보고 구원을 호소하는 자에게 역사합니다.

마성적인 것, 창조성과 파괴성이 공존한다

폴 틸리히는 육신에 속한 자기주장 의지를 자극하는 죄의 세력을 '마성적인 것'이라고 명명합니다. "마성은 인간 삶 속에 들어 있는 구조적이며 본래적인 충동이자, 에너지이며, 인간 정신의 깊이의 차원을 의미한다."[76] 틸리히는 죄에 대하여 깊이 이해하려면 마성(魔性)을 잘 알아야 한다고 주장합니다. 그렇지 않으면 죄에 대한 해석이 도덕적 관점으로 한정되며 죄를 천박하고 피상적인 것으로만 이해하기 때문입니다.

'마성'(the demonic)은 '사탄'(the Satan)과 구별되지만 서로 긴밀한 관계입니다. 전자는 창조성과 파괴성이 공존하는 실재에 대한 상징이고, 후자는 파괴성만 드러나는 실재입니다. 마성적인 것은 창조적 요소를 이기는 파괴의 구조입니다.[77] 극단적으로 말하면 창조적인 것의 도치(inversion)이며, 본질적 본성에 대립하는 현상으로 '죄'에 속합니다. 마성적인 것은 개인과 사회에 대해 '세력'으로 작용합니다. 마성적인 것은 양극성이 존재합니다. 한편으로는 창조적이고 생산적이며, 긍정적이고 합리적인 요소입니다. 다른 한편으로는 파괴적이고 낭만적이며, 부정적이고 혼돈과 비합리적인 요소입니다. 그래서 마성적인 것이 인간의 정신세계에 나타나면 신비경의 황홀감, 광기, 신들린 상태, 영감에 사로잡힌 엑스타시, 황홀한 기쁨이 표출됩니다. 이는 일시적으로 창조적 성과를 가져오지만 결국에는 파괴적인 결과를 낳습니다.

죄의 세력이 옛사람과 죄의 몸 사이에서 역사하듯, 육신과 율법 사이에서도 이렇게 역사합니다. 그것은 '마성적인 것'으로서 창조적인 힘과 파괴적인 힘으로 작용합니다. 인간이 육신으로 선한 일을 하면 마성의 힘으로 창조적인 결과를 낳습니다. 마성적인 것은 영적인 일에 성과를 내고 기여를 하게 됩니다. 동시에 마성의 힘은 사망의 열매를 맺게 합니다. 그가 이룬 창조적 성과가 그를 파괴시킵니다. 그래서 자기주장 의지로 선을 행하는 사람은 하나님의 일에 탁월한 효과를 내기도 하지만 동시에 자신과 다른 사람에게 사망의 열매를 가져옵니다. 예컨대 어떤 목사는 교회를 개척

---

76 박만, 『폴 틸리히』, 100.
77 Tillich, 『19-20세기 프로테스탄스사상사』, 290.

하여 큰 부흥을 이루었습니다. 그러나 그는 자기가 이룬 성과로 하나님처럼 교만하게 되어 사망에 이릅니다. 이것은 죄의 세력이 자기주장 의지로 행하는 그에게 역사하여 사망에 이르게 한 것입니다. 여기서 죄의 세력은 마성적인 것으로 볼 수 있습니다.

35

육신(자기주장 의지)(2), 율법에 대하여 죽다

"내가 그리스도와 함께 십자가에 못 박혔나니 그런즉 이제는 내가 사는 것이 아니요 오직 내 안에 그리스도께서 사시는 것이라 이제 내가 육체 가운데 사는 것은 나를 사랑하사 나를 위하여 자기 자신을 버리신 하나님의 아들을 믿는 믿음 안에서 사는 것이라" _ 갈 2:20

육신으로 계명을 지키는 자, 하나님과 원수가 되다

계명이 주어지자 죄의 세력이 활동을 개시하고 계명을 지키려는 인간은 무력해졌습니다. 분명히 생명에 이르게 하는 계명이지만 그것을 육신에 속한 자기주장 의지로 지키려고 하면 육신의 일인 사망으로 열매 맺습니다. 죄가 기회를 타서 계명으로 말미암아 우리를 속이고 죽이는 것입니다. 그러므로 육신에 속한 자기주장 의지로 선을 행하는 자는 죄의 세력에 의해 속임 당하는 자입니다. 문제는 거룩하고 의롭고 선한 율법에 있지 않습니다. 그것을 육신에 속한 자기주장 의지로 행하려는 데 있습니다. 자기주장 의지로 율법을 행하면 부득불 자기 의를 세우게 됩니다. 이는 하나님을 기쁘시게 할 수 없을 뿐만 아니라(롬 8:8), 하나님과 원수가 됩니다(롬 8:7). 또한 자기 의를 세우게 되어 하나님의 의를 저버리게 됩니다(롬 10:3).

바울은 육신에 속한 자기주장 의지로 율법의 요구를 완벽하게 지키려고 했습니다(빌 3:6). 이로써 의롭게 되려고 한 것입니다(빌 3:9). 하지만 그가 복음을 통해 주어지는 하나님의 의를 얻고 보니, 자기주장 의지로 율법을 지키려고 했던 신앙생활이 자기 의를 세우는 것이요 복음에 나타난 하나님의 의에 복종하지 않는 신앙이었음을 깨달았습니다(롬 10:2-3). 그는 그러한 자신을 가리켜 교회의 비방자요 박해자요 폭행자였다고 고백합니다(딤전 1:13).

자기주장 의지, 충성된 자가 훼방자로

오늘날 교회 안에도 이러한 자들이 많습니다. 그들은 하나님을 사랑한다고 하지만 하나님과 분리된 상태에서 또는 생명의 교제 없이 계명이나 교회의 요구를 자기주장 의지로 수행합니다. 하지만 그들은 종국에 교회의 비방자나 박해자나 폭행자로 전락합니다. 외적으로는 교회에 가장 큰 기여를 하면서도 동시에 교회를 향한 비방자가 되는 것입니다. 열심을 내지만 그들의 내면세계는 환난과 곤고가 가득합니다. 또 그들은 자기의 기준으로 남들을 판단하고 정죄하여 분쟁과 다툼을 불러옵니다. 외적으로 열심을 내고 충성하며 율법을 지키나 그들이 가져온 결과는 참담합니다. 율법을 행하려는 그들의 선한 의도는 잘못되지 않았습니다. 다만 자기주장 의지로 선한 일을 할 때 역사하는 죄의 세력에게 속았을 뿐입니다.

그런 사람들은 죄의 세력을 잘 파악하지 못합니다. 도리어 스스로 열심 있고 충성하는 자로 자긍합니다. 그들은 마성적인 힘이 가진 창조성으로 상당한 성과를 내기도 합니다. 그러나 자기주장 의지가 발동하여 자신이 낸 성과를 통해 자기를 자랑하고 자기 뜻을 관철하려고 합니다. 그들은 죄의 세력에 속는 것도 모른 채 하나님과 같이 되려는 욕망에 붙들려 하나님처럼 행동하기도 합니다. 연약하고 무지한 영혼들을 지배하려고 들고 때로 그들로부터 은인이라고 칭함을 받기도 합니다(눅 22:25). 하지만 그들은 실상 영혼을 실족시키는 자들입니다.

오호라 나는 곤고한 자로다

바울은 자기주장 의지로 선을 행하는 자를 향해 엄중히 경고합니다. 개들을 삼가고 행악자를 삼가고 육체의 할례 받은 자를 삼가라고 말합니다(빌 3:2). 자기주장 의지로 선을 행하면서 죄의 세력에 속하는 자는 남을 물어뜯는 개와도 같은 자요, 하나님의 의에 복종하지 않는 행악자입니다. 이렇게 육신으로 율법을 지켜 자기 의를 세우는 자는 저주 아래에 있는 자입니다(갈 3:10). 바울은 자신도 저주 아래에 있었다고 고백합니다. 그가 바로 남을 물어뜯는 개였고 행악자였습니다. 그러던 그에게 하나님의 은혜가 임합니다. 육신으로 선한 일을 하려는 자에게 역사하는 죄의 세력을 밝히 보게 된 것입니다.

"그러므로 내가 한 법을 깨달았노니 곧 선을 행하기 원하는 나에게 악이 함께 있는 것이로다 내 속사람으로는 하나님의 법을 즐거워하되 내 지체 속에서 한 다른 법이 내 마음의 법과 싸워 내 지체 속에 있는 죄의 법으로 나를 사로잡는 것을 보는도다 오호라 나는 곤고한 사람이로다 이 사망의 몸에서 누가 나를 건져내랴"(롬 7:21-24).

바울이 죄의 세력을 직면하게 되자 자신이 사망의 몸에 갇힌 비참한 자임을 깨닫습니다. 그래서 "이 사망의 몸에서 누가 나를 건져내랴"라고 하며 구원을 호소합니다. 그가 자기 의에서 해방되어 그리스도를 믿음으로 말미암아 하나님의 의를 얻습니다. 그리고 자기 의의 신앙생활에서 설령 유익을 얻었어도 그것을 해로 여기며 배설물로 여깁니다(빌 3:7-9).

인간의 의지, 무(無)와 파괴에 이르다

베드로의 의지와 부인

예수께서 잡히시던 날 밤, 제자들과 최후의 만찬을 하셨습니다(마 26:17-25). 그가 만찬을 마치실 때 "오늘 밤에 다 나를 버리리라"라고 말씀하셨습니다. 이때 베드로가 나서서 모든 사람이 다 주님을 버려도 자기는 절대로 버리지 않겠다고 말했습니다. 베드로는 결연한 '의지'를 표명했습니다. 하지만 예수께서는 베드로가 그날 밤 자기를 세 번 부인할 것이라고 말씀하셨습니다. 베드로는 물러서지 않고 자신이 죽을지언정 예수를 부인하지 않겠다고 재차 의지를 다짐합니다. 그러나 베드로의 의지는 얼마 안 가 꺾이고 그는 예수를 부인합니다. 예수를 부인하지 않겠다는 베드로의 의지는 진심이었습니다. 그러나 그의 의지는 공허로 끝나고 그는 예수를 부인하는 자가 됩니다. 우리는 여기서 '의지'의 무력함을 보게 됩니다.

주의주의(voluntarism), 의지의 무력함을 드러내다

19세기 시작된 '주의주의'(主意主義, voluntarism)는 '의지'를 결정적인 요소로 보는 철학입니다. 주의주의는 철학사는 물론 신학사에서 위대한 사상의 한 계보를 이루고 있습니다.[78] 전통적인 신학사에서는 의지가 지성에 앞서거나(어거스틴-프란시스코 학파), 지성이 의지에 앞섰습니다(아리스토텔레스-토마스 아퀴나스-도미니크 학파). 칸트는 보편적 이성을 인식의 주체로 보았고, 헤겔의 절대정신은 신적 이성으로서 지성의 최고봉으로 파악됩니다.

그러나 주의주의는 여기에 반발합니다. 의지가 지성에 앞선다는 것입니다. 헤겔과 동시대인인 아르투어 쇼펜하우어(A. Schopenhauer)는 주의주의의 완성자로 불립니다. 칸트는 말하기를, 인간은 물 자체(본질)를 직접

---

78   Tillich, 『19-20세기 프로테스탄스사상사』, 235.

적으로 알 수 없고 인식 가능한 표상으로만 알 수 있다고 했습니다.[79] 표상은 인식 안에 들어온 그림자이며 인식 가능한 현상계입니다. 나무는 나무 자체가 우리 안에 인식되는 것이 아니라, 나무라는 표상이 인식되는 것입니다. 쇼펜하우어는 칸트의 표상을 받아들이면서, 사물의 본질(물 자체)을 의지로 대체했습니다.[80] 그가 말하는 의지는 단순한 인간의 의지가 아니라 현상 세계를 움직이는 본질로서 보편적 의지입니다. 모든 생명체는 살려고 하는 의지에 의해 움직입니다. 이것은 '삶에의 의지'(will to life)입니다. "의지는 물 자체이고 내적인 내용물은 세계의 본질이지만 삶, 가시적 세계, 즉 현상은 단지 의지의 거울이기 때문에, 세계는 물체와 그것의 그림자처럼 의지와 분리되지 않고 함께 있는 것이다. 의지가 있으면 또한 삶, 세계가 존재한다."[81]

삶에의 의지(will to life), 무로 귀결되다

쇼펜하우어에 따르면 인간의 의지가 욕망을 지배합니다. 의지가 없으면 욕망도 없습니다. 물론 이성도 욕망을 다스려 어느 정도는 도덕적 인간이 되게 하지만, 의지는 원초적 충동이며 인간은 의지에 굴복하여 욕망하는 존재입니다. 사실 우리가 무엇을 가지려는 의지가 없다면 욕망도 생기지 않습니다. 그런데 문제는, 의지는 욕구한 것을 결코 얻지 못한다는 데 있습니다. 쇼펜하우어에 따르면, 의지는 그 욕구를 채우려는 새로운 기도(企圖)를 서두르지만, 그때마다 번번이 성취할 수 없다는 새 가능성에 부딪힙니다.[82] 하여 삶이란 도달할 수 없는 성취에의 끊임없는 충동입니다.

쇼펜하우어는 그리스도교의 원죄를 의지의 긍정으로 보았습니다. 반

---

79 Kant, 『순수이성 비판』, 43.
80 Kung, 『신은 존재하는가』, 493.
81 Schopenhauer, 『의지와 표상으로서의 세계』, 112.
82 Tillich, 『19-20세기 프로테스탄스사상사』, 241.

면 구원을 의지의 부정으로 보았습니다. 그는 이 같은 원죄와 구원이 그리스도교의 본질을 이루는 위대한 진리라고 했습니다.[83] 그러면서 그는 불교 안에서 자기 부정의 의지를 발견했습니다. 그것은 "의지하지 않음으로써 의지를 쉬게 하려는 의지"입니다.[84] 의지는 세계의 본질이므로 의지가 없는 세상은 존재하지 않습니다. 하지만 의지가 충만한 자나 의지가 소멸된 자나 그에게 남는 것은 '허무'입니다.[85] 이것을 알고, 의지의 끝인 '허무'를 자유스럽게 받아들이는 것이 위대한 삶입니다. 쇼펜하우어는 그의 불행하고 비극적인 인생이 말해 주듯 비관주의 사조를 대표합니다.

힘에의 의지(will to power), 파괴로 귀결되다

니체는 우연히 쇼펜하우어의 책(『의지와 표상으로서의 세계』)을 만나면서 본격적으로 사색을 전개했습니다. 니체는 쇼펜하우어의 '살려는 의지'에서 방향을 돌이켜 '힘에의 의지'(will to power)를 주장했습니다. 그것은 초인 사상과 영원회귀 사상으로 나타납니다. 초인은 인간이 유인원을 초극하듯이 '힘에의 의지'로 인간을 초극하는 자입니다. 인간은 더러운 강물이고, 초인은 더러운 강물을 받아들이는 바다입니다. "그렇다. 인간은 더러운 강물이다. 그러므로 우리는 먼저 바다가 되어야 한다. 더러워지지 않으면서 더러운 강물을 받아들이려면. 보라. 나는 그대들에게 초인을 가르친다. 초인은 바다이며, 그대들의 커다란 경멸은 그 속으로 가라앉을 수 있다."[86] 니체의 초인은 신의 죽음 다음에 신의 자리를 차지합니다.[87]

또 니체에게 힘에의 의지는 영원회귀의 존재로서 인간을 고양합니다.

---

83 Kung, 『신은 존재하는가』, 497.
84 Tillich, 『19-20세기 프로테스탄스사상사』, 241.
85 Kung, 『신은 존재하는가』, 498.
86 Nietzche, 『차라투스트라는 이렇게 말했다』, 17.
87 Kung, 『신은 존재하는가』, 516.

"모든 것은 가고, 모든 것이 되돌아온다. 존재의 수레바퀴는 영원히 굴러 간다. 모든 것은 죽고 모든 것은 다시 꽃 피어난다. 존재의 세월은 영원히 흘러간다."[88] 이렇듯 쇼펜하우어가 삶에의 의지를 부정했다면, 니체는 삶에의 의지를 긍정했습니다. 니체의 '차라투스트라'는 제자들이 죽음에 직면했을 때 삶의 모든 순간을 긍정해야 한다고 말합니다.[89] 비록 그의 생애가 비극에 차 있다고 할지라도, 자신의 삶을 무한히 긍정하라는 것입니다. 그러나 니체가 말하는 삶의 긍정에는 창조적 요소 안에 파괴적 구조가 있는 마성적인 것으로 인하여 결국 파괴에 이릅니다. 그러므로 니체가 말한 힘에의 의지 역시 쇼펜하우어가 말한 삶에의 의지와 마찬가지로 무와 파괴로 귀결됩니다

신적 사랑, 의지를 긍정하다

기독교 역사에서 주의주의의 뿌리는 아우구스티누스에게 있습니다. 그는 모든 현실의 실체를 의지로 보았습니다.[90] 이 의지는 보편적 의지이며 하나님의 창조에 근거합니다. 이 의지는 신적 사랑이며, 의지의 긍정이라고 했습니다.[91] 이 점에서 쇼펜하우어나 니체가 말하는 의지와 전적으로 구별됩니다. 이 사랑은 자기를 사랑하며, 신적 사랑인 의지의 긍정입니다.

19세기 이후 주의주의자들이 설파한 의지는 모두 비극으로 끝났습니다. 그들은 바울이 통찰한 의지의 한계를 재현했을 뿐입니다.

"내가 원하는 바 선은 하지 아니하고 도리어 원치 아니하는 바 악은 행하

---

88 Nietzche, 『차라투스트라는 이렇게 말했다』, 383.
89 Nietzche, 『차라투스트라는 이렇게 말했다』, 128.
90 Tillich, 『19-20세기 프로테스탄스사상사』, 236.
91 Tillich, 『19-20세기 프로테스탄스사상사』, 237.

는도다 만일 내가 원치 아니하는 그것을 하면 이를 행하는 자가 내가 아니요 내 속에 거하는 죄니라"(롬 7:19-20).

인간의 의지는 그가 욕구한 것을 결코 이룰 수 없다는 점에서 주의주의가 기여한 바가 큽니다. 인간은 선에의 의지에도 불구하고 악을 저지릅니다. 쇼펜하우어가 말한 '삶에의 의지'는 사망에 이릅니다. 니체가 말한 '힘에의 의지'도 마찬가지로 사망에 이릅니다. 파괴적인 것이 창조적인 것을 삼킵니다. 그러므로 쇼펜하우어나 니체는 방향만 다를 뿐 그 뿌리는 같습니다. 인간의 현실에는 보이지 않는 죄의 세력이 현존합니다. "이제는 그것을 행하는 자가 내가 아니요 내 속에 거하는 죄니라"(롬 7:17). 인간의 의지는 죄의 세력으로 인해 무로 귀결되고 사망에 이릅니다.

그리스도 안에서, 의지가 성취되다

삶에의 의지를 제거하는 의지, 곧 자기 부정의 의지는 허상입니다. 또 힘에의 의지를 정당화하는 초인이나 영원회귀는 신기루입니다. 삶에의 의지나 힘에의 의지는 오직 그리스도의 죽음에 연합함으로 제거됩니다. 의지는 죄의 세력을 멸하신 그리스도 안에서 성취됩니다.

베드로의 결연한 의지는 실패했습니다. 의지는 그가 욕구한 것을 이루지 못했습니다. 그는 주님을 부인하지 않겠다고 하는 죽음을 각오한 의지에도 불구하고 주님을 세 번 부인했습니다. 하지만 후에 그는 죽음에 이르기까지 주님을 따랐습니다. 그의 의지는 제거되고 주님의 의지가 그를 인도했습니다.

"내가 진실로 진실로 네게 이르노니 네가 젊어서는 스스로 띠 띠고 원하는 곳으로 다녔거니와 늙어서는 네 팔을 벌리리니 남이 네게 띠 띠우고 원하지 아니하는 곳으로 데려가리라"(요 21:18).

예수 그리스도만이 의지를 성취하십니다. 주님의 의지는 아버지의 뜻을 그대로 이룹니다. 우리는 목숨을 내어주는 결연한 의지에도 불구하고 결국 실패합니다. 그런 우리가 그리스도와 함께 죽고 우리 안에 주님이 사실 때 우리의 의지는 주의 뜻을 이루게 됩니다.

율법으로 말미암아 율법에 대하여 죽다

예수 그리스도의 십자가는 율법을 지키려는 육신을 못 박습니다. 그리하여 육신에 속한 자기주장 의지를 자극하는 죄의 세력을 무력화합니다. 율법을 행하려는 자기주장 의지가 그리스도와 함께 십자가에 못 박혔습니다. 육신에 속한 우리는 "그리스도의 몸으로 말미암아 율법에 대하여 죽임을" 당했습니다(롬 7:4). 이렇게 육신이 십자가에 못 박힌 자는 그리스도가 그 안에 사시는 자요, 그리스도를 통하여 하나님을 향해 사는 자입니다.

"내가 율법으로 말미암아 율법에 대하여 죽었나니 이는 하나님에 대하여 살려 함이라 내가 그리스도와 함께 십자가에 못 박혔나니 그런즉 이제는 내가 사는 것이 아니요 오직 내 안에 그리스도께서 사시는 것이라 이제 내가 육체 가운데 사는 것은 나를 사랑하사 나를 위하여 자기 자신을 버리신 하나님의 아들을 믿는 믿음 안에서 사는 것이라"(갈 2:19-20).

갈라디아서 2:19-20에서 강조되는 그리스도의 십자가는 율법과 육신 사이에서 역사하는 죄의 세력에 대한 해결책입니다. 어떤 이들은 "내가 그리스도와 함께 십자가에 못 박혔나니"라는 말씀을 잘못 이해합니다. 그들은 십자가에서 인간의 본래적 의지와 감정, 행동이 다 소멸된 상태이므로, 모든 상황 또는 모든 관계에 대하여 식물인간처럼 반응하지 않는 존재가 되었다고 억지 주장을 펼칩니다. 심지어 '죽은 자는 반응하지 않는다' 라는 식의 주장을 펴서 하나님의 공의에 반하는 일에 대해서까지 무반응으로 대처합니다.

본 절의 말씀은 율법의 행위로 의롭다 함을 얻을 육체(육신, 사르크스)가 없다는 이전 구절(2:16)의 말씀을 전제로 합니다. 십자가에 못 박힌 것은 율법의 행위로 의롭다 함을 얻으려는 육신에 속한 자기주장 의지입니다. 그러므로 육신으로 율법을 지키려는 수고를 그치게 됩니다. 율법은 선한 것입니다. 그 율법은 우리의 육신이 십자가에 못 박힌 후 내주하시는 성령에 의해 지킬 수 있습니다. "육신을 따르지 않고 그 영을 따라 행하는 우리에게 율법의 요구가 이루어지게 하려 하심이니라"(롬 8:4).

율법을 지켜 행하려는 육신과 그에 속한 자기주장 의지가 십자가에 못 박혔습니다. 이제 율법의 요구를 이루는 것은 육신이 아니라 성령의 능력입니다. 육신이 십자가에 못 박힌 사람은 더 이상 자기주장 의지를 신뢰하지 않습니다(빌 3:3). 그는 매 순간 율법을 지켜 행하려는 육신과 자기주장 의지의 열정과 하나님처럼 되려는 욕망을 십자가에 못 박습니다(갈 5:24). 그리하여 성령으로 봉사하고 그리스도 예수만 자랑합니다(빌 3:3). 이때 성령의 능력과 인도하심을 따라 율법이 요구하는 의를 이루고 그 결과 사랑, 희락, 화평, 오래 참음, 자비, 양선, 충성, 온유, 그리고 절제의 열매를 맺습니다(갈 5:22-23).

내가 한 것이 아닙니다! 주님이 하셨습니다!

문제는 육신이 십자가에 못 박혔음에도 불구하고 육신에 속한 자기주장 의지가 발동한다는 데 있습니다. 또한 모든 선한 일에는 죄의 세력이 활동합니다. 왜냐하면, 죄의 세력은 주님이 재림하실 때 멸망당하기 때문입니다(고전 15:26). 이때 우리는 속지 말고 죄의 세력을 밝히 보아야 합니다. 그리고 자기주장 의지가 못 박혔음을 선포해야 합니다. 우리의 육신에는 선한 일을 원하지만 선을 행할 능력이 없습니다(롬 7:18). 그런데 믿는 우리가 선을 행했다면 그것은 우리가 한 것이 아니라 우리 안에 계신 주님이 하신 것입니다. 그러나 죄의 세력은 끊임없이 우리 자신을 주목하게 합니다. 그래서 우리를 사망 가운데로 끌고 갑니다. 그러므로 그리스도 안에 있는 자는 성령 안에서 선을 행할 것입니다. 그리고 '주님이 하셨습니다'라고 고백함으로써 선한 일에 역사하는 죄의 세력에서 벗어나야 합니다.

바울은 선한 일을 할 때 죄의 세력이 역사한다는 것을 깨달았습니다. 이후로 그는 다른 사도보다 더 많이 수고합니다. 그때마다 그는 십자가에 못 박힌 자신을 보며, "더 많이 수고했으나 내가 한 것이 아니요!"라고 고백합니다. "그러나 내가 나 된 것은 하나님의 은혜로 된 것이니 내게 주신 그의 은혜가 헛되지 아니하여 내가 모든 사도보다 더 많이 수고했으나 내가 한 것이 아니요 오직 나와 함께 하신 하나님의 은혜로라"(고전 15:10). 그리하여 주를 위해 수고를 다한 후 죄의 세력에 속지 않고 승리합니다. "그러므로 하나님의 전신 갑주를 취하라 이는 악한 날에 너희가 능히 대적하고 모든 일을 행한 후에 서기 위함이라"(엡 6:13). 죄의 세력은 우리가 주를 위한 수고를 다한 후에 우리의 자기주장 의지를 자극하여 우리로 하여금 넘어지게 만듭니다. 그러므로 영적 전쟁의 승리자는 모든 일을 행한 후에 서 있는 자입니다. 죄의 세력을 알고 그 해결책인 십자가 복음을 알았다면 이전보다 더 많이 수고해야 합니다. 그리고 즉시 십자가에 자기주장 의지를 못 박고 '내가 아니라 주님이 하셨습니다'라고 고백함으로써 모든 일을 행한 후에 서 있어야 합니다.

성령을 따라 행하여 율법의 요구를 이루다

참된 신앙의 내용은 계명을 지켜 행하는 것입니다. 계명을 지키는 자는 하나님의 아들 안에 거하며 동시에 하나님 안에 거하여 그의 영광에 참여합니다. 그러기 위해서는 육신에 속한 자기주장 의지가 아니라 성령의 능력으로 계명을 지켜야 합니다. 그리스도 안에서 성령을 따라 계명을 지키는 것입니다. 그리스도 안에 있는 믿음으로 말미암아 율법을 지켜 행하는 것이 십자가 복음의 능력입니다.

> "육신을 따르지 않고 그 영을 따라 행하는 우리에게 율법의 요구가 이루어지게 하려 하심이니라"(롬 8:4).

십자가 복음은 세 방면의 은혜를 가져왔습니다. 그리스도의 보혈은 옛사람이 죄의 지배를 받아 짓게 되는 행위적인 죄들을 용서하고 깨끗하게 합니다. 또한 내면에 형성된 부정성을 씻어 옛사람과 그 행위를 벗어 버리게 합니다. 무엇보다 보혈의 은혜는 하늘 지성소로 나아가 하나님과 교제하게 합니다. 또한 옛사람을 십자가에 못 박히게 함으로써 죄의 몸이 장애가 되게 하여 죄의 세력에서 벗어나게 합니다. 끝으로, 율법을 행하려는 육신에 속한 자기주장 의지를 십자가에 못 박히게 함으로써 성령으로 율법의 요구를 이루게 합니다. 그러므로 십자가 복음의 은혜는 성령 안에서 매일 경험해야 하는 일상적 영성입니다.

36

장사 복음 ⑴, 성전을 짓는 표적이다

"너희가 이 성전을 헐라 내가 사흘 동안에 일으키리라"

_ 요 2:19

죽음으로써 장사되다

사도들이 전승한 두 번째 복음은 그리스도의 장사 됨입니다. 십자가 복음이 장사 복음으로 진전됩니다. 우리가 그리스도의 죽음에 연합하여 세례를 받는 목적은 그와 함께 장사되기 위함입니다. 바울의 어법을 보면 복음의 내용이 병렬될 때 장사 복음을 중시하는 것을 알 수 있습니다. "그러므로 우리가 그의 죽으심과 합하여 세례를 받음으로 그와 함께 장사 되었나니"(롬 6:4). 본 절에서 본동사는 '장사되다'(were buried)입니다. '죽음과 합하여 세례를 받다'(through baptism into death)는 장사되는 것을 목적으로 하는 종속절의 형태를 띱니다. 다시 말해서, 우리가 그리스도와 함께 죽는 것은 그리스도와 함께 장사되기 위함입니다. 이에 장사 복음은 십자가 복음과 분리되지 않는, 십자가 복음의 결과입니다.

바울이 복음을 전하는 목적은 복음을 듣는 자가 생명을 얻도록 하기 위함입니다(딤후 1:10). 그리고 생명을 얻는 장소는 그리스도의 십자가가 아니라 그의 무덤입니다. 그리스도께서는 십자가에서 부활하지 아니하셨고, 그의 무덤에서 부활하셨습니다. 그리스도의 무덤에 연합된 자들이 거기로부터 일으킴을 받아 생명을 얻는 것입니다. 골로새서에서는 그리스도의 무덤을 강조하고 있습니다.

"너희가 세례로 그리스도와 함께 장사 되고 또 죽은 자들 가운데서 그를 일으키신 하나님의 역사를 믿음으로 말미암아 그 안에서 함께 일으키심을 받았느니라"(골 2:12).

이 구절에서는 그리스도의 죽음이 간과되며 "우리가 그리스도와 함께 장사되어 그와 함께 일으켜졌다"라고 기술합니다. 그리스도와 함께 장사되는 것은 그와 함께 무덤에 들어가는 것입니다. 예수께서는 자신이 들어가는 무덤을 가리켜 '표적'이라고 했습니다.

"예수께서 대답하여 이르시되 악하고 음란한 세대가 표적을 구하나 선지자 요나의 표적 밖에는 보일 표적이 없느니라 요나가 밤낮 사흘 동안 큰 물고기 뱃속에 있었던 것 같이 인자도 밤낮 사흘 동안 땅 속에 있으리라"(마 12:39-40).

그리스도의 무덤, 성전을 짓다

악하고 음란한 세대가 예수께 나와 표적을 구하자 예수께서 책망하십니다. 그리고 요나가 밤낮 사흘 동안 큰 물고기 뱃속에 있었듯이 자신도 밤낮 사흘 동안 땅속에 있을 것이라고 대답하십니다. 이는 무덤의 표적을 보여 주시겠다는 말씀입니다. 요나가 사흘 동안 들어간 물고기 뱃속은 그리스도의 무덤을 예시합니다. 요나는 니느웨에 가서 말씀을 전하라는 하나님의 말씀에 불순종하고 다시스로 가는 배를 탔습니다(욘 1:3). 그가 탄 배가 큰 풍랑을 만났습니다. 선원들은 자기들의 신의 이름을 부르며 구원을 호소했습니다. 선원들이 재앙의 원인 제공자를 알고자 제비를 뽑았는데, 제비가 요나에게 뽑혔습니다(욘 1:7). 요나는 그가 여호와께 불순종했음을 고하고, 이 큰 폭풍을 만난 것이 자기 때문이라고 하면서 자기를 들어 바다에 던지라고 했습니다. 선원들이 요나를 들어 바다에 던지니 풍랑이 잠잠해졌습니다. 바다에 던져진 요나는 망망대해를 표류하다가 물고기 밥이 되어야 했었습니다. 그런데 하나님이 그를 위하여 큰 물고기를 예비하셨습니다.

"여호와께서 이미 큰 물고기를 예비하사 요나를 삼키게 하셨으므로 요나가 밤낮 삼 일을 물고기 뱃속에 있으니라"(욘 1:17).

요나를 위한 물고기, 우리를 위한 그리스도의 무덤을 예시하다

하나님께 불순종한 요나는 심판받고 진멸 받아 마땅합니다. 그러나 하나님은 심판의 바다에 던져진 요나를 위해 이미 큰 물고기를 예비하셨습니다. 심판의 바다에 던져진 요나가 들어간 큰 물고기 뱃속은 다름 아닌 예수 그리스도의 무덤을 예시합니다. 온 세상이 하나님의 심판 아래에 있습니다(롬 3:19). 어떤 사람도 하나님의 심판을 피할 수 없습니다. 그런데 심판받기에 합당한 우리를 위하여 하나님께서 그리스도의 무덤을 예비하셨습니다. 그래서 우리가 심판을 받아도 진멸되지 않습니다. 하나님이 요나를 위하여 큰 물고기를 예비하신 것은 그를 사랑하시기 때문입니다. 요나는 사흘만에 물고기 뱃속에서 나왔습니다. 그의 존재가 불순종의 사람에서 순종의 사람으로 변했습니다.

그리스도의 무덤, 성전 짓는 표적이다

요나의 표적과 같이 그리스도의 무덤은 표적입니다. 신약성경에서는 '표적'(세메이온)과 '기적'(테라스)을 구별합니다. '기적'은 우리를 뒤흔드는 놀라운 사건입니다. '표적'은 존재의 신비를 계시합니다. 존재의 신비를 지시하는 것 없이 우리를 뒤흔드는 것은 마법입니다.[92] 예수 그리스도의 표적은 하나님이 하시는 일이 나타나는 것입니다(요 9:3; "그에게서 하나님이 하시는 일을 나타내고자 하심이라").

그리스도의 십자가가 아담 안의 옛사람의 죽음이라면, 무덤은 옛사람의 삶과 사역의 종말입니다. 무덤은 모든 사람이 맞이할 운명입니다. 모든 사람이 죽음을 거쳐 무덤에 도달합니다. 무덤은 누구도 피할 수 없고 외면할 수도 없는 인생의 결말입니다. 인생의 결말에는 영화나 드라마에 나오는 해피엔딩이 존재하지 않습니다. 인생의 결말은 죽음이며 무덤으로 들어가는 것입니다. 현재 모든 인간이 무덤을 향해 달려가고 있으며, 미래에 모두 무덤에 장사됩니다. 우리는 그리스도께서 무덤에 장사 되신 사실을 사도신경으로 고백합니다. 바르트는 그의 사도신경 해설 『크레도』에서 '장사 되다'에 관해 이렇게 기술합니다. "한 사람이 장사 됨으로써 그에게 더 이상 미래는 물론 현재도 존재하지 않는다는 사실이 분명하게 확증되고 보증된다."[93] 인간이 도달하는 무덤은 그에게서 모든 것이 제거되는 비참한 종말입니다. 그러므로 인간의 무덤은 어떤 일도 일어나지 않으며 표적이 될 수 없습니다.

그러나 단 하나의 무덤, 곧 그리스도의 무덤은 표적입니다. 마태복음 12:38-40은 요한복음 2:18-21과 병행합니다. 요한복음에서 유대인들이 예수께 표적을 구했습니다. 그러자 예수께서 그들에게 말씀하셨습니다.

92　Tillich, 『조직신학 Ⅰ』, 193.
93　Tillich, 『흔들리는 터전』, 296.

"너희가 이 성전을 헐라 내가 사흘 동안에 일으키리라"(요 2:19).

구약 시대의 성전과 신약 시대의 성전

유대인들은 이 성전을 46년 동안 지었는데, 어떻게 사흘 동안 짓겠느냐고 예수께 반문했습니다(요 2:20). 성전은 하나님이 거하시는 곳입니다. 출애굽 이후 모세는 광야에서 하늘 성전의 모형을 보고 성막을 지었습니다(출 25-30장, 36-40장). 이 성막의 지성소에 하나님이 거하십니다(출 25:22). 모세가 지은 성막(증거막)은 하늘 성전의 모형입니다(히 8:5). 이스라엘이 가나안 땅에 들어온 후 실로에 회막을 세웠습니다(수 18:1). 이제 이곳이 하나님이 거하시는 성소가 됩니다(삼상 1:3). 그러나 하나님은 불순종한 이스라엘에게 진노하여 실로의 성소를 떠나셨습니다(시 78:59-60). 그러다가 솔로몬이 예루살렘 성전을 짓고 봉헌 기도를 드리자, 그곳에 거하셨습니다(왕상 9:3). 그러나 하나님은 불순종한 이스라엘에게 진노하사 예루살렘 성전에서 떠나가셨습니다(겔 10:18). 그로부터 6년 후(BC.586) 예루살렘 성전은 바벨론 군대에 의해 불살라집니다(렘 52:13). 이후 바벨론 포로에서 귀환하여 지도자 스룹바벨을 중심으로 성전을 짓습니다(스 6:14). 보통 솔로몬 성전을 1성전, 스룹바벨 성전을 2성전으로 부릅니다. 예수 당시에는 헤롯 왕 이후 46년 동안 보수해 온 성전이 있었습니다. 그런데 출애굽 이후 지은 성막과 성소와 성전은 모두 사람의 손으로 지은 '보이는 성전'입니다.

예수께서 이 성전을 헐라고 명하십니다. 그러나 예수 그리스도가 사흘 만에 지으시는 성전은 '보이지 않는 성전'입니다. 이는 건물로서의 성전이 아니라, 하나님이 그 안에 거하시는 마음의 성전입니다(고후 6:16). 그런데 예수께서 보이는 건물 성전을 헐라고 명하십니다. 이는 신약 시대에서 성전이란 더 이상 보이는 건물을 의미하지 않음을 천명합니다. 신약 시대의 성전은 세 가지로 정의할 수 있습니다.

첫째, 성전은 무덤에서 부활하신 그리스도의 몸입니다(요 2:21).

둘째, 그리스도와 함께 장사 되고 그와 함께 일으킴을 받은 자, 곧 영생을 얻은 자가 성전입니다(골 2:12; 3:1). 또 영생 얻은 자가 삼위 하나님과 더불어 생명의 교제를 나누면 '살아 계신 하나님의 성전'이 됩니다(고후 6:16).

셋째, 영생을 가진 성도들의 모임(공동체)이 성전입니다. "너희는 너희가 하나님의 성전인 것과 하나님의 성령이 너희 안에 계시는 것을 알지 못하느냐"(고전 3:16). '너희 안에 계시다'에서 '너희'(휘민)는 2인칭 복수형입니다. 이는 영생의 공동체가 성전임을 보여줍니다.

그리스도의 무덤에 연합하여 새 생명으로

예수 그리스도의 장사 됨은 기쁜 소식 곧 '복음'입니다. 그리스도만이 무덤에서 살아나셨기 때문입니다. 그리스도의 부활은 십자가에서 일어난 것이 아니라 무덤에서 일어났습니다. 그의 무덤은 그가 부활하심으로 말미암아 새 생명이 탄생하는 표적이 되었습니다. 무덤은 옛사람으로 살아온 생명의 완전한 종말이지만, 무덤에서 다시 태어나는 자에게는 새로운 생명의 시작을 알리는 표적입니다. 그러므로 그리스도와 함께 죽고 그와 함께 장사 된 자는 누구든지 그의 부활에 참여하여 새로운 생명을 얻습니다. 오직 그리스도와 함께 무덤에 장사 될 때 영생에 이르게 됩니다. 반면 악하고 음란한 세대가 구하는 땅의 표적은 그들이 죽음과 동시에 사라집니다. 무덤이 그들의 인생을 삼켜 버립니다. 스올(무덤)이 그들의 거처가 됩니다(시 49:14). 그러나 그리스도의 무덤은 영생으로 인도하는 표적입니다. 이는 참되고 영원한 표적입니다.

그리스도의 장사 됨과 연합되어

장사 복음은 십자가 복음을 넘어섭니다. 영원에서 오신 하나님의 아들이 삼 일 밤낮을 땅속의 무덤에 거하셨습니다. 예수 그리스도는 사뮈엘 베게트의 소설 『고도를 기다리며』에서처럼 고도(신)를 기다리다가 쇠락해 가는 인생들, 그러다가 죽음을 맞이하는 인생들을 자신의 무덤으로 이끄십니다. 그리고 자신과 함께 무덤에 거하는 자들을, 자신이 무덤에서 부활하신 대로 새 생명으로 다시 살아나게 하십니다. 독일의 신학자 칼 하임(K. Heim)은 이 과정을 유충이 나비가 되는 것으로 비유했습니다. "이 유충은 차츰 작아지고 흉하게 되어 후에는 자기대로 하나의 관, 즉 고치를 짜서 그 속에 들어가 있다. (중략) 그러나 겨울 동안 내내 자고 난 후 몸을 치켜 뻗치기를 시작하여 관을 부순다. 그러고는 놀랍게도 한 유충이 나오는 것이 아니라 전혀 다른 무엇, 섬세한 수족이 달린 나비가 나와서 서로 쌍을 지어 새파란 공중으로 날아오르는 것이다."[94] 십자가와 부활의 사이에 있는 무덤에서의 삼 일은 유충(애벌레)의 생명이 나비의 생명이 되기 위해 고치 속에 머무는 기간으로 비유됩니다. 이처럼 우리는 새 생명을 얻기까지 무덤에서 삼 일을 지내야 합니다. 성경에서 삼 일은 하늘의 수로 완전수이며 하나님의 시간에 속합니다. 인간의 시간으로는 수개월, 수년이 될 수 있습니다.

심판을 통해 지어지는 성전

예수께서 무덤에서 짓는 성전은 낡은 생명, 곧 옛사람으로 살아온 모든 삶을 종결시키는 역사를 통해서 지어집니다. 그러므로 그리스도와 연합된 무덤의 삼 일은 하나님의 공의로운 심판이 집행되고, 그 결과 하나님과 우리 사이의 온전한 관계가 수립되어 우리 안에 의가 세워지는 시간입니다. 그래서 무덤의 복음은 심판의 복음이라고 말할 수 있습니다. 하나님께서 그리스도의 무덤에서 우리를 공의로 심판하심으로써 성전을

---

94 Heim, 『죽은 자의 부활』, 60.

짓습니다.

심판의 제사가 열납된 곳이 하나님의 성전이다

역대상 21장을 보면 다윗이 인구 조사를 하여 하나님께 심판받는 내용이 나옵니다. 이는 예수께서 성전을 짓는 역사를 예표합니다. 다윗이 사탄의 격동을 받아 인구 조사를 시행합니다. 이는 군사의 숫자를 계수하는 것으로 자신의 힘을 과시하고 싶은 충동에서 비롯되었습니다. 요압이 나서서 이를 저지했으나 다윗이 강행합니다. 하나님께서 이 일을 악하게 여기셔서 이스라엘을 치십니다. 다윗이 그제야 범죄했음을 깨닫습니다. 하나님께서 갓 선지자를 통하여 다윗을 징계하십니다. 갓이 다윗에게 삼 년의 기근, 패전하여 석 달간 쫓기며 당함, 모든 이스라엘이 멸망하는 전염병 중 하나를 선택하라고 합니다. 그러나 다윗은 스스로 선택하지 않고 하나님의 판단에 맡깁니다. 하나님께서 모든 이스라엘이 죽는 전염병을 내리십니다. 삼 일간 전염병을 유행하게 하셔서 이스라엘 백성 칠만 명을 죽게 하십니다. 다윗이 예루살렘을 멸망시키려는 천사를 보고 하나님 앞에서 회개합니다.

다윗은 하나님의 심판을 자신에게 내려 달라고 호소합니다. 이에 하나님의 천사는 다윗으로 하여금 여부스 사람 오르난의 타작마당에 가서 여호와를 위하여 제단을 쌓으라고 말합니다. 다윗은 이곳에 여호와를 위하여 제단을 쌓으면서, 그리하면 전염병이 백성 중에서 그치리라고 말합니다(대상 21:22). 이것은 다윗이 드리는 제사가 심판의 제사임을 보여줍니다. 다윗이 제단을 쌓고 번제와 화목제를 드리자 하늘에서 응답하고 천사가 여호와의 명령에 따라 칼을 칼집에 꽂습니다. 하나님이 심판의 제사를 받으셨습니다. 그러자 다윗은 이곳을 가리켜 "이는 여호와 하나님의 성전이요"라고 선언합니다(대상 22:1). 그 후 다윗이 정한 오르난의 타작마당에 솔로몬이 성전을 건축합니다(대하 3:1).

그리스도의 무덤에서 심판을 받아들이다

예수 그리스도의 십자가는 우리의 모든 죄악에 대한 하나님의 공의로운 심판입니다. 그리고 그리스도께서 보내신 무덤에서의 삼 일은 그와 연합된 자가 심판의 과정을 지나는 하나님의 시간입니다. 우리가 그리스도와 함께 십자가에서 죽고 그와 함께 무덤에 들어가는 것은 옛사람으로 살아온 모든 삶에 대한 심판을 하나님의 공의로 받아들이는 복종의 행위입니다. 이는 장사 복음에 연합되는 것이며, 그리스도의 무덤에 참여하는 것입니다. 이로써 영원한 생명을 얻습니다.

그리스도의 하데스 선포, 어둠의 세력을 멸하다

무덤 자체는 어둡고 황량하며 고통스러운 삶의 정황을 나타냅니다. 무덤은 인생과 신앙의 여정에서 만나는 가혹한 고난의 자리입니다. 사람에 따라 관계의 무덤, 상황의 무덤, 핍절의 무덤 등으로 들어갑니다. 이와 같은 외적인 무덤 외에도 공허와 무의미 때문에 들어가는 실존의 무덤도 있습니다.

시편 88편은 '무덤에 들어가는 노래'라고 불립니다. 주는 무덤에 들어가는 자를 '깊은 웅덩이와 어둡고 음침한 곳'에 거하게 하십니다. 주의 진노가 그를 누르고 주의 모든 파도가 그를 괴롭게 합니다. 주께서 그가 아는 자들을 그에게서 멀리 떠나게 하시고 그를 그들에게 가증한 자가 되게 하십니다. 그는 사방으로 갇혀서 나갈 수 없으며 곤란으로 말미암아 그 눈이 쇠합니다. 주께서 그가 사랑하는 자와 친구를 멀리 떠나게 하시고 어둠만이 그에게 가장 가까운 친구가 되게 하십니다. 시인에게 가장 큰 고통은 하나님의 영광의 표상인 인자와 신실을 보지 못한 것입니다(시 88:11).

기독교 전통에서는 무덤을 가리켜 '영혼의 어두운 밤'이라고 묘사하기도 했습니다. 이것이 우리가 들어가는 무덤입니다. 이는 실존주의 철학자

야스퍼스가 말한 유한한 인간이 궁극적으로 도달하는 한계상황입니다. 그곳은 출구 없는 상황이며, 모든 지주가 의심스러운 '발밑에 땅이 꺼지는 것' 같은 경험입니다. 그렇지만 한계상황의 경험은 꼭 필요하다고 그는 말했습니다. 왜냐하면, 인간의 본질은 한계상황에서 비로소 자신을 의식하기 때문입니다.[95] 그러나 인간의 무덤에서는 어떤 역사도 일어나지 않습니다. 인간의 무덤이 그리스도의 무덤이 될 때 예수께서 성전을 짓는 표적이 일어납니다. 야스퍼스는 이것을 가리켜 선물로 주어지는 자유로의 도약이라고 했습니다.[96] 우리의 무덤이 그리스도의 무덤에 연합하는 것은, 말씀 앞에 나아가 하나님의 공의로운 심판을 받아들이는 것입니다.

무덤의 삼 일, 옥에 내려가 선포하시다

예수께서 죽으시고 무덤에 들어가셨습니다. 그는 육으로는 죽임을 당하셨으나 영으로는 살리심을 받아 지옥에 내려가 영들에게 선포하셨습니다.

> "육체로는 죽임을 당하시고 영으로는 살리심을 받으셨으니 그가 또한 영으로 가서 옥에 있는 영들에게 선포하시니라"(벧전 3:18b-19).

이 부분은 하데스(지옥) 선포로 불리며, 성경에서 난해 구절 중 하나입니다. 본문은 육체가 없는 영만의 부활과 육체의 부활을 구분하고, 하데스 여행 때의 부활과 하늘 여행 때의 부활을 구분합니다. 곧 영으로만 부활하셨던 그리스도는 삼 일간 하데스로 여행하여 그곳에서 영들에게 선포하십니다. 그리고 육체로 부활하셨을 때는 하늘로 여행하여 하나님 우편에 계십니다. 유대 경전 에티오피아 에녹서 6-16장에서는 에녹이 하데스

95　Weischedel, 『철학의 뒷계단』, "칼 야스퍼스", 500.
96　Weischedel, 『철학의 뒷계단』, "칼 야스퍼스", 502.

(지옥)에 내려가 타락한 천사들에게 어떠한 용서도 기대하지 말라는 심판을 선포합니다. 그런데 예수 그리스도의 하데스 선포는 그의 구속의 힘이 세계의 가장 깊은 곳인 하데스에도 제약받지 않고 나타난다는 것을 의미합니다. 즉, 예수 그리스도의 선포는 죽음의 세계에도 미치며 가장 심각한 타락도 극복한다는 것입니다. 이는 그가 죽음의 동맹 세력들을 다 분쇄하셨기 때문입니다.[97] 예수의 하데스 선포에 대한 해석은 베드로전서 3:22과 연관성을 가집니다.

> "그는 하늘에 오르사 하나님 우편에 계시니 천사들과 권세들과 능력들이 그에게 복종하느니라"(벧전 3:22).

베드로전서 19절, '영으로 가서'는 '영만으로 부활하여 가서'라는 뜻이며, 베드로전서 22절, '하늘에 오르사'는 '육체까지 부활하여 하늘에 오르다'라는 뜻입니다. 베드로전서 19절의 '가다'와 베드로전서 22절의 '오르다'는 동일한 헬라어 '포레오'를 사용합니다. 19절에서 선포의 대상이었던 영들이 22절에서 주 되신 그리스도의 지배를 받는 천사들과 권세들과 능력들입니다. 그리스도의 승천(포레오)은 그 자체로 하나님께 불순종하고 적대적인 영들에 대한 승리입니다. 하데스 선포의 내용은 재난 선포가 아니라 구원 선포입니다. 물론 이 복음 선포는 죽은 자들에게 다시 한번 기회가 주어지는 것을 의미하지 않습니다. 그리스도의 하데스 선포에서 핵심 내용은 그리스도가 무덤에서 모든 죽음의 세력을 파하셨다는 것입니다.

---

97 Schrage, 『베드로전서 주석』, 90.

그리스도의 무덤, 어둠의 동맹 세력을 파하다

우리의 무덤에는 어둠의 동맹 세력이 역사합니다. 무덤의 상황을 통해 사망의 권세가 활동하는 것입니다. 무덤의 상황보다 더 고통스러운 것은 무덤에서 역사하는 어둠의 세력이 주는 온갖 생각과 감정들입니다. 무덤에서 역사하는 어둠의 세력은 불안과 두려움, 죽음과 절망을 가져오며 최종적으로 하나님께 버림받았다는 생각과 느낌을 불러옵니다. 그러나 우리의 무덤이 그리스도의 무덤에 연합하면 어둠의 세력을 정복하신 그리스도로 말미암아 하늘의 평강을 누립니다. 상황적으로는 죽을 것 같은 무덤이지만 영혼은 자유롭고 평안합니다. 이는 우리의 무덤이 그리스도의 무덤에 연합되었다는 확실한 증거입니다.

20세기 중반 희망의 신학을 제창한 몰트만은 그리스도의 지옥행 이래 모든 희망이 사라진 곳에도 희망이 존재한다고 말했습니다.[98] 예수가 그의 부활을 통해 죽음의 나라를 무너뜨렸듯이 그의 죽음을 통해 지옥의 문을 부숴버렸다는 것입니다. 그러므로 그리스도의 지옥행의 의미는 우리가 지옥의 고통을 겪을 때 그리스도가 우리 곁에 계신다는 사실입니다.[99] 우리가 '영혼의 어두운 밤'이나 육신의 고통 속에 있을 때, 하나님께 버림받은 그리스도는 우리 곁에 계십니다.

---

98 Moltmann, 『나는 영생을 믿는다』, 47.
99 Moltmann, 『나는 영생을 믿는다』, 46.

37

장사 복음(2), 반석 위에 집을 짓다

"심판이 의로 돌아가리니 마음이 정직한 자가 다 따르리로다" _ 시 94:15

무덤의 심판, 의를 기초로 다시 세우다

성경에서 심판의 대상은 두 부류입니다. 하나님께서는 믿는 자와 믿지 않는 자를 모두 심판하십니다. 믿지 아니한 자에 대한 심판은 영원한 형벌로 귀결됩니다. 또한 하나님께서는 믿는 자를 진리대로 심판하십니다(시 96:13). 믿는 자에 대한 심판을 뜻하는 히브리어 '미쉬파트'는 '진멸하다'라는 뜻이 아니라 '바른길로 인도하다'라는 뜻입니다. 하나님이 자기 백성을 심판하시는 것은 진멸하시려는 것이 아니고, 그 백성을 다시 세우시기 위함입니다. 그러므로 마음이 정직한 자는 심판을 받아들입니다.

"여호와께서는 자기 백성을 버리지 아니하시며 자기의 소유를 외면하지 아니하시리로다 심판이 의로 돌아가리니 마음이 정직한 자가 다 따르리로다"(시 94:14-15).

마음이 정직한 자, 심판을 받아들이다

시편 32편에서 마음이 정직한 자는 죄를 깨닫고 자복하는 자를 말합니다(시 32:5-6, 11). 무덤의 자리에서 죄를 깨닫고 자복하는 것은 말씀의 빛이 비칠 때 가능합니다. 하나님의 말씀은 하나님의 현존이며 심판을 집행합니다(히 4:12). 그 말씀이 인간의 마음의 생각과 뜻을 드러내어 심판합니다. 말씀 앞에서 자기 죄를 깨닫고 자백하는 자가 마음이 정직한 자입니다. 마음이 정직한 자는 "주의 심판이 옳습니다. 주의 심판이 참되고 의롭습니다"(계 16:7)라고 하며 심판을 받아들입니다. 그는 죽음의 세력을 정복하신 그리스도의 무덤에 연합되어 말할 수 없는 평강과 안식을 얻습니다.

그리스도의 무덤은 하나님의 심판이 집행되는 장소입니다. 그리하여 자기 백성을 의로 다시 세우십니다. 하나님께서 심판주로 세상에 오십니다. 그가 땅을 심판하고 의로 세계를 심판하며 진리로 자기 백성을 심판하기 위해 오십니다(시 96:13). 여호와께서 자기를 알리고자 심판을 행하십니다(시 9:16). 그때에 세계의 거민이 의를 배웁니다(사 26:9). 시인이 하나님의 인자와 심판을 찬양합니다(시 101:1). 유다의 딸들이 주의 심판으로 말미암아 즐거워합니다(시 48:11; 97:8). 심판을 통해 하나님의 공의가 충만히 임하기 때문입니다. 사실 심판을 받는다는 것은 극한의 고통에 처한 상황입니다. 그러나 심판을 즐거워하는 것은 심판을 통해서 하나님의 공의가 성취되기 때문입니다.

하나님은 심판을 받아들이는 자를 의를 기초로 하여 다시 세우십니다. "Judgment will again be founded on righteousness(NIV, 심판은 의를 기초로 다시 세울 것입니다)"(시 94:15). 여기서 중요한 것은 집이 아니라 집의 기초입니다. 예수께서 두 개의 집을 비유로 말씀하셨습니다(마 7:24-27). 하나는 반석 위에 지은 집이며, 말씀을 듣고 그대로 순종한 사람을 뜻합니다. 다른 하나는 모래 위에 지은 집이며, 말씀을 듣고 그대로 순종하지 않은 사람을 뜻합니다. 둘 다 집을 지은 것으로 보아, 둘 다 무엇인가 행했습니다. 전자는 말씀 그대로, 곧 하늘에 계신 아버지의 뜻대로 행했습니다(마 7:21). 후자는 하늘에 계신 아버지의 뜻이 아닌, 자기 뜻대로 행했습니다.

생명의 교제, 반석 위에 집을 짓다

예수의 비유에서 행함은 '집'으로, 아버지의 뜻은 '반석'으로, 자기 뜻은 '모래'입니다. 신약성경에서 하나님의 뜻은 여러 가지로 설명합니다. 철학서도 저자가 직접 저술한 1차 자료가 중요하듯, 하나님의 뜻은 하나님의 계시자이신 아들이 정의한 뜻이 가장 근본입니다. 아들이 정의한 아버지의 뜻은 아들을 보고 믿는 자마다 영생을 얻는 것입니다(요 6:40). 서신서에서 말하는 하나님의 뜻은 부차적입니다. 그것들은 구원 얻은 자가 거룩하게 사는 것이며(살전 4:3), 항상 기뻐하고 쉬지 않고 기도하고 범사에 감사하는 것 등입니다(살전 5:16-18).

새 언약 백성은 하늘에 계신 아버지의 뜻인 영생을 얻었습니다. 영생 얻은 자는 생명의 교제를 준행하여 반석 위에 집을 짓는 자입니다. 그러므로 생명의 교제 없이 행한 모든 일은 모래 위에 지은 집과 같습니다. 모래 위에 지은 집은 무너지는 것이 하나님의 공의입니다. 하나님은 생명의 교제 없이 살며 신앙해 온 신자를 공의로 심판하십니다. 하나님이 모래 위에 지은 집을 무너뜨리실 때 우리는 무덤을 경험합니다. 그때 생명의 교제 없이 살아온 삶을 공의의 심판으로 받아들인 자는 '주의 심판은 옳습니다'라고 고백합니다. 이 고백이 진정성을 가지려면 즉시 생명의 교제를 시작해야 합니다. 그는 그리스도의 무덤에 연합하며 영원히 무너지지 않는 성전을 짓습니다. 이렇게 그리스도의 무덤에서 짓는 성전은 결코 무너지지 않습니다. 비가 내리고 창수가 나고 바람이 불어도 무너지지 않는 반석 위에 지은 집입니다.

심판의 구속자, 그리스도

이사야 선지자는 시온이 심판으로 구속될 것이며, 그 돌아온 자가 공의로 구속함을 받을 것이라고 예언했습니다(사 1:27). '시온'은 하나님의 성 예루살렘으로, 하나님의 공동체를 상징합니다. 선지자의 예언대로 시온을 구속할 메시아(그리스도)가 세상에 오셨습니다. 그는 하나님의 아들 예수 그리스도이십니다. 그가 예루살렘에 입성하자 무리가 환호하며 그를 맞이했습니다. 이는 예수가 현세적인 왕으로 등극할 것이라고 기대했기 때문입니다. 하지만 예수께서는 예루살렘에서 고난당하시고 죽임당하십니다. 그가 바로 심판주로 오시는 하나님이십니다. 동시에 모든 사람의 죄악을 대신하여 심판받으시는 그리스도이십니다. 하지만 예수의 예루살렘 입성을 환영하는 무리는 심판주 되시는 하나님을 알지 못하며 자신들을 위하여 대신 심판받으시는 그리스도도 알지 못합니다. 예수께서 심판받으시는 이유는 믿는 자에게 하나님의 공의를 세우시고 그에게 평화를 주시기 위함입니다. 예수께서 성을 보시고 우시며 무리에게 저들이 평화의 일을 알지 못한다고 탄식하십니다.

"가까이 오사 성을 보시고 우시며 이르시되 너도 오늘 평화에 관한 일을 알았더라면 좋을 뻔했거니와 지금 네 눈에 숨겨졌도다 날이 이를지라 네 원수들이 토둔을 쌓고 너를 둘러 사면으로 가두고 또 너와 및 그 가운데 있는 네 자식들을 땅에 메어치며 돌 하나도 돌 위에 남기지 아니하리니 이는 네가 보살핌 받는 날을 알지 못함을 인함이니라 하시니라"(눅 19:41-44).

예수를 환영한 무리는 심판 없는 축복, 공의 없는 평화를 구했습니다. '보살핌 받는 날'은 '심판받는 날'로도 번역합니다(개역개정 난하주). 심판받는 날을 알지 못하는 자는 돌이킬 수 없는 진멸을 당합니다. 예수 그리스도께서 십자가에서 심판받으시고 무덤에 장사 되었습니다. 그와 함께 무덤에 거하는 자는 그리스도와 연합되어 심판받습니다. 그는 최후의 심판을 면하며 하나님과 더불어 평화를 누리게 됩니다. 곧 하나님 없이 살아온 자, 생명의 교제 없이 믿어온 자, 하나님 아닌 다른 것을 하나님보다 즐거워하며 살아온 자가 그리스도와 연합되어 심판받습니다. 이렇게 심판을 통해 성전이 지어지는데 이는 말씀을 통해 지어집니다.

다윗이 받은 심판, 솔로몬을 주시다

다윗이 말씀을 떠나 간음과 살인의 죄를 지었습니다. 그는 말씀을 업신여기고 하나님을 업신여겨 죄를 지은 것입니다(삼하 12:9-10). 그로부터 2년 후 나단 선지자가 그의 죄를 드러내어 고발합니다. 하나님께서 다윗과 밧세바 사이에서 낳은 아들을 치십니다. 이때 다윗이 즉시 그 죄를 인정하고 주의 심판을 받아들입니다.

"내가 주께만 범죄하여 주의 목전에 악을 행했사오니 주께서 말씀하실 때에 의로우시다 하고 주께서 심판하실 때에 순전하시다 하리이다"(시 51:4).

다윗은 아이가 죽은 심판을 공의로 받아들이고 하나님께 경배합니다. 그날 밤 하나님께서 밧세바로 하여금 아들 즉 솔로몬을 잉태하게 하십니다. 그리고 그의 이름을 '여디디야'(여호와께 사랑을 입은 자)라고 부르십니다 (삼하 12:25).

무덤에서 말씀 앞으로

장사 복음은 무덤의 자리에서 말씀 앞으로 나아가게 합니다. 하나님께서 무덤의 자리에 있는 자에게 말씀을 통해 자기 죄를 깨닫게 하시고 하나님의 참되고 의로운 심판을 받아들이게 하십니다. 그리스도의 무덤에 연합된 자는 '만일 나에게 하나님의 심판이 임하지 않았다면 하나님의 공의는 가짜입니다'라고 진실하게 고백함으로써 심판을 받아들입니다. 하나님께서 그런 자를 불쌍히 보시고 심판 중에 긍휼을 베푸십니다. 그러나 무덤의 자리에서 공의의 심판을 거부하는 자에게는 고통이 더욱 커집니다. 심판의 상황을 종결해 달라고 기도하는 것은 더더욱 어리석은 일입니다. 하나님의 공의 앞에서 자신의 삶을 정직히 돌아보며 심판을 받아들여야 합니다. 그럴 때 알 수 없는 평화가 임하는데, 그것이 바로 그리스도의 무덤의 표적을 경험하는 것입니다.

무덤에서 말씀을 통해 그리스도와 함께 거하다

그리스도의 무덤에 거하는 자는 말씀을 떠날 수 없습니다. 심판의 복음을 받아들이는 자는 하나님의 말씀을 묵상해야 합니다(시 1:2). 그 말씀 앞에서 밝혀지는 자신의 죄악을 보고 심판의 합당함을 받아들여야 합니다. 이것이 공의로운 하나님의 심판을 능히 견디는 길입니다. 그러므로 무덤의 상황이 닥칠 때 말씀 앞에 나아가 그리스도와 함께 거하는 것이 중요합니다. 그리스도가 그와 함께 거할 때 그의 무덤은 성전을 짓는 표적이 됩니다. 예수 그리스도가 말씀하신 무덤의 표적은 비참한 무덤의 상황에서 말씀을 통해 그리스도와 함께하는 것을 의미합니다. 하나님은 무덤의 시간에 말씀으로 죄를 깨닫게 하시고 무덤의 상황을 공의로운 심판으로 받아들이게 하십니다. "주 하나님 곧 전능하신 이시여 심판하시는 것이 참되시고 의로우시도다"(계 16:7). 이때 심판의 말씀은 영혼을 살리고 기쁘게 하는 생명의 말씀이 됩니다.

타자가 받는 심판으로 그리스도의 무덤에 거하다

선지자 예레미야는 동족 이스라엘에 임한 하나님의 심판으로 인하여 무덤에 거합니다. 그는 주의 손에 붙들려 홀로 앉아 말씀을 얻어먹습니다. 주의 진노가 지나가기까지 그러합니다. "만군의 하나님 여호와시여 나는 주의 이름으로 일컬음을 받는 자라 내가 주의 말씀을 얻어 먹었사오니 주의 말씀은 내게 기쁨과 내 마음의 즐거움이오나 내가 기뻐하는 자의 모임 가운데 앉지 아니하며 즐거워하지도 아니하고 주의 손에 붙들려 홀로 앉았사오니 이는 주께서 분노로 내게 채우셨음이니이다"(렘 15:16-17).

우리는 자신에게 임한 하나님의 심판은 물론 가족이나 교회, 나라에 임한 심판 앞에서 그리스도의 무덤에 들어가야 합니다. 즉 심판의 상황을 극복하려는 시도를 그치고 잠잠히 홀로 앉아 말씀을 얻어먹으며 심판을 받아들여야 합니다. 심판을 합당히 받아들이며 하나님께서 긍휼을 베풀어 주시기를 기다려야 합니다. "사람이 여호와의 구원을 바라고 잠잠히 기다림이 좋도다 사람은 젊었을 때에 멍에를 메는 것이 좋으니 혼자 앉아서 잠잠할 것은 주께서 그것을 그에게 메우셨음이라"(애 3:26-28).

- 장사 복음은 심판을 통해 의를 기초로 다시 세우며 성전이 지어지는 표적이다(시 94:15; 마 12:39-40; 요 2:19-21).
- 다윗은 심판의 자리인 오르난의 타작마당에 성전을 짓게 하였다(대상 21장; 22:1; 대하 3:1).
- 무덤의 기간, 잠잠히 말씀 앞에서 드러난 죄악을 발견하고 심판의 상황을 하나님의 공의로 받아들인다(시 32:11; 시 51:4; 시 88편; 계 16:7).
- 무덤에 계신 그리스도, 옥에 있는 영들(어둠의 동맹세력)에 승리를 선포하시다(벧전 3:18-19, 22).

주님의 심판은 참되고 의로우십니다!

시 48:11; 51:4; 88편; 96:13; 97:8; 119:75; 렘 15:16-17;
애 3:26; 마 12:39-40; 요 2:19-21; 히 4:12-13; 계 16:7

〈장사 복음 - 그리스도의 무덤의 표적에 연합함〉

심판을 받아들이는 자, 죄를 그치다

심판이 주는 가장 실제적인 유익은 죄를 그치는 것입니다. 하나님께서 이스라엘을 엄중히 심판하신 것은 다시는 가증한 일을 행하지 않도록 하시기 위함입니다(겔 16:43). 그리하여 언약을 갱신하고 하나님이 그들의 하나님이신 것을 알게 하며 말씀에 순종하는 백성으로 만드십니다(겔 16:62). 자신의 행실에 대한 심판이 임했을 때 그 심판을 참되고 의로운 심판으로 받아들인 자는 그 행실을 그칩니다. 자신이 지금까지 했던 일들을 하나님께서 심판하셨고, 그것을 '옳습니다!'라고 받아들였는데 어떻게 다시 그 일들을 하겠습니까? 그런 자는 심판을 통해 이전의 삶으로 돌아가지 않는 은혜를 누립니다. 이렇게 심판은 죄를 떠나게 하고 죄를 미워하게 합니다. 비록 세상에서 형통한 삶이었더라도 하나님의 뜻이 아니면 미련을 갖지 않게 하십니다. 그에게는 세상에 대하여 하나님과 더불어 통치하는 권세가 주어집니다.

그리스도의 심판대 앞에서

하나님의 최후의 심판은 그리스도가 재림하실 때 이루어집니다. 그리스도의 무덤에 연합되어 받는 공의의 심판은 옛사람을 심판합니다. 그리하여 우리 안에 하나님이 거하시는 성전을 짓게 하여 우리로 하여금 영원한 생명을 살게 합니다. 반면 최후의 심판은 구원이 완성되는 날에 임합니다. 그것은 믿는 자들이 자기 행실을 통하여 받는 심판입니다. 우리 믿는 자는 모두 하나님의 심판대 앞에 섭니다(롬 14:10). 선악(善惡) 간에 그 몸으로 행한 것을 따라 보응을 받습니다(고후 5:10). 그날에 각 사람의 공적이 드러나는데 불이 각 사람의 공적이 어떠한지 시험합니다(고전 3:13). 누구든지 그 공적이 불타면 해를 받고 공적이 그대로 있으면 상을 받습니다(고전 3:14-15).

하나님의 비밀, 곧 복음을 맡은 자들에게는 충성이 요구됩니다(고전 4:1-2). 심판하시는 주께서 이르기까지 아무도 복음 전하는 자를 판단하지 못합니다(고전 4:4). 의로우신 재판장이 모든 사명자를 판단하십니다(딤후 4:8). 그러므로 복음을 전하는 자는 모든 일에 절제하며 충성하며 심판 날에 임할 상을 구해야 합니다(고전 9:24-27). 사람이 무엇을 심든지 그대로 거둘 것이며 성령을 위하여 심는 자는 성령으로부터 영생을 거둘 것입니다(갈 6:8). 무슨 일을 하든지 마음을 다하여 주께 하듯 해야 합니다. 이는 심판 날에 주님으로부터 오는 기업의 상을 받기 위함입니다(골 3:23-24).

높이 들리신 그리스도는 주가 되시며 심판 날이 이르기까지 하나님과의 언약 안에서 살아가는 자의 중보자가 되십니다. 그가 하나님의 언약 안에 머무는 자를 위하여 보좌 우편에서 중보하십니다(히 7:25). 하나님은 언약 안에 사는 우리가 연약하여 죄를 지을 때 징계하십니다(히 12:7). 징계는 다 받는 것이며 징계 없는 자는 사생아요 친아들이 아닙니다(히 12:8). 하나님의 징계는 우리의 유익을 위한 것이며 결국 그의 거룩하심에 참여하도록 하시기 위함입니다(히 12:10). 우리가 하나님의 징계를 받을 때 죄를 깨닫고 그 죄를 자백하면 중보자 그리스도께서 대언자가 되셔서 우리를 위해 변호하십니다(요일 2:1). 하나님은 아들의 변호를 통하여 우리의 죄를 용서하시고 다시 언약을 회복시켜 주시며 자신과의 바른 관계 안에 거하게 하십니다.

최후의 심판 날, 그리스도 앞에서

마침내 최후의 심판 날이 도래합니다. 그날에 주 예수께서 하늘로부터 불꽃 가운데에 나타나십니다(살후 1:7). 그리고 하나님을 모르는 자들과 주 예수의 복음에 복종하지 않는 자들에게 형벌을 내리십니다(살후 1:8). 그러나 복음의 소망에 흔들리지 아니하며 하나님과 바른 관계에 있는 자들은 거룩하고 흠 없고 책망할 것이 없는 자로 주님 앞에 섭니다(골 1:22-23). 예수 그리스도의 구속의 은혜는 궁극적으로 그가 강림하실 때 우리를 하나님의 진노에서 건져 주시는 데 있습니다(살전 1:10). 이 모든 것은 우리의 공로가 아니라 하나님의 무한한 자비와 긍휼에 힘입은 것입니다. 최후에 임할 하나님의 심판은 복음을 통해 생명을 얻는 자에게 한없는 사랑으로 나타납니다. 우리가 오늘 하나님의 심판을 즐거워하는 것은 최후의 심판의 빛 아래에 거하기 때문입니다. 그날에 임할 심판을 현재로 받아들여 두렵고 떨림으로 구원을 이루며 현재의 삶에서 하나님의 공의의 심판을 즐거워하는 것입니다. 이로써 긍휼의 심판을 행하시는 하나님 앞에서 오직 하나님만 기쁘시게 하며 하나님이 목적하신 인생을 살아가게 됩니다.

심판의 시대, 장사 복음을 전하다

복음은 십자가에서 끝나지 않습니다. 그리스도의 십자가 죽음에 연합된 자는 그의 장사 됨에 연합됩니다. 그리하여 그의 부활에 연합되어 새 생명 가운데서 살게 됩니다. 그러므로 그리스도의 장사 됨에 연합되지 않은 부활 신앙은 관념에 그치고 맙니다. 참으로 안타까운 일은 많은 신자가, 심지어 복음 전도자들까지도 장사 복음을 알지 못하는 것입니다. 그들은 우리가 십자가에서 죽었다는 사실만 강조할 뿐 그리스도의 장사 됨을 전하지 않습니다. 장사 복음은 성경에서 증거하는 복음인데 말입니다. 그래서 생명의 표적이 나타나지 않고 생명의 교제로 나아가지 못합니다.

지금은 심판의 시대입니다. 이 시대에 장사 복음이 선포되어야 합니다. 특히 십자가 복음을 아는 사람일수록 말씀 앞에 머물러 하나님의 심판을 공의로 받아들여야 합니다. 이는 예레미야의 고백처럼 고독한 자리에서 말씀을 얻어먹는 것이요, 말씀을 즐거워하는 것이요, 나아가 하나님의 진노를 기꺼이 받는 것입니다. 그때에 그는 천한 것, 땅의 것을 전하는 자가 아닌 영생의 진리를 전하는 하나님의 귀한 입이 됩니다(렘 15:19). 하나님께서는 그리스도와 연합된 우리의 무덤에서 그의 부활에 연합되게 하여 우리를 새 생명으로 살게 하십니다.

38

부활 복음⑴, 그리스도가 '주'가 되시다

"모든 입으로 예수 그리스도를 주라 시인하여 하나님 아버지께 영광을 돌리게 하셨느니라" _ 빌 2:11

부활하신 그리스도, '주'가 되시다

사도들이 전승한 세 번째 복음은 예수 그리스도의 부활입니다(고전 15:3-5). 십자가 복음은 장사 복음으로 나아가고, 장사 복음은 부활의 복음으로 귀결됩니다. 예수 그리스도께서 장사 된 지 사흘 만에 무덤에서 부활하셨습니다. 그가 죽은 자 가운데서 부활하셨습니다. 창세전부터 현존하시는 하나님의 아들의 이름은 '말씀'입니다(요 1:1). 말씀이 육신이 되어 세상에 오신 그의 이름은 '예수'입니다(마 1:21). 부활하신 후에는 '하나님의 아들'(롬 1:4), '주'(빌 2:11), '그리스도'(행 2:36), 이렇게 세 개의 이름으로 불립니다.

하나님의 아들

부활하신 예수 그리스도는 하나님으로부터 통치권을 위임받은 아들로 불립니다.

"성결의 영으로는 죽은 자들 가운데서 부활하사 능력으로 하나님의 아들로 선포되셨으니 곧 우리 주 예수 그리스도시니라"(롬 1:4).

이 말씀은 초대 그리스도인들의 신앙고백입니다. 이들은 예수께서 죽음과 부활을 통하여 하나님의 아들로 입증되었음을 보고 '예수는 하나님의 아들이다'라고 고백하고 선포했습니다. 물론 죽으시고 부활하시기 전에도 예수는 하나님의 아들이라고 불리어졌습니다. 그가 세례 받으실 때(마 3:17), 그의 용모가 변화되었을 때(마 17:5) '하나님의 아들'로 불리어졌습니다. 또한 베드로도 예수께서 하나님의 아들임을 신앙으로 고백했습니다(마 16:16). 그러나 예수가 '하나님의 아들'이라고 하는 말은 그를 십자가에 처형한 자들에게 올무가 되었습니다(마 26:63).

그렇다면 예수께서 부활하신 후 하나님의 아들이라고 확정된 사실은 무엇을 의미합니까? 그것은 하나님께서 예수의 부활을 통하여 그가 자신이 보낸 메시아임을 확정했을 뿐 아니라, 그를 자신의 우편에 높이셔서 '자신의 통치권을 대행하는 자신의 아들'로 선언하셨음을 의미합니다. 예수 그리스도는 만유의 '주'가 되어 하나님의 통치를 대행하셔서 죄와 죽음을 가져오는 사탄의 통치를 멸망시키셨고, 사탄의 통치로부터 인류와 세상을 구속하여 하나님의 나라로 회복시키는 아들이 되셨습니다. 그리고 최후의 심판 때에는 그를 믿어 의롭게 된 하나님 백성의 중보자가 되십니다.

종말의 구원자로서 그리스도

부활하신 예수께서는 주와 그리스도가 되셨습니다.

"하나님이 오른손으로 예수를 높이시매 그가 약속하신 성령을 아버지께 받아서 너희가 보고 듣는 이것을 부어 주셨느니라 다윗은 하늘에 올라가지 못했으나 친히 말하여 이르되 주께서 내 주에게 말씀하시기를 내가 네 원수로 네 발등상이 되게 하기까지 너는 내 우편에 앉아 있으라 하셨도다 했으니 그런즉 이스라엘 온 집은 확실히 알지니 너희가 십자가에 못 박은 이 예수를 하나님이 주와 그리스도가 되게 하셨느니라 하니라"(행 2:33-36).

부활하신 예수께서는 종말의 구원자로서 그리스도가 되셨습니다. '그리스도'는 히브리어 '메시아'의 헬라어 표현입니다. 메시아로서 그리스도는 우리의 구원을 성취하셨습니다. 그리스도께서 성경대로 죽으시고, 장사 되시고, 성경대로 부활하신 것입니다. 이 일은 우리와 상관없이 일어난 객관적 사건입니다. 그런데 성령을 통해 우리가 그 사건들에 참여하게 되면 구원의 효력이 발생합니다. 즉, 그리스도 사건이 성령을 통해 우리에게 효력을 나타냅니다.

그러면 예수께서 부활하신 후 그리스도가 되었다는 말은 무슨 뜻입니까? 이는 높이 들리신 예수 그리스도가 종말론적 구원을 가져오는 최후의 구원자라는 뜻입니다. 이것이 그리스도가 뜻하는바 가장 근본적인 이름입니다. 그러므로 부활하신 후 주어진 그리스도라는 이름은 하나님께서 구약에서 약속하신 구원을 종말론적으로 성취했음을 가리킵니다. 이 말은 하나님의 구원 역사의 연속성과 신구약의 연속성을 보여 줍니다.

장차 그리스도께서 재림하셔서 종말론적인 구원을 완성하실 것입니다. 우리가 종말에 구원받는 것은 우리의 행위가 아니라 종말의 구원자 예수 그리스도의 은혜 덕분입니다. 구원 이후 우리가 행하는 선행이나 공로는 결코 종말의 구원을 가져오지 못합니다. 우리는 오직 은혜로 구원받으며, 은혜로 주를 섬기며, 은혜로 최후의 구원을 받습니다.

"또 죽은 자들 가운데서 다시 살리신 그의 아들이 하늘로부터 강림하실 것을 너희가 어떻게 기다리는지를 말하니 이는 장래의 노하심에서 우리를 건지시는 예수시니라"(살전 1:10).

주, 모든 이름 위에 뛰어나다

하나님께서 부활하신 아들을 높이 올리시어 '주'로 삼으셨습니다. '주'는 부활 이후 대표적인 그의 이름입니다.

"이러므로 하나님이 그를 지극히 높여 모든 이름 위에 뛰어난 이름을 주사 하늘에 있는 자들과 땅에 있는 자들과 땅 아래에 있는 자들로 모든 무릎을 예수의 이름에 꿇게 하시고 모든 입으로 예수 그리스도를 주라 시인하여 하나님 아버지께 영광을 돌리게 하셨느니라"(빌 2:9-11).

하늘에 속한 영들과 땅에 속한 권세자들, 그리고 땅 아래에 속한 어둠의 세력이 모두 주의 이름 앞에 굴복합니다. 그리하여 그들이 하나님 아버지께 영광을 돌립니다. 하나님의 지극히 크신 능력이 그리스도 안에서 나타난 것입니다(엡 1:19-20). 이로써 만물의 통치자들과 권세와 능력과 주권이 모두 주의 이름에 굴복합니다.

"그의 능력이 그리스도 안에서 역사하사 죽은 자들 가운데서 다시 살리시고 하늘에서 자기의 오른편에 앉히사 모든 통치와 권세와 능력과 주권과 이 세상뿐 아니라 오는 세상에 일컫는 모든 이름 위에 뛰어나게 하시고"(엡 1:20-21).

그리스도께서 하늘에 오르사 만물을 다스리십니다. 또한 그와 함께 살리심을 받은 성도도 그와 함께 하늘에 앉힌 자가 됩니다. "또 함께 일으키사 그리스도 예수 안에서 함께 하늘에 앉히시니"(엡 2:6).

하늘에 앉힌 성도가 주와 함께 통치합니다. 그리스도 안에서 역사하여 그를 만물의 통치자로 삼으신 하나님의 크신 능력이 성도에게 베풀어졌습니다(엡 1:19). 성도는 세상 임금인 마귀를 주 안에서 통치하며, 만물을 다스리는 권세를 받았습니다. 주와 더불어 통치하는 성도는 왕과 제사장으로 불립니다. 곧 성도는 아버지 하나님을 위하여 왕들(바실레이아, kings)과 제사장들이 됩니다. "그의 아버지 하나님을 위하여 우리를 나라(왕)와 제사장으로 삼으신 그에게 영광과 능력이 세세토록 있기를 원하노라"(계 1:6).

로마 시대 '주'의 용례

높이 들리신 그리스도의 이름, '주'(퀴리오스)는 1세기 당시 로마 치하에서 세속적인 용법과 종교적인 용법으로 사용되었습니다.

세속적으로는 높은 지위에 있는 사람을 존중하여 부를 때 사용되었습니다. 주로 통치자들에게 사용되었는데, 대표적인 용례로는 신성한 능력을 가진 통치자로 여겨졌던 로마 황제를 '주'라고 불렀습니다. 초기 그리스도인들은 황제를 주로 부르기를 거부하고 예수를 주로 불렀습니다. 그리하여 그들은 박해를 받았습니다. 그러므로 예수를 주로 부르는 것은 인간의 의지로 불가능합니다. 누구든지 성령으로 하지 않고는 예수를 주로 부를 수 없습니다(고전 12:3). 구원은 입으로 예수를 주로 시인하며 하나님께서 그를 죽은 자 가운데서 살리신 것을 마음에 믿음으로써 일어납니다(롬 10:9). 사람이 마음으로 믿어 의에 이르고 예수를 주로 시인하여 구원에 이릅니다(롬 10:10).

종교적인 용례에서는 사람들이 자신들의 믿는 '신'을 가리켜 '주'라고 불렀습니다. 그들이 '주'라고 부르는 신은 만물 안에 속한 신입니다. 그러나 우리가 믿는 그리스도로서의 '주'는 만물 위에 계시는 유일한 '주' 하나님이십니다. "비록 하늘에나 땅에나 신이라 불리는 자가 있어 많은 신과 많은 주가 있으나 그러나 우리에게는 한 하나님 곧 아버지가 계시니 만물이 그에게서 났고 우리도 그를 위하여 있고 또한 한 주 예수 그리스도께서 계시니 만물이 그로 말미암고 우리도 그로 말미암아 있느니라"(고전 8:5-6).

여기서 '많은 신'과 '많은 주'는 애굽과 시리아, 그리고 소아시아의 신비 종교에서 숭배하던 신들과 주들입니다. 만물 안의 '많은 신'과 '많은 주'는 쇠락하고 필멸하는 만물의 법칙을 따릅니다. 그것들은 특정한 시대나 특정한 나라에서 섬기는 신이고 주입니다. 그것들은 나라가 없어지면 소멸하는 민족 신이며, 다른 지역에서는 통용하지 않는 주입니다. 그러나 만물을 지으시고 존재케 하시고 통치하시는 주는 만왕의 왕이요, 만주의 주이십니다.

마라나타, 예배에서 주를 부르다

신약 시대 때 성도들이 예배의 자리에서 예수를 '주'로 불렀습니다. 이는 아람어로 '마라나타'입니다. '마라나타'는 독법에 따라 두 가지 뜻으로 해석할 수 있습니다.[100] '마라-나타'로 읽으면 '주께서 임하셨도다'라는 뜻으로, 고백문입니다. 고린도전서 16:22b "우리 주여 오시옵소서"의 난하주를 보면 '우리 주께서 임하셨도다. 아람어, 마라나타'라고 설명되어 있습니다. 다른 하나는 '마라나-아타'로 읽는 것입니다. 이때는 요한계시록 22:20, "주 예수여 오시옵소서"처럼 기도문입니다.

즉 '마라나타'는 고백과 기도라는 이중적인 의미로 해석할 수 있습니다. 이는 하늘과 땅의 모든 권세를 가지신 주께서 예배의 자리에 임하셨다는 강력한 신앙고백이며 또한 종말에 재림하실 주님이 예배의 자리에 오시기를 사모하는 기도입니다. 우리가 예배드릴 때 행하는 주의 만찬은 주께서 지금 임하셨다는 고백과 종말에 임하시기를 기도하는 내용을 동시

---

100 김세윤, 『신약 성경신학 Ⅰ』, 86.

에 아우릅니다. 이에 말씀의 선포와 성찬이 있는 예배는 하나님의 나라를 미리 맛보며 종말에 오실 주님이 미리 임하시는 선취의 실현입니다. 마라나타를 부름으로써 예배 가운데에서 주님의 임재를 경험하고 동시에 그의 종말론적 재림을 소망하는 것입니다. 초기 그리스도인들이 온갖 박해를 견딜 수 있었던 것은, 하늘과 땅의 모든 권세를 가지신 주께서 그들과 함께하셨기 때문입니다(마 28:18-20). 당시 로마 황제는 신의 위치에 올랐으나, 그리스도인들이 볼 때는 모든 이름 위에 뛰어나신 주님께 무릎을 꿇는 땅에 속한 자에 불과했습니다.

오늘날 그리스도인들이 마라나타를 부르며 예배드릴 때, 하나님의 권능에 버금가는 맘몬에게 경배하지 않습니다. 주님은 만왕의 왕이시요 만주의 주이십니다. 우리의 주님은 반드시 다시 오십니다. 그 주님은 지금 우리와 함께 계십니다. 우리는 이 믿음으로 맘몬이 주관하는 세상을 넉넉히 이깁니다. "그들이 어린 양과 더불어 싸우려니와 어린 양은 만주의 주시요 만왕의 왕이시므로 그들을 이기실 터이요 또 그와 함께 있는 자들 곧 부르심을 받고 택하심을 받은 진실한 자들도 이기리로다"(계 17:14).

높이 들리신 주, 만물을 충만하게 하시다

부활하셔서 높이 들리신 주는 하늘에 계시면서 만물을 충만하게 하십니다(엡 4:10). 이를 위해 주는 다양한 직분자를 세우시고 그들을 통해 성도를 온전하게 하십니다(엡 4:11). 온전해진 성도는 그리스도의 몸인 교회를 세우며(엡 4:12), 주는 교회를 통하여 만물을 충만하게 하십니다(엡 1:22-23). 교회를 통하여 만물을 충만하게 하심은 만물이 본래의 소유주인 하나님께로 돌아오는 것을 말합니다. 성도의 모임인 교회는 만물의 머리가 되는 주의 통치를 받습니다. 이때 만물이 교회의 것이 되며, 하나님의 목적을 위해 사용됩니다(고전 3:21-23). 만물은 주 안에 있는 성도의 통치를 받습니다. 만물 안의 그 무엇도 성도를 그리스도 예수 안에 있는 하나님의 사랑에서 끊지 못합니다(롬 8:37-39). 부활하신 예수 그리스도의 지상 명령은 교회를 통하여 만물이 충만하게 되는 구체적인 실례를 보여 줍니다(41과, '현현 복음, 증인 파송과 전권 부여' 참고). 높이 들리신 주께서는 성도를 온전하게 하는 다양한 직분자와 항상 함께하십니다. 이들은 높이 들리신 '주 안에' 거하여 주의 뜻을 이루는 자들입니다. 그들은 만물 위에 계신 주 안에 거함으로써 모든 상황에서 넉넉히 승리하며 또한 기뻐합니다.

주 안에서 항상 기뻐하라

신약성경 에베소서는 '그리스도 안에서'라는 말이 자주 나옵니다. '그리스도 안에서'는 바울서신 전체에서 160회 이상 나오는데, 짧은 분량(6장)인 에베소서에서 35회가 나옵니다.[101] 반면 빌립보서는 '주 안에서'가 자주 나옵니다. 짧은 분량(4장)인 빌립보서에서 '주'는 15회 나오며, '주 안에서'는 10회 나옵니다. 에베소서는 '그리스도 안에서' 일어난 구원의 부요함을 증거한다면, 빌립보서는 '주 안에서' 누리는 구원의 풍성함을 증거합니다. 그것은 모든 이름 위에 뛰어난 이름을 가지신 주 안에 거하는 삶입니다. 주 안에 거하는 삶의 대표적인 증거가 '기쁨'입니다. 주 안에 거함으로써 오는 '기쁨'(joy)은 세상이 주는 '재미'(fun)와 구별됩니다.[102] 세상이 주는 재미는 만물 안에 속하며 일시적이고 이내 사라집니다. 그것들은 '항상성'이 없으며 존재물의 쇠락과 더불어 사라지는 일시적인 것입니다. 그러나 주 안에서 누리는 기쁨은 존재물의 여부나 상황의 호불호(좋고 나쁨)와 상관없이 항상 누리는 기쁨입니다.

"주 안에서 항상 기뻐하라 내가 다시 말하노니 기뻐하라 너희 관용을 모

---

101 박창건, 『성서주석 에베소서』, 34.
102 서형섭, 『하늘에 속한 말씀의 기쁨』, 21.

든 사람에게 알게 하라 주께서 가까우시니라 아무 것도 염려하지 말고 다만 모든 일에 기도와 간구로, 너희 구할 것을 감사함으로 하나님께 아뢰라 그리하면 모든 지각에 뛰어난 하나님의 평강이 그리스도 예수 안에서 너희 마음과 생각을 지키시리라"(빌 4:4-7).

주 안의 기쁨 vs 세상의 염려
바울은 감옥에 갇혀 있는 상황에서 빌립보 성도들에게 "주 안에서 항상 기뻐하라"고 명령합니다. 주 안에 거한다는 뚜렷한 증거가 바로 하늘에 속한 기쁨의 삶입니다. 이 기쁨은 모든 사람을 향한 관용(온화함)으로 나타납니다. 다른 사람을 대할 때 완고하거나 까다로운 것은 그 속에 주 안에서 오는 기쁨이 없기 때문입니다. 우리가 모든 사람에게 관용을 알게 하는 것은, 주께서 가까우시기 때문입니다. 세상에서는 죽기 전에 해야 할 일로 '버킷 리스트'를 정합니다. 그리스도인에게 버킷 리스트가 있다면 할 수 있는 한 모든 사람에게 관용을 베푸는 것입니다. 이를 위해 우리는 주 안에서 항상 기쁨을 유지해야 합니다.

그런데 세상의 염려는 주 안의 기쁨을 소멸하게 합니다. 빌립보서에서 '주 안의 기쁨'과 대립하는 개념은 '세상의 염려'입니다. 우리 마음에 세상의 염려가 들어오면 주 안의 기쁨은 사라지고 사람들에 대한 관용도 소멸합니다. 그러므로 주 안에서 항상 기뻐하려면 세상의 염려에서 벗어나야 합니다. 어떻게 세상의 염려에서 벗어납니까? 그것은 아무것도 염려하지 말되 다만 모든 일에 기도와 간구로 우리가 구할 것을 감사함으로 하나님께 아뢰는 것입니다.

모든 지각에 뛰어나신 하나님의 평강으로
주 안에서 항상 기뻐하고 사람들에게 관용을 베푸는 삶은 하나님께 염려를 온전히 맡기는 기도를 드릴 때 지속됩니다. 그리하면 모든 이성에 뛰어난 하나님의 평강이 그리스도 예수 안에서 우리의 마음과 생각을 지켜주십니다. '지각에 뛰어난 하나님의 평강'이란 표현은 염려의 원인을 파악하게 합니다. 세상의 염려는 우리 이성(지각)의 한계로 인해 생기는 것입니다. 자녀의 염려 거리가 부모에게는 염려 거리가 아닙니다. 왜냐하면, 부모의 이성이 자녀의 이성보다 뛰어나기 때문입니다. 하물며 하나님의 지각과 우리의 이성은 무한한 질적 차이가 있습니다. 우리 이성의 한계로는 염려가 되는 일이 하나님의 이성(지각)으로는 염려가 되지 않습니다.

우리는 하나님의 사랑받는 자녀입니다(골 3:12). 그러므로 세상의 염려가 생길 때마다 우리는 감사함으로 하나님 아버지께 맡겨야 합니다. 그때 하나님은 우리의 염려 거리를 없애주시는 것이 아니라, 모든 지각에 뛰어난 그의 평강으로 우리의 마음과 생각을 지켜주십니다. 그때 우리는 다시 주 안에서 기뻐하며 뭇사람에게 관용을 베푸는 삶을 살게 됩니다.

39

부활 복음(2),
몸의 죽음과 몸의 부활의 중간 상태

"죽은 자의 부활도 그와 같으니 썩을 것으로 심고 썩지 아니할 것으로 다시 살아나며" _ 고전 15:42

부활의 첫 열매, 그리스도

예수 그리스도의 부활이 가져온 최상의 은혜는 죽은 자의 몸이 부활하는 것입니다. 만일 죽은 자의 부활이 없으면 우리 믿음도 헛되고 우리가 전파하는 것도 헛됩니다.

"그러나 이제 그리스도께서 죽은 자 가운데서 다시 살아나사 잠자는 자들의 첫 열매가 되셨도다 사망이 한 사람으로 말미암았으니 죽은 자의 부활도 한 사람으로 말미암는도다 아담 안에서 모든 사람이 죽은 것 같이 그리스도 안에서 모든 사람이 삶을 얻으리라"(고전 15:20-22).

예수 그리스도는 모든 믿는 자를 위하여 부활의 첫 열매가 되셨습니다. 그의 부활로 말미암아 아담 안에서 죽은 우리는 영생을 얻었고 죽은 후에도 몸이 부활하는 은혜를 입었습니다. 장차 완성될 하나님의 나라는 이 땅에서 태어난 몸으로는 누리지 못합니다. 혈과 육으로는 하나님의 나라를 이어받지 못합니다(고전 15:50). 혈과 육으로 형성된 몸은 언젠가 죽게 됩니다. 그러나 그리스도가 재림하실 때 죽은 자의 몸은 영광스러운 몸으로 부활합니다. 물론 우리가 죽기 전에 그리스도가 재림하시면 우리가 영광스러운 몸으로 변화됩니다. 영광스러운 몸으로 하나님 나라를 누립니다.

죽은 자의 몸이 부활하는 것은 하늘에 속한 신비입니다. "보라 내가 너희에게 비밀을 말하노니 우리가 다 잠 잘 것이 아니요 마지막 나팔에 순식간에 홀연히 다 변화되리니 나팔 소리가 나매 죽은 자들이 썩지 아니할 것으로 다시 살아나고 우리도 변화되리라"(고전 15:51-52). '마지막 나팔'은 그리스도의 재림을 묘사하는 유대적 표현입니다(마 24:31). 그리스도가 재림하실 때 죽은 자나 산 자 모두가 썩지 아니할 영광스러운 몸으로 변형되는 것입니다. "그는 만물을 자기에게 복종하게 하실 수 있는 자의 역사로 우리의 낮은 몸을 자기 영광의 몸의 형체와 같이 변하게 하시리라"(빌 3:21). 종말의 때가 되면 썩을 몸이 반드시 썩지 아니할 영광스러운 몸을 입게 됩니다(고전 15:53).

영혼 불멸설과 죽은 자의 부활

헬라 철학자 플라톤이 주장한 '영혼 불멸설'은 거의 모든 종교가 지지하는 학설입니다. 그러나 교회는 육의 부활, 곧 몸이 다시 사는 것을 신앙으로 고백합니다.[103] 초기 기독교가 지중해 세계에 보편화되어 있던 영혼 불멸설의 유혹을 물리치고 '육의 부활'을 고백한 것은, 기독교가 계승한 히브리 정신의 위대한 승리라고 할 수 있습니다.[104] 하지만 기독교가 영혼

---

103   사도신경, "몸이 다시 사는 것을 믿습니다."
104   김균진,『죽음과 부활의 신학』, 296.

불멸설의 영향을 전혀 받지 않은 것은 아닙니다. 기독교는 영혼 불멸성의 내용을 일부 수용했고, 이러한 현실이 오늘날까지 계속되고 있습니다. 영혼 불멸설은 이원론적 인간학에 근거합니다. 그것은 영혼은 선하고 육체는 악하다는 주장입니다. 곧 인간은 죽음을 통해 그의 영혼이 육의 감옥에서 해방되어 영원한 자유를 누린다고 합니다. 이에 참된 삶은 이 세계가 아니라 죽음 이후의 세계에 존재합니다. 이들의 주장은 인간의 영혼이 선재(先在)하며 지상적 삶을 통과하여 후재(後在)한다고 합니다.

이와 같은 영혼 불멸설의 근거가 되는 이원론적 인간관은, 인간의 지상적 삶을 경시하거나 천시하는 잘못된 사고방식과 삶의 태도를 조장합니다. 즉, 인간의 실존에 필요한 모든 물질적 현실에 무관심하게 만듭니다. 따라서 인간이 그의 생명 유지를 위하여 필요로 하는 식량과 건강의 문제, 이 문제와 직결된 정치, 경제, 사회적 정의의 문제에 대하여 교회가 사실상 관심을 가질 필요가 없다고 생각합니다. 그리하여 인간의 구체적인 삶과 삶의 현실, 이 세계 안에서 지금도 신음하고 있는 피조물들의 고난과 죽음, 생명의 착취와 파괴에 대하여 무관심하게 합니다. 그리고 그리스도인들이 영적인 것, 소위 영원한 것만을 동경하고 추구하게 합니다. 유일회적인 삶의 시간을 무의미하게 여기게 하며, 신음하는 생명들을 위한 관심과 개입이 불필요하다는 의식을 갖게 합니다.[105]

기독교는 영혼 불멸이 아닌 몸의 부활을 믿는다

하나님께서는 인간의 육체와 영혼을 동시에 창조하셨습니다(창 2:7). 그러므로 인간은 육체와 영혼이 분리되지 않으며, 서로 작용함으로써 활동합니다. 인간의 감정과 사유 활동은 영혼은 물론 육체적 조건에 의존하며, 육체적 활동 역시 영혼의 조건에 영향을 받습니다.

---

105 김균진, 『죽음과 부활의 신학』, 317.

신약성경은 헬라 철학의 영혼 불멸설이 아니라 몸의 부활을 진리로 증거합니다. 몸의 부활은 인간의 육체와 영혼을 전적으로 새롭게 하는 창조입니다. 이는 몸을 포함한 인간의 총체적 존재가 다시 살아나서 '영적인 몸'으로 변화되는 것입니다(고전 15:44). 그러므로 몸의 부활은 지상적 삶의 연속이 아니라, 지상적 삶과는 전혀 다른 차원의 삶을 실현합니다. 지상의 삶은 죽음을 통해 끝나고, 부활과 함께 전혀 다른 형태의 삶을 얻게 되는 것입니다. 이리하여 부활 신앙에서는 지상의 삶이 유일회적 가치와 진실성을 가집니다.

헬라 철학이 말하는 영혼 불멸설은 결코 기독교의 아류(亞流)가 될 수 없으며, 오히려 부활 신앙과 대립합니다. 그리스도인은 영혼 불멸설이 아니라 몸의 부활을 믿습니다. 오스카 쿨만(O. Cullmann)은 영혼 불멸설이 기독교에 대한 가장 큰 오해 가운데 하나라고 언급합니다. "죽은 후의 인간의 운명에 대한 신약의 가르침에 대해 거의 예외 없이 영혼 불멸이라고 하는 대답을 우리는 얻게 된다. 그러나 이 생각은 기독교에 대한 가장 큰 오해 가운데 하나가 아닐 수 없다."[106]

20세 중반 이후 개신교 신학자들이 영혼 불멸설과 부활 신앙의 통합을 시도합니다. 그 대표적인 신학자가 몰트만입니다.[107] 물론 여기서 말하는 '영혼'은 헬라 철학의 영혼 불멸설의 영혼과 구별됩니다. 이 영혼은 성경이 말하는 '영혼'의 개념으로, 영혼과 영과 몸이 하나의 전체를 이루고 있는 '인간 존재 전체'를 말합니다.[108] 그리고 죽은 자의 부활을 몸 자체의 부활이 아니라 인간 존재 전체의 부활이라고 봅니다. "여기서 우리는 일반 종교의 이원론적 의미에서 영혼 불멸을 말하는 것이 아니라, 인격적 의미의 영혼 불멸설을 부활 신앙의 구성적 요소로서 수용할 수 있다. 이리하여

---

106 Cullmann, "영혼 불멸과 죽은 자의 부활", 12.
107 김균진, 『죽음과 부활의 신학』, 312.
108 김균진, 『죽음과 부활의 신학』, 318.

우리는 부활 신앙과 영혼 불멸설의 대립을 벗어나 영혼 불멸설을 부활의 신앙에 통합시킬 수 있게 된다."[109]

이를 가리켜 바울은 썩지 아니할 몸, 영광스러운 몸, 강한 몸, 영적인 몸을 부활이라고 했습니다(고전 15:42-44). 영생을 얻은 자는 인간 존재 전체로서 부활의 몸으로 살아갑니다(롬 6:13). 그리고 죽은 자의 부활이 영생을 얻은 자의 몸을 대상으로 할 때, 부활 신앙은 현재의 삶에 대한 책임을 요구합니다. 따라서 부활 신앙은 현실이 됩니다. "…죽은 자가 다시 살아나지 못한다면 내일 죽을 터이니 먹고 마시자 하리라 속지 말라 악한 동무들은 선한 행실을 더럽히나니 깨어 의를 행하고 죄를 짓지 말라…"(고전 15:32-34).

몸의 죽음과 몸의 부활, 그 중간 상태

그리스도인에게는 죽음 이후에 두 단계의 삶이 주어져 있습니다. 1단계는 '몸의 죽음' 이후 몸이 부활하는 종말에 이르기까지의 삶입니다. 2단계는 그리스도의 강림과 몸의 부활 이후 주어지는 삶입니다. "초기 그리스도인들은 미래가 두 단계로 이루어진다는 신앙을 확고하게 갖고 있었다. 첫 번째는 죽음과(어떠한 형태이건 간에) 그 직후의 상태로 머무는 단계이고, 두 번째는 새롭게 창조된 세상에서 새로운 육체를 가지고 사는 단계다."[110]

신약성경에서는 두 단계의 삶에서 종말에 관한 교훈이 주를 이루고 있습니다. 왜냐하면, 초대 교회 그리스도인들은 당대에 종말이 올 것을 믿었기 때문입니다. 그러다 보니 그리스도인들은 죽음 이후에서 종말에 이르는 1단계의 삶을 궁금해 하거나 오해합니다.

---

109 김균진, 『죽음과 부활의 신학』, 424.
110 Wright, 『마침내 드러난 하나님 나라』, 90.

영국의 신약 신학자 톰 라이트는 『죽음 이후를 말하다』라는 책을 썼습니다. 이 책은 남편을 잃은 젊은 여인이 장례식 이후에 찾아온 괴로운 질문으로 시작합니다. "제가 알고 싶은 건 이거예요. 그이는 지금 어디 있나요?"[111] 대다수 중세 그리스도인은 사람이 죽음 이후에 가는 곳을 천국 아니면 지옥으로 보았습니다.[112] 이들은 '천국'이 하나님이 주권자로 통치하는 나라요, 의로운 자, 복된 자, 구원받은 자, 성도들이 이미 하나님과 더불어 영광을 누리는 나라라고 생각했습니다. 그러다 보니 종말에 일어날 몸의 부활에 대하여는 크게 주목하지 않았습니다.

연옥, 낙원, 영혼 수면설

AD. 6세기 그레고리우스 대제는 죽은 자들을 위하여 기도하는 이유를 설명하기 위해 '연옥'을 강설했습니다. 순교자나 성인들은 천국으로 직행하나 보통 신자는 연옥에서 정결할 때까지 대기해야 한다는 것입니다. 연옥 교리는 『단테의 신곡』을 계기로 14세기와 15세기에 대중에게 급속도로 퍼졌습니다. 교회는 연옥을 가르치고 현세의 삶을 연옥과 관련하여 꾸려 가는 데 있어 엄청난 에너지를 쏟아부었습니다. 연옥 교리에 의하면, 죽음에 이른 대다수 그리스도인은 어느 정도 죄가 있어서 더 정결해지거나 더 벌을 받아야 합니다. 이를 위해 그들은 연옥에 대기합니다. 지상의 남은 자들은 연옥에 있는 자들을 위하여 기도하고 면벌부를 판매했습니다. 이것은 연옥의 대기 시간을 단축하는 의식으로 행하여졌습니다. 이것이 루터가 시작한 종교개혁의 한 원인이 되었습니다. 루터는 그리스도께서 모든 죄를 담당하셨기 때문에 더 이상의 면벌부가 필요하지 않다고 했습니다.

예수께서 십자가에서 오른편 강도에게 하신 말씀은 연옥 교리를 정면

---

111 Wright, 『톰 라이트, 죽음이후를 말하다』, 11.
112 Wright, 『톰 라이트, 죽음이후를 말하다』, 20.

으로 부인합니다. "예수께서 이르시되 내가 진실로 네게 이르노니 오늘 네가 나와 함께 낙원에 있으리라 하시니라"(눅 23:43). 십자가에 달릴 만큼 중한 죄인도 예수를 영접하면 '죽는 그날'(오늘) 예수와 함께 낙원에 있습니다. 예수의 포도원 품꾼의 비유는 하루 종일 일한 사람이나, 일이 끝날 무렵 온 사람들이나 삯이 같습니다(마 20:1-16). 이와 같이 각양각색인 그리스도인의 사후 상태에는 아무 차이가 없습니다.[113]

'낙원'(파라데이소스, 영 - paradais)은 육체가 부활하게 될 그날을 기다리는 동안 하나님의 의식적 사랑과 예수 그리스도의 의식적 현존 안에 굳건하게 붙들려 있는 상태, 곧 '복된 안식의 상태'를 말합니다.[114] 이 점에서 '낙원'을 '천국'(하나님 나라)이라고 부르지 못할 이유는 없으나 신약성경에서는 그러한 명칭을 사용하지 않는다는 사실을 주목해야 합니다.[115] 혹자는 신자가 죽음 이후 무의식의 상태로 들어가 잠을 잔다고 하며 '영혼 수면설'을 주장합니다. 그런데 신약성경에서 신자의 죽음을 잠자는 것으로 묘사하는 것은, 장차 일어날 몸의 부활을 반영한 것입니다. 여기서 '잠'은 신자의 참 존재가 지속되는 반면, 그의 육체는 부활을 위해 씨로 뿌려졌다(죽었다)는 의미에서 잠들어 있는 것을 의미합니다.[116]

한편 불신자는 죽음 이후 두 단계의 삶이 기다립니다. 불신자는 죽음 이후 악의 영역에 들어갑니다. 그곳은 바다, 사망, 음부로 불립니다(계 20:13). 종말에 그들은 악의 영역에서 나와 불못에 던져지는데, 이것이 둘째 사망입니다(계 20:14).

---

113   Wright, 『톰 라이트, 죽음이후를 말하다』, 51.
114   Wright, 『마침내 드러난 하나님 나라』, 270-271.
115   Wright, 『마침내 드러난 하나님 나라』, 271.
116   Wright, 『마침내 드러난 하나님 나라』, 270.

몸의 죽음과 몸의 부활, 씨와 형체의 비유

그리스도인의 몸은 죽음 이후 부활의 몸을 위해 심겨진 씨와 같습니다 (고전 15:35-38). 씨는 죽지 않으면 열매를 맺지 못합니다. 씨와 씨에서 난 형체(열매)는 다릅니다. 수박씨는 아주 작고 검은 씨입니다. 그 씨에서 큰 형체(수박)가 나옵니다. 죽은 자의 몸은 그것이 어떤 형태로 장례를 치러도 씨로 심겨집니다. 씨 안에 생명이 있습니다. 그 씨는 그리스도가 강림하실 때 영광스러운 형체로 살아납니다. 씨로 심겨지는 몸은 썩을 것, 욕된 것, 약한 것, 육의 몸입니다. 이 씨에서 부활하는 몸은 썩지 아니할 것, 영광스러운 것, 강한 것, 신령한 몸입니다(고전 15:42-44). 그러므로 우리가 죽게 되면 육체의 고통을 수반하지만, 그 몸은 장차 영광스러운 몸으로 부활하는 씨로 심겨집니다. 월섬 하우(Walsham How)가 쓴 찬송시는 그리스도인의 죽음 이후 1단계와 그 이후 2단계의 삶을 다음과 같이 보여 줍니다.[117]

"서쪽에서 황금빛 저녁이 밝게 빛나니,
곧, 곧 신실한 군사들에게 쉼이 오리라.
복된 자들아, 낙원의 고요가 달콤하구나.
알렐루야!

그러나 보라! 더 영광스러운 날이 밝아 온다.
승리한 성도들이 환히 줄지어 일어나고,
영광의 왕이 당신의 길을 지나가시네.
알렐루야!"

---

117 Wright, 『톰 라이트, 죽음 이후를 말하다』, 8.

죽음 이후 더욱 풍성한 영생의 삶

그러면 죽음 이후 우리 안에 있는 영원한 생명은 어떤 상태로 존재합니까? 몰트만은 그가 94세가 되었을 때(2020년) 『나는 영생을 믿는다』라는 책을 썼습니다. 이 책은 그의 마지막 저서로 간주됩니다. 그는 이 책에서 우리가 얻은 영원한 생명은 영원한 현재 안에 있는 생명이라고 말합니다.[118] 영원한 생명은 부재와 결핍이 존재하지 않으며, '영원한 아침의 광채' 속에서 날마다 새로워지는 생명입니다. 몰트만은 영원한 생명을 가진 자가 죽고 그의 주검이 땅에 묻히거나 불에 태워져도 영원한 생명으로 새로 깨어난다고 말합니다.[119] 그러면서 디트리히 본회퍼(D. Bonhoeffer)가 1945년 4월 9일에 플로센부르크 수용소에서 처형되기 위해 끌려 나갔을 때 동료 죄수들에게 한 마지막 말을 인용합니다. "이것은 마지막이지만, 나에게는 영원한 생명의 시작이다."[120]

죽음 이후 새롭게 시작되는 영원한 생명은 그리스도와 대면하여 교제함으로써 죽음 이전보다 더욱 풍성해집니다. 육체로 사는 동안 영원한 생명은 주님과 비대면으로 교제합니다. 그것은 말씀과 기도와 찬송 등 다양한 매개체로 주님과 간접적으로 교제하는 것입니다. 그러나 죽음 이후 영원한 생명은 주님의 얼굴을 대하며 직접 교제합니다. "우리가 담대하여 원하는 바는 차라리 몸을 떠나 주와 함께 있는 그것이라"(고후 5:8). 바울은 옥중에서 삶과 죽음의 갈림길에 있었습니다. 그는 사는 것보다 죽는 것이 더 좋은 일이라고 했습니다. "그러나 만일 육신으로 사는 이것이 내 일의 열매일진대 무엇을 택해야 할는지 나는 알지 못하노라 내가 그 둘 사이에 끼었으니 차라리 세상을 떠나서 그리스도와 함께 있는 것이 훨씬 더 좋은

---

118 Moltmann, 『나는 영생을 믿는다』, 23-24.
119 Moltmann, 『나는 영생을 믿는다』, 65.
120 Moltmann, 『나는 영생을 믿는다』, 65.

일이라 그렇게 하고 싶으나 내가 육신으로 있는 것이 너희를 위하여 더 유익하리라"(빌 1:22-24).

산 자와 죽은 자들, 모두 그리스도 안에

여기에 중요한 요점이 있습니다. 세상을 떠나 영생의 삶을 사는 자들과 아직 이곳에 있는 우리는 모두 그리스도 안에 있기 때문에 우리는 그들과 함께 '성도의 교제'에 참여한다는 사실입니다.[121] 그들은 세상을 떠났어도 여전히 그리스도 안에 있는 형제와 자매들입니다. 그렇다면 우리가 그들을 위하여 그리고 그들과 함께 기도하지 못할 이유가 없습니다. 종교개혁자들이 죽은 자를 위해 기도하는 것을 불법화하려고 애쓴 것은, 그러한 행위가 연옥이라는 개념과 너무 밀접하게 연관되어 있었기 때문입니다. 구더기 무서워 장 못 담그는 격입니다. 그러므로 우리가 연옥의 개념을 배제한다면, 이 세상을 떠나 주님과 교제하는 이들이 하나님의 기쁨과 평화로 가득 차기를 기도할 수 있습니다. 사랑은 기도로 이어지며, 그들이 죽었어도 우리는 여전히 그들을 사랑합니다.[122] 그러나 신약성경이나 초기 기독교 교부들의 글에서는 낙원에 있는 자들이 현재 살아 있는 자들을 위해 적극적으로 기도하고 있다는 암시를 발견할 수 없습니다.[123] 물론 그들이 우리보다 그리스도와 더 가까이 있다는 점에서 계시록에 나오는 제단 밑의 영혼들처럼 정의와 구원이 완성되도록 아버지를 촉구하는 정도의 일은 가정할 수 있습니다.

---

121 Wright, 『마침내 드러난 하나님 나라』, 271.
122 Wright, 『마침내 드러난 하나님 나라』, 271.
123 Wright, 『마침내 드러난 하나님 나라』, 272.

영생의 현재성과 미래성		
현재성	미래성(1단계)	미래성(2단계)
• 아들의 나라(선취, 마 28:18; 골 1:13) • 죽을 몸(롬 6:12; 8:23) • 생명의 교제(요 17:3; 요일 1:1-3) • 아들과 아버지 안에 거함 (요 17:21-24) • 독생자의 영광, 인자와 신실을 봄(요 1:14) • 제한적 누림 : 죽을 몸과 죄의 세력으로 인함 • 그리스도와 비대면 교제 (고후 5:6)(성령, 말씀, 기도, 성례전)	• 중간기(죽음 이후 몸의 부활 때까지) • 아들의 나라(엡 1:21-22; 빌 2:9-11) • 죽은 몸_자는 자(살전 4:13) • 육체의 죽음(고전 15:35-44, 부활의 형제를 위한 씨앗으로 심겨짐) • 그리스도와 대면 교제(고후 5:8; 빌 1:23) • 연옥(직통로와 우회로)은 허구: '오늘' 낙원에 거함(눅 23:43) • 죽음 이후 성도의 차별은 없음(마 20:1-12) - 월섬 하우의 찬송시	• 마지막 미래(죽음 이후의 이후, 몸의 부활) • 아버지의 나라(고전 15:24) • 부활의 몸, 새로운 육체(고전 15:51-52; 빌 3:21) • 새 하늘과 새 땅(벧후 3:13; 계 21:1) • 그리스도와의 혼인 잔치 (계 19:7) • 새로운 양식(마 26:29; 계 22:1-2) • 세세토록 왕노릇(계 22:5)

영생의 삶은 지상에서 시작되며 죽음 이후 더욱 풍성하며 마지막 날에 찬란하게 완성된다. 지상에서 영생의 삶과 주의 일에 힘쓰는 것은 결코 낭비되지 않은 참된 삶이다(고전 15:58).

〈현재 누리는 영생, 죽음 이후 영생의 삶〉

40

부활 복음(3), 종말을 현재로 살다

> "우리 주 예수 그리스도로 말미암아 우리에게 승리를 주시는
> 하나님께 감사하노니" _ 고전 15:57

그리스도의 부활, 종말의 승리를 선취하다

몸이 부활하는 종말의 때에 '사망이 삼켜질 것'이라는 구약의 말씀이 성취됩니다(고전 15:54). 그런데 바울이 지금 시점에서 사망의 패배를 선언합니다.

> "사망아 너의 승리가 어디 있느냐 사망아 네가 쏘는 것이 어디 있느냐 사망이 쏘는 것은 죄요 죄의 권능은 율법이라 (그러나) 우리 주 예수 그리스도로 말미암아 우리에게 승리를 주시는 하나님께 감사하노니"(고전 15:55-57).

종말에 패배당하는 사망은 죄로부터 오며 죄의 권능은 율법입니다(고전 15:56). 아담 안의 생명은 죄의 삯으로 죽음에 이르며 죄의 권세는 율법

을 통해 역사합니다. 다시 말해서, 죄의 세력은 율법을 발판으로 삼아, 곧 율법이 주어졌을 때 기회를 타서 활동합니다(롬 7:8, 11). 죄와 사망의 관계가 인생의 현실이라면, 죄의 세력과 율법의 관계는 종교의 현실입니다. 모든 종교는 자기주장 의지로 율법(선한 것)을 행하는 데, 이때 죄의 세력이 활동하여 그를 환난과 곤고의 상태에 이르게 합니다(롬 2:9).

고전 15:57은 '그러나'(헬, '데')로 시작합니다(원문, 표준새번역). 예수 그리스도의 승리는 그가 죄에 대하여 죽으셨다는 점에서 죄에 대한 승리였고, 모든 사람이 동참해야 할 죽음이었습니다(롬 6:10-11). 그러므로 이제 그리스도 안에서 '죽음의 찌르는 가시'는 뽑혔습니다. 또한 예수 그리스도의 승리는 그리스도 자신이 죽은 자들 가운데서 첫 열매로, 그 안에 있는 모든 사람도 부활하리라는 약속(고전 15:20, 23)으로 부활하셨다는 점에서 사망에 대한 승리였습니다. 이렇듯 그리스도의 부활은 종말의 승리를 미리 선취했습니다. 사망은 마지막 날에 멸망하지만(고전 15:26), 그리스도가 부활하셨고 그리스도 안에 있는 우리도 부활하리라는 약속으로 부활했기 때문에 사망에 대한 승리가 이미 주어졌습니다. 그래서 바울은 '우리에게 승리를 주시는'이라고 현재시제로 말하는 것입니다.[124] 그로 인해 그는 하나님께 감사합니다. 하나님께서 우리 주 예수 그리스도로 말미암아 우리를 죄와 사망, 율법과 죄의 세력으로부터의 승리하게 하십니다. 즉 사망으로부터의 승리는 현재 경험되는 승리입니다.

모든 상황에서 넉넉히 승리하다

"그러나…우리에게 승리를 주시는 하나님"은 그리스도인이 당하는 모든 상황에서 승리를 안겨줍니다. 바울은 환난과 곤고와 박해와 굶주림과 헐벗음과 칼의 위협과 주를 위하여 형장으로 끌려가도 우리를 사랑하신

---

124 Barrett, 『고린도전서 주석』, 437.

(과거형) 하나님으로 말미암아 우리가 넉넉히 승리한다(현재형)고 선포합니다.

"누가 우리를 그리스도의 사랑에서 끊으리요 환난이나 곤고나 박해나 기근이나 적신이나 위험이나 칼이랴 기록된 바 우리가 종일 주를 위하여 죽임을 당하게 되며 도살 당할 양 같이 여김을 받았나이다 함과 같으니라 그러나 이 모든 일에 우리를 사랑하시는 이로 말미암아 우리가 넉넉히 이기느니라"(롬 8:35-37).

기독교의 시간관, 종말이 현재이다

예수 그리스도가 부활하심으로써 종말에 멸망할 사망이 지금 멸망했습니다. 이것은 우리가 그리스도 안에서 우리가 지금 경험하는 승리입니다. 우리는 종말의 승리를 현재의 승리로 경험합니다. 종말에 가서 멸망하는 사망이 그리스도의 부활로 지금 멸망한 것은, 기독교 시간관에 매우 중요한 통찰을 줍니다.

기독교의 시간관은 태초와 종말을 영원의 시간에서 조망합니다. 이것은 높은 건물에 올라갔을 때 지상의 두 지점이 하나로 보이는 것과 같습니다. 태초와 종말은 직선의 시간 개념이지만 영원의 시간에서는 항상 현재로 존재하는 시간입니다. 직선의 시간관은 특정한 장소에서 다른 장소로 이동하는 것으로 비유할 수 있고, 영원의 시간은 두 장소를 공중에서 동시에 보는 것으로 비유할 수 있습니다. 이 내용을 C.S. 루이스가 구체적으로 설명해 줍니다. "시간을 우리가 곧장 따라가야 할 직선이라고 한다면, 하나님은 그 직선이 그려진 전체라고 할 수 있습니다. 우리는 그 직선을 한 걸음씩 밟아 갑니다. 우리는 A를 지나야 B에 갈 수 있으며 B를 지나야 C에 갈 수 있습니다. 그러나 하나님은 위에서, 밖에서, 또는 사방에서 이 직선 전체를 품고 계시며 이 모든 것을 보고 계십니다."[125]

이렇게 영원의 시간에서는 종말이 현재이며, 태초가 현재가 됩니다. 종말의 현재는 종말의 동시대성입니다. 이것은 인간의 시간에서 보는 역사적 과정과 모순됩니다. 구원사가 종말에 그 의미를 드러낸다면 구원사적 사건들은 본래 일어났던 역사적 맥락과 무관하게 배열되기도 합니다.[126] 예컨대, 종말의 관점에서 보면 천사의 타락이 동정녀에 의한 아들의 탄생보다 나중에 배열됩니다(계 12:1-9). 종말이 항상 현재이기 때문입니다. 인간의 시간을 초월한 영원의 시간에서 태초와 종말은 하나의 점에 불과하며, 거기서 일어난 일들은 동시대의 사건입니다. 바르트는 '시간과 영원의 변증법'으로 종말을 현재로 설명했습니다. "종말은 역사의 마지막 시간을 말하는 것이 아니라, 현재의 순간 속에 있는 영원을 말한다. 현재의 순간 속에 있는 영원을 경험하는 사람은 역사의 종말을 경험한다."[127] 하나님은 이사야 선지자를 통해서 태초와 종말이 동시대임을 알리셨습니다.

"내가 시초부터 종말을 알리며 아직 이루지 아니한 일을 옛적부터 보이고 이르기를 나의 뜻이 설 것이니 내가 나의 모든 기뻐하는 것을 이루리라 했노라"(사 46:10).

태초와 종말은 동시대성으로서 '현재'입니다. 따라서 종말에 일어나는 부활은 오늘의 현실입니다. 부활은 죄와 사망이 지배하는 인생의 현실에서 승리하게 하며 율법과 죄의 세력이 지배하는 종교의 현실에서 승리하게 합니다. 우리는 언젠가 육체의 죽음을 맞이합니다. 죽음을 거스를 자는

---

125 Lewis, 『순전한 기독교』, 261.
126 Kraft, 『요한계시록 주석』, 267.
127 Barth, *Der Romerbrief*, 2. Aufl., 298, 김균진, 『20세기 신학사상 I 』, 67에서 재인용.

아무도 없습니다.

죽음의 명령 앞에서 사망이 위협하나

"너희 인생들은 돌아가라"(시 90:3)라는 하나님의 명령 앞에 모든 인간은 순복해야 합니다. 평생 하나님을 알지 못하고 하나님을 대적하며 살던 자도 죽음의 명령은 순복할 수밖에 없습니다. 하나님이 죽음의 명령을 내리실 때 사망의 세력이 활동하여 공포와 두려움을 줍니다. 믿는 자 역시 사망의 세력이 위협하며 두려움을 안겨줍니다. 하지만 부활 신앙을 현실로 믿는 자는 몸의 부활을 현재로 받아들이며 사망을 꾸짖습니다. 그때에 죽음의 자리에서도 이김을 주시는 예수 그리스도로 말미암아 하나님께 감사하며 죽음에서 승리합니다. 부활 신앙을 가진 자, 스데반은 순교의 자리에서도 하늘을 바라보며 기쁨이 충만했습니다(행 7:55). 도리어 죽음을 '그따위'로 여기며 당당히 승리했습니다. 이 땅에서는 '그가 떠났다'라고 말하겠지만 동시에 하늘의 벗들은 '그가 마침내 왔다'라고 하며 반겨 맞이할 것입니다.

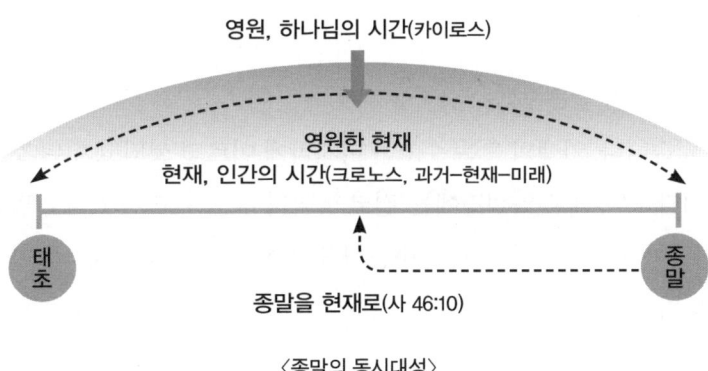

〈종말의 동시대성〉

결코 헛되지 않은 수고, 주의 일을 위하여

전도자(코헬렛)는 만물 아래에서 수고를 다한 후 한 가지 중요한 진리를 발견합니다. 그것은 해 아래의 모든 수고가 헛되고 헛되다는 것입니다. "전도자가 이르되 헛되고 헛되며 헛되고 헛되니 모든 것이 헛되도다"(전 1:2). 전도자는 뭇 인생이 꿈꾸는 삶을 현실로 이루었습니다. 그는 원하는 것을 모두 가졌고, 하고 싶은 일을 다 했습니다. 그는 사업을 크게 하여 집도 짓고 포도원도 일구고 동산과 과수원을 만들어 각종 과목을 심었습니다. 그는 예루살렘에 사는 어떤 사람보다 소와 양떼의 소유가 많았습니다. 그는 지혜도 출중했습니다. 그는 눈이 원하는 것을 금하지 않았고, 마음에 즐거워하는 것은 막지 않았습니다. 그는 이런 수고를 기쁨으로 했습니다. 하지만 결국에는 모든 것이 헛되어 바람을 잡는 것이라고 말합니다(전 2:11). 그의 앞에는 허무한 죽음이 기다립니다. 이것은 모든 인생이 가는 길입니다. "모든 사람의 결국은 일반이라 이것은 해 아래에서 행해지는 모든 일 중의 악한 것이니 곧 인생의 마음에는 악이 가득하여 그들의 평생에 미친 마음을 품고 있다가 후에는 죽은 자들에게로 돌아가는 것이라"(전 9:3).

결코 헛되지 않은 수고

그렇습니다. 인생의 모든 수고는 마지막에 이르면 헛되고 헛된 것으로 끝납니다. 그런데 신약성경에는 '결코 헛되지 않은 수고'가 있다고 말합니다. 이것이 진리입니다. 이것이 바울이 죽은 자의 부활을 가르치는 마지막 말입니다.

"그러므로 내 사랑하는 형제들아 견실하며 흔들리지 말고 항상 주의 일에 힘쓰는 자들이 되라 이는 너희 수고가 주 안에서 헛되지 않은 줄 앎이라"(고전 15:58).

바울은 부활의 교훈을 결코 헛되지 않은 수고에 힘쓰라는 권고로 마무리합니다. 곧 부활의 요점은 우리가 죽는다고 해서 현재의 육체적 삶이 가치가 없는 것이 아니라는 사실입니다.[128] 하나님의 나라는 이미 시작되었고, 영존합니다. 그렇다면 하나님 나라를 세우기 위한 일은 그것이 어떤 종류의 일이든지 영원히 가치가 있습니다. 무엇보다 우리가 종말을 현재에서 조망한다면 종말에 이르러도 헛되지 않은 수고가 있습니다. 그것은 '주의 일'입니다. 그러므로 종말의 승리를 현재에 누리는 사람은 결코 헛되지 않은 수고인 주의 일에 자신을 드립니다. 만일 부활이 없다면 주를 위한 수고가 모두 헛되고 무익할 것입니다. 그렇다면 어차피 한 번뿐인 인생인데 세상 사람들처럼 먹고 마시고 즐기는 것이 더 유익할지도 모릅니다(고전 15:32). 그러나 부활을 믿는 자는 주의 일에 자신을 드립니다. 그 수고는 결코 헛되지 않습니다. 우리가 부활 신앙을 믿는 것은 죽음 이후에 안전을 보장받기 위함이 결코 아닙니다. 부활 신앙은 현재의 삶을 결정하며, 주를 따라 좁은 길을 가는 권능입니다. 하지만 죄와 은혜, 죽음과 생명을 알고, 우리 주 예수 그리스도를 통하여 영생의 뿌리를 자신 속에 간직하고 있는 사람은 육체와 마음의 유혹을 이겨 내고, 외부에서 오는 시험에 흔들리지 않으며, 결코 헛되지 않은 주의 일에 힘씁니다. 날마다 하나님과 더불어 교제하며 빛 가운데 거하는 자는, 좁고 어두운 골짜기에서도 빛을 발합니다.

주의 일, 복음을 전하며 범사를 주께 하듯 하라

그러므로 부활 신앙의 승리를 현재에 누리는 자가 할 일은 '주의 일'입

---

128   Wright, 『마침내 드러난 하나님 나라』, 298.

니다. 바울은 '주의 일'을 가리켜 복음을 듣고 믿는 성도라고 말합니다. "주 안에서 행한 나의 일이 '너희'가 아니냐"(고전 9:1). 주의 일은 그리스도께서 행하신 일이며, 그가 사도로 부르신 우리가 할 일입니다. 그것은 사람들에게 복음을 전하여 그들이 죄 사함과 영생을 얻도록 하는 일입니다. 그리고 그들을 통해 교회가 세워지는 일입니다. "디모데가 이르거든 너희는 조심하여 그로 두려움이 없이 너희 가운데 있게 하라 이는 그도 나와 같이 주의 일을 힘쓰는 자임이라"(고전 16:10). 또 주의 일은 우리가 무슨 일을 하든지 주께 하듯 하는 것입니다. 설령 노예의 신분이라도 상전을 대할 때 주를 경외하며 성실한 마음으로 하는 자는 주의 일을 하는 자입니다(골 3:22). 그는 주께로부터 기업의 상을 받을 것입니다. "무슨 일을 하든지 마음을 다하여 주께 하듯 하고 사람에게 하듯 하지 말라 이는 기업의 상을 주께 받을 줄 아나니 너희는 주 그리스도를 섬기느니라"(골 3:23-24).

위에서 부르신 부름의 상을 위하여

부활 신앙을 현실로 받아들이며 주의 일에 힘쓰는 자야말로 하나님 앞에서 가장 영광스러운 인생을 살아가는 자입니다. 그가 인생의 경주를 마치는 날, 위에서 주가 그의 이름을 부르십니다. 그리고 그에게 면류관을 상급으로 주십니다. 그 면류관은 그가 복음을 전해 구원받은 성도들입니다. 바울은 그 상을 받기 위해 뒤에 있는 것은 잊어버리고 앞에 있는 것을 잡으려고 달려갔습니다.

"형제들아 나는 아직 내가 잡은 줄로 여기지 아니하고 오직 한 일 즉 뒤에 있는 것은 잊어버리고 앞에 있는 것을 잡으려고 푯대를 향하여 그리스도 예수 안에서 하나님이 위에서 부르신 부름의 상을 위하여 달려가노라"(빌 3:13-14). "그러므로 나의 사랑하고 사모하는 형제들, 나의 기쁨이요 면류관인 사랑하는 자들아 이와 같이 주 안에 서라"(빌 4:1).

의로운 재판장이신 주께서 주의 일을 위해 선한 싸움을 싸우고 경주를 마치는 자에게 면류관을 주십니다.

"나는 선한 싸움을 싸우고 나의 달려갈 길을 마치고 믿음을 지켰으니 이제 후로는 나를 위하여 의의 면류관이 예비되었으므로 주 곧 의로우신 재판장이 그 날에 내게 주실 것이며 내게만 아니라 주의 나타나심을 사모하는 모든 자에게도니라"(딤후 4:7-8).

41

현현 복음, 증인 파송과 전권 부여

"또 그의 이름으로 죄 사함을 받게 하는 회개가 예루살렘에서 시작하여 모든 족속에게 전파될 것이 기록되었으니 너희는 이 모든 일의 증인이라" _눅 24:47-48

부활하신 예수, 믿는 자들에게 나타나시다

사도들이 전승한 네 번째 복음은 현현 복음입니다. 성경대로 그리스도께서 우리 죄를 위하여 죽으시고 장사 지낸 바 되시고 성경대로 사흘 만에 다시 살아나셨습니다(고전 15:3-4). 그 후 그리스도는 게바(베드로)에게 보이시고 열두 제자에게 보이셨습니다(고전 15:5). 그후에 그는 오백여 형제에게 나타나셨고, 예수의 형제 야고보와 모든 사도에게 보이셨습니다(고전 15:6). 바울이 그리스도의 현현의 목록을 언급한 것은, 그의 소명 체험 이후 2, 3년경에 예루살렘 방문 시에 접촉했던 게바, 야고보 등 두 이름을 포함하고 있기 때문에 그때 그가 예루살렘 원시교회와 원 사도들로부터 받았던 정보가 포함되어 있었을 것입니다.[129]

---

[129] 서용원, "바울의 부활현현전승 및 편집 연구", 46.

부활하신 예수는 모든 사람에게 나타나신 것이 아니라, 믿는 자들에게 나타나셨습니다. 예수의 역사적 부활을 의심하는 자들은 부활하신 예수가 자기를 십자가에 못 박은 빌라도나 종교 당국자들에게 나타났어야 하지 않느냐고 주장합니다. 그래서 그들에게 부활을 입증해야 한다는 것입니다. 그러나 부활하신 예수는 오직 믿는 자에게 나타나셨습니다. 그가 현현하신 것은 세상 통치자에게 복수하여 세상 나라를 세우는 것이 아니라, 십자가 죽음으로써 성취한 하나님 나라의 일에 대해 증거하기 위함입니다(행 1:3).

"하나님이 사흘 만에 다시 살리사 나타내시되 모든 백성에게 하신 것이 아니요 오직 미리 택하신 증인 곧 죽은 자 가운데서 부활하신 후 그를 모시고 음식을 먹은 우리에게 하신 것이라"(행 10:40-41).

고전 15:6-11에 나오는 현현의 증인 목록은 교회의 복음 전승과 그것을 선포하는 증인들의 역학적 관계를 보여 줍니다.[130] 곧 그리스도의 부활 현현의 체험자들에게 부활의 증인이 되는 권위가 주어지고 있는 것입니다.[131] 그 내용은 선교를 위한 파송에 있습니다.

"부활한 자의 현현은 선고 파송을 위한 것이다."[132]
"신약성서에서 부활한 주의 현현은 부활주로부터의 사명 위임 또는 명령의 약속의 말씀을 포함하는 설화이다."[133]

---

130 서용원, "바울의 부활현현전승 및 편집 연구", 61.
131 J. H. Sshutz, *Paul and the Anatomy of Apostolic Authority*, 112. 서용원, 바울의 부활현현전승 및 편집연구에서 재인용 61.
132 김경희, "현현 보도와 부활 선포", 159.
133 서용원, "바울의 부활현현전승 및 편집 연구", 61.

바울 역시 그가 부활의 주를 만난 것은, 그에게 사명이 위임되었음을 뜻합니다. 이것은 다른 사도들에게 주어진 동등한 사명 위임이라고 말합니다(고전 15:8-11).

모든 족속으로 제자 삼으라

사복음서에서는 예수께서 부활 후 현현하신(나타나신) 사건을 공히 기록합니다. 그중 마가복음의 현현 사건(막 16:9-20)은 대부분 학자에 따르면 후대에 첨가된 것이라고 합니다. 첨가된 내용은 다른 복음서와 마찬가지로 모든 민족을 향하여 복음을 전하라는 지상 명령입니다. 요한복음에서 부활하신 예수는 제자들에게 성령을 주시고 죄 사함의 권한을 부여하십니다(요 20:19-23). 이 보도는 다음에 다룰 누가복음 24:36-53의 형태와 비슷합니다.[134] 본 장에서는 마태복음과 누가복음에서 증언하는 그리스도의 현현에 관하여 서술합니다. 마태복음에서 현현하신 예수는 그가 주로 활동하셨던 갈릴리에 나타나십니다(마 28:16-20). 그리고 열한 제자에게 말씀하십니다.

"예수께서 나아와 말씀하여 이르시되 하늘과 땅의 모든 권세를 내게 주셨으니 그러므로 너희는 가서 모든 민족을 제자로 삼아 아버지와 아들과 성령의 이름으로 세례를 베풀고 내가 너희에게 분부한 모든 것을 가르쳐 지키게 하라 볼지어다 내가 세상 끝날까지 너희와 항상 함께 있으리라 하시니라"(마 28:18-20).

이 말씀은 초대 교회 이후 지금까지 '지상 명령'으로 불립니다. 마태복

---

134 김경희, "현현 보도와 부활 선포", 160.

음 28:19-20에서 명령형 동사는 '제자 삼으라'(마세튜사테)입니다. '가라'(포류센테스), '세례를 주라'(밥티존테스), '(지키도록) 가르치라'(디다콘테스)는 이 명령형에 종속되는 분사입니다. 세 분사에 붙은 접미어 '테스'가 '제자 삼으라'에 종속됩니다. 그런데 간혹 명령어에 종속된 분사가 명령어보다 선행하면 명령법적 의미를 갖기도 합니다. 그래서 선교학적으로는 '가라'(go)가 중요하기 때문에, '제자 삼으라'라는 명령어보다 그에 선행하는 '가라'를 더 강조하기도 합니다. 이는 예외적이고 특수한 해석입니다. 만일 '가라'가 중요했다면 처음부터 '가라'를 명령형(동사)으로 사용했을 것입니다. '가라, 세례를 주라, 가르치라'가 모두 '제자 삼으라'는 명령에 종속되므로, 본 구절을 원어대로 해석하면 '가면서, 세례를 주면서, 가르치면서, 제자 삼으라'입니다. 즉 그리스도를 주로 고백하는 사람은 어디를 가든지, 무엇을 하든지, 제자를 삼아야 한다는 명령입니다.

제자 삼는 것: 가라, 세례를 주라, 가르쳐 지키게 하라

첫 번째 제자 삼는 것은 가는 것입니다(가라). '가라'의 명령은 목사나 선교사가 되거나 특별한 장소로 가야만 하는 것을 의미하지 않습니다. 이는 하나님이 정하신 현재의 자리에서 구원의 빚진 자로 살아가는 것을 의미합니다(롬 1:14). 곧 '가라'의 명령은 믿는 자가 믿지 않은 자를 구원하기 위해 살아가라는 명령입니다. "우리는 우리를 전파하는 것이 아니라 오직 그리스도 예수의 주 되신 것과 또 예수를 위하여 우리가 너희의 종 된 것을 전파함이라"(고후 4:5).

두 번째로 제자 삼는 것은 아버지와 아들과 성령의 이름으로 세례를 주는 것입니다. 하나님이 만물을 다스리는 권세를 아들에게 주신 것은 아버지께서 아들에게 주신 모든 사람에게 영생을 주기 위함입니다(요 17:2). 이 영생은 곧 유일하신 참 하나님과 그가 보내신 자 예수 그리스도를 아는 것입니다(요 17:3). 아버지께서 아들에게 주신 모든 사람이란 구원의 대상으로 모든 민족을 지향합니다. 그러므로 '모든 민족을 제자 삼으라'라는 예수의 명령은 모든 민족을 대상으로 영생의 복음을 전하라는 것입니다. 이 명령은 아버지와 아들과 성령의 이름으로 세례를 줄 때 실제가 됩니다. 곧 모든 민족에게 성삼위 하나님의 이름으로 세례를 주어 성삼위 하나님과의 연합에 이르게 하는 것입니다. 실제로 초대 교회에서 세례는 그리스도와의 연합을 통하여 생명을 얻는 의식이었습니다(롬 6:3-5).

모든 민족에게 영생을 주시는 것은 창세전부터 주어진 하나님의 약속입니다(딛 1:2). 하나님 아버지가 아들에게 명령한 것이 영생입니다(요 12:50). "내 아버지의 뜻은 아들을 보고 믿는 자마다 영생을 얻는 이것이니…"(요 6:40). 제자는 아버지가 아들에게 명령하셨고 이제는 아들이 그들에게 명령하신 영생의 진리를 전해야 합니다. 현재 삶의 자리에서 이 명령을 전하여 듣는 사람들로 하여금 세례를 받게 하여 영생을 얻게 해야 합니다.

끝으로 제자 삼는 것은 주의 명령을 지키도록 가르치는 것입니다. 이는 산상수훈을 기본으로 하는 하나님 나라의 삶을 가르치는 것을 말합니다(마 5-7장). 하나님의 자녀 된 자는 하나님의 통치권을 행사하며 살아갑니다. 영생의 삶은 하나님의 통치권을 행사하여 만물을 충만하게 하고, 세상 가운데에서 빛과 소금의 사명을 감당합니다. 그 핵심이 바로 이웃 사랑의 계명을 지키는 데 있습니다(롬 13:8-10).

세상 끝 날까지 항상 함께 있으리라

하늘과 땅의 권세를 가지신 주께서 지상 명령에 순종하는 자와 항상 함께하십니다. 하나님이 아들에게 주신 권세는 세속적인 권세가 아닙니다. 사람들이 원하는 것을 주는 마술적 권세는 더더욱 아닙니다. 선행이나 충성을 하면 대가를 주는 보상적 권세도 아닙니다. 이 권세는 믿는 자로 하여금 영생을 얻게 하고 하나님의 나라에 합당한 삶을 살게 하는 권세입니다. 그리하여 영생 얻은 자는 그리스도를 주로 고백하며 주께 순종하게 됩니다. 그 순종의 본질은 그도 역시 영생의 진리를 전하여 모든 민족으로 제자 삼는 것입니다. 주께서는 세상 끝 날까지 그와 함께하십니다. 이렇게 영생을 살며 그 증인으로 사는 자가 진실로 복된 자입니다. 주님이 평생 그와 함께하시며, 그를 통하여 많은 사람이 영생에 이르는 열매를 얻기 때문입니다.

기독교 역사에서 주께서는 항상 영생의 공동체와 함께했고, 그들을 통해 영생의 진리를 전하게 하셨습니다. 오늘도 이 명령이 계속 실행되고 있습니다. 하늘과 땅의 권세를 가지신 주께서 이 명령에 순종하는 우리와 함께 행하십니다.

예수는 한때 소망을 둔 선지자인가?

누가복음에서 부활하신 예수는 세 번에 걸쳐 제자들에게 나타나십니다(눅 24:23-53). 부활하신 예수는 엠마오로 내려가는 두 제자에게(눅 24:13-35). 베드로에게(눅 24:34). 제자들과 그들과 함께한 이들에게 나타나셨습니다(눅 24:36-53).

예수께서 부활하신 날에 두 제자가 엠마오로 내려가고 있었습니다. 두 사람은 길을 가면서 며칠 사이에 일어난 그리스도의 사건에 관하여 이야기했습니다. 이때 예수께서 그들과 동행하셨으나 그들의 눈이 가리어져 예수를 알아보지 못했습니다. 예수께서 그들에게 무슨 말을 주고받는지 묻자, 그중 한 사람인 글로바가 나사렛 예수에 관하여 말했습니다. 예수는 하나님과 모든 백성 앞에서 행동과 말씀에 힘이 있는 선지자였는데 대제사장들과 관리들이 그를 빌라도에게 넘겨주어 십자가에 못 박혀 죽었다는 것입니다. 그들은 예수야말로 이스라엘을 구원할 선지자로 알고 그에게 희망을 걸고 있었다고 말합니다. 또 어떤 여인들이 예수의 빈 무덤을 보았고 천사들이 예수가 살아있다고 말했다고도 했습니다.

예수께서는 그들에게 선지자들이 말한 모든 것을 깨닫지 못한 어리석은 자들이라고 말씀하십니다. 왜냐하면, 선지자들이 증거한 그리스도는 이런 고난을 겪고 자기 영광에 들어가기 때문입니다. 그리고 예수는 모세와 선지자의 글로 시작하여 성경에 기록한바 자기에 관한 것을 자세히 가르치십니다. 여기서 예수는 구약성경 전체가 자기에 관한 증거임을 확증합니다. 모세는 선지자로서 자기와 같은 선지자가 오실 것을 미리 증거했습니다(신 18:15). 모세가 증거한 오실 선지자는 예수 그리스도입니다(행 3:22-23). 또한 구약의 선지자들 안에는 그리스도의 영이 있어, 그리스도가 받으실 고난과 영광에 대해 미리 증거했습니다(롬 1:2; 벧전 1:10-11).

예수께서 말씀을 마치셨을 때 두 사람은 목적지 엠마오에 이르렀습니다. 예수께서 더 멀리 가려고 하자, 그들은 예수를 만류하며 자기들의 집에 머물 것을 권했습니다. 예수께서 그들과 함께 음식을 잡수시려고 앉으셨을 때 예수께서 빵을 들어 축복하시고 떼어서 그들에게 주셨습니다. 예수의 이 같은 행동은 유월절 만찬 때 하셨던 행동입니다. 그때 바로 두 사람의 눈이 열려 예수를 알아보았습니다. 그 순간 예수께서는 그들에게서 사라졌습니다. 두 사람은 서로 말하기를, "길에서 우리에게 말씀하시고 우리에게 성경을 풀어 주실 때에 우리 속에서 마음이 뜨겁지 아니하더냐"(눅 24:32) 라고 하며 엠마오에서 다시 예루살렘으로 돌아왔습니다. 그들은 열한 사도와 또 그들과 함께 있는 사람들과 합류했고, 제자들은 시몬 베드로도 예수의 부활을 목격했다고 말합니다.

한때 소망을 두던 예수, 성경이 증거하는 그리스도가 되다

엠마오로 내려가던 두 사람이 주고받은 이야기는 실제 일어난 역사적 사실입니다. 예수는 말과 일에 능했고 사람들은 그를 선지자로 확신했습니다. 다만 그들이 예수를 선지자로 믿은 것은, 그가 로마의 압제에서 해방시켜 줄 정치적 메시아로 믿은 것입니다. 또한 경제적 풍요와 사회적 정의를 실현하는 다윗 왕과 같은 메시아로 믿은 것입니다. 그래서 예수가 예루살렘에 입성할 때 사람들은 소동을 벌이며 그를 환영했습니다. 하지만 예수는 무력하게 십자가에 달려 죽고 말았습니다. 그들에게 예수는 한때 소망을 두었던 허망한 선지자였습니다. 그런데 예수가 그들과 함께하시며 성경이 증거하는 그리스도를 깨닫게 하셨습니다. 그러자 그들은 가던 길에서 돌이켜 예루살렘으로 돌아와 부활의 증인이 됩니다.

오늘날 우리가 역사적으로 활동한 예수만 알고, 성경대로 죽으시고 부활하신 그리스도를 알지 못하면 예수는 한때 소망을 두었던 선지자에 불과합니다. 예수를 믿을 때 기적을 체험하고 기도 응답을 경험하는 신자는 열렬히 예수를 따릅니다. 그러나 만일 그들이 성경이 증거하는 그리스도, 곧 십자가에 죽으시고 부활하신 그리스도를 알지 못하면 엠마오로 내려가는 두 제자처럼 어리석은 자가 됩니다. 현현하신 그리스도는 그들에게 오셔서 성경이 증거하는 그리스도, 곧 복음을 깨닫게 하여 부활의 증인이 되게 하십니다.

성경이 증거하는 그리스도의 증인이 되라

누가복음에서 부활하신 예수가 세 번째로 제자들에게 나타나셨습니다(눅 24:36-53). 제자들에게 현현하신 예수는 두 가지 일을 하십니다. 먼저는 살과 뼈를 보이시고 음식을 잡수심으로써 육체의 부활을 증거하십니다. 다음으로 성경대로 성취된 그리스도의 구원을 모든 족속에게 전하라고 명령하십니다. 그런 다음 제자들을 축복하시고 승천하십니다. 예수께서 육체의 부활을 입증하신 후 제자들에게 하신 말씀은 마지막 명령입니다.

"또 이르시되 내가 너희와 함께 있을 때에 너희에게 말한 바 곧 모세의 율법과 선지자의 글과 시편에 나를 가리켜 기록된 모든 것이 이루어져야 하리라 한 말이 이것이라 하시고 이에 그들의 마음을 열어 성경을 깨닫게 하시고 또 이르시되 이같이 그리스도가 고난을 받고 제삼일에 죽은 자 가운데서 살아날 것과 또 그의 이름으로 죄 사함을 받게 하는 회개가 예루살렘에서 시작하여 모든 족속에게 전파될 것이 기록되었으니 너희는 이 모든 일의 증인이라"(눅 24:44-48).

'모세의 율법과 선지자와 시편'은 구약성경을 표현하는 관용구입니다(TNK, 타나크). 예수께서 고난당하시고 죽은 자 가운데에서 사흘 만에 살아나신 것은 구약성경이 그리스도에 관하여 기록한 것이 성취된 사건입니다. 구약성경이 증거한 그리스도의 일은 예수가 공생애 시절 이미 제자들에게 하신 말씀입니다. 예수께서 회상하신 말씀은 인자가 당할 일이며, 여러 차례 말씀하셨습니다(눅 9:22, 44; 17:25; 18:31-32). 그러나 예수의 공생애 시절 제자들은 그 말씀을 깨닫지 못했습니다.

"예수께서 열두 제자를 데리시고 이르시되 보라 우리가 예루살렘으로 올라가노니 선지자들을 통하여 기록된 모든 것이 인자에게 응하리라 인자가 이방인들에게 넘겨져 희롱을 당하고 능욕을 당하고 침 뱉음을 당하겠으며 그들은 채찍질하고 그를 죽일 것이나 그는 삼 일 만에 살아나리라 하시되 제자들이 이것을 하나도 깨닫지 못했으니 그 말씀이 감취었으므로 그들이 그 이르신 바를 알지 못했더라"(눅 18:31-34).

사람의 일을 위한 그리스도 vs 하나님의 일을 위한 그리스도
예수는 선지자들이 기록한 대로 그리스도의 길을 갈 것이라고 분명히 말씀하셨습니다. 하지만 제자들은 이 말씀을 깨닫지 못했습니다. 이에 관한 대표적인 사건은 가이사랴 빌립보에서 생긴 일입니다(막 8:27-34). 예수는 제자들에게 "너희는 나를 누구라 하느냐?"라고 물으셨습니다. 제자 중 베드로는 예수를 '그리스도'로 고백했습니다. 이에 예수께서 비로소 성경이 증거하는 그리스도의 길을 계시했습니다. 곧 인자는 고난을 받고 죽임을 당하고 사흘 만에 살아난다고 했습니다. 그러자 즉시 베드로가 예수를 저지했습니다. 예수께서 베드로를 사탄으로 부르면서, 그가 하나님의 일을 생각하지 않고 사람의 일을 생각한다고 하며 꾸짖으셨습니다. 하나님의 일은 그리스도가 죽으시고 부활하심으로써 그를 믿는 자에게 영원한 생명을 주는 것입니다(요 5:21; 6:29, 40; 17:2, 4). 사람의 일은 그 영광이 안개처럼 되고 마는 땅의 일입니다. 곧 인간사에 관한 것으로서 문제 해결, 상황 호전, 삶의 질의 고양입니다. 그것들은 설령 이루어졌어도 덧없이 사라지는 것들입니다. 사람의 일을 위한 그리스도는 당시 바리새파와 서기관들이 전승한 그리스도입니다. 베드로와 제자들은 그들이 배운 대로 예수가 사람의 일을 위한 그리스도임을 믿고 따랐습니다. 이후에도 베드로와 제자들은 사람의 일을 생각하며 예수를 따랐고, 예수가 성경대로 고난당하고 죽게 되자 그들은 다 도망했습니다(막 14:50; "제자들이 다 예수를 버리고 도망하니라").

현현하신 그리스도, 지각을 열어 성경이 증거하는 그리스도를 깨닫게 하다

현현하신 그리스도께서 제자들의 지각을 열어 성경대로 죽으시고 성경대로 부활하신 그리스도에 관해 깨닫게 하셨습니다. 곧 그리스도가 고난을 받고 사흘 만에 죽은 자 가운데 살아나신 것과 그의 이름으로 죄 사함을 받게 하는 회개가 예루살렘에서 시작하여 모든 족속에게 전파될 것이 기록되었다고 하며, 제자들은 이 모든 일의 증인이라고 선언하셨습니다. 그리고 이 일을 위해 예루살렘을 떠나지 말고 위로부터 능력을 입을 것을 명하셨습니다(눅 24:49). 누가복음과 사도행전은 같은 저자 누가에 의해 기록되었습니다. 사도행전 1:3-8은 누가복음의 마지막 부분을 요약 진술한 내용입니다. 누가복음의 이 부분(24:44-49)을 토대로 사도행전의 이 부분(1:3-8)을 상고할 때 예수의 증인이 무엇인지 구체적으로 알 수 있습니다.

사도행전 1:4에서 현현하신 예수는 제자들에게 예루살렘을 떠나지 말고 아버지께서 약속하신 것을 기다리라고 명령하십니다. 그것은 위로부터 오는 능력입니다(눅 24:49). 이 능력은 성령으로 세례받는 것이며(행 1:5), 그리스도의 증인에게 하나님이 전권을 부여하시는 것을 의미합니다. 제자들에게 이 능력이 임하면 그들은 권능을 받고 예루살렘과 온 유대와 사마리아와 땅 끝까지 예수의 증인이 됩니다(행 1:8). 누가복음 24:46-48에 따르면 제자들이 땅 끝까지 예수의 증인이 되는 것은, 성경대로 죽으시고 부활하신 그리스도를 모든 족속에게 전하는 것입니다.

"예루살렘에서부터 시작하여 모든 민족에게 전파될 것이다. 너희는 이 일의 증인이다"(눅 24:48).

"그러나 성령이 너희에게 내리시면, 너희는 능력을 받고, 예루살렘과 온 유대와 사마리아에서, 그리고 마침내 땅 끝까지 이르러 내 증인이 될 것이다"(행 1:8).

그러므로 우리가 성령의 권능으로 예수의 증인이 되는 것은, 그 내용이 분명합니다. 그것은 개인의 영적 체험이나 성경 지식이나 역사적 예수의 활동을 전하는 것이 아니라, 성경대로 죽으시고 성경대로 부활하신 '복음'을 전하는 것입니다. 다시 말하면 사도들이 전승한 원복음, 곧 성경대로 그리스도께서 우리 죄를 위하여 죽으신 것과 장사 지낸 바 되신 것과 성경대로 사흘 만에 다시 살아나신 것과 게바에게 보이신 사건을 전하는 것입니다(고전 15:3-5).

교회 탄생의 기원과 그 사명

　예수가 승천하신 후 10일이 지나 제자들에게 성령이 임했습니다. 120명의 제자가 성령을 받고 처음으로 교회가 형성되었습니다. 이것이 교회 탄생의 기원입니다. 또한 최초의 교회는 현현하신 예수의 명령을 수행합니다. 이것이 교회의 사명입니다. 오순절 베드로의 설교는 성경대로 그리스도가 죽으시고 부활하셨다는 복음 선포입니다(행 2장). 이전에 사람의 일을 위한 그리스도를 따르던 베드로가 이제는 하나님의 일을 위한 그리스도를 선포합니다. 그리고 온 이스라엘이 성경이 증거하는 그리스도를 오해하여 그를 십자가에 못 박은 죄를 고발합니다. 사람들은 통회 자복했고, 베드로는 그들에게 회개하고 죄 사함을 받고 성령을 선물로 받으라고 초청합니다(행 2:38). 이후 교회는 복음의 반석 위에서 부흥하게 됩니다.

　현현의 복음은 현현하신 그리스도가 성경이 증거하는 그리스도를 깨닫게 하시고, 제자들을 성경이 증거하는 그리스도의 증인으로 파송하는 것이 그 핵심입니다. 증인들은 위로부터 입혀지는 능력인 성령을 받음으로써 하늘로부터 전권을 위임받습니다. 이제 사도들이 전승한 복음, 곧 그리스도의 죽음과 장사됨과 부활의 복음은 승천하신 그리스도가 보내신 진리의 영으로 깨닫습니다. 이 복음을 깨닫는 자마다 땅끝에 이르러 모든 족속에게 성경이 증거하는 그리스도의 증인이 됩니다. 이것이 최초의 교회가 부여받은 사명이며, 모든 시대 교회가 복종해야 하는 사명입니다. 하늘과 땅의 권세를 가진 주님이 그들과 항상 함께하십니다.

4부

새 생명으로 사는 삶

42

영생의 거주지에서 영생을 누리다

"우리가 보고 들은 바를 너희에게도 전함은 너희로 우리와 사귐이 있게 하려 함이니 우리의 사귐은 아버지와 그의 아들 예수 그리스도와 더불어 누림이라" _ 요일 1:3

요한복음에서 예수가 오신 목적은 양으로 생명을 얻고 더 풍성히 얻게 하려 함입니다(요 10:10b). 예수께서는 아버지께서 하라고 하신 일, 곧 아버지가 아들에게 주신 사람들에게 영생을 주기 위해 십자가에서 죽으셨습니다(요 17:2, 4). 예수 그리스도의 죽음은 아담 안의 옛사람이 멸하고 아들 안의 생명, 곧 영생을 얻고 누리도록 하기 위함입니다. 이 영생은 복음을 통하여 얻고 복음을 통하여 누립니다.

영생을 누리지 못하는 두 가지 이유

진 에드워드는 오랫동안 생명을 알고 누리게 하는 사역을 해왔습니다. 그런데 놀랍게도 영생을 얻은 그리스도인들이 실제 영생을 누리지 못하는 것을 보았습니다. 그는 그 이유를 두 가지로 설명합니다.

첫째, 그리스도인들이 자기 속에 있는 생명을 알지 못하기 때문입니다.

그리스도인의 삶은 생명의 위계질서에서 가장 높은 생명을 사는 것을 뜻합니다.[1] 에드워드에 의하면, 이 시대의 많은 설교자가 그리스도의 삶을 강조하지만, 그 안에 있는 생명으로 사는 방법을 가르쳐주지 않는다고 했습니다.[2] 그는 말하기를, 만일 생명으로 사는 방법을 알려주지 않고, 그리스도인의 삶을 살라고 하는 것은 돼지에게 천사의 삶을 살라고 요구하는 것과 다름없다고 말합니다.[3] 따라서 그리스도인의 삶을 살려면, 우리 안에 영원한 생명이 거해야 하며, 그 생명으로 살아가야 합니다. 이것이 바로 예수께서 말씀하신바 "나는 너희에게 생명을 주러 왔다"라는 뜻입니다.

둘째, 영원한 생명의 거주지가 없기 때문입니다. 어떤 생명체이든 그 생명체가 살려면 반드시 거주지가 필요합니다.[4] 영적인 존재로서 생존하려면 반드시 그에 적합한 거주지를 가져야 합니다. 거주지가 없는 생명체는 멸종할 수밖에 없습니다. 영원한 생명의 거주지는 하나님이 거하시는 처소입니다. 예수께서는 영생 얻은 자들이 있어야 할 거주지를 '아버지 집'이라고 하셨습니다(요 14:2). 아버지 집은 '아들이 있는 곳'입니다(요 14:3). 그는 영생을 얻은 자들이 그가 있는 곳, 곧 아버지 집에 거하여 창세 전 아버지가 아들을 사랑하여 그에게 주신 영광을 보게 해달라고 기도하셨습니다(요 17:24). 이것은 예수께서 영생 얻은 자들이 영생의 거주지에 머물기를 기도한 것입니다.

또한 영생의 거주지는 영생 얻은 자들이 서로 교제하는 공동체입니다. 예수께서 양(羊)으로 생명을 얻게 하기 위해 오셨습니다(요 10:10b). 한 마리의 양은 홀로 생존할 수 없습니다. 양은 떼를 이룹니다. 물고기도 떼를 이

---

1 Edward, 『하나님의 생명 체험하기』, 123.
2 Edward, 『하나님의 생명 체험하기』, 124.
3 Edward, 『하나님의 생명 체험하기』, 127.
4 Edward, 『하나님의 생명 체험하기』, 161.

룹니다. 심지어 코끼리도 떼를 이룹니다. 코끼리는 무리 속에 있을 때 보호받을 수 있으며, 삶의 만족감과 의미를 찾을 수 있습니다.[5] 양이나 코끼리가 떼를 지어 살아가듯, 영원한 생명은 공동체를 이루며 살아갑니다. '영생의 공동체'는 하나님의 의도입니다. 삼위 하나님은 창세전부터 상호 교제로 존재하셨습니다(잠 8:30; 요 1:1; 요 17:21-22). 예수께서 제자를 부르시고 처음 하신 일은 그들과 함께하는 교제였습니다(막 3:14). 예수 그리스도는 하늘에서 아버지와 성령과 더불어 누리셨던 교제의 삶을 땅으로 가져오셨습니다. 이것이 바로 '에클레시아' 곧 교회입니다(고전 1:2).[6]

영생의 거주지, 에클레시아(교회)

1세기경에는 그리스도인이 되는 것과 영생의 거주지에 산다는 것은 동일한 의미였습니다.[7] 영원한 생명을 가진 그리스도인은 영원한 생명의 공동체를 거주지로 삼았습니다. 사도 요한은 요한일서 1:1-4에서 영생의 거주지에 대해 증언합니다. 본 단락에서 '우리'가 9회 언급됩니다. '우리'는 태초부터 있는 생명의 말씀에 관하여 듣고 보고 주목하여 손으로 만졌습니다. 이 생명이 나타났습니다. '우리'는 이 영원한 생명을 보고 증언했습니다. 이 생명은 태초부터 아버지와 함께 계시다가 '우리'에게 나타났습니다. '우리'가 보고 들은 것을 '너희'에게 전하는 것은 아버지와 그의 아들 예수 그리스도가 누렸던 교제에 참여하기 위함입니다. 사도 요한이 말하는 '우리'가 영생의 거주지입니다.

---

5 Edward, 『하나님의 생명 체험하기』, 165.
6 Edward, 『하나님의 생명 체험하기』, 167.
7 Edward, 『하나님의 생명 체험하기』, 177.

기독교 공인 이후 사라진 영생의 거주지

이렇듯 초대 교회의 본질은 영생 얻은 자들의 모임, 곧 영생의 거주지입니다. 초기 신자들은 영생의 거주지 안에서 관계를 맺고, 사랑과 관심으로 서로를 대하며, 함께 그리스도를 경험하는 삶을 살았습니다. 진 에드워드는 콘스탄티누스의 기독교 공인이 모든 것을 바꾸어 놓았다고 말합니다.[8] AD. 313년 콘스탄티누스의 기독교 공인은 그리스도인을 박해에서 벗어나게 했으나 영생의 거주지가 사라진 결과를 가져왔습니다. 그가 로마 황제에 오를 무렵, 로마제국 내의 그리스도인은 4%에 불과했습니다. 그때까지만 해도 그리스도인은 가정에서 모였고 영생의 거주지가 존속했습니다. 그러나 콘스탄티누스가 죽을 무렵에는 거의 모든 사람이 그리스도인이었습니다. 또한 국가가 신자들이 모일 수 있는 교회 건물을 지어주고 신자들에게 선물로 주었습니다. 당시 태양신을 믿는 이방인들은 일주일에 한 번 신전에 나가 제단 앞에서 모여 사제들이 신에게 희생을 바치는 모습을 지켜보는 것이 신앙이라고 생각했습니다. 의식이 끝나면, 모두가 흩어져 집에 돌아갔습니다. 기독교 공인 이후 예배당에 이런 이교도의 풍습이 침투해 들어왔습니다. 그 결과, 영생의 거주지로서 에클레시아는 종말을 고했습니다.[9]

수면 아래에서 지속된 영생의 거주지

필자는 미국의 풀러신학교의 박사학위 논문에서 초대 교회부터 지속해 온 '영생의 거주지'에 관해 다루었습니다.[10] 필자는 이 논문에서 기독교 공인 이후 영생의 거주지가 제도권 교회에서 사라져 보였으나, 이제까

---

8   Edward, 『하나님의 생명 체험하기』, 177.
9   Edward, 『하나님의 생명 체험하기』, 182.
10 서형섭, "말씀 묵상을 통한 영성 훈련", 『하늘에 속한 말씀의 기쁨』(이레서원으로 출판됨).

지 단 한 번도 중단되지 않고 지속했음을 밝혔습니다. 그 선두 주자가 서방 교회의 수도원 창설자인 성 바실리우스(St. Basilius)입니다. 바실리우스는 기독교 공인으로 상실된 영생의 거주지를 유지하고자 갑바도기아의 괴레메 동굴에 공동체를 세웠습니다. 그곳은 19세기 말까지 존속했습니다.[11] 이후로도 영생의 거주지는 주로 수도원에서 지속적으로 존치되었습니다. AD. 6세기의 베네딕도 수도원은 '렉시오 디비나'(거룩한 독서)를 통해 말씀 묵상과 교제 공동체를 유지했습니다.[12] 12세기의 시토 수도회는 묵상과 공동 식사와 교제를 통해 영생의 거주지를 구현했습니다.[13] 이후 아시시의 프란시스에 의해 주도된 탁발수도원은 영생의 거주지에 머물지 않고 대중 속으로 들어가 복음을 전하고 선행을 실천하는 데까지 지평을 넓혔습니다.[14] 동시대에 설립된 도미니칸 수도회는 주로 설교를 통해 대중을 섬기는 일을 했습니다. 그러다 16세기에 일어난 종교개혁은 기독교 역사에 개신교를 태동하는 획기적 변혁을 가져왔습니다. 종교개혁은 말씀의 중요성을 회복했으나, 영생의 거주지를 회복하는 데까지는 미치지 못했습니다.

영생의 거주지는 종교개혁 이후 100년이 지나 경건주의 창시자인 필립 슈페너(P. Spener)에 의해 재건되기 시작했습니다. 슈페너는 성경을 읽고 나누며 서로 돌보고 돕는 회중의 모임(교회 안의 작은 교회)을 조직하는 운동을 일으켰습니다. 그는 이 같은 '경건한 소모임'(영생의 거주지)이 초대 교회의 사도적 교회인 에클레시아(모임)를 회복하는 것이라고 굳게 믿었습니다.[15]

---

11 서형섭,『복음과 생명』, 7.
12 서형섭,『하늘에 속한 말씀의 기쁨』, 70-71.
13 서형섭,『하늘에 속한 말씀의 기쁨』, 70.
14 서형섭,『하늘에 속한 말씀의 기쁨』, 71.
15 이후정, "경건주의자들의 영성", 219.

계몽주의 이후 기독교와 영생의 거주지

기독교의 영생과 영생의 거주지는 18세기 이후 거대한 도전을 받게 됩니다. 계몽주의는 이성의 빛을 밝히며 시작합니다. 칸트는 계몽주의를 꽃피운 철학자입니다. 그에게 '계몽'은 인간이 미성숙 상태를 극복하는 상태입니다.[16] 여기서 극복해야 할 미성숙은 누군가 다른 사람의 지도 없이는 자신의 이성을 구사할 수 없다는 것입니다. 미성숙은 누군가 다른 사람이나 기구를 전적으로 의존해야 하는 타율입니다. 물론 타율은 성령의 현존으로 신율로 변할 수 있습니다. 반면 자율은 인간의 정신활동의 전 영역에 걸쳐 이성의 법칙 아래에 사는 것입니다.

칸트, 이성의 한계 안에서의 종교

플라톤이 그리스 정교회에 영향을 주었고, 아리스토텔레스가 가톨릭교회에 영향을 주었다면, 칸트는 개신교에 영향을 준 철학자입니다.[17] 칸트는 인간의 유한성을 강조하면서, 인간의 이성은 경험 세계에만 적용할 수 있도록 한계 지어졌다고 말합니다.[18] 영생의 거주지인 아버지 집이나 만물 위의 세계는 인간의 이성으로 파악할 수 없다는 것입니다. 이것은 일찍이 바울이 말한, 인간의 감각과 지각으로는 창세전 하나님이 예비하신 은혜를 알지 못한다는 것과 일치합니다(고전 2:9). 이 은혜는 인간의 이성으로 파악할 수 없으며 오직 하나님의 영으로 알 수 있습니다(고전 2:10, 12).

칸트는 실천이성 비판에서 기독교 신앙은 정언 명령 또는 무조건적 명령을 실천하는 것으로 규정했습니다. 여기서 정언 명령은 만물 안의 시공간을 초월한 모든 시대 모든 영역에서 유효한 신의 명령입니다. 이것은 신

---

16 Tillich, 『19-20세기 프로테스탄트 사상사』, 35.
17 Tillich, 『19-20세기 프로테스탄트 사상사』, 83.
18 김용규, 『신』, 185.

성한 의지의 지시 명령입니다. 칸트에 의하면, 종교(기독교)란 우리의 모든 의무를 신의 지시 명령(계명)들로 인식하는 것입니다.[19] 그것은 대표적으로 예수의 산상수훈입니다. 기독교는 정언 명령을 수행하는 것이며, 그 목표는 도덕적 인간이 되는 것입니다. 칸트는 초월의 하나님을 이성으로 알 수 없다는 데 기여한 바가 큽니다. 또한 그가 기독교 신앙을 말씀을 듣고 순종하는 것으로 규정한 것은, 전적 타율에 의존했던 맹종적 신앙에서 벗어나게 하는 데 기여했습니다. 그러나 기독교 신앙의 본질을 말씀을 듣고 순종하는 도덕적 차원으로 격하시킨 것은 기독교를 이성적 한계에 묶어 놓은 것입니다. 오늘날 어떤 목사는 기독교 신앙을 말씀을 듣고 순종해야 한다고 가르치는데, 이것은 맹종적 신앙에서 벗어나게 하지만 기독교를 도덕적이고 윤리적인 종교로 제한하는 비판을 받습니다.

슐라이어마허, 절대 의존의 감정과 영생의 현재성

17세기 계몽주의 신학의 기초는 신과 세계, 신과 인간의 분리에 있었습니다. 기독교는 도덕적 명령을 성취하기 위한 도구에 지나지 않았습니다. 이것은 당시 도덕적이고 윤리적으로 그리스도인보다 우월하게 사는 교양인들에게 기독교를 비난하는 빌미가 되었습니다. 이즈음 계몽주의식 기독교를 극복하려고 시도한 두 사람의 중요한 신학자가 나타납니다. 그들은 슐라이어마허와 헤겔입니다.

슐라이어마허는 '종교를 멸시하는 교양인들을 위한 강연'(종교론)에서 종교의 본질은 칸트가 말한바 신적 지시 명령을 지키는 것이 아니라, 절대 의존의 감정이라고 정의했습니다. "종교는 이론적 인식도 아니고, 도덕적 행위도 아니다. 종교는 감정, 곧 절대 의존의 감정이다."[20] 슐라이어마허가 말한 절대 의존의 감정은 영원한 세계에 사로잡히는 종교적 감정입니

---

19 Kant, 『이성의 한계 안에서의 종교』, 176.
20 Tillich, 『19-20세기 프로테스탄트 사상사』, 120.

다. "종교적 감정은 유한자 가운데 지각되는 바 영원한 세계에 사로잡힘이다."[21] 슐라이어마허는 요한복음의 영생을 사후 생명의 연속이 아니고, 지금 여기에 있다는 현재성을 강조했다고 했습니다. 그것은 시간 이전에, 시간 안에, 그리고 시간 후에, 영원에 참여하는 것입니다.[22] 이 점에서 슐라이어마허는 칸트가 기독교를 단순한 계명의 수행으로 이해한 것을 극복하고 기독교 신앙의 본질에 더욱 접근했습니다. 그러나 그는 하나님의 현존에의 참여가 인간 안에 있는 직관으로 가능하다고 하여 기독론을 소홀히 다루었습니다. 이에 대해 바르트는 오직 하늘에서 오신 예수 그리스도를 통하여 하나님의 현존에 참여한다고 하며 슐라이어마허를 비판했습니다.

헤겔, 절대정신으로의 고양

또한 계몽주의식 기독교를 극복하려고 시도한 사람은 헤겔입니다. 프리드리히 헤겔(F. Hegel)은 칸트가 말한 인간 이성의 한계를 비판했습니다. 헤겔에 의하면 종교(기독교)란 유한한 정신이 '하나님께로 고양되는 것' 혹은 '유한한 것으로부터 절대적 무한자에게로의' 고양을 뜻합니다. 이 고양은 종교적 '표상'의 형식으로 이루어질 뿐만 아니라, 철학적 '개념'의 형식으로 이루어지기도 합니다. 헤겔은 철학적 개념으로서 종교를 가리켜 '사유하는 정신(영)이 가장 높은 사상(생각), 즉 하나님께로 고양되는 것'이라고 정의했습니다.[23] 이것은 주관정신, 객관정신을 넘어서 절대정신에 이르는 것입니다. 이 점에서 헤겔은 이성의 최고치를 강조한 관념론의 완성자로 불립니다.

---

21 Schleiermacher, 『종교론』, 69.
22 Tillich, 『19-20세기 프로테스탄트 사상사』, 124.
23 김균진, 『헤겔의 역사철학』, 216.

니체, 형이상학적 신의 죽음

19세기 들어 기독교는 거대한 도전에 직면합니다. 대표적으로 니체는 기존의 형이상학적인 신들의 죽음을 선포합니다. 여기에는 기독교의 하나님뿐 아니라 플라톤 이후 모든 형이상학적 신의 죽음도 포함합니다.

"우리가 신을 죽였다 – 너희들과 내가! 우리 모두가 신을 죽인 살인자다! 하지만 우리가 어떻게 이런 일을 저질렀을까? 우리가 어떻게 대양(바닷물)을 마셔 말라버리게 할 수 있었을까? 누가 우리에게 지평선 전체를 지워버릴 수 있는 지우개(스펀지)를 주었을까? (중략) 신은 죽었다. 신은 죽어버렸다! 우리가 그 신을 죽인 것이다!"[24]

플라톤 이후 형이상학적(철학적) 신은 태양으로 비유됩니다. 바다의 물은 철학적 신과 인간이 사는 지구를 연결한 접촉점입니다. 우리가 바닷물을 다 마시고, 지평선 전체를 닦아버렸다는 것은, 태양으로 은유되는 철학적 신이 더 이상 설 자리가 없어져 사라졌다는 것을 은유합니다.[25]

니체 이후 초월의 하나님을 아는 영생의 진리는 교회와 신학계에서 급속히 퇴보했습니다. 또한 니체의 신 죽음 사상과 그것을 대치하는 초인과 영원회귀 사상은 현대 사회의 정신까지 지배하고 있습니다. 무엇보다 영으로만 아는 하나님과 영생을 누리는 기독교 신앙의 본질은 제도권 교회는 물론 저명한 신학자들에게서도 깊이 다루어지지 않았습니다. 게다가 교회는 여전히 영생의 거주지로서 본질을 잃어버린 채 전통과 제도와 조직을 중시하는 경향을 보입니다.

---

24 Nietzsche, 『니체 전집 12, '즐거운 학문'』, 200.
25 박충일, "예도 TV, 니체의 신은 죽었다", https://youtu.be/4KiPrVA6czM?si=YvjKE9zs6j6mmhl3

교리와 신학의 한계, 영생의 진리를 배척하다

요한복음과 요한서신의 영생 개념을 연구한 유영진은 종교개혁 이후 현대 교회에 이르기까지 신학계에서 영생의 개념이 다루어지지 않았다고 말합니다. 특히 다음과 같은 요소들이 다루어지지 않았다고 말합니다. 곧 영생의 기원으로서 성부 하나님, 성부와 성자와의 사랑의 관계, 이 교제에 성자 예수의 대속의 죽음과 그에 대한 믿음을 통해 신자가 동참함, 죽음을 극복하기 위한 조건으로서의 속죄를 통한 죄와 마귀의 극복, 십자가상의 대속의 죽음을 통해 나타난 성부와 성자의 사랑, 보혜사 성령을 통한 성자 예수에 대한 깨달음과 성부와 성자의 동거 체험들입니다.[26]

왜 정통신학계에서 영생의 진리가 진지하게 다루어지지 않았을까요? 우리는 요한복음이 증거하는 예수 당시의 상황에서 그 단초를 발견할 수 있습니다. 예수께서 초막절 마지막 날에 그 배에서 생수를 주겠다고 하며 목마른 자를 초대하십니다(요 7:37-38). 이는 성령이 오신 후 실제 되는 영생을 가리킵니다. 이 말씀을 들은 무리는 다양하게 반응합니다. 어떤 사람은 예수가 선지자라 하고, 어떤 사람은 예수가 그리스도라 하며 의견이 분분합니다. 이때 예수를 잡으러 공회가 파송한 경비병들은 빈손으로 돌아갑니다. 공회가 그 이유를 묻자, 경비병들은 "그 사람이 말하는 것처럼 말한 사람은 이 때까지 없었다"라고 하며 예수의 메시아적 가르침을 용인합니다(요 7:46). 그러자 공회원들은 "우리 중에 그를 믿는 자는 아무도 없다"라고 하며 무리와 경비병들을 율법에 무지한 무지렁이 취급을 하며 저주합니다(요 7:49). 공회 당국자들은 "그리스도가 갈릴리에서 난다"라는 교리를 근거로 생수를 주시는 예수를 배척합니다(요 7:52). 그들은 자기들이 알고 있는 율법의 테두리에서 벗어나는 것을 두려워하는 율법의 수호자들입니다.

---

26   유영진, "요한 저작에 나타난 '영생' 개념에 대한 연구", 48.

오늘날 교리와 신학을 안전판으로 여기는 지도자들은 그 배에서 생수가 솟아나는 영생의 말씀을 깨닫지 못하고 도리어 배척합니다. 그들은 좁디좁은 교리와 신학을 수호하며 영생의 말씀을 외면합니다. 그러면서 그들의 영혼은 생수를 마시지 못한 한계상황으로 인해 목이 마르고 황폐합니다. 과연 아버지와 아들을 아는 계시가 지혜롭고 슬기로운 자에게는 감추어지고 아무것도 알지 못한다고 하는 어린아이에게 나타나는 것이 하늘에 계신 아버지의 뜻입니다(마 11:25-27).

신앙의 미래, 영생의 거주지를 대망하다

하비 콕스는 20세기 들어 나타난 성령의 역사를 주목했습니다. 그는 기독교 공인 이전의 기독교를 신앙(faith)의 시대로, 이후 1700년의 기독교를 신념(belief)의 시대로 평가했습니다.[27] 영생의 거주지가 교회의 본질이었던 시대만 참 신앙의 시대였다는 것입니다. 그는 일부 지역에서 일어난 성령의 바람은 신앙의 미래를 매우 밝게 비추고 있다고 말합니다. 성령의 바람은 기독교를 뒤흔들어서 갱신시키는 대격변입니다. 성령의 바람이 일부에서 오해한 것처럼, 번영 복음의 도구로 변질되지 않는다면,[28] 영생의 거주지가 교회의 본질이었던 초기 교회로의 회복을 기대할 수 있다는 것입니다. 생명의 동력이 충만했던 초기 기독교가 신조들과 성직 계급제도와 교회 제국의 불행한 합병으로 거의 질식할 뻔했는데, 성령의 새 시대가 신앙의 미래를 밝히 조명한다는 것입니다.[29] 교회와 역사의 주관자이신 하나님이 생명을 주는 영의 역사로 말미암아 사람들로 하여금 영생을 얻

---

27 Cox, 『종교(신앙)의 미래』, 16. 신앙의 시대는 '예수 안에 있는 신앙(생명)'을, 신념의 시대는 '예수에 관한 신조'가 그 중심이다.
28 Cox, 『종교(신앙)의 미래』, 295.
29 Cox, 『종교(신앙)의 미래』, 311.

게 합니다. 또 영생 얻은 이들이 모인 영생의 거주지가 곳곳에 세워져 에클레시아로서 교회가 회복됩니다. 이 일은 이미 시작되었고 생명의 공동체를 통해서 증거되고 있습니다.

신약 신학자 케빈 길레스(K. Giles)는 새로운 교회 전망으로서 '삼위일체적 교회론'을 대안으로 제시합니다. 삼위일체적 교회론의 주된 관심사는 교회에 대한 그리스도 중심적 정의의 범위를 초월하는 것입니다.[30] 필자는 박사학위 논문의 결론에서 길레스의 제안을 공감하며 삼위일체적 교회론은 창세전 삼위 하나님의 연합과 하나 됨에 기초한다고 했습니다.[31] 성부와 성자와 성령은 영원에서부터 하나를 이루신 영적 공동체이며, 영생의 거주지로서 교회의 모형입니다. 이는 영생 얻은 성도 각자가 생명의 교제를 통해 삼위 하나님 안에 거하고 그들이 모인 영생의 거주지를 통하여 생명을 더욱 풍성히 누리는 것입니다. 이것이 하나님께서 처음부터 의도하셨던 교회의 목적이며, 영생의 거주지는 이 목적을 실현합니다.

---

30 Giles, 『신약성경의 교회론』, 137.
31 서형섭, 『하늘에 속한 말씀의 기쁨』, 308.

43

위의 것을 찾으라

"위의 것을 찾으라 거기는 그리스도께서 하나님 우편에 앉아 계시느니라" _ 골 3:1

예수께서 유월절 만찬에서 제자들에게 떡과 잔을 나누어 주십니다(눅 22:19-20). 떡과 잔은 그의 죽음을 상징하며, 그에게서 떡과 잔을 받는 자는 영원한 생명을 얻습니다. 예수 그리스도의 복음은 우리로 하여금 영원한 생명을 얻게 합니다. 사도 요한은 떡과 잔을 예수의 살과 피로 실재화했습니다(actualized).

"예수께서 이르시되 내가 진실로 진실로 너희에게 이르노니 인자의 살을 먹지 아니하고 인자의 피를 마시지 아니하면 너희 속에 생명이 없느니라 내 살을 먹고 내 피를 마시는 자는 영생을 가졌고 마지막 날에 내가 그를 다시 살리니"(요 6:53-54).

이렇게 예수 그리스도의 죽음과 장사됨에 연합된 자는 영원한 생명을 얻습니다. 영생은 하나님의 나라와 동일시되는 개념이며, 현재에서 누리며, 죽음 이후 더욱 풍성히 누리며, 종말에 완성됩니다. 특히 요한복음에서는 현재 누리는 영생을 강조합니다.

"진실로 진실로 너희에게 이르노니 죽은 자들이 하나님의 아들의 음성을 들을 때가 오나니 곧 이 때라 듣는 자는 살아나리라"(요 5:25).
"진실로 진실로 너희에게 이르노니 믿는 자는 영생을 가졌나니"(요 6:47).

아들의 살을 먹고 아들의 피를 마시는 자는 영생을 가졌으며(요 6:54), 그는 아들 안에 거하는 자입니다(요 6:56). 그리고 아들 안에 거하는 것은 궁극적으로 하나님 안에 거하는 것이며(요일 2:24-25), 이는 현재의 삶에서 경험하는 영생의 실재입니다(요 17:3; 요일 1:3).

영생의 현재성, 무신론을 반박하다

20세기에 나타난 무신론(無神論)의 현상은 기독교가 영생의 삶을 미래적 사건으로 한정시킨 데에 대한 공격으로 볼 수 있습니다. 그중 프로이트는 기독교의 영생을 두고 인간이 바라는 소원을 투사시킨 것이라고 비난했습니다. 그는 하나님을 믿는 믿음이 그가 소원 충족 또는 소원 섞인 생각이라고 부르는 심리적 메커니즘에서 발생한다고 보았습니다.[32] 우리의 필요와 요구에 차갑고 무정한 육신의 아버지 대신 능력이나 지식은 물론 선함과 자애도 육신의 아버지를 능가하는 하늘에 계신 아버지라는 분을 지어냈다는 것이다. 그러나 그를 향한 우리의 소원과 기대는 결코 이루어질 수 없는 '유치한 환상'이라고 했습니다. 그에 따르면, "기독교가 유치한 환상에 사로잡혀 현재의 삶을 무가치한 것으로 전락시키며 현재의 삶에

---

32 Plantingga, 『지식과 믿음』, 60.

대한 정열과 관심을 마비시킨다"라고 합니다.[33]

또한 마르크스는 종교가 왜곡된 세계의식에서 나왔다고 말합니다.[34] 신자는 왜곡된 사회 환경에서 살기 때문에 신자의 인식 능력은 제대로 기능할 수 없고, 착각의 주문(呪文)에 현혹된다는 것입니다. 그는 기독교의 영생이 민중에게 '환상적 위로'를 가져다줌으로써 그들이 현재 당하는 고난을 견디게 하는 민중의 아편이라고 폄하했습니다.[35] 그에 따르면, 기독교가 내세의 영생을 약속하면서 현재 당하는 고난의 실상을 파악하지 못하게 함으로써, 우매한 민중으로 하여금 현실에 무감각하고 무관심하게 만들어 고난의 삶을 지속시킨다고 합니다.[36]

만일 기독교가 영생의 삶을 미래적인 사건으로만 한정하면 프로이트나 마르크스의 주장에 대해 항변할 수 없고 그들의 주장대로 아편적 기능을 수행할 수도 있습니다. 하지만 영생의 삶은 미래적 삶에 앞서 현재의 삶에서 실제로 경험되는 삶입니다. 영생은 '오는 세상'에서 누리는 영원의 삶 이전에 현재의 삶에서 미리 경험하는 참된 삶인 것입니다. 이렇듯 영생의 현재성은 무신론자들의 주장을 반박합니다. 이에 대해 바울은 "위의 것을 찾으라"라는 말씀으로 대응합니다. 그는 그리스도의 죽음과 장사 복음이 가져온 구원을 그와 함께 일으킴을 받았다고 말합니다(골 2:12). 그리스도와 함께 일으킴을 받은 자는 그와 함께 다시 살리심을 받은 자입니다(골 3:1). 하나님은 그리스도를 죽은 자 가운데에서 살리신 지극히 크신 능력으로 그리스도와 함께 죽고 장사 된 자를 그 안에서 일으키셨습니다. 곧 그리스도 안에서 영원한 생명을 주신 것입니다.

---

33 S. Freud, *Die Zukunft einer Illusion*, in: Studienausgabe IX, 1974, S. 164, 김균진, 『기독교 조직신학 5권』, 563에서 재인용.
34 Plantingga, 『지식과 믿음』, 55.
35 김균진, 『기독교 조직신학 5권』, 565.
36 김균진, 『기독교 조직신학 5권』, 565.

'위의 것'을 찾는 철학 사상들

골로새서는 헬라 시대의 철학과 사상을 배경으로 기록되었습니다. 바울은 그러한 철학과 사상을 가리켜 영원한 생명의 풍성한 삶을 가로막는 '헛된 속임수'요, '사람의 전통'과 '세상의 초등학문'이라고 규정합니다.

> "누가 철학과 헛된 속임수로 너희를 사로잡을까 주의하라 이것은 사람의 전통과 세상의 초등학문을 따름이요 그리스도를 따름이 아니니라"(골 2:8).

'사람의 전통'이란 주로 유대교 전통에서 보는 세계관을 말하고, '세상의 초등학문'은 철학에서 보는 세계관을 말합니다. '세상의 초등학문'은 헬라 철학에서 말하는 '세상의 원소들'(스토이하얀)을 뜻합니다. 당시 철학 사상의 중심이 '원소'에 있었습니다. 자동차가 여러 가지 부품으로 구성되었듯이, 당시 철학자들은 세계가 여러 가지 원소로 구성된다고 보았습니다. 탈레스(Thales)는 근원적 원소를 물로, 아낙시만드로스(Anaximandros)는 무한자로, 아낙시메네스(Anaximenes)는 공기로, 피타고라스(Pythagoras)는 수와 질서로, 헤라클레이토스(Heraclitus)는 불로, 그리고 엠페도클레스(Empedocles)는 물과 불과 공기와 흙을 세계를 구성하는 원소로 제시했습니다. 또 이들은 세계가 이 같은 원소들의 상호 간의 투쟁으로 몰락의 위기에 처했다고 파악했습니다.[37] 세계의 위기는 인간에게 불안감을 줍니다. 그래서 이들은 나름대로 세계의 위기를 타개하고 불안감을 제거하는 방편을 마련했습니다. 유대교 철학자들은 '사람의 전통'으로 표현되는 구약의 창조 신앙으로 세계의 위기를 타개하고자 했습니다. 구약의 창조 신앙에서는 하나님의 신실하심으로 원소들의 투쟁이 종식되며 다시금 세계가 존속한다고 보았습니다.[38]

---

37 Schweizer, 『골로새서 주석』, 143.
38 Schweizer, 『골로새서 주석』, 144.

플라톤과 아리스토텔레스의 전통을 따르는 헬라 철학에서는 안전하고 온전한 세계를 초월성에서 찾아야 한다고 주장했습니다. 그들이 말하는 초월적인 세계는 보이는 이 세계가 아니라 앞으로 오는 세계로서 '위에 있는 세계'입니다. 그들의 주장에 따르면 이 세계의 인간은 원소들의 순환에 얽혀 있으며 하나의 순환에서 다른 순환으로 쫓겨 갑니다. 그로 인해 사는 날 동안 고난을 피할 수 없습니다. 그들은 엄격한 금욕을 통해서 고난의 수레바퀴(순환)에서 벗어날 수 있다고 생각했습니다. 여기서 말하는 '위에 있는 세계'는 성경이 말하는 '만물 위'나 '하나님의 나라'가 아닙니다. 그것은 보이지 않는 어떤 미지의 세계를 말합니다. 위에 있는 세계에 대해 엠페도클레스의 영향을 받은 플루타르크(Plutarch)는 인간의 영혼은 그가 죽는 날 비로소 지상 세계를 벗어나 달까지 승천한다고 했습니다. 여기에서 달로 승천하는 영혼들은 완전히 순화된 자들이며 그들만이 '에테르'(지복의 세계) 속으로 올리어진다는 것입니다.[39] 그런데 그 영혼이 순수하지 않으면, 즉 지상적인 것을 가지고 있으면 그 영혼이 다시 '원소들 속으로'(세상 속으로) 하강한다고 여겼습니다. 그 영혼은 반신적인 악령이 되어 사람들에게 '구원자'로 등장하며, 신탁의 장소로 내려와 신비 의식 속에서 사람들의 삶에 영향을 미친다고 보았습니다.

피타고라스학파에서 '에테르'는 영원히 죽지 않고 신적이며 위에 있는 최상의 원소입니다. 그리스 신화에 등장하는 신 헤르메스(Hermes)는 순수한 영혼을 위에 있는 세계, 곧 최상의 원소로 인도합니다. 반면 순수하지 않은 영혼은 다시 이 세계, 소위 '에리니엔의 질곡'으로 하강하게 합니다. 그리하여 공기 전체는 순수하지 않은 영혼들(수호령, 유대교적으로는 천사)로 가득 차 있다고 말합니다. 그러므로 인간은 영웅 또는 천사들에게 경배하고, 정화 의식을 하며, 특정한 생활 방식이나 금욕을 추구해야 한다는 것입니다.

---

39 Schweizer, 『골로새서 주석』, 145.

그리스도 안에 신성의 모든 충만이 육체로 거하시다

　헬라 철학은 온전한 세계를 '위'에서 찾았는데, 그 세계는 순수한 영혼만이 들어갈 수 있다고 여겼습니다. 그래서 순수한 영혼을 가진 자만이 죽어서 '위의 세계'에 이르며, 그때 비로소 '신적 충만함'을 누린다고 믿었습니다. 그러나 바울은 세상의 원소에 근거를 두는 철학 사조들을 정면으로 반박합니다. 이미 그리스도 안에 "신성의 모든 충만이 육체로 거하고" 있어(골 2:9), 우리가 그리스도 안에 있으면 그 신성의 충만함을 이생의 삶에서 누릴 수 있다는 것입니다. 다시 말해서, 신성의 충만이란 헬라 철학의 주장대로 사후에 획득하는 것이 아니라 이 세상에서 그리스도의 성육신과 부활의 몸을 통해 경험하는 것입니다. 이 그리스도께서 모든 주권과 권위의 머리가 되시며, 이로써 그리스도 안에 거하는 자는 어떤 철학이나 종교의 가르침에서 자유로워집니다.

　그런데 골로새서를 읽어 보면 헬라 철학의 영향을 받은 성도들이 여러 가지 규정을 정하여 그것을 지키거나 수행함으로써 신적 충만에 이르려고 했음을 알 수 있습니다. 예컨대, 특정한 날짜를 지키거나 먹는 것을 삼가고 천사를 숭배하며 몸을 괴롭게 하는 금욕을 수행한 것입니다(골 2:16-18). 하지만 이러한 '조문들을 기록한 증서'에 매이게 되어 그것들을 지키지 않으면 불안을 느끼게 됩니다. 규정들이 곧 주권과 권위가 되어 성도들을 지배하는 것입니다. 이와 같은 모습을 보고 바울이 골로새 성도들에게 '위의 것을 찾으라'라고 강력하게 권고합니다.

> "그러므로 너희가 그리스도와 함께 다시 살리심을 받았으면 위의 것을 찾으라 거기는 그리스도께서 하나님 우편에 앉아 계시느니라 위의 것을 생각하고 땅의 것을 생각하지 말라 이는 너희가 죽었고 너희 생명이 그리스도와 함께 하나님 안에 감추어졌음이라 우리 생명이신 그리스도께서

나타나실 그 때에 너희도 그와 함께 영광 중에 나타나리라"(골 3:1-4).

그리스도와 함께 살리심을 받은 자는 영원한 생명을 얻었습니다. 그는 위의 것을 찾아야 합니다. 거기에는 부활하사 높이 들리신 그리스도께서 하나님 우편에 앉아 계십니다. 영생을 얻은 자는 그리스도와 함께 죽었습니다. 그의 생명이 그리스도와 함께 하나님 안에 감추어져 있습니다. 그의 생명이 그리스도께서 다시 나타나실 때 그리스도와 함께 영광 중에 나타날 것입니다. 결론적으로, 영생의 실제는 하나님과 연합되어 자기 생명이 예수 그리스도 안에 감추어진 상태를 말합니다. 이것은 부활하신 그리스도께서 보내시는 성령에 의해 하나님과 연합됨으로써 실제가 되는 현재의 삶입니다.

아들 안에 거하고 아버지 안에 거하다

"그 날에는 내가 아버지 안에, 너희가 내 안에, 내가 너희 안에 있는 것을 너희가 알리라"(요 14:20). '그 날'은 예수 그리스도께서 승천하신 후 우리에게 성령을 보내신 날입니다. 하나님이 예수 그리스도를 통하여 보내시는 성령은 우리가 아들과 아버지 안에 있음을 알게 합니다. 그리하여 이 땅에서 영생의 삶을 풍성히 누리도록 합니다.

"하나님께서는 우리 구주 예수 그리스도를 통해 우리에게 이 성령을 풍성히 부어 주셔서, 우리가 하나님과 올바른 관계를 맺게 하셨습니다. 이 모든 것이 하나님의 은혜입니다. 하나님께서 우리에게 성령을 주심으로 이제 우리가 그토록 소원하던 영원한 생명을 누리게 될 것입니다"(딛 3:6-7, 쉬운성경).

영생의 본질은 "유일하신 참 하나님과 그가 보내신 자 예수 그리스도를 아는 것"입니다(요 17:3). 여기서 '아버지와 아들을 아는 것'은 아들 안에 거하고 아버지 안에 거하는 영적 실재를 말합니다. '안다'라는 의미는 '그 안에 거하는 상태'를 말합니다. "곧 내가 그들 안에 있고 아버지께서 내 안에 계시어 그들로 온전함을 이루어 하나가 되게 하려 함은"(요 17:23a). "너희는 처음부터 들은 것을 너희 안에 거하게 하라 처음부터 들은 것이 너희 안에 거하면 너희가 아들과 아버지 안에 거하리라 그가 우리에게 약속하신 것은 이것이니 곧 영원한 생명이니라"(요일 2:24-25). 또한 아버지와 아들을 아는 영생은 성령 안에서 아버지와 아들과 더불어 사귐으로써 실제가 됩니다. "우리가 보고 들은 바를 너희에게도 전함은 너희로 우리와 사귐이 있게 하려 함이니 우리의 사귐은 아버지와 그의 아들 예수 그리스도와 더불어 누림이라"(요일 1:3). 하나님과 그 아들 예수 그리스도와의 사귐은 아들 안에 거하시는 하나님 안에 있는 삶을 말합니다.

한스 큉에 의하면, 하나님 안에 있는 삶이란 "하나님과 인간이 하나 됨 가운데 있음"을 의미합니다.[40] 곧 하나님과의 사귐 안에서 인간은 모든 죄책을 용서받고, 하나님에 의해 있는 그대로 용납되며, 투명한 실존으로서 하나님의 얼굴 안에 감추어지는 것입니다. 이 점에서 영생의 삶은 삼위일체 되신 '하나님의 관조'(visio Dei) 안에 거하는 인간의 존재와 삶을 말합니다. 그 결과 하나님이 그 얼굴빛을 우리에게 비추어 주십니다. 이로써 구약의 제사장적 축복이 실현됩니다. "여호와는 네게 복을 주시고 너를 지키시기를 원하며 여호와는 그의 얼굴을 네게 비추사 은혜 베푸시기를 원하며 여호와는 그 얼굴을 네게로 향하여 드사 평강 주시기를 원하노라 할지니라 하라"(민 6:24-26). 또한 시편의 말씀이 성취됩니다. "하나님은 우리에게 은혜를 베푸사 복을 주시고 그의 얼굴빛을 우리에게 비추사 주의 도를 땅 위에, 주의 구원을 모든 나라에게 알리소서"(시 67:1-2).

하나님의 얼굴이 우리에게 비추어지면 오직 하나님의 얼굴만 드러남

---

40   Küng, *Ewiges Leben*, S. 294, 김균진, 『기독교 조직신학 5권』, 553에서 재인용.

니다. 우리의 얼굴이 그리스도와 함께 하나님 안에 감추어지고 하나님의 얼굴만 드러납니다. 이때 우리는 우리 자신으로부터 해방되며, 특히 우리가 우리 자신을 보는 비참한 자리에서 벗어나 자유로워집니다. 이렇게 하나님과의 사귐 안에 거하는 것은 창세전 성자와 성부가 복종과 사랑의 관계로 함께하셨던 존재법을 반영합니다. 곧 하나님 안에 있는 삶은 아들의 계명에 복종함으로써 아들 안에 거하는 것이고, 아들 안에 거함으로써 아들 안에 거하시는 아버지 안에 거하는 것입니다.

이 같은 하나님과의 교제는 하나님과 연합되는 것으로 하나님의 온전함에 이릅니다. 이것이 복음의 궁극적인 목적입니다. 미국의 설교자 존 파이퍼는 이를 가리켜 '하나님이 복음이다'라고 명명했습니다.[41] 그리고 그 증거로 베드로전서 3:18 말씀을 제시합니다. "그리스도께서도 단번에 죄를 위하여 죽으사 의인으로서 불의한 자를 대신하셨으니 이는 우리를 하나님 앞으로 인도하려 하심이라…."

구속의 은총을 힘입어 하나님께로 나아가자

예수 그리스도의 죽음은 궁극적으로 우리를 하나님께로 인도하는 것이 목적입니다. 크로스비 여사는 "아들을 통해 아버지께로 나아가게 하신 위대한 일"(O come to the Father through Jesus the Son, And give Him the glory, great things He hath done)을 찬양했습니다(새찬송가 615장 '그 크신 일을 행하신'). 또한 "그리스도가 우리 죄를 위하여 죽으셔서 영원한 생명 문을 여셨다"(Who yielded His life an atonement for sin, And opened the life gate that all may go in)라고 찬양했습니다.

히브리서에서는 그리스도의 구속의 은총으로 말미암아 우리가 하나님께로 나아간다고 증거합니다. "그러므로 형제들아 우리가 예수의 피를

---

41 Piper, 『하나님이 복음이다』, 48.

힘입어 성소에 들어갈 담력을 얻었나니 그 길은 우리를 위하여 휘장 가운데로 열어 놓으신 새로운 살 길이요 휘장은 곧 그의 육체니라 또 하나님의 집 다스리는 큰 제사장이 계시매 우리가 마음에 뿌림을 받아 악한 양심으로부터 벗어나고 몸은 맑은 물로 씻음을 받았으니 참 마음과 온전한 믿음으로 하나님께 나아가자"(히 10:19-22).

예수 그리스도께서 십자가에서 죽으셨을 때 지성소의 휘장이 찢어졌습니다(마 27:51). 이는 그의 피를 믿는 자로 하여금 하나님이 거하시는 지성소로 들어가게 하신 구속의 사건입니다. 그의 피가 '영원하신 성령으로 말미암아' 하나님께 드려졌습니다(히 9:14). 그의 피는 지금도 살아 있으며 항상 살아 있습니다. 그러므로 그의 피를 의지하는 자는 참마음과 온전한 믿음으로 하나님께 나아갑니다. 그의 피로 말미암아 하나님의 온전함에 이르게 되는 것입니다. 이제는 오직 보혈의 공로로 온전함에 이릅니다.

율법이나 계명, 규칙 등 신앙의 여러 요구를 지키는 것으로는 결코 온전한 신앙에 이를 수 없습니다. 그런데도 많은 신자가 이러한 방법으로 온전함에 이르고자 합니다. 우리가 신앙의 어떤 원리를 깨달으면 처음에는 무척 신선하게 느껴집니다. 그 원리가 마치 무슨 해법 같습니다. 그래서 그것을 부여잡고 나아갑니다. 하지만 시간이 지날수록 그것은 신앙의 짐이 되고 신앙의 멍에가 되고 맙니다. 그 짐을 벗으려고 새로운 다른 것을 붙듭니다. 처음 시도해 보는 신앙의 규칙일 수도 있고, 새로운 프로그램에 참여하는 것일 수도 있습니다. 때로 영적 지도자의 탁월한 가르침을 붙들기도 합니다. 하지만 그것들 역시 잠시 신선함을 줄 뿐 나중에는 오히려 신앙의 짐이 되어 버립니다. 그리고 온전한 신앙에 이르게 하지도 못합니다.

온전함으로 하나님께 나아가자

신앙의 온전함에 이르는 길은 오직 한 길입니다. 그것은 율법을 지킴으로써가 아니라 예수 그리스도를 통하여 하나님께 나아가는 것입니다. 예수 그리스도께서 십자가에서 죽으신 단번의 제사로 말미암아 그를 믿는 자를 온전하게 하셨습니다(히 10:14). 그래서 누구든지 예수의 피를 힘입어 지성소로 들어가는 자는, 참마음과 온전한 믿음으로 하나님께 나아갑니다(히 10:22). 그리하여 아들 안에서 하나님과 연합되는 온전한 신앙에 이릅니다(요 17:21-23).

히브리서의 중요한 주제 중 하나가 바로 온전함입니다. 히브리서의 수신자는 유대교에서 개종한 그리스도인입니다. 그들 중 일부는 구원을 받고 오래 믿었지만 온전함에 이르지 못하여 실족하고 타락하여 심지어 배도까지 했습니다. 이에 히브리서 기자가 수신자들을 향하여 어린아이의 수준에 머물러 있지 말고 온전함에 이르라고 권면합니다.

> "그러므로 우리가 그리스도의 도의 초보를 버리고 죽은 행실을 회개함과 하나님께 대한 신앙과 세례들과 안수와 죽은 자의 부활과 영원한 심판에 관한 교훈의 터를 다시 닦지 말고 완전한 데로 나아갈지니라"(히 6:1-2).

히브리서 기자는 믿은 지 오래되었으나 아직 완전함에 이르지 못하여 여전히 가르침을 받는 자들이 미성숙한 어린아이와 같다고 합니다(히 5:12). 그들의 신앙은 언제든지 타락할 수 있습니다. 그들은 신앙의 온전함에 나아가지 않은 채 신앙 행위들을 맹목적으로 지키는 일에만 몰두합니다. 그리하여 그리스도의 도(道)를 아는 데 있어서 초보를 반복하고 "죽은 행실을 회개함과 하나님께 대한 신앙과 세례들과 안수와 죽은 자의 부활과 영원한 심판에 관한 교훈의 터를" 반복하여 배웁니다.

어린아이와 같은 이들은 신앙 지식을 배우는 수준에만 머문 채 하나님의 완전함으로 나아갈 생각을 하지 않습니다. 문제는 아무리 정확한 신앙 지식을 알고 있고 심지어 복음을 받아들였어도 그 자체에 머물러 있으면 타락의 위험이 있다는 것입니다. C.S. 루이스는, 기독교를 무너뜨리고 싶어 하는 자들은 여섯 살짜리 어린애한테나 맞는 유치한 기독교를 내세워 놓고 공격의 대상으로 삼는다고 했습니다.[42] 그러므로 어린아이같이 미숙한 신앙은 언제든지 변질되고 타락할 수 있습니다.

오스 기니스(Os Guinness)는 신앙이 변질되고 타락하는 이유를 두 가지로 설명합니다. 세상에 죄의 세력이 현존하기 때문이며, 시간이 지남에 따라 신앙의 신선도가 떨어지기 때문이라고 합니다.[43] 이 문제들은 날마다 하나님께 나아가 온전함을 이룸으로써 해결할 수 있습니다. 히브리서에서 이에 대한 확실한 처방을 제시합니다.

"오직 오늘이라 일컫는 동안에 매일 피차 권면하여 너희 중에 누구든지 죄의 유혹으로 완고하게 되지 않도록 하라 우리가 시작할 때에 확신한 것을 끝까지 견고히 잡고 있으면 그리스도와 함께 참여한 자가 되리라"(히 3:13-14).

먼저, 우리가 매일 생명의 교제를 통해 삼위 하나님과 더불어 사귐을 갖는 것입니다. 이것이 영생의 누림입니다. 나아가 서로 사랑하고 선행을 격려하는 교제를 나누어야 합니다. 각자 하나님과 가진 생명의 교제를 서로 나누고, 처음 들었던 복음을 끝까지 견고히 잡아야 합니다. 위의 것을 찾는 신앙은 아들 안에 거하고 아버지 안에 거함으로써 영생을 현재에서 누리는 일상을 뜻합니다. 이러한 신앙은 매일 말씀 묵상하는 것을 통하여 현실이 됩니다. 매일 일상에서 누리는 하나님과의 교제는 바로 영생의 공동체인 초대 교회가 가졌던 영적 부요함이었습니다(요일 1:5-10).

---

42 Lewis, 『순전한 기독교』, 77.
43 Guinness, 『소명』, 170-171.

44

옛사람을 벗고 새 사람을 입으라

"하나님을 따라 의와 진리의 거룩함으로 지으심을 받은 새 사람을 입으라" _ 엡 4:24

천상적 실존으로 지상적 삶을 살다

사람에게는 두 차원의 생명이 있습니다. 하나는 아담 안에서 태어난 생명입니다. 이는 아래에서 태어난 생명이며 땅에서 태어난 생명입니다. 모든 사람은 육신의 부모를 통하여 이 생명으로 태어납니다. 그리고 다른 한 차원은 위에서 태어난 생명입니다. 위에서 태어나면 영원한 생명을 얻습니다. 이것이 그리스도 안에 있는 생명, 곧 영생입니다. "너희는 아래에서 났고 나는 위에서 났으며 너희는 이 세상에 속하였고 나는 이 세상에 속하지 아니하였느니라"(요 8:23).

예수 그리스도를 믿어 얻는 영생은 단지 죽어서 천국에 간다는 뜻만이 아닙니다. 또 끝도 없이 사는 것도 아닙니다. 영생은 이 땅에서 보고 듣고 만지면서 실제로 경험하는 삶입니다(요일 1:1). 영생의 삶은 그 기초가 생명의 교제를 통한 온전한 삶입니다. 이것은 기독교 신앙의 본질로서 하나님과의 만남과 교제입니다.⁴⁴ 또 이것은 천상적 실존으로서 하나님 안에서 풍성함을 누리는 삶입니다. 천상적 실존으로서의 풍성한 삶을 자원으로 하여 한시적으로 지상적 삶을 살아갑니다.

잠자는 야곱 위에 천사들이 오르락내리락하다

구약의 언약 사상에서 야곱은 열두 지파의 조상으로서 하나님의 언약을 담지한 자입니다. 그는 천상적 실존으로서 지상적 삶을 살아간 전형입니다. 야곱은 에서를 피해 아버지의 집을 떠나 하란으로 가던 중 노숙을 합니다. 그의 지상적 삶은 길에서 홀로 잠을 청하고, 짐승의 공격에 대비하여 돌베개를 베고 잘 정도로 비참한 모습입니다. 그런데 그가 꿈을 꿉니다. 하늘과 땅 사이를 연결하는 사닥다리 위에서 하나님의 천사들이 오르락내리락합니다. 여호와께서 야곱을 통해 모든 민족이 복을 받으리라고 말씀하십니다(창 28:12-14).

이 꿈의 내용이 랍비들의 구약 아람어판 창세기 주석에서 확대하여 해석됩니다. 야곱은 하나님의 언약을 가진 자로서 하나님의 백성을 대표합니다. 야곱이 잠이 들자 천사들이 야곱의 잠든 얼굴을 훔쳐보고, 하늘을 열고 올라갑니다. 그리고 하나님의 어좌에서 시중들던 다른 천사들에게 하나님의 어좌에 앉아 있는 야곱의 얼굴을 보려면, 땅에 내려가 잠자는 야곱의 얼굴을 보라고 말합니다. 그러자 천사들이 줄을 이어 내려가 야곱의 얼굴을 보고 하늘로 올라갑니다. 땅 위의 야곱의 진정한 실체가 하늘의 하나님의 어좌에 앉아 있는데 그의 얼굴이 너무 거룩해서 쳐다볼 수 없었습니다. 그 야곱의 모조품 얼굴을 땅에서 보고는, 어좌에 앉아 있는 진짜 실체의 위대함을 헤아려 보게 된 것입니다.⁴⁵ 이렇듯 천상적 실존으로서 야곱은 하늘의 천사들이 부러워하는 언약의 조상입니다. 하지만 지

---

44 Grenz & Olson, 『20세기 신학』, 126.
45 김세윤, 『요한복음 강해』, 48.

상적 삶을 사는 야곱은 홀로 길에서 두려워하며 돌을 베고 잠을 청하는 모습입니다.

인자 위에 천사가 오르락내리락하다

하나님의 아들 예수 그리스도는 하늘에서 오신 '인자'입니다(요 3:13). 그에게는 아버지께로부터 온 영광이 가득하며, 곧 은혜와 진리가 충만합니다(요 1:14). 은혜와 진리는 하나님의 본질적인 성품이며, 곧 변함없는 '인자(헤세드)와 신실'(에메트)입니다. 예수 그리스도는 진실로 야곱보다 큰 자입니다(요 4:12). 그를 통해 야곱에게 주신, 만민이 복을 받는다는 약속이 성취되었습니다. 그를 믿는 자마다 하나님의 아들들이 되는 복이 주어진 것입니다(갈 3:26). 하나님의 보좌에 앉으신 아들로서 지상적 삶을 사는 아들 위에 하늘의 천사들이 오르락내리락합니다. 예수께서 나다나엘에게 이 큰일을 보게 될 것이라고 약속하십니다. "예수께서 대답하여 이르시되 내가 너를 무화과나무 아래에서 보았다 하므로 믿느냐 이보다 더 큰 일을 보리라 또 이르시되 진실로 진실로 너희에게 이르노니 하늘이 열리고 하나님의 사자들이 인자 위에 오르락 내리락 하는 것을 보리라 하시니라"(요 1:50-51).

그리스도 안에서 그와 함께 살리심을 받은 성도는 하늘에 앉힌 자입니다(엡 2:6). 동시에 그는 그리스도의 고난에 참여하는 지상적 삶을 살아갑니다. 그의 지상적 삶이 하늘의 모형이며, 그의 실체는 밤새 천사들이 오르락내리락하며 부러워하는 천상적 실존입니다.

그리스도인의 천상적 삶, 죄와 부정성(不淨性)을 제거하라

골로새서 3:1에서 바울이 "위의 것을 찾으라"라고 말합니다. 그리고 "거기는 그리스도께서 하나님 우편에 앉아" 계신다고 합니다. 즉, 위의 것을 찾는 삶은 생명의 교제를 통하여 하나님과 그 아들 예수 그리스도와 더불어 누리는 사귐이며, 이는 천상적 실존의 풍성함을 누리는 삶입니다. 그런데 바울은 골로새서 3:5-11에서 위의 것을 찾는 천상적 삶에 두 가지 걸림돌이 있다고 말합니다. 그것은 땅에 있는 지체와 옛사람에게 속한 부정성입니다. 천상적 실존의 풍성함은 땅에 있는 지체를 죽일 때 누릴 수 있습니다. '땅에 있는 지체'란 음란과 부정과 사욕과 악한 정욕과 탐심입니다(골 3:5). 이것들로 말미암아 천상적 실존의 풍성함이 상실되고 대신 하나님의 진노가 임하게 됩니다. "땅에 있는 지체를 죽이라"라는 말씀은 문자적으로 필멸하는 몸의 지체를 절단하라는 말로 들립니다. 우리의 옛사람이 십자가에 못 박힐 때 죄의 몸은 이미 죽었습니다(롬 6:6). "지체를 죽이라"(5절)는 "땅의 일을 생각하지 말라"(2절)와 병행합니다. 세속 헬라어에서 '땅에 있는 지체'는 '땅에 있는 생각의 기관'을 말합니다.[46] 그러므로 땅에 있는 지체를 죽이는 것은 다섯 가지 패덕에 관한 생각을 제거하라는 뜻입니다. 그것은 소극적으로 육신의 생각을 버리는 것이며, 적극적으로 영의 생각을 취하는 것입니다.

  천상적 실존으로서 풍성한 삶은 죄 문제뿐 아니라 옛사람의 부정성을 처리할 때 주어집니다. "분을 내어도 죄를 짓지 말며 해가 지도록 분을 품지 말라"(엡 4:26)는 말씀은 죄와 부정성을 구별합니다. 옛사람의 부정성은 성장 과정에서 체득한 왜곡된 감정과 그릇된 습관을 말합니다. 그것은 주로 양육자가 입혀 준 삶의 방식으로써 성장 과정에서 받아들일 수밖에 없었던 삶의 태도로 인해 생깁니다. 어떤 사람을 이같은 배경으로 파악하는 것은 그를 존재론적으로 이해하는 것입니다(하이데거).

---

46 전경연, 『성서주석 골로새서』, 307.

부정성, 옛사람의 옷을 벗으라

구약 시대 때 부정성은 사람이 지은 죄와 구별되며, 죽은 자들과 접촉하여 발생하는 부정함입니다. "사람의 시체를 만진 자는 이레 동안 부정하리니"(민 19:11). 인간은 대부분 아담 안에서 영적으로 죽은 자에게서 양육을 받고 자랍니다. 인간이 접촉하는 최초의 대상이 부모인데 그들 역시 불완전한 죄인입니다. 그러므로 인간은 성장 과정에서 부득불 부모의 삶에서 영향을 받으며, 부모가 물려준 삶의 방식대로 살아갑니다. 이러한 삶의 방식은 가족 문화 또는 가족 신화로 자리매김하여 매우 강고하게 고착됩니다.

그러므로 정도의 차이는 있으나 신자라도 내면화되고 인격화된 부정성을 피할 수 없습니다. 이 부정성은 성장 과정에서 형성된 성격 중 일부입니다. 인간의 성격은 천부적인 네 가지 종류의 기질(다혈질, 담즙질, 점액질, 우울질)과 양육자의 양육 태도에 의해 형성됩니다. '성인 아이'라는 말을 처음으로 사용한 휴 미실다인(H. Missildine)은 부모의 양육 태도에 영향을 받아 형성된 성격을 아홉 가지로 분류합니다.[47] 바울 사도는 이 같은 성격을 가리켜 유혹의 욕심을 따라 썩어져 가는 구습을 따르는 옛사람이라고 말합니다(엡 4:22). 이것들은 주로 부정적인 감정이나 언어나 태도로 표출되며 인간관계에서 악한 행동으로 나타납니다.

폴 리쾨르는 악의 형태를 흠, 죄, 허물로 나눕니다.[48] 죄는 내재된 죄를, 허물은 드러난 죄악을, 흠은 접촉에 의해 형성된 부정성을 말합니다. 이것들이 옛사람의 행위와 감정입니다. 곧 분함과 노여움과 악의와 비방과 부끄러운 말을 입에 담고 거짓말을 하는 것 등입니다(골 3:8-9). 유혹의 욕심을 따라 썩어져 가는 구습입니다(엡 4:22). 이것은 벗어 버려야 할 옛사람

---

47   Missildine, 『몸에 밴 어린 시절』, 86-88.
48   Ricoeur, 『악의 상징』, 10.

의 옷이며, 모든 악독과 노함과 분냄과 떠드는 것(화가 나서 절제하지 않고 쏟아 붓는 말)과 비방하는 것과 악의와 더러운 말입니다(엡 4:22, 31). 주목할 것은 바울이 죄와 부정성을 구별한다는 것입니다. "분을 품어도 죄를 짓지 말라"(엡 4:26)에서 분은 부정성이며, 그것을 사람에게 표출하면 약한 자를 실족시키는 죄가 됩니다(고전 8:12).

최근에는 내적 치유라는 이름으로 옛사람의 부정성을 해결하고자 시도합니다. 앞에서 열거한 옛사람의 부정성들을 상처 또는 상한 감정이라고 정의하면서 치유를 시도하는 것입니다. 그런데 그 치유 과정을 보면 성경의 교훈대로 옛사람의 옷을 벗어 버리게 하는 것이 아니라, 주로 감정 정화에 초점을 둡니다. 예컨대, 분노의 감정을 표출(outing)한다거나, 그리움의 감정을 머물게(remaining) 하거나, 두려움의 감정을 직면(confronting)하거나, 수치심의 감정을 폭로(disclosing)하는 방식을 사용합니다. 하지만 이는 지극히 인간적이고 정신분석적인 방식으로, 감정을 정화할 수는 있지만 옛사람의 부정성에서 벗어나게 하지는 못합니다. 옛사람의 부정성은 정화하고 치유하거나 다스리는 것이 아니라 온전히 벗어 버려야 합니다. 이러한 부정성은 자신의 것이 아니라 부정한 가족과 이웃, 친구 등에 의해 입혀진 옛사람의 옷입니다. 하지만 분명히 내 안에 내재하고 있으므로 벗어 버려야 합니다.

특히 신자가 내면의 부정성을 벗어 버리지 않으면 천상적 실존으로서 부요한 삶을 박탈당할 뿐 아니라 하나님의 성전인 자신까지도 더럽히게 됩니다. 또한 접촉하는 것마다 부정하게 합니다. 부정하게 된 것을 만진 자도 부정해집니다. 즉 한 사람의 부정성은 자신의 불행으로 끝나지 않고 직간접적으로 그가 접촉하는 이들을 모두 부정하게 합니다. "부정한 자가 만진 것은 무엇이든지 부정할 것이며 그것을 만지는 자도 저녁까지 부정하리라"(민 19:22).

부정성의 각성과 보혈의 은총

어떻게 해야 옛사람의 부정성을 벗을 수 있을까요? 3단계를 생각할 수 있습니다. 먼저 부정성을 각성하고, 다음으로 그리스도의 보혈로 부정성을 씻어야 합니다. 이것이 옛사람의 행위를 벗는 것입니다. 마지막으로 의와 진리로 지으심을 받은 새 사람을 입어야 합니다(엡 4: 24).

민수기 19장에서는 죄와 구별되는 부정성을 씻어 내는 방법이 소개됩니다. 언약 백성이 죽은 시체나 무덤에 접촉하여 부정하게 되면 흠 없는 암송아지를 불에 태우되 백향목과 우슬초와 홍색 실을 섞어서 태우라고 합니다(민 19:6). 여기서 백향목과 우슬초와 홍색 실은 정결하게 하는 물질입니다(레 14:6). 그렇게 해서 만든 암송아지의 재를 샘물과 섞어 부정을 씻어 내는 물이 되게 합니다. 죄는 염소와 황소(수소)의 피로 씻김을 받고(레 1-4장), 부정성은 암송아지의 재로 씻김을 받습니다(민 19:17-18). 이와 같은 구약의 정결 의식은 그리스도의 희생을 예표하며, 이제는 죄와 부정성 모두 영원하신 성령으로 말미암아 하나님께 드려진 그리스도의 피로 씻어 냅니다.

> "염소와 황소의 피와 및 암송아지의 재를 부정한 자에게 뿌려 그 육체를 정결하게 하여 거룩하게 하거든 하물며 영원하신 성령으로 말미암아 흠 없는 자기를 하나님께 드린 그리스도의 피가 어찌 너희 양심을 죽은 행실에서 깨끗하게 하고 살아 계신 하나님을 섬기게 하지 못하겠느냐"(히 9:13-14).

영적으로 죽은 자, 곧 죄인과 접촉하여 우리 안에 내재된 부정성을 예수 그리스도의 보혈이 씻어 냅니다. 부모에게 물려받은 삶의 헛된 방식은 용서받을 '죄'가 아니라, 씻김을 받아야 할 '부정성'입니다. 이에 대해 베드로 사도는 부모로부터 물려받은 부정성, 삶의 헛된 방식이 금이나 은처럼 없어질 세상 것으로 씻김을 받는 것이 아니라, 흠 없는 자기를 하나님께 드린 그리스도의 피로 씻김을 받는다고 선언합니다. "너희가 알거니와 너희 조상이 물려 준 헛된 행실에서 대속함을 받은 것은 은이나 금 같이 없어질 것으로 된 것이 아니요 오직 흠 없고 점 없는 어린 양 같은 그리스도의 보배로운 피로 된 것이니라"(벧전 1:18-19).

인간의 내면에 있는 부정성은 인간관계를 왜곡시키고 파괴합니다. 어떤 이들은 금과 은처럼 세상에서 가치 있는 것들이 파괴된 관계를 회복해 줄 것으로 생각합니다. 가족 간의 관계의 문제가 '돈'이 없어서 일어났다고 여깁니다. 그렇지 않습니다. 고기와 생선이 가득한데도 다투는 집이 있는가 하면 마른 떡 한 조각만으로도 만족하는 집이 있습니다(잠 17:1). 경건한 자일지라도 부정성을 간과하기 쉽습니다. 예수를 믿어도 인간의 성격까지는 바뀌지 않는다고 여깁니다. 이것은 복음에 무지한 거짓 신화입니다. 우리는 죄뿐 아니라 부정성을 심각하게 대해야 합니다. 말씀 앞에서 또는 인간관계 안에서 부정성이 발견되면 그로 인해 애통해야 합니다. 부정성이 하나님의 영광을 가리고, 그리스도께서 대신 죽어 주신 형제를 실족시키는 심각한 죄악으로 받아들여야 합니다(고전 8:12). 그리고 암송아지의 재가 아닌 그리스도의 보혈로 부정성을 씻어 내야 합니다. 이것이 바로 옛사람의 옷을 벗는 것입니다.

새 사람을 입으라

죄는 자백하고 용서받는 것으로 끝나지만, 부정성은 옛사람의 옷을 벗는 것만으로 끝나지 않습니다. 부정성을 씻어 내어 정결하게 되었다면 반드시 새 옷을 입어야 합니다. 옛사람의 부정성을 벗어 버린 후 의와 진리로 지으심을 받은 새 사람을 입어야 합니다.

'새 사람'이란 그리스도와 연합함으로써 나타나는 성품을 말합니다. 이는 친절하고 남을 불쌍히 여기며 용서하는 성품입니다. 또한 하나님께 사랑받는 자녀답게 긍휼과 자비와 겸손과 온유와 오래 참음으로 옷 입는 것입니다. 불만이 있어도 용납하며 용서하되 그리스도께서 용서하신 것처럼 하는 것입니다. 이 모든 것 위에 사랑으로 띠를 매야 합니다.

"서로 친절하게 하며 불쌍히 여기며 서로 용서하기를 하나님이 그리스도 안에서 너희를 용서하심과 같이 하라"(엡 4:32).
"그러므로 너희는 하나님이 택하사 거룩하고 사랑 받는 자처럼 긍휼과 자비와 겸손과 온유와 오래 참음을 옷 입고 누가 누구에게 불만이 있거든 서로 용납하여 피차 용서하되 주께서 너희를 용서하신 것 같이 너희도 그리하고 이 모든 것 위에 사랑을 더하라 이는 온전하게 매는 띠니라"(골 3:12-14).

그리스도인은 더 이상 부모에게서 물려받은 옛사람의 부정성으로 살지 않습니다. 우리는 하나님이 택하사 거룩하고 사랑받는 자입니다. 우리는 말씀이 규정하는 새 사람의 옷을 입고 살아갑니다. 천상적인 실존으로서 지상적인 삶을 사는 것입니다. 우리가 옷을 입으면 남들이 그 옷을 보듯이, 옛사람의 옷 곧 내면의 부정성도 사람들이 봅니다. 이 부정성이 남들도 부정하게 만듭니다. 반면 새 사람의 옷 곧 그리스도의 성품도 사람들이 봅니다. 이는 남들을 거룩하게 만듭니다. 전에는 어둠에 속했으나 이제는 빛이 되어 사람들을 비춥니다. 그리하여 사람들이 그를 보고 하나님께 영광을 돌립니다.

"너희가 전에는 어둠이더니 이제는 주 안에서 빛이라 빛의 자녀들처럼 행하라"(엡 5:8).
"이같이 너희 빛이 사람 앞에 비치게 하여 그들로 너희 착한 행실을 보고 하늘에 계신 너희 아버지께 영광을 돌리게 하라"(마 5:16).

예수를 그리스도로 믿고 고백하는 자는 하나님께로부터 태어난 영생의 존재입니다. 그의 옛사람은 죽었고 지나갔습니다. 전혀 새로운 존재가 되었습니다. 그는 하나님이 택하사 거룩하고 사랑받는 자가 된 것입니다. 이것은 놀라운 생명의 변화요, 운명의 변화입니다.

제가 아는 한 성도는 부모에게 버림받아 비참한 어린 시절을 보냈습니다. 그러다 보니 신앙생활을 하면서도 옛사람의 부정성으로 인해 극심한 고통을 받았습니다. 그는 세속적인 죄악을 저지르지 않았고 하나님을 사랑하며 교회에 충성했습니다. 하지만 다른 한편으로는 그 속에 분함과 노함이 가득하여 수시로 비방과 부끄러운 말을 내뱉었습니다. 그로 인해 다른 사람을 부정하게 하고, 인간관계도 황폐해졌으며, 끝내는 자기를 학대하기에 이르렀습니다. 그런데 그가 영생의 말씀을 듣고 완전히 새로워졌습니다. 그는 부모로부터 태어나 힘겹게 살아온 옛사람의 인생이 종결되었음을 선언했습니다. 이제 본인이 하나님이 택하사 거룩하고 사랑받는 자녀임을 알게 되었습니다. 그는 옛사람의 부정성을 벗어 버리고 새 사람의 옷을 입고 살아갑니다.

우리는 그리스도를 통하여 하나님께 사랑받는 거룩한 자녀가 되었습니다. 이제는 땅에서 태어난 옛사람의 부정성을 따라 행하는 존재가 아닙니다. 출생 배경과 성장 과정에서 부정성이 축적되어 현재 고통받고 있다면 옛사람의 옷을 벗어 버려야 합니다. 더 이상 과거에 얽매이지 말아야 합니다. 그리스도의 보혈로 부정성을 씻고 새 사람의 옷을 입어야 합니다. 하나님이 택하사 거룩하고 사랑받는 자녀는 그 마음을 그리스도의 평강이 지배하도록 해야 합니다. 우리는 평강을 위하여 한 몸으로 부르심을 받았습니다(골 3:15).

또한 감사하는 자가 되어야 합니다. 원망과 불평은 하나님께 사랑받는 자녀의 정체성을 스스로 저버리는 행동입니다. 이를 위해 그리스도의 말씀이 우리 속에 풍성히 거하도록 해야 합니다(골 3:16). 복음의 말씀, 그리스도가 죽으심으로써 생명을 주신 말씀이 우리의 마음 안에 가득할 때 우리 입술에서 원망과 시비가 없어지고 감사와 찬양이 나오게 됩니다. 또 무엇을 하든지 말에나 일에나 다 주 예수의 이름으로 하고 그를 힘입어 하나님 아버지께 감사해야 합니다.

새로운 관계 방식, 복종과 사랑의 존재법을 따르다

골로새서 3:18부터 4:1까지의 말씀은 하나님께 사랑받는 자녀가 새롭게 형성하는 인간관계에서 어떻게 행동해야 하는지 알려주는 지침입니다. 아내와 남편의 관계, 자녀와 부모의 관계, 종과 상전의 관계에서 어떻게 행동해야 할지 알려줍니다. 이와 같은 상하 관계의 지침은 영생의 본체이신 성자와 성부와의 관계를 근거로 합니다. 창세전 하위 권위인 아들은 상위 권위이신 아버지께 복종하여 아버지의 사랑 안에 거했습니다(요 15:10). 이는 복종과 사랑의 존재법으로, 하나님과 그의 사랑받는 자녀의 관계 방식을 결정합니다. 모든 인간관계 안에는 질서가 있어서 그 질서에 따라 상위 권위와 하위 권위가 구분됩니다. 하위 권위는 상위 권위에게 복종하고 상위 권위는 복종하는 하위 권위를 위해 자기 자신을 내주는 사랑을 합니다. 부부 관계를 예로 들면, 아내는 하위 권위로서 상위 권위인 남편에게 복종합니다(골 3:18). 이때 남편은 아내를 위해 자기 자신을 내주는 사랑을 합니다(골 3:19). 부모와 자녀의 관계도 마찬가지입니다. 자녀가 부모에게 복종하면(골 3:20), 부모는 자녀를 위해 자기 자신을 내주는 사랑을 합니다(골 3:21).

종과 주인의 관계도 같습니다. 종은 육신의 상전들에게 순종하되 눈가림만 하지 말고 주를 두려워하여 성실한 마음으로 순종해야 합니다(골 3:22). "무슨 일을 하든지 마음을 다하여 주께 하듯 하고 사람에게 하듯 하지 말라"(골 3:23). 주께서 그에게 기업의 상을 주실 것입니다(골 3:24). 주인을 섬기는 것은 곧 그리스도를 섬기는 것과 같습니다. 한편 상전들은 의와 공평을 종들에게 베풀어야 하는데, 이는 그들에게도 하늘에 상전이 계시기 때문입니다(골 4:1).

인간관계에서 복종과 사랑의 존재법은 결국 복종하는 자에게 유익을 주어야 합니다. 만일 복종 받는 상위 권위자가 복종하는 하위 권위자가 아닌 자신의 유익을 구한다면 하나님이 정하신 복종과 사랑의 존재법을 어기는 것입니다. 복종 받는 자는 그리스도가 복종하는 교회를 위하여 자기 자신을 내주신 것같이 자기를 부인하고, 복종하는 자에게 유익이 되도록 행동해야 합니다(엡 5:25). 그렇지 않으면 굴종과 지배의 관계가 되어 결국 관계가 파괴되고 맙니다. 그러므로 하나님께 사랑받는 자는 자신이 복종 받는 위치에 있다면 복종하는 자의 유익을 항상 구해야 합니다. 교회 지도자와 성도 간의 관계도 마찬가지입니다. 성도는 교회를 위하여 희생하고 지도자에게 순종합니다. 그런데 지도자가 그 희생과 순종을 자기 유익을 위해 사용하면 하나님께서 그를 용납하지 않으십니다. 그에게 징계와 꾸지람을 내리십니다. 그리고 교회 안에서도 문제와 갈등이 일어납니다. 그때라도 깨닫고 돌이키면 하나님께서 그에게 은혜를 베푸십니다.

우리가 신앙생활을 하든지 사회생활을 하든지 모두 관계 안에서 이루어집니다. 어떤 상황에서는 하위 권위가 되어 복종해야 하며, 어떤 상황에서는 상위 권위가 되어 복종을 받습니다. 각 상황에서 우리는 하나님께 사랑받는 자의 모습으로 행동해야 합니다. 하위 권위의 위치라면 상위 권위에 온전히 복종해야 하고, 상위 권위의 위치라면 복종하는 자를 위하여 자기 자신을 내주어야 합니다. 그때 하나님께서 우리의 관계를 보고 기뻐하시며 우리의 관계를 통해서 영광을 받으십니다.

45

삼위일체적 이종사랑으로, 서로 사랑하자

"사랑하는 자들아 하나님이 이같이 우리를 사랑하셨은즉 우리도 서로 사랑하는 것이 마땅하도다" _요일 4:11

삼위 하나님 안에 거하는 삶

기독교 신앙을 단순하게 표현하면, 예수를 믿고 생명을 얻어 그의 계명에 순종하는 것입니다. 이에 대하여 바울이 이렇게 설명합니다. "그의 이름을 위하여 모든 이방인 중에서 믿어 순종하게 하더니"(롬 1:5b). 요한일서에서는 이 신앙을 두 가지로 설명합니다. "그의 계명은 이것이니 곧 우리가 예수 그리스도의 이름을 믿고 그가 우리에게 주신 계명대로 서로 사랑할 것이라"(요일 3:23). 요한복음에서는 예수를 믿는 것이 창세전 우리에게 주겠다고 약속하신 영원한 생명을 얻는 것이라고 증거합니다. "이는 그를 믿는 자마다 영생을 얻게 하려 하심이라"(요 3:15). "내가 진실로 진실로 너희에게 이르노니 믿는 자는 영생을 가졌나니"(요 6:47). 또한 디모데후서에서는 예수께서 "복음으로써 생명과 썩지 아니할 것을" 드러내셨다고 선언합니다(딤후 1:10).

복음은 하나님의 아들 예수 그리스도와 그의 메시아적 행위입니다. 이 복음을 믿는 자에게 창세전 약속된 영생이 주어집니다. 그러므로 예수를 믿으면 죄 사함의 은혜뿐 아니라 아들의 생명, 곧 영원한 생명을 얻습니다. 이 영생이 바로 창세전부터 현존하시는 아버지의 생명이며, 아들 안의 생명입니다. 창세전 아버지께서는 자기 속에 있는 생명을 아들에게 주셨습니다(요 5:26). 그 결과 아버지 속에 있는 생명이 아들 안의 생명이 되었습니다(요 1:4). 또한 하나님께서는 창세전에 이 생명을 우리에게 주기로 약속하셨습니다(딛 1:2).

영생의 기본적인 정의는 '아들 안에 있는 생명'입니다. "또 증거는 이것이니 하나님이 우리에게 영생을 주신 것과 이 생명이 그의 아들 안에 있는 그것이니라"(요일 5:11). 또한 영생이란 그리스도를 믿어 하나님의 자녀가 된 신자 안에 있는 생명입니다(요일 5:13). 이 영생의 본질은 "유일하신 참 하나님과 그가 보내신 자 예수 그리스도를 아는 것"입니다(요 17:3). 영생이 '아버지와 아들을 아는 것이다'라는 내용이 요한일서에서 구체적으로 설명됩니다.

"너희는 처음부터 들은 것을 너희 안에 거하게 하라 처음부터 들은 것이 너희 안에 거하면 너희가 아들과 아버지 안에 거하리라 그가 우리에게 약속하신 것은 이것이니 곧 영원한 생명이니라"(요일 2:24-25).

그러므로 영생은 아들 안에 거하는 것이며 아버지 안에 거하는 것입니다. 물론 성령이 아버지와 아들 안에 거하심으로써 내재적 삼위일체가 이루어집니다. 이렇게 영생은 아버지를 알고 아들을 아는 영적 실재입니다. 아버지와 아들은 창세전부터 현존하시고 지금도 우리 가운데 계십니다. 그러므로 우리가 영생을 산다는 것은 아버지를 알고 아들을 아는 사귐의 자리에 참여하는 것입니다. 예수 그리스도께서는 다락방 강화에서 이것을 위해 간절히 기도하셨습니다. "아버지여 내게 주신 자도 나 있는 곳에 나와 함께 있어 아버지께서 창세전부터 나를 사랑하시므로 내게 주신 나의 영광을 그들로 보게 하시기를 원하옵나이다"(요 17:24). 아버지와 아들을 아는 것, 그것이 기독교 신앙의 본질이요 영생의 본질입니다. 만일 아버지와 아들을 알지 못한 채 하나님을 섬기면 그는 결국 주를 박해하는 자요, 진리를 전하는 자를 멸시하는 자가 되고 맙니다. 이에 대해 예수께서 미리 경고하셨습니다. "사람들이 너희를 출교할 뿐 아니라 때가 이르면 무릇 너희를 죽이는 자가 생각하기를 이것이 하나님을 섬기는 일이라 하리라 그들이 이런 일을 할 것은 아버지와 나를 알지 못함이라"(요 16:2-3). 참으로 두려운 말씀입니다.

삼위일체의 논증

기독교 역사에서는 아버지와 아들을 아는 영생의 실재에 대해 치열한 논증이 있었습니다. 그것이 삼위일체에 관한 연구와 논증으로 나타났습니다. 기독교 사상의 기초를 놓은 것으로 알려진 아우구스티누스는 20년(399-419년)에 걸쳐 『삼위일체론』을 저술했습니다. 15권으로 구성된 이 책은 기독교 문헌 중 가장 뛰어난 교리서로 평가받습니다. 그가 파악한 삼위일체의 핵심은 '관계설'에 있습니다.[49] 삼위 하나님은 서로 분리되지 않고 연합하여 활동한다는 것입니다. 그래서 아우구스티누스는 인간이 자기 편의대로 삼위 하나님을 분리해서는 안 된다는 점을 강조합니다. 그는 "아버지 없는 아들이 없고, 아들 없는 아버지가 없고, 성령 없는 말씀이 없다"라고 주장합니다. 그리고 삼위 하나님은 본질과 실체 또는 지위에서 서로 다르지 않다고 봅니다. 다만 관계에서만 서로 다를 뿐이라고

49　김용규, 『신』, 786.

했습니다.

그런데 그가 삼위일체에 대해 내린 결론이 참으로 아이러니합니다. "우리가 육체의 한계와 이에 따른 이성의 한계로부터 완전히 벗어날 때에야 비로소 이 진리를 완전히 알게 될 것이다."[50] 삼위일체는 인간이 육체를 입고 있는 한 다 알 수 없는 진리라는 것입니다. 이는 겸손하면서도 동시에 인간의 한계를 드러내는 결론입니다. 그는 삼위일체 자체를 아는 것보다 그것이 우리에게 무엇을 말해 주는지 아는 것이 더 중요하다고 생각했습니다. 그것은 바로 피조물에게 나타나는 삼위일체의 흔적인 사랑입니다. 그는 성부, 성자, 성령의 공동체적이고 동등한 사귐이 바로 사랑이라고 주장합니다. 그는 사랑하는 자로서 성부, 사랑받는 자로서 성자, 사랑으로서 성령을 설명합니다. 그리고 이 사랑이 우리 인간관계 안에서도 '흔적'으로 나타나야 한다고 말합니다.

이후로도 삼위일체에 대한 논증이 계속 쏟아져 나왔습니다. 그러한 논증에 방점을 찍은 사람이 8세기 신학자 다메섹의 요하네스입니다. 그는 "인간으로서는 어떠한 수를 써도 삼위일체를 이해할 수 없고 표현할 수도 없다"라고 말했습니다.[51] 이로써 기독교 역사에서 삼위일체에 대한 논증이 잠정적으로 중단되었고, 기독교 신앙의 본질인 영생, 곧 삼위 하나님 안에 거하는 영생의 실재에 대한 주제가 사람들의 관심 밖으로 밀려났습니다.

삼위일체의 본질, 상호 내주와 상호 침투

신학은 진보되고 이로써 감추어진 진리가 계시됩니다. 종교개혁 시대를 지나 20세기에 접어들면서 삼위일체에 대한 논증이 다시 활발해졌습니다. 20세기 후반에 몰트만이 삼위일체론을 집대성했습니다. 그는 하나

---

50 아우구스티누스, 『삼위일체론』, 15,24,41., 김용규, 『신』 791에서 재인용.
51 김용규, 『신』, 790.

님의 단일한 통일성을 주장하는 일신론적 삼위일체론을 반박하고, 다원적 삼위 하나님의 공동체성을 주장합니다. 그리고 이를 상호 내주, 상호 침투라는 개념으로 설명합니다.[52] 이는 요한복음 17:21-22의 말씀을 신학적으로 정의한 것입니다. "아버지여, 아버지께서 내 안에, 내가 아버지 안에 있는 것 같이 그들도 다 하나가 되어 우리 안에 있게 하사 세상으로 아버지께서 나를 보내신 것을 믿게 하옵소서 내게 주신 영광을 내가 그들에게 주었사오니 이는 우리가 하나가 된 것 같이 그들도 하나가 되게 하려 함이니이다."

요한복음 14:20에서는 삼위의 관계성을 이렇게 증거합니다. "그 날에는 내가 아버지 안에, 너희가 내 안에, 내가 너희 안에 있는 것을 너희가 알리라." 예수께서는 성령이 오시면 아들이 아버지 안에, 너희가 아들 안에, 아들이 너희 안에 있음을 알게 된다고 하십니다. 곧 우리는 성령을 통하여 성자가 성부 안에, 우리가 성자 안에, 성자가 우리 안에 있음을 알게 됩니다. 서로 안에 있는 인격들이 이러한 친밀한 내주와 완전한 침투라는 삼위일체적 상호 내주, 상호 침투로 표현됩니다. 이렇게 아버지와 아들, 성령이 상호 내주하시는 가운데 서로 하나가 되십니다. 물론 여기에서 하나 됨은 동일한 하나가 아니라, 상호 내주 가운데에 이루어지는 통일적 하나 됨입니다.

하나님의 이종사랑과 인간의 동종사랑

그렇다면 무엇이 상호 내주 또는 상호 침투를 형성하게 합니까? 그것은 삼위 하나님 간의 사랑입니다. 아버지가 아들을 사랑하여 그에게 생명을 주셨습니다(요 5:26; 요일 4:9 참고). 아버지의 생명으로 태어난 아들은 복

---

52 김용규, 『신』, 795.

종함으로써 아버지를 사랑하셨습니다. "오직 내가 아버지를 사랑하는 것과 아버지께서 명하신 대로 행하는 것을 세상이 알게 하려 함이로라"(요 14:31). 또한 아버지는 복종하는 아들을 사랑하여 그에게 영광을 주셨습니다(요 17:24). 아버지가 아들에게 주신 영광은 '본질의 계시'이며, 은혜와 진리입니다(요 1:14). 아버지의 본질의 표상인 은혜와 진리가 하나님 성품의 본질입니다. 구약 사상에서 은혜(헤세드)와 진리(에메트)는 '끝이 없는 사랑'과 '영원한 신실함'입니다. 또한 하나님으로부터 내쉬어진 성령(요 20:22 참고)은 아버지와 아들 사이에서 행동으로 사랑을 나타내십니다. 이로써 삼위 하나님이 사랑으로 서로 하나가 되십니다. 사랑으로 상호 내주하시고 상호 침투하신 것입니다.

삼위 하나님의 사랑이 우리에게 나타납니다. "하나님의 사랑이 우리에게 이렇게 나타난 바 되었으니 하나님이 자기의 독생자를 세상에 보내심은 그로 말미암아 우리를 살리려 하심이라"(요일 4:9). 하나님의 사랑은 독생자를 세상에 보내시고, 우리에게 생명을 주신 사랑입니다. 자신과 전혀 다른 종(種)을 위해 자기 자신을 내주신 사랑입니다. 이 사랑을 신학적으로 '이종사랑'(heterologous love)이라고 부릅니다. 반면 인간의 사랑은 자기와 같은 부류를 사랑하는 '동종사랑'(homologous love)입니다.[53] 하나님의 이종사랑은 위에서 아래로 오는 '카리타스'(라틴어)이며, '아가페'(헬라어)입니다. 반면 인간의 동종사랑은 아래에서 위로 향하는 '쿠피디타스'이며, '에로스'입니다. 동종사랑 '에로스'는 대상이 가진 그 무엇 때문에 대상을 사랑하는 것입니다. 그 대상이 가진 참됨, 선함, 아름다움, 부귀, 권력, 명예 때문에 그 대상과 합일하고자 하는 욕구입니다. 이것은 상대 자체보다 그가 가진 그 무엇 때문에 사랑하는 것으로, '~ (무엇) 때문에 하는 사랑' 또는 '인간적 사랑'입니다. 여기에는 '동일한 하나'가 되기 위한 강제가 크든 작

53　김용규, 『신』, 798.

든 들어 있기 마련입니다. 반면 이종사랑 '아가페'는 서로 이질적인데도 불구하고 '통일적 하나 됨'을 이루려는 욕구입니다. 이 사랑은 '~ (무엇)에도 불구하고 하는 사랑' 또는 '신적 사랑'입니다. 여기에는 서로 다른 것이 어울려 통일을 이루는 조화만 있을 뿐, 합일을 위한 강제나 속박이 전혀 없습니다.

인간의 동종사랑을 낭만적 의미에서 본다면, 타인 속으로 자신을 용해한다든가 더 높은 통일 속으로 타인과 함께 용해되려는 욕망에서 성립됩니다. 이 사랑은 가장 친밀하다는 가족 관계나 심지어 그보다 더 친밀한 영적인 관계에서 자주 나타납니다. 예를 들어, 가족이나 교회 구성원이 상대를 있는 그대로 받아들이지 못하고 자기와 동질화하려고 하거나, 어떤 고상한 목표를 정해 놓고 그것을 달성해야만 상대를 용납하려는 태도 등입니다. 그래서 가훈이나 교회 표어를 정해 놓고 그 내용을 지키지 못하면 서로 판단하고 정죄합니다. 가족끼리 싸우거나 교회 내에서 분쟁이 일어나는 이유 중 하나가 바로 서로를 동질화하려는 시도 때문입니다.

이와 달리 하나님의 이종사랑은 동질화하려는 용해를 넘어섭니다. 이 사랑은 각각의 다양성을 인정하며 이질적인 부분을 그대로 받아들입니다. 마치 여러 가지 악기가 서로 다른 역할을 하며 다양성[폴리포니(polypony)]을 가지고 하나의 음악을 이루어 내는 교향악[심포니(symphony)]과 같습니다. 개인들이 모여 서로의 이질성을 인정하고 다양성을 존중함으로써 하나이면서 여럿이고, 여럿이면서 하나인 공동체를 이루어 내는 사랑입니다. 그래서 이종사랑의 공동체는 구분되지만 분리되지 않고, 연합되지만 혼합되지 않는 삼위일체의 속성을 그대로 반영합니다. 하나님의 사랑의 본질은 철저히 이종사랑입니다.

하나님께서는 이 사랑으로 타락한 죄인과 타락한 세상을 찾아가십니다. 이종사랑은 그 사랑을 가진 자가 먼저 찾아가서 먼저 행하는 사랑입니다. "사랑은 여기 있으니 우리가 하나님을 사랑한 것이 아니요 하나님이 우리를 사랑하사 우리 죄를 속하기 위하여 화목제물로 그 아들을 보내셨음이라 사랑하는 자들아 하나님이 이같이 우리를 사랑하셨은즉 우리도 서로 사랑하는 것이 마땅하도다"(요일 4:10-11).

하나님의 이종사랑으로, 서로 사랑하라

하나님께서는 자신과 전혀 다른 대상을 사랑하심으로써 그 대상과 함께 거하십니다. 만일 하나님이 우리 인간들처럼 동종사랑을 하셨더라면 우리 안에 거하실 수 없었을 것입니다. 이제 하나님께서 이종사랑을 받은 우리에게 이 사랑으로 서로 사랑하라고 명령하십니다. 너무나 마땅한 일입니다. 우리가 이렇게 이종사랑을 할 때 하나님이 우리 안에 거하심을 알 수 있습니다. 이종사랑을 통해 하나님을 보지 못하고 알지 못하는 세상 사람들에게 하나님을 보여 줄 수 있습니다. "어느 때나 하나님을 본 사람이 없으되 만일 우리가 서로 사랑하면 하나님이 우리 안에 거하시고 그의 사랑이 우리 안에 온전히 이루어지느니라"(요일 4:12).

영생은 아들의 생명이며 위로부터 난 생명입니다. 이 생명은 아래에서 난 생명, 인간의 생명과 본질적으로, 위계적으로 전혀 다른 생명입니다. 그리고 인간은 동종사랑을 넘어서지 못합니다. 자기 사랑이 그 본질입니다. 그가 비록 선을 행하여도 실상은 자기를 위해 하는 것입니다. 인간은 자연적 생명을 가지고도 얼마든지 선행을 하고 다른 사람을 도울 수 있고 친절하고 도덕적인 삶을 살 수 있습니다. 또한 자기를 사랑하는 동기로써 죄악 된 욕구도 억제할 수 있습니다. 인간의 역사 속에서 가장 중요한 가치가 사랑입니다. 사랑은 예술의 중심적인 주제입니다. 한 개인에게도 사랑은 그의 운명과도 같습니다. 부부 관계, 부모와 자식 간의 관계가 사랑으로 맺어져 있습니다. 그런데 이러한 사랑일지라도 동종사랑의 범주를 벗어나지 못합니다.

카프카의 소설 『변신』(Die Verwandlung)은 이 동종사랑의 한계를 여실히 보여 줍니다. 주인공 그레고리는 힘겹게 직장생활을 합니다. 그의 수입은 아버지가 진 빚을 갚거나 가족의 생계를 유지하는 데 쓰입니다. 그런데 어느 날 그가 흉측한 벌레로 변신합니다. 가족들은 놀라고 슬퍼하며 가족애를 발휘합니다. 흉측하게 변신한 그를 참아 내고 돌보고 안락하게 해 주고 회복시켜 주려고 노력합니다. 그러나 시간이 갈수록 가족들이 그를 쓸모없는 존재, 해치워야 할 물건쯤으로 대합니다. 이 소설은 가장 친밀한 가족 사랑까지도 '~ (그 무엇) 때문에' 하는 동종사랑임을 잘 나타내 줍니다.

인생에서 결혼은 사랑이라는 환상 속에서 시작됩니다. 자기가 가장 사랑하는 이성과 결혼하지만, 곧 동종사랑의 한계에 부딪힙니다. 나와는 다른 상대방의 이질적인 부분과 다양한 면을 수용하지 못합니다. 그래서 끊임없이 상대방을 나와 동질화하려고 시도합니다. 결국 약한 자가 강한 자 안에 용해됩니다. 아니면 결별합니다. 심지어 부모와 자식의 관계도 동일합니다. 부모는 자녀가 자신과 동질화되기를 원합니다. 부모의 욕구와 욕망이 자녀의 운명을 결정하기도 합니다.

우리는 오직 하나님의 이종사랑으로만 서로 하나가 될 수 있습니다. 서로 사랑하되 변화시키려 하지 않고 사랑해야 합니다. 상대방의 이질적인 면을 그대로 수용해야 합니다. 하지만 어떻게 이것이 가능할까요? 우리는 동종사랑밖에 할 줄 모르는데 말입니다. 하나님의 이종사랑에서 나오는 능력이 우리에게 임할 때 가능한 일입니다. 이 사랑이 그리스도를 통해 이미 우리에게 주어졌습니다. 이는 참으로 놀라운 은혜입니다.

예를 들어, 사람과 강아지는 전혀 다른 종류로 지음 받은 이종 관계입니다. 그런데 만일 사람이 강아지를 사랑한다면 그것이 이종사랑입니다. 물론 사람의 자리에서 자기가 원하는 방식으로 강아지를 사랑하면 동종사랑입니다. 사람이 강아지와 동일한 종(種)이 되어 강아지와 똑같이 먹고 강아지 집에서 자고 강아지를 사랑하면 그것이 이종사랑입니다. 그런데 어떻게 사람이 강아지가 되는 이종사랑이 가능하겠습니까?

그러나 하나님께서는 이와 같이 우리를 사랑하셨습니다. 종이 다른 존재, 결코 받아들일 수 없는 우리를, 거룩하지 않은 우리를 아들의 신부로 받아들여 주셨습니다. 그래서 거룩하신 아들과 그를 통해 거룩함을 입은 우리를 한 근원에서 나게 하셨습니다. 친히 이종사랑을 행하신 아들이 우리를 형제라고 부르십니다. 그리고 그 사실을 부끄럽게 여기지 않으셨습니다. "거룩하게 하시는 이와 거룩하게 함을 입은 자들이 다 한 근원에서 난지라 그러므로 형제라 부르시기를 부끄러워하지 아니하시고"(히 2:11).

이종사랑으로, 영생의 증인이 되다

하나님의 자녀 된 우리는 하나님께 이종사랑을 받았습니다(골 3:12). 그 사랑을 받은 자, 그 사랑으로 사랑할 것입니다. "우리가 서로 사랑하자, 하나님께로부터 온 (이종)사랑으로 서로 사랑하자"(요일 4:7, NIV). 우리가 이 이종사랑을 할 때 비로소 영생이 우리 안에 있음을 증거할 수 있습니다. 왜냐하면, 이종사랑은 아들의 생명을 가진 자만이 할 수 있기 때문입니다. 그러므로 이종사랑을 하지 않는 자는 그 안에 아들의 생명, 영생이 없습니다. "우리는 형제를 사랑함으로 사망에서 옮겨 생명으로 들어간 줄을 알거니와 사랑하지 아니하는 자는 사망에 머물러 있느니라 그 형제를 미워하는 자마다 살인하는 자니 살인하는 자마다 영생이 그 속에 거하지 아니하는 것을 너희가 아는 바라"(요일 3:14-15).

우리는 가정 안에서, 교회 안에서 이종사랑으로 서로 사랑해야 합니다. 그때 비로소 동종사랑의 한계를 벗어날 수 있습니다. 서로를 바꾸려고 하지 않고, 있는 그대로 용납하는 그 사랑, 그 사랑으로 우리가 하나가 됩니다. 우리는 세상 가운데에서도 이종사랑을 해야 합니다. 우리에게는 생명이 있지만 세상 사람들에게는 생명이 없습니다. 그렇다면 우리와 그들이 이종 관계입니다. 자기 사랑에 근본을 두는 이들에게 우리가 이종사랑을 보여 주어야 합니다. 그들은 자기의 유익을 위해 남을 이용하고 때로는 착취합니다. 그들이 우리가 행하는 이종사랑을 보며 우리 안에 거하시는 하나님을 보게 될 것입니다. 우리의 착한 행실을 보고 하나님께 영광 돌리게 될 것입니다. 우리는 어두운 세상 속에서 빛이 되어야 하며, 동종사랑의 한계로 인해 썩어져 가는 이 땅에서 소금이 되어야 합니다.

톨스토이가 쓴 『사랑이 있는 곳에 신이 있다』라는 단편소설을 보면, 구두 수선공 마르틴이 어느 날 주님의 음성을 듣습니다. "마르틴, 마르틴아! 내일 한 길을 내다보아라. 내가 갈 터이니." 다음날 마르틴은 구두를 수선하면서 주님을 간절히 기다립니다. 창밖을 내다보니 도움이 필요한 이들이 많습니다. 다 불쌍하고 보잘것없는 사람들입니다. 그는 최선을 다해 그들을 돕고 진실되고 따뜻한 사랑을 베풉니다. 날이 다 저물도록 주님이 오지 않으십니다. 그날 밤 그가 성경을 읽는데 낮에 만난 이들이 환영처럼 나타났다가 사라집니다. 그들이 어둠에서 나와 미소를 짓고 사라집니다. 그리고 주님이 말씀하십니다. "그들이 다 나였단다!" 그제야 마르틴은 세상에서 지극히 작은 자 가운데 주님이 계심을 깨닫습니다.[54] 우리의 이종사랑이 필요한 이들이 바로 이렇게 지극히 작은 자입니다. "내가 진실로 너희에게 이르노니 너희가 여기 내 형제 중에 지극히 작은 자 하나에게 한 것이 곧 내게 한 것이니라"(마 25:40).

그렇다면 우리가 어떻게 해야 날마다 이종사랑으로 형제와 이웃을 섬길 수 있습니까? 날마다 말씀을 통해 하나님과 사귐으로써 가능합니다. 우리에게 하나님의 사랑이 부어질 때 가능합니다. 하나님의 말씀은 우리의 죄악과 우리 존재의 비참함을 보게 합니다. 우리가 이를 깨달을 때 아들의 구속의 은총으로 우리를 받아주시는 하나님의 이종사랑을 받게 됩니다. 그때 우리는 하나님께로부터 받은 이종사랑으로 형제와 이웃을 용

---

54   Tolstoy, "사랑이 있는 곳에 신이 있다", 『빛이 있는 동안 빛 속을 걸어라』, 177-178.

납하고 사랑할 수 있습니다. 매일의 말씀 묵상은 하나님과의 사귐이며 거기에 이종사랑이 부어집니다. 이에 하나님과 사귐의 실제가 이종사랑을 행하는 능력으로 나타납니다. 이렇게 하나님을 만날 때 우리는 이종사랑을 행함으로써 세상에 하나님을 보여 주게 됩니다.

46

보라, 만물을 새롭게 하노라

"그러나 이 모든 일에 우리를 사랑하시는 이로 말미암아 우리가 넉넉히 이기느니라" _롬 8:37

만물 안에서의 영생의 삶

창세전 하나님께서는 사람에게 영생을 주기로 약속하셨습니다(딛 1:2). 이 약속이 영생의 본체이신 하나님의 아들이 세상에 오심으로써 성취되었습니다. 예수를 그리스도로 믿는 자는 하나님께로부터 태어난 자, 곧 영생을 얻은 자입니다(요일 5:1). 영생을 얻은 자는 아담 안에서 태어난 옛사람으로 사는 것이 아니라, 새로운 존재로 살아야 합니다. 이것이 영생의 삶입니다.

영생의 삶은 막연한 것이 아니라 실제적이며 구체적이고 역사적입니다. 영생의 삶은 하나님과 우리와의 관계 속에서 나타나며, 인간관계에서도 나타납니다. 하나님과의 관계에서는 우리가 그리스도와 연합하여 하나님 안에 거함으로써 온전함에 이르는 모습으로 나타납니다. 인간관계에서는 하나님의 이종사랑으로 형제를 사랑하고 복종과 사랑의 존재법에 근거하여 살아가는 삶입니다.

또한 영생의 삶은 피조물, 곧 만물 안에서 나타납니다. 영생의 삶은 구체적으로 만물과 거기에 속한 자연, 그리고 우리가 날마다 당면하는 모든 상황을 통해서 경험합니다. 그것은 만물을 새롭게 하는 삶입니다. "보라 내가 만물을 새롭게 하노라"(계 21:5). 하늘에 계신 하나님께서 만물을 새롭게 하십니다. 영생의 삶은 바로 만물을 새롭게 하시는 하나님의 통치에 참여하는 것입니다.

탄식하는 피조물, 하나님의 아들들을 기다리다

만물은 자연을 포함한 모든 피조물의 세계를 망라합니다. 이는 하나님이 아들을 통해 창조하신 세상입니다. "만물이 그에게서 창조되되 하늘과 땅에서 보이는 것들과 보이지 않는 것들과 혹은 왕권들이나 주권들이나 통치자들이나 권세들이나 만물이 다 그로 말미암고 그를 위하여 창조되었고"(골 1:16). 만물은 하나님의 형상의 본체이신 그리스도로 말미암아 창조되었고 또한 그를 위하여 창조되었습니다. 하늘과 땅에서 보이는 것들과 보이지 않는 것들, 혹은 왕권들이나 주권들이나 통치자들이나 권세자들이나 만물이 다 그러합니다. 그리고 아들을 통해 만물을 창조하신 하나님이 그 아들 안에 거하십니다. 하나님이 창조하신 만물은 처음에는 하나님이 보시기에 좋았습니다. 하지만 인간의 타락으로 인해 만물이 창조의 목적을 상실한 채 허무한 데 굴복하게 되었습니다. "피조물이 허무한 데 굴복하는 것은 자기 뜻이 아니요 오직 굴복하게 하시는 이로 말미암음이라"(롬 8:20). 여기서 '허무하다'의 헬라어 '마타이오테스'는 하나님의 창조 목적을 상실한 채 하나님이 저주한 상태에 놓이게 되었다는 뜻입니다. 모든 피조물은 하나님의 심판으로 말미암아 창조의 목적을 상실한 채 타락한 인간에 의해 탐욕의 도구로 전락했습니다. 썩어짐의 굴레가 된 것입니다.

그러나 종말에 임하는 구원의 날에 모든 피조물이 썩어짐의 굴레에서 해방되어 하나님의 자녀의 영광의 자유에 이르게 됩니다. "그 바라는 것은 피조물도 썩어짐의 종 노릇 한 데서 해방되어 하나님의 자녀들의 영광의 자유에 이르는 것이니라"(롬 8:21).

그러므로 만물은 하나님의 아들들이 나타나기를 고대합니다. "피조물이 고대하는 바는 하나님의 아들들이 나타나는 것이니"(롬 8:19). 여기서 '나타나다'(아포칼립피스)라는 단어는 그리스도께서 재림하여 종말의 때에 드러나신다는 뜻입니다. 이 단어가 고린도전서 1:7에서, "우리 주 예수 그리스도의 나타나심을 기다림이라"라고 할 때 사용되었습니다. 또한 '나타나다'라는 말은 영생의 현재성에 비추어 볼 때 영생의 삶을 사는 하나님의 자녀를 기다린다는 뜻으로도 해석할 수 있습니다. 영생의 삶이 썩어짐의 종노릇 하는 만물을 해방해 준다는 것입니다. 하나님의 창조 목적을 상실한 만물이 영생의 삶을 사는 자로 말미암아 그 본래 목적대로 사용됩니다.

소유의 청지기가 되어

만물을 창조의 목적대로 사용하는 것과 관련하여 소유에 대한 청지기 의식이 요구됩니다. 또한 자연 및 생태계 전체에 대해서도 청지기 의식이 요구됩니다. 영생을 사는 자는 자신에게 한시적으로 주어진 소유를 하나님의 뜻대로 사용합니다. 예수께서 청지기 비유를 통해 이 내용을 교훈하십니다(눅 16:1-13). 만물은 하나님의 것이나 사람에게 한시적으로 맡겨져 있습니다. 맡은 사람이 한시적으로 사용할 뿐입니다.

주인이신 하나님께서 직접 사용하지 않으시고 사람이 사용하므로 그것을 '불의한 재물'이라고 표현합니다(눅 16:9). 우리에게 맡겨진 소유는 언젠가는 반드시 그 주인 되시는 하나님께 돌려 드려야 합니다. 그 소유란 우리의 목숨, 시간, 물질, 건강, 직분, 지혜 등 모든 것을 포함하는 인생 자체입니다. 우리의 인생은 하나님께로부터 잠시 맡겨진 '불의한 재물'의 총체입니다. 여기서 불의한 재물은 재물을 불의하게 취득했다는 뜻이 아니라 '그 소유가 누구의 것인가' 하는 뜻을 내포합니다. 그래서 영어 성경에서는 '불의한'(아데키아)을 '세상적'(worldly)이라고 의역합니다(NIV). 우리의 것이 아니라 '남의 것'이되 '하나님의 것'입니다(눅 16:12). 하나님의 것이되 우리에게 맡겨진 소유물은 그것이 하나님께로 돌아가 없어질 때를 위하여 사용해야 합니다. 바로 영혼 구원을 위해서 사용해야 하는데, 곧 우리를 영원한 처소로 영접하는 친구를 사귀는 일에 사용하는 것입니다. "불의의 재물로 친구를 사귀라 그리하면 그 재물이 없어질 때에 그들이 너희를 영원한 처소로 영접하리라"(눅 16:9).

영생을 사는 자는 자신에게 잠시 맡겨진 만물에 대해 그것을 결산하시는 하나님 앞에서 살 것입니다. 시간과 물질, 건강과 직분, 지혜와 은사 등을 방탕하게 사용하지 말고 하나님의 뜻대로 사용해야 합니다.

자연 속에서 하나님의 신성을 보다

영생의 삶은 자연을 포함한 생태계와 소통하는 삶입니다. 자연은 하나님의 피조물이기 때문에 하나님이 원하시는 대로 다스려야 합니다(창 2:15). 죄인이 자연을 지배하면 가시와 엉겅퀴를 내지만, 하나님의 자녀가 다스리면 하나님의 뜻대로 경작되고 보존됩니다.

시편 65편은 하나님이 통치하시는 자연 만물을 찬양하는 시입니다. 주는 주의 힘으로 산을 세우시며 권능으로 띠를 띠십니다. 주는 바다의 설렘과 물결의 흔들림과 만민의 소동까지 진정하십니다. 주께서는 아침이 되는 것과 저녁이 되는 것을 즐거워하게 하십니다. 주께서 땅을 돌보시고 물을 대어 심히 윤택하게 하십니다. 하나님이 강에 물이 가득하게 하시고 땅을 예비하신 후에 사람들에게 곡식을 주십니다. 주께서 밭고랑에 물을 넉넉히 대시어 그 이랑을 평평하게 하시며 단비로 부드럽게 하시고 그 싹에 복을 주십니다. 주의 은택으로 한 해를 풍성하게 하십니다. 주의 길에 기름방울이 떨어지며 들의 초장에도 떨어집니다. 작은 산들이 기쁨으로 띠를 띠고 초장은 양 떼로 옷을 입습니다. 골짜기는 곡식으로 덮이고 사람들이 다 즐거이 외치고 노래합니다.

영생의 삶은 하나님이 섭리하시는 자연의 법칙에 순응하며 자연을 다스리시는 하나님을 찬양하는 삶입니다. 아침이 되고 저녁이 되는 일상을 기뻐하며, 비를 주셔서 과일을 맺게 하시고 곡식을 풍성하게 하시는 하나님을 기뻐하는 삶입니다. 자연의 섭리 안에 거하는 하나님의 신성과 능력을 보고 하나님께 감사하고 그에게 영광을 돌리는 삶입니다(롬 1:20). 영생을 사는 자는 하나님이 통치하시는 자연 세계와 소통합니다. 자연에 대하여 자기를 개방하고 친교를 나눕니다. 자연의 아름다움을 찬양하며 자연에 속한 만물 안에서 하나님의 존재와 뜻을 발견합니다. 자연과 소통하면서 영원한 생명의 실제를 경험합니다. 자연과의 소통은 하나님이 정하신 생태계의 질서를 보존하며, 자연을 생명의 터전으로 삼는 피조물들을 보호하는 것입니다.

이 땅의 만물은 그리스도가 다시 오실 때 완전히 새로워집니다. 그때 새 하늘과 새 땅이 창조됩니다(사 65:17; 계 21:1). 모든 만물이 그 주인이신 하나님께 되돌려집니다. 그러므로 영생의 삶은 하나님께 만물이 귀속되는 종말의 때를 향하고 있습니다.

모든 상황에서 하나님과의 연합을 구하다

영생의 삶을 사는 자는 모든 상황에서 하나님과의 연합을 구합니다. 그 결과 모든 상황에서 넉넉히 승리합니다. 다른 종교들은 상황을 변화시키고 상황을 해결하는 데 신앙의 목적을 둡니다. 그러나 기독교 신앙은 하나님과의 연합을 통해 만물에 속한 상황을 초월하고 수용하는 것에 초점을 맞춥니다.

예수 그리스도는 지상에서 영생의 삶을 완전하게 살았습니다. 그는 모든 상황에서 하나님으로부터 한 번도 소외되지 않은 '연합의 삶'을 살았습니다(요 17:5). 그는 우리와 똑같은 성정(性情)을 가지고 있었으며 우리와 똑같은 제한과 불안에 노출되어 있었습니다. 그를 오해하고 죽이려는 사람들이 많았고, 가장 가까운 가족과 제자들조차 그를 이해하지 못했습니다. 그는 절대적인 고독 속에 있었습니다. 하지만 그는 이 같은 유한성의 불안 속에서 존재의 궁극적 근거인 하나님으로부터 한시도 벗어나지 않았습니다. 실존적 분리의 위협 앞에서 자신의 힘을 사용하지 않고 오직 하나님을 신뢰하고 하나님께 복종하며 그 상황을 넉넉히 수용한 것입니다. 그는 하나님과의 연합 속에서 자신이 당면한 상황들을 제거하지 않고, 있는 그대로 받아들였습니다. 하나님과의 연합의 능력 안에서 그것들을 초월하신 것입니다.

그에게 유일한 고통이 있다면 창세전부터 연합되어 있던 아버지로부터 분리되는 것이었습니다. 십자가에서 죄인들을 위해 죽으심으로써 아버지와 단 한 번 분리되었던 고통, 그것이 그에게 가장 큰 고통이었습니다. "제구시쯤에 예수께서 크게 소리 질러 이르시되 엘리 엘리 라마 사박다니 하시니 이는 곧 나의 하나님, 나의 하나님, 어찌하여 나를 버리셨나이까 하는 뜻이라"(마 27:46). 하나님과의 단 한 번의 분리도 견딜 수 없어 고통스러워했던 그의 절규는, 그가 진정 하나님의 아들임을 증거합니다.

비존재의 위협, 넉넉히 이기느니라

그리스도 안에 거하는 자는 새로운 존재로 살아갑니다(고후 5:17). 그러나 그도 역시 실존적 분리의 위협 앞에 서 있습니다. 폴 틸리히가 존재론적 신학을 통해 이 내용을 구체화합니다.[55] 틸리히는 하나님이 '존재 자체'

---

55 정성민, 『폴 틸리히와 칼 바르트의 대화』, 29-30.

이며, 하나님과 연합된 존재는 '본질'(본질적 존재), 하나님과 분리된 상태를 '실존'(실존적 존재)이라고 정의했습니다.

비존재 세력은 하나님과 분리된 '실존'에게 역사하며 동시에 하나님과 연합된 자를 '위협'합니다. 비존재에는 영적 비존재인 공허와 무의미가 있으며, 도덕적 비존재인 죄책감과 정죄 의식이 있습니다. 그리고 존재적 비존재는 감당할 수 없는 운명과 죽음을 말합니다. 비존재의 위협은 존재의 유한성을 깨닫게 하며 불안을 야기하여 유한성을 자각하게 합니다. 이때 인간은 불안과 절망을 경험합니다. 영생이 부재하여 하나님과 분리된 자는 비존재의 세력에 저항하고 그것을 정복하려고 합니다. 비존재의 위협을 제거하려고 시도하는 것입니다. 일례로 불안과 절망을 경험하게 하는 상황 앞에서 대적 기도를 하는 것입니다. 이것은 마성적인 종교성을 강화하며 자기암시를 통해 그 상황을 극복하는 것처럼 느껴지게도 합니다. 그렇다고 두려움의 뿌리는 제거되지 않으며, 하나님과 분리된 실존으로서 인간은 비존재를 극복하지 못한다는 한계에 이르고 맙니다.

반면 영생의 삶을 사는 자는 비존재의 세력 앞에서 오직 예수 그리스도 안에 있는 하나님과의 연합을 구합니다. 예수 그리스도를 위협한 최후의 비존재는 감당할 수 없는 운명이었습니다. 그것은 만민을 대속하기 위해 죽음의 잔을 받는 것이었습니다. 비존재의 위협은 악한 자를 통해서 역사합니다. 가룟 유다가 예수를 배신했고, 시기심에 사로잡힌 대제사장과 장로들이 예수께 사형을 언도하고 그를 빌라도에게 넘겨주었습니다. 빌라도는 정치적인 안정을 이유로 예수에게 십자가형을 내렸습니다. 하지만 예수께서는 자신의 힘을 절대화하여 그러한 세력들을 대적하거나 정복하지 않으셨습니다. 그는 감당할 수 없는 운명, 곧 존재적 비존재 앞에서 오직 하나님께 복종함으로써 하나님 안에서 그것들을 넉넉히 수용하셨습니다. 그는 심한 통곡과 눈물로 기도하면서 하나님을 신뢰했고, 결국 죽음의 잔을 받으셨습니다(히 5:7-8). 그는 비존재 세력 앞에서 오직 하나님과의 연합을 구함으로써 넉넉히 승리한 것입니다. "예수께서 큰 소리로 불러 이르시되 아버지 내 영혼을 아버지 손에 부탁하나이다 하고 이 말씀을 하신 후 숨지시니라"(눅 23:46).

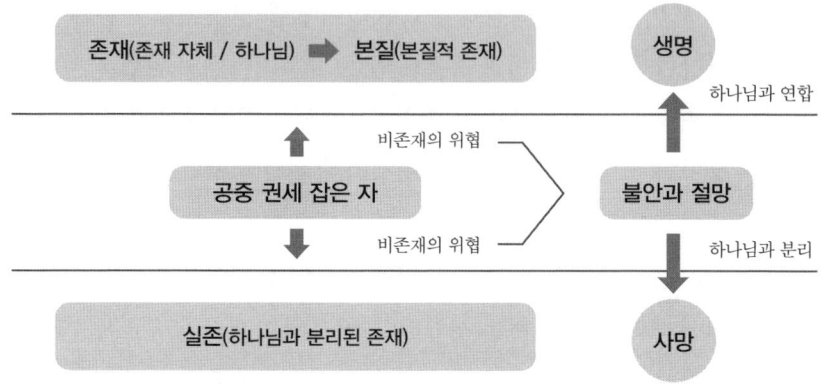

〈틸리히의 존재론적 신학의 구조〉

넉넉히 이기느니라

바울은 비존재의 위협을 구체적으로 묘사합니다. 상황적으로는 환난과 곤고와 박해와 기근과 수치와 위험과 죽음이 위협하는 상태입니다(롬 8:35). 비존재의 위협은 "종일 주를 위하여 죽임을 당하게 되며 도살 당할 양 같이 여김을" 받는 현실로 나타납니다(롬 8:36). 비존재의 세력이 목적하는 바는 오직 하나, 그리스도 안에 있는 하나님의 사랑에서 우리를 끊어 내는 것입니다. 이 같은 세력으로부터 승리를 거두려면 그것들과 맞서 대적하는 것이 아니라 하나님과 연합되어 있다는 확신으로 그것들을 수용하면 됩니다(롬 8:37). 영생을 사는 자는 그 무엇도 그리스도 안에 있는 하나님의 사랑에서 우리를 끊을 수 없다는 확신으로 말미암아 모든 상황에서 넉넉히 승리합니다. 그는 비존재의 위협 앞에서 맞서거나 대적하지 않습니다. 정복하려고 하지도 않습니다. 오직 하나님의 존재 자체를 구합니다. 그리하여 그와 함께하시는 하나님 안에서 그 상황을 넉넉히 수용합니다.

하나님의 사람 다윗이 압살롬에게 쫓겨 울며 광야로 도망갑니다. 그는 비존재의 극심한 위협 앞에서 하나님께 기도합니다(시 63편). 상황의 해결이나 악한 자를 물리쳐 달라는 데 초점을 맞추지 않습니다. 그는 마르고 황폐한 땅, 광야에서 혼신의 힘을 다하여 하나님만 갈망합니다(시 63:1). 그로 인해 참담했던 광야가 하나님이 임재하시는 성소가 됩니다(시 63:2). 다윗이 하나님의 사랑이 자신의 생명보다 나음을 고백합니다. 그의 상황은 변하지 않았으나 그의 심령은 하나님으로 인해 기뻐하며 하나님을 찬양합니다(시 63:4-5).

영생의 삶을 사는 자의 복락은 모든 상황에서 하나님과 연합을 이루는 데 있습니다. 비존재의 악한 세력이 위협하는 고난의 상황은 만물 안의 신앙으로는 자각할 수도 없고 극복할 수도 없습니다. 하지만 영원에 속한 영생의 삶은 만물 안에서 발생하는 모든 악과 고난을 수용하고 극복합니다. 홀로 버려진 것 같은 극한의 상황에서도 만물 위의 하나님이 그와 함께하심을 알기에 그는 부요합니다. 피조물을 통해 역사하는 모든 비존재의 위협 앞에서도 그는 그리스도 안에 있는 하나님의 사랑을 신뢰함으로써 넉넉히 승리합니다.

"그러나 이 모든 일에 우리를 사랑하시는 이로 말미암아 우리가 넉넉히 이기느니라 내가 확신하노니 사망이나 생명이나 천사들이나 권세자들이나 현재 일이나 장래 일이나 능력이나 높음이나 깊음이나 다른 어떤 피조물이라도 우리를 우리 주 그리스도 예수 안에 있는 하나님의 사랑에서 끊을 수 없으리라"(롬 8:37-39).

영생의 삶, 종말에 완성되다

영생의 삶은 이 땅에서 완성되지 않습니다. 하나님으로부터 오는 이종 사랑으로 형제를 사랑하며, 만물을 새롭게 하는 영생의 삶은 한계가 있습니다. 또한 유한성에 갇힌 존재로서 우리는 날마다 비존재의 위협에 시달립니다. 그에 대한 세속적 보상도 주어지지 않습니다. 하지만 영생의 삶은 하나님의 사랑과 공의에 기초한 더 나은 삶을 지상에서 실현하게 합니다. 그리하여 더 나은 교회, 더 나은 사회, 더 나은 나라를 위해 공헌하게 합니다.

모든 것은 종말에 완성됩니다. 영생의 삶은 그날에 최후의 진가를 발휘합니다. 비록 모순과 불완전한 현실 속에서도 영생의 삶을 살아가는 자는 반드시 임할 종말의 날에 말할 수 없이 기뻐하게 될 것입니다. 영생의 삶으로 말미암아 빚어진 주와 닮은 모습으로 주님을 맞이하기 때문입니다. 그는 하나님과 완전한 연합을 이루며 하나님과 완전한 사귐으로 들어갑니다.

47

말씀 묵상, 적용을 넘어 생명의 교제로

"아버지여 내게 주신 자도 나 있는 곳에 나와 함께 있어 아버지께서 창세전부터 나를 사랑하시므로 내게 주신 나의 영광을 그들로 보게 하시기를 원하옵나이다" _ 요 17:24

예수 그리스도의 복음은 영생을 얻게 하는 것이 그 목적입니다(딤후 1:10). 영생은 아버지와 아들을 아는 것이며(요 17:3), 아들 안에 거하고 아버지 안에 거하는 영적 실재입니다(요일 2:24-25). 이것은 현재에서 영생을 누리게 하는 생명의 교제입니다. 생명의 교제는 하나님과 그 아들과 더불어 갖는 사귐입니다(요일 1:3). 사도 요한은 생명의 교제의 실제를 '말씀을 통한 교제'라고 정의합니다(요일 1:5-10). 초대 교회 영생의 공동체는 말씀 앞에서 자신의 죄를 깨닫고 그리스도를 통해 하나님께 용서받은 것을 서로 나누고 또 서로 용서하는 모임이었습니다. 이 같은 생명의 교제는 우리가 말씀 묵상을 실천함으로써 실제가 됩니다.

성경에서 말씀은 하나님과 분리되지 않으며 하나님의 존재 자체입니다. 그리고 말씀은 다양한 형태를 가지고 있으나 '하나님의 현현' '하나님의 나타나심'(God's manifest)이라는 의미로 정의할 수 있습니다.[56] 구약성경

---

56 Tillich, 『조직신학 Ⅰ』, 260.

에서 '말씀'(다바르)은 존재와 분리된 '말'이 아니라 '존재 자체'이며 말씀하시는 하나님과의 만남을 의미합니다.[57] 신약 시대 때는 말씀이신 아들을 통해 하나님이 현현하십니다(히 1:1-2). 말씀으로 현현하시는 하나님은 지극히 존귀하신 분이지만 통회하고 마음이 겸손한 자를 만나 주십니다(사 57:15). 그러므로 하나님의 현현인 말씀을 통해 자신의 비참함을 깨닫는 자는 하나님에 의해 용납됩니다. 이것이 예수 그리스도의 구속의 은총으로 말미암아 값없이 주시는 은혜입니다. 이렇게 하나님께 용납받은 자가 믿음으로 하나님을 모셔 들임으로써 자신은 감추어지고 하나님만 드러나게 됩니다. 이것이 말씀 묵상의 본질인 생명의 교제입니다. 생명의 교제로서 말씀 묵상은 세 가지 점에서 기독교 신앙의 근간을 이룹니다.

생명의 교제로 언약 안에 머물다

생명의 교제로서 말씀 묵상은 하나님과 언약 관계를 맺은 신자가 지켜야 할 규례입니다. 하나님은 자기 형상대로 사람을 지으시되 '언약적 교제의 존재'로 지으셨습니다(창 1:28). 사람은 말씀에 순종하여 하나님의 사랑 안에 거함으로써 하나님과의 언약 관계를 유지합니다. 그러나 아담의 범죄로 인하여 언약 관계가 깨졌고, 아담 안에 속한 모든 사람이 하나님과 분리된 존재가 되어 언약 밖에 거하게 되었습니다. 그런데도 하나님은 신실하셔서 구원자를 보내셔서 언약을 회복하십니다.

구약 시대에는 이스라엘을 선택하여 언약을 회복시킴으로써 세계 만민을 위한 구원의 예표로 삼으셨습니다(출 19:4-6). 하나님은 이스라엘과 시내산에서 언약을 맺으시고 그 언약을 유지하는 조건으로써 계명을 주셨습니다. 언약 백성 이스라엘이 계명에 순종하면 언약을 지키게 되어 하

---

57 Bomann, 『히브리적 사유와 그리스적 사유의 비교』, 80.

나님과의 언약 관계가 유지됩니다. 그리할 때 하나님이 그들의 하나님이 되시며, 이스라엘은 하나님의 백성이 됩니다. 그러나 이스라엘은 하나님의 계명에 불순종함으로써 언약을 깨뜨렸고 하나님의 공의로운 심판을 받았습니다. 그 결과 BC. 586년에 바벨론에 의해 멸망했습니다. 그런데도 영원히 신실하신 하나님께서 시내산 언약을 폐하시고 새 언약을 약속하십니다(렘 31:31-34). 그리고 예레미야 선지자를 통해 새 언약이 성취될 날을 계시하십니다(렘 33:14-15). 다윗의 가지에서 나올 구원자가 새 언약을 성취할 것입니다. 그 구원자가 바로 하나님의 아들 예수 그리스도이십니다.

새 언약은 예수 그리스도의 죽음을 통하여 성취됩니다(눅 22:20). 예수 그리스도를 믿는 자는 구원을 받아 생명을 얻고 하나님과 새 언약을 맺게 되었습니다. 이제 왕과 백성의 관계가 아닌 아버지와 아들의 관계가 되었습니다(요 1:12; 고후 6:18; 갈 4:6; 계 21:7). 창조의 언약이 시내산 언약으로 회복되었다면, 시내산 언약은 새 언약으로 완성되었습니다.

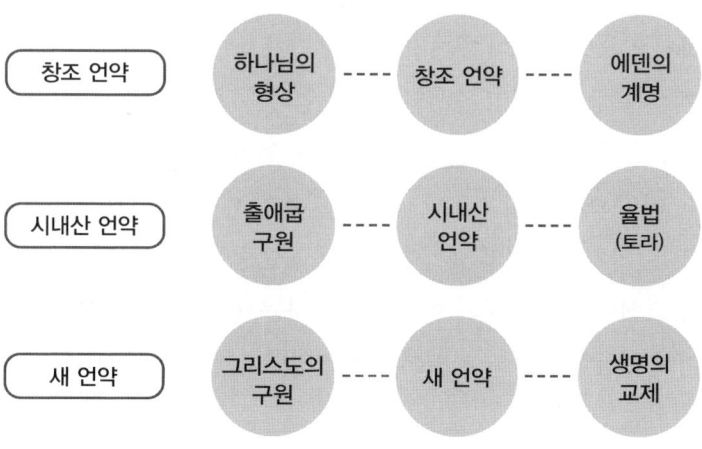

〈창조 언약, 시내산 언약, 새 언약〉

창조, 출애굽 구원, 그리고 십자가 구원은 하나님께서 일방적으로 베푸시는 은혜입니다. 그런데 언약은 쌍방의 책임을 요구합니다. 하나님의 백성 된 이스라엘이 계명을 지켜야 하나님과의 언약 관계가 유지되었듯이, 새 언약 백성도 계명을 지켜야 합니다. 하나님이 새 언약 백성에게 요구하시는 첫째 조건은 큰 자나 작은 자나 하나님을 아는 생명의 교제입니다(렘 31:34). 생명의 교제는 아버지가 아들에게 주신 영광을 보는 것입니다(요 17:24). 그 영광을 보는 자는 아버지의 인자와 신실로 충만해집니다(요 1:14). 생명의 교제의 효력은 아버지의 인자(사랑)로 형제를 사랑하는 것입니다(요일 4:7). 이에 새 계명은 그리스도가 우리를 사랑하신 것처럼 우리가 서로 사랑하는 것입니다(요 13:34). 우리가 사랑의 계명을 지킬 때 하나님께서 그의 안에 거하시고 그도 하나님 안에 거합니다. "예수께서 대답하여 이르시되 사람이 나를 사랑하면 내 말을 지키리니 내 아버지께서 그를 사랑하실 것이요 우리가 그에게 가서 거처를 그와 함께 하리라"(요 14:23). "내가 아버지의 계명을 지켜 그의 사랑 안에 거하는 것 같이 너희도 내 계명을 지키면 내 사랑 안에 거하리라"(요 15:10).

우리가 구원받았어도 생명의 교제를 하지 않고, 그 결과 사랑의 계명에 순종하지 않으면 언약이 깨어집니다. 우리가 받은 구원이 하나님과의 바른 관계를 통해 지속되고 완성되기 때문입니다. 곧, 언약 안에 '진입'(getting in)한 자는 구원이 완성되는 최후의 날까지 언약 안에 '머물러야'(staying in) 합니다. 언약 백성이 말씀을 떠나 언약 관계가 깨어진 상태에서 하나님을 믿는 것은, 마치 이스라엘 백성이 말씀에 불순종한 채 하나님을 자기 하나님으로 고백한 것처럼 무지 속에서 맹신하는 행위입니다. 이는 이스라엘 백성이 출애굽한 때부터 바벨론에게 멸망당하기까지의 860년간의 과오를 재현하는 일입니다.

시내산 언약을 깨뜨린 백성에게 하나님의 심판이 임했듯이 새 언약을 깨뜨린 자에게도 징계가 임합니다. 하나님께서 그를 아들과 같이 대우하시기 때문입니다(히 12:7). 하나님은 이 징계를 통해 그가 생명의 교제를 회복하고 자신과 바른 관계를 맺기 원하십니다. 이에 우리가 매일 말씀 앞에 나아가 우리 자신을 하나님께 드리면 하나님이 언약 안에서 우리를 돌보아 주십니다. 이때 우리는 범사에 하나님의 소원을 따라 행하며 하나님의 뜻을 이루는 삶을 살게 됩니다. "아침에 나로 하여금 주의 인자한 말씀을 듣게 하소서 내가 주를 의뢰함이니이다 내가 다닐 길을 알게 하소서 내가 내 영혼을 주께 드림이니이다"(시 143:8).

영원을 현재로 살다

말씀 묵상이 기독교 신앙의 근간을 이루는 두 번째 이유는 복음으로 얻은 생명을 현실적으로 누리기 때문입니다. 말씀 묵상의 시간은 '오늘'이라는 우리의 현재에 영원하신 하나님께서 현존하시는 시간입니다.[58] 이에 대하여 토마스 켈리(T. Kelly)가 다음과 같이 말합니다. "영원이 시간 안으로 들어오는 경험, 삶 전체를 믿음과 행동의 기적으로 변화시키는 경험입니다. 그것은 말로 표현할 수 없는 심오하고 영광으로 가득 찬 내적인 경험으로써 모든 창조 세계를 위한 관심의 뿌리요, 사회적 노력의 참된 기초입니다."[59] 이렇게 말씀 묵상의 시간은 인간의 시간 안에 하나님의 시간(영원)이 꿰뚫고 들어오는 영적 실재이며, 우리의 현재는 하나님이 존재로 거하시는 거룩한 시간이 됩니다.

생명의 교제로서 말씀 묵상은 '참된 지금' 또는 '영원한 지금'을 살아가게 합니다. 그리하여 과거의 기억에 지배당하지 않으며 과거의 상처나 저주 또는 고통에 삼킴 당하지 않는 순전한 현재를 살게 합니다. 또한 막막한 미래와 시간의 내몰림에 굴복당하지 않게 하며, 과거가 원인인 현재의

---

58 서형섭, 『하늘에 속한 말씀의 기쁨』, 144.
59 Kelly, 『영원한 현재』, 79.

근심과 미래의 불안에 정복당하지 않게 합니다. 이것이 하나님이 존재로 거하시는 '영원한 지금'의 신비입니다.

'영원한 지금'은 하나님이 현재의 시간 안에 들어오셔서 구원과 하나님 나라의 실현을 위해 일하시는 '참된 지금'입니다. 영원한 생명을 얻은 자는 이렇게 '영원한 지금'을 살아갑니다. 물론 '영원한 지금'의 실재는 몸이 구원받을 때까지 사망의 세력에 의해 위협을 당합니다. 그래서 말씀 묵상을 통해 생명의 교제를 하여도 갈등이 있고 고뇌가 있으며 몸부림이 있습니다. 하지만 그러한 것들에게 '현재'를 내주지 않습니다. 잠시 휘청거리지만, 다시 그리스도의 구속의 은총을 통해 회복됩니다. 과거의 모든 것이 십자가에서 폐기 처분되었음을 믿습니다. 그는 십자가에서 죽음으로써 자유롭게 되었기에 과거가 지배하는 허상의 현재에 자신을 내주지 않습니다. 그의 현재는 더 이상 과거와 미래가 뒤엉킨 시간이 아니라 유일하신 참 하나님과 그가 보내신 예수 그리스도와 사귐 안에서 풍성하게 누리는 시간입니다.

아버지와 아들 안의 기쁨에 참여하다

생명의 교제로서 말씀 묵상은 영원에 계신 하나님과의 교제를 구체적으로 경험하게 합니다. 이를 탕자 비유로 설명할 수 있습니다(눅 15:11-32). 하나님의 말씀은 살아 있고 운동력이 있어 우리의 생각과 의도까지 드러내어 심판합니다. 이때 우리는 존재와 현실의 비참함을 발견합니다(히 4:12-13). 하나님께서는 아들의 구속의 은총으로 비참한 우리를 용납하십니다. 이것은 탕자가 비참한 자리에서 아버지께 돌아올 때 기다리던 아버지가 그를 무조건 용납해주는 것과 같습니다. 하나님께 용납된 우리는 아들의 권세를 회복한 존귀한 존재가 되며 하나님 안에 감추어집니다. 이는 말씀 앞에서 발견된 우리 자신조차도 용납할 수 없는 존재를 용납하시는 하나님을 우리가 용납하는 용기로서의 믿음입니다. 존재와 존재의 만남으로서, 거룩하신 하나님과 비참한 죄인이 만나는 것입니다(사 57:15).

탕자는 품꾼 중의 하나로라도 받아들여지기를 원했습니다. 그런데 아버지는 탕자를 아들로서 기꺼이 받아주었을 뿐 아니라 기뻐하며 잔치까지 열었습니다. 이때 돌아온 아들은 자신이 탕자라는 자의식을 버리고 아버지의 기쁨에 참여할 것입니다. 이같이 말씀 묵상은 아들을 통해 아버지 안에서 기뻐하는 영적 실재(페리-코레시스)에 참여하는 것입니다. 탕자가 비참한 자로서의 자의식을 고수하면 아버지의 기쁨에 참여할 수 없듯이, 하나님 아버지 안에 거하는 우리 역시 이러한 자의식을 가지면 그분의 기쁨을 받아들이지 못합니다. 중요한 것은, 궁극적인 실재이신 하나님이 유한한 존재인 우리와 관계하실 때 우리 편에서는 하나님의 실재를 불확실하게 경험한다는 것입니다. 하나님에 대한 우리의 불확실성은 '받아들이는 용기'를 통해서 실제가 되며, 하나님과의 지속적인 교제를 통해 점점 더 분명히 경험하게 됩니다. "믿음 안에 있는 절대적 의심은 이 불완전을 받아들이고 그것을 용기의 행위 안으로 가져간다. 믿음은 용기를 포함한다."[60]

C. S. 루이스는 삼위 하나님의 생명이 보여 주는 양식(pattern) 전체가 우리 각자의 생명 속에서 재현되어야 한다고 주장합니다.[61] 우리 각 사람은 아버지와 아들의 패턴 속에 들어가야 하고 거기에 참여해야 한다는 것입니다. 따뜻해지려면 불 가까이 가야 하고, 몸을 적시려면 물속으로 들어가야 합니다. 아버지와 아들 안에 있는 기쁨과 능력과 평화와 영생을 얻으려면 그것을 가진 존재에게 가까이 가야 하며, 더 나아가 그 속으로 들어가야 합니다.[62] 루이스는 이것을 실재에서 솟구치는 분수로 인해 물보라에 젖는 현상으로 비유합니다. "하나님이 주시는 것은 실재의 중심에서 솟구

---

60 Tillich, 『믿음의 역동성』, 56.
61 Lewis, 『순전한 기독교』, 272.
62 Lewis, 『순전한 기독교』, 272.

쳐 올라오는 능력과 아름다움의 거대한 분수입니다. 그 분수에 가까이 다가가는 사람은 물보라에 젖을 것이고, 다가가지 않는 사람은 여전히 메마른 상태에 머물 것입니다."[63] 이렇듯 말씀 묵상은 우리를 아버지 집에 거하게 함으로써 그에게 속한 풍성함을 누리게 합니다.

독생자의 영광, 아버지의 인자와 신실로 충만하다

마지막으로, 생명의 교제로서 말씀 묵상이 기독교 신앙의 근간이 되는 이유는 성도에게 최상의 은혜로 주어진 독생자의 영광을 보게 하기 때문입니다. 말씀 묵상은 하나님께 나아가는 일상의 규례이며, 이를 통해 우리는 성령 안에서 아버지와 아들과 교제합니다. 삼위 하나님과 사귐으로써 우리는 아버지가 아들에게 주신 영광을 볼 수 있습니다. 이로써 예수 그리스도의 최후의 기도가 성취됩니다. "아버지여 내게 주신 자도 나 있는 곳에 나와 함께 있어 아버지께서 창세전부터 나를 사랑하시므로 내게 주신 나의 영광을 그들로 보게 하시기를 원하옵나이다"(요 17:24). 이 기도는 그대로 응답되었습니다. 초대 교회 영생의 공동체는 독생자의 영광을 보았습니다. 그 영광은 아버지가 아들에게 주신 독생자의 영광이며, 은혜와 진리가 충만합니다. "말씀이 육신이 되어 우리 가운데 거하시매 우리가 그의 영광을 보니 아버지의 독생자의 영광이요 은혜와 진리가 충만하더라"(요 1:14). 그 영광을 보는 자는 충만한 데에서 받으며, 곧 아버지의 인자와 신실로 충만합니다(요 1:16).

청교도 지도자 존 오웬(John Owen)은 "하나님과의 교제란 복음으로 계시된 그리스도 안에서 하나님의 영광을 보는 것"(Communion with God is beholding the glory of God in Jesus Christ as revealed in the gospel)이라고 정의합니

---

63 Lewis, 『순전한 기독교』, 272.

다."⁶⁴ 하나님의 영광을 본다는 것은 그리스도의 복음이 성취된 결과이며 곧 하나님 안에서 즐거워하는 것입니다(롬 5:1-2). 말씀 묵상을 통한 하나님과의 교제는 하나님으로부터 오는 달콤함과 즐거움으로 경험됩니다. 말씀 묵상을 통해 하나님의 영광을 보고 하늘로부터 임하는 기쁨을 얻으려면 사람의 관심사에 초점을 두지 말고 하나님의 관심사에 초점을 두어야 합니다. 곧 하나님께서 아들을 통해 이루신 구속의 은총에 초점을 맞추는 것입니다. 십자가에서 일어난 구원의 사건이 말씀 묵상의 중심이 되어야 합니다. 하늘로부터 오는 기쁨이 그리스도의 신성, 만족을 통한 속죄, 의의 전가, 불가항력적 은혜 등 구속의 은총으로부터 주어집니다. 우리는 '구속의 역사'(historia salutis) 속에서 하나님이 어떻게 놀라운 일을 이루셨는지를 묵상해야 합니다.

적용을 넘어 생명의 교제로

한국 교회는 말씀 묵상 또는 큐티(Quiet Time)를 1970년대 중반부터 시작했습니다. 그때는 주로 말씀을 삶에서 적용하는 문제나 성경 연구에 중점을 두었습니다. 그 나름대로 신앙적 유익이 있었지만, 말씀 묵상의 본질인 생명의 교제와는 거리가 멀었습니다. 그러다 보니 말씀을 형식적으로 대하게 되고 생명의 교제에서 오는 하늘의 기쁨을 누리지 못하는 한계를 드러내었습니다. 말씀의 적용은 구체적인 현실 속에서 하나님의 뜻을 실천하는 것을 목표로 합니다. 이것은 그리스도의 성육신의 삶을 살아 내는 올바른 지침으로서 의미가 있습니다. 하지만 묵상하는 개인의 삶에 지나치게 초점을 맞추면 말씀을 왜곡하는 오류를 범하기 쉽습니다. 말씀 묵상의 본질인 생명의 교제, 곧 삼위 하나님과의 교제를 간과하고 맙니다. 말씀 묵상은 말씀을 통해서 인간이 자신의 비참함을 발견하게 하고, 하나님

---

64 오창록, "존 오웬을 통해 본 말씀과 성령", 14.

의 구속의 역사를 현재의 사건으로 경험하게 합니다. 말씀을 통해 자신의 죄악이 드러나지 않고 존재의 비참함이 드러나지 않으면, 하나님의 구속의 역사가 지극히 피상적인 사건이 되고 맙니다. 말씀의 적용을 지나치게 강조하면 하나님 중심의 삶을 벗어나 자기중심적인 삶으로 치우치게 됩니다.

또한 십자가에서 일어난 구원의 사건을 중심으로 묵상하지 않으면 말씀은 인간의 지성, 감정, 의지에 의해 좌우되는 자의식의 말씀으로 전락합니다. 그 결과 인간의 필요와 욕구 또는 인간의 소원을 이루는 수단이 되고 맙니다. 이것은 말씀을 통해 자신의 요구나 관심사를 응답받으려는 유혹에 빠지게 합니다. 아담 안에서 난 인간은 본성적으로 자기의 일에만 관심을 가집니다. 그것은 인간을 필경 사망으로 인도합니다. 하지만 하나님은 그리스도를 통하여 그러한 인간을 구원하는 일을 하십니다. 사망에 처한 우리를 생명으로 옮기시고, 우리의 죄를 용서하시며, 생명과 진리와 구원과 거룩함을 우리에게 주십니다. 그리하여 하나님의 나라가 우리에게 임하게 하십니다. 이 모든 은혜가 그리스도의 십자가를 통해서 우리에게 성취되었습니다. 그러므로 십자가는 우리를 하나님과의 교제로 인도하는 문입니다(히 10:19). 그리하여 아들 안에 계시된 하나님의 영광을 보게 합니다(요 17:24).

48

담대함(파레시아)을 버리지 말라

"그러므로 너희 담대함을 버리지 말라 이것이 큰 상을 얻게
하느니라" _ 히 10:35

히브리서, 유대교에서 그리스도교로 개종한 자들을 위하여

신약성경에서 종교의 영역은 크게 두 가지로 나누어집니다. 하나는 유대교요 다른 하나는 헬라 사상입니다. 고린도전서 1:22에서 바울이 "유대인은 표적을 구하고 헬라인은 지혜를 찾으나"라고 말합니다. '헬라인'은 플라톤의 사상을 중심으로 한 철학의 세계와 그리스의 신비 종교를 내포합니다. '유대인'은 아브라함과 다윗을 조상으로 한 하나님의 언약 백성을 말합니다. 역사가요 철학자인 시오노 나나미는 로마 시대 때 최대 삼십만 개의 신을 섬겼다고 밝힙니다.[65] 그러나 그들이 믿었던 신 중 그 어떤 신도 유대인이 믿는 여호와 하나님을 당해 내지 못했습니다. 이렇듯 유대교는 강고한 전통과 역사를 자랑했고, 특히 이방 사회에 곳곳마다 회당을 지어 신앙을 전수했습니다. 하나님을 섬기는 그들의 철저한 신앙생활이 주변

---

65   시오노 나나미, 『로마인 이야기 1권』, 14.

사회에도 영향을 끼쳐 사람들로 하여금 스스로 개종하게 했습니다. 사람들은 개종자를 가리켜 '하나님을 경외하는 자'라고 불렸습니다.

히브리서는 바로 이 유대교를 믿다가 복음을 듣고 예수 그리스도를 믿은 사람들을 상대로 쓰인 서신입니다. 당시 뿌리 깊은 전통과 제도를 지닌 유대교를 버리고 예수 그리스도를 믿는다는 것은 매우 놀라운 사건이었습니다. 그래서 히브리서 2:3에서는 이들이 받은 구원을 가리켜 '큰 구원'이라고 표현합니다. 그런데 문제는 구원을 받은 이들이 안팎으로 환난을 당하자 구원의 감격을 잃어버리고, 심지어 이전에 믿던 유대교 방식대로 신앙생활을 한 것입니다. 현실적인 고난이 계속되자 구원의 의미를 잃어버린 채 배도의 길을 걷게 된 것입니다.

예수 그리스도의 위대성

천사보다 뛰어나시다

히브리서 기자는 이 같은 상황에서 예수 그리스도를 믿는 신앙의 위대성을 강조하며 저들의 신앙을 격려하고 동시에 배도를 경고합니다. 서신은 먼저 그리스도의 절대적인 위대성을 논증합니다. 1-2장에서 그리스도는 유대인들이 신봉하는 하늘의 천사보다 훨씬 위대한 자임을 강조합니다. 예수 그리스도는 구약의 선지자들이 약속한 하나님의 아들입니다. 하나님은 천사 중 누구라도 그를 아들이라고 부르신 적이 없습니다. "너는 내 아들이라 오늘 내가 너를 낳았다"라고 말씀하신 적이 없습니다. 오직 예수 그리스도에게만 아들이라고 말씀하셨습니다. "나는 그에게 아버지가 되고 그는 내게 아들이 되리라"(히 1:5).

예수 그리스도는 창세전 하나님께로부터 태어나신 독생자이십니다. 그는 "하나님의 영광의 광채시요 그 본체의 형상"이십니다(히 1:3). 만물이 그로 말미암아 지음을 받았고 만물이 그의 말씀으로 유지되고 있습니다. 그는 죄를 정결하게 하시는 일을 하시고, 높이 들리셔서 하나님 보좌 우편에 앉아 계십니다. 하나님께서는 만물을 그의 발 아래에 복종하게 하셨습니다. 하지만 우리는 아직도 그가 만물을 다스리는 것을 보지 못하고 있습니다(히 2:8). 그런데도 우리는 예수를 바라봅니다. 그는 "잠시 동안 천사보다 못하게" 되셨으나 고난 당하고 죽으심으로써 영광과 존귀의 관을 쓰셨습니다(히 2:7). 그는 근본 하나님의 본체이시나 하나님과 동등됨을 취할 것으로 여기지 아니하셨습니다. 오히려 자기를 비워 종의 형체를 가지셨고, 사람들과 같이 되었습니다. 사람의 모양으로 나타나심으로써 자기를 낮추시고 죽기까지 복종하셨습니다. 곧 십자가에서 죽으셨습니다(빌 2:6-8).

그런데 그가 이렇게 낮아지셔서 십자가 위에서 끔찍하게 죽으신 이유는 하나님께서 많은 아들들을 이끌어 영광에 들어가게 하시는 일에 그리스도를 완전한 구원자로 삼으셨기 때문입니다. "오직 우리가 천사들보다 잠시 동안 못하게 하심을 입은 자 곧 죽음의 고난 받으심으로 말미암아 영광과 존귀로 관을 쓰신 예수를 보니 이를 행하심은 하나님의 은혜로 말미암아 모든 사람을 위하여 죽음을 맛보려 하심이라 그러므로 만물이 그를 위하고 또한 그로 말미암은 이가 많은 아들들을 이끌어 영광에 들어가게 하시는 일에 그들의 구원의 창시자를 고난을 통하여 온전하게 하심이 합당하도다"(히 2:9-10).

모세와 아론보다 뛰어나시다

히브리서 3장에서는 예수 그리스도가 모세보다 더 위대하심을 논증합니다. 유대인들은 모세를 절대 권위자로 인정했습니다. 하지만 하나님의 아들로서 예수 그리스도는 모세보다 훨씬 더 뛰어나고 우월하신 분입니다. 예수 그리스도는 자기를 세우신 하나님께 신실하시기를 모세가 하나님의 온 집에서 신실한 것처럼 하셨습니다(히 3:2). 그런데 예수 그리스도께서 이 모세보다 훨씬 뛰어나십니다. 왜냐하면, 모세는 하나님의 집에서 '종'으로서 신실했으나 예수 그리스도는 하나님의 집을 맡은 '아들'로서 신실하셨기 때문입니다(히 3:5-6). 종과 아들, 모세와 예수 그리스도는 차원이 다릅니다.

히브리서 5장에서는 유대인들이 절대 권위로 인정하는 또 한 사람 대제사장 아론보다 예수 그리스도께서 더 위대하심을 논증합니다. 아론은 레위의 후손으로서 제사장이 되었으나 예수 그리스도는 레위의 조상인 아브라함이 축복을 받은 멜기세덱의 반차를 따라 제사장이 되셨습니다(히 5:10). 축복은 높은 자가 낮은 자에게 하는 행위입니다. 이로 보아 멜기세덱이 아브라함보다 더 높은 자였음을 알 수 있습니다.

신앙과 현실의 모순 사이에서

그리스도인은 천사보다, 모세보다, 아론보다 훨씬 더 뛰어나신 하나님의 아들을 믿는 자입니다. 아들의 생명을 가진 그리스도인은 하나님의 아들이 됩니다. 그는 창세전 성자가 성부의 사랑 안에 거하여 누렸던 영광을 보게 됩니다. 그의 신분과 위치는 그리스도와 일치됩니다. 곧 거룩하게 하신 아들과 거룩하게 된 그리스도인은 하나의 근원 하나님에게서 나왔습니다(히 2:11). 따라서 아들을 믿어 영생을 얻은 자는 하늘에 속하게 되며, 그리스도와 함께 하늘에 앉힌 고귀하고 위대한 존재가 됩니다(엡 2:6).

하지만 히브리서의 수신자들은 그들의 신분과 위치의 위대성에도 불구하고 고통스러운 현실을 견뎌야 했습니다. 외부로부터 끊임없이 박해가 있었고, 내적으로는 죄의 유혹에 맞서 싸워야 했습니다. 그들이 믿은 그리스도의 위대성과 그들이 처한 신앙의 현실은 모순적이었습니다. 믿음의 대상은 위대하나, 믿음의 현실은 고통스러운 이 딜레마(고뇌)를 어떻게 해결해야 할까요? 히브리서는 이 부분을 가장 중요하게 다룹니다. 이것은 고난의 현실 가운데에서도 어떻게 해야 구원의 감격을 유지하며, 어떻게 해야 신앙의 신선도를 항상 유지할 수 있는가 하는 물음입니다.

히브리서의 핵심 가치, '파레시아' (담대함)

이에 대한 처방으로 히브리서 기자가 중요한 길을 제시합니다. 히브리서 전체에서 4번에 걸쳐 나오는 단어인데 바로 '파레시아'입니다. 이 단어 하나에 히브리서 기자가 말하고자 하는 논점이 다 들어 있다고 볼 수 있습니다. 앤드류 머레이는 히브리서의 요점은 "그리스도의 구속 사역의 큰 열매가 바로 우리가 들어감에 담력(파레시아)을 갖는 것"이라고 했습니다.[66] 헬라어 '파레시아'는 '확신', '담력', '담대함'으로 번역되고 있으며, 세 가지 용례가 있습니다.[67]

첫째, 그리스 사회에서는 정치적 개념으로 사용되었습니다. 이 단어는 민주 사회에서 시민이 누리는 언론의 자유를 뜻했습니다. 이 자유가 모든 계층의 주민들에게 보장된 것은 아니었습니다. 노예나 외국인 거주자들은 제외되었습니다. 아테네의 민주주의는 바로 이 언론의 자유, 곧 '파레시아'를 근거로 발전했습니다.

둘째, 유대교에서는 매우 경건한 자가 하나님께 나아갈 수 있는 특권으로 해석되었습니다. 본래 그 특권은 대제사장이나 특별히 정해진 사람에게만 한정되었습니다. 예컨대, 모세는 하나님께서 친구처럼 대면하여 말씀하셨습니다(민 12:8). 하지만 BC. 2세기 이후 후기 유대교 제사장들이 타락하면서 행위적으로 매우 경건한 사람만이 하나님께 나아갈 수 있다고 생각했습니다. 예컨대, 바리새인은 자기의 행위로 하나님께 나아갈 수 있다고 자부했습니다(눅 18:9-12). 그러나 행위로 하나님께 나아갈 수 있는 사람은 극히 소수에 불과할 것입니다.

---

66 Murry, 『히브리서 묵상록』, 149.
67 Michel, 『히브리서 주석』, 249.

'파레시아', 아들을 힘입어 하나님께 나아가는 담력

세 번째 용례로, 히브리서에서 말하는 '파레시아'는 예수 그리스도를 힘입어 하나님께 나아갈 수 있는 담력입니다. 누구든지 그리스도를 힘입어 은혜의 보좌에 계신 하나님께 나아갈 수 있고, 그에게서 때를 따라 돕는 은혜를 받을 수 있습니다. 히브리서 7:25에서는 자체적으로 '파레시아'를 정의합니다. "그러므로 자기를 힘입어 하나님께 나아가는 자들을 온전히 구원하실 수 있으니 이는 그가 항상 살아 계셔서 그들을 위하여 간구하심이라." 즉 "자기를 힘입어 하나님께 나아가는 자"가 바로 '파레시아'의 담력을 가진 자입니다.

'파레시아'가 히브리서에서 네 번(히 3:6, 4:16, 10:19, 10:35) 나옵니다. 각각의 구절을 살피면서 '파레시아'(담력)가 얼마나 놀라운 은혜인지 살펴보겠습니다. 이 '파레시아'는 그리스도인의 신앙의 신선도를 유지하고 구원의 감격을 유지하는 열쇠입니다.

'파레시아'를 가진 자, 아들이 섬기는 하나님의 집이다

모세는 종으로서 하나님의 집에서 충성했고 예수 그리스도는 아들로서 충성하셨습니다. "또한 모세는 장래에 말할 것을 증언하기 위하여 하나님의 온 집에서 종으로서 신실했고 그리스도는 하나님의 집을 맡은 아들로서 그와 같이 하셨으니 우리가 소망의 확신과 자랑을 끝까지 굳게 잡고 있으면 우리는 그의 집이라"(히 3:5-6). 예수 그리스도는 하나님의 집을 맡은 아들이십니다.

초기 기독교에서 '하나님의 집'이라는 개념은 '새 언약 공동체'를 뜻했습니다. "너희는 사도들과 선지자들의 터 위에 세우심을 입은 자라 그리스도 예수께서 친히 모퉁잇돌이 되셨느니라 그의 안에서 건물마다 서로 연결하여 주 안에서 성전이 되어 가고 너희도 성령 안에서 하나님이 거하실 처소가 되기 위하여 그리스도 예수 안에서 함께 지어져 가느니라"(엡

2:20-22). "너희도 산 돌 같이 신령한 집으로 세워지고 예수 그리스도로 말미암아 하나님이 기쁘게 받으실 신령한 제사를 드릴 거룩한 제사장이 될지니라"(벧전 2:5).

영생을 얻은 자와 영생의 공동체는 하나님의 집이 되어 하나님의 아들의 섬김을 받습니다. 섬김을 받으려면 두 가지 조건이 충족되어야 합니다. 히브리서 3:6에 나왔듯이 "소망의 확신과 자랑"을 굳게 잡고 있는 것입니다. 우리말 성경은 번역이 모호합니다. 원문 성경을 직역해 보면 이 두 가지가 '확신'과 '영광스러운 소망'입니다(if we hold on to our courage and the hope of which we boast, NIV). 우리에게 영광스러운 소망은 예수 그리스도의 재림 약속입니다. 그런데 현재에 중요한 것은 '확신'인데, 이 확신이 바로 '파레시아'입니다. 그러므로 우리가 그리스도가 섬기는 집이 되려면 그리스도의 재림을 기다리면서 아들을 힘입어 하나님께 나아가는 '파레시아'를 가져야 합니다.

'파레시아', 말씀으로 죄를 깨닫고 긍휼을 힘입어 은혜의 보좌로 나아가다

두 번째 '파레시아'가 4:16에 나옵니다. "하나님의 말씀은 살아 있고 활력이 있어 좌우에 날 선 어떤 검보다도 예리하여 혼과 영과 및 관절과 골수를 찔러 쪼개기까지 하며 또 마음의 생각과 뜻을 판단하나니 지으신 것이 하나도 그 앞에 나타나지 않음이 없고 우리의 결산을 받으실 이의 눈앞에 만물이 벌거벗은 것 같이 드러나느니라 그러므로 우리에게 큰 대제사장이 계시니 승천하신 이 곧 하나님의 아들 예수시라 우리가 믿는 도리를 굳게 잡을지어다 우리에게 있는 대제사장은 우리의 연약함을 동정하지 못하실 이가 아니요 모든 일에 우리와 똑같이 시험을 받으신 이로되 죄는 없으시니라 그러므로 우리는 긍휼하심을 받고 때를 따라 돕는 은혜를 얻기 위하여 은혜의 보좌 앞에 담대히 나아갈 것이니라"(히 4:12-16).

16절에 나오는 '담대히'가 '파레시아'입니다. 히브리서 4:12-16은 날마다 말씀 묵상을 통하여 하나님의 은혜의 보좌로 나아가는 길을 알려 줍니다. 하나님의 말씀은 하나님의 현존으로서 심판을 집행하십니다. 우리의 마음의 생각과 뜻까지 드러내어 심판하십니다. 이에 우리는 죄인 됨을 깨닫고 하나님의 현존 앞에서 긍휼을 구하게 됩니다. 이때 대제사장 예수 그리스도께서 우리의 연약함을 동정하십니다. 우리는 하나님의 긍휼하심을 받고 때를 따라 돕는 은혜를 얻기 위해 은혜의 보좌 앞으로 나아갑니다. '때를 따라 돕는 은혜'는 '적절한 도움'입니다. 표준새번역 성경(16절)은 원문에 가깝게 번역합니다. "그러므로 우리는 담대하게 은혜의 보좌로 나아갑시다. 그리하여 우리가 자비를 받고 은혜를 입어서, 제때에 주시는 도움을 받도록 합시다." '자비와 은혜'는 '은혜와 진리' 또는 '인자와 신실'과 같이 하나님의 본질을 의미합니다. 그러므로 파레시아를 통해 은혜의 보좌로 나아가는 자는 최적의 도움인 자비와 은혜를 받아 모든 상황에서 넉넉히 승리합니다.

'파레시아', 보혈을 힘입어 하늘 성소로 들어가다

세 번째 '파레시아'가 10:19에 나옵니다. "그러므로 형제들아 우리가 예수의 피를 힘입어 성소에 들어갈 담력을 얻었나니 그 길은 우리를 위하여 휘장 가운데로 열어 놓으신 새로운 살 길이요 휘장은 곧 그의 육체니라 또 하나님의 집 다스리는 큰 제사장이 계시매 우리가 마음에 뿌림을 받아 악한 양심으로부터 벗어나고 몸은 맑은 물로 씻음을 받았으니 참 마음과 온전한 믿음으로 하나님께 나아가자"(히 10:19-22).

히브리서 10:19 이하는 8장부터 서술한 내용의 적용 부분입니다. 예수 그리스도께서 하늘에 속한 완전한 제사장이 되십니다. 그는 자기 몸을 제물로 바치셨습니다. 성령을 통해 하나님께 드려진 그리스도의 피가 완전한 희생 제물이 됩니다. 그리스도께서 제사장과 제물로서 '완전하다'라는 것은 두 가지 의미가 있는데, 관계적 의미와 제의적 의미입니다. 제의적 의미는, 우리의 육체뿐 아니라 양심까지도 깨끗하게 하셔서 살아 계신 하나님과의 교제로 이끄시는 것을 말합니다(히 9:14). 관계적 의미는, 그리스도가 죽으심으로써 새 언약의 중보자가 되셔서 하나님께서 부르신 자들에게 그가 약속하신 영원한 복, 곧 영생을 주시는 것을 말합니다(히 9:15).

이로써 그리스도인은 두 가지 복을 얻게 되었습니다. 하나는 완전한 제사장 그리스도이시고, 다른 하나는 그를 통해 하나님께 나아가는 담력인 '파레시아'입니다. 우리는 완전한 제물인 예수 그리스도의 피를 힘입어 성소로 들어가는 '담대함'을 얻었습니다.

이 성소가 예수께서 영원한 속죄를 이루시고 단번에 들어가신 하늘 성소입니다(히 9:12). 땅의 성소는 하늘에 있는 것의 모형이며, 참 것의 그림자입니다(히 9:23-24). 우리의 양심이 보혈로 깨끗해지고, 우리의 몸이 세례를 통해 맑은 물로 씻음을 받아 참마음과 온전한 믿음으로 하나님께 나아가게 되었습니다. 하나님께 나아가는 근거가 우리의 행위나 공로에 있지 않습니다. 오직 아들의 피를 힘입어 나아갑니다. 이와 같은 개인의 신앙은 서로 돌아보는 공동체의 신앙으로 승화됩니다. 모든 성도는 주께서 오실 날이 가까울수록 아들을 통해 하나님께 나아가는 담대함을 잃지 말아야 합니다. 이 일을 위해 서로를 주의 깊게 살피고 격려하기를 힘써야 합니다(히 10:25).

최악의 상황에서, '파레시아'를 버리지 말라

마지막 네 번째 '파레시아'가 히브리서 10:35에 나옵니다. "그러므로 너희 담대함을 버리지 말라 이것이 큰 상을 얻게 하느니라 너희에게 인내가 필요함은 너희가 하나님의 뜻을 행한 후에 약속하신 것을 받기 위함이라"(히 10:35-36).

히브리서 10장 후반부에서 히브리서 기자는 엄중한 경고와 충만한 격려로 그리스도의 희생에 대한 말씀을 마무리합니다. 먼저 진리의 지식을 아는 자의 배도를 엄히 경고합니다(히 10:26-31). 진리를 아는 지식을 받은 후에도 계속 죄를 지으면 그 죄를 씻을 제사가 없습니다. 거기에는 심판을 기다리는 두려움과 대적하는 자를 태울 맹렬한 불만 있을 뿐입니다. 모세의 법을 어긴 자도 심판을 면치 못했는데, 모세보다 뛰어난 하나님의 아들을 짓밟는 자가 어찌 심판을 피하겠습니까? 자기를 거룩하게 한 언약의 피를 비천한 것으로 여기고 은혜의 성령을 욕되게 한 자가 받을 형벌이 어떠하겠습니까? 히브리서 기자는 살아 계신 하나님께서 심판하시는 분이 되시는 일은 정말 무서운 일이라고 최후로 경고합니다.

그리고 공동체가 이미 겪은 박해를 회상하면서 담대함을 버리지 말라고 격려합니다. 히브리서의 수신자들은 빛을 받은 후 고난의 큰 투쟁을 견뎌 냈습니다. 그들은 때로 비방과 환난을 당함으로써 공개적인 구경거리가 되거나 그런 일을 당한 사람과 동일하게 취급받기도 했습니다. 하지만 그들은 갇힌 자들을 동정하고 자기 소유를 빼앗겨도 기뻐했습니다. 더 낫고 영구한 소유가 있었기 때문입니다. 히브리서 기자가 수신자들에게 "너희 담대함을 버리지 말라"라고 격려합니다. 이 담대함이 바로 아들을 힘입어 하나님께 나아가는 권리, 곧 '파레시아'입니다. 최악의 상황에서도 아들을 힘입어 하나님께 나아가는 자는 반드시 큰 상을 얻습니다. 그에게 인내가 필요한 것은 그가 하나님의 뜻을 행한 후에 하나님께서 '약속하신 것'을 받기 위함입니다(히 10:36). 바로 종말에 완성될 완전한 구원이며 다시 오실 그리스도 자신입니다. 다시 오실 그리스도는 인내하며 하나님께 나아가는 자가 받을 상입니다.

히브리서 기자가 인내를 강조하기 위해 하박국 2:3-4를 인용합니다. "잠시 잠깐 후면 오실 이가 오시리니 지체하지 아니하시리라 나의 의인은 믿음으로 말미암아 살리라 또한 뒤로 물러가면 내 마음이 저를 기뻐하지 아니하리라 하셨느니라"(히 10:37-38). 재산이 몰수당하고 고난이 지속되고 배도의 위협이 있는 상황에서 믿음으로 산다는 것이 무슨 뜻일까요? 두 가지로 요약할 수 있습니다. 하나는 '파레시아'(담대함), 곧 아들을 힘입어 하나님께 나아가는 권리를 포기하지 않는 것입니다. 다른 하나는 약속하신 것, 즉 주의 재림을 기다리는 것입니다. 10:35의 '담대함을 버리는 것'(아포발레테 운텐 파레시안)과 대립하는 표현은 3:6의 '담대함을 붙잡는 것'(파레시안 카타스코멘)입니다.

히브리서의 수신자들은 박해의 현실을 견디고 있으며 모든 것을 빼앗기는 위험에 처해 있습니다. 하지만 그들은 더 낫고 영구한 소유가 있기에 모든 것을 빼앗겨도 기뻐했습니다. 다만 한 가지 버리지 말고 끝까지 붙들어야 할 것은 아들을 통해 아버지께 나아가는 '파레시아'입니다. 그리스도를 통해 하나님께 나아가는 담대함(파레시아)을 포기하는 것은 실상 살아 계신 하나님에게서 떨어져 나가는 것입니다. 이는 죄 사함의 은혜를 저버리고, 그리스도가 흘리신 언약의 피를 무가치하게 만들며, 은혜의 성령을 욕되게 하는 것으로서 '배교'와 다름이 없습니다.

히브리서가 강조하는 신앙이란 '파레시아'를 가지고 그리스도의 재림을 기다리는 것입니다. 이것이 믿음입니다. 이 믿음이 구약성경에서 믿음으로 살았던 이들을 예화로 하여 예시됩니다(히 11장). 구약 시대 때 믿음의 사람들은 '약속된 것'을 받지 못했으나 그것을 기다리며 말씀에 순종했습니다(히 11:39). 신약 시대 사람들은 구약 시대에 약속된 것, 곧 예수 그리스도를 받았습니다. 우리 역시 구약의 믿음의 사람들처럼 믿어야 합니다. 우리에게 약속된 것, 곧 그리스도의 재림을 기다리며 아들을 힘입어 하나님께 나아가는 '파레시아'를 가져야 합니다.

그리스도의 '파레시아', 버림받은 자리에서 하나님께 나아가다

히브리서가 독자들에게 촉구하는 '파레시아'의 신앙은 그리스도의 믿음에 근거합니다. 예수께서는 모든 죄인을 위해 십자가에서 죽임을 당하셨습니다. 우리를 대신하여 진노의 잔을 받으시고 하나님께 버림받으신 것입니다. 창세전부터 항상 아버지 품에 계셨던 그가 아버지와 단 한 번 분리되었습니다. 그가 분리의 고통 속에서 하나님께 부르짖습니다. "제구 시쯤에 예수께서 크게 소리 질러 이르시되 엘리 엘리 라마 사박다니 하시니 이는 곧 나의 하나님, 나의 하나님, 어찌하여 나를 버리셨나이까 하는 뜻이라"(마 27:46).

그런데 그리스도는 죄인을 대신하여 버림받은 바로 그 자리에서 하나님께 나아갑니다. "예수께서 큰 소리로 불러 이르시되 아버지 내 영혼을 아버지 손에 부탁하나이다 하고 이 말씀을 하신 후 숨지시니라"(눅 23:46). 예수 그리스도는 아버지 하나님께 버림받는 그 자리에서도 하나님께 나아가는 '파레시아'를 버리지 않았습니다. 그리스도의 믿음이 이제 최악의 상황 속에서 '파레시아'를 버리지 말아야 하는 우리의 믿음이 되어야 합니다. 높이 들리신 그리스도께서 영원한 제사장이 되시며, '파레시아'를 가진 자들을 구원하시고, 그들을 위해 항상 기도하십니다. 그리하여 모든 상황에서 주의 뜻을 이루게 하십니다.

49

성령 충만하여 주의 뜻을 이루는 교회

"술 취하지 말라 이는 방탕한 것이니 오직 성령으로 충만함을 받으라" _ 엡 5:18

구원 이후, 어떻게 살 것인가?

에베소서의 고대 사본에서는 '에베소'라는 지명이 나오지 않습니다(엡 1:1). 이는 에베소서가 소아시아(현재 터키 서부) 지역의 교회들에게 회람용으로 보내졌음을 말해 줍니다. 바울은 이 서신에서 그리스도 안에서 이루어진 하나님의 구원을 찬양합니다. 그리고 하나님께서 이 편지의 수신자들에게 지혜와 계시의 영을 주셔서 그들이 하나님을 알기를 간구합니다. 곧 지각의 눈이 열려서 그들이 부르심의 소망, 성도들 가운데 기업의 풍성함, 그리고 하나님의 권능을 알기를 기도합니다(엡 1:17-18). 하나님의 지극히 크신 권능이란 그리스도를 죽은 자들 가운데에서 다시 살리셔서 하나님 보좌 우편에 앉히신 권능입니다(엡 1:19-20).

이 권능이 허물과 죄로 죽은 우리에게도 나타났습니다. 우리 역시 그리스도 안에서 살리심을 받아 그와 함께 하늘에 앉힌 바 되었습니다(엡 2:6).

높이 들리신 그리스도와 함께 통치권을 행사하는 '왕'이 된 것입니다(계 1:6; 5:10). 우리는 유대인이든 이방인이든 그리스도 안에서 서로 연결하여 하나님의 집을 세워 갑니다(엡 2:21). 영생의 공동체로서 교회는 그리스도 안에서 인종 간의 어떤 차별도 없으며 하나가 됩니다.

에베소서 4장 이하에서는 이같이 놀라운 구원을 받은 이들이 어떻게 살아야 하는지를 권면합니다. 핵심 내용이 에베소서 5:15-21에 나옵니다.

"그런즉 너희가 어떻게 행할지를 자세히 주의하여 지혜 없는 자 같이 하지 말고 오직 지혜 있는 자 같이 하여 세월을 아끼라 때가 악하니라 그러므로 어리석은 자가 되지 말고 오직 주의 뜻이 무엇인가 이해하라 술 취하지 말라 이는 방탕한 것이니 오직 성령으로 충만함을 받으라 시와 찬송과 신령한 노래들로 서로 화답하며 너희의 마음으로 주께 노래하며 찬송하며 범사에 우리 주 예수 그리스도의 이름으로 항상 아버지 하나님께 감사하며 그리스도를 경외함으로 피차 복종하라."

15절의 "어떻게 행할지를 자세히 주의하라"가 이어지는 권면의 표제어입니다. 어느 시대에나 참된 신앙이란 '무엇을 믿느냐?'에 근거하여 '어떻게 사느냐?'로 증명됩니다. 그러므로 성도는 성도로서 마땅히 행할 바, 어떻게 살지를 알고 행해야 합니다.

지혜로운 자, 주의 뜻을 아는 자다

'어떻게 살 것인가?'라는 표제어에 세 가지 대구(對句) 형식이 답을 줍니다. 첫째, 지혜 없는 자가 되지 말고, 지혜 있는 자가 되라. 둘째, 어리석은 자가 되지 말고, 주의 뜻을 깨닫는 자가 되라. 셋째, 술 취하지 말고, 성령으로 충만하라. 그러므로 구원받은 자의 삶이란 지혜 있고, 주의 뜻을 깨달으며, 성령으로 충만한 것입니다.

첫째, 구원받은 자는 지혜로운 자가 되어 '때'를 구속해야 합니다. 왜냐하면, 때가 악하기 때문입니다. '때'는 '카이로스'이며 '하나님에 의해 맡겨진 시간'입니다. 구원받은 자에게 인생의 남은 시간은 하나님에 의해 맡겨진 시간입니다. 이 시간이 악한 자가 지배하는 시대의 영향을 받습니다. 그러므로 하나님이 맡기신 '카이로스'를 구속하지 않으면 악한 자에 의해 무의미하게 빼앗겨 버리는 시간이 되고 맙니다.

둘째, 주의 뜻이 무엇인지 알아야 합니다. 이것은 앞서 요구되는 '지혜 있는 자'와 연결됩니다. 곧 지혜로운 자는 '주의 뜻을 아는 자'입니다. 왜냐하면, 지혜로운 자와 대비되는 '어리석은 자'는 '주의 뜻을 알지 못하는 자'이기 때문입니다(엡 5:17). 지혜 있는 자란 단순히 '때를 구속하는 자'가 아니라, 주의 뜻을 알고 그 뜻을 행하는 일에 있어 하나님께서 맡기신 시간을 사용하는 자입니다.

'주의 뜻'이라는 표현이 에베소서에서 이곳에 한 번 나옵니다. 보통은 '하나님의 뜻'(엡 1:1; 6:6)에 초점을 맞춥니다(엡 1:1, 9, 11; 6:6). 하나님의 뜻은 창세전 약속된 아들의 생명, 곧 영생을 우리에게 주시는 것입니다(엡 1:5; 3:11; 딛 1:2; 딤후 1:1; 요 6:40). 이 뜻이 그리스도의 구원 사건으로 성취되었습니다. 예수 그리스도를 통하여 신령한 복, 영생의 복이 주어진 것입니다(엡 1:3-5). 이로써 그리스도 안에서 만물이 총괄됩니다(엡 1:9).

한편 '주의 뜻'은 '높이 들리신 그리스도의 뜻'이며, 교회 공동체는 주의 뜻을 이루는 그리스도의 몸입니다. 높이 들리신 주 예수 그리스도는 만물을 충만하게 하십니다.

다양한 직분을 통해 성도를 온전하게 하다

"내리셨던 그가 곧 모든 하늘 위에 오르신 자니 이는 만물을 충만하게 하려 하심이라 그가 어떤 사람은 사도로, 어떤 사람은 선지자로, 어떤 사람은 복음 전하는 자로, 어떤 사람은 목사와 교사로 삼으셨으니 이는 성도를 온전하게 하여 봉사의 일을 하게 하며 그리스도의 몸을 세우려 하심이라"(엡 4:10-12).

높이 들리신 그리스도, 주께서 각 사람에게 다양한 직분을 주십니다. 이는 성도 각 사람을 온전하게 하시기 위함입니다. 다양한 직분자를 통해서 성도 각 사람이 온전하게 세워집니다. 그렇게 될 때 여러 지체로 구성된 그리스도의 몸이 세워집니다. 인간의 몸이 많은 지체로 구성되어 있듯이 교회는 많은 성도로 구성되어 있습니다. 몸의 각 지체가 건강할 때 몸 전체가 건강하며, 몸의 한 지체라도 심각한 병에 걸리면 몸 전체가 무너집니다. 그리스도의 몸인 교회도 마찬가지입니다. 성도 각자가 온전하게 세워질 때 교회가 건강하게 세워집니다. 그러므로 우리가 그리스도를 사랑한다는 것은 그의 몸을 이루는 우리 각자가 온전한 성도로 세워지는 것입니다.

만물의 머리가 되시는 그리스도, 만물을 충만하게 하다

예수 그리스도께서 그의 몸으로 세워진 교회를 통하여 만물을 충만하게 하십니다. 높이 들리셔서 주가 되신 그리스도께서 교회를 위하여 만물의 머리가 되십니다. "또 만물을 그의 발 아래에 복종하게 하시고 그를 만물 위에 교회의 머리로 삼으셨느니라"(엡 1:22). "그를 만물 위에 교회의 머리로 삼으셨느니라"라는 구절을 조금 더 정확하게 번역하면 "그를 교회를 위하여 만물의 머리로 삼으셨느니라"입니다(And God placed all things under his feet and appointed him to be head over everything for the church, NIV). 그리스도께서 교회를 위하여 만물의 머리가 되셨습니다. 교회는 영을 통하여 활동하시는 그리스도로 말미암아 만물을 충만하게 합니다. 만물의 주가 되시는 그리스도께서 교회를 통해 세상을 향하여 자신의 주권을 실현하시고 하나님의 통치를 가져오십니다. 그러므로 '주의 뜻'은 성도의 성숙을 통하여 교회가 하나가 되고, 하나 된 교회를 통하여 만물을 충만하게 하는 것입니다. "교회는 그의 몸이니 만물 안에서 만물을 충만하게 하시는 이의 충만함이니라"(엡 1:23).

성령 충만하여 주의 뜻을 이루다

'어떻게 살 것인가?'라는 표제어의 세 번째 내용은 구원받은 자는 술 취하지 말고 성령으로 충만해야 한다는 것입니다. 그래야 그가 하나님의 시간을 구속하며 주의 뜻을 이룰 수 있습니다. '성령으로 충만하라'의 동사는 현재형이며 네 개의 분사에 의해 보충 설명됩니다. ① 시와 찬송과 영적인 노래들로 서로 화답하라(Speak), ② 마음으로 주께 노래하며 찬송하라(Sing), ③ 범사에 주 예수 그리스도의 이름으로 항상 하나님께 감사하라(Giving thanks), ④ 그리스도를 경외함으로 피차 복종하라(Summit). 그리고 그리스도를 경외함으로써 피차 복종하는 삶의 내용이 에베소서 5:22-6:9에 나오는 '가훈표'(관계에 대한 올바른 규례)로 설명됩니다.

성령으로 충만하라, '핌플레미'와 '플레로오'

교회 공동체는 영을 통하여 활동하시는 주의 뜻을 이루기 위해 성령으로 충만해야 합니다. 신약성경에서는 '충만'을 두 가지 개념으로 설명합니다. 첫째, 성령 충만이란 복음을 전하는 능력이 위로부터 주어지는 권능을 말합니다. 주로 누가의 저작(누가복음과 사도행전)에 나오는 개념으로, 헬라어로는 '핌플레미'입니다(눅 4:1; 행 2:4; 4:8, 31; 9:17). '핌플레미'는 '부정 과거형'을 사용하여 일시적이고 순간적인 능력의 체험을 뜻합니다. 이는 외부, 곧 하늘로부터 주어지는 사역의 권능입니다. 한국 교회는 주로 '핌플레미'로서의 성령 충만을 구합니다. 그래서 성령 충만을 하나님의 일을 하기 위한 권능으로만 한정하는 경향이 있습니다. 이 '핌플레미'는 외적인 성과를 가져오지만 신자 개인의 성화나 신앙의 성숙과는 전혀 무관합니다. 예를 들어, 삼손의 경우처럼 큰 권능이 그를 통해 나타났으나 개인적으로 얼마든지 타락할 수 있습니다.

충만을 설명하는 두 번째 개념은 에베소서 5:18에 나오는 '플레로오'입니다. 이 성령 충만은 '현재형'을 사용하여 지속적이고 반복적으로 성령이 충만한 상태를 뜻합니다. "성령으로 충만함을 받으라"라는 말씀은 모든 신자를 향한 명령이며 모든 신자가 따라야 할 명령입니다. 이 성령 충만이 술 취하는 것과 대비됩니다. 술 취하는 것은 전적으로 술의 지배를 받는 상태입니다. 마찬가지로 성령 충만은 전적으로 성령의 지배를 받는 상태입니다. 술 취함은 때를 악용하게 하는 '방탕'(시간 죽이기)으로 사람을 이끌어 갑니다. 그러나 성령 충만은 에베소서 5:19-20에 나오는 네 개의 분사가 설명하듯 화답과 찬양과 감사와 복종의 삶으로 이끌어 갑니다. 네 개의 분사 '화답하라' '찬양하라', '감사하라', '복종하라'는 '성령으로 충만하라'는 명령어에 종속되어 있습니다.

네 가지 분사를 두 가지 관점으로 해석할 수 있습니다. 하나는 '성령 충만의 결과로' 나타나는 행동으로, 다른 하나는 '성령 충만을 위한' 행동으로 해석이 가능합니다. 후자는, 교회 공동체가 시와 찬미와 영적으로 화답하고 마음으로 주께 노래하고(찬양하고) 범사에 하나님께 감사함으로써 성령으로 충만해집니다. 그러나 골로새서의 병행구를 참고하면 네 개의 분사가 전자, 곧 성령 충만의 결과로 나타나는 행동이라고 볼 수 있습니다. 에베소서와 골로새서의 병행구는 다음과 같습니다.

"술 취하지 말라 이는 방탕한 것이니 오직 성령으로 충만함을 받으라 시와 찬송과 신령한 노래들로 서로 화답하며 너희의 마음으로 주께 노래하며 찬송하며, 범사에 우리 주 예수 그리스도의 이름으로 항상 아버지 하나님께 감사하며"(엡 5:18-20).

"그리스도의 말씀이 너희 속에 풍성히 거하여 모든 지혜로 피차 가르치며 권면하고 시와 찬송과 신령한 노래를 부르며 감사하는 마음으로 하나님을 찬양하고 또 무엇을 하든지 말에나 일에나 다 주 예수의 이름으로 하고 그를 힘입어 하나님 아버지께 감사하라"(골 3:16-17).

성령으로 충만하라! 그리스도의 말씀으로 충만하라!

에베소서의 "성령으로 충만하라"가 골로새서의 "그리스도의 말씀이 풍성히 거하게 하라"로 치환됩니다. 이것을 통해서 성령 충만의 길이 무엇인지 알 수 있습니다. '성령 충만'이란 곧 '그리스도의 말씀이 그 안에 풍성히 거하는 것'입니다. 여기서 중요한 것은 단순히 '말씀'이 아니라 '그리스도의 말씀'이라는 것입니다. 혹자는 성령 충만을 말씀 충만이라고 합니다. 그래서 성령 충만을 위해 성경 말씀을 읽고 암송하고 필사도 합니다. 하지만 이 말은 정확하지 않습니다. 성령 충만은 '말씀 충만'이 아니라 '그리스도의 말씀으로 충만한 상태'입니다.

'그리스도의 말씀'이 무슨 말씀입니까? 구약 시대 때 하나님의 말씀은 다양한 형태로 증거되었습니다. 그러나 그리스도가 오심으로써 하나님의 말씀이 '아들의 말씀'으로 확정되었습니다. "옛적에 선지자들을 통하여 여러 부분과 여러 모양으로 우리 조상들에게 말씀하신 하나님이 이 모든 날 마지막에는 아들을 통하여 우리에게 말씀하셨으니 이 아들을 만유의 상속자로 세우시고 또 그로 말미암아 모든 세계를 지으셨느니라"(히 1:1-2). 신약 시대 때 하나님의 말씀은 '주의 말씀'(살전 1:8), '그리스도의 말씀'(롬 10:17), '진리의 말씀'(골 1:5)이며, '하나님의 복음'(살전 2:2), '믿음의 말씀'(롬 10:8)입니다. 이 말씀이 모두 '복음'입니다. "너희를 위하여 하늘에 쌓아 둔 소망으로 말미암음이니 곧 너희가 전에 복음 진리의 말씀을 들은 것이라"(골 1:5).

바울이 로마 성도들에게 "믿음은 들음에서 나며 들음은 그리스도의 말씀으로 말미암았느니라"라고 설명합니다(롬 10:17). 여기서 '그리스도의 말씀'이 '복음'이고 '믿음의 말씀'입니다. 당시 어떤 사람들은 그리스도가 행하신 구원의 사건이 자신의 눈앞에서 되풀이되기를 바랐습니다. 이들에게 바울이 그리스도께서 다시 내려오시거나, 다시 부활하지 않으시며, 믿음의 말씀, 복음이 그들의 입에 가까이 왔다고 말합니다.

"믿음으로 말미암는 의는 이같이 말하되 네 마음에 누가 하늘에 올라가겠느냐 하지 말라 하니 올라가겠느냐 함은 그리스도를 모셔 내리려는 것이요 혹은 누가 무저갱에 내려가겠느냐 하지 말라 하니 내려가겠느냐 함은 그리스도를 죽은 자 가운데서 모셔 올리려는 것이라 그러면 무엇을 말하느냐 말씀이 네게 가까워 네 입에 있으며 네 마음에 있다 했으니 곧 우리가 전파하는 믿음의 말씀이라"(롬 10:6-8).

예수 그리스도께서 죽으시고 장사되시고 부활하신 후 하늘에 오르셨습니다. 하늘로 올려지신 그리스도께서는 다시 내려오지 않으시며 믿음의 말씀인 복음 안에서 발견됩니다. 다시 말해서, 그리스도의 성육신, 십자가 죽음, 장사됨(음부에 내려감), 부활, 승천이 되풀이되지 않는다는 것입니다. 그의 메시아적 행위는 우리 눈앞에서 반복되는 것이 아니라, 메시아적 행위로서 복음이 선포될 때 성령으로 우리 안에서 일어납니다. 메시아적 행위로서 복음의 선포는 죽으시고 장사되시고 부활하신 그리스도를 지상에서 드러내는 것입니다. 이렇게 예수 그리스도는 그의 말씀, 그의 증거, 그의 복음이 선포되는 곳에 현존하십니다. 죽으시고 부활하시고 승천하신 그리스도께서는 이 사건들이 복음으로 선포될 때 현존하십니다. 이에 그리스도의 사건을 직접 보려고 하거나 또 그리스도를 발견하려는 시도는 참신앙이 아닙니다. 왜냐하면, 복음으로 선포되는 말씀 안에서 그리스도가 항상 우리에게 나타나시기 때문입니다.

매일의 성령 충만, 날마다 복음을 듣는 것

어떻게 하면 날마다 성령으로 충만하며, 그리스도의 말씀으로 충만할 수 있습니까? 날마다 말씀 앞에 나아갈 때 실제가 됩니다. 하나님의 말씀이 빛이 되어 우리의 생각과 마음의 죄악까지 드러내어 심판합니다(히 4:12). 그때 우리는 '그리스도의 말씀'인 '복음'을 영으로 듣습니다. 이로써 죄악 되고 비참한 자를 위해 행하신 그리스도의 구속의 은총을 경험하는 것입니다. 그때 하나님의 사랑이 부어지면서 자기 자신을 용납하게 되고 형제에게 그 사랑을 전하게 됩니다. 이렇게 성령 충만은 날마다 복음을 듣는 것으로 실제가 됩니다.

그리스도의 말씀, 복음이 부재한 상태에서는 영적인 말의 화답, 찬양, 감사, 복종이 공허하며 부질없는 죽은 행위가 되고 맙니다. 이는 성령으로 충만하지 않기 때문입니다. 술 취하지 말며, 각자가 그리스도의 말씀(복음)으로 충만하여 성령으로 충만해야 합니다. 그리하여 시와 찬미와 신령한 노래로 서로 화답하며 마음으로 하나님을 찬양하며 예수 그리스도로 말미암아 하나님께 감사해야 합니다. 그리고 모든 관계에서는 그리스도를 경외함으로써 피차 복종해야 합니다.

미국의 신학자 하비 콕스(Harvey Cox)는 4세기 콘스탄티누스 시대 이후 진정한 신앙(faith)의 시대가 사라졌다고 말합니다.[68] 교리나 신조에 동의하고 외형적인 교회에 출석하는 것으로 한정된 '신념'(belief)의 시대가 왔다는 것입니다. 그 절정을 보여 주는 것이 385년에 신학자가 최초로 순교한 사건이라고 합니다. 신학자 프리스킬리안(Priscillian)은 그의 추종자들

---

68   Cox, 『종교의 미래』, 17.

에게 고기와 포도주를 금하고, 성경을 주의 깊게 연구하고, 영으로 찬양하는 것을 가르쳤습니다. 그의 가르침은 '술 취하지 말고 성령으로 충만하라'가 그 핵심인데, 이는 초대 교회가 가졌던 참신앙의 모습입니다. 그런데 바로 이런 신앙을 유포한다는 이유로 황제 막시무스가 그를 참수하라는 명령을 내렸습니다.

콘스탄티누스 시대의 믿음이 오늘날에도 위세를 떨치고 있습니다. 매일 성령으로 충만하여 초대 교회가 추구했던 참신앙의 모습으로 사는 것보다 교회가 규정한 신조를 따르고 외형적인 교회에 출석하는 것을 더욱 중요하게 여깁니다. 주의 뜻을 알고 행하는 '삶'이 아닌, 입술만의 신앙고백으로 그리스도인이 되었다고 인정하기도 합니다. 그러나 성경은 참신앙을 가르치는 변함없는 진리입니다. 성도는 끊임없이 성경을 묵상하며 '어떻게 살 것인지'를 주의하고, 하나님께서 주신 제한된 시간을 주의 뜻을 이루는 데 사용해야 합니다. 이를 위해 성도 각자가 성령으로 충만해야 합니다. 날마다 복음을 듣고 복음으로 살아야 합니다. 그러한 때 성도들의 모임으로서 교회는 만물을 충만하게 하시는 주의 뜻을 이루는 공동체로 세워질 것입니다.

50

종말의 희망,
하나님이 만유의 주가 되시다

"이는 하나님이 만유의 주로서 만유 안에 계시려 하심이라"

_ 고전 15:28

구원의 질서, 창세전에서 종말까지

초대 교회의 교부 이레니우스는 최초의 성경 신학자로 불립니다. 그는 성경에 근거하여 자기의 신학을 창조부터 종말까지 이르는 하나님의 구원의 질서로 발전시켰습니다. 이레니우스는 구속사적 신학의 태두(泰斗)가 되었습니다. 그에 의하면, 구원이란 타락 이전의 아담의 상태로 돌아가는 것이 아니라, 하나님의 아들로 태어나는 것입니다. 창조 당시 피조 된 인간이 아니라 창세전 하나님이 약속하신 아들의 생명으로 태어나는 것을 말합니다. 아담은 생령, 즉 만들어진 생명입니다(창 2:7). 아담은 그리스도가 오셔서 영원한 생명을 주셔야 할 존재입니다. 마지막 아담 그리스도는 생명을 주시는 영이며, 아담이 마땅히 되어야 할 본질적 인간이십니다(고전 15:45).[69]

---

[69] Henerr, 『폴 틸리히의 그리스도교 사상사』, 42.

하나님의 시간에서 바라보는 구원의 섭리는 창세전에서 시작하여 하나님의 아들이 재림하는 종말에 완성됩니다. 이 같은 구원의 질서는 '창세전(영생을 주시려는 하나님의 계획) → 창조(영생을 주시기 위해 아담을 창조) → 타락(아담이 불순종으로 인해 영생의 기회를 상실함) → 구원(둘째 아담 그리스도가 오심으로써 죄 사함과 영생을 주심) → 완전(아들 안에 거하고 아버지 안에 거하는 영생의 삶) → 종말(그리스도의 재림 때 새 하늘과 새 땅이 창조됨)'로 표현할 수 있습니다(본서의 부록 참조: 구원의 질서 - '창세전'에서 '완전'까지).

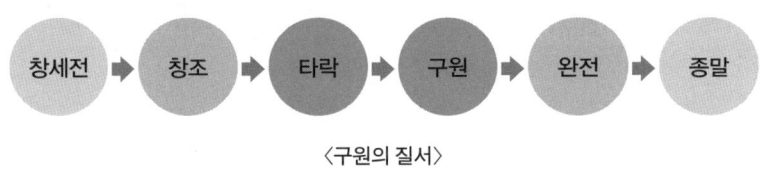

〈구원의 질서〉

구원의 질서에서 '창세전'과 '종말'은 양극단(兩極端)에 위치합니다. 그 중심에 예수 그리스도의 구원이 있습니다. 하나님의 계시가 그리스도 안에서 완전히 나타났습니다(요 1:18). 창세전에 정하신 하나님의 뜻이 감추어졌었는데, 예수 그리스도를 통해 나타난 것입니다(고전 2:7). 구약성경의 계시는 수건으로 덮여 있었는데 그리스도 안에서 그 수건이 벗겨집니다(고후 3:14). 그러므로 하나님의 구원 질서는 그리스도 안에서 나타난 완전한 계시의 불빛 아래에서 보아야 합니다. 이 계시의 불빛은 역사의 양극단으로 갈수록 희미해집니다. 그래서 창세전의 시간과 종말의 시간을 흐릿하게 비추기에 신비의 요소들이 많아 보입니다. 비록 계시의 불빛이 희미할지라도 이 양극단의 시간은 우리의 믿음과 구원에 있어서 매우 중요합니다. 이와 관련하여 성경이 언급하지 않는 내용은 우리에게 무익하지만, 성경이 언급하는 내용은 반드시 알아야 합니다. 예수 그리스도께서 창세전의 세계를 계시하십니다(요 1:1; 8:58; 17:5, 24). 또한 종말을 계시하십니다(마 24:31; 눅 17:21; 20:42-43).

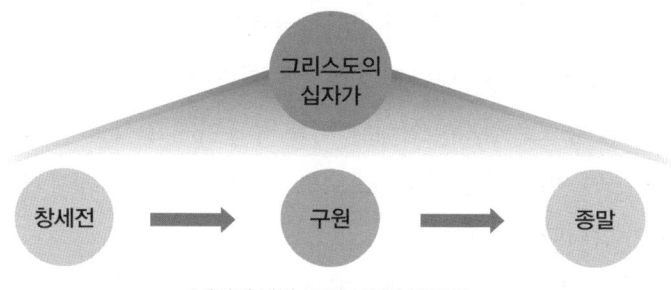

〈계시의 정점: 그리스도의 십자가〉

'이미'와 '아직' 사이에서

종말은 예수 그리스도께서 재림하시는 날이며 하나님의 나라가 완성되는 날입니다. 현대 신학계에서 종말론에 대한 논쟁이 19세기 초에서 20세기 중반까지 이어졌습니다. 그것은 철저한 종말론, 실현된 종말론, 출범한 종말론으로 요약할 수 있습니다.[70] 19세기 초 알베르트 슈바이처(A. Schweitzer)는 '철저한 종말론'(Thoroughgoing Eschatology)에 입각하여, 하나님의 나라는 전적으로 미래에 임한다고 주장했습니다. 반면 1930년경 찰스 헤럴드 다드(C. H. Dodd)는 '실현된 종말론'(Realized Eschatology)을 주장했습니다. 그에 의하면, 종말이 이미 도래했으며 하나님의 나라가 현재에 실현되었습니다. 신자는 종말을 현재에 경험하며 완전한 종말적 현재를 살아가는 것입니다.

그 후 1930년대부터 큄멜(W. G. Kummel), 오스카 쿨만, 조지 래드(G. Ladd), 헤르만 리델보스(H. Ridderbos), 요하킴 예레미야스 등이 '출범한 종말론'(Inaugurated Eschatology)을 제시했습니다. 종말에 완성될 하나님의 나라는 예수 그리스도가 오심으로써 '이미' 출범했으나 그의 재림 때까지 '아직' 완성되지 않은 상태입니다. 따라서 종말 신앙은 '이미'와 '아직'(already but not yet)의 긴장 사이에서 형성됩니다. 이 종말론은 현대에 와서도 대다

---

70 김세윤, "신약 성경신학 Ⅰ", 28-29.

수 신학자가 수용하는 견해이자 성경적 주장입니다. 신자는 마땅히 '이미'와 '아직'의 긴장 상태를 받아들여 종말을 기다리며, 종말에 왕으로 오실 예수를 지금 왕으로 섬겨야 합니다. 비록 먹고 마시고 시집가고 장가가는 세속의 요구를 따르지만, 궁극적으로는 하나님 나라의 요구에 합당한 삶을 살아야 합니다.

'출범한 종말론'에 의하면, 예수께서 처음 오신 초림이 결정적인 구원의 날(D-day, Decision day)입니다. 'D-day'는 제2차 세계대전에서 1944년 6월 6일 연합군이 노르망디 상륙 작전에 성공하여 결정적인 승기를 잡은 날을 일컫습니다. 전쟁은 이듬해인 1945년 4월 30일에 끝났습니다. 그날을 승리가 완성되었다고 해서 브이데이(V-day, Victory day)라고 부릅니다. 승기를 잡아 승리가 완성되기까지 약 11개월 정도의 기간이 걸렸습니다. 'D-day'에 이미 승리했으나 'V-day'에 이르러 승리가 완성된 것입니다. '출범한 종말론'에서는 이와 같은 전쟁 용어를 활용하여 '이미'와 '아직' 사이의 시간을 'D-day'와 'V-day'의 기간으로 표현합니다.

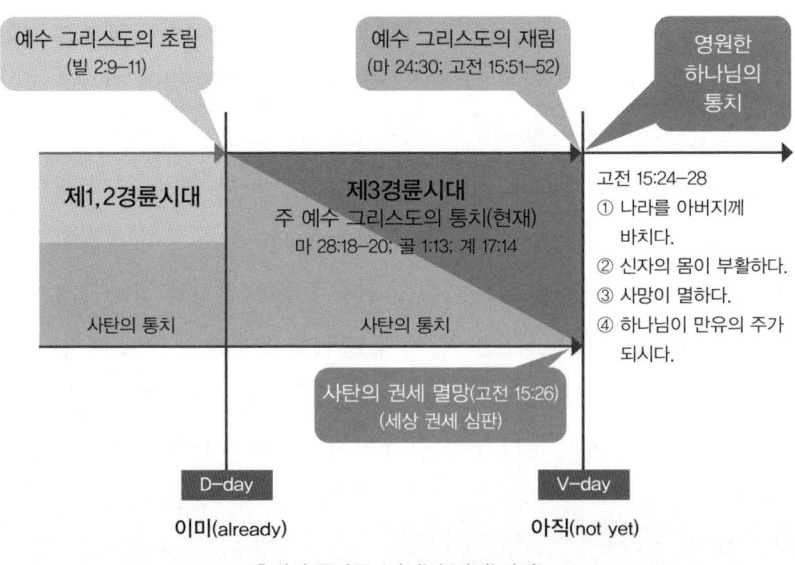

〈출범한 종말론: '이미'와 '아직' 사이〉

그리스도의 통치와 사탄의 통치

'이미'와 '아직' 사이에 현존하시는 예수 그리스도께서 만물의 '주'(主)가 되십니다. 예수께서 예루살렘 성전에서 강론하실 때 다윗의 시편을 인용하십니다. 다윗이 그리스도를 주라고 칭했다는 내용입니다(눅 20:41-44). 당시 서기관들은 그리스도가 다윗의 자손에서 나올 것을 알았습니다. 그러나 정작 다윗은 그리스도를 자기의 주로 고백합니다. "여호와께서 '내 주'(그리스도)에게 말씀하시기를"(시 110:1).

하나님께서 부활하여 높이 들리신 예수께 '주'와 '그리스도'라는 칭호를 주십니다(행 2:36). '주'는 부활하시고 승천하신 그리스도를 가리킵니다. 초대 교회에서는 주로 예배드릴 때와 종말의 기대를 표현할 때 '주'라는 칭호를 사용했습니다. 하나님께서 예수를 죽은 자 가운데에서 살리셔서 그의 우편에 앉히시고, 온 우주를 다스리는 권세를 주셨습니다(엡 1:20-21; 빌 2:9-11; 히 1:13; 2:9). 그를 지극히 높여 하늘과 땅과 땅 아래에 있는 자들로 모든 무릎을 그의 이름에 꿇게 하셨습니다(빌 2:10). 모든 입으로 예수를 주라 시인하게 하셔서 하나님께 영광을 돌리게 하셨습니다(빌 2:11). 하나님께서 만물의 주권을 높이 들리신 그리스도에게 양도하셨습니다. 주가 되신 그리스도께서 이 주권으로 하나님 아버지께 영광을 돌립니다.

그리스도가 주가 되시는 기간은 '이미'와 '아직' 사이에 현존하는 시간입니다. 그의 주권은 그의 높아짐과 재림 사이의 기간까지로 제한됩니다. 그가 재림하실 때까지 교회의 주가 되시며(골 1:18), 동시에 만물의 주가 되십니다(빌 2:9; 골 1:20). 그러므로 교회의 구성원들은 예수를 주(主)로 고백함으로써(롬 10:9), 사탄의 나라에서 아들의 나라로 옮겨진 사람들입니다(골 1:13). 그들은 주 되신 그리스도와 연합하며, 주 되신 그리스도께 순종합니다. 반면 세상에 속한 사람들은 그리스도를 주로 고백하지 않고 그들의 신을 주로 고백합니다(고전 8:5). 신앙과 불신앙은 그리스도를 주(主)로 고백하느냐 고백하지 않느냐로 결정됩니다. 그리스도를 주로 고백하는 자는 그리스도에게 의존과 순종을 맹세합니다. 그 고백이 그리스도와 신자 사이를 주인과 종의 관계로 바꿉니다. 하지만 단지 입술의 고백으로만 그쳐서는 안 되고 그리스도에 대한 복종의 삶을 요구합니다.

신자 된 우리의 실존은 그리스도의 통치와 사탄의 통치 사이에 위치합니다. 우리는 매일 그리스도의 통치에 속할지, 아니면 사탄의 통치에 속할지 결정해야 합니다. 그리스도의 통치에 속하는 것은 그리스도와 함께 통치함을 의미합니다(계 17:14). 그런데 그리스도의 통치에 참여하는 일은 저절로 되지 않고 믿음과 순종을 요구합니다. 영혼을 정결하게 하고, 옛사람을 십자가에 못 박아 죄의 몸이 불구가 되었음을 받아들여야 합니다. 또한 육신에 속한 자기주장 의지에서 나오는 정열과 욕심을 십자가에 못 박아야 합니다. 그리하여 성령으로 봉사하고 예수로 자랑해야 합니다. 이를 위해 매일 말씀 앞에서 자신의 죄악을 깨닫고 십자가로 나아가며 그의 무덤에 연합해야 합니다. 이와 같은 영생의 삶은 십자가의 능력으로 죄에서 승리함으로써 쟁취하는 치열한 삶입니다. 결코 헛된 삶이 아니라 그리스도를 주로 고백하며 그와 함께 영광을 받는 복된 삶입니다.

하나님이 만유의 주가 되시다

종말의 날은 모든 정사와 권세와 능력이 주 되신 그리스도께 복종하는 날입니다. 그때가 되면 한시적으로 그리스도에게 양도되었던 하나님의 주권이 다시 하나님께로 돌아갑니다.

"그 후에는 마지막이니 그가 모든 통치와 모든 권세와 능력을 멸하시고 나라를 아버지 하나님께 바칠 때라 그가 모든 원수를 그 발 아래에 둘 때까지 반드시 왕 노릇 하시리니 맨 나중에 멸망 받을 원수는 사망이니라 만물을 그의 발 아래에 두셨다 하셨으니 만물을 아래에 둔다 말씀하실 때에 만물을 그의 아래에 두신 이가 그 중에 들지 아니한 것이 분명하도다 만물을 그에게 복종하게 하실 때에는 아들 자신도 그 때에 만물을 자기에게 복종하게 하신 이에게 복종하게 되리니 이는 하나님이 만유의 주로서 만유 안에 계시려 하심이라"(고전 15:24-28).

하나님의 아들이 모든 통치와 모든 권세와 능력을 멸하신 후 나라(통치권)를 아버지 하나님께 바칩니다. 최후에 멸망 받을 원수는 사망인데, 주 되신 그리스도께서는 모든 원수를 그 발아래에 두실 때까지 왕 노릇 하십니다. 그리고 만물이 그에게 복종할 때 그리스도께서 자기에게 양도된 만물의 주권을 아버지 하나님께 다시 양도하십니다. 이는 하나님께서 만유의 주이시며 만유 안에 거하시기 때문입니다. 그날에 새 하늘과 새 땅이 창조되며 만물이 새롭게 됩니다. 그날에 주 되신 그리스도가 하나님께 복종합니다. 그리스도를 주로 고백하며 따른 우리도 아들 안에서 아버지께 복종합니다. 이로써 우리에게 영생을 주시겠다고 창세전에 약속하셨던 하나님의 신실한 약속이 완성됩니다.

사신(死神) 신학과 종말의 희망

1960년부터 10여 년간 서구 기독교는 '신이 죽었다'라는 사신(死神) 신학이 득세했습니다. 그 근거로 정통 기독교 국가인 독일의 유대인 대학살과 청교도 국가인 미국의 히로시마 원자폭탄 투하를 들었습니다. 사신 신학자들은 하나님이 악과 고통이 범람한 세계에 더 이상 존재하지 않는다고 주장했습니다. 교회가 말하는 하나님은 초자연적인 사건들 속에서, 또는 은사주의 운동에서처럼 현재의 황홀경적 사건들 속에서만 간간이 모습을 드러내다가 현실 무관의 상태로 사라져버린다는 것입니다.[71] 이런 혼란의 와중에 위르겐 몰트만과 볼프하르트 판넨베르그(V. Pannenberg)는

---

71 Granz & Olson 『20세기 신학』, 272.

전통적 종말론을 재해석함으로써 반전을 가져왔습니다. 그것은 종말에 만유가 하나님의 것이 될 때 신음하는 피조 세계는 회복된다는 희망입니다. 종말의 희망은 우리로 하여금 '현재의 십자가'를 기쁨으로 질 수 있게 하며, 이것은 죽은 것을 그대로 붙잡고, 기대할 수 없는 것을 바랄 수 있게 합니다.[1] 성경에서 말하는 종말은 비극이나 공포가 아니라 만유가 하나님의 것이 되며, 만물이 새롭게 되는 낙관론을 시사합니다.

만유의 아버지께 세세토록 영광을 돌리다

하늘과 땅의 신(神)이라 불리는 자들이 있어 많은 신과 주가 있습니다(고전 8:5). 그러나 우리에게는 한 하나님 곧 하늘의 하나님이 계십니다(고전 8:6). 만물이 그에게서 났고, 우리도 그를 위하여 존재합니다. 또한 한 주 예수 그리스도께서 계시며, 만물이 그를 힘입어 존재하고 우리도 그를 힘입어 존재합니다. 예수 그리스도는 창세전부터 하나님과 연합하여 하나님과 하나이십니다.

하나님 아버지께서는 만물의 창조자이고 구속자이시며 완성자이십니다. 예수 그리스도는 하나님 안에서 그의 창조와 구속과 완성을 이행하시는 중재자이십니다. 아들이 행한 모든 것이 아버지의 뜻이며, 아들은 아버지 한 분에게만 영광을 돌리십니다. 아들을 믿음으로써 영생을 얻은 자는 아들의 계명에 복종하여 하나님 안에 거합니다. 그의 삶은 아들의 삶처럼 아버지의 뜻을 이루며 아버지께만 영광을 돌리는 삶입니다. 세세 무궁하도록 하나님께 영광이 있습니다. 하나님만이 영원하십니다. 하나님만이 찬양을 받으십니다. 할렐루야! 만유의 아버지시여 영광을 받으소서! 아멘!

> "하나님도 한 분이시니 곧 만유의 아버지시라 만유 위에 계시고 만유를 통일하시고 만유 가운데 계시도다"(엡 4:6).

---

1 Moltmann, 『희망의 신학』, 37.

에필로그

> 예수 그리스도의 계시,
> 듣는 자마다 빛으로 나오게 하소서!

요한복음에서 예수 그리스도의 계시는 밤에 찾아온 니고데모에게 주어졌습니다. 니고데모는 바리새인이요 유대인의 관원입니다(요 3:1). 그는 종교적으로, 세속적으로 정상에 오른 자입니다. 하지만 그의 영혼의 상태는 밤이었습니다. 아담 안의 실존으로서 인간은 세속과 종교의 정상에 오름으로써 지상천국에 입성하고자 합니다. 세인들이 표상하는 하늘나라는 고통과 슬픔이 없고, 안정과 부요와 행복과 기쁨이 충만한 나라입니다.

예수께서 자기를 찾아온 니고데모의 중심을 보시고 단적으로 말씀하십니다. 사람이 위에서 나지 아니하면 그가 원하는 하나님 나라를 볼 수 없다고 하십니다(요 3:3). 이후 예수와 니고데모의 담론을 통해 그리스도의 계시는 마침내 드러났습니다. 그것이 그리스도의 기원과 복음과 생명입니다(요 3:13-15).

하나님이 세상을 이처럼 사랑하여 독생자를 주셨습니다. 이는 그를 믿는 자마다 멸망하지 않고 영원한 생명을 얻게 하려 함입니다(요 3:16). 하늘에서 오신 이가 복음을 통해 주시는 영원한 생명은 하나님이 모든 사람을 사랑하여 주신 '유일무이성'의 진리입니다. 모든 사람에게 구원의 가능성이 열렸습니다. 독생자를 믿는 것 외에 천하 인간에게 생명 얻는 구원의 길은 없습니다. 모든 종교가 구원을 논하지만, 거기에는 유일무이한 그리스도의 계시가 없습니다.

17세기 데카르트 이후 깨어난 인간의 이성은 인류의 문명사에 획기적인 발전을 이루었습니다. 21세기 들어 첨단과학 문명은 인공지능 시대를 열고 있습니다. 많은 사람이 육적 생명의 진보로 새로운 유토피아를 꿈꾸고 있습니다. 하지만 그것은 육적 생명으로 하나님 나라를 기대했던 니고데모의 좌절을 가져다줄 뿐입니다. 인간은 '위로부터 나는 생명'을 얻기까지 어두움에 속합니다. 마침내 드러난 그리스도의 계시 앞에서 빛으로 나오는 자가 하나님 나라를 봅니다.

어둠의 세상은 '눈먼 자들의 도시'입니다(사라마구). 눈먼 자들의 도시는 잔인하고 끔찍하고 공포스럽습니다. 어둠에 속한 인간은 생존과 안정이 위협받으면 야수처럼 변합니다. 도스토옙스키가 묘사한 대로, 인간은 특정한 관계망에 들어가면 '악령'으로 돌변합니다.

본서를 마무리할 즈음 세계는 여전히 고통 속에서 신음하고, 만물은 탄식하고 있습니다. 전쟁과 지구온난화로 인류의 생존이 위협받고 있습니다. 영적으로는 지구온난화보다 더 뜨거운 진노의 기운이 불어닥치고 있습니다. 개인이든 정당이든 국가든 '나만 살겠다', '나만 옳다'는 악령의 역사가 세계를 뒤덮고 있습니다. 하나님이 그런 세상을 사랑하여 독생자를 보내셨습니다. 마침내 그리스도의 계시가 드러났습니다. 빛으로 오는 자마다 하나님 나라를 보는 영원한 생명을 얻습니다.

필자의 인생은 50여 년간 니고데모처럼 되는 것이었습니다. 세상에서도 출세하고, 신앙생활도 성공하는 것이었습니다. 그렇게 되지 못해서 인생이 불행한 것으로 알았습니다. 그래서 나의 영혼은 언제나 어둠이었습니다. 사망이 나의 목자요, 스올이 나의 거처였습니다. 벽에 갇힌 한계상황에 이르니 내 속에 악령이 출몰했습니다. 거라사 광인처럼 아우성치며 나를 파괴했습니다. 2008년 4월(50세), 심판의 무덤에서 말씀의 빛이 임했습니다. 마침내 그리스도의 계시가 드러났습니다. 예수는 자기를 인자로 계시하십니다. 인자의 기원과 그가 하신 일(복음)과 그 목적(생명)을 알고 진리 안에서 행하는 자가 되었습니다. 이것은 나를 위함이 아니라 흑암 가운데 있는 이들에게 빛을 비추기 위함입니다.

마침내 드러난 그리스도의 계시 앞에서 빛으로 오는 자가 있고, 빛을 미워하는 자가 있습니다. 빛으로 오는 자마다 위로부터 나는 영원한 생명을 얻습니다. 그는 그토록 꿈꾸는 '하나님 나라'를 봅니다. 그리스도의 계시는 인류에게 유일무이한 소망입니다. 본서를 통해 그리스도의 계시를 듣는 자마다 빛으로 나와 영원한 생명을 얻고 풍성히 누리기를 기도드립니다.

"진리를 따르는 자는 빛으로 오나니 이는 그 행위가 하나님 안에서 행한 것임을 나타내려 함이라 하시니라"(요 3:21).

참고 문헌

국내 서적

김경재. 『이름 없는 하느님』. 서울: 삼인, 2002.
김경희. "현현보도와 부활선포." 『종교신학연구』 1. 서울: 서강대학교 종교신학연구소, 1988.
김균진. 『20세기 신학사상 I』. 서울: 연세대학교출판부, 2004.
_____. 『기독교 조직신학(5)』. 서울: 연세대학교출판부, 1999.
_____. 『죽음과 부활의 신학』. 서울: 새물결플러스, 2015.
_____. 『헤겔의 역사철학』. 서울: 새물결플러스, 2020.
김세윤. "신약 성경신학 I." 목회학 박사 과정 강의안. 풀러 신학교, 2003.
_____. 『복음이란 무엇인가』. 서울: 두란노, 2003.
_____. 『요한복음 강해』. 서울: 두란노, 2011.
_____. 『빌립보서 강해』. 서울: 두란노, 2011.
_____. 『칭의와 성화』. 서울: 두란노 바이블칼리지, 2012.
김용규. 『데칼로그』. 서울: 바다출판사, 2002.
_____. 『신』. 서울: IVP, 2018.
김이곤. "출애굽기의 신학". 서울: 한국신학연구소, 2010.
김종두. 『키에르케고르의 실존사상과 현대인의 자아 이해』. 서울: 새물결플러스, 2014.
김철환 외. 『루터의 생애와 신학』. 서울: 컨콜디아사, 2017.
박 만. 『폴 틸리히』. 파주: 살림출판사, 2009.
박창건. 『성서주석 에베소서』. 서울: 대한기독교서회, 1994.
배철현. 『신의 위대한 질문』. 파주: 21세기북스, 2015.
백충현. 『내재적 삼위일체와 경륜적 삼위일체』. 서울: 새물결플러스, 2015.
서용원. "바울의 부활현현 전승 편집 연구" 『호서신학』. 1. 천: 호서대학교 지구촌선교신학연구소, 1994.

서형섭.『하늘에 속한 말씀의 기쁨』. 고양: 이레서원, 2013.
_____.『복음과생명』. 고양: 이레서원, 2018.
_____.『창세기 주해묵상』. 고양: 이레서원, 2023.
_____. "마태복음의 교사 기독론에 관한 연구", 서울신학대학교 신학대학원 석사학위논문, 1995.
소기천.『훅스 & 에벨링』. 파주: 살림출판사, 2017.
송제근.『오경과 구약의 언약신학』. 서울: 두란노, 2003.
전경연.『성서주석 골로새서』. 서울: 대한기독교서회, 2010.
정성민.『폴 틸리히와 칼 바르트의 대화』. 서울: 도서출판 바울, 2004.
홍인규.『홍인규 교수의 바울신학 사색』. 고양: 이레서원, 2010.
_____.『로마서 어떻게 읽을 것인가』. 서울: 성서유니온, 2015.
박충일. "예도 TV, 니체의 신은 죽었다. https://youtu.be/4KiPrVA6czM?si=YvjKE9zs6j6mmhl3
오창록. "존 오웬을 통해 본 말씀과 성령." 한국복음주의신학회 48차 신학포럼. 2007. 12.
_____. "BEHOLDING THE GLORY OF GOD IN CHRIST." Ph. D. diss., Westminster Theological Seminary, 2006.
유영진. "요한저작에 나타난 '영생' 개념에 대한 연구." 칼빈대학교 박사학위 논문, 2019.
이승민. "영생부활체의 육체성과 영성적 현현." 아신대학교 박사학위 논문. 2024.
이후정. "경건주의자들의 영성." 기독교사상, 1995년 8월호.
정연호. "메시아닉 유대인의 현실과 정체성, 그리고 신학." 목회자 세미나 자료, 2013.
"뉴욕 교회에서 불법(佛法) 전하다." 조선일보. 2011년 9월 17일. 29면.
"나에게 너를 묻다." KBS. 2011년 2월 5일 방영.

번역 서적

Arendt, Hannah.『예루살렘의 아이히만』. 김선우 역. 파주: 한길사, 2006.
Armstrong, Karen.『신화의 역사』. 이다희 역. 서울: 문학동네, 2005.
_____.『신의 역사 Ⅰ, Ⅱ』. 배국원, 유지황 역. 서울: 동연, 1999.
Augustinus, Aurelius.『성 어거스틴의 고백록』. 선한용 역. 서울: 대한기독교서회, 1990.

_____. 『신국론』. 추인애 추적현 역. 서울: 동서문화사, 2016.
Baker, William. 『하나님의 형상』. 김성웅 역. 서울: 생명의말씀사, 1994.
Barrett, C. K. 『요한복음 주석, 국제성서주석』. 한신연번역실. 서울: 한국신학연구소, 1984.
_____. 『고린도전서 주석, 국제성서주석』. 한신연번역실. 서울: 한국신학연구소, 1988.
Barth, Karl. 『교회교의학 I/1』. 박순경 역. 서울: 대한기독교서회, 2003.
_____. 『교회교의학 II/1』. 황정욱 역. 서울: 대한기독교서회, 2010.
_____. 『교회교의학 III/1』. 신준호 역. 서울: 대한기독교서회, 2015.
Boman, Thorleif. 『히브리적 사유와 그리스적 사유의 비교』. 허혁 역. 왜관: 분도출판사, 1982.
Borg, Marcus. 『기독교의 심장』. 김준우 역. 서울: 한국기독교연구소, 2009.
Buber, Martin. 『인간이란 무엇인가』. 남정길 역. 서울: 대한기독교서회, 1975.
_____. 『나와 너』. 표제명 역. 서울: 문예출판사, 2004.
Bultann, Rudolf. 『예수 그리스도와 신화』. 이동영 역. 서울: 한국로고스연구원, 1994.
Calvin, John. 『기독교 강요 I』. 김종흡, 신복윤, 이종성, 한철하 역. 서울: 생명의말씀사, 2006.
Cox, Harvey. 『종교의 미래』. 김창락 역. 서울: 문예출판사, 2009.
_____. 『세속도시』. 이상률 역. 서울: 문예출판사, 2010.
Cullmann, Oscar. "영혼 불멸과 죽은 자의 부활." 복음주의신학총서 5권. 전경연 역. 오산: 한신대학출판부, 1965.
Dostoevskii. F. Mikhalovich, 『악령』. 이철 역. 서울: 범우사, 1988.
Edward, Gene. 『하나님의 생명체험하기』. 조계광 역. 서울: 생명의말씀사, 2003.
Eliade, Mircea. 『성과 속: 종교의 본질』. 이동하 역. 서울: 학민사, 1983.
Feuerbach, Ludwig. 『기독교의 본질』. 강대석 역. 파주: 한길사, 2019.
Giles, Kevin. 『신약성경의 교회론』. 홍성희 역. 서울: 기독교문서선교회, 1999.
Grenz, Stanley & Olson, Roger. 『20세기 신학』. 신재구 역. 서울: IVP. 1997.
Guinness, Os. 『소명』. 홍병룡 역. 서울: IVP, 2000.
_____. 『선지자적 반시대성』. 김형원 역. 고양: 이레서원, 2016.
Heidegger, Martin. 『존재와 시간』. 이기상 역. 서울: 까치, 1998.
Hayek, Friedrich. 『치명적 자만』. 신중섭 역. 서울: 한국경제연구원, 1996.
Heim, Karl. "죽은 자의 부활." 복음주의신학총서 5권. 전경연 역. 오산: 한신대학출판부, 1965.

Heschel, Abraham Joshua.『안식』. 김순현 역. 서울: 복 있는 사람, 2009.
Hoekema, Anthony A.『개혁주의 인간론』. 류호준 역. 서울: 기독교문서선교회, 1990.
Huxleyl, Aldous.『영원의 철학』. 조옥경 역. 파주: 김영사, 2014.
Jaspers. Karl.『철학적 신앙』. 신옥희 역. 서울: 이화여대출판부, 1981.
Kant, Imanuel.『순수이성비판』. 백종현 역. 파주: 아카넷, 2017.
_____.『실천이성비판』. 백종현 역. 파주: 아가넷, 2017.
_____.『이성의 한계 안에서의 종교』. 신옥희 역. 서울: 이화여대 출판부, 2001.
Kasemann, Ernst.『로마서 주석, 국제성서주석』. 한신연번역실. 서울: 한국신학연구소, 1982.
Kelly, Thomas.『영원한 현재』. 최대형 역. 서울: 은성출판사, 2004.
Kraft, Heinrich.『요한계시록, 국제성서주석』. 한신연번역실. 서울: 한국신학연구소, 1983.
Kung, Hans.『그리스도교 : 본질과 역사』. 이종한 역. 칠곡: 분도출판사, 2002.
_____.『신은 존재하는가』. 성염 역. 칠곡: 분도출판사, 1994.
Kierkegaard, Soren.『그리스도교의 훈련』. 임춘갑 역. 서울: 다산글방, 2015.
Leroux, Gaston.『오페라의 유령』. 성귀수 역. 서울: 문학세계사, 2001.
Lewis, C. Staple.『순전한 기독교』. 장경철, 이종태 역. 서울: 홍성사, 2001.
Macaulay, Ranald & Barrs, Jerram.『인간, 하나님의 형상』. 홍치모 역. 서울: IVP, 1992.
Mcintoshi, Mark.『신앙의 논리』. 안에스더 역. 서울: 비아, 2019.
McGrath, Alister,『신학이란 무엇인가』. 김기철 역. 서울, 복있는 사람. 2014.
Martens, E. A.『구약에 나타난 하나님의 계획과 목적』. 김지찬 역. 서울: 생명의말씀사, 1993.
Mayer, Herbert.『성서해석학』. 엄현섭 역. 서울: 컨콜디아사, 1983.
Mead, Mattew.『유사 그리스도인』. 장호익 역. 서울: 지평서원, 2000.
Michel, Otto.『히브리서, 국제성서주석』. 강원돈 역. 서울: 한국신학연구소, 1987.
Missildine, W. Hugh.『몸에 밴 어린 시절』. 이종범, 이석규 역. 서울: 가톨릭출판사, 1987.
Moltmann, Jurgen.『삼위일체와 하나님의 나라』. 김균진 역. 서울: 대한기독교출판사, 1985.
_____.『희망의 신학』. 박봉랑, 전경연 역. 서울: 대한기독교서회, 2001.
_____.『나는 영생을 믿는다』. 이신건 역. 서울: 신앙과지성사, 2020.
Moua, Richard J.『왜곡된 진리』. 오수미 역. 서울: 도서출판 CUP, 1999.

Mounce, William.『목회서신』. World Biblical Commentary. vol. 46. 채천석, 이덕신 역. 서울: 솔로몬, 2009.
Murray, Andrew.『히브리서 묵상록』. 정현대 역. 부천: 벧엘서원, 2020.
Murray, Iain.『분열된 복음주의』. 김석원 역. 서울: 부흥과개혁사, 2009.
Nedler, Steven.『에티카를 읽는다』. 이혁주 역. 서울: 그린비, 2013.
Newbigin, Lesslie.『성경 한 걸음』. 윤종석 역. 서울: 복있는 사람, 2013.
_____.『요한복음 강해』. 홍병룡 역. 서울: IVP, 2017.
Nietzsche, Friedrich.『선악의 저편』. 김정현 역. 서울: 책세상, 2002.
_____.『차라투스트라는 이렇게 말했다』. 장희창 역. 서울: 민음사, 2013.
_____.『니체 전집 12』. 안성찬, 홍사현 역. 서울: 책세상, 2005.
Noth, Martin.『출애굽기, 국제성서주석』. 한신연번역실. 서울: 한국신학연구소, 1981.
Pascal, Blaise.『팡세』. 신상초 역. 서울: 집문당, 1983.
Paulus, Trina.『꽃들에게 희망을』. 김석희 역. 서울: 시공주니어, 1999.
Piper, John.『하나님이 복음이다』. 전의우 역. 서울: IVP, 2006.
Plantinga, Alvin.『지식과 믿음』. 박규태 역. 서울: IVP, 2023.
Ricoeur, Paul.『악의 상징』. 양명수 역. 서울: 문학과지성사, 1994.
Ryle, J. Charles.『거룩』. 장호준 역. 서울: 복 있는 사람, 2009.
Sartre, J.P.『존재와 무』. 정소정 역. 서울: 동서문화사, 2016.
Schleiermacher, Fredrich.『종교론』. 최신한 역. 서울: 대한기독교서회, 2002.
_____.『슐라이에르마허의 신학사상』. 목창균 역. 서울: 한국신학연구소, 1991.
Schopenhauer, Arthur.『의지와 표상으로서의 세계』. 이서규 역. 서울: 지만지, 2008.
Schrage, Wolfgang.『베드로전서, 국제성서주석』. 한신연번역실. 서울: 한국신학연구소, 1987.
Schweizer, Eduard,『골로새서, 국제성서주석』. 한신연번역실. 서울: 한국신학연구소, 1983.
Smail, Tom.『잊혀진 아버지』. 정옥배 역. 서울: IVP, 2005.
Spinoza, Benediictus.『에티카』. 강영계 역. 서울: 서광사, 1991.
Tillich, Paul.『조직신학 Ⅰ』. 유장환 역. 서울: 한들출판사, 2001.
_____.『조직신학 Ⅱ』. 유장환 역. 서울: 한들출판사, 2001.
_____.『조직신학 Ⅲ』. 유장환 역. 서울: 한들출판사, 2001.
_____.『흔들리는 터전』. 김광남 역. 고양: 뉴라이프, 2008.
_____.『영원한 지금』. 김광남 역. 고양: 뉴라이프, 2008.

_____. 『존재의 용기』. 차성구 역. 서울: 예영커뮤니케이션, 2004.
_____. 『믿음의 역동성』. 최규택 역. 서울: 그루터기하우스, 2005.
_____. 『그리스도교사상사』. 송기득 역. 서울: 한국신학연구소, 1983.
_____. 『19-20세기 프로테스탄트사상사』. 송기득 역. 서울: 한국신학연구소, 1980.
Tolstoy, Lev Nikolaevich. 『빛이 있는 동안 빛 속을 걸어라』. 방인원 역. 서울: 생각하는 백성, 1993.
Thompson, Francis. "하늘의 사냥개"(Hound of Heaven). 이명섭 역. 2006. Online: http://r2000.pe.kr/notes/1809
von Rad, Gerhard. 『창세기, 국제성서주석』 한신연번역실. 서울: 한국신학연구소, 1981.
Vanhoozer, Kevin & Strachan, Owen. 『목회자란 무엇인가』. 박세혁 역. 서울: 포이에마, 2016.
Weisedel, Wilhelm. 『철학의 뒷계단』. 안인희 역. 파주: 김영사, 2024.
Wright, Thomas. 『이것이 복음이다』. 백지윤 역. 서울: IVP, 2019.
_____. 『마침내 드러난 하나님 나라』. 양혜원 역. 서울: IVP, 2009.
_____. 『톰 라이트, 죽음 이후를 말하다』. 박규태 역. 서울: IVP, 2013.
시오노 나나미. 『로마인 이야기 1권』. 김석희 역. 서울: 한길사, 2005.
시오노 나나미. 『로마인 이야기 13권』. 김석희 역. 서울: 한길사, 2005.

외국 서적

Hengel, Martin. Atonement: the origins of the doctrine in the new testament. Philadelphia :Fortress Press, 1981.
Maslow, A. H. Motivation and Personality. New York: Harper & Row Pub, 1970.
Strong, James. New Strong's Complete Dictionary of Bible words. Nashville: Thomas Nelson Publisher, 1996.
Tillich, Paul. Biblical Religion and the Search for Ultimate Reality. Chicago: Univ. of Chicago Press, 1955.

부록 구원의 질서: '창세전'에서 '완전'까지

⟨창세전-영원⟩ (요 1:1; 골 1:17)

아버지
↑ ↓ ↓
복종 생명 사랑
(요 14:31; (요 5:26; (영광=본질의 계시)
15:10)   요일 5:11) (요 1:14, 18; 17:24)
아들
(본질의 계시=은혜와 진리)

With(함께)(요 1:1)

요 17:5; 17:24; 딛 1:2

⟨창조⟩ (창 1:1; 2:7; 골 1:16)

하나님
↑ ↓ ↓
복종 말씀 사랑
(창 2:16-17) (창 1:28) (창 2:24, 연합)
아담
(언약적 교제의 존재)

하나님의 형상 - 관계성 창1:26 교제, 연합
          - 개별성 창1:27 아들의 형상
          (고후 4:4; 골 1:15; 히 1:3; 빌 2:6; 롬 8:29)

창 2:16-17
↕
창 3:1-5

죄(SIN)
(롬 5:12)

⟨완전⟩(요 17:23)

아버지
 아들
  신자
  (영생 있는 자)

⟨이미(already)와 아직(not yet) 사이⟩

요 14:6; 롬 6:4; 고전 15:3-5

롬 5:1-2; 빌 2:12; 딤전 6:12
히 6:1-3; 10:19-25; 벧전 2:9

요 17:23-24;
요일 1:1-4; 골 3:1-3

종말
(고전 15:24-28; 골 1:13; 마 28:18)

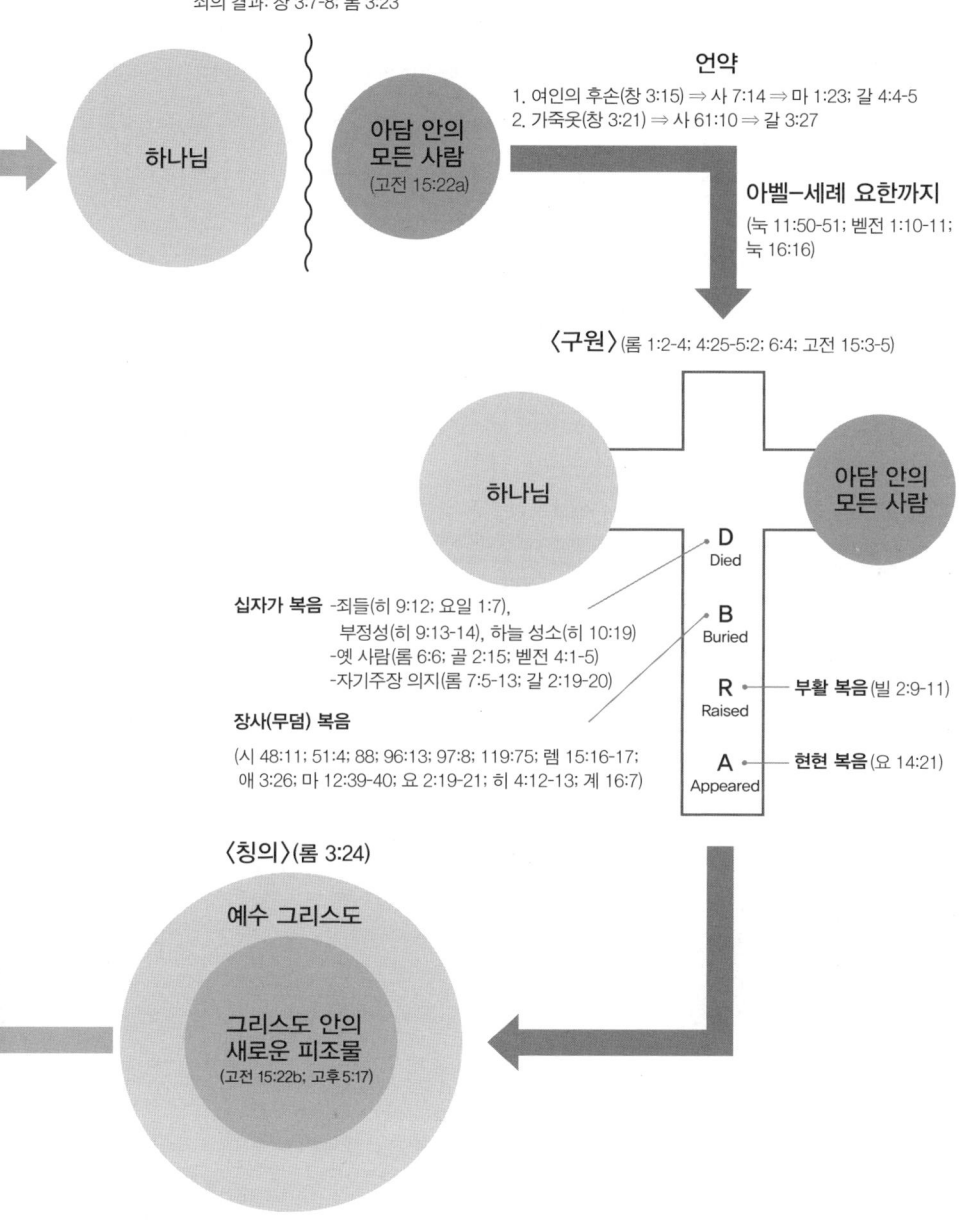